都 市 文 化 研 究 译 丛

上海市高水平地方大学建设项目－上海师范大学中国语言文学学科成果

上海市高水平地方大学重点创新团队"文化转型与现代中国"成果

# 种族隔离

## 划界城市的全球史

[美]卡尔·H·奈廷格尔 著 相欣奕 张美华 译

上海 人民出版社

# 出版说明

　　都市文化研究是一门新兴的前沿学科，主要研究现代都市文化的缘起、变化和发展的规律。它与文化研究、都市研究、社会学、地理学、历史学、文学等学科紧密相关。都市文化研究在中国的兴起，也与中国经济、社会、文化的发展密不可分，我们期待着这门学科在中国生根、发展，能以中国经验为基础，放眼世界，取得新的突破，并积极参与到中国的都市文化建设中去。为达到此目的，大规模地译介国外的都市文化研究成果，不仅是必需的，而且也是很紧迫的。他山之石，可以攻玉，学科的自主和创新，必定要建立在全面了解已有成果的基础之上。

　　都市文化研究译丛不仅包括一批都市文化研究、文化理论的经典著作，也包括显示出最新发展动向的近作，我们注重在理论方法上有重要启示意义的名家名著，也注重对某种现象作实证性研究的学术专著，同时计划译介一些概论性的著作。总之，只要是对中国的都市文化研究有参考价值的作品，都在我们译介的范围内。我们吁请海内外的学者、专家对我们的工作提出意见和建议，吁请更多的翻译家加入我们的行列中。

上海师范大学中文系

2018 年 6 月

献给 Mbali、Martha、Skhumbuzo 以及我们三大陆的亲戚和朋友大家庭，为你们跨越遥远距离和城市肤色线的爱。

# 目录

# 致　谢

　　本书与强大的机构和知识网络相关，讲述的是它们如何将居住隔离的强制性做法传播到世界各地城市之中去的故事。然而，本书之所以问世，也恰是因为一种非常不同的知识网络，它跨越了肤色界线和遥遥距离，得到了数十家机构的慷慨支持，收集到数百条改进建议，也包含有数以千计的集体合作、善意、政治勇气、信仰建设和友谊的个人行为。

　　在这个充满善意的团体中，有一些人对这本书自始至终都给予了密切的学术关注。Martha T. McCluskey 持续 17 年与我对话，我们探讨了思想、政治、法律和制度之间的关系。上述讨论，结合她在法律理论和经济正义方面开展的广泛工作给我的启发，注入了本书概念架构的各个方面。很久以前，我还是一名研究生时，有幸得到导师 Daniel T. Rodgers 的指导。自此以后，他成为了我的终身学术顾问，也是我寄去书页的狂热读者。自始至终，他多次翻阅，以自己书写越境历史的深刻经验刷新了本书文稿的整体和细部。我多次在缅因州西部树林中相邻的居所里去找 Michael B. Katz 和 Mike Frisch，他们从自己的学术工作中抽出时间来支持这个项目，并将其推向更大的成就。自从在关于美国历史全球方法的开创性会议上遇到 Thomas Bender 以来，他一直不懈地鼓励我超越专业训练的地理界限。我与 Paul Kramer 的友谊，始于在圣路易斯的一次偶然相遇后关于帝国和其他宏观历史主题的五个小时的谈话，随后我们多次重复这样的谈话。我同样幸运地遇到了 Aims McGuinness，这次是在密尔沃基，他和我花了大量时间对话。

1

除了诸多其他启发，我对他关于宏大的历史事件是由细微事物组成的深刻理解深表感激。 同样感谢他就他的学生对不同版本书稿的反应提出的想法。 在撰写本书的过程中，我还受益于与 Robert O. Self 的六次长谈，讨论主题是城市、国家和国际政治之间的纠葛。 我的纽约州立大学布法罗分校同事 Theresa Runstedtler 也是重要的灵感来源，特别是在种族问题和 20 世纪之交的全球流行文化方面。 她愿意分享的想法和资源，以及她对于书稿的思辨性阅读，其结果呈现在南非和美国的相关章节中。 Jeanne Nightingale 多年来的鼓励和建议，既包含人们通常希望从父母那里得到的支持，还包括对本书学术性的诸多建议、许多有用的参考资料以及对本书初稿的多次深入的思辨性阅读。

本书的起源可以追溯到我在马萨诸塞大学阿默斯特分校历史系任教时。 在写作研讨会、部门座谈会和由附近其他机构的教师参加的五所学院研讨会期间，本书受益于 Kevin Boyle、 Kathy Peiss、 Max Page、 Alice Nash、 Brian Ogilvy、 Stephen Nissenbaum、 Laura Lovett、 Gianpaolo Baiocchi、 Mary Wilson、 David Glassberg、 Bruce Laurie、 Gerald McFarland、 Frank Couvares、 Mary Renda、 Neil Salisbury、 Victoria Gett is、 Joye Bowman、 Todd Crossett、 Paula Chakravartti、 Neta Crawford、 Dean Robinson、 Barbara Cruikshank、 John Higginson 和 Jack Tager 提供的想法。 感谢 Dick Minear 最初督促我教授世界历史课程，自此之后，这个习惯就一直跟住了我。 还要感谢本国最透彻深刻的经济学系的成员和同事，特别是 Gerald Epstein、 Nancy Folbre、 Carol Heim、 Gerald Friedman、 Robert Pollin、 James Heintz 和 Stephanie Luce，让我得以一睹他们精湛学问的奥秘和政治。

在项目的早期，美国学术团体联合会（American Council of Learned Societies）授予我奖学金。 得益于在麻省理工学院任教期间的大量空闲时间，我能够探索美国城市隔离与殖民城市实践之间的联系。

2002—2003 年我在威斯康星大学密尔沃基分校（UWM）访学时，这本书开始确定目前的形式。 这在很大程度上要归功于 UWM 对城市和全球历史的兴趣的非凡结合，不仅有 McGuinness 和 Self 教授的贡献，还有 Merry Wiesner-Hanks、William Jones、Jasmine Alinder、Bruce Fetter、Amanda Seligman、Anne Hansen、Margo Anderson、Mark Levine、Michael Gordon、Kate Kramer、Patrice Petro 和 Jeffrey Merrick 的贡献。特别值得一提的是 Mark Bradley，他的远见卓识和对机构的了解在很大程度上让我们所有人对霍尔顿大厅的友好氛围着迷。我有机会沉浸在 UWM 美国地理学会图书馆的地图梦想之地，其成果在这本书的插图中显而易见。正是在那里，我开始了我对马德拉斯早期现代肤色界线政治的研究。

我目前所在的学术机构是纽约州立大学布法罗分校美国研究系（现已更名为跨国研究系），为本书从起意到书稿的撰写完成提供了独特而慷慨的跨学科环境。除了纽约州立大学布法罗分校的教授 McCluskey、Frisch 和 Runstedtler 提供的巨大启发之外，本书还得到 Erik Seeman、Victoria Woolcott、Keith Griffler、David Herzberg、Gail Radford、Ellen Berrey、Camilo Trumper、Dalia Muller、Robert Adelman、Christopher Mele、Jason Young、Sarah Robert、Aaron Bartley、David Fertig、Carole Emberton、Hal Langfur、Donald T. Grinde、Kristin Stapleton 和 Robert Silverman 的启发。还要感谢 Angela Harris、Susan Cahn、Theresa McCarthy、Teri Miller、Robert Steinberg、Gwynn Thomas、Frank Munger、Bruce Jackson、Athena Mutua、Shaun Irlam、Greg Dimitriadis、Erin Hatton、Y. G.-M. Lulat、Samina Raja、Munroe Eagles、Claire Schen、Douglas Koretz、Stephanie Phillips、Susan Mangold、Patrick McDevitt、Jose Buscaglia、Janina Brutt-Griffler、Henry Taylor、Kari Winter、Ruth Meyerowitz、Cynthia Wu、Piyasuda Pangsapa、Ramon Soto-Crespo、Quan Hoang 和 Lillian Williams。我还要感谢 Paul McCutcheon、Adrianna Hernandez-Stuart、Marta Marciniak、Robert Starzinsky、Stephanie Bucalo、Christopher Atkinson、Matt DiCristofaro 和 Makeda Greene，他们都阅读了我关于

城市空间政治部分的最终手稿，并对其进行了彻底的审核，尤其是最后一章的结论部分。

在纽约州立大学布法罗分校跨学科对话中，克里斯托弗·鲍迪法律和社会政策中心（the Christopher Baldy Center for Law and Social Policy）是其核心。 在 Lynn Mather 和 Rebecca French 的领导下，鲍迪中心以多种方式对本书提供了支持，最重要的是每年授予我一笔研究补助金（经过两次延期），为南非和美国的大部分研究提供了资金。 在多项资助的支持下，这本书极大地受益于 Mark Lempke 和 Skhumbuzo Mthethwa 广泛而非常有能力的研究援助。 该中心的一笔小额研究经费被用于支付本书使用由 Kailee Neuner 创制的原始地图的费用。 此外，该中心还支持布法罗种族正义研讨会的多次会议，包括在多伦多大学举办的一次开创性的种族和政治跨界会议，让我得以在会议上分享本书的一些想法。 最后，我非常感谢 Mather 教授开创了布法罗分校独有的机构，即教职员工书稿研讨会（Faculty Manuscript Workshop）。 在专门讨论本书文稿的研讨会上，我从波士顿大学社会学教授 Zine Magubane、麦克马斯特大学地理学教授 Richard Harris 以及 Runstedtler 教授的评论中受益匪浅。 来自大学不同院系的同事进行了三个小时的后续讨论，非常精彩，对我最终修订颇具启发。

当我涉足众多学者的专业领域时，他们慷慨地提供了指导。 感谢 Peter Biehl 和 Gwendolyn Leick 关于古代城市的思想。 关于印度，我从与 Peter Marshall、Durba Ghosh、Partho Datta、Stephen Legg、Preeti Chopra、Swati Chattopadhyay、Robert Frykenburg、Prashant Kidambi、Richard Harris、Robert Lewis、Susan Nield-Basu、Veena Oldenburg、Vijay Prashad、Rajani Sudan、Antoinette Burton、Robert Gregg、Madhavi Kale 和已故的 Pradip Sinha 的电话、电子邮件和个人交流中受益匪浅。 Sinha 教授还带我参观了加尔各答，是难忘的精彩之旅。 Richard Harris 和 Robert Lewis 在国际规划历史学会的会议上组织了一个研讨会，聚集了许多这样的名人。 在同一次会议上，

我遇到了香港大学的 David Pomfret，我们之间开始了非常有价值和漫长的电子邮件交流，这有助于重新撰写第五章和第六章的大部分内容。Cecilia Chu 提供了有关档案来源的提示，这些提示非常宝贵。 就殖民世界的其他地方而言，Leonhard Blussé 和 Remco Rabin 帮助我理解了早期现代荷兰殖民城市政策；Malyn Newitt 和已故的 Glenn J. Ames 帮助我理解葡萄牙；Jeremy Mumford 帮助我理解西班牙；Bruce Fetter 帮助我理解比利时；Robert Tignor、Robert Home 和 Rinaldo Walcot 帮助我理解英国；Zeynep Çeylik 和 Michael Vann 帮助我理解法国；Olavi Fält 帮助我理解东亚租界；Eric Roorda 帮助我理解古巴；Aims McGuinness 帮助我理解巴拿马。

对于南非和约翰内斯堡历史问题的指导，我感谢 Susan Parnell、Charles van Onselen、Keith Beavon、已故的 George Fredrickson、Alan Mabin、Patrick Bond、Lindsay Bremner、Gary Baines、Paul Maylam、Philip Bonner、Christopher Saunders、Howard Philips、Christoph Strobel、Zine Magubane、James Campbell、Johan Bergh、Clive Glaser，以及我最初的入门老师 Robert Shell 和 Robert Tignor。

关于美国和芝加哥，感谢 Daniel Rodgers、Michael Katz、Michael Frisch、Robert Self、Kevin Boyle、Gary Gerstle、David Freund、Becky Nicolaides、Thomas Sugrue、Eric Schneider、Nayan Shah、Laura Lovett、Max Page、Robert Gregg、Wendy Plotkin、Roberta Moudry、Amanda Seligman、Peter Agree、Guy Stuart、Gregory Squires、Thomas Jackson、Steve Fraser、Michael Kahan、Kenneth Kusmer、Alice O'Connor、John Wertheimer、Roger Levine、Tim Gilfoyle、Arnold Hirsch、Loïc Wacquant、Marc Stern、Julia Foulkes、Pierre Gervais、Michan Connor、Samuel Kelton Roberts Jr.、Audrey McFarlane、Robert Devens、Marc Egnal、Marc Stein、Jerry Ginsburg 和 Molly Ladd-Taylor 提供的帮助和启发。 我也感谢跨境城市历史学家 Robert Fishman、Pierre-Yves Saulnier、Nancy Kwak

和 Christopher Klemek 的帮助，以及 Patrick Manning 发出的编写一部世界城市种族隔离史的呼吁。

关于美国以外的当代城市，我受益于与 Stefan Kipfer、Eric Fong、Larry Bourne、Robert Murdie、Michèle Dagenais、Simon Gunn、Richard Harris、Hilary Silver、Loïc Wacquant、Ola Uduku、Jay McLeod、Stephen Read、Christine Lelevrier、Brigitte Guigou、Robert Lafont 和 Anne-Marie Chavanon 的对话。特别感谢 Hervé Vieillard-Baron 作为巴黎第八大学的客座教授关于这些主题的演讲，还向我推荐了许多关于法国种族隔离的文献。衷心感谢 Bruno Voisin 和 Gilberte Hougouvieux 给我发来的许多材料，感谢我们一起进行的多次城市冒险，以及他们带领我开启的精彩里昂之旅。

在这些年来与我共事的众多档案保管员中，有几位为我提供了格外广泛的帮助。感谢威特沃特斯兰德大学管理历史论文的 Michelle Pickover、Carol Archibald 和 Gabriele Mohale；感谢大英图书馆的 Malini Roy 和 Jennifer Howes；感谢已故的美国国家第二档案馆的 Walter Hill。我也非常感谢 Jill Ortner 和布法罗分校馆际互借办公室的工作人员为我订购的无数书目。

感谢格雷厄姆美术高级研究基金会的资助，支付了本书插图的费用。

在我亲爱的编辑、芝加哥大学出版社的罗伯特·德文斯不懈地鼓励和精辟地指导下，该项目终于从文稿变成了一本书。"向前！"他总是在电子邮件上签名；这种召唤似乎让书籍生产中所有常见的障碍都烟消云散。同样感谢 Anne Goldberg、Russell Damian、Katherine Frentzel、Levi Stahl 和 Yvonne Zipter 的大力协助。作为同行评审过程的一部分，James T. Campbell 和一位匿名评议人提供了非常有用的见解。Becky Nicolaides 为我提供了数十页关于手稿的深思熟虑的评论，这远远超出了美国城市历史研究系列编辑的职责范围。她的评论帮助我重塑和澄清了大部分文本。不过必须说明，如果书中尚存任何错误，完全由我自己负责。

正如本书的献词暗示的那样，支撑本书的学术网络位于北美、欧洲和非洲的城市活动家、朋友和家人共同构成的三大洲社区中，他们引导我和这个项目经过了世界历史上原本非常令人沮丧的一个时期。他们向我提供帮助的方式，或是通过展示无法抑制的政治信仰，或是组织各种精彩的消遣和安排愉悦的时光，在我旅行时提供一个休息的地方，或是愿意（通常难以解释地）持续向我传递他们的爱。

为了维持我对我们城市更美好未来的希望，我非常感谢多年来将我置于他们羽翼之下的活动家：来自费城儿童反对暴力和毒品组织的青年活动家；马萨诸塞州斯普林菲尔德社会正义组织 ARISE 的 Maurice Taylor、Mara Dodge 和 Michaelanne Bewsie；感谢 Mary Regan 和她在波士顿和圣保罗的许多朋友；感谢 Kye Leung；感谢波士顿达德利街邻里倡议的出色社区组织者；感谢约翰内斯堡的麻雀村；感谢 Anina van Zyl 和南非库利南 Edendale 学校的其他工作人员；感谢解决方案之旅（Journeys of Solutions）的 Rick French；感谢纽约住房机会平等组织的 Scott Gehl；感谢布法罗马萨诸塞大道项目的 Diane Picard、Jesse Meeder、Zoe Hollomon 和 Erin Sharkey；最重要的是要感谢与 PUSH Buffalo 相关的不知疲倦的梦想家：Aaron Bartley、Eric Walker、Whitney Yax、Clarke Gocker、Maxine Murphy、Sara Gordon、Sergio Uzurin、Aminah Johnson、Ishmael Johnson、Anna Falicov、Kevin Connor 和已故的 Ray Jackson。

关于友谊、精神再生、政治讨论、阅读难懂的书以及从多个角度对城市生活的宝贵观察，感谢 Jon Liebman、Anne Fine、Alex 和 Eli Fine-Liebman、Andrea Raphael、John Reilly、Susan Meeker、Todd Crosset、Anne Richmond、Gerry Epstein、Fran Deutsch、Julie Cristol、T.L. Hill、David Dorsey、David Herzberg、Wayne Jortner、Marianne Ringel、Giovanni Banfi、Beth 和 Vanessa Adel、Don Kreis、Jenny Keller、Julia Foulkes、Brian Kane、Dan Wyman、Jane Eklund、

Taylor Flynn、Roxanne Amico、Anne Beckley-Forest、Michael Forest、Sharon Treat、Bob Collins、Tressa White、Paul Zanolli、Val Anderson、Mark McLaughlin、Jody Hansen、Nicolas Penchaszadeh、Sarah Robert、Jo Freudenheim、Peggy 和 Dennis Bertram、Georgette Brown 一家，以及所有与他们住在一起的好孩子。

感谢我在索韦托、塔巴恩丘和纳图瑞纳的南非大家庭对我的热烈欢迎：Sifiso Dubazana；Queen 和 Ntombizodwa Mageseni；Lizzy 和 Nthabiseng Mohao；Lucia Dubazana；Nozipho 和 Opa Bhele 以及他们的孩子；Lindiwe，Xoli 和 Sphiwe Maduna 以及他们的孩子；Albert Thanduyise Mthethwa 和已故的 Angelina Ntombinhle Mthethwa；他们的女儿 Setukhile，Busisiwe，Similosenkosi，Ntokozo 和 Nnana，以及他们的孙儿。

就保持心胸开阔，激励我追求多样化和具有挑战性的人生道路而言，感谢我的兄弟姐妹 Anna Jeretic、Erich Husemoller、Kurt Husemoller 和 Greta Lichtenbaum；感谢我的祖父母 Barbara 和 Philip Nightingale；感谢我出色的姻亲 Patricio Jeretic、Alison Sinkler、Peter Lichtenbaum、Chris 和 Pete Jensen，以及 Peter McCluskey；感谢我的十一个侄女和侄子；感谢 Nancy Schwab；感谢 Ann 和 Norm Farr；还要感谢 Christiane Geisen。没有比 Donald 和 Dorothy McCluskey 更慷慨的岳父母了。他们精神的温暖触及了我生活的方方面面。我很幸运被 Jeanne Nightingale 和 Dale Husemoller 养育长大。感谢你们为我提供了一个鼓励冒险、超越界线和热爱学习的家——感谢你们在我成年后为我树立的学术榜样以及提供的友谊和爱。

在将本书献给培育它的社区时，我要特别致谢三个人，他们的精神和具体决定对这个项目影响最深。在我心深处——以及我们团队所有成员的心中——最核心的是我最亲密的学识同事、支持者、朋友和生活伴侣，Martha T. McCluskey。她对学术政治经济学的敏锐理解始于这样一种观点，即家和家人在知识生产中扮演着与大学、研究所和研究基金会一样重要的角色。　证明这一论点最具有说服力的证据，莫过于 Matha 自己对本书的多方面贡献，这些贡献超出了她的学术灵感和当我结束所有学术工作后的情绪起伏中她所提供的陪伴。　她还愿意付出大学休假时间，将家庭资源直接注入这个项目，让我能够写作、旅行、研究和呈现书中的想法。　这个项目依赖于她的养家糊口和缓缓推进其他优先事项，我对她的慷慨深表感谢。

我们的女儿 Mbali 差不多与这本书同时出现在我们的生活中，为 Matha 的论文提供了额外的素材。　虽然理论上来讲家里多出一个小孩应该会减慢她父母的学术产出，但这个特殊的孩子积极地促成我发明出多种多样的时间管理技巧，使这本书更高效地向前推进，同时还让我和她共度了愉快的时光。　此外，读者如果在文字中发现任何争强好胜或具有讽刺意味的能量，那极可能来自我与她之间刚刚结束的对话——或者一场喧闹的后院篮球比赛。

在写这本书的过程中，我也很高兴与 Mbali 的第一任父亲 Skhumbuzo Mthethwa 建立了友谊。　Skhumbuzo 和我合作对南非国家档案馆进行了一系列高效的探访，他在数码相机和旧文件方面的技能提供了极大帮助。　很快，他帮助我整理了约翰内斯堡地区的其他档案，并将大包的影印本和 CD 运至大洋彼岸，其中许多包含在第八、九和十一章的注释中列明的文件。　结识 Skhumbuzo 和 Mbali 的其他南非亲戚——并通过他们的眼睛探索新南非——是写这本书的最大灵感之一。

# 引　言

　　"种族隔离（Segregation），"传教士顿了一下，好让信众充分感知他所传达信息的严肃性，"显而易见遍地皆是。"此时此地，正是 1910 年 12 月 4 日，马里兰州的巴尔的摩市。 大部分信众是非裔美国人，他们聚集在圣所，甚至连约翰·卫斯理卫理公会教堂（John Wesley Methodist Episcopal Church）的台阶上都站满了人。 人们已经知晓牧师欧内斯特·里昂博士在说什么。 事实冷酷无情，但至少就美国而言，尽皆如此。 在这个国家，黑奴解放已近 50 年。 然而眼下，无论是在巴尔的摩还是在其他地方，即便在曾经实行奴隶制的南方之外的城市，白人都在叫嚣着寻求维持政治霸权的崭新方式。 他们设计了一项种族控制的崭新技术——隔离。[1]

　　大概从 1900 年起，美国各地身居政治顶层的白人以一波高过一波的声浪喊出这四个可怕的音节。①借着种族隔离的名义，他们通过了法律，迫使黑人去往吉姆·克劳法（Jim Crow）②规定的下等的学校、火车车厢、铁路站台和候车室、餐厅、剧院、公共浴室、游乐园乃至公共喷泉。 老板和白人雇员强加了肤色标签，禁止黑人从事较高声誉工作。法律禁止黑人投票，让这一体系愈发巩固。

---

　　①　指 Segregation 一词。 ——译者注
　　②　吉姆·克劳法（Jim Crow laws）泛指 1876 年至 1965 年间美国南部各州以及边境各州对有色人种（主要针对非洲裔美国人，但同时也包含其他族群）实行种族隔离制度的法律。 这些法律上的种族隔离强制公共设施必须依照种族的不同而隔离使用，且在隔离但平等的原则下，种族隔离被解释为不违反宪法保障的同等保护权，因此得以持续存在。但事实上黑人所能享有的部分与白人相比往往是较差的，而这样的差别待遇也造成了黑人长久以来处于经济、教育及社会上较为弱势的地位。

同年早些时候，1910 年 7 月 5 日，巴尔的摩一群愤怒的白人迫不及待地要采取进一步行动，把种族隔离扩展到城市的住区之中。正是因此，里昂提醒他的信众："巴尔的摩城中那些高高在上的老爷(the city fathers of Baltimore)正在谋划一项措施，想要尽最大可能剥夺自由人拥有并在其自家房屋中居住的权利。"里昂布道两周之后，1910 年 12 月 20 日，市长 J·巴里·马胡尔(J. Barry Mahool)签署了本城首部种族隔离法令。按照这一法令，巴尔的摩的每条街道都根据法令通过时占多数居民的种族划分为"白人街区"或"有色街区"。对于那些搬迁到列为"对立种族"街区中的人，法令设定了 100 美元罚款和长达 1 年在巴尔的摩监狱的监禁作为惩罚，黑人帮佣居住在白人雇主家中的情况除外。

里昂牧师的信众成员已知晓这个坏消息，但传教士希望信众的思路进一步扩展。种族隔离已经开始在巴尔的摩实施，毫无疑问也正在美国蔓延。不仅如此，这一制度还在向世界各地延伸着。几乎所有地方的白人都认为，有必要以肤色划界(这也正是本书主题)——这关涉按照不同种族把城市重新划分为相互分离、有失公平且充满强制的住区的困难且复杂的过程。

正如里昂牧师指出的，对城市住区种族隔离的狂热，"不仅在美国，甚至在非洲，黑人的故土家园也激起了共鸣。"对此他有亲身体验。他刚从非洲西海岸利比里亚的美国长驻公使兼总领事(US resident minister and consul general)任上返回。据里昂所言，在弗里敦——英国殖民地塞拉利昂的首都附近，"白人们从山谷中搬走，把这些地方留给黑人，而他们则去往山里"。他提到了"山中避暑地"(Hill Station)，这是英国当局在距弗里敦纯黑人市区数英里远的一座小山顶上开发的纯欧洲人居住区。讽刺的是，弗里敦纯黑人市区是他们在 19 世纪为重获自由的奴隶建造的避风港。[2]

种族隔离作为"一种方法"，里昂接着说："风行于广袤的非洲大陆所有白人生活的地方。"无疑，传教士指的是南非联邦城市推行的崭新种族隔离措施，该国讲英语和讲非洲荷兰语的定居者在同年早些时候达成一致，要组建纯白人殖民政府。当然，他也轻易地列举了非洲其他地方殖民城市中发生的类似事件，这些事件是由英国人、法国人、德国人、比利时人或葡萄牙人主导的。

此外，种族隔离绝非仅限于美国和非洲，也并非在20世纪之初乍现。为巩固精英群体的权力和财富而实行的城市隔离设计，可追溯到最古老的美索不达米亚城市，且在大多数其他古代文明中都得到频频印证。欧洲的殖民隔离至少可上溯到中世纪，当时爱尔兰的英格兰殖民者和地中海东部的意大利商人都在海外殖民城镇中为自己保留了独立空间。威尼斯和其他欧洲城市的基督教统治者为犹太人建立的定居点也是同样操作。把"黑人之城"与"白人之城"分离的想法，可回溯至1700年。当时英国统治者认为按肤色划分对于统治印度南部殖民城市马德拉斯（今日的金奈）而言至关重要。而"种族"则早在18世纪晚期就已进入有关英属印度首都加尔各答城市隔离的讨论之中。英国官员在19世纪早期创造了"山中避暑地"一词，用以描述他们在印度高地建造的数十座隔离城市，比如西姆拉。而荷兰人更早，在100年前就在爪哇岛建成了类似的地方。巴尔的摩1910年的隔离法令绝非首创。在19世纪中叶，中国和环太平洋地区城市就已经出现按肤色对城市空间划界的立法尝试。比如在上海、香港和旧金山，出台了法律，禁止华人在城市白人住区中居住。"隔离"（segregation）一词最早使用，指的是香港和孟买在1890年代采用的种族隔离技巧。自此之后，它鼓动着我所谓的"种族隔离狂热"全球流行，横扫亚洲、非洲以及大西洋。这种狂热甚至在拉丁美洲城市也激起波澜，比如里约热内卢和布宜诺斯艾利斯。该地区肤色之分通常并不如其他地区那样清晰。庞大的种族隔离殖民之都在诸如法属摩洛哥的拉巴特和英属印度的新德里等地崛起，标志着基于种族隔离分区的崭新而傲慢的城市规划野心。这一时期所有城市隔离中最为激进的形式，在两种快速工业化的白人移民社会中显现。在诸如德班、开普敦和约翰内斯堡等南非城市中，帝国官员和白人定居者为 1948 年以后所谓的"种族隔离制度"（apartheid）开创了先例。 就美国而言，巴尔的摩种族隔离法出台后不久，就迎来了一个更"微妙"也更持久的种族隔离体系——芝加哥市基于房地产市场的种族动态而设计的体系。

里昂博士在巴尔的摩发出警告后的 20 年，城市种族隔离的浪潮达到顶峰。 然而，里昂博士的会众对于他的示警郑重以待。 他们帮助他领导了一场声势浩大的社会运动，旨在阻挡白人种族隔离主义者的野心。 到 1930 年代，这一非裔美国人的民权运动已经与类似运动达成松散联盟，为遍布非洲和全球的殖民地民族解放提供支持。 到二战之后，经由上述运动的不懈努力，种族主义和隔离制度都已得到广泛消除，白人也被迫放弃了曾经按照肤色对城市空间划界的诸般做法。

然而，20 世纪早期的种族隔离狂潮，却为当今世界各地城市留下诸多可怕的遗存，对于其所处的更为广阔的人类社区而言更是如此。 美国住区隔离体系中的若干方面，可在世界其他富裕国家的不同城市中得窥端倪，比如伦敦和巴黎，它们可谓世界上最具影响力的白人隔离主义者的故乡。 拉丁美洲城市以及欧洲人和美国人不久之前曾在亚洲和非洲统治的城市，已经转变成为等级划分鲜明的巨型城市。 在这些城市之中，由国际金融机构施加的崭新压力强化了殖民时代种族隔离主义城市政策的遗存。 美国的吉姆·克劳法在 1960 年代被取缔，南非种族隔离制度也在 1994 年废除，但是由白人定居者主导的城市种族隔离仍在当今世界若干最为剧烈的政治冲突中发挥作用，最为显著的是北爱尔兰的贝尔法斯特以及以色列-巴勒斯坦的耶路撒冷和其他城市，这着实令人沮丧。 在很多地方，种族隔离主义明显的种族成分已经通过对阶层、文化、族群以及宗教的讨论加以冲淡或掩饰（用宗教来转移话题最为危险）。 但是，其潜在的逻辑以及诸多技巧，无疑延续着 1910 年里昂牧师对他的信众所示警的那些力量的遗存。

今时今日，超过半数人类是城市居民。 我们对于城市提出了前所未有的需求。 城市提供相对丰富的经济、政治和文化机会，城市也具有缩减人均环境足迹的潜力，因此，对于人类这一物种的生存而言至关重要。 毕竟，数十亿人口正在快速繁衍，地球的资源也在快速消耗。但是，城市中的隔离却让它们无法担此大任——隔离让城市不再公平、不再民主、不再宜居、不再安全，也无法对所有人提供支持和保障。[3]

　　本书是在里昂牧师的巴尔的摩布道 100 年之后写就，对他布道的主题提供了更新和详尽阐释。 本书提示我们应该进一步扩展思路，不仅把全球频现的住区肤色之分纳入考虑，还要虑及本书的要点：之所以导致城市隔离的运动延绵不绝，是因为它们彼此相连。

　　无论他们在何地以何种方式行事，城市种族隔离主义者总是在三大类机构中工作，这些机构对于现代西方全球主导地位的崛起极为关键。它们是：政府部门、知识交流网络以及与现代资本主义房地产行业相关的机构。 世界各地的隔离主义者都有赖于如此强大的机构联系，单凭这样的联系就可以输入输出人员、思想、金钱以及特定的实践和政策工具，这对于他们把城市加以分割的项目取得成功而言不可或缺。

　　但是，我们必须熟知这些机构如何运行。 尽管种族隔离主义者的信仰和行动通常是邪恶的，但就隔离主义的传播而言，并不存在无缝衔接且遍及全球的卑劣阴谋。 从根本上来看，强制性按肤色为住区划界是一种政治行为，关涉巨大的权力。 但是，上述权力的行使往往涉及协商和冲突。 在激烈的权力争夺之中，城市种族隔离现象时隐时现。从历史上来看，这些争斗发挥的最重要作用在于，让种族隔离主义者成为反对派运动的众矢之的，而反对运动往往由有色人种领导。 此外，城市白人居民不同群体之间的冲突也非常重要，三大类最具权力的种族隔离主义机构之间和内部的冲突同样不可忽视。

　　在导致城市隔离的所有机构之中，政府是最重要的，通常如同殖民帝国一般行事。 其中，英国、法国和美国这些帝国支持并重演了全球迄今为止数量最多的种族隔离地方运动，尽管种族隔离的蔓延也离不开小规模国家、殖民地或城市政府的推波助澜。 所有类型的政府都卷入

5

其中,从专制政权到实施种族排斥的共和国,再到名义上非种族歧视的民主政权,都不能置身事外。城市隔离主义政治与政府所面对的若干最为基本的问题密不可分:谁会成为市民? 谁将获得何种权利和优待? 领域边界应延续到何处? 哪些人将获准越界? 应如何对不同规模的辖区加以管理? 许多情况下,城市按肤色划界与政府主导的暴力与暴行直接相关:福利、征服、种族清洗和种族灭绝。

西方知识分子、种族主义理论家、科学家、医生、律师、城市规划从业者和各种类型的城市改革者,对于种族隔离主义思想和实践的合法化一直发挥着关键作用。 自 18 世纪晚期起,他们建立起非常密集的知识交流机构,很快就遍布全球。 在国际会议上、在长途巡回演讲中、在专业期刊文章、报纸、发行量甚巨的杂志和畅销书上,他们对种族和种族隔离的思想开展激烈讨论。 并非所有白人知识分子和改革者都赞同居住隔离,但那些支持者通常能够对政府的城市政策产生巨大影响力。

为了让按照种族分隔城市得逞,白人需要控制广布的房地产市场,需要最大程度地削弱有色人群的力量,以免他们在白人为自己保留的地段购屋置业从而打破(白人精心维持的)种族隔离。 这就意味着现代资本主义核心机构触角的延伸:诸如财产法庭和产权登记处等政府机构;诸如房地产代理商、测量师事务所、评估公司、土地开发公司和金融机构等营利性企业;以及在大型移民社会中由白人业主组建的基层组织。

其他类型的跨国资本主义公司也对城市的塑造产生深远影响,它们有时会对城市种族隔离发挥重要作用。 每当资产阶级雇主试图开展种族主义宣传或在工作场所引入严格的职业肤色划分来瓦解多种族工人运动时,他们可能也激发了居住隔离主义者在住区效仿行事。 传媒公司对传播包含种族主义意象的流行文化抱有浓厚的兴趣,这正中种族隔离主义者下怀,在白人移民社会中尤为如此。 对于诸如南非和美国等工业化进程中的资本主义社会而言,极可能(但却难以验证)因大规模社会变革导致的普遍焦虑加剧了种族焦虑,进而成为众多白人支持种族隔离的基本原因。

　　但是总体而言，跨国公司对于城市住区种族分异所发挥的作用并不恒定。在不同的时间和地点，跨国公司的所有者在贸易、在进入大型消费者市场、在招募和控制大量劳动力，或者在把公司运营的社会成本转嫁给政府过程中的各种利益考虑，可能导致他们在这一问题上具有不同的立场，可能会强烈支持，也可能会举棋不定，还可能会明确反对。

　　因此，从全球视角审视居住隔离，我们既不能对唯物主义理论所持有的"正是资本主义制度本身造成了种族隔离"的观点照单全收，也不能对"自由市场"理论所持有的"资本主义无关肤色（colorblind），种族隔离终将消弭"的观点深信不疑。但是，我们可以明确如下事实：土地市场是资本主义制度之一，种族所关联的经济利益对于城市划分而言愈发重要，甚至可以说已经成为当今城市中最为重要的种族隔离主义推动力。制造业或采矿业资本家，就居住隔离而言并不牵涉明确的公司利益，但当涉及其自身土地市场利益时，他们通常会成为激越的种族隔离主义者。在城市房地产市场中，如果白人认为深肤色邻居对他们的物业价值带来威胁，种族隔离中因种族而定的经济利益（通常与阶层隔离中的类似经济利益结合）变得难以抗拒。

　　政府、知识网络和土地市场在种族隔离主义者的戏剧化表演中产生的重要性因城市而异，有时政府不得不从核心角色上退位。但是，需要指出的是，本书在阐述中摒弃了对法律隔离（de jure segregation）和事实隔离（de facto segregation）开展惯常的辨析，前者意为由政府立法强制执行，后者意为非制度性的，仅仅基于文化信仰或习俗而产生。首先，政府可以采用立法之外的其他手段来实行隔离。其次，对于那些政府无法扮演核心角色的城市，知识网络或土地市场机构对于隔离的形成发挥着主导作用，准确地说是因为这些机构提供了自身的强制形式。种族隔离绝对不会如"事实"（de facto）这样的表述所暗示的那样"恰好"自然而然地发生。底线在于：种族隔离总是与某种形式的从制度上而言有组织的人类意图相关，如同这些制度也总是凭借广泛持有的信

7

仰、观念和习俗来维持自身的权力。

无论他们以何种方式按肤色对城市划界，白人种族隔离主义者必须与政治反对派持续斗争。种族隔离可能会削弱深肤色人群的政治权力，把他们拘囿于城市的劣等地段，但却并不能剥夺他们的全部力量，他们也绝不会任由自己被排除于城市重要有利条件之外。在某些情况下，受排斥的人事实上甚少需要制度协调就可执掌他们的权力。在日常生活中，他们可以非正式地集体无视种族隔离。有色人群中的少数富裕者在白人住区购买房屋，他们这样做通常并没有什么整体协调计划，但从历史上来看，这对住区种族划界带来了最严重的威胁。有的时候，有色人群可以发起更为正式的草根抗议组织和运动。一旦成功，他们就能够从复杂的正式机构中攫取些许权力，如若不然，这些机构会继续实施隔离。即便在政府、思想界或住房市场内部也是如此。最后，他们可能通过大规模的街头骚乱、暴乱，有时甚至是城市战争来彻底打破种族隔离主义秩序。

\* \* \*

除了探讨制度发挥的作用之外，本书还就城市和全球历史中肤色与种族所发挥作用的若干观点展开讨论。在公元 1600 年之前，这些概念相对模糊，而"白人""黑人"和"种族"等词语对城市或者全球政治而言都甚少产生影响。1600 年之后，先是黑人的称呼，再是白人的称呼，在西班牙帝国、大西洋奴隶贸易和美国种植系统中愈发重要；到 1700 年，身处亚洲的英国殖民官员首次把此类基于肤色的概念纳入城市住区隔离之中。即便如此，黑人或白人都未被视为"种族"，直至 1700 年代末，种族这一概念才从"祖先"的模糊同义词转变为对不同种类的人加以分类的通用系统。自此之后，种族成为全球政治中最为重要的概念之一，城市种族隔离也就因之而起。

按种族开展城市隔离，是单一文明的代表者所创造的第一种类型的城市住区隔离，随后蔓延全球。随着西方白人种族隔离主义者开始按照种族这一崭新类别来分裂城市，他们既对其他类型城市分裂政治的思

想和工具加以借用，也对其重塑。　对于殖民地的种族隔离而言，源于
17世纪伦敦土地市场中的为划分阶级所设计的工具格外重要。　运用这
些技术按照种族对殖民地城市进行分割，就转而为迎合基于阶级的住区
隔离在全球蔓延推波助澜，当殖民城市转变为独立国家后尤有甚之。　　9
然而，西方种族隔离主义者同样发现可借用源于世界其他地区，甚至有
时可追溯至古代的若干惯例——诸神与凡人相互隔断，城里人与乡下人
空间有别，国家之分、宗教之分、阶级之分、手工艺之分、种姓之分、
氏族之分乃至于性别之分无处不在。

＊　＊　＊

　　我希望城市隔离的全球历史，能够为近年来世界各地愈发激烈的城
市之辩带来崭新启发。　上述争辩通常围绕以下议题：伦敦、巴黎、阿
姆斯特丹、汉堡、多伦多、悉尼和约翰内斯堡等城市是否正在形成与美
国类似的种族隔离区？　加尔各答、德里、孟买、雅加达、阿尔及尔、开
罗、拉各斯、墨西哥城、里约热内卢或布宜诺斯艾利斯的贫民窟或棚户
区都如何？　它们是否"就像布朗克斯区一样"（这是一名来自布宜诺斯
艾利斯贫民窟的年轻人曾经向来访的社会学家提出的问题）？　反过来，
美国和其他富裕社会是否出现了"第三世界情况"？　种族隔离制度又是
如何——即便南非已经在1994年废除了这一制度，是否它现在如同有
人所认为的那样"已然遍布全球"？

　　对于某些人而言，为这些问题寻找答案有赖于对任何特定城市里隔
离的程度加以量化，社会学家已经发明许许多多隔离指数，用以评测任
何城市的真正分裂程度。　对于另外一些人而言，最大的问题在于"术
语"——也就是说，如何对隔离的城市住区不同类型进行划分。　学者
也寻求去回答这一问题，他们围绕着构成"犹太隔都""贫民窟""飞
地""黑人镇区""殖民城市"的"理想型"——甚至说围绕着"隔离"
本身的特征开展讨论。　另有其他学者对隔离过程建立模型，从而对世
界不同地区的城市加以比较。　最著名的模型包括"入侵与继承"过
程，它描述了当有色人种迁入时白人如何从社区逃离；"自愿隔离"模

型，有时被视为"良性"隔离，指的是来自同一族群的人聚居于文化熟悉社区的情况。大多数此类概念都产生于就美国城市开展的研究之中，但它们与全世界息息相关。本书有赖于上述社会学研究，在涉及对任何特定时间开展城市比较时上述研究不可或缺。[4]

本书坚信隔离本质上是"政治野兽"，但本书重点大部分放在了城市分裂那些难以计数、分类或者建立模型的诸多方面。隔离是由实实在在的人而非机械过程所造成，隔离的思想、利益及其调用，以支持或反对隔离的惯例也都是复杂的。由之而产生的政治波折从未停歇。它们总是充满变化、不断变形、不可预估，甚至是充满内部矛盾的。我所希望表达的是，只有当我们把重点放置在关乎隔离更为混杂的方面，我们才能够对于不同城市长期以来经历的种族分界线的遥相呼应的关联获取清晰的图景，也才能够为城市之间的比较提供更丰富的背景。

为了迎合城市住区肤色分界的复杂性，本书反复归因于种族隔离政治固有矛盾的本质。无论如何，城市隔离这一概念本身就是自相矛盾的。城市是许许多多不同之人汇聚之地。人们在此聚合，庞大的聚居地因之而创建——人与人之间的地理距离在此处消弭而非增长。对于白人主导的多种族城市来讲，这种矛盾常常会转换为切实的政治困境。城市发展可以帮助他们建立政治声望、创造巨大财富并激发文化和智力创新。但是，如果城市增长的优势来自城市中大量有色人种的聚集，则增长也会对白人的统治构成显见的政治、经济和文化威胁。有些白人，以南非的白人为代表，对这样的威胁作出的反应就是限制增长，施加其所谓"流入控制"（influx controls）从而抵挡可能迁入城市的黑人移民。但大多数白人，从马德拉斯（现在的金奈）的英国创建人开始，还包括后来许多流入控制的顽固支持者，都把黑皮肤人的住居隔离视为解决其政治困境的必要工具：以此享受城市增长的果实，并驯服其带来的威胁。即便如此，种族隔离政治仍建立在另一个悖论之上。比如，有色人口数量增长会威胁到为限制他们而设计的肤色界线。相反，强加肤色界线运动通常源于白人对于被黑人移民"淹没"日渐累积的恐惧所产生的动力。 即便悖论消除，基本矛盾仍在：尽管经历数百年隔离，城市一直都是来自世界不同地方的人产生大规模互动的场所，世界历史上的大多数民族和文化的融合也都是在城市之中发生。 如果没有隔离，城市将是酝酿此类潜在有益互动的更伟大之地。

另一悖论来自隔离与权力之间的关系。 按种族实施住居隔离是扩展白人种族权力的一种手段。 但为了实施隔离，白人还需消耗权力。为了完成分裂城市这一艰难任务，领导者需要放弃某些政治资本，或为部署军事力量付出高昂代价，或投入必要资源以建立劳工控制和剥削体系，或实施歧视性选举制度，或在思想世界中为权力而战，或掀起白人领导的草根社会运动，或对货币、金融资本和土地财产的专有权体系提供支持。 住居隔离往往有赖于其他形式的隔离，而这些隔离都需要大量政治努力才可维持，比如投票点、工作、学校、公共便利设施的隔离，小镇和村庄里的隔离，乡村不同地区间的隔离，甚或国与国之间的隔离。 面对这些成本，隔离主义者不得不对分裂城市的一切不便之处是否值得加以精心算计——确认因之耗费的权力是否为他们换来比以往更多的权力。 这样的算计，本质上关涉白人对于隔离信心的检验，这也正是在白人城市社群及其体制内部出现矛盾的主要原因。 吊诡的是，无论在南非还是在美国，在那些隔离尤以种族隔离的形式为显著的地方，上述内部矛盾决定了城市肤色界线能否成功。

反对种族隔离的运动也面临着痛苦的悖论。 如果弱势群体打破城市肤色界线并分散在城市各处，他们在充满敌意的世界中，为自己的集体和制度权力提供力量的城市地域基础将会被削弱。 犹太人在其早期现代聚居区中面临着这一困境；民权运动期间的美国黑人也以不同形式面临着同样的困境。 在这些情况下，白人可以主张从种族隔离中获得额外的政治利益。 亦即，他们的对手不能声称自己是严格的反种族隔离主义者，进而因这种原则立场占据道德高地。 令人沮丧的是，许多取得成功的反种族主义运动，包括拉丁美洲、非洲和亚洲的诸多反殖民运动，一旦赢得权力就转向了隔离。 也就是说，当我们把反种族主义

11

运动的空间策略与"自愿"隔离画上等号之前，一定要三思而行——更
不必说断言任何形式的"自我隔离"都是"善行"——即便这样能够创
建出成功的文化避风港。"自愿"一词绝不应取代对相对制度力量的仔
细分析，以及对于在不同历史时期不同城市中的反种族隔离主义者或非
主导群体可用的不断变化且通常范围狭窄的政治选择的仔细分析。[5]

在针对城市空间的剧烈冲突中，白人为种族隔离提出的依据中还存
在另一个悖论。白人经常以自身的种族至上为种族隔离辩护。但同样
重要的一个理由在于白人的脆弱性——城市中黑肤色人口的增长，被叙
述为将对白人带来致命的政治、经济、文化、身体甚至性威胁。事实
上，与"白人至上"的傲慢表达相比较，白人对其声称所面临的不公正
而产生的道德愤怒，在为城市种族分裂最专制的形式展开辩护方面发挥
了更大的作用。这种说法很有说服力，因为这就把注意力从种族隔离
强加给有色人种的不公上转移开来。一些种族隔离主义者，尤其是在
美国的种族隔离主义者，历经声势最大的政治反对运动——20世纪中叶
的反殖民和民权运动而幸存下来，正是采用了与之不同但却密切相关的
策略：他们试图掩饰支持种族特权的意图。最近，他们干脆否认城市
中存在种族不平等，甚至伪装成平等主义者和反种族隔离主义者的
姿态。

最后，种族隔离的做法本身也是自相矛盾的。一方面，种族隔离
主义者努力使居住界线成为强制性且无懈可击的。对他们用以分割城
市所使用的工具（以及当地自然特征）开展快速调查，就可发现如下所
列：墙壁、栅栏、战壕、堡垒、围栏、大门、警卫室、检查站、铁路轨
道、公路、隧道、河流、运河、入口、山腰和山脊、缓冲区、自由开火
区、非军事区、警戒线、卫生设备、树木屏障、路障、暴徒、恐怖主
义、警察、军队、宵禁、隔离、规定携带通行证的法律、劳工大院住
区、建筑清理、强制搬迁、限制性契约、分区条例、种族操纵的惯例、
种族注入的经济激励措施、隔离的私人和公共住房开发、专属住宅区、
门禁社区、独立的市政府和财政系统、土地所有权和信贷的歧视性准

入、农村保留地补充制度、流入控制法以及对海外移民的限制。

另一方面，以种族隔离为基础的白人权力主张，从根本上说，始终 13
依赖于保持肤色界线的半渗透性——亦即，通过对特定形式城市越界的
授权而实现。 比如，为了迎合部分白人的经济利益，种族隔离法（如巴
尔的摩通过的法律）几乎总是豁免家庭佣工，有时其他深肤色工人或商
业伙伴也可以跨越界线。 由于深肤色工人的广泛流动，白人专属的商
业和住宅区的街道通常给人一种邻里融合的印象。 性别利益也很重
要：白人，通常是男性，总是默认跨越种族界线来寻求性满足。 也许
最重要的是，白人警力和军队必须有权跨越种族之界，以保持种族隔离
的无懈可击。

＊　＊　＊

为了追溯在不同地方呈现的矛盾戏剧之间的联系并加以比较，我们
需要牢记最后一个凌乱的思想：种族隔离的政治大戏，总是同时在多个
舞台上演。 当然，大部分行动发生在城市及其郊区，以及城市内部更
为微小的空间——住区、街道以及家庭内部。 但是，这些更小的都市、
地方或者亲密者之间的戏剧化冲突总是与政治舞台呈现的城市层面更为
波澜壮阔的冲突相关联——它们在省或州的层面，在国家之中、地区之
中，在大陆和大洋之中，在半球之内，甚至有时遍布世界上演。

正是在上述宏大的背景之下，1700 年以后，西方扩张辐射全球的
机构首先步入城市种族隔离政治阶段。 作为对全球权力角逐的一部
分，帝国政府、跨洋知识网络和西方土地企业通过城市政治戏基本要素
的输入和输出，跨越距离对城市种族隔离支持运动提供帮助。 这些要
素包括：主要特征、制度影响、理念、金钱和具体的城市分裂政策工
具。 然而，这些机构无论去向何方，都不得不在城市的小舞台上登
场，把他们在某一地方编排的政治戏的情节加以改编，以适应其所识别
出的其他地方的情况。 以另一种反转的视角观之，正是因地制宜的灵
活性，才使得种族隔离的广泛传播成为可能。

本书试图把关乎城市种族隔离的全部政治戏剧——无论是最为庞大 14

还是最为细微的，以及介乎其中的诸多尺度——置于一个单一却又广布，时有变化却总充斥矛盾的叙事之中。 在一种地理对位法中，要求我们由广角镜头到各种望远镜和双筒望远镜，再到高度聚焦的显微镜不断切换，同时观看在多个舞台上演的种族隔离政治大戏。 同时，本书的叙事也随着时间的推移按年代推进，以城市隔离政治为中心重述了这个在人类历史中广泛存在的故事。

本书首先探讨了古代和中世纪用以分割城市的肤色之界的历史背景。 随后，本书的故事追溯了以肤色和种族为基础开展居住隔离的污渍斑斑的扩散过程，从 1700 年至今，这一过程攻城拔寨，席卷了一个又一个城市的政治。

叙述中所勾画的地理路径令人惊诧。 大部分种族历史始于大西洋世界，奴隶贸易激发了最早在政治上采用的不同肤色和种族的区别化对待。 但是，本书的主线却开始于印度洋，探讨为何马德拉斯和加尔各答的英国殖民官员为了划分城市的特定目而对肤色和种族的概念加以调整。 在此处，官员、改革者以及土地投机者为他们的种族隔离政策发明出最为经久不衰的若干理由：它能够展示西方帝国使命的伟大；它使得官员能够高效率地对多种族殖民地加以管理；它可以减少瘟疫和种族混杂的危险；它可以保护白人城市房地产的价值。

种族隔离及其指导原则正是从这些殖民之都蔓延到其他地方的。 为了追溯城市种族隔离的第一波大规模浪潮，我们必须去往所谓的印度英国统治驻地——在 19 世纪早期，这些军事和行政隔离的前哨遍布整个次大陆的广阔区域，最终成了迷人的山中避暑地。 与此同时，第二波浪潮与所谓的"打开中华国门"相伴而生。 这一过程让注入种族的城市割裂实践继续向东演进，到达东南亚，到达中国，并跨越太平洋出现大爆发，到达位于澳大拉西亚（Australasia）和北美西部的白人定居者殖民地。

16　　　当 1894 年香港和 1896 年孟买爆发鼠疫时，这两个城市成为种族隔离实践传播的崭新关键节点。 随着鼠疫通过遍布世界各地的航线传播，全球范围最大规模的种族主义城市分裂浪潮，打着城市公共卫生改革的幌子即将粉墨登场。 这些改革，首次被明确称为"隔离"，蔓延到亚洲、非洲和美洲的数百个城市。

这个"种族隔离狂热"时代一直延续到 1920 年代早期。 在群情鼎沸之中，国际城市规划运动对种族隔离的做法表示支持。 殖民地政府赞助了越来越复杂、综合和构造精巧的实践，导致了另一波从欧洲（最主要是从法国）辐射到所有殖民地甚至拉丁美洲的城市割裂浪潮。

在狂热时代，我称之为"大种族隔离主义"（archsegregationism）的更激进和更全面的形式在南非和美国兴起。 为探知这些操作如何成为两国国家城市政策的核心，并了解它们如何在反种族主义民权运动和反殖民运动在全球取得胜利的时代依然持久坚持，本书对约翰内斯堡和芝加哥展开分析，因为它们是 1920 年代城市分裂政治的轴心。 同时还展示了激进城市隔离主义的相关和松散联系的形式如何进入欧洲的心脏，并对加速纳粹恐怖主义大屠杀推波助澜。

在我们这个时代，20 世纪早期种族隔离狂热的诸多遗存依然困扰着地球上的所有城市——尽管里昂牧师发出了警告，尽管人们普遍反感我们所处时代的种族暴行，尽管反种族主义者和反种族隔离主义社会运动取得了许多重要的胜利。 本书还将以一个苦乐参半的悖论作为结尾：即便身处遍布全球崭新而强大的种族隔离主义浪潮之中，却有如此多人加入城市建设的斗争，他们致力于让城市成为对所有寻求在城市中谋生的人提供正义、机会、平等、权力、生计和热情欢迎的地方。

---

**注 释:**

　　[1] "Colored Methodists Should Get Out, Says Dr. Lyon in Forceful Sermon", *Baltimore Afro American Ledger*, December 10, 1910.

　　[2] Ibid.

　　[3] 关于种族隔离的后果，请参见诸如：Melvin L. Oliver and Thomas M. Shapiro, *Black Wealth / White Wealth: A New Perspective on Racial Inequality* (New York: Routledge, 1995); Harriet B. Newburger, Eugenie L. Birch, and Susan M. Wachter, eds., *Neighborhood and Life Chances: How Place Matters in Modern America* (Philadelphia: University of Pennsylvania Press, 2011)。

［4］引述自 Javier Auyero，"'This Is a Lot Like the Bronx，Isn't It?'：Lived Experiences of Marginality in an Argentine Slum"，*International Journal of Urban and Regional Research* 23(1999)：45—69；Peter Marcuse，"The Enclave，the Citadel，and the Ghetto：What Has Changed in the Post-Fordist U.S. City"，*Urban Affairs Review* 33(1997)：228—269；Loïc J. D. Wacquant，"Three Pernicious Premises in the Study of American Ghettos"，*International Journal of Urban and Regional Research* 21(1997)：341—354；Eric Fong and Milena Gulia，"Neighborhood Change within the Canadian Mosaic，1986—1991"，*Population Research and Policy Review* 19(2000)：155—177；Ceri Peach，"Good Segregation，Bad Segregation"，*Planning Perspectives* 11(1996)：379—398。针对殖民城市就类型和过程方面开展了研究参见 Anthony D. King，"Colonial Cities：Global Pivots of Change"，in *Colonial Cities*，ed. Robert Ross and Gerard J. Telkamp(Dordrecht：Martinus Nijhoff，1985)，9—12。对于隔离提供的定义而言，最为突出的是 John Cell，*The Highest Stage of White Supremacy：The Origins of Segregation in South Africa and the American South*(Cambridge：Cambridge University Press，1982)，1—20。

［5］论文"Good Segregation，Bad Segregation"，致力于把这两种类型的隔离置于城市隔离范畴之下的两端，作者 Ceri Peach 谨慎地提及"两者之间出现含混交互"的可能性(391)。我认为所有关于种族隔离的研究都应该首先阐明所涉及的政治的"不透明性"，即使是在新来的少数移民族群在寻找自己的城市区域的情况下，即便这些群体随后又分散四处，也甚少或根本没有来自外部的可即刻察知的强迫之力。

# 第一部分 追根溯源

# 第一章

# 7 000 年城市割裂

## 在种族出现之前

我们从何时开始把城市割裂成为分离的、不平等的和强制性的居住区？ 我们又是从何时起把这样的实践散播到全世界？

这些问题的答案，不能简单地归结为人类与陌生事物保持距离的本能。 在人类历史之中，我们以多种方式对内部群体和外部群体——亦即"我们"和"他们"——之间的界线加以定义。 我们城市的政治反映出这些定义的改动和变更，每一种定义都引发了不同类型的隔离政治。比如，把人类分为不同"种族"的思想，相对晚近。 直到 1700 年代，西方人才首次使用种族作为普遍化的分类，用以解释人类的差异。 也是自此开始，种族才在分割城市的实践中变得重要起来。

然而可悲的是，人类并未等到西方发明出种族一词之后才开始分割城市，也并未等到此时才开始在世界广阔区域中重演城市隔离。 事实上，大约 7 000 年来，可以说自从有了城市以来，人类就一再实施毫无公平可言且充满强力的割裂城市的行动。 在此过程中，人们以几乎所有可以想象到的人类差异的其他概念的名义为自己的行为辩护，为不同的阶级、氏族、种姓、手工艺、国家、宗教信仰、文明甚至性别划定单独的居住区。 古代隔离主义政治最为成功的形式，基于这些思想更加复杂和具体的组合：神明应当住在更为辉煌之地，不与凡人共居；城市居民应当与农村居民分开居住；外国人应当与本地人分开居住。

20    与种族隔离不同，这些城市分裂的古老形态，其发明和复现无法归咎于某一个文明。 相反，每一种人类城市文明都在其大部分领域沿用了隔离主义惯例。 他们在建造最初的城市并发明出对于隔离主义政治而言至关重要的下列三大机构之时，可以说就已经这样做了：威权政府、精英宗教知识分子的种姓，以及制度化的财富不平等，包括对城市土地的垄断控制。 这些都是当今时代把种族隔离散播全球的机构的直系先祖。


## 塔庙的长长暗影

大约在公元前 5000 年，也就是 7 000 年前，据说美索不达米亚之神马尔杜克命令他的祭司和崇拜者在名为埃利都的地方建造一座寺庙。1854 年，考古学家在今日伊拉克一片风吹沙丘之下发现了这座城市，很多人认为它就是最古老的城市。 然而，在此之前很久，公元前 600 年，一群巴比伦诗人已经将埃利都视为隔离的发源地，声称这座城市是在马尔杜克命令其追随者拱卫"他的圣所……众神栖居的神圣之地"时形成，在周围为服务圣所的凡人提供单独的住处。[1]

早在马尔杜克的权力进入美索不达米亚的不动产之前，人类聚居地就已有各种各样的分界线。 当然，本质上来讲，所有住所的墙壁与屋顶其实都是把受庇护的空间与暴露的空间进行"隔离"。 如果没有一簇簇墙壁屋顶构成的蜂巢般的建成环境，无论是城还是镇，都将是无法存在的。 但是，我们确乎有可能去设想并不存在马尔杜克提出的那种类型隔离的聚居地。 事实上，考古学家于 1960 年代在土耳其一个名为恰塔胡由克(Çatalhöyük)的地方发现了这样一个"原型城市"。 恰塔胡由克房屋的内部结构比埃利都还要古老 1 000 多年，它们本身以简单却又熟稔的方式进行了细分。 烹饪空间被壁炉隔开；食物存储区中有地窖谷仓；祈祷、睡眠和做爱则发生在别处；逝者也有自己专门的地方——埋葬在地面之下。　与晚近城市中的情况相比，男人和女人的地　21
位显然要平等得多，尽管有人可能会认为某一性别的日常活动要超过
异性。

　　恰塔胡由克的户外，由房屋的墙壁划分为独立的单元格。　但是在
城镇的蜂巢之中，甚少证据表明有多样化活动或者功能的隔离，而这样
的隔离是把城市与单纯的聚居点加以区分的关键。　恰塔胡由克的所有
居民做着近乎相同的事情：他们都务农。　一些城镇居民兼职做工匠，
但他们的作坊似乎占据的是房屋中的另一个空间。　唯一清晰可辨的大
尺度分界线是将城镇与周围的农田和荒野截然分开的界线。　恰塔胡由
克的建造者甚至未在城镇建筑之间为街道留出空间，这些建筑共用墙壁
彼此紧挨（为了四处走动，人们可能会爬上梯子穿过顶棚上的门，然后
在屋顶上行走）。　所有房屋看起来几乎是相同的。　有少数房屋比其他
略大，有的房子地面之下埋葬的逝者比其他房子要多几个，暗示某些地
方可能是比其他地方更为重要的仪式场所。　但它们都有大小近乎相同
的容器以储存谷物，这意味着人们的经济状况大致平等。　关于分割空
间的问题，可能导致若干复杂的政治戏码。　比如，究竟哪些空间属于
社群中不同的成员可能会引发争吵——在某些社会中，这种冲突可能会
导致私有物业之间划地为界。　然而，无论恰塔胡由克的居民之间是否
存在上述矛盾，他们几乎没有利用城市空间隔离作为区分富人和穷
人——或区分强权者和从属者的手段。[2]

　　那么，正如巴比伦诗人所言，马尔杜克要求为诸神另辟专门空间栖
居，"其心悦之居所"，诗人正是如此称呼埃利都的神庙，因此改变了世
界的历史，这样就把神圣城市区域与普通人的居所分离开来。

　　不言而喻，神圣的指尖一抬，城市中的不平等和隔离随即出现。
尽管埃利都在神话中的地位是苏美尔王权的发源地（在叙事中会提及的
另一个姓名是恩基，也就是马尔杜克的父亲和地球的创造者，也是这个
城市的创立者），但埃利都的神庙1 000多年来一直平淡无奇，平面图可　22

见它易于接近，畅通无阻。 古代的城市不平等形式并非总需要依赖隔离呈现，反之亦然。 在埃利都的第一个千年里，该地区其他地方的人在附近建造了无独立城镇的崇高圣地，以及并无神圣区域的城镇，但看上去不平等愈演愈烈。[3]

"随后埃利都就被创造出来……让众神祇在心悦之地栖居。"这幅画呈现的是大约公元前 3000 年埃利都城可能的样貌，此时它已有 2 000 年的历史。彼时，神明的栖居之地，塔庙，已经庞大高耸。世界各地大多数城市文明中，也出现了类似的专属宫廷庙宇区，它们或是对美索不达米亚的模仿，或是独立发展而来。**Balage Balogh**，《埃利都日出》(**Eridu Sanrise**)。

　　尽管如此，很明显自公元前 4000 年之后，最早有文字记载的时代，以埃利都为模本的苏美尔独立神庙区已成为城市精英官员与知识分子——本地祭司之间发生重大政治冲突的场所。 这些冲突最终导致专制派系的统治，进而导致第一批神圣任命的城市之王和王后的出现。 在这些城市中，围绕着神庙发展出更大面积的"神圣政治区"，其中包括皇宫，以及更重要的城市粮仓——表明中央控制食物分配体系的发展。 有史以来第一次，令人生畏的城墙把神圣之王的城市领地围绕起来，表达了有意把除了城市特权人群之外的所有人排斥

23

在外的信号。

　　随着政府和宫廷知识分子职权的强化，他们也对城市土地的分配拥有了越来越多的权力，城市隔离措施愈发严重。 君主和祭司渴望满足神明对辉煌居所日益增长的需求，很多世纪以来反复下令重建宫殿寺庙（palace-temples），通常每次重建都扩大规模，使它们更加宏伟。 由于旧建筑拆除之后的瓦砾通常会被仔细地堆放，成为新建筑的基础，因此神明的专属居所就开始向上伸展。[4]

　　通过这种方式，美索不达米亚著名的塔庙不断发展，巨大的城市建筑诞生了，在延续至当今时代的城市分裂政治中扮演着至关重要的角色。 到公元前 3000 年左右的传奇暴君吉尔伽美什时代，乌鲁克的伊安娜神庙区（女神伊安娜或伊什塔尔的家园）建造于高高的人造土丘之上，四周为巨大的城墙环绕——高耸如山，把神庙与城市其他地方隔离。平等主义的证据早已不复存在：

> 他建造了坚固的乌鲁克城墙，
> 伊安娜耀眼的宝藏（或仓库）！
> 看，它的墙壁如同黄铜一样闪闪发光，
> 就这样俯瞰着下方，再也没有平等可言了
> 沿石级而上，从遥远的岁月走来
> 来到伊什塔尔的居所——伊安娜神庙，
> 自此之后，未来之王，任何人类，都不会再有平等可言。[5]

自下向上观之，塔庙及其周围的建筑提供了天堂一般的景象，漂浮于城市其他部分的上方，展示着它的威严。 因此，圣域成为当时重要的大众传媒，散布实实在在的宣传，即众神和他们的皇室仆人将确保每个人都获得丰收、繁荣、健康与和平——或至少战争胜利。[6]

　　考虑到战争，吉尔伽美什这样的统治者强化了第二种巨大城市隔离的基本形式——城市与乡村之间的隔离。 乌鲁克城环绕的高墙几近十　24

公里长，围墙也宣告了这座城与神的联系。

> 向上走，走出乌鲁克的城墙
> 细察它的基台，细究它的砖砌
> 砌筑它的不是窑中烧出的砖吗？
> 为它奠定基础的不是七位巧匠吗？[7]

在复杂的城市出现之前，城墙就已经到来。 一万年前，所有已知原始城市中最早的耶利哥城就已经被著名的城墙环绕，这道城墙随着约书亚号角的吹响而倒塌。①相比之下，乌鲁克大约在公元前 3000 年左右才建起了城墙，之前已有一千年的无城墙历史。 然而，城墙为城中王室带来诸般好处。 除了提供军事防御和加强神圣统治宣传外，城门还提供了一个方便的地方，可以向外来者征收通行费。 城墙的保护，可以确保城市居民的忠诚；被视为不忠的人可能会被驱逐到城墙之外。城墙可供城市炫耀财富——正如吉尔伽美什的编年史记录者指出的，砌墙用的是窑烧的砖，而不是阳光下晒干的廉价砖！ 更抽象地讲，城墙也可供把城市的优越文明与腹地文明加以对比。 城墙之内的城市居民可以享有闻所未闻的财富和闲暇，瞧不起周围田地上劳作的农民。 在史诗中，美索不达米亚人把城市生活与城外荒野的境况加以对比：城市中充斥着盛宴、欢乐和刺激的性行为尝试，而城外荒野中生活的人则是乡巴佬、苦力、野蛮部落、流浪者、帐篷居民、半兽人和草寇。[8]

这两种最古老的城市隔离形式，也带来了与之相关诸多悖论中最持久的一种。 如果说纪念性建筑和城墙能够极大地提升天赐的王权，那么它们的创建本身就需要耗费巨大的权力和资源。 乌鲁克的神庙需要耗用数千万块砖，而城墙所需砖数以亿计。 每块砖的烧制，都需要大量稀缺的燃料。 还需要数万双手去砌筑。 然而，这样的庞大建筑也同

---

① 见《旧约·约书亚记》第 6 章，约书亚吹号绕城七圈，城墙倒塌。 ——译者注

样无可辩驳地证明了建造它们的神圣之王的脆弱性——最重要的是，他
们还需要抵御无数强大的敌人，从王室的敌对成员到不开心的纳税人，
再到成群结队的牧民，这些人有时确实会从荒野中集结起来冲进城墙
之内。

    25

然而，最大的威胁来自其他城市。随着像乌鲁克这样的地方不断
发展，为了养活城市人口，就不得不向农村深入，因而增加了它们侵犯
其他城市聚居地疆域的可能性。敌对的神主对于这些威胁作出反应，
建造起辉煌的庞大建筑和令人生畏的城墙，自己也发动起征服战役，有
时还会把大量城市笼络于一个帝国的控制之下。

正是以这种方式，政府和它们的祭司阶层做出了世界历史上前所未
有的举动：他们开始跨越漫长距离散播城市隔离。首先，美索不达米
亚南部苏美尔地区的塔庙越来越多、越来越高，也越来越威严[乌尔城
的塔庙被称为"基台被恐怖覆盖的房屋"（house whose foundation plat-
form is clad in terror）]。随后它们向北和向西扩散到新月沃地。例
如，在尼尼微，亚述皇帝辛那赫里布建造了一座"无可匹敌的宫殿"
（公元前700年）。一个世纪之后，巴比伦皇帝尼布甲尼撒为马尔杜克建
造了一座巨大的两层塔庙，他称为天地之基，也就是我们所谓的巴别
塔。与此同时，这些古老的构筑物有助于激发更远地区城市划分的其
他宏伟的标志——埃及城市的法老圣殿；波斯、小亚细亚和希腊的卫
城；以及罗马卡比托利欧山上的朱庇特神庙。在塔庙的所有嫡系后裔
之中，对后来的世界历史最重要的，是公元前950年左右由虽小却统一
的以色列和犹太王国的所罗门王在耶路撒冷的锡安山上建造的，包括一
座王宫和一座供奉圣经神耶和华的庙宇。锡安山注定要成为犹太教、
基督教和伊斯兰教这世界三大一神教信仰不朽的城市避难所。[9]

随着影响深远的隔离由苏美尔向外传播，类似的政治戏剧也在世界
其他联系不那么紧密的地区上演着。这些意义深远的隔离新传统向外
辐射，遍及广阔区域，偶尔还与别处辐射的其他传统交汇。今日巴基
斯坦的印度河—萨拉斯瓦蒂山谷中分裂程度没那么严重的城市，包括摩

亨佐-达罗和哈拉帕，可追溯到公元前 2600 年，它们与同时代的美索不达米亚城市有贸易往来，并可能引入了苏美尔城市政治的若干方面。撒哈拉以南非洲最早的城市文明中的城市，比如克尔马、梅罗埃和纳帕塔，于公元前 2200 年之后在尼罗河中游地区兴起。 几乎可以断定它们影响了埃及法老的城市实践。[10]

　　相比之下，后来在非洲其他城市发展起来的最早的神圣政治区（sacropolitical districts）——例如西非（公元 500—800 年）被称为"宇宙之脐"的伊莱-伊费（Ile-Ife）或大津巴布韦和非洲南部其他地区的石头宫殿（公元 1000—1500 年）——是在相对隔绝、未受外部影响的条件下发展起来。 美洲的古老城市也是如此，例如今天秘鲁的卡拉尔（公元前 2600 年），用于颂扬和安抚诸神的专属之地正是从此城向北散播到中美洲，最终抵达宏伟的特奥蒂瓦坎城，坐落在今日墨西哥城的位置，日后对玛雅若干伟大城市产生影响，也对阿兹特克人的首都特诺奇蒂特兰产生了影响。[11]

　　与此同时，公元前 2000 年之后的中国，正处于商朝，也近乎独立地开启了纪念性城市建设传统。 此时的风水学家撰写了现存最早的城市规划著述，最著名的是《周礼》。 其作者坚持认为，国君应居住于正中间有围墙环卫的"禁城"或"皇城"之中，城市的其余部分则由更大的一圈四四方方的围墙包围，围墙的方位与指南针定位分毫不差。 这种基本形式可有若干变体，为贯穿中国三千年历史的王朝都城提供了范本，终于在公元 1421 年之后的中古时代的北京城达到顶峰。 类似的城市分区模式传播到韩国、日本和今日所称之越南。[12]

　　在东南亚，中国传统与同期在印度产生的更为多样化的纪念性建筑的传统发生重叠。 印度史诗《摩诃婆罗多》颂扬古老的因陀罗——战争与风暴之神，而因陀罗城（Indraprashtra）可能位于今天德里的城市范围内——"城墙高与天齐""城门如在云端，高如曼陀罗山"。 德里后来的君主，无论他们是印度教徒、佛教徒、波斯人、穆斯林还是阿富汗人，似乎都一心想要自己建造的不朽的因陀罗城，每位都在亚穆纳河畔同一地区的不同位置营建。 莫卧儿皇帝沙贾汗在 17 世纪超越了所有人，他以巨大的红堡为他建造的德里（他称之为沙贾哈纳巴德）加冕。 在印度各地的城市中都可以发现类似的纪念性建筑。 但在所有印度教和佛教君主之中，最令人印象深刻的首都无疑是位于今日柬埔寨的吴哥。 这座城市高耸的莲花塔上有着繁复的装饰性雕刻鎏金图纹，意在唤起人们对于印度教众神栖居山脉的想象。[13]

就世界上大多数最宏大的帝国而言，似乎都发现城市的纪念性及随之而来的城市分裂政治是一种难以抗拒的权力表达方式。 但是隔离的蔓延并非已成定局。 在某些地方，至少在特定的时期涌现出了另外的可能。 例如，在穆斯林文化中，一种更谦逊、开放和平等的城市想象在不同时期以清真寺为中心的城市中都占据主导地位。 这是所有人都可以礼拜的地方，也是统治者会聆听他的臣民抱怨的地方。 然而，随着伊斯兰教在三大洲的扩张，哈里发越来越多地诉诸城市来表达力量，在巴格达、开罗、伊斯坦布尔、阿尔及尔、非斯、拉巴特和科尔多瓦等地建造了纪念性城市。[14]

在欧洲，日耳曼入侵者洗劫了罗马帝国的众多城市，在这一所谓的黑暗时代，纪念性建筑荡然无存。 当它重新出现时，当权者在彼此难求安定的竞争中建造了大教堂等神圣纪念建筑和领主城堡等政治纪念建筑。 在十字军东征期间，随着基督教战士在他们征服的圣地区域建造威严的山顶堡垒，上述建筑竞争才开始减弱。 这样的山顶要塞（citadella）后来在饱受战火蹂躏的近代欧洲大量出现。 当欧洲人扩张到美洲，又从非洲扩张到亚洲时，他们把对城堡的狂热带到了远至波多黎各圣胡安的埃尔莫罗、魁北克城的高堡、西非的黄金和奴隶贸易堡垒，以及亚洲殖民城镇中围墙环绕的欧洲区——"西班牙马尼拉""荷兰巴达维亚（爪哇岛）"和"英国马德拉斯"等地方。 在这些地方，官员再次把政治和神圣加以统一——至少名义上如此——因为他们往往会把高墙拱卫的地区称为"基督教城"。[15]

## 隔离陌生人

这些欧洲殖民城市的官员都是远道而来的商人。 他们在非洲和亚洲为自己建造的隔离区代表了另一种古老的城市政治传统的变体：把陌生人进行隔离。 正如历史学家菲利普·科廷（Philip Curtin）的阐述，外国商人和放贷人的独立城市"殖民区"正是"最为广泛的人类制度（human institutions）之一"，跨越"从农业的发明到工业时代的到来之间的漫长历史时期"，持续进行着创造和再创造。[16]

城市商业区的广泛分布是商人和君主之间不稳定关系的产物。 商人的财富可以与君主媲美，而君主也需依赖商人——他们是富裕的纳税人，是国外贷款和奢侈品的来源，是远方贡品的传送者。 就商人而言，他们依靠统治者提供保护，并愿意对此花钱。 由于保护交易所引发的争议不断，君主也会通过煽动民众对商人的不信任（如果不是彻底的蔑视）情绪来为王室谋取利益。 世界上所有的文化都包含若干反商情绪，大多数都基于这样一种观念，即商人在社会中是非生产性成员，随时都在窃取他人的劳动成果。 外国商人比本地商人更容易成为攻击目标，他们成为当地问题的冤大头和替罪羊，让统治者能够将针对自身统治的批评加以转向，并在危急时刻巩固自己的权力。 然而，针对外国商人的暴力行为也可能会自发出现，从而威胁到君主对社会秩序的控制。 为了给自己提供一个对抗上述情绪的杠杆，君主经常强制外国人与城中其他居民分开居住。 就商人而言，他们通常要求统治者授权将一个单独的地区用围墙隔离出来，作为其保护协议的一部分。 因此，所涉及的政治戏剧包含了胁迫和同意的含混杂糅。 它们的主线随着时间和地点的变化而变化。

外国商人区的源头可以追溯到考古学家在苏美尔河流城市港口区附近发掘到的居民区。 哈拉帕和其他古城在城墙外安设若干空间，可能是商队驿站，供穿越沙漠的商人休息的地方。 后来，在公元前1850年之后，我们知道一群被称为卡茹姆（kārum），或者"贩货人"（the wharf）的亚述商人，居住于安纳托利亚城市卡内什的专属于他们的镇区之中。 正是在这里，有史以来第一次，有充分的信息源暗示强有力的政治涉入：卡内什的当权者强令所有抵达的商人在去与卡茹姆交易之前必须经过王宫，以此确保他们缴纳保护费。[17]

古代地中海东部地区所有的城市都为商人开设了驿站或旅舍，最早在圣经中称为 *pandocheion*，这个希腊词的意思是"接纳所有来者"。 阿拉伯统治者将这个词翻译为 *funduq*，指代类似机构；拜占庭人称其为 *foundax*；大约在公元1100年之后，意大利商人又将其翻译为 *fondaco*。在此过程中，这样的机构遍布地中海地区，并愈发复杂。 例如，在中世纪的亚历山大港，威尼斯人和热那亚人的旅舍占据整个街区，包括仓库、浴室、基督教教堂，以及不受伊斯兰教规约束制备食品的专用烤炉箱和妓院。 当地的伊斯兰当权者最初答应了威尼斯人的请求，由他们自行掌管自己旅舍大门的钥匙，但到了中世纪晚期，当地官员收回了钥匙并聘用一名守卫负责从外部打开和关闭大门。 一个远离故土的温馨家园也因此有了夜间牢房般的样貌。 在君士坦丁堡，拜占庭当局将阿拉伯、犹太、威尼斯、热那亚、比萨和希腊商人关在金角湾（该城市著名港口的名称）北部的佩拉称为米塔顿（mitaton）的封闭区，并曾经屠杀了该区域的所有居民。 在第四次十字军东征（1204年）期间，意大利人进行了报复，洗劫了这座城市，并放火焚烧了犹太人和穆斯林的米塔顿。 热那亚人接管了佩拉（他们称之为加拉塔 Galata），在拜占庭人重新掌权后长期将其作为一个独立的城邦统治，威尼斯人搬进了城墙之内并在拜占庭宫廷扮演了重要角色。 公元1453年之后，奥斯曼土耳其人占据了这座城市，意大利人再次就在穆斯林伊斯坦布尔获得位置优越的独立居住区进行协商。[18]

在波斯，作为反对穆斯林竞争对手运动的一部分，萨法维王朝的阿巴斯大帝将亚美尼亚首都朱尔法夷为平地。 但他后来允许无家可归的亚美尼亚商人在他的首都伊斯法罕城墙外定居，他们在那里建立了一个基督教城市并称之为新朱尔法。后来，欧洲商人在波斯城市中获得了独立的飞地，在新朱尔法建立了自己的小块飞地。亚美尼亚人利用他们在新朱尔法的地位来经营一个松散的商业帝国，这个帝国从欧洲延伸到中国，后来在印度的某些地区与欧洲人抗衡。[19]

在中国，儒家学说格外鄙视商人，《周礼》则建议统治者在城市中最不受欢迎的地方设置市场。但是许多海外商人涌入中国，最引人注目的是在南方港口城市广州。在日落和正午报时鼓声之间，广州的官员把阿拉伯人、亚美尼亚人、犹太人、波斯人和南亚人关在被称为"番坊"的住处。在东南亚地区，那些对商人较为友好的港口城市的主政者则形成了一个传统，为来自亚洲各地的数十个商人社区设立单独的甘榜（kampungs）或"村庄"。类似的社区遍布印度海岸。有时，外国商人利用他们的独立地区对当地事务施加重要影响。公元758年，当广州的阿拉伯商人与地方当局谈判未能如愿以偿时，他们冲出番坊，洗劫城市，并掠走财富。印度卡利卡特的穆斯林商人则主宰了该城镇的政治。[20]

与此同时，昆比萨利赫、马里、杰内、加奥和廷巴克图等西非商业城市通常会划分为王室之城和商人之城。生活于今日尼日利亚北部的豪萨人为外国商人建立了名为萨邦加里（Sabon Gari）或宗戈斯（zongos）的独立住区，后来他们在西非各地的城市中为自己也建立了宗戈斯。在此处，针对外国商人飞地的政策卷入了复杂过程中，一些统治者接纳了部分伊斯兰教义，而另一些则认为其可能会颠覆他们的统治而予以拒绝。在昆比萨利赫，加纳国王命令穆斯林商人在城外六英里处居住；在其他地方，例如廷巴克图，穆斯林则受到较为热诚的欢迎。[21]

就其后种族隔离的历史而言，当外国商人对其经商所在的海外城市取得控制权之后，外国商人住区最重要的政治变化可能就开始出现了。古代腓尼基人和希腊人通过征服地中海其他地方的殖民城市或自己新建海外港口城镇，完成了这一"壮举"。后来威尼斯人和热那亚人在塞浦路斯和黑海建立了类似的殖民城市。君士坦丁堡的加拉塔只是热那亚帝国众多城市飞地殖民地之一。但是，英格兰的征服者和爱尔兰的定居者才可算是在中世纪开创了此类型最重要的先例。与基督教欧洲(Christian Europe)的任何地方相比，英格兰人歧视爱尔兰人的做法更加恶毒，而且更侧重于身体和文化上的隔离。臭名昭著的1366年《基尔肯尼法案》将英格兰人与爱尔兰人结婚、抚养或成为爱尔兰人的教父教母的行为都定为非法，并禁止殖民定居者使用爱尔兰语或沿用独特的爱尔兰服装和发型。公元15世纪，英格兰国王命令农民在都柏林整个英语区腹地周围修建大约70英里长的土方工事，从而让"野蛮的爱尔兰人"远离很快被称为"围栏区"(the Pale)的区域——这个词来自拉丁语 palus(柱子)。英格兰商人还修建了若干割裂的港口城镇。例如，利默里克被修道院河(Abbey River)一分为二：英格兰城和爱尔兰城。后来在16和17世纪，都铎王朝和斯图亚特王朝完成了对爱尔兰的征服，正是在天主教的堡垒中以传播新教力量的名义实现的。英格兰君主开始着手一项相当于早期大规模人口工程的项目，鼓励新教定居者取代天主教徒占有岛上最肥沃的土地。他们还命令定居者将为数众多的爱尔兰城镇用城墙围起来——最著名的是位于新教盛行的北部阿尔斯特省的德里(Derry)和贝尔法斯特——甚至有一段时期禁止天主教徒在岛上的任何城市里居住。与此同时，都柏林的坚固城堡成为英格兰对爱尔兰牢固把控的纪念碑式政治宗教标志物。[22]

31

在这些欧洲海外殖民地中，为了证明对陌生人的控制和把他们进行隔离之间的关联的合理性，出现了关于差异的崭新概念。西方海外商人社区以及当地人都频繁使用"民族"和"人民"(gente 或 jente)这两个词来描述他们不同的起源。两个词都源自与出生(natus 和 gems)相关的拉丁概念，它们通常与《圣经》中关于血缘关系和祖先(例如繁殖和血统)的观念相连。那些热盼煽动对外国商人或殖民地人民蔑视情绪的人，至少可以凭借一种含混的感觉，即奇怪的习俗或宗教习惯植根于固有的，有时甚至是非人类的自然环境差异（subhuman physical differences）。中世纪爱尔兰的《英国人隔离法令》（English separation decrees）正是从一个对照的思想中得到了启发，即如果定居者与爱尔兰"野蛮人"接近，将在诱惑之下去采纳可能导致道德"败坏"的（爱尔兰）习俗。这两种思想的变体后来都进入了现代的种族概念之中。与此同时，欧洲人（尤其是英国人）在将他们的帝国野心铺展在美洲以及通往东方的贸易路线上时，也携带去了移民工程、原住民剥夺和城市分裂的相关做派。因此，"民族"和"人民"的隔离是按肤色和种族施行的城市隔离最直接的概念渊源。[23]

## 32 替罪羊犹太隔都(Scapegoat Ghettos)

因隔离陌生人的实践而产生的另一个重要概念是"隔都"（ghetto）。尽管直到 1516 年威尼斯才为该市的犹太人指定一个强迫性的城镇住区，但基于宗教的隔离历史溯源要早得多，可追溯到圣经之中圣地的冲突。单一神崇拜宗教信仰的兴起，让事态变得岌岌可危。这种精神领域的创新经常招致古代多神教神王（god-kings）的严厉回应。后来，三大一神教之间出现了剧烈摩擦，它们的信徒往往聚集于同一个城市。在这些冲突的起起落落中，敌对宗教阵营的代表从未在任何城市中分享其所占据的最高权力位置。但是，统治城市的宗教团体有时确实会为其对手的从属地位进行协商，偶有自治和和平共处时期出现。居住隔离可能是这些协议中的一部分，其胁迫程度各有不同。然而，当协议破裂时，占主导地位的宗教团体有时会对其对手长期强制驱逐，甚至大开杀戒。

耶路撒冷——锡安山之城，许多人相信上帝耶和华让亚伯拉罕在此地经受了圣经著名的信仰之考验——此地正是这些不断变化的戏剧中最令人担忧的城市舞台。这部史诗开始于公元前 6 世纪初，当时巴比伦皇帝尼布甲尼撒占领了锡安山，摧毁了所罗门的耶和华殿。 为了密切监控反叛的犹太精英，他将他们（连同他们的武器制造商）转移到巴比伦。 在巴比伦，他们居住于马尔杜克市的几处地方，众多人在一个名为特拉维夫（Tel Aviv）的街区永久定居。 当波斯王居鲁士征服巴比伦并终结了流放时，一些犹太人返回耶路撒冷，很快在锡安山重建了他们的圣殿。 在那里，尼希米王和以斯拉王（the kings Nehemiah and Ezra）曾一度把旧都变成了一个更加专属的犹太飞地。 这与古代世界其他地方更为国际化的愿景形成鲜明对比，包括居鲁士在巴比伦的继任者和埃及的希腊托勒密王朝法老的愿景，他们允许大型犹太社区在首都亚历山大城内各处居住，并享有相当大的特权。[24]

当罗马征服地中海东部地区时，宽容不复存在，犹太王国荡然无存。 公元39年，亚历山大城的大多数外邦人①反对犹太人，担心对单一神的崇拜会威胁到罗马皇帝卡利古拉的崇拜。 他们冲进城中的犹太人家庭和犹太教堂，没收了犹太社区的财富，并迫使难民居住在一个名为三角洲（Delta）的拥挤且边界鲜明的飞地之中——可以说这是世界上第一个犹太人聚居区（隔都）。 几年后，罗马人转向耶路撒冷，镇压了那里的两次大规模的犹太人起义。 在公元70年的第一次战役中，他们摧毁了希律王在锡安山上宏伟的第二圣殿。 而在公元137年的第二次战役之后，他们完全禁止犹太人进入耶路撒冷。[25]

当罗马皇帝在公元4世纪皈依基督教之后，他们把将犹太人驱逐出锡安山的法令加以更新。 直到公元638年穆斯林哈里发奥马尔占领耶路撒冷后，才将其废除。 穆斯林在锡安山上建造了圆顶和阿克萨清真寺，并将其更名为圣地，既是为了彰显伊斯兰教对亚伯拉罕之神的崇敬，也是为了把先知穆罕默德前往耶路撒冷与真主会面的梦幻之旅的目的地加以神圣化。 然而，奥马尔允许犹太人和基督徒作为从属但半自治的公民生活在这座城市里，随之而来的是长期相对和平的共处。 后

33

---

① 这是犹太人对非犹太人的称呼。——译者注

来在 1099 年，基督教十字军袭击了这座城市，伊斯兰和平被打破。 他们屠杀了这座城市的穆斯林和犹太人，并将圆顶改造成基督教的"上帝的圣殿"。 当萨拉丁在 1187 年重新征服耶路撒冷时，他将圣殿山恢复为穆斯林圣地。 然而，众所周知，他放弃了对这座城市的基督徒进行残忍报复的最初计划。 在接下来的 800 年中，直到 20 世纪初，三大宗教的信徒在穆斯林治下共同生活在城墙之内，各自占据了一个单独的区域，其边界和排他性都随着时间的推移而发生变化。[26]

耶路撒冷的宗教政治是广泛存在于地中海和欧洲其他城市的模式的映射。 穆斯林统治者通常对一神论者持有最欢迎的态度；基督徒变得越来越不宽容；世界各地众多犹太人社区都不得不去对某种从属地位进行协商，通常他们被限定在城市中的单独区域。 中世纪最重要的此类政治体是西班牙和葡萄牙，它们是欧洲最古老的伊斯兰酋长国、基督教世界最狂热的十字军王国以及中世纪世界最大的犹太人口的所在地。

34 许多世纪以来，伊比利亚半岛的基督教国王都以相邻穆斯林统治者为榜样，致力于在主要信仰之间实行共存(convivencia)或"共栖"(co-habitation)的政策。 即使十字军在前往耶路撒冷的途中摧毁了欧洲其他地方的犹太社区，西班牙也允许犹太人繁衍生息，同意犹太人在穆斯林城镇(aljamas)和基督教城镇(juderías)的安全独立的村庄内居住。[27]

共存政策在公元 14 世纪开始瓦解，此时西班牙和葡萄牙成为天主教极端主义的爆发点。 关于犹太人在黑死病中所扮演的角色的阴谋论广为传播，伊比利亚的基督教君主为重新征服南部的领土而煽动十字军东征的热情。 传教士煽风点火，对犹太人的权力和财富以及他们在基督受难所发挥的作用提出了潜在的怀疑。 1391 年，暴徒烧毁了塞维利亚设防坚固的大型犹太住区(judería)，在西班牙各地发动了对犹太人的可怕屠杀。 全国各地的地方政府都强迫犹太人剃光胡须并穿着特殊服装，且严格限制犹太人使用城市空间。 他们禁止犹太人拥有房地产，即便在犹太住区也不能够，犹太土地所有者被迫以极低的价格出售房产。[28]

　　这样做的目的就是让犹太人的生活变得难以忍受，以至于被迫离开伊比利亚或皈依。有些犹太人确实离开了，也有许多因对生活的畏惧而皈依他教，但随着皈依他教犹太人（formerly Jewish conversos）数量的增加，替罪羊政治变得更加恶毒。基督徒怀疑皈依者的虔诚是否诚恳，而皈依者的基督徒身份又让他们成为西班牙宗教裁判所（Spanish Inquisition）迫害的对象，宗教裁判所经常给他们打上"犹太化"异端（"Judaizing" heretics）的烙印。为了证明他们的虔诚，皈依者还经常要充当迫害犹太人的先锋，且常常在具有部分犹太血统的基督教西班牙贵族的帮助下完成，这些人希望摆脱犹太"血统"的污迹。而犹太人在宗教裁判所的法庭上则捏造对皈依者异端罪名的指控来为自己辩护。与此同时，伊莎贝拉女王在与穆斯林格拉纳达的战争中耗尽了国库，不得不向强烈反犹的地方当局寻求支持。托莱多的犹太人被指控在仪式上杀害了一名年幼的基督教儿童，女王对于共存政策作出的持续承诺随即消解，反犹暴力再次肆虐全国。1492 年，格拉纳达战败，伊莎贝拉女王和阿拉贡国王斐迪南二世通过永久性驱逐其领土上的犹太人来庆祝强大的天主教西班牙王国的统一。他们断言如果允许犹太人留下，这些犹太人将一直引诱皈依者，使其变得不虔诚。那一年，加的斯码头挤满了登船前往更安全避风港的犹太人，以至于克里斯托弗·哥伦布不得不推迟西行前往中国的航程。[29]

　　先是西班牙，随后是葡萄牙，犹太人充当替罪羊的政治意味着城市隔离的终结。相比之下，在威尼斯，替罪羊政治和隔离找到了一种依然邪恶却极为微妙的共同目标。威尼斯的犹太人，正如尚允许犹太社区存在的其他欧洲城市中的犹太人一般，受法律限制只能从事商业投资和放贷活动，这种行业因被视为有罪而禁止基督徒参与。威尼斯严重依赖从犹太人手中借来的钱来开展商业经营，命令犹太人经营当铺并发放低息贷款，从而让最贫穷的威尼斯人都能经济宽裕。"城中的犹太人像面包师一样必不可少"，威尼斯一位大亨这样说，他可比大部分人都诚实。[30]

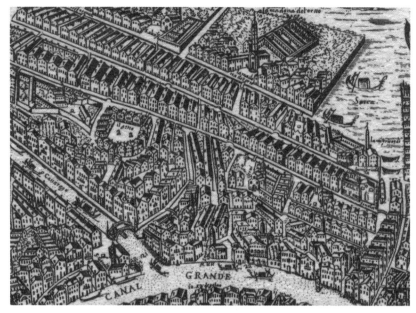

　　"所有的犹太人都应该住到隔都去。"有了这样的话语,威尼斯共和国的独裁政客们在 1516 年决定把城市中的犹太人赶到一个被围墙和运河包围的独立区域居住。隔离让独裁政客为城市问题找到了近在手边的替罪羊。因此,隔都代表的是为城市中外国居民设定独立区域的古代传统的崭新转变。来源:Giovanni Merlo, *Pianta prospett iva della città*, *from Piante e Vedute Prospecttiche di Venezia*(*1479—1855*),by Giocondo Cassini(Venice: Stamperia di Venezia, 1982),116—117。

36　　　　15 世纪后期,在西班牙全国蔓延的反犹热潮的压力下,威尼斯共和国两次将犹太人驱逐出城。 然而,这座城市的外邦商人和穷人却因这一政策遭殃,在 1516 年 3 月 29 日的一项重大法令中,威尼斯正式放弃对犹太人的驱逐并实施隔离。 市议会宣布,犹太人可以在城中生活,但他们"必须全部居住在圣吉罗拉莫(San Girolamo)附近的隔都之中,为了防止他们夜间游荡,应当在那里修建两道门,在老隔都的小桥的一头修一道门,另一头也修一道门,……早晨马兰戈纳(Marangona)(圣马可大教堂的钟声)响起的时候打开门,由任命的四名基督徒守卫负责关门,由犹太人向他们支付报酬"。 隔都的名称,来自住区中废弃的大炮铸造厂(gietto),位于一个岛屿之上,由威尼斯的几条著名运河环绕。后来，当局为邻近的一个住区建造了围墙，也把隔都用围墙环绕。为了通过隔都的门，犹太人不得不经过位于一栋建筑之下的隧道。隧道如此低矮，当犹太人从隧道中出来的时候，被迫向这座基督教城市躬身。随时都有4艘巡逻艇在周围运河上航行，由犹太人支付费用。城市中的所有犹太人一度被要求佩戴黄色徽章以示区分，后来改成黄色帽子。[31]

为了能充当长期替罪羊，犹太人必须在社会中存在、引人注目且活跃，还应当在某种方式上显得荒谬——此外，还要在夜间用围墙把他们封闭起来。谴责犹太人的行为无异于成为威尼斯共和国社会秩序的核心基石。底层对寡头统治的任何威胁，都可以被转移到隔都居民身上，据称这些人是吸血的、腐败的、反基督教的，甚至性欲亢进的。即便在最好过的时日，他们也被夸张描述为数以千计穷人所痛恨的债权人。

值得注意的是，犹太作家经常呼吁以自我隔离作为保持社区宗教信仰纯洁性的一种方式。尽管气候恶劣，但威尼斯的隔都却繁荣兴旺，成为令人羡慕的学习中心，就像世界其他地方若干幸运的外国商人区一样。此外，在威尼斯创建犹太人隔都的同时，城市中的寡头政客也把穆斯林土耳其人和其他信仰基督教的外国人都封闭在独立的住区（fondacchi）之中，所以这个城市偶尔会因为对这些群体的憎恨而剧烈震动。[32]

即便如此，在近代西欧，悬挂在犹太人脖颈上的驱逐乃至灭绝的威胁，远比其他受隔离的外国社区严重。我们需要记住，即使犹太人看上去接受了"隔都化"，也只是在一个替代性"选择"的世界之中，其后果比文化稀释本身更可怕。1555年，持强烈反犹态度的教皇保罗四世在对驱逐大发雷霆之后决定，罗马的犹太人可以留在基督教之都，但他设立的隔都比威尼斯的隔都悲惨太多。早在13世纪，布拉格就已有围墙圈起来的犹太区——市长拥有一条粗大的镀金链子，用以在必要时锁闭这个街区。自15世纪开始，法兰克福就把城中的犹太人驱赶到其

37

外墙阴影下的狭小犹太人小巷(Judengasse)之中。 该住区有三千居民，"无疑成了世界上人口最稠密的地区"。 一套被称为 Stättigkeit 的贬低法律使犹太人遭受比威尼斯人更多的贬低和羞辱。 汉堡和阿姆斯特丹的犹太人小巷比其他地方略多一些特权，但在维也纳，17 世纪的一个奥地利皇帝草率地决定驱逐这座城市中繁衍生息的犹太隔都的居民。[33]

遭到西班牙驱逐之后，世界最大的犹太人社群就生活在东欧了。在波兰和立陶宛联邦，犹太社区与居住在西方的社区存在两方面主要差异。 大部分犹太人居住在遍布乡间的被称为犹太小镇(shtetlekh, shtetl 的复数形式)的地方，他们使用自己的语言——意第绪语，而不是采用当地基督徒的语言。 尽管如此，大部分犹太人居住在犹太小镇中，他们过着相对和平的生活，并没有被正式隔离。 还有一些东欧犹太人居住在大城市中，同样也甚少受到限制。[34]

在 18 世纪晚期，欧洲发生了重大的民主政治革命，基督教欧洲对待犹太人的态度突然发生了地理反转，西欧一下子变得非常宽容，而东欧则萌生出越来越强烈的仇恨。 在西欧，启蒙运动带来了对犹太人宗教宽容和平权的含混呼吁。 当法国革命军队挥舞着世俗主义和普遍人权的狂野旗帜于 1797 年抵达威尼斯时，他们第一时间宣布犹太人获得解放。 士兵们把隔都的大门从有三百年历史的铰链上扯下来。 数年后，革命的君主拿破仑·波拿巴的将军乔丹(Jourdan)轰倒了法兰克福拥挤的犹太人小巷尽头的墙。 只用了数十年，即便敌意的爆发接连不断，其他地方大部分犹太隔都也都消失了，曾经驱逐犹太人的国家的官员现在允许小规模犹太解放社区在他们中间发展。[35]

然而，近乎与此同时，不祥的乌云笼罩在东欧的犹太小镇之上。从 1772 年到 1795 年，普鲁士、奥地利和俄罗斯的激烈反革命君主国合谋将波兰—立陶宛联邦撕裂。 俄罗斯吞并了其最大的领土，连带数量最多的犹太居民。 1835 年，为了防止犹太人与俄罗斯人出现商业竞争，沙皇尼古拉一世将犹太人限制在"围栏定居点"（Pale of Settle-

38

ment)，这是俄罗斯西部领土之上一条从波罗的海延伸到黑海的宽阔廊道。 在定居点之内，犹太人继续与俄罗斯人和其他基督徒一起生活，但某些城市已宣布禁止犹太人进入，而在另一些城市，犹太人在宽松界定的独立区域中居住，比如维尔纽斯、华沙和文化多样化的黑海港口城市敖德萨。 在敖德萨，大部分犹太人在古老的海外希腊人社区附近居住。 每年的圣周期间，当希腊人和其他基督徒在仪式上重温基督受难时，他们对所谓犹太杀人者的后代的憎恨就会涌现，有时甚至是爆发性的。 第一次臭名昭著的反犹太大屠杀——pogroms［俄语词，与"雷"（thunder）字同根，通常翻译为"破坏"或"毁坏"］——于1821年在敖德萨掀起，随后该城在1849年、1859年和1871年发生了更具破坏性的反犹骚乱。 1881年，一小群革命者暗杀了沙皇亚历山大二世，敖德萨和其他地方盛传新沙皇已批准对犹太人实施暴力的谣言，很快数百起大屠杀席卷了定居地南部。 屠杀通常从大城市开始并沿着新修铁路线辐射进入犹太小镇。

在1903年至1906年期间，另一场更残酷的大屠杀风暴达到顶峰。尽管名为社会主义犹太工人联盟（Bund）的武装工人政党积极捍卫犹太社区，但仍有超过3 000名犹太人被杀害，其中最惨烈的是基什涅夫、基辅和敖德萨等城市。 在1917年俄国革命之后的内战期间，仍有数千人死于大屠杀，当时布尔什维克正式废除了犹太人定居点。[36]

早在1905年，大屠杀政治就已有了新的不祥之兆。 那一年，反犹活动家公布了具有煽动性的《锡安长老议定书》，这是一份声称呼吁犹太人密谋统治世界的文件。 当整个欧陆的欧洲人以世俗形式重塑基于宗教的反犹太思想时，议定书将替罪羊政治提升到一个崭新高度，反犹太主义的种族主义意识形态应运而生。 这种意识形态的转变预示着更可怕的种族隔离和驱逐形式，最终导致阿道夫·希特勒灭绝所有欧洲犹太人的计划。 将种族和民族意识形态与宗教和教派对抗相结合，这样的做法更加普遍，给当今城市和世界政治蒙上一层挥之不去的阴翳。

39

## 阶级、手工艺、氏族、种姓和性别之分

隐藏于强大的城市分裂和把陌生人与替罪羊加以分离的古老政治之下的，是导致社会分裂的更多基础力量：来自阶级、手工艺、氏族、种姓和性别之分。 上述所有社会分歧也对现代以肤色和种族为基础的城市隔离政治产生了更广泛但通常含混难辨的影响。

阶级隔离的故事是这些戏剧中最为复杂和广布的，且与所有其他类型隔离产生关联。 阶级隔离可以宽泛地定义为将那些对社会经济资源拥有权力的人和对这些资源毫无权力的人加以分离的冲动。 祭祀区、城墙、商人区和犹太人替罪羊隔都无不包含阶级隔离的元素。 毕竟，近代城市的财富不平等令人难以置信。 在很多地方，法律禁止贵族之外的任何人拥有土地，富人通常居住在城镇通风最佳、最豪华的地方，通常是寺庙或宫殿的附近，并通过建造（尽管小但却）华丽的宫殿复制品来宣示他们的财富。 而穷人的住房则往往是自建的，卫生状态欠佳，有时不得不住在高高的公寓楼里，这必定会导致疾病和早逝。 最倒霉的人住在城墙之外的棚屋里，这里弥漫着皮革制造厂、染布厂和动物脂肪提炼厂的恶臭。 在历史可追溯到古埃及时代的若干城市中，大型雇主在城中建设了独立的工人村，旨在控制他们的劳动力。 与此同时，几乎世界上所有主要的前现代文明中都可以找到禁奢法，这些法律规定了其所认为适合不同阶层的人的衣服和个人装饰品的种类。 古怪的服装并非仅为犹太人保留。 这些法律旨在突出阶级差异，并使社会等级在城市生活的匿名喧嚣中更加清晰可见。[37]

40　　另一方面，也有大量证据表明，城市住区中的阶级界线可能并不那么清晰，且具有相当强的渗透性。 事实上，某些城市中最富的居民常常真能容忍甚至更愿意与最穷的人生活在一起。 例如，在罗马最富的街区帕拉蒂尼山（Palatine Hill，"宫殿"这个词的词根来源于此），富丽

堂皇的罗马宅邸与无数小单间公寓、面包店、手工艺品店铺，甚至该市众多的葡萄酒馆和妓院共用一个街区如此司空见惯。 在一个大多数人步行或坐轿子的城市里，精英对于城市资源的控制可能意味着坚持让这样的店铺近在咫尺。 用最著名的罗马街道观察者马库斯·图利乌斯·西塞罗（Marcus Tullius Cicero）的话来说，"家里没有面包师或酒窖，面包来自面包店，葡萄酒来自酒馆"。[38]

富人的土地投机也可以像隔离一样轻易地创造出阶级"融合"的形式。 这是古罗马最常见的建筑，被称为因司拉（insulae）的五层公寓楼。 为了使这些建筑物产生回报，因司拉的房东通常将较低的楼层租给较富的人，而将不太方便的高楼层租给较穷的租户。 楼上的垃圾和人类粪便经常会穿过豪华的窗户倾泻到街道上，噪音和恶臭无处不在，但这都是富人与穷人共享的城市氛围的一部分。

富人对阶级声望的追求也可能带来邻里融合，其地位的标志之一在于被大量地位较低的门客、奉承者和仆从环绕。 富有的金主通常希望这些随从居住在邻近。 罗马的富人通常允许门客随意进入私宅。 他们甚至在家中专门设置了公共区域，以巩固这些跨阶级的关系。 但是，导致居住阶级之界线被打破的最重要原因在于，富人渴望对另一种重要经济资源加以控制，即私人仆从的劳动。 贵族的私宅，就如同我们这个时代世界各地的贵族豪宅一样，充当着为富人制造休闲和愉悦的工厂。 贵族通常与数十名社会地位低下的人生活在一起：厨师、园丁、贴身护卫、乐师、舞者和其他专门的仆人，其中大多数是奴隶。 尽管罗马家庭的奴隶住宿区通常被设置在外面的走廊，但将他们与精英家庭最私密的空间隔开的门，即便有也很少。[39]

因此，为控制经济资源付出的努力，可能在导致隔离的同时，也容易导致居住的阶级融合。 此外，其他社会分裂的界线可能会使情况进一步复杂化。 一种原因在于，富人希望偶尔从城市喧嚣的氛围中解脱出来。 富人总是能够买得起城市边缘的第二居所，大多数情况下，这里能远离充满恶臭的工厂和棚户区。 当然这样的工厂和棚户区也早就

41

被推挤到城墙之外。 公元前532年，有位匿名的巴比伦人在一块泥板上表达了他对郊区的热爱，听起来与今日人们的体验非常相似："我们的房产似乎是世界上最美丽的。 离巴比伦如此之近，我们可以尽享这座城市提供的诸般好处；但回到家时，城中的喧嚣和灰尘荡然无存。"西塞罗本人创造了郊区（suburbium）这个词。 他和其他富人的第二居所散布在罗马周围的乡村，与世界上许多其他大城市别无二致。 诚然，陪伴罗马贵族金主在郊区度假的门客和奴隶的队列，只算是一种含糊的阶级隔离的增加。 然而在17世纪晚期，当伦敦的富人组织了世界历史上第一次联合运动，以创建一个法律约束的阶级专属住区时，他们选择了一大片郊区土地——西区——而非本城城墙围绕着的具有纪念意义的市中心。[40]

与此同时，手工艺、氏族、种姓和性别的政治，都可以在更加矛盾的方向上为阶级的空间政治施加推拉之力。 最著名的是从事不同手工艺工作的匠人倾向于聚集在不同的街道上，许多街道今天仍然有着与这些手工艺相关的名字。 历史学家对大多数手工艺匠人聚集于这些同名街道中所持续的时间表达了若干怀疑。 然而，工匠试图对自己的经济活动有所控制，有时确实意味着把同业公会的会馆设置在同名的街道上，并且某些行会还会对街道上的商业行为加以监管。 直到今天，就某些类型的商业而言，当同一市场的竞争对手将他们的店铺集中在城镇的同一区域时，业务才能做得最好。[41]

在住区由宗族政治决定的城市中，阶级界线比其他地方更加模糊。比如西非的约鲁巴兰，从奥巴（国王）中央宫殿向外辐射的街道将城市划分为若干个楔形区，分别由不同世系家族的庞大院落占据。 家族中较富裕的成员为贫寒的亲属提供经济接济，包括在院落中为他们腾出空间，恰可借此彰显他们的显赫地位。 某些世系家族比其他更具有特权，住所可能在某种程度上反映了这种差异。 但即使在城市的中心，即奥巴王宫周围的地区，也基本上没有富人聚集，因为禁止奥巴国王的亲属享受他的王位所赋予的财富或地位。[42]

相比之下，印度部分地区和其他印度教社会实行的种姓政治，可能在某种程度上收紧了阶级界线。 种姓政治起源于古代，可能是当瓦尔纳（varna）的宗教观念与基于氏族的社会类别阇提（jati）融合之时。 瓦尔纳，有时被误译为"肤色"，更为准确地表示出人们与众神相关的仪式纯洁能力（capacity for ritual purity）。 印度社会的三个上层瓦尔纳或"种姓"就其奉献而言是最洁净的——婆罗门（祭司）位居其首，其次是刹帝利（统治者和战士）和吠舍（地主和商人）。 低种姓，或首陀罗，通常被认为完全不具备仪式洁净能力。 阇提或者"出生"这一概念，最初可能是指早期印度社会的氏族关系，但它也可能有助于将一个人的仪式纯洁程度固化为一种遗传特征。 阇提还是用以指称每个瓦尔纳中众多亚种姓的词，通常由不同的手工艺和职业群体定义，也被视为由出身决定。[43]

由于高种姓成员必须避免与低种姓接触以避免污染，因此瓦尔纳和阇提要求空间分离。 即使是一个不洁之人的影子掠过婆罗门的路径，都将触发繁复的净化仪式。 上层种姓通常被禁止与低种姓的人分吃面包，通婚更是一种诅咒。 公元前300年的一篇关于种姓的文字，就如何把城市划分为不同的种姓社区向国王提供了精准建议。 而且在许多地方，种姓领袖或长老会（panchayats）会与执政者就包含独立住区等特权进行协商。

也就是说，前现代的印度社会从来没有任何类似单一种姓制度的东西。 在广阔的次大陆上数百种瓦尔纳和阇提的地方传统共存。 在城市的匿名空间，种姓可能与阶级一样难以确定。 来自其他城市的移民也会让情况进一步复杂化，战时干扰也可能导致同样后果。 违反禁忌的性和婚姻不断创造新的种姓亚群。 长老会精心设计的分离模式，可能会屈服于变幻莫测的房地产市场。 但就种姓群体与经济地位的联系而言，种姓政治的戏剧代表了一种比现代早期世界任何其他地方都更彻底、更明确的按地位和阶级实施居住隔离的计划。[44]

性别的居住隔离也与城市中的阶级政治相交。 深闺制度——或称

43

"帷幕",旧指妇女蒙面纱、为不同性别的人提供相互独立的便利设施,以及将妇女限制在家庭中独立的区域——可以追溯到古代亚述和巴比伦。 早期和中世纪的基督教社会,包括拜占庭帝国,也实行女性隔离和遮盖,印度的葡萄牙人在 17 世纪也是如此。 伊斯兰社会在中世纪采用深闺制度,蔓延范围之广,从北非直到东南亚。 这种最刺目的性别隔离形式一直持续到我们当今时代。 深闺制度对城市居住隔离产生的最重要影响是在家庭内部,女性往往被限制在独立的房间中,在阿拉伯语区称为 harem(闺房),在南亚称为 zenana(也是闺房的意思)。 并无任何记录表明曾有过在城市中为男性和女性创建专属的独立住区的努力,但伊斯坦布尔奥斯曼帝国托普卡帕宫内的大哈里姆(harim)与之非常接近——这是苏丹数十位皇妃的住所。

苏丹的哈里姆更能解释另一个观点——女性在家庭中的隐居也可以当作城市空间阶级鸿沟的又一个炫耀性建筑标志。 由此观之,深闺制度反映了城市性别和阶级隔离历史中一个更大的趋势。 在所有文明中,城市的发明似乎与男性对社会统治的急剧增加相吻合,与诸如恰塔胡由克在内的较少等级制度的原始城市定居点相比肯定如此。 但富人最有能力在空间上表达这种支配地位,将男性认同的工作和国家治理的公共空间与以家庭为中心的私密的女性空间分隔开来。 相比之下,对于大多数普普通通的城市居民来说,工作和家庭的隔离程度要低得多。男性当然是统治者,但就前现代世界的大多数城市市场、店铺和街道而言,性别之间的空间界线并没有那么严格。[45]

## <sup>44</sup> 古代和中世纪的遗产

在长达七千年的城市政治漫长历程中,现代种族隔离的三百年历史只是昙花一现。 直到公元 1700 年后,欧洲人才把肤色和种族的概念注入到城市空间的政治戏剧之中。

当他们这样做的时候，就为某种崭新的、前所未有的东西拉开了帷幕。 新的政治反映出崭新类型的全球联系、崭新的制度、崭新的思想，甚至是割裂城市的崭新实践。

但是，任何世界历史变化都无法抹除旧日全部遗存。 当然，肤色和种族的概念是新的，但它们也大量借鉴了古代和中世纪社会的所有社会类别相关的出生、世系和"血统"的旧概念。 种族隔离主义者虽然具有可恶的创新性，但也大量借鉴了祭祀区（sacropolitical district）、城墙、陌生人区和犹太隔都的逻辑。 与所有形式的隔离一样，肤色和种族隔离本质上也是阶级隔离的形式，旨在补充特权群体对物质资源的控制。 今天，民族和宗教隔离在某些地方依然与种族隔离纠结在一起，带来了悲惨的影响。

也许以下诸般并非巧合。 两个印度城市都出现了肤色和种族隔离，来自伦敦新郊区阶层飞地的富人，与地位较低但全是男性的英国雇员相伴，在限制性外国商人区周围修建起高大的围墙——他们最初为这种区域取名"基督教城镇"，随后更名为专属郊区——所有这一切，目的都是为了把他们自己与本地人隔离开来。 而本地人则基于阶级、手工艺、氏族、种姓和性别等前现代概念施行城市隔离。 让我们来看看马德拉斯和加尔各答发生了什么。 崭新的制度、思想和割裂城市的工具出现在这两座城市的政治戏剧之中，它们既可以追溯到数百年之前，又即将导致世界各地城市政治的转变。

---

注 释：

　　［1］Gwendolyn Leick，*Mesopotamia：The Invention of the City*（London：Penguin，2002），1—29。

　　［2］J. Melaart，*Çatal Hüyük：A Neolithic Town in Anatolia*（London：Thames and Hudson，1967）；I. Todd，*Çatal Hüyük in Perspective*（Menlo Park，CA：Cummings，1976）；Ian Hodder，"Çatalhöyük in the Context of the Middle Eastern Neolithic"，*Annual Review of Anthropology* 36（2008）：109；Leila Ahmed，*Women and Gender in Islam：Historical Roots of a Modern Debate*（New Haven：Yale University Press，1992），11。

　　［3］引述自 Leick，*Mesopotamia*，1；还请参见 46—55，126—128，261—268。

　　［4］Leick，*Mesopotamia*，54—55，125—128.

　　［5］Benjamin R. Foster，ed. and trans.，*The Epic of Gilgamesh*（New York：Norton，

2001），3.

［6］Leick，*Mesopotamia*，57—60，107，261—270. 漂浮在城市上空的天堂插图来自 264—265。

［7］Foster，*The Epic of Gilgamesh*，3.

［8］K. Kenyon，*Digging Up Jericho*（London：E. Benn，1957）；O. Bar-Josef，"The Walls of Jericho：An Alternative Interpretation"，*Current Anthropology* 27（1986）：157—162；Leick，*Mesopotamia*，264；Karen Rhea Nemet-Nejat，*Daily Life in Ancient Mesopotamia*（Westport，CT：Greenwood Press，1998），113—114.

［9］Leick，*Mesopotamia*，126—128，224—232，261—268，援引第 126，226 页。Derek Kane，"Cities and Empires"，*Journal of Urban History* 32（2005）：8—21；Charles Gates，*Ancient Cities：The Archaeology of Urban Life in the Ancient Near East and Egypt*，*Greece*，*and Rome*（London：Routledge，2003），57，71，132，142，182—183，243—246，331；Karen Armstrong，*Jerusalem：One City*，*Three Faiths*（New York：Ballantine Books，2005），37—78.

［10］Jonathan Mark Kenoyer，*Ancient Cities of the Indus Valley Civilization*（Karachi：Oxford University Press，1998），55—56，62—65，81，99—100；Timothy Kendall，*Kerma and the Kingdom of Kush*，*2500—1500 BC：The Archaeological Discovery of an Ancient Nubian Empire*（Washington DC：National Museum of African Art，Smithsonian Institution，1997），46—49.

［11］Eva Krapf-Askari，*Yoruba Towns and Cities：An Enquiry into the Nature of Urban Social Phenomena*（Oxford：Clarendon Press，1969），39—62，援引第 40 页；Jacques Soustelle，*Daily Life of the Aztecs*（1955；repr.，London：Phoenix Press，2002），2—4，9—11。

［12］Arthur Wright，"The Cosmology of the Chinese City"，in *The City in Late Imperial China*，ed. William Skinner（Stanford：Stanford University Press，1977），33—74；Paul Wheatley，*The Pivot of the Four Corners：A Preliminary Inquiry into the Origins and Character of the Ancient Chinese City*（Edinburgh：Edinburgh University Press，1971），30—36；Paul Wheatley and Thomas See，*From Court to Capital：A Tentative Interpretation of the Origins of Japanese Urbanism*（Chicago：University of Chicago Press，1978），109—158；T.G. McGee，*The Southeast Asian City：A Social Geography of the Primate Cities of Southeast Asia*（New York：Praeger，1968），1.

［13］Catherine B. Asher，"Delhi Walled：Changing Boundaries"，in James D. Tracy ed.，*City Walls：The Urban Enceinte in Global Perspective*（Cambridge：Cambridge University Press，2000），247—281，对 250 页的天帝城进行了引述；Dilip K. Chakrabarty，*The Archaeology of Ancient Indian Cities*（Delhi：Oxford University Press，1995），194—198，206—215；Charles Higham，*The Civilization of Angkor*（Berkeley：University of California Press，2001），3，9—11。

［14］Nezar al Sayyad，*Cities and Caliphs：On the Genesis of Arab Muslim Urbanism*（New York：Greenwood，1991），72，103，107—151.

［15］Geoffrey Parker，"The Artillery Fortress as an Engine of European Expansion，1480—1750"，in Tracy，*City Walls*，386—418.

［16］引述自 Philip D. Curtin，*Cross-Cultural Trade in World History*（Cambridge：Cambridge University Press，1984），3。

［17］Nemet-Nejat，*Daily Life in Mesopotamia*，280—281；Kenoyer，*Cities of the Indus Valley*，55；Curtin，*Cross-Cultural Trade*，69—70.

［18］Olivia Remie Constable，*Housing the Stranger in the Mediterranean World：Lodging*，*Trade*，*and Travel in Late Antiquity and the Middle Ages*（Cambridge：Cambridge University Press，2003），1—13，64—66，107—157；Curtin，*Cross-Cultural Trade*，78—80，111—119.

［19］Curtin，*Cross-Cultural Trade*，182—206.

［20］Curtin，*Cross-Cultural Trade*，109—135，158—178；Valery M. Garrett，*Heaven Is High*，*the Emperor Far Away：Merchants and Mandarins in Old Canton*（Oxford：Oxford University Press，2002），7—9；Peter J. M. Nas，"The Early Indonesian Town：The Rise and Decline of the City State and Its Capital", in *The Indonesian City*(Dordrecht，Netherlands：Foris，1986)，18—36.

［21］Curtin，*Cross-Cultural Trade*，39—40，49—50.

［22］Robert Bartlett，*The Making of Europe：Conquest，Colonization，and Cultural Change*(Princeton：Princeton University Press，1993)，167—196；Roger Crowley，*Constantinople：The Last Great Siege*，*1453*(London：Faber and Faber，2005)，2，27—28，48，53，62—64，146，157；Michel Balard，"Habitat，Ethnies et Métiers dans les Comptoirs Génois d'Orient（XIIe—XVe Siècle)"，in *D'une ville à l'autre：Structures matérielles et organisation de l'espace dans les villes européennes（XIIIe—XVIe Siècle)*，ed. JeanClaude Maire Vigueur(Rome：École française de Rome，1989)，111—113；Maria Georgopoulou，*Venice's Mediterranean Colonies：Architecture and Urbanism*(Cambridge：Cambridge University Press，2001)，192—210；Séan Spellissy，*The History of Limerick City*(Limerick：Celtic Bookshop，1998)，97，167—168；Steven G. Ellis，"Racial Discrimination in Late Medieval Ireland"，in *Racial Discrimination and Ethnicity in European History*，ed. Guðmundur Háfdanarson(Pisa：Edizioni Plus，2003)，21—32. 关于围栏区聚居地法令的文字参见 Agnes Conway，Henry VII's *Relations with Scotland and Ireland*，1485—1498(New York：Octagon Books，1972)，215—216。Thomas Bartlett，*Ireland：a History*(Cambridge：Cambridge University Press，2010)，58—62，79—142；James Stevens Curl，*The Honourable The Irish Society and the Plantation of Ulster，1608—2000：The City of London and the Colonisation of County Londonderry in the Province of Ulster in Ireland，a History and a Critique*(Shopwycke Manor Barn，U.K.：Phillimore，2000).

［23］Constable，*Housing the Stranger*，116—117；Bartlett，Ireland，58—62；Leonard P. Liggio，"English Origins of Early American Racism"，*Radical History Review 3*（*1976*)：*1—36*；Ivan Hannaford，*Race：The History of an Idea in the West*(Washington，DC：Woodrow Wilson Center Press and Baltimore：Johns Hopkins University Press，1996)，87—126；Nicholas Hudson，"From 'Nation' to 'Race'：The Origin of Racial Classification in Eighteenth-Century Thought"，*Eighteenth-Century Studies*，*29*(1996)：247—264.

［24］Armstrong，*Jerusalem*，28—31，39—41，48—65，79—103.

［25］Armstrong，*Jerusalem*，125—153；Aryeh Kasher，*The Jews in Hellenistic and Roman Egypt：The Struggle for Equal Rights*(Tübingen：J.C.B. Mohr，1985)，20—25.

［26］Armstrong，*Jerusalem*，153—370，引述自第 277 页。

［27］犹太人从属地位的一个例外情况是在鲜为人知的可萨王国（kingdom of Khazaria)。请参见 Shlomo Sand，*The Invention of the Jewish People*，trans. Yael Lotan（2008；repr.，London：Verso，2009)，210—249。

［28］Norman Roth，"Coexistence and Confrontation：Jews and Christians in Medieval Spain"，in Moshe Lazar and Stephen Haliczer，eds.，*The Jews of Spain and the Expulsion of 1492*(Lancaster，CA：Labyrinthos，1997)，1—24；Heinrich Graetz，*History of the Jews*（1891—1898；repr.，Philadelphia：Jewish Publication Society of America，1967)，4：114—122，166—173，200—207，276—278.

［29］Marvin Lunefeldt，"Facing Crisis：The Catholic Sovereigns，the Expulsion，and the Columbian Expedition"，in Lazar and Haliczer，*The Jews of Spain*，254—259；Stephen Haliczer，"The Expulsion of the Jews as a Social Process"，in Lazar and Haliczer，*The Jews of Spain*，237—252；Graetz，*History of the Jews*，4：334—381.

［30］Riccardo Calimani，*The Ghetto of Venice*，trans. Katherine Silberblatt Wolft hal（New York：M. Evans，1987)，8—13，28，31—32，引用自第 35 页。

［31］引用自 Calimani，*The Ghett o of Venice*，1；also see 9—13，32—33，39。

［32］Calimani，*The Ghetto of Venice*，31—32，36.

［33］Kenneth Stow，*Theater of Acculturation：The Roman Ghetto in the Sixteenth Century*(Seattle：University of Washington Press；Northampton MA：Smith College Press，2001)，22—38，62—66；Otto Muneles，ed.，*Prague Ghetto in the Renaissance Period*（Prague：State Jewish Museum，1965)，17—62；Rachel Heuberger and Helga Krohn，*Hinaus aus dem Ghetto ... Juden in Frankfurt am Main 1800—1950*(Frankfurt am Main：

S. Fischer Verlag，1988）；Marion Kaplan，ed.，*Jewish Daily Life in Germany*，*1618—1945*（Oxford：Oxford University Press，2005）；R. Po-Chia Hsia and Hartmut Lehman，*In and Out of the Ghetto*：*Jewish-Gentile Relations in Late Medieval and Early Modern Germany*（Washington DC：German Historical Institute；Cambridge：Cambridge University Press，1995）；Prinz，*Das Leben im Ghetto*，111—129，153—276，引用第 179 页；Jacob Katz，*Out of the Ghetto*：*The Social Background of Jewish Emancipation*，1770—1870（Cambridge，MA：Harvard University Press，1973），1—42。

［34］Samuel Kassow，"Introduction"，in *The Shtetl*：*New Evaluations*，ed. Steven Katz（New York：New York University Press，2007），1—28；Gershon David Hundert，"The Importance of Demography and Patterns of Settlement for an Understanding of the Jewish Experience in East-Central Europe"，in Katz，*The Shtetl*，29—38。关于东欧犹太社区起源的争论，请参见 Sand，*The Invention of the Jewish People*，210—249。

［35］Calimani，*The Ghetto of Venice*，238—247；Cathleen M. Giustino，*Tearing Down Prague's Jewish Town*：*Ghetto Clearance and the Legacy of Middle-Class Ethnic Politics around 1900*（Boulder：East European Monographs，2003）；Katz，*Out of the Ghetto*，191—222。

［36］John D. Klier，"Russian Jewry on the Eve of the Pogroms"，in *Pogroms*：*Anti-Jewish Violence in Modern Russian History*，ed. Klier and Shlomo Lambroza（Cambridge：Cambridge University Press，1992），3—11；Michael Aronson，*Troubled Waters*：*The Origins of the 1881 Anti-Jewish Pogroms in Russia*（Pitt sburgh：University of Pitt sburgh Press，1990），21—144；Shlomo Lambroza，"The Pogroms of 1903—1906"，in Klier and Lambroza，*Pogroms*，195—247；Peter Kenez，"Pogroms and White Ideology in the Russian Civil War"，in Klier and Lambroza，*Pogroms*，293—313。

［37］Gideon Sjoberg，*The Pre-Industrial City*：*Past and Present*（New York：Free Press，1960），91—103；Kathryn Bard，"Royal Cities and Cult Centers，Administrative Towns，and Workmen's Sett lements in Ancient Egypt"，in *The Ancient City*：*New Perspectives on Urbanism in the Old and New World*，ed. Joyce Marcus and Jeremy A. Sabloff（Santa Fe：School for Advanced Research Press，2008），165—182；Alan Hunt，*Governance of the Consuming Passions*：*A History of Sumptuary Law*（New York：St. Martin's Press，1996）。

［38］Anderson，*Roman Architecture and Society*，293—336，关于西塞罗，援引自第 335 页。

［39］David Nicholas，*The Later Medieval City*，*1300—1500*（London：Longman，1997），76—79。

［40］关于巴比伦，引述自 Kenneth Jackson，*Crabgrass Frontier*：*The Suburbanization of the United States*（New York：Oxford University Press，1985），12。

［41］Nicholas，*Later Medieval City*，47，80—83，274—277；Ira M. Lapidus，*Muslim Cities in the Later Middle Ages*（Cambridge：Cambridge University Press，1984），86—87。

［42］Krapf-Askari，*Yoruba Cities*，25—26，44，65—75，141—144；Lapidus，*Muslim Cities*，88—92。

［43］Romila Thapar，*Early India*：*From the Origins to AD 1300*（Berkeley：University of California Press，2002），62—68，122—136。

［44］William L. Rowe，"Caste，Kinship，and Association in Urban India"，in *Urban Anthropology*：*Cross-Cultural Studies of Urbanization*，ed. Aidan Southall（New York：Oxford University Press，1973），211—214。

［45］Ahmed，*Women in Islam*，9—124；Ilhan Akşit，*The Mysteries of the Ottoman Harem*（Istanbul：Akşit，2010）。

# 第二部分　肤色和种族
# 进入到城市政治之中

# 第二章

# 白人城镇/黑人城镇

## 皮特总督的马德拉斯

"白人城镇""黑人城镇",为了找寻谁第一次以官方名义使用这两个词,你必须在无数的小房子、教堂、街道、广场和城墙之中搜索,两名测量员煞费苦心地把它们蚀刻在1711年的马德拉斯木刻地图上。马德拉斯也就是今日印度南部的金奈。测量员受命于马德拉斯英国总督托马斯·皮特本人(更为知名的"伟大的下院议员"威廉·皮特的祖父),也受命于皮特的老板,伦敦东印度公司的董事会。看一眼地图,你的目光就会被城中心一堵可怕的石墙所吸引,那里布满了微型堡垒、炮台和大炮。白人城镇为石墙环绕,并与黑人城镇分割开来。黑人城镇虽然不那么具有纪念性,但在城市中却占了更大面积。[1]

为何这样的城市会出现?某些最为古老的城市隔离戏份在托马斯·皮特的地图上一览无余。这里有具有纪念性的中心区;这里有城墙环绕;白人城镇正是外国商人区。再对马德拉斯略作思忖,两个半世纪以来的欧洲扩张主义引发的巨变就会浮现眼前。经营这个地方的是外国人,而不是当地人。欧洲人的商业飞地正是这座城市的塔庙(ziggurat)。城墙看起来也很有趣,最坚固的城墙环绕在白人城镇四周;而城市中其他地方环绕的城墙看起来像是后知后觉的模仿,实际上有很大一片黑人城镇根本没有城墙。然后是肤色问题:为什么像"白

色"和"黑色"这样的词语，变得如此重要？ ——它们与神明或王权的
关系似乎微乎其微，更不消说商人的财富了。

事实上，白人城镇和黑人城镇的发明，需要三部崭新的城市政治戏
剧作为铺垫，其中两部已经跨越南北半球，而另一部则在本地，也就是
马德拉斯上演。

48

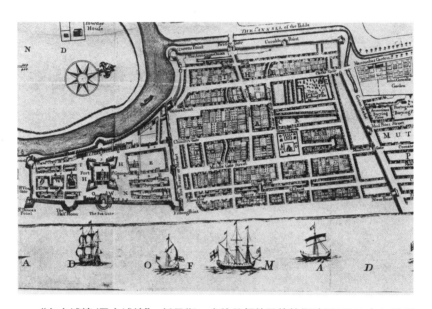

"白人城镇/黑人城镇"。托马斯·皮特总督的马德拉斯地图(1711 年)，展示
出政府所批准的城市肤色界线的第一个清晰例证。城市分区的旧时名称，基督
教城镇(Christian Town)和印度教城镇[Gentue(Hindu) Town]，都已被替换，当前
的名称展示出肤色对城市政治日益提升的重要性。来自 H. Davison Love,
*Vestiges of Old Madras*(印度政府,1913)，第 1 卷。

第一个遍及半球的故事来自西半球。 在美洲(南非好望角也有若干
回声)，欧洲人最初打算割裂城市，但当他们决定大量进口非洲奴隶(主
要是开普敦的亚洲奴隶)的时候，就放弃了原有的想法，因为奴隶要住
在主人的家里。 然而，随着时间推移，这些强行"融合"的奴隶城市
的统治者发现"黑人"和随后出现的"白人"等概念对于维持他们的权
威而言愈发重要。

第二场涵盖半个地球的戏剧，则沿着从欧洲到西方崭新的东方殖民城市的海上航线上演。自1482年开始，欧洲人在那里发展出一种由外国人统治分裂城市的持久传统——实际上，这一传统如此持久，以至于这些城市为西方帝国主义在19世纪和20世纪遍布全球建立的数百个隔离殖民城市提供了范本。

再然后，就到了本地舞台，马德拉斯城。在此处，东印度公司的官员将来自两个半球的不同类型城市政治联系起来。本质上而言，他们第一次展示出如何运用来自美洲的肤色政治分裂东方的一座商业城市。伦敦公司官员与活跃在美洲的殖民主义者之间日益密切的联系，使得在马德拉斯出现这种融合成为可能。但是，具有讽刺意味的在于，是地方政治问题迫使马德拉斯官员引入肤色政治。当我们探究这件旧事，还需同时审视跨越全球的巨大发展，开始于美洲，而最终施加影响于印度南方某个城市，它的城墙，它的街区——甚至总督皮特的地图上测量师们镌刻的小小房屋内部，它们都在细微的尺度上发生了变化。

## 殖民时代美洲(和南非)隔离的兴衰

将美洲的征服与东方的殖民主义区分开来的，有若干基础背景。首先是政治背景：即便美洲印第安人政府如此强大，却无法长期抵挡欧洲的征服。即使是技术最先进的墨西加(阿兹特克)帝国和印加帝国，也未能拥有铁制武器、马匹或帆船和印刷机的组合，而正是这些技术让西班牙征服者在战争中拥有无与伦比的优势。其次是人口背景：世界历史上最严重的大规模死亡事件发生在(征服者与原住民)接触之后，因为美洲原住人民原本与世隔绝，没有那些环境因素，这些环境因素能使他们在童年时期就对欧洲人携带的疾病免疫。灾难发生后，在美洲定居的欧洲人数量比在东方的要多得多，他们还大量引入俘获的非洲人充

49

当劳动力。 最后，还有经济背景：种植园奴隶制成为欧洲人从美洲原住民手中夺取的土地的主要盘剥手段。

在中美洲和安第斯城市的废墟之上，西班牙人建造了自己的全新宫殿和大教堂，通常会把当地神王宏伟的金字塔遗存纳为己用。 在加勒比群岛和南美洲北部的港口城市——圣胡安、圣多明各、哈瓦那、卡塔赫纳(Cartagena de las Indias)——一座座被大规模防御工事完全包围的崭新城市拔地而起。 一旦作为竞争对手的其他欧洲国家开始派遣自己的商人以及——更著名的——雇佣海盗进入同一水域，坚固的城墙就立<sub>50</sub>即发挥作用了。 这些地方的原住民先前并没有城市传统，且人数下降得如此之快，以至于城市几乎没有为他们提供独立的住区。[2]

相比之下，在新西班牙的内陆——墨西哥城、瓦哈卡、安提瓜和许多小城市——成千上万的墨西哥和印加城市居民在征服和疾病中幸存下来。 在这里，其他欧洲国家对西班牙的威胁不那么严重，执政者也免除了城墙。 然而，面对印第安人起义，他们加固了许多房屋，并为所征服的臣民确立了城市隔离制度。 城市官员强迫当地的美洲印第安人搬入被称为传教区(reducciones)或贫民区(barrios)的地区，远离西班牙人之城(ciudad de españoles)的中央网格。 在秘鲁的利马，印第安人住区是城墙内的一个带有围墙的社区，名为埃尔塞卡多(El Cercado)。 那些印第安人贵族遗老，西班牙人称其为酋长(caciques)，负责在专门为印第安人设定的法律法规之下处理这些地区的当地世俗事务。[3]

西班牙国王菲利普一世本人对他的新世界殖民地的城市事务产生了浓厚的兴趣。 在1573年的一项法令中，他明确表示打算分裂城市，并以此作为海外帝国的基石："[西班牙]定居者应尽量避免与印第安人交流和交往，不得前往他们的城镇，不得自娱自乐，也不得沉迷于这块土地上的感官享乐。 在[西班牙]城镇建成且防御设施到位之前，印第安人不得进入其辖区，房屋建造应确保当印第安人看到时，他们会惊讶并随即知晓西班牙人准备永远居住于此……并且应当使印第安人望而生畏。"[4]

54

甚至在菲利普国王颁布法令之前，城市隔离就已经被用来服务于西班牙的宗教目标了。 征服后不久，天主教神父和方济各会修士开始让他们视为异教徒和偶像崇拜者（idolators）的人皈依。 在墨西哥，和其他地方一样，这个过程相当微妙，因为许多据称皈依基督教的墨西哥酋长试图至少保留墨西哥原住民帝国曾经坚持的若干节日和仪式的循环。普通的西班牙定居者，很多是单身男性，在印第安传教区寻找生意、劳工、娱乐和性服务，从而破坏了在墨西哥人中培养对基督教的虔诚所付出的努力。 由于这些基督徒的行为往往与方济各会宣扬的行为不符，因此修士们推动制定隔离法律，命令所有西班牙人以及西班牙人和印第安人生出的混血儿离开印第安城镇。 通过这种方式，他们也将西班牙贵族对其先祖任何不洁的犹太血统的关注引入新世界。 当非洲奴隶到达新西班牙之后，非洲人-西班牙人和非洲人-印第安人交合生出的混血后代，被添加到混血放逐者的可耻名单之中。[5]

新西班牙的世俗政权确实为西班牙人和印第安人各自的团体设立了基本上相互独立的法律体系，但随着时间的推移，他们在执行使城市中两大群体保持物理隔离的法令时遇到了巨大的困难。"混血"不仅让人们越来越难以辨识到底是西班牙人还是印第安人，而且也没有明确迅捷的方法来区分哪些混血印第安人真正接受了基督教和西班牙文化。 与此同时，许多印第安酋长确实成为了基督徒，并寻求与西班牙贵族等同的地位。 他们中的一些人购买了非洲奴隶并带着奴隶居住在西班牙语贫民区（barrios），从而实现了基督教化和西班牙化的目标，但显然这样做违背了隔离法律。 到了 16 世纪中叶，墨西哥城的西班牙人和印第安人住区之间的界线也开始变得模糊。 而在其他地方，到 17 世纪的时候，印第安人住区渐渐缩小，或者如同首都的情况一样，住满了混合血统的人，因此变得与城市中其他区域再无区别。[6]

随着种族隔离的消退，官员们开发了一种血统制度（system of castas）取而代之。 这一制度用于按照其血统中西班牙、印第安和非洲血统所占比例对人进行登记。 在登记的过程中，他们相信西班牙人和印第安人之间的明显区别已不复存在。 到 17 世纪，诸如墨西哥城等城市的重要特征在于建筑物内部小尺度的阶级隔离。 贫穷的混血平民，大部分血统状态都非常模糊，倾向于居住在城市建筑中霉迹斑斑且较为危险的低层公寓。 而那些有高等教养的租客——其中许多人越来越难以证明自己血液的"清洁度"——占据了更宽敞、保护更好、通风更佳的楼上。[7]

在法国和英国的殖民地，为印第安人建立了类似但小得多的独立区，在新英格兰称为"祈祷城镇"（praying towns），在萨凡纳附近称为"印第安城镇"（Indian Town），在新法兰西称为"传教区"（missions）。在新阿姆斯特丹（纽约），彼得·施托伊弗桑特（Peter Stuyvesant）在城镇的北部边界竖起了一堵墙（后来以华尔街的名字命名），用以将印第安人拒之门外，英国人后来补充了一项法律，禁止印第安人"夜间逗留"于纽约。 但美洲各地大多数原住民沿海定居点都会发生季节性变化。 欧洲定居者将其中若干定居点强迫迁往内陆，另一些定居点因战争和疾病而衰落，还有许多"祈祷的印第安人"社区融入了殖民社会。 在大西洋的任何地方，都没有像远东印度洋那些被割裂的城市一样，为抵御当地人而建造如此坚固或持久的城墙。 尽管历史学家指出，诸如新英格兰祈祷城镇这样的方案预示着被隔离的乡村印第安人保留地的存在，但随着时间的推移，美洲沿海城市的空间政治受到欧洲人和内陆原住民之间复杂的持续外交和战争的影响越来越小。[8]

美洲的城市住区隔离迅速消退，彻底消灭它的是奴隶制。 随着新世界城市越来越多地卷入大西洋奴隶贸易和种植园经济之中，当地官员不得不把对其眼中的奴隶近乎不休止的不服从行为的镇压加以制度化。就那些官员而言，他们几乎全都是奴隶主，通过为奴隶建立独立的住区来对其加以控制是完全不可想象的。 在白人的视野之外支持任何形式的非洲人集会，都被视为对奴隶阴谋、革命的公开邀约，甚至可能导致整个大西洋种植园体系的垮台。 为了对"奴隶城市"施以内部控制，当局更喜欢使用一种可以追溯到古代的技术：他们强迫奴隶住在主人的家里或住在他们主人的物业之内。 在实践中，这相当于家庭层面的空间分离，奴隶住在房子的阁楼和密室里，或者住在后院的"黑人小屋"（cases á nègres）中，紧挨着奴隶劳作的厨房和马厩。 为了确保这一制度的生效，当局出台了严厉的措施加以补充，以对奴隶的活动和行动加以限制，最重要的是把奴隶任何独立的社会或政治生活保持在绝对最低限度，特别是黑奴和自由黑人之间的活动。 换而言之，黑人彼此之间必须相互隔离。

西班牙人是在美洲采用这种政策的先行者。 在墨西哥城和整个西班牙美洲殖民地的港口城市，16 世纪的奴隶法禁止黑人持有武器，实行宵禁，禁止大量奴隶集会，强制奴隶居住在主人的房子或物业之内，以及禁止西班牙与印第安人混血儿（mestizos）和黑白混血儿（mulattos）居住在城镇中西班牙住区以外的地方。 法国和英属加勒比地区的城市，以及从查尔斯镇到金斯敦、从纽约到里约热内卢的整个大西洋（沿岸）的奴隶城市，都通过了关于控制奴隶流动和居住的类似法律。[9]

当隔离确实出现时，它是对奴隶制的违抗，而非因之而起。 西班牙人在佛罗里达州圣奥古斯丁的郊区建立了独立的自由黑人城市摩西，显而易见意图在于引诱奴隶逃离南卡罗来纳州的英国种植园，从而削弱殖民竞争对手的力量。 黑人自己也在查尔斯顿的河流颈口、萨凡纳的断崖、金斯敦的场院和里约的陡峭山坡等地方建立了独立的定居点，他们利用了奴隶法执行中的弱点，并抓住了小小的自由彼此达成联系。 在牙买加的西班牙镇和巴巴多斯的布里奇敦，自建的奴隶场院已然失控。 当局规定这些院子里的奴隶小屋只能有一扇门，他们下令将成簇的房屋用八英尺高的围栏围起来，以防止奴隶在地方警察进行搜查时从后门逃到相邻的院子里。 奴隶们经常违反禁止他们聚集、夜间不提灯笼走动、组织周日狂欢等的法律，殖民地立法机关则颁布更多法律来加以回应。 在整个美洲，奴隶通过反复组织叛乱来对抗对其施加控制的势力，通常效忠于激进的贫穷白人。 但是，奴隶主希望让黑人彼此远离的愿望却是共通的，最好的证明是任何奴隶城市中唯一经过官方批准

53

的肤色隔离空间，只有所谓的非洲人公墓。 黑人在死后才能拥有自己的合法"住区"。[10]

在偏居大西洋一隅的好望角，开普敦市沿袭了美洲奴隶城市的诸多动态。 这座城市的历史主要归于东方贸易路线的历史。 荷兰人扬·范里贝克(Jan van Riebeeck)于 1652 年建立了这个地方，作为联合东印度公司船员从阿姆斯特丹前往香料群岛的补给站，正因为如此，该城市中的大多数奴隶来自亚洲，而不是非洲。 但是，像许多美洲城市一样，在开普敦所占据的地方，当地居民——牧民科伊科伊族人——并没有永久性城市建设的传统。 此外，大量荷兰移民很快就永久地定居于开普角腹地，其模式与北美定居点新阿姆斯特丹并无二致。 尽管此处没有大型奴隶种植园，但奴隶制在好望角殖民地仍然存在，就像在新阿姆斯特丹一样。 在开普敦，范里贝克的知名行动是，在城市边界处种植了杏树树篱，以防止科伊科伊族人进入。 因为这一举措，一些学者将他封为种族隔离的始祖。 但是，就像美洲城市周围的许多脆弱城墙(包括彼得·施托伊弗桑特在新阿姆斯特丹周围修建的城墙)一样，范里贝克的城墙很难以同通往东方的贸易路线上其他地方的那些把城市中的欧洲人与非洲人或亚洲人隔离开来的城墙相提并论。[11]

54

联合东印度公司是一个规模非同寻常的城市奴隶主，确实在开普敦建造了一个隔离的奴隶寄宿点，这座建筑可以被视为后来南非城市隔离矿区宿舍的先驱。 但针对并非属于公司的奴隶适用的法律，规定他们应被限制在其主人家中居住。 奴隶寄宿点本身是一个单独的建筑，而非住区，并且可以很轻易地被理解为存在于许多其他奴隶主土地上的附属建筑的放大版本。 在 18 世纪晚期，随着殖民世界其他地点的隔离日渐加剧，奴隶寄宿点中居住的人数也在减少。 到 1834 年开普省废除奴隶制时，这座城市——就像同时期那些美洲的城市一样——并没有形成清晰可辨的住区肤色界线。 直到 19 世纪后期，美国人和南非人才涌起了在他们的城市中对种族进行分离的崭新渴望。[12]

# 与东方的联系

与此同时，东半球的情况大不相同，正如一位在印度的英国商人写给位于伦敦的英国东印度公司董事会的一封信所阐述的那样。"没有布设守卫的地方，"商人写道，"在这些背信弃义的人之中，你的货物和仆从会有无穷无尽的危险。 正是出于这种恐惧，葡萄牙人和荷兰人都把自己安置在更安全的住所中。"引用其敌对帝国主义者的先例，董事们同意了，他们开始在印度南部的小渔村马德拉斯帕塔姆（Madraspatnam，这个名字很快被缩减为马德拉斯）外建造他们的新堡垒——圣乔治堡。此时，一个崭新的被割裂的城市成长起来，类似于从摩洛哥到东亚的数十个沿海欧洲殖民城镇。[13]

在东方，殖民主义的人口、政治和经济环境与美洲形成鲜明对比。热带疾病以及与大都会之间的遥远距离，通常导致在非洲和亚洲的欧洲人口较少。 他们周围是数量庞大且不断增加的原住民人口，这些人拥有自己悠久的城市传统。 世界上一些最富有和最强大的政府之所以能占据主导地位，很大程度上是因为他们拥有当时最先进的武器——印度的莫卧儿王朝、波斯的萨法维王朝、中国排外的清朝和日本的德川幕府皆为明证。 强大的外国商人社区——斯瓦希里人、阿拉伯人、亚美尼亚人、犹太人、印度人、印度尼西亚人、中国人和日本人的社区——统治了许多港口城市。 最重要的是，盘踞在亚洲的相互竞争的欧洲商业帝国主义者，通常肩负皇家义务，即持续不断地把王朝、民族和宗教战争从欧洲输出到地球的遥远角落。

除了这些外部威胁之外，东方殖民地城市的欧洲当局还必须应对复杂而紧张的内部冲突。 虽然他们不得不吓退潜在的攻击者，但他们还必须说服当地商人、手工业者和劳工在附近定居，以求得城市发展。只有这样，野心勃勃的欧洲垄断者才能稳稳地获取当地产品，从而让自

55

已致富。 英国东印度公司需要防范公司的欧洲员工通过从事个人贸易来吸走其潜在财富，还必须防止当地人为城市的敌人充当间谍。 奴隶制在印度洋世界盛行，欧洲人广泛驱使奴隶劳动，有时甚至在他们的城市周围建造围墙。 但是，东半球及其城市经济对奴隶劳动的依赖程度低于对香料、瓷器和布料等商品的依赖。 欧洲人确实通常强迫他们的非欧洲奴隶和仆人居住在自己家里，就像在西方一样。 但是，对于印度洋大多数殖民城市的防御和控制而言，其政治重点是将欧洲人和当地未受奴役的亚洲人或非洲人各自的居住地加以分离。[14]

正如这位英国商人在给伦敦的信中所暗示的那样，首先指明道路的是葡萄牙人。 1482 年，葡萄牙国王派遣他的将军唐·迪奥戈·德阿赞布亚(Don Diogo de Azambuja)和 500 名士兵、100 名顶级石匠、4 艘装满葡萄牙采石场的预切割石块的船，还有一艘装满石灰水泥和几门可怕的青铜大炮(大炮经过设计，免于在热带潮湿环境中生锈)的船到达今日加纳的本雅(Benya)河口的一个小村庄。 他们的任务是建造一座"坚固的房子"，让葡萄牙"代理商"可以获取黄金，从而压制携带黄金穿越撒哈拉沙漠的穆斯林商人。 他们心目中的"坚固的房子"是埃尔米纳的巨大石头堡垒(以金矿命名)。 堡垒的高墙很快就居高临下出现在非洲村庄上方的岩石海岬之上。 这座堡垒成了世界上第一个 *feitoreia*，或曰"工厂"(factory)，这是一种崭新类型的海外商人市场(merchant fondacco)，大量注入王权和神权的力量，以至于它可以彻底统治一个海外城市及其商业。[15]

更为知名的葡萄牙征服者瓦斯科·达伽马(Vasco da Gama)，在两次穿越好望角到印度西南部马拉巴尔海岸胡椒市场的史诗般的航行中扩大了阿赞布亚的战略。 在卡利卡特城邦，他面临着印度教萨穆德里拉贾[Hindu Samudri Raja，海洋之王，通常被称为扎莫林(Zamorin)]和一个由城中阿拉伯人和当地穆斯林所主导的外国商人社区的强烈反对，他们都对阻止"异教徒"基督教商人在印度洋的贸易具有强烈兴趣。在第一次旅行(1497—1499 年)中见识到这些反对之后，达伽马(在

56

1502—1503 年)携带一支舰队卷土重来，炮轰了卡利卡特并击溃其穆斯林舰队。 紧随其后的是一连串的总督，他们建立了卡尔塔系统（cartaz system），迫使印度洋上的所有非葡萄牙船长购买通行证，否则他们的货物可能会被葡萄牙国王没收。 为了确保该系统生效，葡萄牙人接管了该地区的主要城市，并在那里建造了防御工事。 在 1510—1515 年间的一系列活动中，无情的征服者阿方索·德阿尔伯克基（Afonso de Albuquerque）攻占了卡利卡特北边的富裕城市果阿（该城市成了葡萄牙在东方的首都）、著名的转口港马六甲，以及位于波斯湾入海口的霍尔木兹。 在接下来的五年里，一个名为"印度政厅"（Estado da India）的城市防御工事帝国遍布非洲和亚洲海岸，远至日本。 其中一个"大奖"是中国沿海唯一的外国人操控的港口澳门。[16]

尽管葡萄牙人在海外建造了数十座商业要塞，但他们总体上而言并未系统地将它们建成隔离的城镇。 这并非出于对非基督徒的宽容，尤其是对穆斯林的宽容。 在葡萄牙人定居的许多地方都可以找到寺庙、犹太教堂和清真寺的废墟。 在（当地人）于 1510 年短暂地从他手中夺回了果阿之后，阿方索·德阿尔伯克基屠杀了该市 6 000 名穆斯林商人，从而在这座城市犯下了他所谓的"干得漂亮的伟大事迹"（a great deed and well carried out）。 征服后不久，果阿成了一位天主教大主教、宗教裁判所官员、若干强大的宗教团体、甚至伟大的传教士圣方济各·沙勿略（Saint Francis Xavier）的家园。 他们设立了一个宗教机构，使果阿成为某种意义上的"东方罗马"。 在 1572 年教会权力机关向总督施压，要求其签署法令，以有效禁止基督徒与帝国城市中的穆斯林或印度教徒互动。[17]

但在实践中，城市空间政策因地而异，这表明当地的政治问题在很大程度上仍是不确定的。 在埃尔米纳、马六甲、霍尔木兹和科伦坡等地，堡垒墙将葡萄牙人的定居点与当地人的居住地隔开。 但在所有葡萄牙城市中，首都果阿是分隔最不明晰的城市之一。 有些街道是为印度教和穆斯林商人的不同群体留出的，这种模式可能反映了印度传统的

57

种姓和宗教地理。 在公开场合，葡萄牙人似乎也坚持一种优越和尊重的礼节。 葡萄牙贵族会以夸张的形式四处走动，紧随其后的是大批奴隶、乐师和撑伞随从。 被嘲笑为卡纳林（Canarins）的原住民出于顺从或躲避被名为斯托查多（stochado）的硬棍击中的风险，不得不离开马路。 葡属果阿人（Luso-Goanese）也施行了一种类似于融合版本的深闺制度。 众所周知，葡萄牙男人回家之后会与他们的妻子隔离。 但在果阿，他们经常与熟悉印度制度的欧亚人结婚，上流社会的妇女似乎普遍深藏在城市的豪宅内，一般难以看到，甚至当她们去教堂时都要乘坐特殊的有盖轿子。[18]

也就是说，并没有城墙将果阿划分为欧洲区和本土区。 果阿的世俗当局并未优先执行分离法令，主要原因无疑是这会扼杀该市的商业。位于中心大街（Rua Dirett）的大市场是不同大洲的巨大交汇之所，欧洲手工艺店林立，亚洲各地的商人和非洲的卡菲人（caffres）熙来攘往，有人在出售自己的手工艺品，有人则卖身为奴。 一位当时的游客这样写道，在果阿，葡萄牙人"与印度人、异教徒、摩尔人、伊维斯人、亚美尼亚人、古萨拉特人、贝尼亚人、布拉梅内斯人共居，这里有印度的所有民族和人民"。[19]

当西班牙人于1570年占领菲律宾的马尼拉时，他们通过官方的话语和行动分割城市空间的速度，比葡萄牙帝国任何地方都要快得多，也要彻底得多。 征服者唐·米格尔·洛佩斯·德莱加斯皮（Don Miguel Lopez de Legazpi）从墨西哥横渡太平洋来到这里，他带来了菲利普二世对本地人住区进行分隔的政策。 他的第一个行动是将马尼拉的贸易村庄烧毁，生活于此的穆斯林商人小社区被夷为平地。 接下来，他下令在余烬未息的废墟周围筑起栅栏。 在附近的乡村，方济各会的神职人员把菲律宾乡下人和村民赶进遍布的带有围栏的地点（此处名为 cabaceros），建立了新西班牙版本的传教区（reducciones），他们在此处可以获得好言好语。 然而，最紧迫的问题在于征服后涌入马尼拉的中国和日本商人。 有些人渴望用丝绸换取西班牙人的美洲白银，有的人则开店为繁华的城镇提供服务。 还有一些人，比如中国海盗林阿凤和日本海盗，做生意的方式并不友好，他们都曾在唐·米格尔监狱中关过一小段时间，做苦工。[20]

到 1590 年代，唐·米格尔的继任者花费了大量美洲白银在城中西班牙住区周围建造了一座巨大的堡垒，他们现在将其称为王城（Intramuros）。 早在 1581 年，总督就强迫"桑利人"，即西班牙人对中国人的称呼（可能是按照厦门的发音命名，很多中国人来自厦门），离开王城去往一个叫做帕里安（Parian）或丝绸市场的沼泽地。 这个中国城很快就容纳了两万多居民，成为这座城市的经济神经中枢，为王城提供食品和手工艺品，甚至吸引西班牙人到中国餐馆用餐。 官员随后另设一个名为岷伦洛（Binondo）的街区，以保护中国基督教皈依者免受其"异教徒"同胞的影响——这种方式类似于墨西哥的印第安人城镇（ciudades de indios）。 日本人和菲律宾人也有自己的住区（arrabales）。 1590 年代颁布了更严格的法律，对天黑后在王城出现的任何中国人、日本人或菲律宾人（家庭仆人除外）处以死刑，并始终让菲律宾人与城市保持两里格①以上的距离，持有特别通行证的情况除外。[21]

施行隔离的主要原因是害怕中国人造反。 在帕里安和岷伦洛，高高的城墙上的大炮演练从未停歇。 1603 年和 1639 年，总督们公然将华人作为王城社会问题的替罪羊，他们的言论引发了激烈的反华骚乱，摧毁了中国城。 这种政策直接侵害了城中所有商人的经济利益，因为它立竿见影地抑制了当地经济以及跨太平洋经济，直到中国人感觉到足够安全重返并重建帕里安之时才有所改观。 官方替罪羊言论的一个关键方面，被无休止地重复着以煽动情绪，涉及指控华人有无法遏制的鸡奸冲动，并且他们威胁要以这种"无法言说的"做法去玷污西班牙人的道德。 马尼拉可能是强制隔离城中亚洲人的先驱，但也因此催生了反同性恋隔离。[22]

59

---

① league，长度单位，1 里格约等于 3 英里。 ——译者注

与此同时，在 1590 年代，荷兰人打着世界第一家私营跨国公司——联合东印度公司的旗帜抵达印度洋。荷兰人将他们对西班牙和葡萄牙的独立战争带到海外，并在印度洋挥舞着最令人望而生畏的武器。1603 年和 1643 年，他们两次封锁了果阿，最终使"亚洲罗马"陷入经济混乱和逐渐废弃的道路（污水渗入饮用水则是雪上加霜）。除了在开普敦建立他们的补给站之外，荷兰人还挑选了葡萄牙的一些主要堡垒，包括 1637 年选中的埃尔米纳、1641 年选中的马六甲和 1656 年选中的科伦坡。其实，早在 1619 年就有了一个动静很大的开始。一位开办公司的商人扬·彼得松·科恩(Jan Pieterzsoon Coen)转为征服者，袭击了爪哇小镇雅加特拉(Jacatra，今天雅加达正是源于此)，建立起一个香料和中国奢侈品贸易的"交汇点"，与澳门和马尼拉竞争。他们将这个小镇更名为巴达维亚(Batavia，以拉丁语中的"荷兰"命名)，其气势雄伟的"城堡"(Casteel)很快成为东方贸易路线的新首都。[23]

随着荷兰人建立了自己的沿海设防商业堡垒帝国，他们也制定了关于隔离的多种官方政策，这既反映了每个地方的地缘政治局势，也反映了公司对围墙建设总体上更为节俭的政策。他们在巴达维亚开发的体系，使他们有资格成为当时最彻底的隔离主义者，至少在有关住区立法的绝对数量和创新方面，以及为执法而建立的庞大官僚机构方面是如此的。同样，当地对防御和控制的关注是最重要的。巴达维亚很快成为一个非常强大和富有的殖民前哨，但此处的官员似乎比其他任何地方都更敏锐地感受到了这座城市的地缘政治和内部社会局势的极度恐怖。爪哇中部地区的马塔兰苏丹(sultan of Mataram)击退了此前欧洲在岛上建立堡垒的企图，因为他担心自己的主权会受到威胁，就像葡萄牙人对印度所造成的威胁一样。在整个 17 世纪，他和巴达维亚在爪哇最西端的邻居班塔姆(Bantam)的苏丹多次围攻巴达维亚。来自印度尼西亚群岛各地的商人也来到这座城市，其中许多来自与荷兰人发生过其他战争的地方。然后，荷兰公司的竞争对手英国东印度公司的仆役们得到班塔姆苏丹的许可，可在他的小城市建立一个商业飞地，他们开始觊觎巴

60

达维亚。 荷兰公司最坚定的盟友是该市的华人商业社区。 与马尼拉的情况相同，中国人经营着巴达维亚的当地经济，还能够在禁止荷兰人进入的中国港口开展贸易。 但是，又一个与马尼拉相同的情况是，这样的联盟可能会在很短的时间内交恶。

巴达维亚的隔离体系与这些安全威胁和联盟密切相关。 茨邦河（Cipang River）东岸的城堡周围崛起了一个城镇，很快也被城墙包围起来。 荷兰人住在那里，甚至建造了一套运河系统，以慰对阿姆斯特丹的思念之情。 与马尼拉的西班牙人不同，巴达维亚的执政者允许中国人进入特权区，尽管有一段时间他们在街道两端设了门，但可能只是为了模仿阿姆斯特丹的"犹太人街"。 后来这里将发生与马尼拉类似的大屠杀。 群岛之上"东方民族"的其他成员则被分派到城墙外和河东岸被称为甘榜（kampungs）的独立村庄中居住。 这反映了该地区的古老传统，但荷兰人为每个甘榜指派了一名本地人担任军事官员和一个荷兰人担任住区保安员（wijkmeister），以强化这一制度。 然后，在由保安员负责的定期人口普查中，对该市全部人口都根据民族和宗教分门别类加以登记。

爪哇人被荷兰人一再谴责为特别"凶残和不忠的人"，他们受到了最严厉的对待。 1638 年，爪哇人被命令在城里携带"特定的标志"以确保其行动受到更好的监督，1656 年他们曾一度被驱逐出城。 1688年，马塔兰苏丹再次对这座城市构成威胁。 作为"在未来针对由爪哇人、马来人、巴厘人、望加锡人（Makassarese）、布吉人（Bugis）、赛尔人（Saeyrese）、布托人（Butonese）、伯曼人（Birmanese）和诸如此类有害民族所犯下的盗窃、抢劫、谋杀以及其他的罪行开展检查的有力手段"，每个居民都应该从当地保安员那里领取一个叫作铭牌（loodge）的铅片，上面写着他们的名字和民族。 该通行证系统还旨在形成由自己的军官领导的独立的民族士兵连队的基础，以帮助保卫这座城市。[24]

与此同时，在伦敦，英国东印度公司的官员分析并讨论了这些先例的优点。 许多人都持有理想化的观点，认为公司应该从事"贸易而不

61　是战争"，应该投入外交而非昂贵且具有挑衅性的堡垒建设。 相比之
下，另外一些人则对公司在印度西部港口苏拉特(Surat)开设的"无围墙
工厂"感到沮丧，莫卧儿皇帝和他的官员曾多次到此掠夺英国商人，甚
至曾迫使他们推迟营业整整一个旺季，并征用公司的船只把朝圣者运送
到麦加。 重要的是，写信给位于伦敦的公司董事会的商人曾常驻苏拉
特，他主张采用葡萄牙和荷兰式的"防御场所"。 他在信中暗示，尽管
投资修建围墙，荷兰人仍能赚取可观的巨额利润，这对董事们来说格外
具有说服力。 他们知晓伦敦商人最近在爱尔兰东北部的伦敦德里、贝
尔法斯特和其他新教商业前哨加强设防，有关这些项目的知识可能也已
进入董事们的战略方程。 1639 年，当一伙公司代理人拿下马德拉斯
时，公司同意支付建设圣乔治堡的费用。

　　位于印度东南部科罗曼德海岸的马德拉斯，当地地缘政治局势不稳
定，这也为防御工事的倡导者提供了理由。 该公司远非无所不能的殖
民国家力量，而是根据协议拿下了这个城镇，使之成为衰败已久的毗奢
耶那伽罗帝国(naik Damarla Venkatappa)的一位本地小官员的唯一的
具有些许特权的附庸。 在接下来的七十五年里，该区域的地方主权不
断地发生着不可预测的变化，位于马德拉斯的公司官员不得不抵御数支
围攻军队，还有混杂在众多印度人中间的间谍，以及定居于这一崭新商
业前哨附近的其他亚洲人。 葡萄牙人偶尔会从附近的圣多美镇(São
Thomé)赶来马德拉斯滋扰；荷兰人在海岸几英里处有一座堡垒；很快
法国人也会从南方而来，对此处造成威胁，他们从将成为辉煌之都的本
地治里(Pondichéry)赶来。[25]

　　随着圣乔治堡周围城镇的壮大，欧洲人似乎在最靠近堡垒城墙的地
方建造了自己的房屋。 到 1650 年代中期，他们又建造了另一堵墙，在
整个欧洲定居点周围形成一个更大的梯形边界，将当时所谓的"基督徒
之城"围护起来。[26]与此同时，在城墙之外迅速发展的印度人之城显
然构成了治安威胁，因为它为敌军提供了方便的掩护。 持续五十年，
马德拉斯的执政者试图哄骗该市最富有的亚洲人出资，也为黑人城镇

(Black Town)修建一道围墙。 1687 年，公司最有权力的董事乔赛亚·柴尔德(Josiah Child)，也是国内的反议会保皇党，甚至坚持鼓励马德拉斯的印度教徒和穆斯林商人以及当地的亚美尼亚人和葡萄牙人加入一个独特的本地"市政委员会"(市政府)担任市议员，并以缴纳"墙税"作为交换。 当这些人看穿这是场交易并拒绝加入时，马德拉斯最著名的总督伊利胡·耶鲁(Elihu Yale, 1687—1692)用公司资金在黑人城镇周围修建了泥墙，但大部分泥墙在随后的季风中被冲毁。 出于对此和其他事情的愤怒，董事会罢免了耶鲁并让他自行承担修建隔离墙的费用〔与此同时，耶鲁因投机戈尔康达(Golconda)传奇般的钻石而变得非常富有，他在付清上述款项后，仍有很多剩余的钱，他把钱慷慨地捐赠给康涅狄格州的一所大学，这所大学以他的名字命名〕。 终于，在 1706 年，历经七年来自极为多变的地方主权者——卡纳提克和金吉的纳瓦布·达乌德汗(the Nawab Da'ud Khan of the Carnatic and Gingee)的周期性围攻，马德拉斯最无情的殖民官员托马斯·皮特总督使用英国武器把黑人城镇的"种姓领袖"关押在当地的佛塔里，直到他们拿出钱来为止。 接下来的数年里，终于修建起了一道环绕黑人城镇的石头围墙，在皮特的地图上可以看到。[27]

　　印度人在割裂马德拉斯的政治中发挥了重要作用，并非仅仅是动用军队威胁这么简单。 事实上，次大陆一直有对外来者开放的传统，这与中国、日本和爪哇形成鲜明对比，这一传统使得东印度公司与奈克(naik)的最初交易成为可能。 印度种姓隔离的惯例可能也使得马德拉斯的分裂变得更加容易。 毫无疑问，马德拉斯的许多印度教居民倾向于远离他们认为的亵渎神明的英国人的做派，比如吃牛肉或雇佣"不可触碰的"贱民(Pariars)作为家庭仆人——尽管商业利益无疑也导致许多人暂停了其中的某些虔诚。 与其他印度南方城市一样，马德拉斯城中相互竞争的"右派"和"左派"印度教种姓联盟居住在黑人城镇的不同街道上，穆斯林和贱民也是如此。 这很快就让英国人通过鼓励亚洲人的分化来强化对他们的征服成为可能。[28]

英国当局与马德拉斯的印度商人的关系，与印度洋的其他地方一样，基于微妙的我推你拉而达成权力动态平衡。作为对定居点的治安有强烈兴趣的地方政府，公司需要与当地人保持距离。然而，作为一个追求利润的潜在垄断寡头，利益驱使它与中间商〔在马德拉斯中间商被称为杜巴什（dubashes）〕发生排他性接触，以建立业务联系，帮助开展贸易谈判，并为采购提供融资。在马德拉斯，公司对当地人的依赖尤为严重，因为布匹的生产需要精心构筑的家庭手工业基础设施以及数千名工匠的劳作才能运转。为了满足这些需求，这座城市迅速发展，居民数量可能超过了二十万，进而增加了其商业和安全问题的波折动荡。为了把公司从两难的困境中解救出来，分隔城市势在必行。[29]

63

围墙还使得公司官员能够控制白人，这对于牟利和治安而言都是一项关键任务。公司禁止自己的员工到马德拉斯周围的小范围领土之外旅行，早期的总督甚至希望所有英国官员每晚都到自己的住所吃晚餐。这个想法目的在于最大限度地减少私人交易——当然后来被证明这是不可能的。此外，对士兵们实施了严格的宵禁，以避免他们在黑人城镇与当地人发生醉酒后的争吵。与所有前现代修建有围墙的城镇一样，放逐是对社会异见者的一种简单惩罚。[30]

"如果身处无防御性的地方，你的货物和仆从就会置身于奸诈的人之中，处于持续的危险之下。"英国东印度公司圣乔治堡的这一"前景"说明了防御工事和肤色界线之间的联系。白人城镇武器装备齐全，他们针对来自海上、陆地和黑人城镇的威胁不断演练。来自 H. Davison Love, *Vestiges of Old Madras*（印度政府，1913），第 1 卷。

尽管如此，如果基于上述证据中的任何一项，就认定马德拉斯被分隔成为双城相当于是自愿的、共同的或事实隔离，这就大错特错了。围墙本身当然是东印度公司的"杰作"，它们传达了凌驾于印度臣民之上的权威和盛气凌人。正如我们从皮特的地图和随附的"前景"中知道的那样，城中欧洲区域的建筑辐射着威力：围墙、大门和房屋的顶上都安设有护墙和大炮。到18世纪，白人城镇的大多数建筑物都贴上了朱南（chunam），一种由当地软体动物的碎壳制成的材料，这就让这些建筑具有了大理石般的外观。从海面上看，与黑人城镇相比，白人城镇看上去是白得发亮的。按照传统，公司总督的公告是根据来自白人城镇的炮声以及从堡垒穿过巨大的乔尔特里门（Choultry Gate）进入黑人城镇的大型队列发布的。为了支持住区采用围墙分隔，1680年、1688年、1690年、1698年、1706年、1743年、1745年和1751年，总督们认为有必要通过或提出法律来对不同群体的居住地加以规范，有时甚至命令英国居民的房屋只能转卖给其他英国人。与美洲的奴隶法一样，这些法律频繁颁布，表明违规行为出现得愈发频繁。但它们确实有助于确保双重住房市场，以及南非历史学家保罗·梅拉姆（Paul Maylam）所说的"财政隔离"，在18世纪（如果不是更早）的马德拉斯发展起来。白人城镇的房产价值被视为远远高出平均值——即使把黑人城镇中印度商人富丽堂皇的住宅和寺庙都纳入考虑仍是如此——欧洲人持有房产的税率也低于黑人城镇的税率，以避免给英国人带来过多的负担。[31]

为了加盖上自己至高无上的印记，英国东印度公司出于自身目的利用了分裂的印度种姓政治。多年来，总督们主要依赖地位较高的右派种姓联盟的成员作为主要的中间人和供应商。当英国人通过允许左派联盟的商人竞标合同来寻求更优惠的价格时，他们挑起了一场巨大的战斗，争斗主要围绕着左派和右派联盟在黑人城镇中声称属于自己的住区发生交叠时而发生。在这种情况下，种族隔离和资本主义经济利益齐头并进。皮特总督最终迫使种姓领袖困居佛塔之中，以要挟他们协商对"黑人"城镇清晰划界，划分为相互独立的左派地带和右派地带，并

64

配备界石系统(a system of boundary stones)。[32]

正如历史上所有分裂的城市一样，马德拉斯的肤色界线是半渗透的，印度仆从、商业合作者以及我们马上将看到的众多寻找性伴侣和婚姻伴侣的英国人经常越界。 隔离公告通常出现在危机时段，而在较为稳定的时期则并未强制执行。 但白人城镇的城墙和他们所创造的肤色不平等，一直是将肤色等级制度化的主要工具，同时也是新兴殖民当局戏剧化表现的大舞台。 在 1740 年代，随着英国与法国和西班牙的战争扩大到超出半球的范围，马德拉斯对于肤色隔离过程的强化和合法化急剧提速。 1746 年，法国人占领了这座城市，夷平了历史悠久的黑人城镇(城墙和全部建筑)，并将其居民重新安置在距白人城镇大门四百码①的地方。 两年后，当英国人收复马德拉斯时，他们禁止在中间地带修造任何建筑物，中间地带变成了军用隔离警戒线，迫使围攻军队进入开阔地带。 然后，官员们将白人城镇以西的埃兰博尔(或库姆)河[languid Elambore(or Cooum) River]填了起来，不仅使白人城镇的面积扩大了一倍，还为建立起最先进的沃邦式防御工事系统(Vauban-style fortification system)腾出空间。 在 18 世纪后期，当安全威胁消退之后，公司资助了白人城镇在城墙外的发展。 公司所采用的方法让人想起 20 世纪南非和美国所采用的方法，包括为郊区的"花园地产"提供土地，以及修建更宽的道路以容纳越来越多的马车，将通勤者运送到城市的商业中心。[33]

## 跨越殖民地的肤色联系

现在我们知道马德拉斯为何被一分为二了，但这并不能解开另一个谜团：它的统治者是如何想到将一分为二的部分称为"黑人城镇"和"白

---

① 英制单位，1 码 = 0.914 4 米。 ——译者注

人城镇"的？ 答案并非不言而喻。 随着欧洲殖民官员分散在东西半球，他们在制定防御、控制和在新城市驻扎的政策时，还传播了各种有关人类差异的欧洲思想。 奇怪的是，随着时间的推移，这些官员开始厌倦长期以来对他们有用的词——"民族"（或"人民"）的概念，这是将他们与所服务的国王和家园联系在一起的概念；以及宗教类别，比如"基督徒"，这是将他们的殖民剥削与神的旨意相结合的概念。 取而代之的是，他们开始称非欧洲人为"黑人"，称欧洲人为"白人"——这两个词的历史内涵充其量只能说是模棱两可。 更令人费解的是，欧洲人把白人视为优越的"种族"，并不能解释对这种肤色分类的接纳。 殖民官员很少使用"种族"这个词——即使它在当时所有欧洲语言中都存在。 事实上，直到 1700 年代后期，种族才成为政治思想中的一个重要概念。

为了解开我们的谜团，我们有必要逐个地使用这些词语——"黑人""白人"和"种族"。 正如我们所做的那样，我们需要思考的，不仅是每个词如何在同一半球内传播，还包括其如何在不同半球之间传播。 同时，我们还需要思考它们是如何融入城市政治戏剧之中的。

在三个词语之中，"黑人"是最为古老的。 在欧洲，它可以追溯到古典时代。 然而，最复杂的前现代词汇"肤色"，却是在穆斯林世界中发展起来的。 当葡萄牙人开始在非洲西海岸奴役他人时，他们采纳了穆斯林的惯例，即使用"白人"指称当地阿拉伯人，使用"黑人"（negro）指称非洲人。 西班牙人也使用 negro 指称他们进口到新西班牙的奴隶，这个词连同黑白混血儿（mulatto）和混血儿（mestizo）一并，以多种伊比利亚风格形式被吸收到遍及整个大西洋的荷兰语、法语和英语中。[34]

与此同时，在东方旅行的欧洲作家为亚洲人使用了多种颜色——白色、黄色、棕色和黑色。 然而，荷兰语、英语和法语并没有为亚洲人音译"黑人"（Negro）这个词。 在印度洋，阿拉伯词语 qafr 表示"无宗

66

教信仰之人"，甚至非洲人也随之最常被称为卡菲人〔Caffres 或
Kaffirs，在现代南非，Kaffir 的用法很像美国最恶劣的种族侮辱词，
"黑鬼"（nigger）〕。 当欧洲人使用肤色词语时，的确是用来描述他们所
遇到的人，而并非把官方的政治类别加诸指称对象之上。 此外，尽管
东方殖民城市的隔离历史可以追溯到 1480 年代，但在东印度公司于
1660 年代开始将马德拉斯的亚洲部分称为"黑人城镇"之前，当局从未
正式按肤色为城市分隔开的不同部分命名。[35]

即便在马德拉斯，"黑人城镇"的命名也并非不假思索的。 城中的
一部分居民通常被外来旅行者描述为黑人——有时候甚至描述为"像沥
青一样的黑人"。[36]然而，马德拉斯的英国官员最常使用民族或宗教
名称为这个城市中的亚洲人区域命名，如"马拉巴尔镇"（Malabar
Town，这个词指的是在马德拉斯占多数的泰米尔人）或"印度教徒城
镇"〔Gentue Town， Gentue 指该市的人口最多的少数民族泰卢固人
（Telugu），也可以作为印度教徒的通称〕。 当地人更喜欢把马德拉斯城
中的亚洲区域称为 Chennaipattnam（今日金奈一词的词根），以此纪念奈
克·文卡塔帕（Naik Venkatappa）的父亲，他们在给英国总督提交的请
愿书中避开了"黑人城镇"这一称呼。

67  直到 1676 年之后，"黑人城镇"一词才进入英国官员的词汇表，看
起来这是一个贬义词。 招致蔑视的部分原因，可能在于大西洋黑人与
奴隶制之间日益密切的联系，但马德拉斯当地的防御和控制政治中的议
程显然是更为重要的原因。 从这座城市的早期开始，城中的英国人就
把当地居民视为"奸诈的人"，他们最常使用"黑人"这个词来表达对
印度人拒绝服从公司命令的不满。"黑人城镇"一词出现在英国官员一
次徒劳无功的努力之中，他们竭尽全力想让印度商人为其所在地区修建
围墙缴税。 在从伦敦寄来的信函之中，公司董事会的语言波动很大。
一时间发出雷霆般的命令，要求对"黑商"强制征税；一时间则建议
"温和劝导"，诱使"印度教徒和摩尔人"（Gentues and Moores）担任马
德拉斯市议会的议员，并自愿缴纳税款。 相比之下，公司的当地代理

人，如总督伊利胡·耶鲁，始终把保持尊重当作首要之事，因为他们与亚洲商人之间有大量非法贸易往来以贴补自己的低薪，因此有赖于与杜巴什保持良好的个人关系。他们倾向于使用"印度教徒城镇"（Gentue Town）和"马拉巴尔镇"（Malabar Town），甚至"Chennaipatt nam"作为称呼，尽管"黑人城镇"的使用频率越来越高。18 世纪的第一个 10 年，在皮特总督最终迫使"黑商"支付黑人城镇城墙修建费用之后，"印度教徒"和"马拉巴尔"的称呼就在本地人口中消失了。[37]

"白人"作为欧洲人自称的历史，与"黑人"一词相比具有完全不同的年代，甚至完全不同的全球地理。西班牙人和葡萄牙人偶尔用这个词来指代自己，从而与黑人（negro）形成鲜明对比，但与穆斯林一样，他们更为系统地把它作为对阿拉伯人或其他浅肤色亚洲人的描述性词语。在官方分类领域，亚洲的伊比利亚人更喜欢用"基督徒"或他们各自的民族名称来称呼自己，而其他欧洲人则在东方和西方复制了这种做法。在新西班牙的种姓制度（sistema de castas）中，黑人（negro）是最底层类别，而最高类别几乎总是使用"西班牙人"（Español）一词指称。在葡属印度，类似系统中的最好位置总是会给 Reinois，也就是那些出生在葡萄牙的人，而并非给"白人"。荷兰人似乎在爪哇的人口登记系统中近乎完全放弃了"白人"一词，而更喜欢使用"欧洲人"。在马德拉斯，几乎在整个 1600 年代，这座城市的欧洲部分一直被称为"基督教城"。[38]

直到 1660 年代，欧洲殖民地的当局才开始广泛使用"白人"一词作为官方分类。这种做法可能始于英属西印度群岛的糖业殖民地。该区域的第一次政府人口普查可追溯到 1661 年，普遍采用了"白人"和"黑人"的二分法。[39]北美大陆最早持续使用"白人"一词始自弗吉尼亚州的奴隶法。1691 年，立法机关更新了一项早期的法律，禁止他们当时所谓的"英国或其他白人女性"与黑人奴隶发生性关系。大约在 1700 年以后，特别是 1710 年以后，"白人"一词出现在殖民地文件中，在缓慢的文化历史变迁中，这不得不算是突然的繁盛。[40]

在马德拉斯，"白人"一词使用的增加与北美大陆几乎同时发生。怀特镇（Whyte town）于 1693 年第一次出现算是一个孤立事件，直到 1711 年，才在皮特总督的地图上出现了第二个。尽管如此，从 1670 年代到 1720 年左右，当局很乐意将"黑人城镇"与"基督教城镇"进行对比，1720 年之后"白人城镇"成为最广泛使用的名称。亚洲的马德拉斯又一次领先。[41]

为什么殖民当局会放弃"基督徒"这个几个世纪以来一直用来将他们标记为上帝旨意工具的术语，转而开始以白人来称呼自己？无论是白人在西方文化中普遍具有积极意义，还是西方社会变得更加世俗化，这两个观点都无法解释为何"白人"突然变成了一个代表群体自豪感和团结的强大词汇，也不能解释为什么这一现象在一系列英国殖民地接连发生。[42]

一个较为可能的解释，涉及欧洲人之间关于阶级、宗教和国家的政治冲突。英国在其美洲殖民地正式实行奴隶制的年代里，这些都有所增长。它们开始于一系列将伦敦议会与西印度群岛联系起来的政治戏剧，西印度群岛是"白人"取代"基督徒"的第一个地方。在那里，糖业革命将巴巴多斯等岛屿变成了大英帝国最富有的殖民地。这使欧洲契约佣工的地位受到质疑。伦敦和群岛上的许多观察者担心这些佣工会沦为"基督教奴隶"——这个词越来越多地被渲染为"白人奴隶"。一位观察者警告说，这将带来威胁，让"我们的生命……变得和黑人一样贱"。与此同时，先是各路神职人员，后是王室，纷纷对奴隶主施加越来越大的压力，要求他们让非洲人皈依基督教。许多奴隶主不愿这样做，担心皈依会使非洲人获得解放。摩根·戈德温（Morgan Godwyn）是一位著名的奴隶皈依宣传者，他抱怨奴隶主不情愿的态度，并指出"黑人和基督教徒、英国人和异教徒，因懒惰腐败的习俗和偏袒而相互对立；因此，正如它所暗示的那样，一个黑奴不可能是基督徒，也不是其他的异教徒"。[43]

虽然从来没有人把这作为一项明确的政策，但采用"白人"而不是"基督徒"作为自由人的名称，则澄清了这些问题。它分散了王室、传教士和奴隶主之间蓄势待发的冲突。更重要的是，它有助于巩固不同阶级的欧洲殖民者在捍卫奴隶制方面的政治支持。英国殖民地白人之间达成的这种联盟，也反映了与新西班牙不同的人口状况和性别政治。在西班牙殖民地，本地女性数量多、欧洲女性数量少，导致印第安人、黑人和欧洲人混合血统的"平民"阶层出现。精英的权力有赖于将平民分为数十种种姓类别。在英国殖民地，白人女性数量多，创造出数量较多的非混血人口。诉诸白人政治，当局可以通过向贫穷欧洲殖民者提供与奴隶主共享精英地位的代偿性错觉，来邀买他们的效忠。事实上，"白人"一词几乎是在奴隶制成为当地经济和法律体系核心的同时传入英属北美殖民地的。[44]

　　这仍然引出了我们的主要问题：为什么会有人将这种新奇的黑白二分法带到印度洋的一个城市？虽然很难准确指出这是如何发生的，但"白人"一词很可能从美洲出发，经过伦敦，到达东方。包括乔赛亚·柴尔德在内的许多东印度公司董事都投资于美洲的企业，其中一些在议会任职，因此他们应该熟悉在英国关于奴隶制的讨论中越来越多地使用"白人"和"黑人"。马德拉斯的一些总督，包括伊利胡·耶鲁，都出生在美洲，并在那里有广泛的家庭联系。船长和水手也可能带来新的词汇。肤色政治，就像奴隶制一样，在近代英国当然存在。此外，18 世纪初，对黑人日益增长的迫害可能也影响了官员的心态，他们在东方带动了白人概念的普及。[45]

　　不管怎样，马德拉斯的官员为了满足自己的特定需要而输入了白人和黑人政治，这与大西洋(沿岸地区)有很大不同。在马德拉斯，"白人城镇"这个名称并不是为了在白人之间建立新的政治联盟，也与黑人没有太大关系。相反，它帮助英国官员就马德拉斯一项独特的安排进行重新协商，这是公司与该市重要的葡萄牙人和亚美尼亚人社区之间的联盟。这两个群体自该城市建成之初就被允许居住在马德拉斯，葡萄牙人为英国的小规模军队提供支持，而亚美尼亚人则是因为他们与印度法

70

院的联系以及与中东的长期贸易往来。"基督教城镇"这个名字有助于欢迎这两个团体并鼓励他们的忠诚。 举个例子，事实上公司甚至曾公布了一项计划，将基督教城镇的规模扩大一倍，以允许更多的亚美尼亚人在那里定居。[46]

到 18 世纪初期，公司对其基督教盟友变得不耐烦了。 英国官员长期以来一直对葡萄牙人保持警惕。 葡萄牙的具有宗教裁判思想的牧师潜伏在附近的圣多美定居点，葡萄牙士兵经常在危险时刻逃跑，甚至为对手进行间谍活动。 亚美尼亚人在纳税方面拖了后腿，与法国、荷兰和丹麦进行贸易，轻视马德拉斯法院的权威，并且经常被怀疑在战时背叛。 尽管这两个群体显然都是基督徒，但公司似乎不确定他们是什么肤色。 有时它把他们归类为白人，有时用葡萄牙种姓词语穆斯泰兹（musteez）来称呼他们，有时将他们放入一长串印度种姓之列。 在这种情况下，"白人城镇"这个名字似乎符合英国当局的一般策略，以冷却他们对葡萄牙人和亚美尼亚人的欢迎，并引起这两个社群中不忠诚成员的注意。[47]

按照这种模式，英国人更频繁地使用"白人城镇"，因为越来越多的英国人呼吁公司将其基督教盟友逐出城镇的特权阶层。 1720 年代，马德拉斯开始了长期的繁荣和相对的政治和平，吸引了更多的英国商人和士兵前来。 这给白人城镇有限的空间带来了压力。 对于房地产的竞争，尤其是与亚美尼亚人之间的竞争，加剧了紧张态势。 1749 年，当东印度公司收复被法国占领的马德拉斯时，当地公司官员兑现了"白人城镇"一词中隐含的威胁。 一些亚美尼亚人和葡萄牙人站在法国人一边，已在法国占领中致富。 作为回应，英国通过了新法令，首次明确禁止亚美尼亚人和葡萄牙人在白人城镇居住，无一例外。 他们的房屋被没收，只赔了一笔少得可怜的钱，这两群人都被送到了距离要塞 400 码的新黑人城镇。 虽然这种最新出现的居住分离持续下来，它其实有赖于对当地肤色类别的最为独特的解释。[48]

71

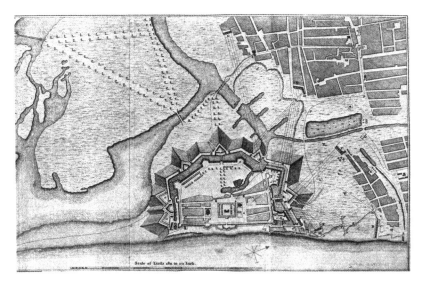

马德拉斯的亚美尼亚人和葡萄牙人到底是白人还是黑人？当英国东印度公司重新夺回被法国占领的马德拉斯时,他们强迫这两个肤色含混不清的基督徒社群居住到黑人城镇,从而给这个问题提供了答案。与此同时,法国人把城墙外的房屋夷为平地,拓宽了城市的肤色之分界线,形成了一个宽度为 400 码的"格杀勿论区"(free-fire zone)。最先进的防御系统取代了白人城镇最初的城墙。来自 H. Davison Love, *Vestiges of Old Madras*(印度政府,1913),第 3 卷。

# 肤色先于种族出现

后知后觉来看,我们可以发现,东方早期的欧洲殖民城市曾一度回望以寻找灵感,拥有着不寻常的崭新品质,并引发了改变全球城市政治的创新。 这些城市宏伟的纪念性建筑和外国商人区代表了与几个世纪前的城市形态之间最为显著的连续性。 这些都反映出隔离主义政治压倒一切的焦点,在于服务于殖民扩张的军事防御和控制。 当然,对利润的追求、商业垄断以及对劳动力和土地的控制奠定了这些城市的基础。 事实上,商人的武装公司在许多欧洲殖民城市的建立和管理中扮演的特别重要的角色,代表了其政治中最不寻常的特征。 然而,就居

72

住事宜而言，甚至经济问题也需时时服从于军事和地缘政治的要求。这在奴隶城市中很明显，在那里非洲人被迫居住在其主人的物业之中，这就与外聘体制（hiring-out system）发生了冲突。在亚洲人与非洲人同在的双城之中也非常明确，此时的城市隔离就与商人和当地经商者、投资人接触的需求发生了冲突。

商人在殖民城市中日益强大的力量及其跨越东西半球网络的日益扩增，带来了近代殖民城市最大的创新之一，即划界城市所涉及的中心政治思想的世俗化。西班牙式的隔离，侧重于非基督徒的皈依和对皈依者脆弱的道德加以保护，在 17 和 18 世纪减弱了——甚至早在西欧对犹太人加以隔离之前。独立的且主要由新教徒经营的商业公司推动了这一进程，因为荷兰和英国东印度公司官员的主导观点是，西班牙和葡萄牙对天主教不宽容的做法是被误导的。显然，这些做法阻碍了他们与非基督徒之间有利可图的合作。

当然，肤色界线是城市空间政治世俗化的最明显例子——马德拉斯用"白人城镇"取代"基督教城镇"则是最为形象的证明。肤色界线也是这些城市留给未来的最大遗产，尤其是当马德拉斯的黑白城市界线被加尔各答和孟买等城市的官员照单全收时，这些城市在 18 世纪后期的肤色分界比马德拉斯更为突出。[49]

也就是说，将近代的肤色隔离与 18 世纪后期才出现的种族隔离区分开来非常重要。在 1770 年代之前，有关马德拉斯或其他近代殖民城市的任何官方文件中都没有出现"种族"一词。中世纪的"民族"和"人民"概念，足以支持大多数殖民城市官员的居住政策。后来，"颜色"和"肤色"也作为"白人"和"黑人"的更通用的指称而浮出水面。早在 16 世纪，大多数欧洲语言中确实有某种版本的"种族"一词，但其最常见的当代含义对殖民城市官员而言用途有限。大多数情况下，"种族"是贵族用来描述其家族血统纯洁性的词，是"血液""种子""后代""后裔"或"血统"的同义词。[50]

变化很快出现了。早在 1683 年，曾一度在莫卧儿宫廷工作的法国

73

文学家弗朗索瓦·伯尼埃（François Bernier）回到巴黎，发表了一通观点，将"种族"转变一个概念性锚定，作为根据肤色对人类不同血统进行分类的体系。 这被视为扭转"种族"词义的第一次努力。 多年以后，到了 18 世纪后期，其他科学家和哲学家采纳了伯尼埃的计划。 越来越多的启蒙思想家认为，基督教神学家相信所有人都是按照上帝的形象被平等地创造出来，这是错误的。 相反，他们得出结论，人类被分为不同的类别，其中一些类别优于其他类别。 与 1700 年代早期的肤色分类所承载的含义相比，种族被赋予了更加复杂和普遍的含义，其作用是迎合日益增多却仍然非常特殊的政治权宜之计。 一旦学者开始以这些更精细的方式思考，他们就将种族和肤色转化为全球政治和城市政治中若干最重要的词语。

还有越来越凸显的跨肤色的性别问题，尤其是在大英帝国，这个问题将我们引向了大规模的全球人口和思想运动，以及殖民城市中最细小、最私密的空间。 具有讽刺意味的是，在像马德拉斯这样"隔离"的地方，包括法院院长乔赛亚·柴尔德本人在内的英国官员实际上鼓励欧洲男人与亚洲人结婚生子。 由于很少有欧洲女性能够被说服从地球另一端迁移到亚洲，因此他认为（再次引用荷属巴达维亚的类似做法）与当地人通婚是保证该城人口忠诚的唯一途径。 相比之下，在英属美洲殖民地的强制"融合"城市之中，白人女性更为普遍，官员们越来越多地认为所有跨越肤色的性行为都是可憎的，在许多地方宣布这是非法的，他们让所有黑人母亲的孩子，包括"混血儿"，都沦为奴隶。 通过这种方式，奴隶城市为后来的城市种族隔离主义者的知识库贡献了其他关键思想——跨越肤色的性禁忌和黑人男性的性危机。 无论是经由伦敦、巴黎和阿姆斯特丹，还是沿着所有殖民城市之间日益直接的跨半球联系，这些思想将很快到达亚洲和非洲。 采用这种方式，分裂的殖民城市开始出现转变，由主要出于防御和控制需要而设置肤色界线的地方，转变为被实施种族隔离的更为宏大的"自然"义务所吞噬的城市。[51]

74

种　族　隔　离

**注　释:**

[1] Henry Davison Love, *Vestiges of Old Madras*, *1640—1800*: *Traced from the East India Company's Records Preserved at Fort St . George and the India Office and from Other Sources*(1913; repr., New York: AMS Press, 1968), 1:593.本章是对下述文章的改编: Carl H. Nightingale, "Before Race Matt ered: Geographies of the Color Line in Early Colonial Madras and New York", *American Historical Review 113*(2008):48—71。

[2] 请参见下列来源地图: Aníbal Sepúlveda Rivera, *San Juan*: *Historia illustrada de su desarollo urbana*, *1509—1898*(San Juan: Carimar, 1989), 59, 60—63, 84, 152, 192, 226; Adelaida Sourdis de De la Vega, *Cartagena de Indias durante la primera república 1810—1815*(Bogotá: Banco de la Republica, 1988), 16。

[3] Charles Gibson, *The Aztecs under Spanish Rule*: *A History of the Indians of the Valley of Mexico*, *1519—1810*(Stanford: Stanford University Press, 1964), 28—37, 99—133; Alexandre Coello de la Rosa, "Resistencia e integración en la Lima colonial: El caso la reducción de indios de El Cercado de Lima(1564—1567)", *Revista Andina 35*(2002): 111—128. 感谢 Jeremy Mumford 教授提供有关 El Cercado 的信息。

[4] Zelia Nutall, "Royal Ordinances Concerning the Laying Out of New Towns", *Hispanic American Historical Review 4*(1921):753.我对她翻译的文件做了些许语法修改, 她也提供了西班牙语文件原文。

[5] Gibson, *Aztecs under Spanish Rule*, 99—133, 147, 502nn41—44; R. Douglas Cope, *The Limits of Racial Domination*: *Plebeian Society in Mexico City*, *1660—1720* (Madison: University of Wisconsin Press, 1994), 13—15.

[6] Gibson, *Aztecs under Spanish Rule*, 149—150, 177, 192; Cope, *Limits of Domination*, 22—25.

[7] Cope, *Limits of Domination*, 31—32; Gibson, *Aztecs under Spanish Rule*, 376—378, 395—402.

[8] Gibson, *Aztecs under Spanish Rule*, 147, 370—381; Cope, *Limits of Racial Domination*, 16—21; Yasu Kawashima, "Legal Origins of the Indian Reservation in Colonial Massachusetts", *American Journal of Legal History 13*(1969):42—56; Berthold Fernow, ed., *Records of New Amsterdam from 1653 to 1674 Anno Domini*(Baltimore: Genealogical Publishing Co., 1976), 1:22, 2:51—52, 6:32.

[9] 关于在城市中的奴隶住所的若干例子, 请参见 James C. Anderson, *Roman Architecture and Society*(Baltimore: John Hopkins University Press, 1997), 293—336; A. C. De C. M. Saunders, *A Social History of Black Slaves and Freedmen in Portugal*, *1441—1555* (Cambridge: Cambridge University Press, 1982), 96—99, 120—125; Cope, *Limits of Racial Domination*, 15—21; Mary C. Karasch, *Slave Life in Rio de Janeiro*, *1808—1850* (Princeton: Princeton University Press, 1987), 59—66; Anne Pérotin-Dumond, *La ville aux iles*, *la ville dans l'ile*: *Basse terre et Pointe-à-Pitre*, *Guadeloupe*, 1650—1820(Paris: Éditions Karthala, 2000), 462—470, 641—718; Pedro Welch, *Slave Society in the City*: *Bridgetown*, *Barbados 1680—1834*(Kingston, Jamaica: Ian Randle, 2003), 39—40, 158—163; Richard C. Wade, *Slavery in the Cities*: *The South*, *1820—1860*(New York: Oxford University Press, 1964), 55—79; Berlin, *Many Thousands Gone*, 58—59, 61—63, 162, 204, 249—250, 287, 318—321, 339。 就巴拿马城这个例外而言, 请参见 Nightingale, "Before Race Mattered", 58n21。

[10] Berlin, *Many Thousands Gone*, 156—157, 318; Robertson, *Gone Is the Ancient Glory*: *Spanish Town*, *Jamaica*, *1534—2000*(Kingston, Jamaica: Ian Randle, 2005), 86—87; Welch, *Slave Society in the City*, 158—159. Leslie Harris, *In the Shadow of Slavery*: *African American in New York City*, *1626—1863*(Chicago: University of Chicago Press, 2003), 1—2, 33, 39—45, 78, 84, 291; Berlin, *Many Thousands Gone*, 156—157; Graham Russell Hodges, *Root and Branch*: *African Americans in New York and East Jersey*(Chapel Hill: University of North Carolina Press, 1997), 48—50, 59—69.

[11] Paul Maylam, *South Africa's Racial Past*: *The History and Historiography of Racism*, *Segregation*, *and Apartheid*(Aldershot, UK: Ashgate, 2001), 32.

〔12〕Robert Shell，*Children of Bondage*：*A Social History of the Slave Society at the Cape of Good Hope*，1652—1838(Hanover, NH：University Press of New England，1994)，143，172—205；Russell-Hodges，*Root and Branch*，12。

〔13〕Love，*Vestiges of Old Madras*，1：39—40，217。

〔14〕De Souza，*Medieval Goa*，115—116；Taylor，*Social World of Batavia*，17，56，70—71；Love，*Vestiges of Old Madras*，1：127—136，147—149，545—546，2：81，135，45，3：382。

〔15〕John Vogt，*Portuguese Rule on the Gold Coast*，1469—1682(Athens：University of Georgia Press，1979)，20—29，205；Christopher R. DeCorse，*An Archaeology of Elmina*：*Africans and Europeans on the Gold Coast*，1400—1900(Washington DC：Smithsonian Institution Press，2001)，1—70；Kwame Yeboa Daaku，*Trade and Politics on the Gold Coast*，*1600—1720*：*A Study of the African Reaction to European Trade*（Oxford：Clarendon Press，1970)，52—53。

〔16〕Glenn J. Ames，*Vasco da Gama*：*Renaissance Crusader*（New York：Pearson Longman，2005)，45—71，85—102，115—116；Charles R. Boxer，*The Portuguese Seaborne Empire*，1415—1825(New York：A. A. Knopf，1969)。

〔17〕隔离法令的文本可以在以下文献中找到：J. H. Cunha da Rivera，ed.，*Archivo portuguez oriental*(Nova Goa：Imprensa National，1862)，4：14—15，22—23，31，52，72，130—131，187，191，214；C. R. Boxer，*Race Relations in the Portuguese Colonial Empire*，*1415—1825*(Oxford：Clarendon，1963)，5，64；Jose Nicolau da Fonseca，*An Historical and Archaeological Sketch of the City of Goa*：*Preceded by a Short Statistical Account of the Territory of Goa*(1878；repr.，New Delhi：Asian Educational Services，1986)，136—142；Ames，*Vasco da Gama*，115—116；Teotonio R. De Souza，*Medieval Goa*：*A Socio-Economic History*(New Delhi：Concept Publishing Co.，1979)，58，90；Jan Huygen van Linschoten，*The Voyage of John Huygen van Linschoten to the East Indies*，ed. Arthur Cooke Burnell and P. A. Tiele(1596；repr.，New York：Burt Franklin，n.d.)，181—182。

〔18〕关于葡萄牙城市的居住隔离并没有综合性文献，但可以在以下资料中找到线索：Liam Brockey，ed.，*Portuguese Colonial Cities in the Early Modern World*(Farnham，UK：Ashgate，2008)；以下当代资料中也有所体现：Linschoten，*Voyage*，45—47，57—58，63，67，70，104，125，181—184，222，228，230，285；François Pyrard in *Voyage of François Pyrard of Laval to the East Indies*，*the Maldives*，*the Moluccas and Brazil*，trans. Albert Gray(New York：Burt Franklin，n.d.)，2：758；*Voyage de Pyrard de Laval aux Indes Orientales*(*1601—1611*)(Paris：Editions Chandeigne，1998)，2：400—402；在下列文献中所包含的地图中也有所呈现：João Teixeira Albernaz，*Plantas das cidades*，*portos*，*e fortalezas da conquista da India oriental*，repr. in *Voyage de Pyrard de Laval*，1：417—441。更为详细的讨论，请参见 Carl H. Nightingale，"Were Portuguese Colonial Cities Segregated?"（未发表文稿，2006)。

〔19〕Linschoten，*Voyage*，181—184，193，205，222，228—230，285，297；Pyrard，*Travels*，34，51，57，64—66。

〔20〕Robert R. Reed，*Colonial Manila*：*The Context of Hispanic Urbanism and Process of Morphogenesis*(Berkeley：University of California Press，1978)，1—37，53；Milagros Guerrero，"The Chinese in the Philippines，1570—1770"，in Alfonso Felix Jr.，ed.，*The Chinese in the Philippines*(Manila：Solidaridad，1966)，15—39。

〔21〕Reed，*Colonial Manila*，33—70；Felix，*Chinese in the Philippines*，40—66，67—118，175—210；Edgar Wickberg，*The Chinese in Philippine Life*，*1850—1898*（New Haven：Yale University Press，1965)，3—44；转述自 Domingo de Salazar，"The Chinese and the Parian"（1590)，以及 Francisco Tello，"Ordinances Enacted by the Audiencia of Manila(1598—1599)"，都发表于 *The Philippine Islands*，*1493—1803*，ed. Emma Helen Blair and James Alexander Robertson(Cleveland：A. H. Clark，1903)，7：220，224；11：56—58，62—63。

〔22〕比如可参见 Tello，"Ordinances Enacted by the Audiencia of Manila"，56—58。

〔23〕C. R. Boxer，*The Dutch Seaborne Empire*，*1600—1800*(1965；repr.，London：

Hutchinson，1977）；Jean Gelman Taylor，*Social World of Batavia*：*European and Eurasian in Dutch Asia*（Madison：University of Wisconsin Press，1983）；Leonard Blussé，*Strange Company*：*Chinese Settlers*，*Mestizo Women*，*and the Dutch in VOC Batavia*（Dordrecht：Foris，1986）；Leonard Blussé，"An Insane Administration and Insanitary Town：The Dutch East India Company and Batavia（1619—1799）"，来自 *Colonial Cities*：*Essays on Urbanism in a Colonial Context*，ed. Robert J. Ross and Gerard J. Telkamp（Dordrecht：M. Nijhoff，1985），65—85；Raben，"Batavia and Colombo：The Ethnic and Spatial Order of Two Colonial Cities，1600—1800"（PhD diss.，University of Leiden，1996）。

[24] Raben，"Batavia and Colombo"，162—169. Blussé，*Strange Company*，73—96.

[25] Love，*Vestiges*，1：9—24，34—38，43，63—65，2：149；James Stevens Curl，*The Londonderry Plantation*，*1609—1914*：*The History*，*Architecture*，*and Planning of the Estates of the City of London and Its Livery Companies in Ulster*（Chichester，Sussex：Phillimore，1986）.

[26] Love，*Vestiges*，1：204—207.

[27] Love，*Vestiges*，1：204—207，441—443，473，497—498. 关于耶鲁在融资失败中所发挥的作用，请参见 Hiram Bingham，*Elihu Yale*：*The American Nabob of Queen Square*（1939；Archon，1968），98，116—117，137，174，215，238，275。 关于柴尔德，请参见 Government of Madras，*Records of Fort St. George. Diary and Consultation Books*，82 vols.（Madras，1910—1953），"Public Consultations"（hereafter PC），January 4，1686；Government of Madras，*Despatches from England*，61 vols.（Madras，1911—1971），PC 8，June 9，1686，♯16，♯27，♯29。 关于城墙税的争论，请参见 PC 19，January 14，1692；PC 28，May 10，1699；PC 29，December 4，1700；PC 31，August 3，1702；PC 36，July 6，1706。 Love，*Vestiges of Old Madras*，1：497—498。 关于皮特的解决方案，请参见 PC 34，October 25，1705；PC 35，July 6，July 25，and September 12，1706；Cornelius Neale Dalton，*The Life of Thomas Pitt*（Cambridge：Cambridge University Press，1915），214—230。

[28] Patrick Roche，"Caste and the Merchant Government in Madras，1639—1749"，in *Indian Economic and Social History Review 12*（1975）：392—393；Arjun Appadurai，"Right and Left Hand Castes in South India"，*Indian Economic and Social History Review 11*（1974）：245—257；Joseph J. Brenning，"Chief Merchants and the European Enclaves of Seventeenth-Century Coromandel"，*Modern Asian Studies 11*（1977）：398—404；Love，*Vestiges of Old Madras*，2：617.

[29] Susan Nield，"The Dubashes of Madras"，*Modern Asian Studies 18*（1984）：1—31；C. A. Bayly，*Indian Society and the Making of the British Empire*，vol. 2 of *The New Cambridge History of India*（Cambridge：Cambridge University Press，1988），45—78；K. N. Chaudhuri，*Trade and Civilisation in the Indian Ocean*：*An Economic History from the Rise of Islam to 1750*（Cambridge：Cambridge University Press，1985），80—118，203—220.

[30] Bingham，*Yale*，20.

[31] PC 2，September 1680，115—116；PC 14 February 27，1688；PC 16，July 21，1690；PC 26，February 25，1698；Love，*Vestiges*，2：25，308，395—396，425—426，573；J. Talboys Wheeler，*Annals of the Madras Presidency*（1861—1862；repr.，Delhi，1990），3：1—10，21.

[32] PC 38，1707，36，40—41，52—63，65—66，68—80，84—87，and PC 39，1708，3，5—7，32，35—37；Dalton，*Thomas Pitt*，319—334；Appadurai，"Right and Left Hand Castes"，245—257；Brenning，"Merchants and Enclaves"，398—404；Love，*Vestiges of Old Madras*，2：25—30；Maylam，*South Africa's Racial Past*，149.

[33] Love，*Vestiges of Old Madras*，2：347—348，448—452，520—538，以及第 554 页地图；Nield，"Madras：The Growth of a Colonial City on India，1780—1840"（PhD diss.，University of Chicago，1977），309—336；John Archer，"Colonial Suburbs in South Asia，1700—1850，and the Spaces of Modernity"，in *Visions of Suburbia*，ed. Roger Silverstone（London：Routledge，1997），26—54；Kenneth T. Jackson，*Crabgrass Frontier*：*The Suburbanization of the United States*（New York：Oxford University Press，1985），190—218；Susan Parnell，"Slums，Segregation，and Poor Whites in Johannesburg，1920—1934"，in

*White But Poor*：*Essays on the History of Poor Whites in Southern Africa*，*1880—1940*，ed. Robert Morrell(Pretoria：University of South Africa，1992)，115—129.

[34] Bernard Lewis，*Race and Color in Islam*(New York：Harper and Row，1971)；Valentim Fernandes，*Description de la Côte d'Afrique de Ceuta au Sénégal*，trans. P. De Cenival et Th. Monod(1506—1507；repr.，Paris，1938)，58，69；Winthrop Jordan，*White Over Black*：*American Att itudes toward the Negro*，*1550—1812*(Chapel Hill：University of North Carolina Press，1968)，3—43.

[35] Linschoten，*Voyage*，28，46，64，77，94，101，126，135，183—184，255，261，269；Peter Mundy，*The Travels of Peter Mundy*，vol. 3，*Travels in England*，*India*，*China*，*Etc*.，*1634—1638*(London，1919)，233，252，260—266，312；Laval，Voyage，1：65—66. 在埃尔米纳，非洲人口部分有时被称为"黑人村庄"，但这种称呼并不正式。 城市的部分大多数其他名称反映了建筑风格，而非肤色：马尼拉使用的是"围墙城市"(Intramuros)；巴达维亚使用的是"城堡"(Casteel)；莫桑比克使用的是"水泥区"(Zona da Cimiento)和"红树林区"(Zona da Macuti)；Malyn Newitt，"Mozambique Island：The Rise and Decline of an East African Coastal City"，*Portuguese Studies* 20(2004)：31。

[36] Linschoten，*Voyage*，269.

[37] Love，*Vestiges*，1：37，39，45，84—85，95，118—119，198，206—207，37，39，45，246，280，310，368，370—371，421—422，432—433，443，454，497—498，2：52；PC 35，July 25，1706；引自 DfE，January 22，1692。

[38] Ilona Katzew，*Casta Painting*：*Images of Race in Eighteenth-Century Mexico* (New Haven：Yale University Press，2004)，5—38，42—53；她记载了"白色"(blanco)一词的使用(211n32，231n91)，但这是从 18 世纪晚期才出现的；albino 一词出现在第54—55页的画中。 另外还请参见：Magali Carrera，*Imagining Identity in New Spain*：*Race*，*Lineage*，*and the Colonial Body in Portraiture and Casta Paintings*(Austin：University of Texas Press，2003)，44—105。 另请参见以下文献中白色的词条：Maximilianus Transylvanus，*De Moluccis Insulis*，in Blair and Robertson，*Philippine Islands*，1：309；Boxer，*Race Relations*，64—65；Linschoten，*Voyage*，46，64，67，77，94，114，126，135，183—184，255，261，269(Linschoten uses "white man"［wit man］only once，on 216)；Mundy，*Travels*，233，261；Laval，*Voyage*，1：12，17，65—66；Raben，"Batavia and Colombo"，77—116。Love，*Vestiges of Old Madras*(vol. 4)中的一条索引在第 32—33 页包含"基督城镇"(Christian Town)条目，对于其命名约定有多种引述。

[39] Nancy Shoemaker，*A Strange Likeness*：*Becoming White and Red in Eighteenth-Century North America*(Oxford：Oxford University Press，2004)，129—130；W. N. Sainsbury et al.，eds.，*Calendar of State Papers*，*Colonial Series*，*America and the West Indies*，*volume for 1669—1674*(Vaduz，Liechtenstein，1964)，495. 伦敦公共记录办公室的殖民地办公室记录组中的北美殖民地统计资料：巴巴多斯，29/2/4—5(1676)；牙买加，1/15/192(1661)；1/45/96—109(1680)；背风群岛，1/42/195—240(1678)；以及百慕大，37/2/197—198(1698)。 Richard Dunn，*Sugar and Slaves*：*The Rise of the Planter Class in the English West Indies*，*1624—1713*(Williamsburg：Institute of Early American History and Culture，1972)，155.

[40] Nightingale，"Before Race Mattered"，62—63nn31—32.

[41] Nightingale，"Before Race Mattered"，63n32.

[42] Jordan，*White Over Black*，7—8；George M. Fredrickson，*Racism*：*A Short History*(Prince ton：Princeton University Press，2002)，52—54.

[43] 首先援引 Hillary McD. Beckles，"The 'Hub of Empire'：The Caribbean and Britain in the Seventeenth Century"，in *The Oxford History of the British Empire*，ed. Nicholas Canny，vol. 1，*The Origins of Empire*：*British Overseas Enterprise to the Close of the Seventeenth Century*(Oxford：Oxford University Press，1998)，228—232；其次援引 Morgan Godwyn，*The Negro's and Indians Advocate*(London，1680)，36。 Godwyn 频繁使用"白人"(white)一词，参见比如，4，24，39，84 等页面。

[44] Dunn，*Sugar and Slaves*，238—246；Edmund S. Morgan，*American Slavery*，*American Freedom*：*The Ordeal of Colonial Virginia*(New York：Norton，1975)，327—329；Theodore Allen，*Invention of the White Race*：*The Origin of Racial Oppression in*

*Anglo-America*(London: Verso, 1997), 2:203—238.

［45］Theodore K. Rabb, *Enterprise and Empire: Merchant and Gentry Investment in the Expansion of England*, *1575—1630* (Cambridge, MA: Harvard University Press, 1967); Philip J. Stern, "British Asia and British Atlantic: Comparisons and Connections", *William and Mary Quarterly 63*(2006):693—712; Bernard Steiner, "Two New England Rulers of Madras", *South Atlantic Quarterly 1* (1902):209—223; Roxann Wheeler, *The Complexion of Race: Categories of Diff erence in Eighteenth-Century British Culture*(Philadelphia: University of Pennsylvania Press, 2000); Kathleen Wilson, *The Island Race: Englishness, Empire, and Gender in the Eighteenth Century*(London: Routledge, 2003); Dror Wahrmann, *The Making of the Modern Self: Identity and Culture in Eighteenth Century Britain*(New Haven: Yale University Press, 2004), 83—156; Folarin Shyllon, *Black People in Britain*, *1555—1833*(London: Oxford University Press 1977), 84—114.

［46］Nightingale, "Before Race Mattered", 66n39.

［47］关于亚美尼亚人，请参见 PC 22，November 28，1695(taxes); PC 25，May 31，1697(interlopers); PC 32，May 7，1703; DfE April 16，1697，♯5 and ♯8; DfE February 12，1713，94; Love, *Vestiges of Old Madras*，1:231—232，308，425，573; Wheeler, *Annals of the Madras Presidency*，1:240，2:247—248。关于葡萄牙人，请参见 Love, *Vestiges of Old Madras*，1:183，376，387—388，441，481，529，2:128; PC 17，February 7，1690，and July 21，1690; PC 20，October 23，1693; PC 21，April 19，1694。关于亚美尼亚人，请参见 DfE，April 11，1688; PC 17，March 6，1690，and April 26 1690; Wheeler，Annals 1:184—185，204; Wheeler，Annals 2:273—276，247—248; PC 22，November 28，1695; DfE，April 16，1697，no. 5，no. 8; PC 35 July 6，1706; DfE，January 16，1706; PC 41，June 15，1710; PC 45，July 29，1714; Love, *Vestiges of Old Madras*，2:231—232，308，395—396，425—426，573。

［48］DfE, February 12，1713，94; Love, *Vestiges of Old Madras*，2:308; Wheeler, *Annals of the Madras Presidency*，1:240，2:247—248. Love, *Vestiges of Old Madras*，2:231—232，308，395—396，425—426，573.

［49］C. R. Wilson, ed., *Old Fort William in Bengal: A Selection of Official Documents Dealing with Its History*(London, 1906), 1:28—38，74—78，90—93，158—167，173—178，214—222，2:4—20，112—118，129—132; Dulcinea Correa Rodrigues, *Bombay Fort in the Eighteenth Century*(Bombay: Himalaya Publishing House, 1994), 58—59，72—115; S. M. Edwardes, *The Rise of Bombay: A Retrospect*(Bombay: "Times of India" Press, 1902), 104—109，138，146，152—153，170—178，206，229—238.

［50］Nightingale, "Before Race Matt ered", 67n44.

［51］柴尔德所付出的努力可以参见：DfE 8，April 8，1687，and 9，January 28，1688;引自Love, *Vestiges of Old Madras*，1:247。关于巴达维亚，请参见 Boxer, *The Dutch Seaborne Empire*，219—230。关于后期跨种族性行为的禁令，请参见 Durban Ghosh, "Colonial Companions: Bibis, Begums, and Concubines of the British in North India, 1760—1830" (PhD diss., University of California, Berkeley, 2000), 34—80。关于北美，请参见 Hodges, *Root and Branch*，12，48，93—94; Edwin Vernon Morgan, "Slavery in New York: The Status of the Slave under the English Colonial Government", in *Papers of the American Historical Association* 5(1891):3—16; "An Act to Incourage the Baptizing of Negro, Indian, and Mulatt o Slaves", 于 1706 年 10 月 21 日通过，in *Colonial Laws of New York*，1:597—598; Thelma Wills Foote, *Black and White Manhattan: The History of Racial Formation in Colonial New York City*(Oxford: Oxford University Press, 2004), 27—28，152—156。

# 第三章

# 种族以及伦敦‑加尔各答的联系

## 划界城市的现代方式

　　城市种族隔离的现代政治，无论是起源，抑或是其播散四处的能力，都可归于伦敦和加尔各答这两个城市之间的关系。这两个地方之间越来越紧密的联系，催生了三个机构，正是这些机构在以后的岁月里使种族隔离主义者在全世界复制其思想和做法成为可能。伦敦与加尔各答的联系，使得英国能够管理世界上第一个现代殖民帝国；它培育了专业科学家和城市改革者之间跨越大洋的创新知识交流；而且，随着越来越多的人在两地之间来回穿梭，资金开始在城市房地产洲际市场的早期版本中流动。当种族概念在 1700 年代后期就其普遍性含义达成一致，它就在关于如何治理伦敦和加尔各答，以及这两个城市所维持的三种广泛的机构艰苦卓绝的辩论中大展身手。城市种族隔离主义政治把种族纳入，引出了崭新的情节线，吸收了马德拉斯风格的基于肤色城市隔离的做法，并阐述了其意识形态基础。旧有的城市分割模式——与上帝保佑的君主制、宗教冲突和海外商业有关——继续发挥作用。但这些旧日主题逐渐淹没在与种族、帝国管理、城市改革和城市土地全球贸易相关的新问题之中。

　　种族隔离的诞生，发生在更为宏大的故事背景之下，即世界历史上伟大的现代转型：大西洋奴隶制的缓慢消亡；伟大的民主革命的猛烈冲

击；科学、技术和工业革命；工厂制导致西方与亚洲、非洲、拉丁美洲

76 的财富和军事力量之间形成了"鸿沟"；西方在亚洲和非洲为帝国而进行争夺；人口迁移的激增；性别和性现代观念的发明；以及——也许最重要的是——由城市的绝对指数式增长带来的困境。

城市的诞生、重生以及爆炸性的混乱增长，往往是思想、人员、金钱甚至传播疾病的细菌流动的核心，它们推动了伦敦和加尔各答崭新又相互关联的机构和政治戏剧。 到 1800 年，这两个城市俨然是大英帝国数一数二的大城市，并且一直保持到 1947 年印度独立。 1800 年，伦敦拥有接近 90 万人口，是 1600 年人口的四倍，那时它正与北京争夺世界第一大城市的地位。 从 1800 年到 1850 年，伦敦人口增加了一倍多，到 1900 年又增加了两倍，超过 600 万。 到 1950 年，即便经历了第二次世界大战的轰炸，仍有 800 万人口聚居在泰晤士河畔附近。 加尔各答的发展也只能说是略逊一筹：1690 年休利河（Hughli River）畔的三个小村庄，到 1800 年变成了一个拥有 20 万人口的大城市。 到 1900 年，这座城市的规模扩大了五倍，成为世界排名十四的大城市；在 1947 年独立后再翻了两番，成为当时世界第十大城市，拥有超过 400 万居民。这两个城市的爆炸性增长也比其他地方更早开始。 在 1800 年，除了伦敦和加尔各答之外，只拥有 50 万人口的巴黎也同样陷入快速增长的困境；"光明之城"巴黎①对种族隔离的崭新故事做出了巨大贡献，包括加尔各答的分裂。[1]

历史学家通常将现代城市"爆炸"归因于工业革命。 在这种解释中，产业资本家和工人阶级是城市的主角，他们之间激烈的阶级斗争是城市上演的主要戏剧。 当然，这个故事很重要，尤其是在伦敦，在 19世纪后期的加尔各答也是如此。 不过，从一开始，伦敦和加尔各答的增长都是出于另外两个原因。 它们是帝国首都，拥有庞大的政府行政人员和军队，城中满是帝国的政治精英。 它们是世界上最大的两个商

---

① the City of Light，自法文 "La Ville-Lumière"，象征巴黎的文化和教育的启蒙作用。 ——译者注

业中心，挤满了富有的商人、金融家、中间商、造船商、海运供应商和水手。此外，为了满足这些人的所有需求，城中还有大量的手工艺人、小商人、劳工和仆人。

因此，一个帝国以及造就了这一帝国的贸易，对两个城市的发展都至关重要。反过来讲，城市的发展以帝国的荣耀及其在全球日益增长的经济主导地位作为回报。可是，发展如此之快的城市也给帝国及其富裕的城市精英带来了巨大的政治难题。这些令人头痛问题的部分原因在于道德和控制——如何处理如此复杂空间的匿名性以及"邪恶"、犯罪，尤其是城市中激增的反帝对抗运动。然而，可以说彼时最大的问题却是与城市的基本生物和生态体系有关——如何养活和安置这么多人，把人们产生出的垃圾运出城镇，特别是要与致病源作斗争。

现代帝国在解决这些问题上投入了大量资金，但要做到这一点，必须更加依赖专业人士，尤其是医生、医学研究人员和公共卫生专家（后来，住房改革者、建筑师和城市规划师也加入这一力量之中）。这些专业人士——其中一些是帝国官员，另一些是冲动的改革派，其中大多数人则在这两种立场之间游走——相信帝国的伟大和文明的进步（而非生存）意味着城市即便出现规模爆炸，也要再造。因为他们开出的许多处方——下水道系统、公共供水、新街道等——在政治上来说都是苦药，涉及大量税收，有时甚至大规模征地；改革者的大部分工作都涉及对政府那些不受欢迎的行动的指责，无论是市政当局或帝国都成为批评对象。除了借助自己的官方地位，他们还通过建立有影响力和独立的跨洋机构——专业协会、会议、巡回讲座、书籍、学术期刊和个人旅行来建立起自己的权力。与此同时，他们对新的大众市场媒体的运用也变得更加精明。从一开始，这些网络化的城市改革者所经行的最为陈旧的长途路线之一就是伦敦和加尔各答之间的航线。具有讽刺意味的是，当一种他们一无所知的微小细菌——霍乱杆菌——从加尔各答及其周边地区搭船前往伦敦和欧洲其他地方时，他们对当权者耳提面命的能力增强了。

现代隔离的诞生也是城市建设者及其所有者的作品。 随着帝国吞并新的土地，随着民主制度在欧洲的起起伏伏，拥有、购买和出售土地的权利分布不均且步履蹒跚——从贵族特权扩展到中产阶级特权，从欧洲扩展到它的若干殖民地。 跨国资本主义城市房地产市场就是其结果之一。 随之而来的是金融家、开发商、房地产经纪人、测量师、财产律师、法院和房主的影响力越来越大，他们甚至可以组建自己的组织。尽管他们与王室官员和改革者一样为城市问题担心，但他们的重点从未从优先事项上发生游移：保护他们的投资并得到回报。 因为太多人过着在伦敦和加尔各答双城交替居住的生活，管理这两个城市房地产市场的机构和思想在很大程度上是相互借鉴的，人们在这两个城市所用的金钱和作出的投资决策，其相互联系也越来越紧密。

也就是说，伦敦-加尔各答联系之中出现的创新，既是由于两个城市的政治差异，也是由于它们的关联。 坦率地说，伦敦的城市空间政治始于阶级之间的差异。 这座城市是世界上第一个使用受政府保护的法律文书——限制性契约——将富人和"受人尊敬的"居民区（西区）与穷人、"贫民"和"不值得尊敬的"居民区（东区）分开的地方。 相比之下，在加尔各答，肤色是政治舞台的驱动力；大约在 1770 年之后，种族取而代之。 在那里，随着时间的推移，官方对白人城镇和黑人城镇之间肤色界线的监管实际上并非始终如一，但帝国和地方政府确实率先使用了其他地方后来用于种族和阶级隔离的关键工具——和平时期以卫生驱动的建筑清拆（building clearances）和强制搬迁。

即便如此，伦敦和加尔各答之间的密集联系意味着，两地的城市空间语言和工具终将随着时间的推移而相互融合。 伦敦东区的穷人，尤其是穷困的爱尔兰人，被种族化为"最暗黑的英格兰"（darkest England）。加尔各答白人城镇的居民学会了忍受与一些"受人尊敬的当地人"做邻居，就像伦敦的贵族找到与商人平民比邻生活的方式一样。 在这两个城市，种族和阶级差异伴随着一个更具有可塑性的概念成长起来，且后者很快成为前两个概念的冷淡而礼貌的伪装：那就是，"文明"的概念。　为来自越过阶级或肤色界线的仆役和其他重要人员提供住房的问题，让两个城市中的分离主义者耿耿于怀，这使得不同住区之间的边界变得松散多孔，才得以留存。　在这两个城市中，纪念性建筑都经过重新设计，用作崭新政治优先事项的象征。　对这两个城市而言，城市边缘即"文明"空间所到之处。　至少在大英帝国的轨道上，现代种族隔离的典型代表是对"贫民窟"的诽谤和对专属郊区的美化。[2]

## 伦敦以何种方式征服并割裂了加尔各答

　　1690 年，特立独行的东印度公司员工约伯·查诺克(Job Charnock)建立了加尔各答，这标志着英国东印度公司伦敦董事会为复制马德拉斯的商业成功所付出的 30 年不懈努力，而此次是在富庶的孟加拉地区。创造出马德拉斯白人城镇和黑人城镇的若干商业和地缘政治问题同样适用于加尔各答，而最大的区别在于，在加尔各答建立之时，孟加拉的一部分处于强大的穆斯林莫卧儿帝国的奥朗则布(Aurangzeb)①控制之下。　其强大的地方总督，或称纳瓦布(nawab)，长期以来一直禁止欧洲人在他的领土上为定居点修筑防御工事——他本人拥有武器和军队来支持他的命令。　直到公司帮助纳瓦布镇压了一名印度教叛乱分子，然后向奥朗则布的孙子阿兹穆什-沙阿(Azimush-Shah)王子行贿，"让我们的现金大为缩水"之后，伦敦才如愿以偿地建造了一座设防工厂。　1702年，英国国旗在卡利卡塔村庄(Dihi Kalikata)的威廉堡上空升起，这是王子授予公司的休利河东岸的三个村庄之一。　加尔各答村最终成了白人城镇。　北边的以纺织为主业的村子苏塔努蒂(Sutanuti)成为黑人城镇的核心，南边的戈文德布尔(Govindapore)则是塞斯家族(Seths)和比萨克家族(Bysacks)的地盘，他们是孟加拉最富有的印度商业和放债家

---

　　① 奥朗则布(1618—1707)，莫卧儿帝国的第六任皇帝，在位时帝国疆域扩张到了最大限度。——译者注

族，随后很快成为公司的主要商业中间人，在孟加拉被称为"印度商人"（banians）。[3]

孟加拉的纳瓦布的力量最终使得黑人城镇和白人城镇之间的修墙为界变得不可能，就像马德拉斯那样。在两个漫长的时期里，董事会、地方总督和议会对建造这样一道墙的可能性思来想去，有时害怕如果修建围墙会激怒纳瓦布，有时又担心他无论如何都会攻击城镇，因此建墙势在必行。从 1708 年到 1714 年，在他们第一次犹豫不决时，伦敦方面提供了一个思路，即向"黑人"征税，以便环绕着该镇的英国部分挖一条防御沟，并"掩盖我们的真实设计，使这个地方能够抵御……摩尔人，声称沟渠将把城镇等地的水排干"。加尔各答总督拖延了几年，这个思路就消磨殆尽了，尽管伦敦方面确信一次军事威胁必然会改变当地人的想法。[4]

这一威胁在动荡的 1740 年代终于到来。西印度马拉塔联盟（Maratha Confederacy of Western India）的掠夺者出现在休利河的对岸，他们已经从现今摇摇欲坠的莫卧儿人手中夺取了大片领土。几年后，法国人占领了马德拉斯，并从他们位于休利河上游几英里位置的钱德纳戈尔（Chandernagore）的堡垒对加尔各答构成威胁。此时此刻，在加尔各答，又一轮漫长的犹豫接踵而至。从任何角度来看，威廉堡都算不上一个坚固的要塞，四处都挤满了富裕商人的房子，他们根本不想拆除，还有一座尖顶比堡垒高得多的教堂。白人城镇外围的边界本来就已模糊不清。在接下来的十六年里，十几位工程师和测量员总共提出了七项不同的防御方案，包括在最外围英国人房屋周围修建蜿蜒曲折的木栅栏。城中富裕的印度教金融家们看到英国人只愿意在自己的街区修筑防御工事，便抓住了主动权，开始在整个城市周围挖一条护城河，后来被称为马赫拉特沟（Mahratta Ditch），白人城镇黑人城镇皆被包围其中。英国人帮助为一条沟渠贷款，从而在通向白人城镇的诸多入口处增加了数十个门。最后，在 1756 年，一个持强烈反欧态度的孟加拉纳瓦布，著名的西拉杰·乌德·达乌拉（Siraj-ud Daula），集结了五万兵力，跨过未完成的沟渠，穿过不堪一击的门楼和残留的栅栏，进入城市中心。他征用了可以俯瞰威廉堡的教堂尖塔，迅速突破了堡垒的围墙，在夜间占领了这个地方，并将120名英国守军囚禁在他们自己的地牢中——加尔各答传说中的"黑洞"——大多数人第二天早晨之前就在这里窒息死亡。[5]

正如每个英国小学生都知道的那样，此后局势发生了变化。几个月后，在罗伯特·克莱夫（Robert Clive）的领导下，公司的武装力量在帕拉西战役中击败了西拉杰·乌德·达乌拉，并废黜了这位纳瓦布，随后扶持了一系列傀儡取而代之。1763年，公司废弃了这些傀儡中的最后一个，得到莫卧儿皇帝的许可，可以直接接管孟加拉总督之位。在伦敦，国会通过了1772年的监管法案（Regulating Act of 1772）和1784年的东印度法案（East India Act of 1784），把加尔各答设立为帝国次都，成为英国总督的驻地，负责监督公司在马德拉斯和孟买的另外两个"总裁"（presidencies）的财产。作为首都，加尔各答成为随后百年中英国对印度征服的神经中枢，也因此成为现代西方帝国主义的城市孵化器。[6]

在战争最激烈的时候，加尔各答当局比以前更快地重新安排城市防御。他们拆除了纳瓦布在旧堡垒以南留下的许多商人房屋，并开辟了一片被称为滨水广场（Esplanade）的广阔空地。为此，他们命令南部村庄戈文德布尔的主要印度教家庭向北迁移到黑人城镇。在他们房屋的废墟上，英国工程师建造了一座巨大的城堡，即新威廉堡。英国商人开始将他们新发现的财富的收益投入滨水广场东侧更加精致的带有立柱的豪宅，清除了丛林并填平了乔林希（Chauringhi）区的沼泽。在1780年代，沃伦·黑斯廷斯（Warren Hastings）总督说服公司动用一座名为观景楼（Belvedere）的豪宅，用于他的"茶点"招待。这座宅第位于乔林希以南略高的位置，旧马拉塔沟外围，在一个名为阿里博（Alipur）的村庄中。其他人很快跟进，加尔各答的白人住区蔓延到郊区的其他几个村庄，如加登里奇（Garden Reach）、基德波尔（Kidderpore）和巴利贡格（Ballygunj）。 随后，在 1798 年，总督韦尔斯利（Wellesley）在滨水广场北端为自己建造了一座宏伟的总督府，表明英国永久驻留印度的决心，这座大楼俯瞰城中的欧洲行政和商业区。

加尔各答已成为宫殿之城。 大多数欧洲人都是乘船从南方而来，朝城市看过来，它已经成为纪念碑式景观——宽阔的滨水广场，被炫目的白色朱南光环包围。 庞大而层层叠叠的黑人城镇，那里的狭窄小巷、寺庙，以及被数不胜数的茅草房围绕的商人大宅，都隐藏在这堵白色围墙之后，在人们的视线中遁形。[7]

为了对肤色界线加以警戒，加尔各答当局定期发布战时命令，就像马德拉斯的命令一样，将印度人、葡萄牙人和亚美尼亚人驱逐出白人城镇。 在 1763 年之后曾有一段时间，公司命令英国公民留在加尔各答城市内部的某一范围内，试图避免在腹地出现招致麻烦的纠纷。 考虑到击败纳瓦布之后，在孟加拉内陆开展贸易可以获得巨额利润，上述命令是无效的。 但随着帝国官员对加尔各答的统治更加深入，军事威胁渐趋削弱，他们得以从白人城镇和黑人城镇的边界撤除警备。 因此，第一个种族化的城市肤色界线声名狼藉却模糊不清。 新白人城镇及其东南郊区确实成为了几乎城中所有欧洲有钱人的住所，较低密度和海外建筑风格与黑人城镇形成鲜明对比。 但是在白人城镇和黑人城镇之间，久有恶名的布拉集市（Burra Bazaar）周围也形成了一个大型混合区，里面住满了被抛弃的白人士兵、水手和小商人；他们的印度同事、情人和妻子，以及他们的混血儿后代。 许多富有的印度人居住在白人城镇之中，数以千计的仆役也居住在白人城镇，他们为富人精美华丽的家提供服务。 这些人的住房填满了城中臭名昭著的贫民窟（bustees）——乔林希沼泽中自建的茅草屋顶贫民窟。 在白人城镇街道的日常生活中，白人马车的车门是对肤色界线最为清晰的呈现，马车车门让白人与众多靠双脚东奔西走谋生的印度人隔离开来。[8]

因此，伦敦对加尔各答的征服和分裂并没有为世界提供一个政府强迫种族分区的模式。 然而，它带来的影响更为重要：它开启了世界各地复制白人和黑人城镇体系——以及越来越具有强制性的政治——所需的基本制度和意识形态。 如果说现代帝国是上述制度中的第一个，那么同样经由伦敦来到加尔各答的"种族"，则是意识形态中最重要的一个。

83

## 种族与帝国之城

种族并不是在伦敦-加尔各答两地辗转工作的人们的专有发明，但生活在两个帝国首都之间的人越来越多，确实将这种愈发具有影响力的概念引入了两种现代现象的政治之中：分裂的殖民城市和更普遍的帝国统治实践。

为了让背景更清晰，我们需要回顾一下，从18世纪后期开始，种族迅速成为全球政治中最成功的概念之一，甚至可以说是最成功的概念。 不仅是城市和帝国，而且当今时代的所有重要制度都被为种族而发掘出的政治用途打上了深深的烙印。 在反对奴隶制的运动中，种族对于废奴主义者和想要为其"特殊制度"辩护的奴隶主都至关重要。在工业阶级斗争中，资本家利用种族来分裂和控制他们蠢蠢欲动的劳动力，而白人工人则用它来为自己保留特权职业。 国家和民族主义运动的领导人使用种族来判定谁属于这个国家，谁又不属于该国。 在崇尚"普遍权利"的国家，种族提供了一个所谓的科学基准，它定义了谁实际上真正"适合"公民身份。 精英政党利用种族来说服新获得选举权的白人工人，让他们相信正面临着来自无权的黑人的最大威胁，无论社会上层推出的计划多么具有压迫性或反平等主义，他们都应该大力支持。 当然，种族对于征服和灭绝美洲和澳大拉西亚的原住民以及控制大规模移民至关重要。 它将防止种族混合和黑人强奸作为衡量男性荣誉和女性尊严的外在衡量标准，非常巧妙地维持了维多利亚时代的中产阶级家庭——这样也有助于改写父权制规则并使婚姻中的性行为神圣化。

84

　　建立这些制度的人，出于自己的原因而利用种族的概念。 但是，其在政治上取得如此可怕的成功，主要应该归咎于其学术重塑者。 正如我们所知，自 16 世纪以来，"种族"一词在大多数欧洲语言中都存在，但其使用相对较少且范围较窄，主要由贵族用来描述其家族血统或氏族的纯洁性，以及对于文学人物以类似的但更流畅的方式加以描述。 后来，在 18 世纪，按照法国人弗朗索瓦·伯尼埃早期的建议，一众启蒙学者如法国民族学家乔治·路易斯·布夫（George Louis Buffon）、德国人类学家约翰·弗里德里希·布卢门巴赫（Johann Friedrich Blumenbach）以及更知名的哲学家大卫·休谟、伏尔泰和托马斯·杰斐逊把种族转变为人类差异分类的通用系统，为这个词赋予了更广泛的含义。他们认为，所有人类都可以分为不同的种族，种族以对比鲜明的身体特征为标志，例如头骨形状、面部特征、头发质地、生殖解剖结构的大小，尤其是肤色。 这些身体特征又被用来对文化特征进行解释，例如每个种族的"文明"水平——这堪称又一项"启蒙"发明。 自此之后，科学家们提出了种族的等级制度，白人在上，黑人在下，其他人种介乎其间。 一些人认为，跨种族繁殖可能会产生存活力不那么强的混血人种，甚至会因为退化而对优势种族产生威胁。 最后，种族成为人文地理学的一个理论。 每个种族都被视为栖居于一个"自然家园"之中，其自然特征、气候、土壤和植被都是独特的与之相契合的。 这个思想——及其傲慢且无所不包的范围——被证明具有极大的适应性和争议性，种族挤入政治，在很大程度上正是因为它可以被不断重塑，为几乎任何形式的社会不公正提供辩词。

　　大约在征服孟加拉之时，这种关于种族的霸道对话的碎片开始出现在伦敦-加尔各答两城之间辗转的人的脑海中。 1760 年代，曾在加尔各答和马德拉斯的东印度公司服务了二十年的罗伯特·奥姆（Robert Orme）返回伦敦，着手撰写一系列关于英国在印度统治历史的通俗书籍。 到 1770 年代，新流行的种族观念潜入他的著作，主要目的是用来为英国的统治辩护。"我们看到整个印度是这样一个种族，"他写道，

"他们的身材、相貌和肌肉力量，无不传达出女性气质，当对如此大量的人种进行追踪时，以及与开展观察的欧洲人的特征进行比较时，真是令人惊讶。"这种种族"女性气质"（性别和种族可以通过多种方式联系起来的另一个例子）源于温暖的气候和天然大量的土地，它让数百万印度教徒立刻成为"狡猾欺诈的人"，一直腐败不堪，情愿在少数穆斯林的统治下过着懒散的生活。奥姆暗示，英国人应当感到满意，因为印度的命运将受控于外部统治。[9]

　　加尔各答的其他重要官员和学者对印度人种则持有较为同情的观点。总督沃伦·黑斯廷斯是最为突出的一位。1784 年，他帮助创立了加尔各答亚洲学会，并任命学者威廉·琼斯（William Jones）为第一任主席。琼斯对古代梵文文本的研究不仅使他相信印度拥有悠久的法律传统，削弱了印度教徒对"东方专制主义"的自然接受的理论，而且印度和欧洲语言之间的密切联系表明了若干传承上的共同点。今日的学者对"东方主义"思想进行了正确的批评，上述错误思想认为印度是一成不变的，迷失在时间的迷雾中，并将启蒙时代对知识系统化的痴迷强加于不断变化和广泛争论的亚洲概念之上，例如种姓。但是英属印度早期的种族理论很少像在当代大西洋世界所呈现的那样接受严酷的考验。当今大西洋世界中，一伙英美"多基因论者"认为与白人相比较，非洲人有着完全不同的起源和不可改变的劣等身体和道德构成。至少在1857 年印度民族大起义之前，英帝国的思想几乎一致认为，印度是一个停滞不前的文明，尽管如此，它仍然是多变的，甚至是可以改进的——当然只有注入英国种族的能量才能实现。

　　把变革的可能性排除在外，大英帝国就能够显得仁慈和进步，即使它把种族专政加诸印度数亿人之上。甚至威廉·琼斯也曾经指出，无论他"多么希望实现普遍自由"，印度教徒"都无法获得；他们中甚少有人对此有所了解；而那些了解的人却并不希望它到来。他们必定会……被绝对权力所统治"。黑斯廷斯总督曾设想建立一个将印度人纳入高级官员之列的帝国，但这一设想被他的继任者查尔斯·康沃利斯勋爵(Charles Lord Cornwallis)所摒弃,他于 1786 年到达加尔各答(之前几年他在约克镇战役中失败,丢掉了英国在北美的 13 个殖民地)。 康沃利斯的情绪与罗伯特·奥姆的更为接近。"每个印度斯坦本地人,"他曾经抱怨道,"我真的相信他们是腐败的。"他为管理帝国而建立的印度公务员制度对所有原住民都是禁入的——而且,明确地说,对任何混血儿也是如此。[10]

事实上,没有什么种族混合的故事比得上 18 世纪后期伦敦和加尔各答之间的联线更耸人听闻了。 白人城镇-黑人城镇制度的最大讽刺在于,从它的起源来说,它实际上是基于官方鼓励英国男人和当地女人通婚而发展出来——这与北美的奴隶城市形成鲜明对比,在北美,任何形式的跨种族性行为都被视为可憎。 远洋航行到达东半球困难重重,已成为运送大量英国女性前往印度的障碍,马德拉斯、孟买和加尔各答的许多著名英国男性与印度和印葡女性保持长期的关系,即便他们有时被阻止结婚。 马德拉斯的伊利胡·耶鲁将他的英国妻子送回伦敦,实际上部分原因正是为了花更多的时间和他的葡萄牙犹太情妇在一起。 另一位在其他方面不那么温和的约伯·查诺克,他是加尔各答的创立者,在把一位印度女人从焚烧寡妇(sati)的陋习中解救出来之后,与她结婚,并因为在她死后定期去坟墓上以公鸡祭祀来纪念她而为人所知。从 18 世纪晚期一直到 19 世纪,加尔各答和印度其他地方的官员按照上层种姓印度人的习俗,将多位妻子和情人养在他们家中的独立套房(闺阁 zenanas)中。[11]

印度的种族理论家早在 1770 年代就开始警告种族混合的危险,甚至还可能更早。 但上述发生在加尔各答的行为其实直到 1786 年才在伦敦接受审判,当时沃伦·黑斯廷斯因腐败被召回面临弹劾。 埃德蒙·伯克(Edmund Burke)的发言非常著名,言辞激烈甚至经常过火,在整个庭审过程中非常突出,伦敦人对其保持了十多年的热切关注。 这一奇观在一定程度上表达了一种感觉,即加尔各答的"英国名士"(British nabobs)通过与印度人的商业、文化和性接触,已经沦为腐败的"东方暴君"（Oriental despots）（正如伯克所说，黑斯廷斯的"心已被染成了最黑的，一颗黑漆漆的心"）。 当时在英格兰这种情绪一触即发。 贵族羡慕商人带回家的显赫财富，而在帕拉西战役之后的几年里，这些财富的确数额巨大。 黑斯廷斯夫人是欧洲人，当她离开她的第一任丈夫出境前往印度投奔总督时，在印度和英国都引发了丑闻。 当她回到流言蜚语满天飞的伦敦时，她的珠宝上镶嵌着巨大的印度钻石，成为不义之财的象征，而"名士之妻"（Nabobina）的头衔则赋予了她一丝不太光荣的黑色。 所有这些种族骚动都因关注道德完美的新兴福音派运动而加剧——该运动因其早期在美洲反对奴隶制所取得的成功而焕发光彩，并由令人敬畏的威廉·威尔伯福斯（William Wilberforce）在议会中担任领导。 福音派发言人将加尔各答描绘成充斥着黑皮肤舞女、吸水烟的英国女人、一夫多妻制、棕榈树酒和贪污的罪恶之城（Gomorrah）。①[12]

尽管黑斯廷斯最终经过审判被无罪释放，但发明出黑人城镇与白人城镇隔离制度的商人，则被宣布犯有过多的跨越种族的罪行。 1784 年后，国会对东印度公司施以越来越多的监督。 伴随着康沃利斯的任命，开启了一种新的传统，即总督的职位授予贵族而不是商人。 相应的，康沃利斯的公务员条例旨在组建一个专业管理人员队伍，公务人员被禁止与当地人进行商业往来，不鼓励与东方文化有任何个人接触或尝试。"征服种族"的超然统治，隐藏于闪闪发光的宫殿之城，已经开始。[13]

88

## 伦敦-加尔各答的卫生联系

当英国东印度公司击败了孟加拉的纳瓦布，新帝国就转而关注另一个更神秘、更致命的敌人——早期的英国加尔各答人知道的居住在这个

---

① 蛾摩拉（Gomorrah），圣经中提及的"罪恶之城"。 ——译者注

城市易于受到"疟疾、发烧和泛滥"（Agues，ffevers and ffluxes）的侵袭。 一位早期抵达加尔各答的旅行者认为，约伯·查诺克为这座城市"选择了一个不那么健康的地方"。 这位旅行者指出，镇文书的记录簿上记录了 1 500 名公司员工抵达此地的前六个月内举行了 460 次英国人的葬礼。 历史学家 P·J·马歇尔（P.J.Marshall）计算出，在 18 世纪，孟加拉的所有公司雇员中有一半以上是在印度去世的，这使人们最珍视的发财后返回英国的梦想破灭了。 对于一个以军事力量为基础的帝国来说，欧洲士兵的死亡率尤其令人担忧。 在煞费苦心地招募士兵并花钱将他们运送到相距半个地球的印度之后，公司每年还要将占总数四分之一的士兵埋葬在印度。 罗伯特·克莱夫从马德拉斯带到孟加拉的230 名士兵中，只有 5 名在帕拉西战役获胜一年后还活着。 新威廉堡，尽管有着令人望而生畏的城垛，但对于居住在恶臭的军营里的士兵来说，却成为了臭名昭著的死亡陷阱。[14]

何至于此？ 欧洲医学研究人员，尤其是伦敦的医生，已经提出了经证明比听上去更有益于公共卫生的解释。 希波克拉底经典著作《空气、水和地方》在 17 世纪的复兴，启发了其中一些学者将注意力从对疾病开展身体内部分析和解释上挪开，转而关注环境诱因。 在伦敦医生托马斯·西德纳姆（Thomas Sydenham）的带领下，"瘴气"理论开始流行。 它将疾病解释为高温、腐臭的空气、肮脏的水、腐烂的植物和土壤"散发物"的结果。 某些地方有更多这样的东西——例如，伦敦这样的城市、沼泽地区，特别是世界上潮湿的"热带地区"。 加尔各答在其城市生态中包含了上述所有威胁：一年中有九个月酷热难耐；被热带雨林所环绕，需要不断地砍伐其茂密的植被；一年中有五个月，季风带来的洪水会淹没整个城镇的大部分地区，而在剩下的几个月里积水和沼泽地一直存留；在城镇东边的盐湖岸边，当海水退去时，时不时会弥漫着腐烂鱼虾的气味。 最麻烦的是，休利河上经常会漂浮着腐烂的人类尸体，大部分是那些无力负担使用特设的河畔地点（圣坛）举行火葬仪式的穷人。[15]

　　18 世纪晚期，在西印度群岛以及印度对瘴气理论加以检验的欧洲医学研究人员，帮助发展了当代种族理论的一个重要方面，即人类不同种族拥有不同自然家园的主张。 他们指出，热带地区的本土种族当然会受到当地危险疾病环境的影响，但其所受影响比欧洲人要少得多。因此，帝国主义的大部分计划都悬在一个大问题上，即当某一种族从某个种族家园迁移到另一个时，种族本身是否会发生变化。 最重要的是，欧洲人能否适应在他们所殖民的地方生活？ 这些研究人员中的许多人都持乐观态度，认为如果欧洲人持续几年保持谨慎，他们对当地疾病的免疫力就可以达到当地人的水平。[16]

　　然而，到了 1800 年代初，这种乐观情绪开始消退。 主要的悲观主义者是詹姆斯·约翰逊（James Johnson），他是热带医学领域最有影响力的研究人员之一。 他在加尔各答的生活经历启发他撰写开创性的《热带气候对欧洲宪法的影响》（1813 年）一书，在书中他认为"人的脆弱框架""无法承受在与气候变迁有关或因之引起的所有致病原因和影响之中暴露的那种程度"。 在印度，人们最多能做到的就是遵照若干帝国官员一直不鼓励的习俗行事，甚至包括适度吸食水烟。"未曾经历过的怀疑者可能会用'亚洲阴柔之气'这个轻蔑的绰号来指代这些奢侈品；但是医学哲学家会倾向于认为它们是理性的……有益的预防措施，因温带和热带地区之间的巨大差异而变得必要。"但是，约翰逊认为，任何行为改变都无法阻止欧洲人在炎热气候中"垂头丧气"、在道德和身体上慢慢退化的趋势，并因此发呆——甚至寻求"恶毒和不道德的"跨种族性关系。[17]

　　也就是说，还有另外的道路。 医学专家认为，除了改变白人的行为外，还可以重建他们的环境，至少在城市中可以如此行事。 伦敦本身在某种程度上指明了方向。 就像加尔各答一样，伦敦也是一个"拥挤的城市"（great wen）——1800 年有近 100 万人密集居住于此，他们的排泄物和浅埋的先祖腐烂的尸体堆叠——被泰晤士河浸泡淋洗，很容易像休利河一样臭气熏天。 当时的英国当局，绝非走在欧洲公共卫生实

90

践的最前沿，他们也并未有效地跟进 1666 年大火带来的机会，未能以比从前更有益的方式重建市中心。

然而，改进即将到来，因为瘴气理论即便本身是错误的，但的确提出了若干有用的公共卫生措施建议。比如，这座城市建立了一套广泛的污水和供水系统——即使依赖泰晤士河来同时冲走污水和供应饮用水是一个重大缺陷！使用统计数据开展的高级医学研究证实，人满为患地区的人因发烧和其他疾病致死的情况更为严重。对于后来被称为"贫民窟"的街区，如圣吉尔斯(St. Giles)和七盘商业区(Seven Dials)，几乎未采取任何措施，但当局确实出于通风考虑而拓宽了几条街道。旨在净化空气中烟雾的法律也发挥了若干作用。医院和药房系统已确认，为城市的穷人和普通人提供医疗保健是它们的公共义务。[18]

从一开始，东印度公司的董事会就试图将其中若干公共卫生方面的进展引入孟加拉。1708 年，他们命令总督在加尔各答的白人城镇周围挖沟，主要目的是为了防御，但他们也明确考虑了伦敦街道下方的系统；收集的雨水将被引导到"适宜的排水沟"，"可能会在建筑之下布设，像我们的公共下水道一样用砖建造"。随着时间的推移，当局还投资基于孟加拉公共工程传统的项目，其中包括挖掘大型方形水槽或储水池，以积存雨水和地下水，并使用挖掘出的泥土来填充死水坑和沼泽地区。[19]

冷酷无情的总督理查德·韦尔斯利于 1803 年真正启动了加尔各答的重建，完全按照英国公共卫生实践的模式展开。此外，他把个人提议置于公权力之上，允许加尔各答当局超越伦敦取得的进展，为其工程发明崭新的融资计划，在加尔各答设想全面的贫民窟清理和大道建设项目，这样的动作比卫生改革者在其家乡帝国首都(甚至在欧洲任何地方)开展的行动提前了数十年。大量隐藏在加尔各答沼泽、沟渠和池塘中的霍乱杆菌开始在全世界传播，快速推动了这种以卫生为基础的城市空间政治中的跨洋贸易。

韦尔斯利的加尔各答方案，设想以宫殿之城的形象改造整个城镇。

他的意图是"在街道、道路、上下码头的石阶、码头、公共建筑和私人住宅中引入更为凸显的秩序、对称和宏伟壮丽"。 无论出于公共卫生目标的考虑，还是出于军事目标的考虑，都将推动该方案的实施。 该方案将"改善气候……并确保达成一个公正而有益的警察制度"。 他最雄心勃勃的目标是让"城中以原住民为主的住区"通风良好，这些住区"房屋建造无任何秩序或规律可言，街道和小巷的形态根本未能虑及……健康"。[20]

韦尔斯利于 1804 年任命了一个委员会来监督这些计划。 该委员会及其继任者彩票委员会（Lottery Committee，于 1817 年在该市第一次致命性霍乱流行期间组建而成）和发热医院委员会（Fever Hospital Committee，于 1837 年首次召集），让加尔各答在威权主义的城市规划若干方面居于前沿，而这些特征常常在欧洲更著名的项目中清晰呈现。 尽管彩票委员会因为其独特的融资来源而得名，城镇彩票，居住在加尔各答的业余规划者们希望通过"过度征用"来支付城市中新建笔直街道的费用——也就是说，通过征用超出所需的土地，并因土地位于新大道之上而提高价格转售大块土地，以此来为工程筹得经费。 这个计划比巴黎的奥斯曼男爵早了三十多年，是他让这种做法闻名于世。 委员会对其成员认为的黑人城镇中衰败的住房加以拆除的时间，比把伦敦的圣吉尔斯贫民窟夷为平地修建牛津街（1847 年）的时间足足早了 25 年。[21]

这些技术后来被反复使用，以服务于那些针对暗肤色的人和城市贫民开展的比加尔各答更为彻底的城市隔离计划。 加尔各答方案中最重要的一点在于，其后隐藏的关于种族和疾病的观念发生了微妙的变化。一方面，彩票委员会把黑人城镇中的狭窄小巷成功改造为拓宽的大道网格，这相当缺乏想象力，意在让穿越城镇的军事和商业交通更为便利，同时还使得城市中的污浊空气（也称为"坏空气"）被常年的风向驱散，人们认为这是导致霍乱以及诸如疟疾等其他疾病的罪魁祸首。 但崭新的种族思想也开始运行：压倒一切的目标在于，"使［英属印度］政府的所在地成为这样的地方，具有其种族常规体质的英国人，可以在充

92

分拥有自身能力和活力的情况下生活"。 更重要的是，他们也日渐把原住民、原住民密集的社区和他们的文化习俗视为城市疾病的主要原因——并由此认为这是对白人而言的主要种族威胁。[22]

外科医生詹姆斯·拉纳尔德·马丁（James Ranald Martin）最清晰、最具影响力地提出了这一新思路。 马丁于 1817 年抵达加尔各答，当时正值世界上第一次大规模霍乱流行带来的混乱状态，他在该市采取隔离的总督综合医院（Presidency General Hospital）为欧洲人看病时目睹了这种情况。 后来，他以军医的身份经历了第一次缅甸战役。 在缅甸作战时，他经常与指挥官发生争执，因为他的专业职责在于保护士兵免受瘴气伤害，这让他无法遵守军官不断作出的在沼泽附近安营扎寨的决定。 许多士兵因疾病而死亡——像往常一样，远远超过战斗的伤亡——这样的记忆一直留存，他自己反复发作的疟疾也是如此。 回到加尔各答后，他开始私人执业，到 1830 年代中期，与印度总督威廉·本廷克（William Bentinck）和奥克兰勋爵（Lord Auckland）关系密切，成为白人城镇最受欢迎的医生。[23]

除了参与全球关于热带病的辩论之外，马丁还是一个功利主义者，是英国哲学家杰里米·边沁（Jeremy Bentham）理论的追随者，该理论认为社会的法律应该促进"效用"的最大化，即"最大多数人的最大幸福"。 这个哲学流派本身就是沿着伦敦-加尔各答的轴线发展起来的。詹姆斯·密尔（James Mill）是边沁的亲密盟友，后来成为东印度公司的一名雇员，他写了一部英属印度史（1818 年），根据边沁的原则，他认为印度文明对其民众几乎毫无用处，因此英国需要对其加以变革。 到了1830 年代，在英国，边沁的其他亲密伙伴，如詹姆斯·菲利普·凯（James Philip Kay）、托马斯·索思伍德·史密斯（Thomas Southwood Smith）和（最著名的）埃德温·查德威克（Edwin Chadwick），采用功利主义的论点建成了维多利亚时代臭名昭著的济贫院。 在他们的热情中，他们模糊了殖民地的种族政治和英国的阶级政治之间的若干界线。1832 年，医生凯写了一本颇有影响力的小册子，描述了他在曼彻斯特

沙尔克(J.A.Schalk)的加尔各答城规划方案,1823年。北边是黑人城镇,彩票委员会在黑人城镇密如蛛网的小巷上改造了几条笔直的大道,原有的细密道路是从苏塔努蒂等以前的村庄路村庄延续下来的。总督府和欧洲商业区(位于卡利卡塔村原址上的休利利河沿岸。滨水广场上占据主导的是新威廉堡(建在格文波尔清理后的场地上)。新威廉堡的东边是白人城镇宽敞的住区,从乔林希(Chowringhee)丛林中凸显出来。由密尔沃基美国地理学会图书馆提供。

霍乱爆发期间所从事的疯狂工作——人们普遍认为霍乱是来自加尔各答沼泽地的神秘礼物,不受欢迎却非常神秘。 他认为,英格兰已经出现了一个"肮脏而衰弱的种族",进一步被"成群结队"的"野蛮"爱尔兰移民污染,他们的住区已经成为对所有人的公共健康带来威胁的瘴气的"排泄物"来源。 到 1830 年代后期,查德威克、史密斯和凯等生疏的法律管理者发起了一场卫生运动,游说中央政府在预防城市不良健康问题方面发挥推动作用,部分原因是为了减轻穷人的痛苦,但最重要的目的却是保护受人尊敬阶级的生活。[24]

在加尔各答,詹姆斯·拉纳尔德·马丁跟随并预测了这些改革者的诸多举措,当然他更为关注种族威胁。 他的《加尔各答医学地形学》（*Medical Topography of Calcutta*，1837 年）是对印度特定地方的健康,开展类似研究的一个补充,它对于英国人在其首都保持长期健康的可能性提出了严重怀疑。 在这本书中,马丁将密尔对印度文明的批判与凯对疾病的道德根源和穷人对更广泛社会带来威胁的关注结合起来。 他对黑人城镇原住民住处周边的泥泞和茅草屋的调查让他恼怒:"当我提到印度教徒有害健康的习俗时,我真应该写一本厚书了。"种姓"迷信"和印度教慈善传统位居榜首,其次是建筑实践,过度拥挤和错综复杂的本土城市布局。 他警告说,所有一切都对欧洲人构成了巨大威胁。 当地人的"健康与品性无疑会在他们自己身上体现,但不可否认的是,这些因素最终必然作用于外来到访者"。[25]

加尔各答选址的唯一可取之处是查诺克把"黑人城镇设置于季风期间的迎风处"——否则"欧洲人一定会去别处碰运气了"。 除此之外,他预见到埃德温·查德威克的著名口号,相信"人类最致命的祸害"的预防可以遵循"要让伦敦的街道自由地暴露在阳光和风之中,清道夫对坚硬的普通路面加以清洁;修建公共下水道和厕所,还需借助河流的优势"。 基于医学地形学,马丁说服奥克兰总督在加尔各答建立一个发热医院委员会,以接替彩票委员会的工作。 而伦敦则是出于福音派施加的压力,于 1830 年取消了彩票委员会,认为其融资计划不体面。 在接下来的十年里，新委员会为该市的下水道制定了一项新设计（这一设计认识到加尔各答向盐湖倾斜，而非向传播疾病的休利河，尽管设计的重点是解决白人城镇的排水问题）。委员会通过最高议会制定法律，禁止建造茅草屋。而且，最雄心勃勃的是，公布了一项经修订的方案，旨在建造穿越黑人城镇的更直且平行的、通风的林荫大道。[26]

在他对加尔各答的影响力达到顶峰时，另一场疟疾迫使马丁认识到自己在热带地区生活的种族弱点，因之撤回伦敦。不过，由于他的著作和跨帝国的专业联系，早在他返回之前，声誉就已经在伦敦传播。很快他就与卫生改革运动的杰出人物联手，渴望在英国乃至整个帝国实现他帮助印度推动的若干行动。就这样，他凭借一己之力成了一支跨国力量。[27]

发热医院委员会的施工队真的会穿过黑人城镇的小巷修建更多崭新的放射状大道吗？更恰当地说，马丁的疾病种族理论是否会在其看似占主导地位的地方导致国家对黑人和白人隔离提供更强烈的支持呢？这些问题的答案与另一种跨国力量有关，马丁在他的《医学地形学》中忽略了这一力量：资本主义房地产市场。[28]

## 西区-白人城镇的联系

现代资本主义城市房地产市场以及从中获利的产业，因世界城市历史上的两大发展而产生。其中之一，是首个按阶级划分城市所付出的持续努力：伦敦西区的建立。另一个则在于，海外商人在加尔各答和马德拉斯等亚洲殖民地城市购买和出售临时使用的城市土地方面发挥的作用越来越大，并将他们贸易和房地产的部分获利再投资于某些地方的永久居所，例如伦敦西区。随着人员和资金在白人城镇和西区之间流动，关于专属郊区住宅和建筑风格的想法不断呈现，促使资本主义土地市场成为可能的制度也随即出现——更安全的产权、更准确的土地调查、地契、官方注册机构、产权法院，以及专门从事开发和融资的逐利公司。

96      随着这个市场的出现，伦敦的土地投机者发明了阶级隔离的驱动理智原则（driving intellectual principle），即与穷人比邻而居会导致富人的物业贬值的思想。 同时，投机者还发明了一种工具来防止富裕社区中不体面因素的侵入，即地契中的限制性契约。 随着 19 世纪欧洲人和美国人在全球范围夺取越来越多的城市土地，这种种族隔离的思想和工具被引入其他地方，并被转译为一种种族语言。 在加尔各答，这在政治上是不可能的。 一些关于阶级对物业价值带来威胁的观点进入了白人城镇的房地产市场，但白人土地所有者并没有广泛持有印度人对住房价值构成种族威胁的立场，当局在早期试图对欧洲人出售土地施加种族限制的努力只好被放弃了。 相反，到了 19 世纪，这座城市的房地产市场实际上成了孟加拉地主和其他富有的印度人的政治权力来源，他们坚决反对任何正式的种族分区立法，后来又利用自己在土地上的财富帮助在帝国之都的心脏发起了一场反殖民运动。

更广泛地说，西区-白人城镇联系的故事，是现代亚欧两洲发明专属郊区的故事。 虽然城市的郊区经常被视为声名狼藉的地方，但追溯古代巴比伦和罗马，精英们经常称颂专属的半乡村静修式样的田园乐趣（Arcadian）。 到了 1500 年代，欧洲人开始重新欣赏他们的古典历史，他们重拾对西塞罗的罗马郊区别墅的品味，将其作为夏季或每周一次休憩的地方，甚至作为日常通勤的一端。[29]

威尼斯建筑师安德里亚·帕拉迪奥（Andrea Palladio）以他著名的罗通多别墅（Villa Rotondo）引领潮流，这是受古典启发的郊区别墅的原型，拥有四个同样布设柱子的立面，挑起一个完美的穹顶。 不久之后，一位英国贵族在伦敦郊区奇斯威克（Chiswick）建造了自己的罗通多别墅，引发了伦敦城西泰晤士河畔一波"帕拉迪奥"式建筑建造热潮。 起初，这完全是一种贵族时尚。 英格兰国王将他的部分土地卖给了贵族家庭，这些人就在伦敦城以西威斯敏斯特的派尔梅尔（Pall Mall）周围建造了一块飞地，这是一个更加城市化的贵族乡间居所，其中有几座显赫人物的别墅与一片绿野毗邻。 随着时间的推移，西区第一个著名的住宅"广场"通过模仿开发出来。[30]

97

在同一时期，在亚洲殖民地，欧洲商人也感受到了贵族对郊区的重视。 最早的证据来自1620年代的马尼拉，在那里，西班牙政府官员、将军和商人以改进治安为名义，沿着帕西格河（Pasig River）及其支流的河岸建造了"比城中的房子更豪华"的一排排宽敞的宅院，周围环绕着宏伟的花园、果园和"为防止鳄鱼进入而设的装饰性围栏"。 大约五年后，在巴达维亚的城堡之外也兴起了类似的开发。 到1600年代后期，马德拉斯的英国商人心痒难耐，也在城墙外的开阔土地上动手了。[31]

英国商人进入郊区土地市场，在伦敦和马德拉斯几乎同时发生，而孟买和加尔各答则稍晚一些。 1665年伦敦瘟疫流行，更重要的是1666年的大火，这是促成西区更密集开发的主要刺激因素。 土地的所有者——王室和少数贵族及教会高级官员——渴望增加收入，但不愿放弃对土地所有权的封建垄断。 因此，他们以99年的租约在广场内和周围提供地块，商人阶层的物业买家认为这样长的租期足够安全，他们可以在建筑物上投资。 对于贵族来说，风险在于，这些初来乍到的贪婪租赁者会在这片土地上建造劣质建筑物，任由西区被来自城市的"走狗和仆从"碾压。 苏荷（Soho）广场已经以这种方式成了一个工薪阶层住区，这样的开发导致位于西区中心名声不佳的圣吉尔斯贫民窟的生成。

国会尝试发起立法将西区划为富人区的努力失败后，个人开发者利用不同类型的法律权力将事情掌握在自己手中，其中之一就是建立在土地买卖双方合同中的法律权力。 伦敦17世纪晚期的许多租约都包含了相当于世界上最早的基于阶级的限制性契约。 例如，莱斯特广场（Leicester Square）的限制性契约要求承租人"以此类方式、形式和比例建造……就像派尔梅尔的那些房子"。 在接下来的一个半世纪中，这种做法变得更加普遍和精准，最终在1848年的塔尔克诉莫西（Tulk v. Moxhay）案件中获得了国家裁决。 因此，限制性契约成为郊区排他性

98

的关键法律基础，并促成全球范围按阶级划分的城市住区隔离。[32]

与此同时，在马德拉斯，富有的商人购买郊区土地时遇到了颇多困难，即便这个城市是由商人自己运营的。城市周围越来越多的印度村庄处于东印度公司的控制之下，但由于担心个人私下交易和其他可能危及城市安全的纠纷，公司严令禁止员工住在那里。然而，公司确实希望缓解因把员工限制在白人城镇范围内而强加给他们的葛擂硬①般的印象，所以在墙外修建了一个公司花园，作为促进健康和提供娱乐的一种方式。早在1690年代，包括伊利胡·耶鲁在内的许多公司员工就找到了摆脱公司对郊区房地产所有权设置限制的方法。到1730年代，私人花园洋房如同雨后春笋般在白人城镇南边和西边的印度村庄之间的农田中出现。到1760年代，公司已放弃禁令，事实上还通过拓宽连接别墅和市中心的行车道网络来鼓励郊区化。[33]

在这一过程中，公司引进了管理城市土地市场所需的许多制度，对它们进行了一定程度的调整以适应印度的政治局势，并最终创造出了一种混合安排，名义上是印度的，但在本质上却是英国的。例如，当公司获得加尔各答的三个村庄时，它承担起新定居点的地税包收者（zamindar，土地所有者和收税人的组合）这一莫卧儿头衔。英国人重新设计了地税包收者的办公室，称为"行政机关"（Cutcherry）或"行政长官办公室"（Collectorate），由此它向想要购买土地的人发放英式租约，而租约却又以孟加拉语的地契（pattas）命名。就像在伦敦一样，行政机关收取了少量地租作为交换。为了避免混乱和腐败，公司聘请了测量员，使用从英国引入的技术（如冈瑟的测量链）准确地确定每个地块的地界，并按照英国规则在行政机关登记，以确保有关土地附带的任何财务义务信息的准确。最后，行政机关法院和后来的最高法院也都仿照英国制度来裁决纠纷。1774年，加尔各答最高法院裁定，即使有赔偿，公司也不能取消此类地契。这样做表明，与英帝国其他地区的原住民

---

① 葛擂硬（Gradgrind），狄更斯小说《艰难时世》中的人物，退休五金商人，功利主义的信徒。——译者注

相比，印度人将受益于更为自由的土地政策。例如，当代爱尔兰的刑法保留了许多 17 世纪对天主教土地所有权的严格限制。事实上，与英国商人在伦敦相比，可以说印度人在加尔各答拥有更牢靠的土地所有权。[34]

99

　　加尔各答的英国土地所有者，并没有像伦敦西区的土地所有者那样把他们的物业所有权作为一种手段，根据阶级或种族将人们排除在白人城镇之外。然而，为了表明该社区的排他性，他们确实从伦敦引入了一些东西。其一是帕拉迪奥别墅。宫殿之城的大部分外墙都基于伦敦使用的相同建筑样式图册，至少有一位威尼斯建筑师在城里执业。此外，在加尔各答，这些别墅增加了一个特色，用一堵围墙围合成了所谓的"院落"（compound）——这个词源自马来语 kampung，但现在摆脱了荷兰人在巴达维亚加于其上的负面含义，被重新定义为英国特权的空间。

　　通过建造这些围墙，私人土地所有者承担了政府当局忽视的两项任务。一方面是白人城镇周围的防御墙。即使在帕拉西战役之后安全状况有所改善的情况下，富裕家庭也经常成为名为土匪（dacoits）的盗贼团伙的目标，而黑人城镇的政治动荡甚至骚乱一直是恐惧的根源。这些院落创造了我们可以称之为"私人化"版本的城墙来抵御上述威胁——甚至堪称开了当今门禁社区的先河。另一方面则是对公共健康的关注。早在韦尔斯利领导的改善委员会之前，私人土地所有者就利用他们远离黑人城镇的位置，即白人城镇郊区某些海拔较高的地点，加之以院落围墙，来为自己创建更为健康的私人环境。在院落之内，加尔各答的瘴气可以在一定程度上得到控制：土地能够有效地排水，其上不再覆盖腐烂的植被，并确保通风和躲避一定程度的暑热。随着时间的推移，按照詹姆斯·约翰逊和詹姆斯·拉纳尔德·马丁的方案，一些土地所有者在他们的帕拉迪奥宫殿相同的场地上建造了"独座平房"（bungalows）——即孟加拉风格的房屋，有时把这样的房子作为他们的主要居所。他们还在平房上面安装了宽檐阳台（verandahs，这是另一个当地术语），它既可以让空气更自由地流通，又可以防止阳光照射。布屏风扇（Punkas）指的是悬挂在天花板上的大幅布，名为摇扇人（punkawalla）的仆人可以使用绳子来回牵动，同样有助于空气流通。窗户上的纱窗随时被运水人（bheestie）或"持水者"（water bearer）弄湿，发挥空调系统的功能。[35]

对于加尔各答的业主来说，院落生活的优势、它所提供的声望以及其市场价值，都要求这些院落位于其他同类的排他性开发项目之中。白人城镇房地产的广告通常提到地块位于"非常称心合意的社区"，场地的大小、墙壁和场地的健康程度都适宜——除此之外，广告中还会提及住在附近的杰出人士的名字。然而，并没有证据表明伦敦风格的阶级限制曾被添加到加尔各答的地契中。加尔各答也并没有任何种族契约，这是在其他地方出现和后来才形成的。1748年，在马拉塔恐慌（the Maratha scare）期间，董事会宣布"从此以后，不得将属于我公司雇员或任何英国人的房屋出售给摩尔人或任何黑人商人"。但这是一项旨在保护城市免受马拉塔人及其间谍侵害的军事措施，而不是旨在保护物业价值的商业主张。[36]

当历史学家沃尔特·菲尔明格（Walter Firminger）在1917年对其翻检时，从这一时期开始，地契的旧登记册状况很糟糕——加尔各答的潮湿和吃纸的白蚂蚁已经留下了一个"大到足以让一只吃饱的雪貂跑过的洞"。他能够转录下来的1780年至1834年的记录表明，在滨水广场以东的地区，大多数欧洲人实际上已经将大部分房产出售给其他欧洲人（占全部地契的73%）。然而，四分之一的交易发生在欧洲人和非欧洲人之间，其中大约一半涉及英国人向印度人、葡萄牙人或亚美尼亚人出售房产。超过一半的产权转让记录将相关房产描述为与印度邻居的房产毗邻。更重要的是，在乔林希的几个地方，在印度人所拥有的土地上出现了大型贫民窟，里面充塞着加尔各答穷人自建的茅草顶小屋，而这些土地大部分是沼泽。[37]

为什么白人城镇的边界仍然具有如此多孔隙？一个原因在于，占

101

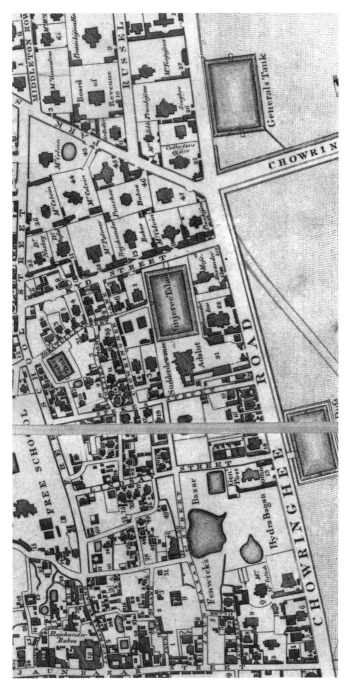

白人城镇的详图，呈现出乔林希的院落。请注意，其中不少物业的主人是富裕的印度人。

111

比相当小的加尔各答英国精英中，只有少数人投资了房地产。 康沃利斯的改革阻碍了文职和军事官员在印度进行贸易和投资，因此他们中的大多数人住在租的房子中，通常只会短住，随后就被重新分配到其他地方。 少量富裕的"非官方"欧洲人，其中许多并非英国人，成为了这座城市的大土地所有者，并与我们所认为的开发商很接近了——威尼斯建筑师就是其中之一。 但是，即使他们愿意，这些人中也没有一个具有发起国家强制种族隔离运动的政治影响力。 对于少数确实在英属印度城市投资房地产的英国人而言，这样做主要是为了使来自其他业务领域的财富的大部分多样化。[38]

102

大多数在印度投资的英国人，都视其为将利润再投资于英国国内房地产之前的临时措施。 有些人，比如总督沃伦·黑斯廷斯，回家后选择了贵族的乡村居所，但更多人更喜欢西区和伦敦郊区。 马德拉斯的伊利胡·耶鲁很早就为自己设计了这种模式：除了捐赠康涅狄格州的大学之外，他还将自己的一大笔财富投入了伦敦女王广场的租约和豪宅之上，当时此处是一小簇类似的物业，为开敞地块环绕。 他在这里的邻居包括另一位前马德拉斯总督，也是法院院长乔赛亚·柴尔德。 托马斯·皮特在担任总督期间是马德拉斯市郊公司花园的一名出色的业余爱好者，返回伦敦后取得了派尔梅尔一栋房屋的租赁权，当他不住在汉普郡的乡村住宅时，就会住在这栋房子里。 公司雇员，也是历史学家罗伯特·奥姆将他在孟加拉和马德拉斯的部分财富再投资于伦敦新郊区马里波恩（Marylebone），后来退居到更外围的伊灵（Ealing）的乡村别墅中。 七十年后，这种模式仍在继续：加尔各答医生兼"医学地形学家"詹姆斯·罗纳尔德·马丁返回伦敦后在格罗夫纳广场（Grosvenor Square）附近买了一所房子，后来退居切尔滕纳姆（Cheltenham）郊区。 在早年间，现代地产机构的跨洋影响力以及在其中流动的资金可能有助于促进殖民城市内部的分离，但它也为白人离开这些城市后在英国的更具限制性投资开辟了一条跨洋途径。[39]

导致加尔各答肤色界线宽松的第二个原因是白人城镇中英国家庭的

仆役数量庞大。 历史上所有种族隔离城市的白人都对深色皮肤的仆人网开一面——即便是那些被认为对白人健康构成可怕威胁的人也是如此。 而在加尔各答，他们可能是最大的例外。 即使是最克制的家庭也可以有多达一百名仆役，其中包括负责更衣、洗澡和剃须的，以及负责烹饪、清洁、洗衣、儿童看护、马厩和马匹管理、园艺和抬轿子的——此外还有我们已经见到过的专门洒水降温的持水人和拉布帷的摇扇人。乔林希破烂不堪的房屋成为仆役和其他行业谋生者的家庭住所，在公共交通出现之前的日子里，英国业主很难鼓动对其加以清理。 最重要的是，正如历史学家斯瓦蒂·查托帕答雅（Swati Chattopadhyay）证明的那样，英国房主依赖印度的泥瓦匠来对乔林希的帕拉迪奥房屋进行内部装饰。 当地的建筑商可能在住宅外立面上遵循了英国样式，但在住宅内部，他们追随了当地人对实现最大化通风的开敞式布局的偏好。 这使得主人和仆人之间几乎没有隔离，房子里随处可见仆役。 这种安排让新来印度的欧洲人感到奇怪，考虑到当时英国郊区的房屋越来越多的为仆人设计单独的房间、通道和楼梯间，这样的安排就显得更加奇怪了。[40]

　　然而，加尔各答的肤色界线越来越模糊，最重要的原因是印度人本身在土地市场上产生的影响。 康沃利斯的改革可能关闭了几乎所有向印度人开放的政府公务员的卑微职位，但其著名的孟加拉土地使用权的"永久定居点"，却保证了孟加拉农村土地所有者阶级的经济实力，其中许多人的主要住所都在加尔各答。 在那里，这些土地所有者很快就超过了更为古老的商业家族，例如赛斯家族（Seths）和比萨克家族（Bysacks）。 新崛起的孟加拉印度教"著名家族"，德布家族（Debs）、罗伊家族（Roys）、密特拉家族（Mitras）、戈斯家族（Ghoses）、森家族（Sens）、班纳吉家族（Banerjees）以及（最著名的）泰戈尔家族（Thakurs），形成了一个更为庞大的城市土地所有者群体，被统称为体面阶级（bhadralok）。

　　甚至早在体面阶级崛起之前，富有的印度人就已经为了保障自己的财产权建造了一座反映他们自己阶级地位的城市。 加尔各答的黑人城镇是由一系列围绕苏塔努蒂（Sutanuti）核心发展起来的村庄形成的，苏塔努蒂位于原卡利卡塔村庄以北，随后这些村庄融合在一起。 在此过程中，它变成了被称为托拉(tolas)的更大住区的密集而复杂的结构，进一步被细分为分区(paras)，其中许多以占主导地位的职业群体或种姓命名。 城市中的富裕家庭在这片复杂的结构中购买了大片土地并建造了大型豪宅。 虽然他们中的一些人实际上来自低种姓背景，但他们的财富使之能够建立来自不同种姓的支持者联盟，获邀在其住宅周围租用土地，并为富裕家庭提供服务。 通过这种方式，他们复制了与许多其他前现代城市相类似的居住阶级和种姓"融合"的金字塔模式。 托拉大

104

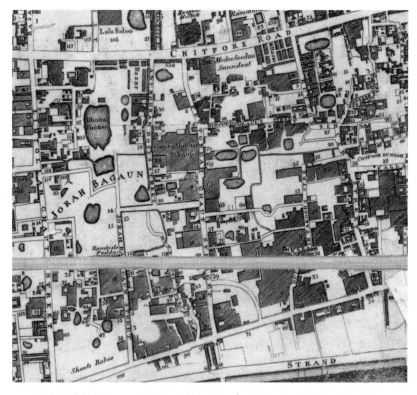

黑人城镇的细部图，呈现出泰戈尔家族豪宅周围住区的金字塔阶级结构。我们从其他消息来源得知，除了豪宅周围的许多较小的建筑物外，该家族的仆人和门客建造的数十间小屋覆盖了地图上看似空白的区域。然而很快，许多印度精英——比如加尔各答的欧洲人——搬到了城市的边缘，从而创建了一个阶级隔离程度更高的城市。

住区迷宫般的小巷和内部庭院，被认为是促进组成这些联盟的各个社区和家庭的理想环境，而露天圣地可供作为集体和公共精神生活的场地。尽管詹姆斯·拉纳尔德·马丁不明白这一事实，但印度教文化非常注重仪式的纯洁性和避免污染，许多较大的房屋和街道还设有被认为对身心健康很重要的日常沐浴设施。[41]

在 19 世纪初期，"名族"利用他们的土地财富来维持独立的孟加拉媒体、教育机构和政治运动——这就构成了我们现在常常称之为孟加拉文艺复兴（Bengal Renaissance）的基础。许多思潮推动了这场运动，但所有它的支持者都认为将印度文化与至少某些西方理念结合起来至关重要。到 1830 年代，他们还提出要求，要增加印度人在帝国的行政和司法系统中的参与。孟加拉文艺复兴的混合性质，也反映在其领导人的土地开发战略中。尽管大多数体面阶级贵族在黑人城镇拥有豪宅，因此占据了金字塔的顶端，但有些人开始模仿欧洲的阶级隔离模式，在毗邻黑人城镇的郊区修建了巨大的屋舍。有些人甚至照搬了白人城镇宫殿的古典外墙，例如德瓦拉卡纳特·泰戈尔（Dwarakanath Tagore）的乔拉桑科（Jorasanko）豪宅［他的孙子更有名气，是诺贝尔奖获得者、作家罗宾德拉纳特·泰戈尔（Rabindranath Tagore），此处是泰戈尔的童年故居］。当然，其他人只投资于白人城镇，甚至搬到了那里，尽管孟加拉人一直承认该地区的欧洲特色，称其为 Sahibabagan（欧洲老爷的地方）或 Ingroitollah（英国人的托拉住区）。在那里，他们的财富几乎不会引起任何对物业价值下降的白人种族之忧。事实上，许多欧洲开发商依赖印度资本，许多开发商甚至像其他商人一样与印度商业伙伴合作。值得注意的是，尽管，甚至可能正是由于这些行为违反了肤色界线，英国投资者在加尔各答土地市场上获利颇丰。属于欧洲人的地块占该市土地总量的 12%，占加尔各答评估价值的 40% 以上。1806 年，经评估，欧洲人平均拥有的土地价值是印度人口中地位最高阶层的三倍之多。就白人而言，白人城镇的住房众所周知是世界上最昂贵的，甚至可与伦敦西区相媲美。[42]

105

随着加尔各答多个由欧洲人经营的改善委员会开始实施他们的努力，在黑人城镇密集的结构中开辟道路，他们遇到了来自居民的各种响应。一些体面阶级人士被马丁的卫生论调说服并提供了支持。一些人从商人的角度出发，认为宽阔的大道可以提高他们的物业价值，就像白人城镇的类似大道一样。但还有一些人强烈反对。有些人可能采取行动捍卫他们从传统城市结构中获得的声望，或者捍卫他们视为高度发达的印度教卫生习惯。许多人担心卫生项目会威胁到他们享受的低税率。还有一些人不想放弃他们通过租用英国人想要夷为平地的贫民窟地块而获得的丰厚利润。甚至有一些人面对傲慢的英国卫生官员的指令，生出了民族主义自豪感。然而，体面阶级的权力始终取决于他们的土地财富，因此也有赖于英国对于其物业权的认可。后来，这也带来了投票权：1875 年，为了让体面阶级同意提高税收以用于改善，英国统治者将代议制政府引入加尔各答。大约一万名富裕的印度人，少量贵族，在市政选举中获得了投票权。[43]

## 伦敦的加尔各答问题

19 世纪中叶，有一些人，比如加尔各答的英国收藏家雷金纳德·斯特恩代尔（Reginald Sterndale），回顾伦敦统治加尔各答的一个半世纪时，为英国人把一个"充满雾气、鳄鱼和野猪的地方"建设成为"正义、博识和商业的所在地"而自豪——即使考虑到所有巨大的"劳动和支出"也是如此。[44]但是，绝大多数欧洲帝国管理者、改革者和房地产投资者对加尔各答的态度带有越来越多的怀疑，甚至是种族主义的厌恶。当然，伦敦与加尔各答的联系向来都不是充满和平。随着这两个城市的规模都扩大到数百万人之巨，其相互之间联系的斗争也变得更加痛苦。

英帝国本身是第一个与宫殿之城拉开距离的。早在 1830 年代，总督本廷克就提议将帝都搬到不那么炎热、没那么多沼泽，也不那么挤满吵吵嚷嚷的"孟加拉狒狒"的地方，欧洲人以这种方式挪揄体面阶级。他倾向于选择具有更古老、更辉煌的帝国声望的地方，如阿格拉或德里——或者可能是西姆拉(Simla)，一个位于喜马拉雅山麓高处的新建英国山中避暑地，那里气候凉爽，山顶的景色更能符合帝国远离尘世的超然感。 很快，为了躲避加尔各答的酷暑，英国统治者在一年中有六个月甚至八个月时间避居西姆拉。 1911 年，由于厌倦了孟加拉日益激进的反帝国政治，英国统治者最终永久性迁往德里，在那里英国征服者可以沐浴在其前任莫卧儿王朝投射的荣耀之中。[45]卫生改革者对加尔各答也日渐不满。 詹姆斯·拉纳尔德·马丁愿意支持宏伟的改善计划，但他最终对加尔各答作为欧洲永久定居点是否可行变得不再乐观。 他开始对通过充满恶臭的休利河转运士兵的危险发出警告，并且领导了将英国控制之下的基础设施迁移到更高海拔、更凉爽地区的运动。 他对加尔各答的种族批评也频频被其他人援引，在 19 世纪，随着时间的推移，这种批评的语气越来越难听，当改革者将加尔各答的卫生政治与伦敦所谓的巨大进步进行对比时尤为如此。 他们声称，在伦敦，新的下水道、模范工人住房的试验以及快速发展起来的城市规划运动已经将世界上最伟大的"人口集中大城市"转变成为一个更清洁、更健康的地方。 孟加拉对伦敦式改善计划的反对，只会加剧负面的种族比较。 在 1890 年代，鲁德亚德·吉卜林(Rudyard Kipling)为加尔各答日趋种族主义的"非官方"白人社区的众人发声，他怒斥道："整个印度都听说过加尔各答公司"——指的是自由派在印度民主中的示范实验——"但是谁曾调查过加尔各答的恶臭？"1899 年，在瘟疫大流行之后，英国总督寇松勋爵(Lord Curzon)让他各属地的总督们(governors)解散了该公司，为该市历史上最强大和专制的公共卫生城市规划机构——加尔各答改善信托基金(the Calcutta Improvement Trust， CIT)开辟了道路，这一机构成立于 1911 年。[46]

CIT 官员的梦想之一是通过划定"不同种族的单独区域"来促进"在

当前加尔各答条件下的社会进步"。 但早在 1911 年之前，欧洲的土地买卖双方，如帝国官员和公共卫生学家，已经对这座城市投了反对票。在此期间，加尔各答的欧洲人口有所增长，主要原因在于该市相对固定的"非官方"商业阶层，但加尔各答白人对城市房地产的投资越来越少。 早在 1820 年代，他们就开始撤出乔林希的部分地区。 在 1832 年，几乎一半面向滨水广场的白人城镇中的"府邸"都已归印度人所有。 1856 年，欧洲人在加尔各答持有的地契数量下降到 20 年前的一半，其中住宅物业所占比例下降得更快。 即便在城市郊区也可以看到同样的趋势。 白人外流的时期始于 1840 年代，当时英国强迫富豪奥德纳瓦布（nawab of Oudh）及其数量庞大的随从流亡到加登里奇。 加尔各答港口扩展到基德波尔，该市的棉麻纺织厂则占据了阿里波尔（Alipore）等地。

到世纪之交，南部地区的大部分标志性欧式豪宅都卖给了富有的印度人。 与此同时，孟加拉作家尼尔德·乔杜里（Nirad Chaudhuri）提醒我们，在俱乐部、火车车厢、公共便利设施、教堂、海滩、公园和公共活动中"存在着彻头彻尾的种族隔离"——有时是由吉姆·克劳法规定类似的标志和警察所强制执行的。 但是，即便加尔各答的非官方欧洲人变得非常种族主义，他们却未能成功地将社区正式划为白人专属。体面阶级的财富和权力，加之以非官方英国人在英国统治机构中拥有的相对微弱的影响力，使他们并不掌握开展城市分裂运动所需的意志或权力。 因此，他们选择在隔离的俱乐部中租用房间，而非购买。 他们将钱投入其他投资领域或其他地方的房地产之上——在山中避暑地、其他殖民地，或者如同往常一样返回英国，在伦敦西区或英国其他城市郊区置业。 加尔各答的住区肤色之线向南后退，限制性减弱。 按照 1901 年的人口普查数据，整个城市及其近郊有 4% 的"基督徒"，其中包括印度基督徒和欧亚混血儿。 构成年代久远白人城镇的 5 个托拉大住区的人口中，基督徒占 12.8%。 但是像阿里波尔和加登里奇这样曾经的白人城堡，尽管因白人而得名，但白人已经尽数迁走。[47]

在印度独立后的几年里，"恶臭"就像下水道老鼠身上携带瘟疫的跳蚤一样，与加尔各答的名字牢不可分。 加尔各答成为每个人心中"第三世界"城市反乌托邦的象征，当它的人口超过伦敦达到 1 600万，城市占地成倍膨胀之时更是如此。 在这个过程中，这座城市在全球种族隔离主义思想和实践潮流中重获了若干影响力，这一次是作为"特大城市"式阶级隔离的堡垒。

相比之下，在 1800 年代，当地的偶发事件——得到英国支持的孟加拉地主权力——导致加尔各答白人对种族隔离的影响深远的承诺（seminal commitment）逐渐减少，随后几乎消失。 加尔各答，这个杰出的、首创的现代殖民城市，成了城市分裂者需要规避的反例，同时也是加以模仿的范本。

矛盾的是，这种双刃剑一般的遗产，只会强化沿着伦敦-加尔各答之轴起源的制度、思想和政策工具的影响。 但是，当在这些制度之内工作的人开始引入新的更具强制性的隔离形式时，他们在其他地方也是如此行事。 世界现代种族隔离戏剧的先锋派已经（由加尔各答）转移到印度其他城市和世界各地的其他城市。[48]

**注释：**

[1] Tertius Chandler and Gerald Fox, *3 000 Years of Urban Growth*(New York: Academic Press, 1974), 319—337.

[2] Zine Magubane, *Bringing the Empire Home: Race, Class, and Gender in Britain and Colonial South Africa*(Chicago: University of Chicago Press, 2004), 40—68.

[3] C. R. Wilson, ed., *Old Fort William in Bengal: A Selection of Official Documents Dealing with Its History*(London: John Murray, 1906), 1:13, 23, 28—29, 53, 63—64; Wilson, *The Early Annals of the English in Bengal*(1895; repr., New Delhi: Bimla, 1983), 1:chap. 4. Farhat Hasan, "Indigenous Cooperation and the Birth of a Colonial City: Calcutta, c. 1698—1750", *Modern Asian Studies* 26(1992):65—82.

[4] Wilson, *Old Fort William*, 1:69—71, 74—75, 76, 78—79, 83, 87, 90—91, 92—93, 95, 转述自第 78 页。

[5] Ibid., 1:156, 158—159, 163—164, 166—168, 173—180, 183—200, 224—240; 2:4—22, 27—32, 39—50, 51—52.英国目击者对加尔各答陷落的叙述参见第 2:50—99 页。

[6] Sir Penderel Moon, *The British Conquest and Dominion of India*(London: Duckworth, 1989), 39—133.

[7] H. E. A. Cotton, *Calcutta, Old and New: A Historical and Descriptive Handbook to the City*(1909; rev. ed., ed. N. R. Ray, Calcutta: General Printers and Publishers, 1980), 703—712. John Archer, "Paras, Palaces, and Pathogens: Frameworks for the

109

Growth of Calcutta, 1800—1850", *City and Society* 12(2000):30—34.

[8] Peter Marshall, "The White Town of Calcutta under the Rule of the East India Company", *Modern Asian Studies* 34(2000):307—331.

[9] Robert Orme, *Historical Fragment of the Mogul Empire, of the Morattoes, and of the English Concerns in Indostan*(1782; rev. ed., ed. J. P. Gupta, New Delhi: Associated Publishing, 1974), 270—279, 295—306, 转述自第 299, 278 页。

[10] Franklin and Mary Wickwire, *Cornwallis: The Imperial Years*(Chapel Hill: University of North Carolina Press, 1980), 88—92, 转述自第 92 页; Cornwallis 的话引自 Thomas R. Metcalf, *Ideologies of the Raj: The New Cambridge History of India*(Cambridge: Cambridge University Press, 1995), 3.4:24。

[11] Carl H. Nightingale, "Before Race Matt ered: Geographies of the Color Line in Early Colonial Madras and New York", *American Historical Review* 113(2008):68; Prabodh Biswas, "Job Charnock", in *Calcutta: The Living City, vol. 1, The Past, ed. Sukanta Chauduri*(Calcutta: Oxford University Press, 1990), 6—7; Durba Ghosh, *Sex and the Family in Colonial India: The Making of Empire*(Cambridge: Cambridge University Press, 2006), 1—106, 246—256.

[12] Burke 转述自 Anna Clark, *Scandal: The Sexual Politics of the British Constitution*(Princeton, NJ: Princeton University Press, 2004), 102; Peter Marshall, *The Impeachment of Warren Hastings*(Oxford: Clarendon Press, 1965); Kate Teltscher, *India Inscribed: European and British Writing on India, 1600—1800*(Delhi: Oxford University Press, 1995); Sara Suleri, *The Rhetoric of English India*(Chicago: University of Chicago Press, 1992), chap. 3; Tillman W. Nechtman, "Nabobinas: Luxury, Gender, and the Sexual Politics of British Imperialism in the Late Eighteenth Century", *Journal of Women's History* 18(2006):8—30。

[13] Pradip Sinha, *Calcutta in Urban History*(Calcutta: Firma KLM, 1978), 44—47. 关于黑斯廷斯自己的混血孩子，请参见 Cotton, *Calcutta, Old and New*, 725. C. A. Bayly, *Indian Society and the Making of the British Empire: The New Cambridge History of India*(Cambridge: Cambridge University Press, 1988), 2:76—87。

[14] Wilson, *Old Fort William*, 75; 转述自 Rabindra Kumar DasGupta, "Old Calcutt a as Presented in Literature", in *Chauduri, Calcutta*, 122; Robert Travers, "Death and the Nabob: Imperialism and Commemoration in Eighteenth-Century India", *Past and Present* 196(2007):84; P. J. Marshall, *East Indian Fortunes: The British in Bengal in the Eighteenth Century*(Oxford: Clarendon, 1976), 217—219; Moon, *Conquest and Dominion*, 58; *Royal Commission on the Sanitary State of the Army in India, Report*(London, 1864), 56—57, 161, 525。

[15] David Arnold, *Colonizing the Body: State Medicine and Epidemic Disease in Nineteenth-Century India*(Berkeley: University of California Press, 1993), 28—36.

[16] Mark Harrison, " 'The Tender Frame of Man' : Disease, Climate, and Racial Differences in India and the West Indies", *Bulletin of the History of Medicine* 70(1996): 68—93. Arnold, *Colonizing the Body*, 36—43.

[17] James Johnson, *The Influence of Tropical Climates, More Especially the Climate of India on European Constitutions*(London, 1813), 2—5, 104—105, 462, 465, 479; Mark Harrison, " 'The Tender Frame of Man' ", 78—80.

[18] Roy Porter, "Cleaning Up the Great Wen: Public Health in Eighteenth-Century London", *Medical History* S11(1991):61—75.

[19] Wilson, *Old Fort William*, 70; Wilson, *Early Annals*, 1:252.

[20] 转述自 J. N. Das Gupta, "Wellesley's Scheme for the Improvement of Calcutta", *Bengal Past and Present* 70(1951):82—85。

[21] Nandal Chatterji, "Lord Wellesley and the Problem of Town Improvement of Calcutta", *Bengal Past and Present* 70(1951):13—17; Archer, "Paras, Palaces, and Pathogens", 33—42. 我要感谢与 Partho Datta 教授之间的个人通讯，从而更加明确彩票委员会的做法。

[22] Archer, "Paras, Palaces, and Pathogens", 36—42, 转述自第 42 页。 Partho

Datta，"Public Health in Calcutta"，*Wellcome History* 22(2003)：2—4.

［23］Joseph Fayrer，*Inspector-General Sir James Ranald Martin*（London：Innes，1897）.

［24］Metcalf，*Ideologies of the Raj*，30—31；James Kay-Shuttleworth，*The Moral and Physical Condition of the Working Classes of Manchester in 1832*（1832；repr.，New York：A. M. Kelly，1970），转述自第21、37、47页。

［25］James Ranald Martin，*Notes on the Medical Topography of Calcutta*（Calcutta：G. H. Huttman，Bengal Military Orphan Press，1837），49，45.

［26］Martin，*Medical Topography*，18—19；Archer，"Paras，Palaces，and Pathogens"，39—42；Sumanta Banerjee，"The World of Ramjan Ostagar，The Common Man of Old Calcutta"，in *Chauduri*，*Calcutta*，1：77—78.

［27］Fayrer，*James Ranald Martin*，99—150.

［28］Martin，*Medical Topography*，63.

［29］Kenneth Jackson，*Crabgrass Frontier：The Suburbanization of the United States*（New York：Oxford University Press，1985），12；Robert Fishman，*Bourgeois Utopias：The Rise and Fall of Suburbia*（New York：Basic Books，1987），44—50.

［30］Fishman，*Bourgeois Utopias*，46—47.

［31］Robert R. Reid，*Colonial Manila：The Context of Hispanic Urbanism and the Process of Morphogenesis*（Berkeley：University of California Press，1978），49. John Archer，"Colonial Suburbs in South Asia，1700—1850，and the Spaces of Modernity"，in *Visions of Suburbia*，ed. Roger Silverstone（London：Routledge，1997），26—54.

［32］Peter Thorold，*The London Rich：The Creation of a Great City，from 1666 to the Present*（London：Viking，1999），43，52—53；Tulk v. Moxhay，Lord Chancellor's Court All ER Rep 9，December 22，1848. 还请参见 Duke of Bedford v. British Museum Trustees，Lord Chancellor's Court All ER Rep 669，July 6，1822。

［33］Love，*Vestiges of Old Madras*，2：347—48，448—452，520—538，以及第554页的地图；Susan Margaret Nield，"Madras：The Growth of a Colonial City on India，1780—1840"（PhD diss.，University of Chicago，1977），309—336。

［34］Wilson，*Old Fort William*，55—56，65—66；Reginald Craufuird Sterndale，*The Calcutta Collectorate，Collector's Cutcherry，or Calcutta Pottah Office，from the Days of the Zemindars to the Present Time*（1885；repr.，Alipore：West Bengal Government Press，1958），11—12，38—39；Peter Marshall，"Private British Investment in Eighteenth-Century Bengal"，*Bengal Past and Present* 86(1967)：56—57；Thomas Bartlett，*Ireland：A History*（Cambridge：Cambridge University Press，2010），163—165.

［35］这位威尼斯开发商和建筑师是 Edward Tiretta. Marshall，"White Town，" 316；Johnson，*Influence of Tropical Climates*，458—462。 还请参见 Preeti Chopra，"The City and Its Fragments：Colonial Bombay，1854—1918"（Ph.D. diss.，University of California，Berkeley，2003），178—230。

［36］比如，这位撰写日记者 Eliza Fay 这样写道"我们的房子每月只需支付200卢比，因为它不是令人尊敬的小镇的一部分；否则我们必须支付300或400卢比。"转述自Rudrangshu Mukherjee，"'Forever England'：British Life in Old Calcutta"，in *Chauduri*，*Calcutta*，46。 另请参见房地产广告，刊登于 W. S. Seton-Carr，*Selections from Calcutta Gazettes*（1864；repr.，Calcutt a：Bibhash Gupta，1987），e.g.，1：34，41，44，49，109，113，117，118，166，183。 另请参见 Swati Chattopadhyay，"Blurring the Boundaries：The Limits of 'White Town' in Colonial Calcutta"，*Journal of the Society of Architectural History* 59(2000)：158—160，178—79nn26，27，30；Sinha，*Calcutta in Urban History*，8—9n19，28—29nn49—50；*Cotton，Calcutt a，Old and New*，219—222；关于1748年的文字援引自 Wilson，*Old Fort William*，205。

［37］作者根据地契登记开展计算，来自 Walter K. Firminger，"Materials for the History of Calcutta Streets and Houses，1786—1834"，*Bengal Past and Present* 14(1917)：1—74，159—222。

［38］P. J. Marshall，"British Investment in Bengal"，52—67；Marshall，"White Town"，318.

［39］Cornelius Neale Dalton，*The Life of Thomas Pitt*（Cambridge：Cambridge University Press，1915），67，120—121，131，461—462；Paul F. Norton，"Daylesford：S. P. Cockerell's Residence for Warren Hastings"，*Journal of the Society of Architectural Historians* 22（1963）：127—133；Hiram Bingham，*Elihu Yale：The American Nabob of Queen Square*（n.p.：Archon，1968），310—312，318—320；Thorold，*London Rich*，59—60，128—33；J. P. Guha，"Introduction"，in Orme，*Historical Fragments*，xii，xv；Fayrer，*James Ranald Martin*，99，180. 另请参见 Marshall，"White Town"，315—316。

［40］Swati Chattopadhyay，*Representing Calcutta：Modernity，Nationalism，and the Colonial Uncanny*（London：Routledge，2005），109—118.

［41］Archer，"Paras，Palaces，and Pathogens"，23—25；Mukherjee，*Calcutta*，chap. 6.

［42］关于 "Sahibabag，" 请参见 *Cotton，Calcutta，Old and New*，703。关于 "Ingroitollah，" 请参见 *letter from a correspondent to Asiatic Intelligence*（1822）：393。Marshall，"*White Town*"，315—316，329—330；Chitra Deb，"The 'Great Houses' of Old Calcutta"，in *Chauduri，Calcutta*，56—63。关于跨种族商业伙伴关系，请参见 Firminger，"Calcutta Houses and Streets"，*potta* numbers 742，764，765，1497，2262，2631—2632，2637，2648。关于评价，S. N. Mukherjee，*Calcutta：Essays in Urban History*（Calcutta：Subarnarekha，1993），24—26；Marshall，"*White Town*"，313.

［43］Archer，"*Paras*，Places，and Pathogens"，42—49；Christine Furedy，"Whose Responsibility? Dilemmas of Calcutta's Bustee Policy in the Nineteenth Century"，*South Asia* 5（1982）：24—46；Mark Harrison，*Public Health in British India：Anglo-Indian Preventive Medicine，1859—1914*（Cambridge：Cambridge University Press，1994），202—226；Hugh Tinker，*The Foundations of Local Self-Government in India，Pakistan，and Burma*（New York：Praeger，1954），41—42.

［44］Sterndale，*Calcutta Collectorate*，3—4.

［45］Moon，*Conquest and Dominion*，446，462.

［46］Sanitary Commission，Report，56—57，525；Kipling 援引自 Rabindra Kumar Das Gupta，"Old Calcutta as Presented in Literature"，in Chauduri，*Calcutta*，126；H. V. Lanchester，"Calcutta Improvement Trust：Précis of Mr. E. P. Richard's Report on the City of Calcutt a，Part I"，*Town Planning Review* 5（July 1914）：115—130，and "Part II"（Oct. 1914）：214—224；Harrison，*Public Health*，202—226；Furedy，"Whose Responsibility?"。

［47］援引自 Lanchester，"Calcutta Improvement Trust"，part 2，222。关于房地产投资下降的数据来自 Mukherjee，*Calcutta*，33。另请参见 Sinha，*Calcutta in Urban History*，140—159；Marshall，"White Town"，316。关于 Garden Reach 和 Alipur，请参见 Cotton，*Calcutta，Old and New*，220—222，703—710。关于印度人购买白人豪宅，请参见 Dhrubajyoti Banerjea，*European Calcutta：Images and Recollections of a Bygone Era*（Delhi：UBS，2005），160—263；Nirad C. Chaudhuri，*Thy Hand，Great Anarch！：India 1921—1952*（Reading，MA：Addison-Wesley，1987），62—63。关于欧洲人口数据，请参见 Marshall，"White Town"，309；Mukherjee，*Calcutta*，119—121。在1901年，人口普查员统计到该市有 38 515 名基督徒。J. R. Blackwood，*Census of India*，1901，vol. 7，*Calcutta，Town and Suburbs*，part 3，*Tabular Statistics*（Calcutta：Bengal Secretariat Press，1903），11. 作者根据 Bow Bazaar、Puddopooker、Waterloo Street、Fenwick's Bazaar、Taltollah、Colinga、Park Street、Bamun Bastee 和 Hastings 的人口普查数据，计算了历史悠久的白人城镇九个区域的基督徒人口。而基督徒仅占 Alipore 人口的 1.8%，仅占 Garden Reach 人口的 0.8%。Blackwood，*Census of India*，1901，2—3，10—11.

［48］United Nations，*State of the World's Cities*，2008/2009（London：Earthscan，2008），6.

# 第三部分 殖民地世界
## 隔离之风乍起

# 第四章

# 英国统治者的山中避暑地

## 超脱与依赖之悖论

与马德拉斯相距不远，有一个名叫普纳马利（Poonamallee）的地方。英国人在那里建立了一个军事基地，这是巩固他们对印度统治的众多基地之一。1836 年，一位名叫朱莉娅·梅特兰（Julia Maitland）的英国妇女和她的丈夫在那里居住过一段时间。她在某天的日记中写道："我问［一位］女士，自她到印度以来，对这个国家和本地人有什么看法。'哦，一无所知！'她说，'谢天谢地，我对他们一无所知，我也压根儿不想知道。真的，我认为对他们了解得越少越好。'"[1]

我们应该如何看待这种高高在上远离尘世的超脱？一方面，它完美地反映了英国兵站的生活。印度殖民当局在设计这些奇怪的准城市时考虑到了空间、社会甚至心理距离——类似地点大约有 175 个，分布于从阿富汗到马来半岛的广阔范围之内。既是军事基地，又是维多利亚郊区；既是度假胜地，又是省会城市；既是印度集镇，又有排水明渠——这些白人城镇的变体修建在与印度城市相距三到六英里的地方，且大部分以这些城市命名。英国兵站的一个重要类别是山中避暑地，其功能是英国统治者在酷暑季节的度假之都，意在进一步远离印度人的生活。其中大部分建在偏远山区，正是为了与印度"乡下"（mofussil）保持距离。"乡下"是对尘土飞扬、炎热而平坦的地区以及分布于其上的人口稠密的印度城市的称呼。

此外，正如一位历史学家所说，在兵站之内，"隔离就是一切"。"乡下"兵站的大部分空间都被军队"营地"（cantonment，发音为"cantoonment"）中的士兵营房占据——事实上，"营地"和"兵站"（station）这两个词经常互换使用。专门的边界柱被用来为欧洲步兵、炮兵和骑兵的不同团体划分了各自的界线。还有更为广布的"本地人营地"或者"本地人界线"占据了另一个明确划定的空间，建满了印度军人（被称为 sepoys，即英国部队中的印度兵）及其家人居住的小屋。军队的行李搬运工和其他类别的随从也有各自的"棚屋"区域，军事行动中使用的不同类型的驮畜——大象、公牛、骆驼和马——也是如此。[2]

比这些士兵和动物的区域更大的是欧洲军官的庞大宅邸和院落区，以及类似且通常相邻的非军事管理人员的"民用界线"。"印度斯坦的英国人在任何地方安家，"坎普尔（Kanpur）兵站的一名观察者写道，"都没有考虑空间经济。"宽阔的阅兵场通常位于兵站中享受特权部分的中心，有时与赛马场、马球场、高尔夫球场、网球场、吃喝玩乐的小巷、野餐场地以及优雅的晚间马车巡游空间相邻。兵站的官方建筑、军官食堂、俱乐部、剧院、圣公会教堂、几个网球场、邮局、一个火车站（大约在 1850 年后），某些地方还有欧洲风格的酒店，它们都在宅邸周围聚集分布。为了保持士气，兵站官员的妻子们发挥了关键作用——她们的工作是相互竞争，炮制晚间"娱乐节目"，即便在印度最偏居一隅的宅邸里，也充满了最为时髦的伦敦风格社交活动。[3]

话虽如此，这位对印度看不到听不到"一无所知"的普纳马利的英国女士，也算是一种羞怯的掩饰了。英国统治者的兵站正是对这样一个悖论的有力呈现，即种族隔离的特权既取决于那些跨越肤色界线的机构和人，也取决于把他们吸引而来的机构和人。白人的确掌握着权力，但白人确实也非常脆弱，权力与脆弱性并存。

要理解其中的原因，我们必须首先记住，在数以百万计的印度人之中，欧洲人的数量是如此微小。19 世纪中叶一位英国皇家委员会委员指出，欧洲人的总数"少于伦敦马里波恩教区的人口"，略高于 125 000 人（请注意，这个数字不包括大致相等或略多的欧亚混血儿）。 如果说加尔各答的白人社区代表了与英国伦敦完全偏离的版本，那么居住于兵站的白人社区就更不具有多样化了。 士兵占主导地位，他们与城市工人阶级最为接近。 他们的指挥官和数量少得多的文职行政人员代表了中上阶级。 即便有任何类似于加尔各答的商人和专门人士的"非官方"人口，数量也是微乎其微。 19 世纪发生的最显著变化与性别和年龄相关：随着长途海上旅行变得更加容易，越来越多的白人妇女和儿童一路东行到达印度。 到 1900年，妇女和儿童人数在印度兵站欧洲人社区人口中达到了三分之一。[4]

　　如此微小的英国之岛之所以能够存在，是因为建造和保卫兵站，为他们提供服务并实际上支撑起整个本地经济运转的印度人口要比英国人多得多。 数以千计的印度"苦力"（coolies）修建起兵站所有的营房、宅邸和建筑物——当然本地人也必须为自己建造小屋（由白人官员提供"小屋津贴"）。 兵站中白人人口只占少量，其压倒性军事味道是不会欺骗我们的：英国兵站的安全首先取决于印度军人的忠诚度。 在 19 世纪上半叶，印度士兵在英国军队中占 80%，对于英国征服次大陆取得成功而言不可或缺。 他们构成了帝国的基石，这在 1857—1858 年所谓的印度兵兵变（通常称为大起义甚至第一次印度独立战争）中得到了充分证明，当时印度北部的印度军团将火枪转向他们的英国军官，随后扑向德里莫卧儿王朝的继承人，并在那里引发了恒河平原大部分地区农民和土地所有者的全面起义。 英国重新获得控制权，但仍需要依赖于保持忠诚的印度兵。 即使在兵变之后，当被吓怕了的军事指挥官增加其欧洲军团的规模时，英国军队仍然有三分之二是印度兵。

　　虽然苦力和士兵可以在兵站保持一定距离，但是在欧洲区域的所有地方，从最豪华宅邸的卧室到最低阶士兵的军营，数百名印度仆役随处可见，以确保他们的白人老爷和太太的舒适。 一份针对新手（*griffin*）官员的建议手册中，建议配备一二十名随身侍从（如果有英国妻子，侍从人数甚至更多），并建议他们避免在晚上玩火器——以免杀死可能睡在

115

院子里的任何地方甚至在阳台上的"男孩"。[5]

116　　　白人几乎完全依赖当地印度人来满足一切日常需求，这也使得兵站的种族地理进一步复杂化。一些来自加尔各答、马德拉斯或孟买的"欧洲商品"白人供应商在较大的兵站开设了分店，以供应此类奢侈品。但大多数食物、家具、衣服（甚至士兵的制服）和其他家庭必需品是由数百名印度商人和工匠提供的，他们的家人在兵站居民人口中占大多数。驻地官员需要在兵站内为本地集市留出空间，以为这些"非官方本地人"提供店铺和生活的地方。每个入伍士兵所处的界线之内都有自己的军团集市，其中还包括印度妓女的"恰拉"（chaklas）或"拉尔集市"（lal bazaars）。这是大部分未婚白人士兵在痛苦沉闷的日常生活中的重要目的地。他们的指挥官将"恰拉"视为维持对一支远离家乡的军队加以统治不可或缺的邪恶力量。除此之外，在旁边还设置了一个大得多的中心市场（sadar bazaar），为精英居住的宅邸提供了更斯文的且通常为同种族内部夜间娱乐所需的一切。在印度北部法扎巴德（Faizabad）的小兵站，驻地治安官 H·H·奥扎德（H.H.Ozzard）报告——他并未注意到这个想法的讽刺意味——兵站与它拟监管的历史悠久的印度城镇相距越远，白人居民所需要的集市服务就越多。换句话说，就兵站而言，更大程度的隔离，其基础在于更大程度的种族边界跨越和欧洲区域之中更多印度人的存在。[6]

## 加尔各答之外

是什么造就了这个由自相矛盾的白人之地构成的巨大群岛？正如在前文加尔各答章节所做的阐述，现代种族隔离主义实践开始了最初的大规模扩张，在这种情况下跨越了整个次大陆。所有三类跨洋机构（cross-oceanic institutions），以及按阶级划分伦敦和按种族划分加尔各答的政治戏剧中的诸多主题都在兵站上演。事实上，威廉堡和加尔各答的白人城镇本身就被视为兵站，另外两个"管辖区"（presidency towns)马德拉斯和孟买也是如此，它们的帝国政治、改革政治和房地产政治皆遵循与加尔各答极为类似的脚本。[7]

　　然而，随着兵站群岛的扩大，所有这些制度的参与者都非常清楚，如果他们只是复制加尔各答或其他管辖区之都(presidency capitals)白人城镇的政治，那么以军事为主的乡村兵站或山中避暑地都无法实现其存在的理由。 从各方面来看，大多数英裔印度人的种族态度在19世纪期间变得更加强硬，大兵变之后尤其如此。 这在一定程度上反映了社会达尔文主义在世界范围的风行，其相信可以用"适合的"和"不适合的"种族在争夺世界主导地位中不可避免的竞争来对人类历史作出解释。 然而，更直接的是，许多英裔印度人将这次兵变视为一个证据，证明帝国必须通过与奸诈对手无法规避的种族冲突来保住其"皇冠上的宝石"。 叛乱者在勒克瑙和坎普尔兵站屠杀英国妇女和儿童的记忆，留下了格外久长的种族复仇意识。"黑鬼"(nigger)这个词进入了英裔印度人的口语之中，这是源于美国奴隶制词汇的馈赠。[8]

　　虽然这种强硬化的趋势占主导地位，但也存在若干逆流。 尽管兵变激起了种族仇恨，但它也给英国官员施加了相当大的压力，要求其展示出英国统治者对印度臣民作出的宏大而仁慈的承诺。 与此同时，印度人要求在英国统治事务中发声的呼声越来越高——在孟加拉和管辖区城镇中尤为如此。 因此，愈加严厉的思路——即印度的落后和无力自治是由其天性所决定的——与年长的自由主义改革者之梦想艰难地共存着，后者认为英国能够并且应该重新唤醒他们眼中印度沉睡的"文明"。在官方声明中，英国当局更喜欢"欧洲"和"本土"这样的词，甚至避免使用"黑"和"白"，因为担心这样的肤色词汇看起来是侮辱性的。例如，马德拉斯的黑人城镇在此期间更名为乔治敦(Georgetown)，既是为了向彼时英国王储致敬，也是为了"尊重一些居民的情绪"。 加尔各答的非官方欧洲人口因极度种族主义而背负恶名，但他们不得不忍受非种族歧视的市政府等自由主义实验的痛苦。 马德拉斯、孟买、德里和其他地方都有类似的安排。[9]

117

在这些矛盾的潮流中，乡村兵站和山中避暑地的政治在很大程度上遵循了种族信仰中相对保守的趋势。他们的设计师甚至似乎对自由主义实验的实例充满恐惧。这种摒弃"印度绅士"（baboo）主导的加尔各答政治而向种族化的转变，可以在兵站种族隔离实践的所有重要创新中看到：使用军事营地法（military cantonment law）而非民用市政公司来管理城市；山中避暑地体现出的大英帝国的高贵冷漠；一直坚持认为白人之中流行的城市疾病是因为与当地种族接近所引起的；越来越多地使用空间隔离作为公共卫生措施；此外，还为了对印度人在某些兵站白人区域房地产投资加以限制，实施了国家引导的抑制性措施。

# 帝国的兵站

尽管英国兵站生活可能是乡巴佬一样琐碎而浮夸的，但创立这些白人城镇的宗旨却是雄心勃勃、影响深远且极其严肃：为了统治在印度越来越大的地盘。早在 18 世纪中叶，与法国的战争期间，英国官员和军官就在印度内陆城市建立了单独的住所。就在那时，东印度公司开始与莫卧儿帝国一些日益独立省份的行政长官达成协议——例如南印度海得拉巴的尼扎姆和恒河上游与孟加拉相邻的奥德的纳瓦布——以训练和指挥当地军队，让他们能够更好地击退法国人和马拉塔人。随着莫卧儿帝国和马拉塔邦联势力的衰落，英国人利用他们对这些印度总督武装力量的控制来进一步行使权力，最终将这些印度地方长官沦为英国常驻公使控制下的傀儡。在海得拉巴，英国人使用"营地"这个词（来自法语单词 *cantonner-to-quad*）来描述他们在城墙环绕的古城以北 12 英里处为这样一支雇佣军建立的军事基地，这是最早一批印度兵团（sepoy contingents）之一的核心。英国常驻公使也住在一个单独的居所中，离城墙更近，但仍在城墙外，拥有自己的军事分遣队。然后，在 1798 年，时任尼扎姆的西坎德·贾（Sikander Jah）同意在城市北边划出一些湖边土地，英国人以他的名字为这个地方命名。 到 1860 年代，塞康德拉巴德（Secunderabad）成为最大的英国兵站之一，占地四平方英里。 在北印度，通过在 1770 年与奥德的纳瓦布签订条约，以同样方式建立了坎普尔的大营地，作为纳瓦布和英国在接下来 30 年中对马拉塔人发动战争的前沿基地。 1818 年英国人击败马拉塔人后，马拉塔首都普纳有了自己的英国兵站，同样位于与印度城镇相距几英里的地方。 以前被马拉塔军队从莫卧儿人手中夺取的许多其他城市也是如此，包括莫卧儿首府德里。[10]

119

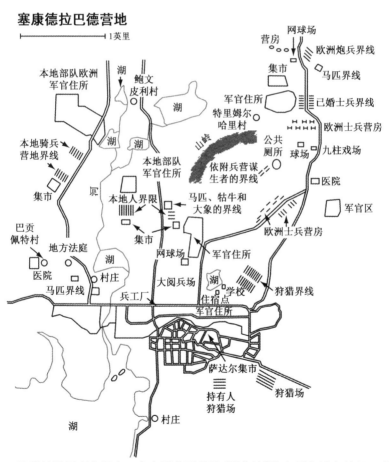

这张地图呈现出印度一个大型英国兵站或"营地"的布局和诸多特征。改编自 *Plan of the Cantonment of Secunderabad*（1884），来自大英图书馆。**Kailee Neuner** 绘图。

在德里，英国人于 1820 年代在此城西北著名的山脊上建立了一个营地。 对傀儡莫卧儿朝廷加以控制的英国常驻公使托马斯·梅特卡夫（Thomas Metcalfe）和大卫·奥克特洛尼（David Ochterlony）从居住在德里北部郊区的古贾尔部落村民手中获得了土地，并在那里为自己建造了豪宅。 德里的富裕居民大惑不解，英国人更喜欢郊区的荒野，而不是他们眼中德里被城墙所环绕的沙贾哈纳巴德①华丽至极的街道和宫殿。然而，在梅特卡夫和奥奇特洛尼的案例中，空间距离并不意味着为英国社交隔离出一个单独的空间，像在大多数其他兵站那样。 在所有其他方面，英国常驻公使都在模仿莫卧儿的生活及其诸多辉煌。 他们举办盛大的庆祝活动，向当地朝臣和皇帝本人致敬；资助城中著名的工匠、艺术家和乌尔都语诗人；营造莫卧儿风格的花园；并为众多印度妻子和情人留出他们房子侧翼的房间作为闺房。[11]

尽管如此，英国总督们——以及在兵变之后，他们的继任者、殖民地总督（改称 viceroys）——都在努力为他们的殖民兵站注入与征服种族相适宜的威严。 各种类型的分隔都可在这方面发挥作用。 总督理查德·韦尔斯利花费巨资为加尔各答配备了总督府，却从未对自己的劳动成果感到满意。 本着在首都以外保有凡尔赛宫和温莎宫等宫殿的欧洲君主精神，他希望在河流上游 5 英里处的巴拉克波尔（Barrackpore）为总督建造第二座宫殿——顾名思义，巴拉克波尔也是英国早期的营地（建于 1772 年）。 在快速浏览预算造价后，公司否决了韦尔斯利的计划，后来的总督则退而求其次，选择了较为节制的结构。[12]

事实上，尽管大都建有房产和宽大的阅兵场，大多数省级兵站的建筑（被一位历史学家嘲笑为“化石营地”）并没有引起人们的敬畏。 傀儡印度君主的宫殿和堡垒，本着最古老的纪念性隔离的精神建造，作为权威的象征则要有效得多。 历史学家纳拉亚尼·古普塔（Narayani Gupta）写道，在 19 世纪，英国人“从未停止觊觎”德里城中那些“权

---

① Shahjahanabad, 德里旧城。 ——译者注

力和财富的庞大遗存"，特别是莫卧儿红堡——毕竟，它是另一个外来者成功征服印度所建立王朝的象征。 梅特卡夫和奥奇特洛尼居住在自己的郊外豪宅中，却乐此不疲地呼吁加尔各答授权，将无能的莫卧儿皇帝转移到其他地方，以便英国统治者接管宏伟的堡垒及众多宫殿。 作为权宜之计，他们直接在沙贾哈纳巴德之内，在堡垒的北部和南部地区驻扎了许多副官，甚至一度曾把军队主力驻扎于此。[13]

与此同时，1814 年，奥奇特洛尼调动他的英国军队混合分遣队去征服喜马拉雅山，这是另一个展示帝国威严的可能因由。 早在 1819 年，德里北部山麓壮观的山脊线就传至加尔各答，那里凉爽、多雾的夏季天气让第一批英国房地产探路者想起了英格兰，雪山的美景甚至胜过瑞士。 1827 年，印度总督阿默斯特勋爵（Lord Amherst）第一次到访西姆拉，后来他又多次到访此地。 与此同时，马德拉斯的官员在印度南部尼尔吉里山（Nilgiri hills）中八千英尺高的位置发现了一个美丽的地方乌塔卡蒙德（Ootacamund），而孟买的官员则在西高止山脉的高处发现了马哈巴莱什瓦尔（Mahabaleshwar）。[14]

到 1830 年代，英国人对山中避暑地的热爱之情高涨，总督本廷克开始考虑将英国统治者的首都从加尔各答的"传播瘟疫的庞大蒸气浴"中移走。 在 1860 年代，他的继任者之一、背负恶名的加尔各答仇视者——总督约翰·劳伦斯（John Lawrence）接受了印度的最高职位，条件是他每年必须有八个月在西姆拉办公。 他坚称在此地一天完成的工作比在加尔各答五天的工作都多。 自此，西姆拉陡峭的山坡上开始渐次修建出豪宅、山间小屋和瑞士小屋风格的公共建筑。 每年 5 月，随着西南季风为加尔各答带来滂沱大雨，继之而来的是烈日灼烤，随后又是漫长的发霉和腐烂时段，英国统治者的整个官僚机构、庞大的私人仆从和几支士兵分队，乘坐牛车和轿子撤离，大队人马前往西姆拉，旅程持续多日（后来他们改坐火车）。 在高高的山地，一个热闹、艳丽、八卦、明争暗斗的社交季节在这个非正式的游乐场之都的豪宅中，以及沿着其著名的主街开启。 英属印度的邦政府和几个军事指挥部每年也都会向自己的山中避暑地进行类似的迁移——包括大吉岭、西隆、奈尼塔尔、阿尔莫拉、达兰萨拉和库努尔等地——这些充满异国情调的地名在英国久久回响。[15]

"外出野餐的政府",加尔各答的非官方商业社区这样嘲笑"西姆拉季节",每年此时山地都会把他们的主要顾客给吸走。"自大的乌蒂",他们在马德拉斯的同行则是如此笑称乌塔卡蒙德。然而,对于英国统治者而言,伊甸园般的山地不仅提供了远离酷热天气的机会——还提供了在虚构的英国乡村度假中玩乐的机会——此外,它们还为居高临下的统治种族提供了最具有纪念意义的隔离栖居之所。在西姆拉,超然于笼罩在乡间的沉沉雾霭蒸蒸热气之上,征服者种族可以借此克服其唯一固有的无法应对高温和热带疾病的弱点,来证明自己的优势。此外,在英国人的想象中,山中避暑地提供了坚不可摧的堡垒中的终极安全。征服者可以想象在这些城市中发号施令,不必向吵吵嚷嚷的印度人作出任何妥协。[16]

当然,这完全是一种幻想,英国人在 1857 年发现他们身处恐怖和国际尴尬之中。当时,他们在印度权力的真正基石——印度兵部队开始焚烧巴拉克波尔的白人独栋房屋,随后烧向德里附近的密拉特(Meerut)营地,然后焚烧了德里城,再然后横跨北部乡村的数十个兵站都被点了火,包括坎普尔和勒克瑙——奥德的首府以及另一个居住地和兵站的所在地。尽管在接下来的 14 个月内英国人设法召集了足够的士兵以恢复他们的权力,但大起义让他们知晓,早些年采取的城市隔离措施远远不够。[17]

大英帝国的第一次冲动,格外杀气腾腾。当英国士兵和军官最终夺回德里时,他们已经累积了强烈的复仇意识——因为在兵变初期,包括梅特卡夫本人在内的英国人的豪宅被洗劫一空;因为英国人在山脊上的战斗中喷洒了大量的鲜血;也因为在攻占老城的克什米尔城门(Kashmiri Gates)时身亡的同侪。一进入城墙,指挥官和士兵就开始肆无忌惮地劫掠抢夺,杀死了数百名沙贾哈纳巴德的居民,迫使更多人流离失所，一部分人逃到了城市周围古遗址中，搭起了肮脏的帐篷居住。 一些官员辩称，整个反叛城市都应该因其背叛而被夷为平地。 英国将军们竞相把红堡的诸多游乐宫殿夷为平地，又把围绕着优雅住宅和街道堡垒的大片地区变成一堆华丽的瓦砾，这些地区大部分为城中富裕的穆斯林拥有，其中许多人支持了叛乱者。 取而代之的是，他们在堡垒中建造了一个"军营中的嚎叫荒漠"（howling desert of barracks），在其大门前建造了一个巨大的阅兵场式的广场，以及跨越北部社区的一座高架铁路栈桥，凡此种种都是为了最终夺取这座城市具有纪念意义的中心，使得此处不可能发生进一步的兵变。"德里在哪儿？"这座城市最伟大的诗人米尔扎·加利布（Mirza Ghalib）哀哭："天哪，现在它不是一座城市。这是一个营地。 这是兵营啊。"[18]

与此同时，在勒克瑙，英国人的愤怒留下了更不诗意的结果。 陆 123
军工程师罗伯特·纳皮尔（后来的印度总司令）曾被围困在居住区和城市蜿蜒的街道迷宫之中受伤，他在此地实施了报复，摧毁了城市约60%的区域，并贯穿城市修建了一系列没有灵魂的、宽阔而笔直的对角大街，尤其适合部队的奔袭。 在勒克瑙——虽然与德里不同，但与平原上的其他地方相似——他将兵站和营地移到离城镇几英里的地方，以更好地保障其防御。[19]

大规模杀戮并不是帝国军事重手塑造兵站的最普遍方式。 更多的工作是通过在军事法中引入新的伸张强度（new tensile strength）来实现。 如果营地的设计不能继续促进军事权威、等级制度、纪律和军备，营地就毫无用处，因此，民用机构从未被视为对其施加管理的适当手段。 只有像西姆拉这样以平民为主的山中避暑地，才被授权组建像 124
加尔各答和其他大城市那样的城镇议会。 营地的最初法律制度，可追溯到它们的起源，即位于敌对领土上的军营，而法律制度则相当于指挥官命令的总和。 正是由这些军官最早在每个团的营地之间设置了柱子，就像他们在任何一天的行军结束时都会做的那样。 他们坚持为英国人和印度人军队建立单独的建制，这也成为这些兵站中的第一条肤色界线。 陆军元帅罗伯茨(Roberts)在回忆录中轻松地回忆起兵变前的日子,当时拉合尔附近的米安米尔(Mian Mir)营地的本地人部队被分配到两个白人军团之间的位置。 1857 年后,这种做法在战略上被视为是愚蠢的。 此后,谨小慎微的指挥官将可能"兵变"的印度兵界线置于更远的位置。[20]

兵变之后,官员开始将指挥官在营地发布的许多行为规则加以正式化,成为特殊的法规体系,称为营地法。 这些法规授权一名文职官员(通常具有军事背景),称为驻地治安官,对兵站更广泛的计划进行安排并加以维持,同时让军官们对各个军团的界线负责。 在诸多规定之中,营地法使得地方治安官拥有更多权力去划分住区界线,比当代加尔各答所拥有的任何权力都大——甚至可以说,从这个意义上来讲,这是自马德拉斯白人城镇的城墙修建以来,任何英国官员都未曾获得的权力。 兵站治安官"应该以仁慈但绝对的专制施以统治"。 H·H·奥扎德上尉在他担任治安官的法扎巴德小兵站这样写道。 1864 年、1880年、1887 年、1889 年、1912 年和 1924 年分别通过了新的营地法规,赋予兵站军官以委员会所谓的"最全面且无微不至的干预权力",以决定谁可以进入英国人的城市,以及他们可以住在哪里。 虽然这些权力来自军事需要,但地方治安官只在他所承担的重要文职职务中运用这些权力。 而在任何普通城市,这些权力都会分配给一系列市政官员和官僚机构。 治安官最重要的职务,包括作为其所在兵站的首席卫生官、财产纠纷的首席裁判官和土地销售监管者。 正是以这种方式,城市改革政治和西方房地产市场的长期影响,同样深刻地塑造了兵站在帝国权力延伸和其空间分割上所发挥的作用。[21]

## 125 "把你的城市和兵站带入文明的围栏区之中"

维多利亚时代的英国改革政治的若干分支通过伦敦-加尔各答的联

系横跨印度平原，甚至到达山中避暑地。　兵变加剧了这种思想的交流，并为改革者提出了各种关于武装的崭新呼吁。　一股思想源自威廉·威尔伯福斯领导的福音派运动及其关于城市边缘区生活的有益性和实用性的观点。　印度兵变中的屠戮充分表明，乡间兵站肯定不是福音派人士所想象的伦敦郊区的"无情世界的避风港"。　因此，在印度，对白人种族生存和种族混合的担忧与维多利亚时代早期关于性别、年龄和阶级的信仰相融合。　用一位历史学家的话来说，与乡间兵站相比较，盎格鲁-不列颠精英们愈发把山中避暑地想象成"统治种族的摇篮"——白人女性可以保持道德纯洁和健康，英国儿童可以在这里成长，不会因为低地令人衰弱的懒散之气而失去他们红润脸蛋所呈现出的盎格鲁-撒克逊种族活力。　因此，英式寄宿学校和常年"守活寡女人"（丈夫驻扎在平原）社区一样，在山上萌芽。[22]

　　与这种性别影响的种族隔离主义相关的，是英国卫生学家基于公共卫生推动的城市划界。　到 19 世纪中叶，卫生学家发现他们在那个时代大规模发展的城市和热带殖民地中积累的科学知识，对于军营同样有用。　在 1840 年代和 1850 年代的英国，伦敦的埃德温·查德威克和托马斯·索思伍德·史密斯与加尔各答的詹姆斯·拉纳尔德·马丁以及卫生改革界的一位崭新的国际之星——刚从克里米亚战争归来的弗洛伦丝·南丁格尔（Florence Nightingale）联手。　她以护士的视角讲述了塞瓦斯托波尔围城战的传奇故事，以切身体验提醒大家，帝国士兵死于疾病的概率远高于敌人的子弹，军营的恶劣条件也大有问题。　当同样令人沮丧的死亡率统计数据从印度兵变战役中经过过滤传回伦敦时，南丁格尔和马丁成功地游说皇家委员会冷静审视英国统治者的兵站。[23]

　　由马丁对委员们提供智识引导，对次大陆各个角落的兵站指挥官那里收集到的证据加以提炼。　他们汇集了来自英国和世界各地殖民实践的观察结果。　他们以白人群岛上不乐观的"医学地形图"结束，重点关注士兵的营房。　他们从中发现的一些问题，欧洲的任何城市或贫民窟中也同样易于发生：欠缺下水道系统、饮用水不洁、通风不足、过度

126

拥挤以及不体面阶级的放荡行为——在印度这意味着应征入伍的士兵醉酒和与本地患病的妓女发生关系。 对于一位卫生工作者来说，营地看起来如同伦敦阶级地理的比例模型："通风良好、宽敞且相对凉爽的平房具有预防作用……这与通常情况下位置不佳、通风不良和清洁不够的行列式兵营形成鲜明对比。 两者的对比如同伦敦的上流住宅区（Belgravia）富丽堂皇的住宅与圣吉尔斯、白教堂（Whitechapel）或伯蒙奇（Bermondsey）破败的小屋和脏污的宿舍所形成的鲜明对照。"该委员会关于更卫生的营房和士兵道德提升的建议，呼应并预示了欧洲和北美关于模范工人之家（model worker's homes）的讨论。 该委员会对印度卫生服务机构提出建议，机构中配备市政卫生官员，这一建议源自 1848 年的英国公共卫生法（British Public Health Act），查德威克、史密斯和马丁为了推动这项法律做了大量工作。 埃德温·查德威克对最先进的下水道（椭圆形管道和釉面砖）、淡水和宽阔街道的狂热，在委员会的报告中一览无遗。[24]

但要对印度的兵站作出改革，委员们还必须全力应付种族问题。为了达到这一目的，他们提出了一个比马丁先前在加尔各答提出的更详细的关于城市隔离的卫生论点。 但是，由于他们从未对这一论点进行过任何精确的辩论，因此其种族逻辑仍然有些扭曲，其含义也含混不清。 正如其在加尔各答的报告中所说，马丁对改善在印度英国人的健康状况持有最悲观的态度。 无论兵站与印度城市相距多远，"无数的营地追随者总能够把营地与城市联系起来，他们生活在一个苦难的社区之中"。 此外，卫生改革充其量只能略微缓解"热和疟疾的结合"——这个术语指的是瘴气——这是身处热带地区的欧洲人"最强大"的致病原因。 他提出的一个充满希望的建议是相当于一个涵盖英国统治者以及基于城市的种族和空间管理计划：每 12 个月左右对尽可能多的英国士兵在白人山中避暑地（与城市之间）定期轮换。[25]

127　　在对委员会证据的单独评论中，弗洛伦丝·南丁格尔对她的朋友马丁的方案表示怀疑，因为从山中避暑地指挥官的报告中可以清楚地看出，山顶对霍乱和其他致命疾病的免疫力并不优于平原地区。 尽管如此，南丁格尔确实担心兵站之内的种族界线以及军营区域"与充满滋扰的不健康的本地城镇和集市相互混杂"的程度。 几年后，她写信给总督梅奥勋爵(Lord Mayo)说："肮脏的城镇和集市，以及在营地边界内或与营地过分接近的肮脏的原住民房屋和居民，都是持续的危险源。 当然，唯一真正的安全保障是让这些人口远离营地并处于下风向且保持安全距离。 但我们知道，有时候这不可能做到。"[26]

尽管如此，随着时间的推移，南丁格尔和其他改革者不再像委员会那样对欧洲士兵投以特别关注，他们认为只有当帝国对其治下的所有种族都引入公共卫生的"文明"标准，才是合理的。"把你的城市和兵站置于文明的围栏区(the pale of civilization)之内，"南丁格尔这样主张，努力对马丁和其他热带卫生思想家施压，"它们才是生命的毁灭者，并非气候。"无论印度还是英国，关于公共卫生的大多数辩论都不是集中在隔离上，而是聚焦于是否应对其他更昂贵的政策工具投资：下水道、供水、疫苗接种、卫生教育、卖淫监管、卫生警务和更好地收集生命统计数据。 在加尔各答，这些辩论涉及帝国官员之间以及官员与印度知名人士之间的冲突。 关于疾病起源的新问题以及对卫生措施对种姓传统影响的担忧引发了这些争论，但最重要的问题却是，谁来为此付钱。[27]

从营地治安官的角度来看，马丁和南丁格尔长期而坚定的斗争似乎突出了更为实际的事宜的重要性。"如果有人问我，驻地治安官需要做的最重要工作是什么，"奥扎德上尉在他担任治安官的法扎巴德小兵站这样揶揄道，"我应该毫不犹豫地回答'查访厕所以及堆满污物和垃圾的沟渠。'"南丁格尔关于印度营地条件的文章，大部分篇幅都是对人类排泄物的详细描述，它们似乎成为了兵站的普遍祸害。 她指出，在没有任何设施的情况下，本土士兵和欧洲士兵都"求助"于各自界线之内他们能找到的任何方便的空地。 这个问题的标准解决方案是厕所，大部分是由一排可移动的竹屋组成，这些小屋修建在一系列横跨方便场

128 地的沟渠上方，由一群清扫工负责维护。当沟渠填满粪便，清扫工会将小屋滑动到新的沟渠上，并重复这一操作，直到浸满人类粪便的肥沃土地交付用于某种形式的耕种之用。当然，营地的污水问题常常被归咎到本地人头上，但地方治安官也不得不面对一个微妙的现实，即欧洲军官的住所也难以做到卫生。为了防止瘴气进入独座住宅，院落内的私人厕所被取缔，但欧洲居民或他们的本地仆人都认为步行到沟渠上方的公共厕所极为不便。因此，许多院落的地面挖出了自家的敞口污水池。[28]

也就是说，无论卫生改革者是什么样的平等主义者，都没有明确谴责已然存在的白人城镇与黑人城镇之分，并且都认为这样的划界将持续存在。当军队接受委员会的建议，每次将多达四分之一的欧洲军队轮换到山中避暑地时，几乎没有卫生学家反对。尽管正如南丁格尔所预测的那样，如此昂贵且从军事上来看不谨慎的做法，对于健康的好处微乎其微。[29]

与此同时，印度政府因在阻断源于加尔各答和其他印度城市的霍乱传播到欧洲方面无所作为，受到新国际卫生会议代表的连串猛烈抨击。这些批评者关于疾病传播的理论与马丁的理论完全矛盾。霍乱是一种传染病，而不是由气流携带的"气象"疾病，它从亚洲入侵欧洲，是因为人们——也就是旅行者，尤其是亚洲宗教朝圣者——变得越来越流动，他们在长距离旅行过程中将疾病从一个人传播到另一个人。传染病学家总结说，必须对这些旅行者而非空间施以严密监控。随着时间的推移，国际卫生会议的与会者制定了法规，旨在利用苏伊士运河上的检查点在不对商业产生妨碍的情况下将欧洲与亚洲游客隔离开来。这种大陆或海洋隔离制度的根源可以追溯到中世纪的其他做法，即检疫和卫生警戒线。印度政府反对这些措施，因为会对商业产生负面影响，但在越来越多的卫生官员的想象中，这些措施已经显得尤为突出和必要。另一种理论，即霍乱的水传播理论，由约翰·斯诺于1854年在对伦敦西区流行病的调查期间首次提出，也慢慢地侵入了传统的瘴气观

129 念——再次遭到印度迂腐的公共卫生官员的强烈抵制。即使德国细菌

学家罗伯特·科赫(Robert Koch)1883 年在加尔各答的一个水箱中发现了逗号形状的霍乱杆菌之后，上述抵制仍在持续。 关于当地人的行为产生威胁导致白人患病的观点，上述发现均未能对之有多大撼动。[30]

这种基本的种族化假设，激发了若干以公共卫生的名义在印度兵站内强化种族隔离的努力。 这些努力中最广泛的涉及军营行为规范，其最早版本部分程度上以查德威克 1848 年的《公共卫生法》为基础，特别是其中关于城镇专业卫生官员的规定。 到 1880 年代，当局修订了营地行为规范，赋予治安官越来越大的权力，可以"将他们视为有必要排除的任何人从驻地中赶走并排除在外"，并在当地人未能确保其房产符合卫生标准时立即没收他们的财产。 遵循由来已久的传染病应对惯例，当地官员有时会在整个集市和其他本地人村庄周围设置临时卫生封锁线，以隔离周围地区的霍乱流行病。 受英国 1866 年《传染病法》(Contagious Diseases Act)的启发，印度政府甚至重启了被称为"性病医院"(lock hospital)的早期现代机构——最糟糕的时候堪称是关押病人的监狱——以关押在强制性检查中被认为可能在欧洲军队中传播性病的印度妓女。 印度人顽固地抵制卫生封锁线，因为这些措施有时会导致他们集市上的商人被扣留长达十天之久。 隔离还扰乱了印度教的朝圣活动，引发了进一步的抗议。 与此同时，性病医院招致英国的恶习改革者(Vice reformers)和印度传教士的谴责，因为这相当于正式纵容卖淫，也因为其让妇女受到不公正的监禁。 由于担心动乱，官员们尽量减少地方官员使用卫生封锁线的次数，并在一段时间内正式解散了性病医院。 但在 1890 年代，当印度和整个殖民地世界的城市都面临黑死病的全球爆发时，类似的争议又会再次出现，而且更具爆炸性。[31]

## 兵站待售?

在所有造成城市种族隔离的跨洋机构中，国际房地产市场在印度兵

130 站政治中发挥的作用最小。 在兵站工作的欧洲官员和文职官员几乎没有动力在此处购买房产，在更为偏远的地方尤甚。 对他们而言，兵站不过如此：基本上算是以游荡方式存在的中途站。 兵站里的大多数欧洲人要么正在走向战场，要么走的是印度典型的职业道路，只要晋升就必须在接到通知后从一个兵站转移到另一个兵站。 另外一些人则会前往山中避暑地，这是政府季节性迁移的一部分，去那里探望家人或健康疗愈。 有人度日如年苦苦计算着日子，等待承诺的为期一年的返回英国休假。 对大多数兵站居民而言，住房是其报酬的一部分，在他们逗留期间，兵站当局为其分配了平房居住，这一体制有助于解释场地清洁难以维持的事实。[32]

英国统治者对再次兵变、乡下的气候、落后的设施或狂欢生活夹杂的坏消息（通常是关乎病患、士兵和恶臭的本地集市）的持续担忧，当然也不会激起其他海外投资者在兵站买卖房地产的任何愿望。 更重要的是，印度政府拥有大多数乡间兵站的全部土地——也就是说，英国当局要么从当地地主那里征用了土地，要么"继承"了先前属于莫卧儿皇帝或其他地方统治者的土地。 对于允许欧洲人在军官区或民用界线内购买土地的兵站而言，营地条例规定，指挥官可以随时征用任何房产，给予补偿，但不提供任何理由。[33]

尽管存在上述不利因素，但在一些较具吸引力的兵站，非官方人口确实有少许增长，尤其是在 19 世纪后期。 班加罗尔（旧时名称为 Bangalore，今日名称为 Bangaluru）——位于海拔 3 000 英尺的高处，有些英国人认为这里的气候比意大利要好——当营地官员放宽了土地限制之后，一群退休官员就被吸引而来。 在其他一些地方，为候鸟般来去的欧洲人提供服务的欧洲商品贸易商和酒店老板购买了受限制的房产。印度人也会从欧洲人手中购买兵站内的房产，从而绕过把他们限制在集市之内的法律。"当地房东简直是营地的诅咒，"法扎巴德的奥扎德上尉抱怨道，他建议英国统治者赋予地方治安官更大的权力去"核查……不动产的转让"。 在谈到这件事时，奥扎德的态度与他早先对欧洲人居住的平房危险状态的观察相矛盾。 他现在声称，欧洲人很乐意遵从治安官提出的改善卫生条件要求，因为他们知道这会让他们的房产增值。而另一方面，本地房东却"除了收取每月租金之外，什么都不懂"。 事实上，短暂停留的官员似乎日渐从主要由印度房东经营的私人租赁市场中获得住房。 这种情况的出现，是因为存在着与加尔各答白人城镇类似的动态，这是尽职尽责的当地官员所不希望看到的。[34]

　　印度人获取土地带来的压力在德里名义上的白人地区尤为显著。在收复这座城市之后，英国人觉得有必要邀买没有参加兵变的当地精英的忠诚。 他们尝试去做，采用的方法之一是允许合适人员购买民用界线之内的房产，当局在城镇北部神圣的克什米尔门和山脊（兵变前奥克特罗尼和梅特卡夫居住的地区）之间划定了这些民用界线。 英国行政人员经常从此处的印度房东手中租用土地，招致了许多辛酸的抱怨。"当地人的表现好像欧洲人已经离开了这个国家。"当一位印度房东要求他给花园浇水时，一位欧洲房客这样发牢骚。 一些欧洲人在民用界线之内拥有土地，但政治局势依然不可能促成任何种族分区或限制性契约。富裕的印度房东并非控制居住空间的唯一竞争对手。 请不要忘记，民用界线横跨过古贾尔部落的祖传土地。 想象一下，当世界上最强大帝国的官员得知部落成员发出长久威胁，表示将闯入任何未雇请古贾尔人担任守夜人的英国居民的房屋时，会出现何种骚动！ 1911 年，英国将（印度殖民）首都迁至新德里，并对一个新的、更具纪念意义的欧洲地区（这次是在城镇南部）实施加以变更后的更详尽的驻地法，所有这一切都将发生变化。[35]

　　不出所料，山中避暑地出现了更加活跃的住房市场。 除了政府官员的季节性波动之外，西姆拉还吸引了来自加尔各答的大量非官方人口——他们渴望在酷暑季节里仍然与主顾保持联系。 其中一些商人将自己定位为开发商，他们在社交旺季把空间租给政府，通常他们会把钱汇入英国的房地产市场。 驻地法在此并不适用，因为山中避暑地是"英国佬的岛屿延伸"。 富裕的英国居民因此受益于镇议会的代表权以

131

132

及英国式的物权法、测量、所有权和登记系统。 该市"兵站区"的四
百多套房屋为英国官员所有，或由官员向非官方英国业主租用。 山中
避暑地的垂直地形整体上讲让隔离变得更加简单，因为价格较高的地块
往往集中在山脊，那里可以发现最佳景观。 高层官员聚集在那里；中
间地带则由中层官员租用；印度文员则被遣往山谷的房间居住。 几个
巨大的本土集市发展起来，以支持西姆拉的英国人对仆人和消费品的需
求，但它们大多远离英国人的视线和思想，被置于下方"集市区"。 当
某个集市确实蔓延到山脊背后的山上并"傲慢地"高居主大街之上时，
当地官员就把它拆了。 事情发生在 1875 年，当时的霍乱疫情为他们提

<sup>133</sup> 供这样做的政治时机。 城镇管理者甚至在主大街下方修建了一条隧
道，用以将印度人的步行交通从欧洲人区域分流，并在主大街的端头安
置了警员，以防止某些阶层的印度劳工在夜间高峰时段步行到达
此地。<sup>[36]</sup>

因为英国人为山中避暑地赋予了如此的威望，很快印度富人也对住
在那里产生了兴趣。 到 19 世纪后期，在英国间接统治的印度地区，英
国统治者已向数百名王爷提供名义上的独立和持续的奢侈宫廷生活，以
换取他们对英国女王的臣服。 他们中的许多人在山中避暑地最吸引人
的地区购买了夏日别墅。 与加尔各答不同，西姆拉的英国房东和政府
官员主动尝试减缓这种涌入，并援引了若干理由：征服权、政府房屋短
缺，甚至对王爷们带来的大量随从人员健康的担忧（考虑到英国人使唤
的仆役的庞大规模，这个理由很难有说服力）。 在西姆拉的记录中，对
房地产价值的种族威胁的担忧显然不是一个突出的主题，但很明显，这
座山城对海外房地产投资者的吸引力之一在于，它声称具有专属的英国
国民性（Britishness）。 1890 年，当印度最富有的王子海得拉巴的尼扎姆
试图购买斯诺登（Snowdon）时，总督劳伦斯勋爵亲自划出了肤色之界。
斯诺登是西姆拉最负盛名的地点之一，也是总督们的故居。 后来，深
爱西姆拉的专制总督寇松勋爵考虑禁止印度人购买兵站的任何土地，但
即便是他也不得不承认，这样做在政治上风险太大。 后来，在西姆拉

实施营地法以摆脱印度人的尝试也失败了。 到 1910 年代和 1920 年代，前往欧洲的更快捷的轮船服务逐渐削弱了山中避暑地对白人的吸引力。 像世界上诸多维多利亚时代的其他度假胜地一样，西姆拉黯淡下来，但山中避暑地仍然是富裕印度人的游乐场。[37]


# 印度之外

在英国统治者的兵站，英国人能够对限制了加尔各答和其他管辖区实施隔离的反对力量给以回击——但只是在一定程度上。 驻地法的实施、驻地治安官的"仁慈但绝对的独裁统治"、更细致周全的种族主义卫生惯例，以及山中避暑地的地理隔离，代表了按种族分割城市这一冷酷行事的真正创新。 这些工具有效地为白人创造了有相对特权且安逸的城市空间，它们有助于维持政治不平等，这对于帝国的控制而言至关重要。 然而，它们既没有创造出许多英裔印度人想要达到的排他性，也没有创造出像普纳马利的那位女士那样随意想象出的他们实际拥有的排他性。 这正是因为这些工具尚未能提供足够的角力，以对抗印度各地城市空间政治戏剧中最重要的力量：印度置业者绝对多的数量、绝对多的财富和既有的法律权利。 随之而来的是，尽管同样的英国机构参与了英国统治者对所有城市的划界，但印度城市白人群岛的扩张从来都不是一个明显线性的必然过程。 在每个城市和每个兵站，英国统治者、改革者和欧洲房地产投资者都遇到了针对白人住区专属性的政治反对，措施形式略有不同而已。

随着对白人专属空间的追求从印度向东蔓延到东南亚、中国和太平洋，欧洲(以及北美和澳大利亚)的城市建设者开始在其他类型的舞台上表演。 在那些地方，当地的政治考量有时完全不同。 在某些地方，甚至可以设想采用更加强有力的城市隔离工具。

134

种 族 隔 离

注 释：

　　［1］Mrs. Julia Charlotte Maitland, *Letters from Madras during the Years 1836—1840*, *by a Lady*(London: John Murray, 1846), 26.

　　［2］首次转述自 Jan Morris, *Stones of Empire: The Buildings of the Raj*(Oxford: Oxford University Press, 1983), 90; 第二次转述自 Committee on Prostitution in India, "Report of the Special Commission Appointed to Inquire into the Working of the Cantonment Regulations regarding Infectious and Contagious Disorders", in *Report*(London, 1893), 228; 关于柱子的第三次转述和信息来自 Captain H. H. Ozzard, *The Cantonment Magistrate's Manual*(Calcutt a: Calcutt a Central Press, 1890), 11—12。另请参见 Government of India, *The Cantonment Code of 1899*(Lahore: C&M Gazett e Press, 1899); H. W. C. Carnduff, *Military and Cantonment Law*(Calcutta: S. K. Lahiri, 1904)。

　　［3］George Trevelyan, *Cawnpore*(London: MacMillan, 1894), 3. 另请参见 "Plan of the Cantonment of Secunderabad", map of "Delhi Cantonment, Civil Station, City and Environs", 以及 Asian and African Studies Collection, British Library 中的其他类似地图。

　　［4］Royal Commission on the Sanitary State of the Army in India(hereafter Indian Army Commission), "Report of Special Commission", in *Report* (London, 1864), 32; P. J. Marshall, "British Society in India Under the East India Company", *Modern Asian Studies 31* (1997): 89—90; Elizabeth Buettner, *Empire Families: Britons and Late Imperial India*(Oxford: Oxford University Press, 2005).

　　［5］Mrs. Major Clemons, *The Manners and Customs of Society in India*, *Including Scenes in the Mofussil Stations ... to which are Added Instructions for the Guidance of Cadets*(London: Smith Elder, 1841), 264—265.

　　［6］Ozzard, *Manual*, 12.

　　［7］Amar Farooqui, *Opium City: The Making of Early Victorian Bombay*(Gurgaon, India: Three Essays Collective, 2006), 51—89; Preeti Chopra, "The City and Its Fragments: Colonial Bombay, 1854—1918" (Ph.D. diss., University of California, Berkeley, 2003), 178—230; Susan Lewandowski, "Urban Growth and Municipal Development in the Colonial City of Madras", *Journal of Asian Studies* 34(1975):341—360.

　　［8］Nirad C. Chaudhuri, *Thy Hand*, *Great Anarch! India: 1921—1952*(Reading, MA: Addison Wesley, 1987), 60—64; Arthur Herman, *Gandhi and Churchill: The Epic Rivalry That Destroyed an Empire and Forged Our Age*(New York: Bantam, 2008), 31.

　　［9］Henry Davidson Love, *Vestiges of Old Madras*(1913; repr., New Delhi: Asian Educational Services, 1996), 3:533n1.

　　［10］没有关于英国兵站和营地起源的全面历史。我依靠各种不同的来源来汇编这个简短的摘要。Shah Manzoor Alam, *Hyderabad Secunderabad*(*Twin Cities*): *A Study in Urban Geography*(Bombay: Allied Publishers, 1965), 7—10; Reginald George Burton, *A History of the Hyderabad Contingent* (Calcutta: Office of the Superintendent of Government Printing, 1905), 6; Zoë Yalland, *Traders and Nabobs: The British in Cawnpore*, *1765—1857*(Salisbury, UK: Michael Russel, 1987), 30—33; Robert Home, *Of Planting and Planning: The Making of British Colonial Cities*(London: E.& F. N. Spon, 1997), 122—124(Home 误以为 Poona 是英国的第一个营地)。

　　［11］Narayani Gupta, *Delhi between Two Empires*, *1803—1931: Society*, *Government*, *and Urban Growth*(Delhi: Oxford University Press, 1981), 12—13; Mildred Archer, "Artists and Patrons in 'Residency' Delhi, 1803—1858", in *Delhi through the Ages: Essays in Urban History*, *Culture and Society*, ed. Robert Frykenberg (Delhi: Oxford University Press, 1986), 270—277.

　　［12］Kathleen Blechynden, *Calcutta: Past and Present*(London: Thacker, 1905), 233—234; Gary D. Sampson, "Unmasking the Colonial Picturesque: Samuel Bourne's Photographs of Barrackpore Park", in *Colonialist Photography: Imag (in) ing Race and Place*, ed. Eleanor M. Height and Sampson(London: Routledge, 2002), 93—94.

　　［13］Morris, *Stones of Empire*, 89; Gupta, *Delhi between Two Empires*, 14—18, 转

述于第 14，15 页。

［14］Dane Kennedy，*The Magic Mountains*：*Hill Stations and the British Raj*（Berkeley：University of California Press，1996），20—23.

［15］Pamela Kanwar，*Imperial Simla*：*The Political Culture of the Raj*（Delhi：Oxford University Press，1990），13—27；Kennedy，*Magic Mountains*，1—38，147—175，223—230；Sir Penderel Moon，*The British Conquest and Dominion of India*（London：Duckworth，1989），446，462，799—800.

［16］Kennedy，*Magic Mountains*，150，170；Kanwar，*Imperial Simla*，37.

［17］Moon，*Conquest and Dominion*，676—781.

［18］Gupta，*Delhi between Two Empires*，20—45，转述 Ghalib 在第 29 页的观点。

［19］Veena Talwar Oldenburg，*The Making of Colonial Lucknow*，*1856—1877*（Princeton：Princeton University Press，1984），3—61.

［20］Field marshall Lord Roberts of Kandahar，*Forty-One Years in India*：*From Subaltern to Commander-in-Chief*（1897；repr.，New Delhi：Asian Education Services，2005），65.

［21］Ozzard，*Manual*，11；Indian Army Commission，*Report*，228.

［22］Robert Fishman，*Bourgeois Utopias*：*The Rise and Fall of Suburbia*（New York：Basic Books，1987），18—38；Kennedy，*Magic Mountains*，117—146；Buettner，*Empire Families*，1—109；David Pomfret，"Raising Eurasia：Race，Class，and Age in French and British Colonies"，*Comparative Studies in Society and History* 51（2009）：*316—325*.

［23］Jharna Gourlay，*Florence Nightingale and the Health of the Raj*（Aldershot：Ashgate，2003），24—50.

［24］Indian Army Commission，*Report*，126—129；转述自 David Arnold，*Colonizing the Body*：*State Medicine and Epidemic Disease in Nineteenth-Century India*（Berkeley：University of California Press，1993），72—73。

［25］Indian Army Commission，*Report*，51.

［26］转述自 Indian Army Commission，*Report*，160，161，333，297。Nightingale to Lord Mayo，March 24，1870，in Gérard Vallée，ed.，*The Collected Works of Florence Nightingale*，vol. 9，*Florence Nightingale on Health in India*（Waterloo，Ontario：Wilfrid Laurier University Press，2006），907（emphasis in the original）. 另请参见 Gourlay，*Florence Nightingale*，80。

［27］Florence Nightingale，"How People May Live and Die in India"，in Vallée，*Nightingale on Health*，192—193；Gourlay，*Florence Nightingale*，51—106；Arnold，*Colonizing the Body*，61—199；Mark Harrison，*Public Health in British India*：*Anglo-Indian Preventative Medicine 1859—1914*（Cambridge：Cambridge University Press，1994），60—116.

［28］Ozzard，*Manual*，7—11.

［29］Gourlay，*Florence Nightingale*，51—106；Indian Army Commission，*Report*，228；Arnold，*Colonizing the Body*，79.

［30］Mark Harrison，"A Question of Locality：The Identity of Cholera in British India"，in *Warm Climates and Western Medicine*：*The Emergence of Tropical Medicine*，*1500—1900*，ed. David Arnold（Amsterdam：Rodopi，1996），133—159；Arnold，*Colonizing the Body*，191—199.

［31］King，*Colonial Urban Development*，119；Indian Army Commission，*Report*，228；Arnold，*Colonizing the Body*，79，186—189；Harrison，*Public Health*，45—47，72—76，107—108；Philippa Levine，*Prostitution*，*Race*，*and Politics*：*Policing Venereal Disease in the British Empire*（New York：Routledge，2003）；Kenneth Ballhatchet，*Race*，*Sex*，*and Class under the British Raj*：*Imperial Attitudes and Policies and Their Critics*，*1793—1905*（London：Weidenfield and Nicholson，1980），10—39，56—67.

［32］Buettner，*Empire Families*，110—145. 关于印度政府职员典型生活，请参见 Ronald Ross，*Memoirs*，*with a Full Account of the Great Malaria Problem and Its Solution*（London：J. Murray，1923）。Ross 记载了其职业生涯中数十次迁徙的经历，让他得以游遍印度，并两次返回英国：10，14，18，40，42，44，47，53，57，64—65，71，73，75，

种 族 隔 离

99，95，100，101，134，179，191，199，261，278。Oldenburg，*Making of Colonial Lucknow*，176.

［33］Indian Army Commission，*Report*，227.

［34］Ross，*Memoirs*，44；Ozzard，*Manual*，13—14.

［35］Gupta，*Delhi between Two Empires*，58—60，93—94，转述自第 93 页。

［36］Kanwar，*Imperial Simla*，46—71，90—103，转述自第 104，58 页。

［37］Kennedy，*Magic Mountains*，96—98，196—201；Kanwar，*Imperial Simla*，90—105，141—145.

# 第五章

# 隔离太平洋

## 进进出出

"我们必须进来，你们也应该出去。"英国在 1840 年代攻占中国重要港口城市时这样向中国人承诺。对许多中国人而言，福祸相依。西方人残酷地打开了通往中国的长久闭锁的贸易路线，让皇帝蒙羞，但在此过程中，他们让华人作为自由人移居世界其他地方成为可能。

1879 年，身居澳大利亚墨尔本的孟罗孔（Lowe Kong Meng，音译）回忆起英国的承诺，话语中充满苦涩。仅仅不到三十年，西方就已经放弃对中国人作出的自由承诺。对于白人而言，他们进入中国是好事，但中国人需要留在家中。那是因为，对于环太平洋地区的白人定居者来说，中国移民已成为"黄祸"。

对于孟和其他远离故土迁居（英国人所）承诺的他乡的中国人而言，这种变化令人不寒而栗。他们在海外城市的小型社区（唐人街）受到围攻，在媒体和大庭广众中被诽谤，并遭到白人暴徒的威胁。很多人为生命担忧。"你们的正义在哪里？"孟在伦敦指责澳大利亚当局及其上级，"你们的道德在哪里？……你们对自由的热爱又在哪里？"

孟深知，答案可以从西方帝国在东亚和太平洋地区的两大政策中找寻。第一项政策主要与英帝国官员和商人的所作所为相关（尽管美国人和法国人也提供帮助），涉及借由国家资助的鸦片走私，随后动用军舰，以终结中国清朝政府的广东（广州）体系①（对西方人染指中国的财富设定了限制）。 作为中国"开放"的副产品，越来越多的中国人离开家乡前往东南亚甚至太平洋彼岸寻找新的机会。[1]

第二项政策涉及英国和美国对另一波移民潮的支持，白人定居者涌向环太平洋偏远地区的金矿和其他机会，如澳大利亚的维多利亚殖民地、加拿大的不列颠哥伦比亚省和美国加利福尼亚州。 在这些地点，就如同在爱尔兰和北美的大西洋殖民地一样，讲英语的定居者希望建立永久性大规模殖民地。 只是这一次，众多白人都在幻想不会出现令人头疼的种族"问题"：环太平洋地区的定居点将完全成为专属的"白人国家"。

随着白人帝国扩张的浪潮与亚太地区华人移民浪潮相互碰撞，城市种族隔离主义政治扩展到新的海岸，并催生了两种新的变化。 其中一种变化发生在新加坡、上海和香港等崭新的城市——西方人渗透中国的重要门户。 在这些城市中，少数短暂停留的欧洲人迁入白人飞地，如若不然，则这些城市的人口绝大多数是亚洲人。 在某些方面，这些城市的隔离主义做法类似于加尔各答和英国统治者的兵站。 但是在东亚，帝国和卫生方面给出的隔离理由变得更加复杂，并且得到了若干最早的将种族和物业价值联系起来的理论的补充。 城市隔离的实施，有赖于比印度更加严格的政府强制形式——包括种族隔离主义城市规划的实验，甚至明确的种族隔离法律。

城市分裂政治的第二个崭新分支出现在澳大拉西亚和北美西海岸的城市。 在那里，城市人口构成与亚洲相反：白人定居者占大多数，他们的目的是永久留在新城镇，养家糊口。 相比之下，亚洲人虽然数量少，但却是非常重要的少数移民种族。 他们远离故土谋生，可以理解，许多人对在城市中永久定居并不确定，他们完全依赖于居住在不同的唐人街才能生存。 那是因为，墨尔本、温哥华，尤其是旧金山等城

---

① 一口通商，西方国家称为广东（广州）体系，是中国自 1757 年至 1842 年签订《南京条约》之前，清朝规定西洋商人只可以在广东（广州）通商的政策。 ——译者注

市的白人定居者准备用暴力捍卫城市肤色界线，以一种新的、更具种族煽动性的公共卫生修辞，以及对中国人导致白人物业贬值的观点的更卖力的援引作为支持。 更重要的是，定居者的帝国野心驱使他们采用更大规模的种族隔离形式，即对整个太平洋的不平等划分，来对城市肤色界线加以补充。 第一个以种族为基础的移民限制法，目标在于阻止中国人穿越太平洋到达北美和澳大拉西亚的海岸。

　　19世纪城市种族隔离政治的地理轨迹——从印度向东到中国和太平洋——是极为惊人的。 毕竟，种族通常被认为是跨越大西洋的那些更密集联系的产物。 事实上，1860年代和1870年代社会达尔文主义的最重要发明，最初正是源于跨越大西洋的知识对话。"适合"和"不适合"种族之间的冲突不可避免，这一信念的一个必然结果就是盎格鲁-撒克逊主义，即世界上讲英语的侨民都属于同一个特别有活力的盎格鲁-撒克逊种族，他们注定要主宰黑肤色种族，甚至也可能主宰所有其他白人种族。 然而，正是在东方和太平洋，这个新想象出来的盎格鲁-撒克逊种族绘出了第一条城市住区肤色界线。 具有讽刺意味的是，随着关于城市种族隔离的讨论向东蔓延并催生出分裂太平洋的想法，白人种族隔离主义者也在跨越世界上最大的水体加强人与人的接触方面发挥了作用——当然，这样的接触是不平等的。

## 对中国的门户加以隔离

　　回顾盎格鲁-撒克逊人和其他白人如何强行入侵中国，堪称一段恶贯满盈的历史。 两个世纪以来，西方商人和帝国主义者一直对他们看到的清朝对外国人的傲慢无视感到沮丧，这是确定无疑的。 广州的城市隔离制度尤其令人痛苦。 它强令所有对中国商品感兴趣的外国商人只能在唯一口岸广州严格限定区域内开展贸易，只能与唯一的华商公司谈判，并且只能在一年中的特定月份进行。 英国对中国茶叶的需求激增,曼彻斯特和其他新工业城镇的数十万工厂工人开始饮用它(当然要加入加勒比糖搅拌),以确保在辛苦的工作日全天保持清醒。但由于清政府只收银子换茶叶,茶叶贸易看似会产生吸干英国的贵金属库存的威胁。

英国人并未知难而退,他们首先转向印度的乡间,那里可以种植大量罂粟,然后去往加尔各答和孟买的港口,在那里可以找到英美商人,他们乐于将加工过的鸦片装箱走私到中国南方以换取茶叶。与此同时,在1819年,一个名叫斯坦福·莱佛士(Stamford Raffles)的年轻人说服加尔各答和伦敦授权他在新加坡建立一个崭新的港口城市,以抵消荷兰在东南亚的垄断力量——从而为英国通过马六甲海峡进入南海开展贸易铺平了道路。中国当局对城市中鸦片窝点和吸毒者数量不断增加表示惊恐而抗议,可是英国海军的舰艇很快驶入珠江,枪炮四起,火光冲天。英国单方面发起的鸦片战争(1839—1842年)以中国被迫签订《南京条约》告终,该条约把香港岛割让给英国,并让英国取得了五个"通商口岸"的永久"租界"——这是外国商人区的新名词——其中包括广州和上海。在那里,他们可以与所有感兴趣的人进行交易,他们可以住在一个被赋予特权的城市区域之内,再不会遇到一长串的挫折。

当英国施行这种毒品贸易帝国主义时,首先是英国,然后是美国,都敦促中国人"走出去"到世界其他地方去。在1860年至1868年间签订了更多的条约,要求北京当局放弃数百年来对中国人外迁的限制。长期以来,中国商人都无视皇帝的旅行禁令。正如我们所知,他们在西班牙的马尼拉、荷兰的巴达维亚以及马六甲等地形成了世界上若干最为强大的外国商业社区。和香港一样,英属新加坡立即吸引来一个庞大的华侨社区。由于与这些商人的接触有助于欧洲人致富,西方列强有兴趣扩大接触的数量。《自由移民条约》(free-migration treaties)签署之时恰逢中国国内动荡加剧,因为大清帝国在鸦片战争期间抗击不力,导致许多中国人加入反对清朝统治的运动,包括大规模的太平天国运动

（1850—1871 年）。①中国人口的激增也已经让这片土地不堪重负。 从
1800 年到 1914 年，随着数以百万计的中国人在天朝大国之内流离失
所，大约有 300 万到 700 万人离开了他们的故园。 大多数人去往亚洲
的其他地方，但是当一个又一个太平洋前哨发现黄金时，中国侨民打破
了传统的界限，开始在环太平洋的广阔范围分布。[2]

　　新加坡是英国第一个通往中国的门户，即便位置偏远，但其建立间
接地让太平洋地区的进进出出成为可能。 新加坡的建立，也是种族隔
离早期历史中脱颖而出的事件，因为其创始人从一开始就规划了城市的
肤色界线。 我们甚至可以说托马斯·斯坦福·莱佛士爵士将城市隔离
变成了一种政治哲学——尽管和这一时期的其他人一样，他在割裂新加
坡时并未使用"隔离"一词。

　　1819 年，为了削弱荷兰在东南亚海域以及在那里开展贸易的华侨
商人之间的影响力，莱佛士从其统治者特芒贡（Temungong）手中购买了
被毁的中世纪印度教城镇辛哈普拉（Singhapura）的海滨。 众所周知，特
芒贡是马来西亚柔佛苏丹国的当地官员。 在那里，为了换取加尔各答
总督府每年向苏丹宫廷支付的款项，他提议在马来半岛的最端头建立一
个免税港口，以吸引来自巴达维亚和马六甲的华人外商。 这让英国得
以控制马六甲海峡，从而使东印度公司的商人能够更大程度（尽管依然
是间接地）参与到中国和整个东亚的贸易之中。 莱佛士知道，新加坡这
一步棋，既需要军事保护——防范荷兰人和该地区海盗的"凶猛种
族"——同时还需要城市的内部社会控制系统，新加坡的"人口……必
然有着多样化的构成"。[3]

　　对于外部防御，莱佛士——其本人是从孟加拉受命的东印度公司员
工——借鉴了加尔各答和早期印度兵站的特点。 因此，新加坡有了自
己的总督府，坐落于一座小山顶上。 这座城市也被一座较小版本的威
廉堡所保护，附近的一个营地划地为界，分别对英国士兵和印度士兵进

———————

　　①　太平天国运动一般从金田起义（1851 年）以起点，以天京（南京）陷落（1864 年）为
其失败之时。 ——译者注

行安置，周围环绕着供军官使用的平房。[4]

　　然而，为了确保城市之内的外国商人社区循规蹈矩，莱佛士认为需要作出比加尔各答更为清晰的切分。 为此，他转向巴达维亚的荷兰人。 1811 年至 1816 年，印度总督明托勋爵（Lord Minto）委托三十多岁的莱佛士管理英国占领的爪哇。 当时的欧洲，拿破仑已经征服荷兰。由于担心法国入侵亚洲，英国在巴达维亚驻扎了数千名士兵。 在这个荷兰殖民首都，莱佛士和他魅力四射的妻子奥利维娅利用他们"首席主演"①的地位，对爪哇那混合的印度文化报之以康沃利斯式的蔑视。 尽管他们对跨种族婚姻不屑一顾，但他们还是邀请荷兰人的欧亚混血妻子离开她们隔离的女性居所，让她们接触奢华的伦敦式混合性别派对文明的影响。 奥利维娅·莱佛士甚至亲自禁止这些女士携带她们用来吐咀嚼过的槟榔叶的精美黄铜痰盂。 拿破仑在滑铁卢战败后，巴达维亚重返荷兰之手，爪哇不同种族的通婚减少了，后来的荷兰总督也效仿莱佛士的方式领导。 在巴达维亚期间，托马斯·莱佛士研究了爪哇文化并撰写了一本书——这是一本经典的东方主义著述，在随后的英格兰凯旋之旅中，他被任命为伦敦皇家学会的成员。 在爪哇，莱佛士有充足的时间观察巴达维亚印荷甘榜（kampung，村落）隔离制度的残余。 当他沾染上一场爪哇的传染病时，他还在茂物（Buitenzorg）度过了相当长的时间，这是荷兰总督于 1744 年在一座火山的山坡上建设的山中避暑地，建造时间比西姆拉早八十多年。[5]

　　为了在辛哈普拉布置他的新港口城市，莱佛士把新加坡河河口用来作为一道种族边界。 东北侧是兵站和商圈的黄金地段，"专供欧洲……定居者居住"。 在河对岸的沼泽地带，他设想了两个巴达维亚风格的"营地"（campongs），一个供多数的华人居住，另一个较小，供"Chulia"或"Kling"居住，这是马来半岛对南印度商人的称呼。 在欧洲人区域另一端的东北部，他为穆斯林——本城的阿拉伯和布吉商人以及马来渔

---

① 呼应前文中一直使用的"政治戏剧""舞台"的比喻。 ——译者注

民社区——在特芒贡和苏丹的宫殿附近留出了单独的营地，这些人从柔佛移居到了与新建的新加坡更近的位置。莱佛士认为，在新加坡的每一个营地中，应该给"体面阶级"以优选土地，而华人的不同"部落"也应该尽可能地相互分离。[6]

莱佛士的种族隔离哲学旨在最大限度地提高"不同阶层居民的舒适和安全"，但他虑及的主要是帝国管理问题，而不是公共卫生或土地市场。与在巴达维亚一样，每个营地都会任命自己的领导人，以根据习惯法来规范居民的行为。其宗旨在于，避免跨越社区界线的法律纠纷所带来的混乱，为此，需要尽量减少不同群体的"相互交往"。更抽象地来看，分隔城市空间也使莱佛士得以在那些英帝国理论家之间达成妥协，例如他的朋友、福音派废奴主义者威廉·威尔伯福斯，他们想将他们所认为的英国法律的普遍优越性强加于殖民地本地人，以及那些认

141

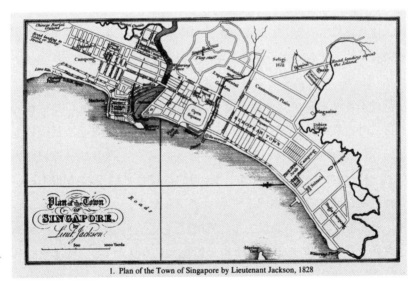

1. Plan of the Town of Singapore by Lieutenant Jackson, 1828

莱佛士为新加坡制定的规划，要求将城市划分为华人营地、南印度商人的 Chulia 营地、新加坡河以北的政府区、一个欧洲城镇、不同种族的士兵分别安置的军队营地、柔佛苏丹王宫附近的马来人营地，以及一个布吉营地。图来自 Brenda S. A. Yeoh, *Contesting Space*: *Power Relations and the Urban Built Environment in Colonial Singapore*（Kuala Lumpur: Oxford University Press, 1996），42。

为最好在本土机构内工作的人，这种制度后来被称为"间接统治"。 如果有任何本土法律"与理性、正义或人道背道而驰"，莱佛士就会按照普世主义的路线辩称，英国法律尽管具有"父权制的友好"，但却可以强加于（本土法律）之上。 与此同时，作为一名东方主义学家，他指出，本土法律表明亚洲种族具有"高尚的感情"甚至"推理"的能力，无论在欧洲人看来这有多"奇特"。 这种"文明的胚芽……不应该被抑制"，仁慈的大英帝国可以通过城市隔离对其加以扶植。[7]

莱佛士的官方身份，很快就让他被派遣到苏门答腊的一个兵站，距离新加坡有几天的航程。 尽管如此，他还是将详细的城市规划说明留给了在新加坡接替他的能力平平的当地官员，并且此后他还特意两次到访这座发展中的城市，以确保官员们遵照他的指令行事。 在他两次到访新加坡期间，他一再下令摧毁不符合规定的住宅以维持他设立的种族边界，并向拆除住房的房主提供赔偿金，用于在适宜的位置重建。 同时，他承认"在涉及定居点商业利益的特殊情况下，偏离规则可能会大有裨益"。 一个例子是，莱佛士允许欧洲人在中国人定居的河畔选择土地用作仓库；后来富裕的中国盟友也在欧洲人地盘上购房置业。 除了早期的清理和对他的"分配委员会"（Allotment Committee）提供精心指导之外，莱佛士并没有留下任何法律来保持其设定的肤色界线完好无损。 由于健康状况不佳，他于 1823 年前往伦敦。 像其他从亚洲归来的人一样，他在伦敦郊区定居——选择的位置是米尔希尔（Mill Hill），与他的朋友威尔伯福斯比邻，并在此处英年早逝。 在一个世纪的历程中，新加坡的欧洲人，就像加尔各答的欧洲人一样，逃到了郊区，远离了莱佛士规划的市中心的拥堵和日渐庞大的华人社区。 营地紧随其后。 到 20 世纪中叶，新加坡的"欧洲人"地区大部分居民是华人。 尽管如此，随着城市的营地向内陆辐射，莱佛士设定的原则和命令仍然决定了城市中不同群体定居的总体方向。[8]

与此同时，在中国大陆，鸦片战争结束之后的几年里，华人迁居到隔离的欧洲"殖民城镇"中去所带来的压力更为显著。 在上海这样的通商口岸，清政府最初打算复制其传统外国商人区，后来被称为英租界（成立于 1845 年，当美国的商人也加入其中后，就被改称为公共租界）和邻近的法租界（成立于 1848 年）。 唯一不同的是，清朝皇帝将放弃对海上贸易和日常生活的限制。 带来的结果是一种独特的、相互强制的混合安排，一部分是西方的种族隔离，另一部分则基于中世纪的中国传统，禁止中国人和"外国野蛮人"之间进行城市互动。 与新加坡不同的是，这里的法律确实占了上风。 清政府和欧洲当局就一系列上海土地条例（Land Regulations for Shanghai）达成一致，根据上述条例，外国人可以从皇帝那里租用租界中的土地，皇帝保持名义上的主权。 该条例还废除了中国租界居民持有的所有租约。 来自政府的切切实实的胁迫也涉入其中。 持续数年，清朝和英法两个帝国的官员合作，从租界撤离中国居民，欧洲开发商开始整合地块。 在此期间，欧洲人过着在许多方面与印度兵站类似的专属的生活，拥有俱乐部、娱乐活动、马车巡行大道、赛马场、业余剧团和大批中国仆役。 租界中人口稀疏，除了黄浦江畔的商业总部外，建筑寥寥无几；租界居民甚至可以在他们的小领域之内进行狩猎探险。 其他中国城市也存在类似的布局，并且很快也出现在日本横滨港了，它同样是被西方人强行"开放"的口岸。[9]

　　在上海彼此强制执行的居住分离制度可能非常彻底，但却昙花一现。 1851 年，随着太平天国起义席卷中国内陆的大部分地区，一个名为"小刀会"的秘密组织占领了与法国租界南侧相邻的上海老城，随后集结军队开始进攻附近的城镇。 数以万计的中国难民涌入租界，驱逐行动突然停止。 欧洲租赁人原本因为海外白人买家对土地的需求低迷感到失望，现在突然有了一个发大财的机会，他们说服租界官员废除种族主义土地条例。 在上海特殊的政治和人口环境下，国际土地业务由此成为住居融合的强大力量。 很快，更多的欧洲人来到此地，他们中的许多人都渴望通过把房屋出租给中国难民来赚钱。 租界人口中的华人比率逐渐超过了其他所有人口：到 1930 年，租界中 97% 人口是华人。 那时候，在租界熙熙攘攘的"外滩"，也就是黄浦江畔宽阔的弯道

143

上，可以看到不同国家民族的人漫步，外资银行和商铺以纪念性的形式成排矗立。专属的欧美俱乐部、公园和其他设施反映了城市生活中持续存在的种族主义的一面。但这发生在一个有点像加尔各答的城市，居住区之间的肤色界线已经模糊到几乎不存在。[10]

与任何租界相比，在香港所上演的政治戏剧都带有更尖锐的种族主义锋芒。与其他通商口岸不同，英国控制了香港，1841 年英国海军占领并把它作为鸦片战争中的军事基地，后来在《南京条约》之下，清帝把它割让给英国，那儿有了一支白人的常驻军。当珠江上的敌对行动仍在进行中时，心急的英国当局就已经宣布这个人烟稀少的主岛——连同它高耸且无植被的山脉——成为像新加坡一样的自由港。与亚洲其他地方一样，中国移民和难民的人数很快就远远超过了白人。然而在香港，白人政治的悖论体现了一系列更加两极分化的矛盾。白人权力和权益意识在增强，随之而来的是一种更加尖锐的脆弱感，尤其是因为这个英国占据的小岛离广州这样的地方很近，可以想象到处都是成群结队的受到"排外"的华人。

这种傲慢的焦躁可能助长了更强烈的要求，即更具强制性地单方面实施居住肤色界线。在战时的混乱中，不可能进行大规模的、莱佛士式的城市规划，在连续两次台风将新城市的大部分建筑夷为平地之后更是如此。英国官员最初鼓励华人店主在一个叫作上市（Upper Bazaar）的地方定居。然而，一旦英国的土地寻求者表达出对该地区的兴趣，官员们就撤销了授予华人的脆弱的所有权，支付了微薄的赔偿金，随即拆毁了他们的店铺。上市变成了欧洲人区，日益多样化的华人社区被划归到一个叫作太平山的地区，这里成了与下市（Lower Bazaar）相邻的拥挤贫民窟。[11]

早些时候，官员们委派了一名土地官员承担一项非常艰巨的任务，即应付在这个新城市中争先恐后下注期间出现的产权纠纷。较富裕的业主勉强接受了 75 年的物业租约。与伦敦若干 99 年物业租约一样，这些租约包含了土地使用条款，规定了业主在几年内必须在建筑物上花

144

费的最低金额。 在白人住区，租约中的条款还特别规定房屋必须"与住区中的其他房子风格保持一致性"——这样做一方面把中国传统建筑拒之门外，又可以在不侵犯中国居民产权的条件下将华人居民拒之门外。[12]

1877 年，自由派港督约翰·波普·轩尼诗（John Pope Hennessey）开始放宽这些限制，从而为香港吸引更多富裕的华人居民。 在一群愤怒的白人产权人的支持下，一名激进的总测量师领导了一场反诉。 他们对种族和产业价值之间的联系提出了早期明确的主张。"经验告诉我们"，测量师这样告诫港督，"与华人房产相邻或处于其间的欧洲人房屋不会像与同类建筑相邻的房屋那样有利可图。"[13]

香港的政治戏剧中也充斥着有关公共卫生的措辞。 中国投机者在 145
太平山为穷人建造了数百套出租屋，其中一些正好邻近军营的围墙。对于轩尼诗的反对者来说，这恰可证明"中国人不适合与西方人相邻而居"。 1880 年代，奥斯伯特·查德威克（Osbert Chadwick）——最著名的卫生学家埃德温·查德威克的儿子——从伦敦乘船出航，为日趋升级的骚乱进行调停。 他的建议与他父亲在伦敦提出的建议非常相似，重点在于改善卫生基础设施、建筑规范、警务、记录保留和健康教育——而并非隔离。 他承认华工阶级的住所是不卫生的，但他也斥责当地白人，因为"他们谴责华工是肮脏的种族，但却没有为华工提供清洁手段"。[14]

欧洲人却并未被劝服，继续离开他们的中国邻居，沿着香港的陡坡寻找不那么拥挤的栖居之地。 1888 年，他们通过了一项《欧洲人区域保留条例》（European District Reservation Ordinance），旨在围绕他们喜欢的一个地区划定边界。 此项法律并没有禁止中国人在该地区居住，尽管"欧洲保留地"的名称和法律对"华人住房"（Chinese tenements）的含混禁止表明有意设定更加严格的肤色界线。 然而，该法令不够强大，无法阻止华人追随欧洲人迁居山上的步伐。[15]

1904 年，一项新的山顶区保留地条例出台，在香港太平山顶附近勾画出了一条更为明晰的肤色之界线。 条例使用曲折的措辞，禁止山顶区的任何业主把任何"土地或建筑物……交由非华人以外的任何人居住"。 然而，在伦敦，负责殖民地事务的大臣约瑟夫·张伯伦(Joseph Chamberlain)增加了一项条款，允许港督有所例外。 当时，正值英国自由派对经由香港将数千名中国矿工运送到南非的计划感到愤怒之际，即便英国殖民部积极支持其他地方的种族隔离，此时却极力避免华人的异议。[16]

经过深思熟虑之后，尽管内部仍存在一些异议，但以受过西方教育的医生、土地所有者和市议会成员何启(Ho Kai)①为首的中国知名人士终于在上述条例的官方版本上签了字。 其中包括现今已经过时的思想——源自加尔各答医生约翰·拉纳尔德·马丁的工作——一个开阔的、高海拔的山中避暑地对于"习惯于温带气候的人"是必要的，特别列明了欧洲妇女和儿童的需求。 帝国管理论调的一个版本也开始发挥作用，它将整个殖民统治地区的繁荣与其英国管理者的满意联系在一起。[17]

尽管何启嘴上同意这样的说法，但他的同意实际上可能取决于一笔不寻常的房地产交易。 1898 年，英国在香港增加了一大块土地，包括九龙城。 可能是收到了何的提前通知，中国投机者开始在此处买地。1903 年，惊慌失措的欧洲人通过了一项旨在为自己保留两万英亩所谓新界(New Territories)地块的法律。 然而，殖民部坚持让九龙法例(Kowloon law)豁免"信誉良好的华人"——这是一个巨大的漏洞，足以让华人房地产巨头继续运转。 因此，更为严格的山顶保留地条例可能代表了一种相互理解，即中国投资者可以相对自由地进入新界，以换取他们不进入太平山顶保留区的保证。 一位官员指出，在太平山顶保留区之内，法令将使英国人从"投机倒把的建筑商"中"解放"出来。英国当局还同意放宽限制，容许华人土地所有者将建筑物细分为名为

146

147

---

① 何启(Ho Kai, 1859—1914)，香港医生、大律师暨政治家，是香港第一位获英国政府封为爵士的人。 ——译者注

"小隔间"的极小公寓这一名声不佳的做法。 在所有这些方面，地理
变量——香港岛的垂直性和狭小的空间，加上跨越自然屏障之后有利可
图的新领土——可能与城市土地市场存在的巨大人口压力相结合，为立
法隔离提供了一条相对平稳的政治道路，从而摆脱了当地精英土地所有
者通常的反对意见。 同样的时段，在新加坡，地理条件并没有提供向
华人精英做出类似妥协的机会，白人对种族隔离条例的煽动毫无
出路。[18]

　　在太平山顶，就像在西姆拉一样，"不列颠尼亚"（Britannia）可以
"自豪地[俯瞰]她的子民们建造的伟大的巴比伦"。 一条专属的、仅供
上等阶层使用的缆车，让居民可以往返城市的其他地方工作。 一些在
法令颁布前就住在山顶的富裕的欧亚混血儿被允许留下来，但在1918
年，当地总督以恶意的措辞和论点对英国殖民部进行狂轰滥炸之后，就
堵上了这个残存的漏洞。 他宣称英国儿童容易受到混血儿伙伴的负面
影响。 尽管在1920年代反对歧视的抗议活动越来越多，但在1946年
该条例废除之前，只有极少数华人曾在太平山顶居住。 英国当地人可
以相当准确地夸口说，"在东方没有任何地方像香港那样严格地划定肤
色界线"。[19]

## 太平洋的两波浪潮

　　与此同时，在太平洋彼岸的城市，自命为"盎格鲁-撒克逊"的定
居者给世界带来了另一种城市隔离方式。 事实上，这种新政治的独特
属性在于白人社区所扮演的核心角色，他们计划在自己建立的殖民城市
中永久居住。 虽然太平洋沿岸的白人定居者与推动所有现代城市隔离
的三大跨洋机构——帝国、改革网络和土地业务——有着深厚的联系，
但他们也建立了自己的机构，可以远距离行使权力。 例如，定居者的
当地殖民政府或领土政府（territorial government）可能会影响并与本国

148

首都(伦敦、华盛顿、渥太华和后来的堪培拉)的帝国政策发生冲突,并且他们在太平洋及其他地区的地方殖民政府中占据主导地位。 每当定居者感觉到有必要运用更加直白的种族战争工具时,他们也可以将自己集结成愤怒的城市暴民来向各个大陆发送冲击波。 此外,定居者的报纸和其他大众媒体可以传播和重新解释改革派思想家和学术研究人员关于种族的观点,有时会给他们新的修辞力量。 太平洋定居者在房地产市场政治中扮演的角色比亚洲的白人重要得多——在整个19世纪,他们都是西方帝国攫取的大块陆地上大小地块数量最多的买家和卖家。其中包括城镇和城市的土地,那里的不动产权和政治权力最为集中。最后,在所有定居者殖民地之中,隔离主义政治更深刻地反映了白人内部的阶级冲突,这些戏剧以一种更原始的方式映射出在当代世界新兴工业化社会中四处肆虐的类似冲突。[20]

与许多大型历史事件一样,环太平洋移民城镇中相互关联的隔离运动起源于一次地质偶然事件:太平洋沿岸诸多分散的地点恰好有很多容易发现且便于开采的地表金矿。 不可思议的是,大部分金矿是在几乎相同的历史瞬间发现的:1848年在加利福尼亚,1851年在澳大利亚的维多利亚和新南威尔士殖民地,1856年在弗雷泽河(Fraser River),在后来成为加拿大的不列颠哥伦比亚省的地方,以及1861年在新西兰奥塔哥(Otago)。 新的黄金大发现吸引新白人定居者的前来,进而又增加了新黄金大发现的次数。 当探矿者从一个太平洋富矿赶到另一个富矿时,一个远洋贸易远不如大西洋的海洋,突然间被一种跨洋的寻宝者社区的活动纵横交错贯穿。[21]

白人淘金者所到之处,同样四处游荡的华人淘金者社区紧随而至,他们中的大多数人出生在中国南方,从香港乘船而出。 来自拉丁美洲和美国南部自由黑人社区的矿工增加了北美矿场的多样性,在那里也可以发现来自世界诸多其他地区的少数人种。[22]

149 　　由镐头和选矿锅的搬运者们在偏远地区建立起的金矿营地,成为太平洋定居者式城市隔离的发源地。 在那里,在相隔数万英里的黄金城镇中，类似的事件一再重复发生，白人暴徒荷枪实弹，甚至用高压水龙（通常用于冲击砾石床从而让黄金脱落）驱逐华人矿工，声称他们与白人太接近或对"东方人"而言太过合意。 加利福尼亚州有四个城镇通过了法律，将华人完全排除在他们的金矿领地之外。 在其他地方，中国探矿者被迫在一个单独的区域工作，这一解决方案在1854年得到了澳大利亚皇家委员会的认可。 在维多利亚殖民地本迪戈（Bendigo）的矿场上出现了单独的"华人保护地"（Chinese Protectorate）。 隔离主义者通常是白人，他们来自太平洋其他地区，同时还带来了武器和对亚洲人的仇恨。 例如，在1883年不列颠哥伦比亚省利顿（Lytton）发生的一场骚乱中，由来自加利福尼亚州的新移民所主导的一群人烧毁了华人矿工的营地；同样由加州人领导的暴徒早些时候在澳大利亚也做过类似的事情。[23]

随着黄金大发现逐渐平息，白人和华人探矿者都加入了快速发展的沿海城镇中更大的白人定居者社区，为旧金山、墨尔本和温哥华等地的当地政治带来了一些与金矿营地类似的摩擦。 当这些淘金小镇成为铁路终点站、新兴工业中心以及日益增长的跨太平洋贸易的商业节点时，横跨太平洋的草根定居者种族隔离主义持续存在。 随着越来越多华人移民的抵达，围绕金矿的种族冲突被铁路场、码头区、罐头食品厂、锯木厂和其他工厂的工作和薪资的竞争所取代。 在太平洋两岸的城市，作为开拓者的少量白人工人阶层及其政党养成了一种习惯，将白人失业率高的时期归咎于华人低薪竞争工作机会。 由臭名昭著的华人迫害狂丹尼斯·科尔尼（Denis Kearney）领导的加利福尼亚工人党等团体怪罪他们的雇主和其他大商人，指责他们助长了对白人生计的种族威胁。 许多太平洋沿岸资本家确实渴望扩大从中国、印度和亚洲或大洋洲其他地区的移民，以获得廉价劳动力，用于满足铁路建设、水果种植等大型企业之需。 但是，所有这些定居城市的精英，在谴责华人移民和华人社区时也同样大力发声。[24]

这些持反华态度的精英中，地方和殖民地政府官员最为重要。 医生和卫生改革者也是如此，他们带来了来自欧洲、北美东海岸和殖民地 150

的训练，从而将他们的专业网络延伸到太平洋。 报纸编辑和记者代表了定居者式种族隔离的另一股制度化力量。 随着电报电缆开始环绕地球，记者的长距离传声筒的威力得到了增强。 欧洲本土的新闻媒体在支持亚洲大陆殖民地的白人至上方面发挥了作用，而在太平洋定居者殖民地，报纸是一股更加刺耳的力量。 即使在淘金热时代的迁徙消退之后，白人媒体也让这些遥远的社区彼此保持联系。 在墨尔本和后来的温哥华，新闻记者热切关注加利福尼亚的事件，对美国人如何解决他们的"华人问题"拭目以待。 在加利福尼亚，报纸反复报道澳大利亚对同样问题的"解决方案"；丹尼斯·科尔尼充满恶意地打趣说加利福尼亚人应该模仿澳大利亚人并使用加特林机枪，同时大笑起来，这成为一个噩兆。 加州国会议员霍勒斯·戴维斯（Horace Davis）的新闻剪报不仅涉及澳大利亚，而且还涉及新加坡、巴达维亚和马尼拉的所谓华人对白人的威胁——所有这些都是为了说服他在华盛顿特区的同事，加州白人是对的：华人必须离开。[25]

环太平洋地区唐人街的隔离，主要是定居者管理机构造成的：白人城市暴徒、公职人员的骚扰以及无情且充满敌意的当地媒体。 上述压力也对华人移民和定居的模式施加了更为普遍的影响。 事实上，许多中国移民决定不会在白人定居者的城市中永久定居。 不少人回家了，还有人多次往返于太平洋之上。 留下来的人绝大多数是单身男性或与在中国的家人隔海相望的已婚男性。 虽然这些人大多数是体力劳动者和工业劳动者，但他们的生计却相当多样化。 许多留下来的人从广州和香港带来了资金，创办了小企业或跨太平洋贸易公司。 然而，无论阶级如何，大多数中国移民都认为与他们的同胞住在同一条街道上的房屋、商店、公寓和宿舍房间中是明智的，大多数情况下都位于白人认为不理想的位置。 旧金山的唐人街，1880 年有 2.2 万人口，是亚洲以外最大的华人之城。 它以萨克拉门托大道（Sacramento Avenue）为历史性核心，向周边辐射了 15 个街区。 在墨尔本，一个规模较小的唐人街沿着小伯克街（Little Bourke Street）发展起来，毗邻一条被戏称为天体大

151

道（Celestial Avenue）的后街小巷。 1887年之后，在温哥华，在被暴徒驱赶离开几个彼此分离的较小住区之后，该市为数不多的华人沿着一条被称为杜邦街（Dupont Street）的沼泽河床聚集而居。[26]

"华人聚居，"温哥华唐人街一位难得持同情态度的白人观察员写道，"与其说是一种选择，不如说是一种必然。"居住在该市泥泞的杜邦街的中国居民温·亚历山大·金有（Won Alexander Cumyow）对其中的"必然性"加以澄清："中国人知道，多年来白人对他们毫无友好的感觉。"他认为，"如果不是因为受到了不友好的对待"，那么"很大一部分"中国人"会带着家人一起去"。 支持温金友相互保护理论的一个关键证据是，北美和澳大利亚的华商与新加坡或香港的华商不同，他们选择居住在价格远低于他们可以轻松负担得起的住区之中。[27]

唐人街可能为其中的居民提供了些许安全，但白人很快就将这些小社区视为白人国家中"外来种族"存在所带来的一切问题的象征。 白人绝口不提自己应当为唐人街的出现承担何种责任，而是将这些飞地的孤立、相对肮脏和全部为暂住男性人口描绘为"蒙古人种"所具有的可恶缺点的证据。 正是因为这样的冲动，产生出了一种刻薄且充满恶意的替罪羊政治。 这样的政治，在许多方面与在欧洲对犹太人采取的措施一样残酷；在其他方面又类似于近代西班牙马尼拉和荷兰巴达维亚的反华政治。 但它也明显受到了19世纪城市改革措辞之中格外令人生厌的社会达尔文主义的影响。 与印度甚至香港都不同，在太平洋定居者殖民地，认为白人（尽管居高临下）可以改善中华文明的温和东方主义观点几近于无。 把旧金山的城市病归咎于华人，相当于说他们不具备基本道德，这是其种族不可改变的属性，内置于他们的生物本质之中。

诋毁旧金山唐人街的运动可能是策划最为精心的，当然也是持续时间最长的。 它早在1854年就开始了，当时市议会和公共卫生委员会响应了一位著名医生、当地报纸及其淘金热之后蓬勃兴旺起来的白人民众的愤怒呼吁，宣布萨克拉门托大道周围的所有地区都是"毫无缓解的对于卫生健康的滋扰"，并呼吁"立即将整个华人种族驱逐出城"。 法庭

152

介入以防止这种情况发生，但一种多头并进的修辞攻击策略成型了。军火库中火力最猛的枪中装满了种族主义的公共卫生言论，而这场运动的第一枪是由市政府的公共卫生人员打出的。 正如中国商人以及法庭都指出的，白人似乎并不关心这种攻击涉及因为少数人的罪过而对整个华人社区加以诬陷，而且白人完全忽视了唐人街的白人房东应当发挥的作用，白人房东应当负责保持其房屋的健康卫生状态。[28]

据旧金山格外刻薄的公共卫生主管约翰·米尔斯（John Meares）医生的文字，死亡率统计数据和过度拥挤的住房数据成为华人种族"世代相传的恶习"的证据。 他于 1876 年至 1888 年任此职位时，旧金山爆发了三次天花流行。 在他任职期间，该市的监事委员会经过精心调查

153

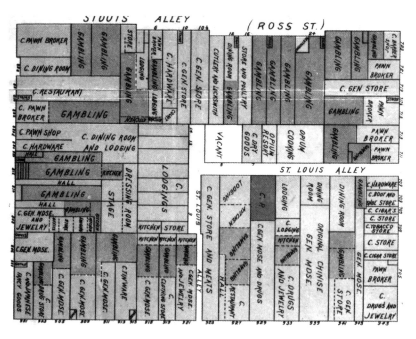

摘自《旧金山唐人街官方地图》(1885 年)，由旧金山市监事委员会制作。该地图对一种广泛持有的看法提供了官方印证，即旧金山市的华人居民是罪恶和疾病的源头，他们的社区对整个城市构成了威胁。"C"是"华人"(Chinese)的缩写；"C. P."是"华人卖淫活动"(Chinese prostitution)的缩写。由加州大学伯克利分校班克罗夫特图书馆提供。

制作了一幅"旧金山唐人街官方地图"，突出呈现了该区域的"鸦片馆"、妓院和赌场。官员和记者提供的目击者陈述——其中一篇标题为"蒙古人聚居地的恐怖"——带领读者夜游唐人街街道下方的地下"迷宫"，这些迷宫将一系列"大烟枪""地牢"和"巢穴"连接起来，充斥着天花、烟雾、性和最黑暗的罪恶。米尔斯和其他人完全忽略了白人本身对唐人街以男性为主的人口构成的形象所应承担的责任，他们将华人男性描述为这个吞噬无辜的白人妇女去卖淫的地狱的性饥渴的守门人。他们暗示，拥挤在宿舍里居住的单身中国男人也容易发生鸡奸等"野兽般的堕落行为"。在这个过程中，米尔斯和其他人为始于16世纪西班牙马尼拉的一系列反同性恋、反华思想注入了新的活力。总而言之，中国人在飞地中努力保护自己，却以一种极其类似于欧洲反犹太思想的方式被解释为这反映了他们固有的"宗族关系"、他们同流合污的秘密，以及他们毫无兴趣或作为一个种族完全无能力同化融入白人社会。公共卫生言论也助长了种族威胁房地产价值这一幽灵般的思想，其中可能包含他们自己跨太平洋的意象。例如，1876年，一位加利福尼亚州参议员在华盛顿作证说，唐人街附近白人街区的房东经常会把"一座单独的房子……租给中国人"，随后就会发现"空气变得恶臭，一股难闻的气味弥漫在住区……房租就降低了，最终中国人占据了这个地盘……房产贬值，变得破旧不堪，这条街也就被中国人占用了……仿佛它是香港或广州的一条街道"。[29]

　　旧金山白人的反唐人街运动持续了至少半个世纪。就像太平洋其他地方的反华情绪一样，它在1860年代淘金热结束时略为消停，但在1870年代和1880年代再次抬头。1877年，一群白人工人威胁要焚毁（唐人街）社区。在1880年代，旧金山市议会在米尔斯医生的怂恿下，多次寻求授权疏散"这个充满着道德、社会和物质污染的大洼地"的居民。在一个案例中，一名因法庭禁令而深感沮丧的市政官员发出明确的威胁，要再次放任"工人"来完成这项工作。1890年，市议会认定由白人暴徒、新闻媒体和官方骚扰等实施的时断时续的种族隔离行为不

154

167

足以维持种族界线，因此，市议会通过了一项市政隔离条例。[30]

这项短命的法律是最早明确以种族为基础实施政府强制隔离的法律之一，命令唐人街的所有居民以及"屠宰场、牛脂工厂和生猪屠宰场"等其他令人生厌的设施都搬到城外的某个地区。法律中出台了强制迁离，使其有别于香港 1888 年和 1904 年的种族隔离法，更类似于在南非城市以外建立"原住民居住地点"（native locations）的法律，这些法律早在几年前就已见雏形（见第八章）。

但最终，旧金山并没有形成华人"城镇"。在过去几十年遭受白人袭击的经历中，华人活动人士已经学会了如何通过向法庭上诉来避免被驱逐。1890 年，联邦法官洛伦佐·索耶（Lorenzo Sawyer）在李星（Lee Sing，音译）等人的案件中裁定华人原告胜诉。在他的意见之中，他援引了美国宪法第十四修正案所体现的普遍民权学说，但他的主要论点是，旧金山市没有表现出通过对财产权的大规模侵犯可以解决任何市政卫生或道德的具体问题。亚洲土地所有者们再一次拦阻了种族隔离主义者的攻击——在本案中，仰仗的是在保守派法官的法庭上工作的优秀律师，他们相信私有财产神圣不可侵犯。1901 年，旧金山的白人再次试图将唐人街夷为平地，但华人原告和富有同情心的法官再次挫败了这一企图（见第六章）。[31]

# 把所有大洋都隔离

太平洋沿岸城市中唐人街的创建，与白人定居者在种族隔离政治上更雄心勃勃的创新有着内在的联系，其最主要的意图是为了阻止中国移民穿越太平洋。白人对绘制跨越海洋的肤色界线的兴趣，源于社会达尔文主义种族地理中亚洲与环太平洋其他地区之间存在的重要区别。在亚洲热带地区，白人必须为他们在世界上最不适宜其居住的地区的存在找到依据。相比之下，在北美西部和澳大拉西亚，大多数白人都想

155

象自己居住在属于"白人国家"的地方。 在美国，定居者甚至相信"天命"驱动他们拥有了这块大陆的西部地区。 他们想象，在种族斗争的支配之下，对原住民的大规模屠杀或强迫其搬迁势不可挡。 随之而来的是需要采取进一步措施，以防止其他"黑暗种族"踏上这个排斥其他种族的海岸。 从北美到澳大利亚的种族理论家提醒他们的读者，在密西西比河以东的美国，非洲奴隶制（African slavery）导致种族冲突永无止境。 继续向西，选择明确无疑——"要么盎格鲁-撒克逊人占领太平洋这片坡地（the Pacific slope）"，正如美国参议员詹姆斯·布莱恩（James Blaine）在1879年发出的警告："要么蒙古人占领它。"彼时，对华人跨洋移民的限制已经从居住在遥远前哨的开拓定居者的疯狂想法，发展为在伦敦、华盛顿特区、渥太华和澳大利亚白人殖民地首都都能同时听到的呼声。[32]

对于太平洋地区的白人定居者来说，这是一个来之不易的成就，因为其限制主义要想有所作为存在着巨大的障碍。 伦敦和华盛顿都渴望拉动与中国的贸易。 清廷对其臣民在国外受到的待遇大为不悦，对白人定居者提出的就清廷与西方签订的自由移民条约进行重新磋商的呼吁更不满意。 与此同时，在整个太平洋及其他地区，铁路公司、矿业公司和种植园主都急需招募廉价的"苦力"劳动力。 结果，亚洲侨民很快遍布整个太平洋地区——包括夏威夷、拉丁美洲西海岸和澳大利亚的所有殖民地——并延伸到非洲南部和东部以及加勒比地区。 对于其中许多地方的白人定居者来说，白人雇主支付给亚洲人和太平洋岛民的较低工资，让所谓"劣等种族"在适合种族与不适合种族之间的全球战争中获得了非自然的优势。[33]

太平洋地区的白人率先压制了他们看到的从亚洲涌来的"深肤色人种的涨潮"。 墨尔本市于1855年开启了泛洋华人移民限制运动，对抵达的华人乘客征收高额的登陆税，并对可以停靠码头的不同规模船只上的乘客人数加以限定。 伦敦认为该法律违反条约，且阻碍招募劳动力；华盛顿对加利福尼亚州模仿墨尔本通过了类似的法令持同样态度。

156 殖民者再次以暴徒集结的方式回应，这一次他们冲向抵达港口的载有大量华人或印度人的船只，表达充满仇恨的问候。 当一艘船停靠在港口遭到敌对反应时，也会收到提前发出的电报警告，而这些警告又在定居者报纸上被当作令人尖叫的头条新闻转载，进而引发更群情激动的国际轰动。[34]

具有讽刺意味的是，到 1870 年代，太平洋城市中的反华暴力导致唐人街向其他地方蔓延，中国移民离开了白人蓄积仇恨的温床，前往更安全的地方，如芝加哥、纽约、费城、多伦多、珀斯（西澳大利亚殖民地）和奥克兰（新西兰）。 随着越来越多的白人直接面对所谓的"华人威胁"（Chinese menace），排华运动的意象在太平洋两岸的国家舞台上演，也在诸如火奴鲁鲁这样的地方浮现。 当大量亚洲种植园工人移居岛上时，那里形成了一个相当大的唐人街。 遍布北美和澳大利亚的宣传者和种族理论家警告说，如果白人社会放松了种族保护，他们将面临危险，一些人把新加坡视为东方人在白人地区泛滥的例子。 作为闪闪发光的反例，排华主义者盛赞荷兰和西班牙当局在东印度群岛和菲律宾实施的冷酷的反华法例。 随后，在 1879 年本应沉闷无趣的美国总统大选季节，詹姆斯·布莱恩将加州工人党叫嚣的限制主义变成了自己的目标，以期一路招徕支持者从而入主白宫。 他没能实现这一愿望，但国会在 1882 年通过了《华人限制法案》，并在 1888 年之后长出了更加锋利的獠牙。 在接下来的几十年里，随着呼吁建立白人加拿大、白人澳大利亚甚至白人新西兰的运动的影响力达到顶峰，类似的限制立法都通过了。[35]

太平洋区域的定居者对世界上最大海洋的隔离，很快就会对世界诸多其他地区的城市政治产生广泛影响。 定居者在两大洲阻止华人移民方面取得的政治成功——紧接着是限制日本人和菲律宾人流动的类似努力——使其他地方的反亚洲限制主义者更加胆大妄为。 在非洲，英国定居者试图在印度洋上划出新的界线，限制印度人进入南非的纳塔尔和德兰士瓦殖民地，以及罗得西亚、肯尼亚和乌干达。 1924 年在美国，旨在限制南欧和东欧"可疑"白人种族移民的盎格鲁-撒克逊主义运动有效地对所有大洋里人口最稠密的北大西洋（区域）实施了隔离。　在此过程中，种族成为世界历史和世界地理的实用理论。　美国种族主义理论家洛思罗普·斯托达德（Lothrop Stoddard）称赞移民限制是"一种大规模的种族隔离"。　南非将内部使用的概念提炼为"流入控制"，这正是该国臭名昭著的通行证法的基本原则。　对于城市种族隔离主义者来说，全球人口流动工程已然成为愈发增多的久经验证的工具包的一部分。[36]

　　随着一波种族隔离主义的浪潮从太平洋向外冲刷，两场更为无孔不入的城市分裂政治浪潮里应外合席卷了东亚和太平洋。　第一波起源于香港，1904 年无异议通过的山顶保留地条例（Hill Reservation Ordinance）现今已成为香港是东方种族隔离最严重城市的明证。　甚至早在这项法律通过之前，这座城市就成为另一种颇具敌意的公共卫生隔离主义形式的中心，与腺鼠疫的传播有关。　不久之后，它的影响力不仅将席卷太平洋沿岸，还会席卷亚洲其他地区、非洲，甚至横跨大西洋到达美洲。

　　第二波种族隔离政治浪潮主要是由土地市场政治驱动的。　这一波浪潮中的一个重要涡流最早出现在太平洋世界。　1858 年，南澳大利亚殖民地的契约登记员罗伯特·托伦斯（Robert Torrens）开发了更可靠的物业所有权登记程序，并很快在盎格鲁-撒克逊世界及其他地区传播开来。　随着对白人财产价值的种族威胁的信念开始蔓延到其他地方的定居者殖民地的城市，美国和南非包含其中，房地产经纪人和他们的律师开始对伦敦限制性土地使用契约加以改动，以充当崭新的"托伦斯产权"（Torrens titles），现在明确禁止亚洲人、非洲人和拉丁裔人购买或占用白人的物业。　在这个过程中，太平洋白人定居者利用立法进行种族隔离的兴趣并没有完全消失。　1918 年，温哥华通过了另一项反亚裔种族隔离法，旨在让白人"摆脱亚裔对商业和零售部门的侵占"，但很快就被否决了。　但对太平洋沿岸白人定居者，特别是对美国白人定居

157

者而言，总体趋势是，他们更信任一种被证明是更加严格甚至经过法庭批准的城市划界体系。 这一系统较少依赖政府法规，转而更多地依赖把种族灌输于其中的经济激励措施。[37]

---

**注 释:**

[1] Meng Lowe Kong, Cheok Hong Cheong, and Louis Ah Mouy, *The Chinese Question in Australia*, 1878—1879(Melbourne: F. F. Bailliere, 1879), 4, 29.

[2] Dirk Hoerder, *Cultures in Contact: World Migrations in the Second Millennium* (Durham: Duke University Press, 2002), 366—367.

[3] Thomas Stamford Raffles, "Proclamation" (1823), reprinted in Charles Burton Buckley, *An Anecdotal History of Old Times in Singapore*(Kuala Lumpur: University of Malaya Press, 1965), 111—121, 引文在第 119、111 页。

[4] *Instructions to the "Land Allotment Committee"* (1823), reprinted in Buckley, *Old Times*, 82—83.

[5] Maurice Collis, *Raffles*(London: Faber and Faber, 1966), 44—97.

[6] Raffles, "Arrangements Made for the Government of Singapore" (1819) and "Land Allotment Committee" in Buckley, *Old Times*, 56—59, 79—87, 引文在第 83 页。

[7] Raffles, "Proclamation," in Buckley, *Old Times*, 111, 115.

[8] Raffles, "Land Allotment Committee", in Buckley, *Old Times*, 80—81, 85. Brenda S. A. Yeoh, *Contesting Space: Power Relations in the Urban Built Environment in Colonial Singapore*(Kuala Lumpur: National University of Singapore Press, 1996), 40—42; B. W. Hodder, "*Racial Groupings in Singapore*", *Malayan Journal of Tropical Geography* 1(1953): 25—36.

[9] Hanchao Lu, *Beyond the Neon Lights: Every day Shanghai in the Early Twentieth Century*(Berkeley: University of California Press, 1999), 25—42; Olavi K. Fält, "European City in Japan: Leisure-Time Activities among Western Inhabitants of Yokohama in 1874 and the Impact of Climate Conditions on Them"（未发表文稿）。

[10] Lu, *Beyond the Neon Lights*, 25—42.

[11] Christopher Munn, *Anglo-China: Chinese People and British Rule in Hong Kong*, 1841—1880(Richmond, UK: Curzon Press, 2001), 89—98; Nigel Cameron, *An Illustrated History of Hong Kong*(Hong Kong: Oxford University Press, 1991), 32—39.

[12] Cameron, *Illustrated History*, 35, 39.

[13] David Faure, "The Common People of Hong Kong, Their Livelihood and Aspirations until the 1930s", in *Colonial Hong Kong and Modern China*, ed. Lee Pui-Tak (Hong Kong: Hong Kong University Press, 2006), 9—38, 引自 13—14 页; Osbert Chadwick, *Mr. Chadwick's Reports on the Sanitary Condition of Hong Kong*(London: Colonial Office, 1882), A4 和 A8 页面地图; Cameron, *Illustrated History*, 152—157。

[14] Chadwick, *Reports*, 41.

[15] *Hong Kong Government Gazette*, 1888, 376—377.

[16] *Hong Kong Hansard*, April 19, 1904, 17—20, 转引自第 20 页。

[17] Ibid., 转引自第 17 页。

[18] Ibid., 转引自第 18 页。 在第二次阅读《山顶区保留地法案》期间，总检察长就对中国投机者的活动引向"九龙一侧"表示称赞。 本段中的假设很大程度上要归功于香港大学 David Pomfret 教授就该来源进行的对话; 如有任何解释错误，都归咎于我自己。 另请参见 David Pomfret, "Raising Eurasia: Race, Class, and Age in French and British Colonies", *Comparative Studies in Society and History* 51(2009): 316—325; David Pomfret, " 'Beyond Risk of Contagion': Childhood, Hill Stations and the Planning of

British and French Colonial Cities"（未发表文稿）；John M. Carroll, *Edge of Empires*: *Chinese Elites and British Colonials in Hong Kong* (Cambridge, MA: Harvard University Press, 2005), 84—107; G. B. Endacott, *A History of Hong Kong* (London: Oxford University Press, 1958), 265; Cameron, *Illustrated History*, 214—215。

［19］第一处引自 Cameron, *Illustrated History*, 156; Cameron, *Hong Kong*: *The Cultured Pearl* (Hong Kong: Oxford University Press, 1978), 127—130, 146，第二处转述自第 127 页; Pomfret, "Raising Eurasia", 316—325, 328—333，第三处转引于第 318 页。

［20］John C. Weaver, *The Great Land Rush and the Making of the Modern World* (Montreal: McGill-Queen's University Press, 2003).

［21］Marilyn Lake and Henry Reynolds, *Drawing the Global Colour Line*: *White Men's Countries and the International Challenge of Racial Equality* (Cambridge: Cambridge University Press, 2008), 17—45.

［22］Charles Price, *The Great White Walls Are Built*: *Restrictive Immigration to North America and Australasia* (Canberra: Australian Institute of International Affairs, Australian National University Press, 1974), 53—124.

［23］Andrew Markus, *Fear and Hatred*: *Purifying Australia and California*, *1850—1901* (Sydney: Hale & Iremonger, 1979), 1—8, 15—31; W. Peter Ward, *White Canada Forever*: *Popular Attitudes and Public Policy toward Orientals in British Columbia* (Montreal: McGill-Queen's University Press, 1978), 37—42.

［24］Price, *Great White Walls*, 125—277; Markus, *Fear and Hatred*, 45—107, 121—234; Ward, *White Canada*, 3—78; Andrew Gyory, *Closing the Gate*: *Race*, *Politics*, *and the Chinese Exclusion Act* (Chapel Hill: University of North Carolina Press, 1998), 92—169.

［25］Lake and Reynolds, *Global Colour Line*, 17—45; Markus, *Fear and Hatred*, 65—66.

［26］Nayan Shah, *Contagious Divides*: *Epidemics and Race in San Francisco's Chinatown* (Berkeley: University of California Press, 2001), 25; Kay J. Anderson, *Vancouver's Chinatown*: *Racial Discourse in Canada*, *1875—1980* (Montreal: McGill-Queen's University Press, 1991), 67—68; Chris McConville, "Chinatown", in *The Outcasts of Melbourne*: *Essays in Social History*, ed. Graeme Davison, David Dunston, and Chris McConville (Sydney: Allen and Unwin, 1985), 58—68.

［27］Kay J. Anderson, *Vancouver's Chinatown*: *Racial Discourse in Canada*, *1875—1980* (Montreal: McGill-Queen's University Press, 1991), 69, 70, 79.

［28］Shah, *Contagious Divides*, 17—76.

［29］参见第二章；另请参见 Shah, *Contagious Divides*, 26—74，转引自第 74 页。

［30］Shah, *Contagious Divides*, 51, 71—72.

［31］Shah, *Contagious Divides*, 72; Charles J. McClain, "*In Re Lee Sing*: The First Residential-Segregation Case", *Western Legal History* 3: 179—196.

［32］关于美国"天赋使命"，请参见第十章。Lake and Reynolds, *The Global Colour Line*, 49—113, 137—209; Price, *Great White Walls*, 40.

［33］Gyory, *Closing the Gate*, 3.

［34］Price, *Great White Walls*, 68, 72, 194—195, 210, 268, 272; Anderson, *Vancouver's Chinatown*, 69; Markus, *Fear and Hatred*, 14—34.

［35］Gyory, *Closing the Gate*, 177—184; Price, *Great White Walls*, 127—138, 145—214.

［36］Lake and Reynolds, *Global Colour Line*, 137—189, 310—334, Stoddard 的话引自第 315 页。

［37］参见第十章；Anderson, *Vancouver's Chinatown*, 26—27; Shah, *Contagious Divides*, 71—75。

# 第六章

# 种族隔离的狂热

## 对所有大陆发出呼吁

就在 20 世纪来临之际,"隔离"一词发生了根本变化。 在此之前,这个词历经缓慢的演变,已经从其古老的拉丁词根——指牧羊人从羊群(gregis)中扑杀牲畜的做法——演化成为 19 世纪资产阶级专业人士所使用的"分离"的同义词。 例如,科学家们用它来描述一种物质与另一种物质之间化学键的松脱,当医院的官员把具有传染性的患者安置在特殊病房时,他们也谈到了"隔离"。 然后非常突然地,在 1890 年代后期,隔离一词从实验室中逃逸出来(事实的确如此),并摇身一变成为强烈的政治集会口号。 你几乎能够在任何地方的城市中听闻这个词。[1]

造成这种突然转变的主要原因是什么? 腺鼠疫——所谓的黑死病。 1894 年,黑死病在香港爆发,数千人因之惨死。 两年后,黑死病出现在孟买,情况更为糟糕。 公共卫生官员惊慌失措,开始把人们从家中拉出来,并强迫他们进入医院、帐篷城或船上。 他们将这种技术称为分隔(isolation),后来越来越多地称之为隔离(segregation)。 种族变得非常重要:主要目标是保护欧洲人,而当地的亚洲人则受到最粗暴的对待。 数以万计的当地人逃离城镇,部分原因在于害怕瘟疫,但更多出于害怕隔离。

自此之后，隔离与瘟疫如影随形，如双重暗影蔓延到了世界广阔的区域。病原体和城市实践一起向东航行，穿过太平洋到达旧金山，向西穿过印度洋和非洲，到达非洲大陆最西端的塞内加尔的达喀尔，然后跨越大西洋到达欧洲南部和美洲。

160

在非洲，对疾病的新恐惧为种族隔离的狂热火上浇油。殖民地的公共卫生官员——有时就是在亚洲对付瘟疫的那些人——为了另一个耸人听闻的医学发现而相互争斗。事实证明，热带地区的数十亿蚊子体内携带了致命的疟原虫。"唯一的逃脱方式"，一些新的捕蚊改革者（mosquito-hunting reformers）宣称，是"欧洲人的隔离"——与"任何非洲人小屋"至少保持四分之一英里距离。[2]

从此之后——无论以何种方式拼写，ségrégation、segregación、segregaça 或 segregazione——隔离一词很快被非洲和亚洲那些来自法国、比利时、荷兰、西班牙、葡萄牙和意大利的征服者所接受。在美国南部，吉姆·克劳法的煽动者跳到这个词最初的英语用法，北美各地的城市居民也是如此，包括巴尔的摩 1910 年隔离条例的拟定者们。即使是讲着南非新命名的南非荷兰语（Afrikaans）的人，也很快接受了隔离（segregasie）一词。只有在非洲获得了自己的殖民地的德国人放弃了这个词的拉丁词根；他们将这个概念翻译为 Rassentrennung 或 Absonderung——字面意思是城市"分裂"。[3]

一些历史学家认为，"隔离"一词在世纪之交所获得的崭新而躁动的政治意义，意味着在空间上对不同种族进行划分的实践已经达到一个全新的政治存在（political existence）水平——隔离主义者第一次将"一致的意识形态"（coherent ideology）与"法律系统"（de jure system）结合。当然，正如我们所知，在城市政治中，这并不是真的。从马德拉斯和加尔各答的黑人城镇-白人城镇分离政策，到营地法（cantonment law），到莱佛士的信条，再到香港和旧金山的种族分区条例，早期的城市分裂历史提供了大量政府批准或立法实施的例子，反映出更为明确制定的准则。然而，"隔离"这个词确实为种族主义城市分裂者提供了一

175

个前所未有清晰的口号。 毋庸置疑，在种族隔离狂热的年代里，白人至上主义的言论上升到了最尖锐的音调。 西方科学比以往任何时候都更为狂热地去证实人类按种族划分的观点，社会达尔文主义、种族颅脑学和新兴的优生学在学者和研究人员中获得前所未有的尊重。 非裔美国历史学家、哲学家和活动家威廉·爱德华·伯格哈特·杜波依斯（W.E.B.DuBois）警告了这些年来"白人新宗教"的兴起；莫罕达斯·甘地（Mohandas Gandhi）后来称其为白人"对于命中注定优越感的崇拜"。 在同一时期，一场前所未有的国家推动的崭新而激进的种族化城市分裂实验浪潮开始了。 可能最为重要的是，正是在种族隔离的狂热时代，种族隔离的做法第一次席卷全球，甚至波及拉丁美洲和欧洲。

但是，确保达成这一可怕"成就"的，并不在于口号的朗朗上口，也不在于种族隔离主义学说的详尽阐述，而是在于西方帝国、改革网络以及土地市场日益强大的力量——在我们跨越时间和空间在各个隔离城市漫步的过程中，这三个机构已经是屡见不鲜。[4]

当然，帝国为种族隔离的狂热提供了大部分政治能量。 1880年之后的若干年，见证了西方帝国有史以来最大规模的扩张——首先是近乎疯狂的"非洲争夺战"，还有法国、英国和荷兰在东南亚和大洋洲的征服，此外，欧洲和美国对中国的干涉越来越深入。 与此同时，美利坚合众国完成了对北美大陆的征服，并将其势力扩展到整个加勒比海盆地区域，并跨越太平洋到达夏威夷和菲律宾。

对于种族隔离的狂热而言，可能更重要的是新一代公共卫生改革者的工作。 虽然他们中的一部分越来越坚持认为暗肤色的人对白人健康构成威胁，但他们现在分为两个阵营：一些人坚持认为威胁来自当地人对大气中致命瘴气的贡献（持这一理念的公共卫生改革者被划为"感染论者"阵营）；其他人则反驳致命病菌直接从黑人身体传播到白人（持这一理念的公共卫生改革者被划为"传染论者"阵营）。 大约在1870年之后，互为对手阵营的公共卫生专家被迫把他们有关感染或传染的信念与关于疾病的第三种理论相统一。 在欧洲乃至整个殖民地的实验室中，越来越多无可辩驳的证据表明，人们因为微生物而生病，其中某些微生物是通过其他小动物进入人体的。鼠疫和疟疾病原体，以及老鼠、跳蚤和蚊子，在导致种族公共卫生隔离主义的崭新而可怕的戏剧中扮演了主角——尽管在一些城市里，它们与黄热病、天花、肺结核和流感难分高低。

与隔离新时代之前的几年一样，城市分裂同样取决于城市土地市场的性质。围绕这一点，也有诸多狂热。一方面，对殖民地的争夺代表了世界历史上最大规模的土地掠夺。除此之外，出现了新一代的住房改革者，尤其是在英国。对他们来说——比如印度兵站的弗洛伦丝·南丁格尔、香港的奥斯伯特·查德威克、纽约的劳伦斯·维勒，以及最著名的伦敦的奥克塔维娅·希尔（Octavia Hill）——阻止疾病的关键并非在于躲避不舒服的气候，而是对城市建成环境加以改造，从贫民窟开始，这些地方很快就被改称为"瘟疫地点"。对于一些住房改革者来说，这可以通过迫使贫民窟的房主们遵守严格的建筑规范来实现。然而，其他改革者则认为必须采用土地掠夺这种截然不同的手段：他们认为政府应该利用其权力从贫民窟房主那里强行购买这些"瘟疫地点"，将它们夷为平地，并把这里的居民或者安置在同一块土地上或安置在更有益的低租价地段，甚至安置到城市边缘，那儿受到中产阶级的青睐。尽管加尔各答的官员早就实验过这种想法，但这种做法日趋获得法律上的尊重，1890 年英国开创性的《工人阶级住房法》（Housing of the Working Classes Act）通过之后尤为如此。在各个殖民地，城市官员接到了由帝国中心发出的清理贫民窟的呼吁。将贫民窟清理与有关公共卫生和征服权的种族主义思想缠绕在一起，官员推动了最具争议的城市隔离工具之一——强制搬迁在全球范围内戏剧般的升级。在许多情况下，重新安置流离失所者的昂贵义务以违规的方式履行——加剧了与刚清理的贫民窟相邻贫民窟的过度拥挤。在另外一些情况下，重新安置本身有助于筑牢城市的肤色界线，因为改革者将贫民窟有色人种居民推赶到城市边缘的单独区域之内。[5]

162

然而，就像自加尔各答以后的殖民城市一样，其他西方土地市场机构也可以减缓种族隔离狂热，甚至可以直接反对它。富裕的亚洲和非洲土地所有者一次又一次地证明，殖民城市的种族隔离是可以收买的，因此往往使住区的肤色界线几近形同虚设。人们为了土地权利而陷入非常混乱和千变万化的冲突和谈判之中，任何隔离城市都不免于此。事实上，种族隔离主义的戏剧甚至并不仅停留在白人和黑人之间的冲突上——有时它们发生在多个群体之间，通常是多种肤色的群体——他们不断变化的联盟、分歧和对土地的要求有时会跨越肤色的界线。和以前一样，一些白人商人可能会反对种族隔离。殖民地总督也可能会反对种族隔离，如果他们有这样做的思想和道德坚守。无论这些城市在地图或法律书籍上看起来多么泾渭分明，但没有任何帝国政权能够创造出两个部分彼此毫无关系的彻彻底底的"双重"的城市。尽管强加于抵抗帝国控制的诸般努力始终存在，但它们的相互依存、妥协以及或多或少处于监管之下的跨界也始终存在。

随着对种族隔离的呼声越来越高，种族隔离主义的内部矛盾更加尖锐。虽然隔离的狂热无疑反映了白人帝国胜利的最伟大时刻，但也揭示了他们日益紧张的种族脆弱感。帝国统治的领域愈加广阔，意味着西方帝国的能量分散得更为薄弱，也意味着白人在更为广大的地方面临着种族不服从。这一时代最具象征意义的悖论是，殖民地种族隔离的"最巅峰阶段"恰逢步入具有更大世界历史意义的政治反制力量的城市阶段。正如杜波依斯和甘地等新一代反殖民领袖的崛起所暗示的那样，"白人宗教"最狂热的时代也催生了对于殖民自治以及种族和经济平等发出的第一声呼喊。迫于反对他们的力量，大多数殖民城市隔离主义者不得不至少在一定程度上对他们的种族意识形态进行伪装。特别值得注意的是，他们发现可以用一勺概念的蜜糖来送服一些种族隔离的苦药。蜜糖般的概念，包括文明、文化、健康、种族和平，以及白人男性从所谓的下等人实现社会地位"提升"的"负担"。[6]

## 隔离的病菌理论

讲英语的公共卫生改革者发明了基于卫生的住房隔离理念。他们和他们的盎格鲁-撒克逊继任者将继续成为整个殖民世界中最大的拥护者。但这些说英语的人并不是唯一一玩这种把戏的人。英国和北美的卫生思想——就像更普遍的种族思想一样——总是从欧洲大陆，特别是从巴黎，但也越来越多地从柏林和欧洲工业带其他快速发展的城市中汲取灵感。

在欧洲，从1830年代持续到1860年代的霍乱流行，成了对西方文明关于人类有能力在征服自然的努力中取得进步的信心的一记重击。因此，它们引发了一场跨国卫生辩论。大约在同一时间，帝国之间的对抗也开始再次恶化，法国在1830年入侵阿尔及利亚，在1860年代入侵印度支那，部分原因是为了弥补在夺取殖民地方面被英国占去的先机。这种政治敌意为公共卫生讨论添油加醋，例如法国在国际卫生会议上带头抨击英国统治者在阻止霍乱的全球蔓延方面表现不佳。

但民族主义姿态和跨国灵感可以共存。例如，埃德温·查德威克关于伦敦卫生的经典著作大量借鉴了巴黎伟大的下水道专家亚历山大·帕朗-迪沙特莱（Alexandre Parent-Duchâtelet）的著作。在一次漫骂中，曾在加尔各答工作的詹姆斯·拉纳尔德·马丁对法国人在具有传染高热风险的阿尔及利亚永久定居的想法报以狂笑。不久之后，他踏上了作为英国卫生学家去往巴黎的朝圣之旅，与路易-雷内·维勒梅医生等知名人士进行磋商，这位医生是全球工人阶级地区疾病领域的最高权威。与此同时，在世界另一端的上海，即使法国和英国的殖民主义者的租界邻接互相推挤，但他们的公共卫生官员也交换了意见，并在卫生项目上开展了合作。专业的公共卫生期刊的增加和国际公共卫生大会运动的兴起，意味着盎格鲁-撒克逊公共卫生专业人员与来自欧洲大陆的同行之间定期开展的密切对话。[7]

1880 年代，法国科学家路易斯·巴斯德（Louis Pasteur）和德国医生罗伯特·科赫（Robert Koch）证实了微生物导致疾病的理论，竞争、跨领域合作以及西方卫生话语的影响范围都在扩大。 科赫于 1882 年在柏林发现了最致命的肺结核的罪魁祸首。 一年后，科赫在埃及亚历山大港（当时在法英两国的监管下）寻找导致霍乱的"逗点形"杆菌①。 后来，令印度政府感觉沮丧并顽固否认的是，科赫还发现霍乱弧菌在加尔各答的水槽中游泳。 与此同时，1880 年，法国医生阿尔方斯·拉韦朗（Alphonse Laveran）在阿尔及利亚君士坦丁市的一家军队医院发现，引发疟疾的疟原虫存在于患病士兵的血液中。 在加勒比地区，古巴医生卡洛斯·芬利（Carlos Finlay）于 1881 年发现蚊子会传播导致黄热病的病菌。 后来，先在六个英属印度兵站开展了实验，最终又在 1898 年对加尔各答的鸟类进行了研究，罗纳德·罗斯（Ronald Ross）确定，蚊子也是拉韦朗医生所发现的引发疟疾的疟原虫生命周期的关键部分：这些小虫在第一次叮咬时从某个人或动物身上摄取了未成熟形态的病原体，然后在第二次叮咬时，用可致病的成熟形态病原体导致他人感染。 最后，1894 年，在一片恐慌的香港，巴斯德的学生、以西贡为基地的法裔瑞士医生亚历山大·耶尔森（Alexandre Yersin）分离出了导致腺鼠疫的病原体并对其加以描述。 他还推测这种病原体可能由老鼠传播，他的假设激发了进一步的实验，将此种病原体与吸食啮齿动物血液为生的跳蚤联系起来。[8]

即便不是立竿见影的影响，这些发现也对公共健康具有革命性的影响。 病菌学说用去了几十年时间，终于介入到瘴气感染论阵营和传染论阵营之间的争论中。 感染论学派的成员，如查德威克和马丁的追随者，继续施压推动对下水道和供水等卫生基础设施开展昂贵的改造。 如果他们对科赫证实了约翰·斯诺的霍乱水传播理论有任何关注，那他

---

① 即霍乱弧菌。 ——译者注

们会认为这也正是对他们一直倡导措施的再次肯定。　那些认为霍乱主要是由人与人之间的传染引起的人——他们支持采取更特别的对策，如船舶隔离和设置卫生警戒线——也用病菌学说来确证他们的做法。　与此同时，两种学派都面临着殖民官员和诸多殖民对象的持续反对。　例如，为加尔各答提供更纯净水所需费用，超过了纳税人和官员愿意支付的费用，一些英国高级官员干脆否认霍乱是由微生物（尤其是德国人发现的某种微生物）所导致。　隔离检疫在政治上的表现也好不到哪里去：它们与占主导地位的自由市场理论背道而驰，干扰了宗教朝圣，并且从事商业活动的人，无论是欧洲人还是本地人，都不喜欢他们的生意受到干扰。[9]

1894 年和 1896 年，鼠疫先后降临香港和孟买，如一场风暴在跨洋公共卫生辩论的温吞迟缓的水域卷起巨浪。　随着鼠疫蔓延，数百万人丧生，公共卫生官员召唤出崭新的威权能量，迫使城市的居民接受旧式的西方疗法。　尽管耶尔森和其他人主要在幕后工作，发现了鼠疫的致病原，但上述开展的措施引发了政治爆炸，震撼了大英帝国的根基，并在整个殖民世界持续回荡达二十年之久。

## 隔离与鼠疫相伴，一路东行

166

从 1894 年到 1950 年肆虐的腺鼠疫大流行是同种疫病的第三次准全球爆发（第一次发生在公元 6 世纪，第二次则是 14 世纪著名的黑死病）。1890 年代中国西部暴发鼠疫时，细菌学这一新研究领域尚未让世界诸多公共卫生官员相信它的用处。　没有人知道是什么导致了这种瘟疫的可怕症状，也不知为何它会导致迅速死亡。　即使耶尔森在抵达香港后不久就发现了这种杆菌，但很久以后人们才知道这种病原菌是如何传播的。　回想起来，很明显，鼠疫杆菌到访的每个城市中，其导致疾病的实际致死率差异悬殊。　我们现在已经知道，鼠疫致死人数在很大程度上取决于来自其他地方的受感染老鼠和跳蚤能否在当地多种的啮齿动物和昆虫生态中找到一席之地。 官员还发现，亚洲人和非洲人的死亡人数比欧洲人多得多，但他们直到后来才知道原因在于大多数白人生活和工作的地方不太可能遇到那些四处奔波的瘟疫携带者。[10]

对于不得不应对瘟疫的殖民官员来说，恐惧填补了因为知识缺失留下的空间，这是可以理解的。 但是，他们的抗击鼠疫的措施比他们为阻止更加致命也同样被误解的杀手（如肺结核和霍乱）而设计的措施更令人恐慌。 中世纪黑死病卷土重来的可怕前景似乎占据了他们的想象力。 无论死亡的"黑暗"①是否重要，疾病的种族理论显然也与恐慌有关。 普遍而言，西方鼠疫应答者针对原住民，尤其是穷人，采取了最极端也最具侵略性的措施。[11]

在香港（1894 年）和孟买（1896 年），这些严厉的措施主要是詹姆斯·A·洛森医生（Dr. James A.Lowson）所为——当然得到了这两个城市聘用他的官员的大力支持。 他选择了经典的传染病疗法，主要目的是将病人与健康人分开。 曾在柏林师从科赫并与洛森有密切联络的日本研究人员北里柴三郎（Kitasato Shibasaburo）声称在香港的一间诊所分离出鼠疫杆菌，这似乎证实了人际传播理论（三天之后，耶尔森提供了更准确的描述，后来他因这一发现而饱受赞誉）。 一旦当地官员宣布疫情暴发，其他地方的官员就会对所有从该港口抵达的船只进行隔离。洛森动员了他自己的少许手下、士兵，甚至后来动用了犯罪团伙，将病人和死者以及可能被感染的物品从他们的家中带走。 他们非常随意地将死者埋在坑里，并用石灰或厚厚的水泥板覆盖。 在孟买，他们把三百万加仑混合石炭酸的海水泵入城市的下水道。 但是，正如孟买的卫生官员解释的那样，"最受关注的措施是……对穷人的隔离"。 成千上万的疫区居民，如香港工人阶级（所在的）太平山贫民窟和孟买的原住民城镇贫民窟的居民，被迫进入"隔离医院"和"隔离营"。 在香港，

---

① 对于"黑死病"这一名称的呼应。 ——译者注

主要隔离营位于一艘经过改装的医用船上，名为 *Hygeia*，停泊在远离港口的地方。 官员随后摧毁了所清空地区的数百间房屋，甚至考虑将太平山大片区域烧毁后夷为平地。[12]

在实践中，这些措施中的大部分对城市的公共健康都是灾难性的，或者至少是收效甚微的——当然，我们永远无法确切知道，如果没有采取上述应对措施，这一波瘟疫是否会杀死更多人。 对来自鼠疫港口的船只实施检疫的官员，会在船上人类鼠疫病例清空后对其解除隔离，但通常这些船上仍然有老鼠，老鼠身上的跳蚤就将瘟疫带到了岸上。 因此，鼠疫迅速向东穿越太平洋到达悉尼、檀香山和旧金山，然后向西传播到非洲和南美洲沿岸的各个地方，甚至到达欧洲南部若干城市。 与此同时，房屋的拆毁和下水道的清理迫使老鼠离开它们的巢穴，进入城市更广阔的地区，从而使更多的人暴露在致命的跳蚤叮咬中。 在整个孟买和印度西部，其生态条件格外适合能够有效传播鼠疫的跳蚤类型，在接下来的二十年里，死亡人数惊人，达到两千万，占这一轮大流行期间死亡人数的绝大多数。 在所有受灾城市中，孟买和香港的死亡率特别高；开普敦在几年后与它们接近。 故事中唯一的亮点是耶尔森的发现导向了抗鼠疫血清的研发，而在孟买，一位名叫瓦尔德马尔·哈夫金（Waldemar Haffkine）的乌克兰科学家甚至发明了一种生产过程格外繁琐的疫苗。 值得称赞的是，洛森和其他人在这些产品一出现时就立即将其投入使用，从而挽救了不少生命。[13]

与此同时，反对抗疫措施的政治叛乱让许多人担心香港会崩溃，而印度也正在发生着第二次兵变。 在香港，当地华人痛恨隔离措施——他们侵犯了家庭的尊严，使家人无法恭敬地照料生病和垂死的亲人。在印度，一些穆斯林和印度教徒充满讽刺地抨击种族隔离，因为它违反了深闺制度和种姓隔离：房屋搜查迫使家庭中隔离的妇女公开露面，而隔离营地则将不相容的种姓聚集在一起。 总之，不体面的埋葬因瘟疫致死者违反了儒教、印度教、耆那教、犹太教、佛教和穆斯林的规范——更不用说基督教的规范了。 财产没收以及因为酸和其他消毒剂

168

造成的损毁，引发了持续多年就充分补偿发起的愤怒索赔。 当公共卫生官员试图使用耶尔森的血清或哈夫金的疫苗时，更多的抗议风暴出现了，或是为了捍卫传统医疗技术，或是出于对经常令人不安的副作用和注射制剂中使用违禁动物产品①的担忧。 近十万人逃离香港。 差不多二十万人离开了孟买，许多人不知不觉地将瘟疫带到了农村。[14]

在这种混乱中，有必要在加尔各答停留片刻，认识一下该市的卫生医疗官，粗鲁的辛普森医生（Dr. W. J. Simpson）。 很快，他就赢得了"热带卫生的风暴海燕"的绰号，因为他的旅程异常广泛，遍及殖民世界，并且他似乎具有不可思议的能力，总会在某个城镇卫生问题糟糕至极时抵达。 他将加尔各答的混血人群聚居的布拉集市（Burra Bazaar）列为该城最有可能发生瘟疫的地方，以此开启了他作为瘟疫响应者的饱受争议的职业生涯。 1897 年，他离开印度城镇前往英格兰疗养度假，但随后他就诊断出若干当地病例并对洛森的技术加以认可。 在对孟买式隔离营的恐惧以及破坏疫苗接种运动之中，十五万人逃离加尔各答，以避免抗疫措施被施加于自身。[15]

留在香港、孟买和加尔各答的人举行了乱糟糟的抗议活动，袭击了陷入困境的卫生人员，并闯入医院寻找被强制隔离的亲人。 在加尔各答，成群结队的城市新产业工人成功地迫使政府放弃了一切追随孟买脚步的打算。 鼠疫引发的起义，激发了印度国大党中一个更激进派别的出现。 1897 年，两个激进的英国统治反对者暗杀了浦那（Poona）市的卫生官员。 印度国大党领导人提拉克（B. G. Tilak）因这次事件而被监禁。 获释后，他开始呼吁"Swaraj"，即印度自治。 爆炸以及其他暴力抵抗行动开始在加尔各答和其他印度城市的街道上此起彼伏。[16]

具有讽刺意味的是，在香港和印度最大的城市，为了抗击瘟疫而爆发性地采取种族隔离措施，并未对城市住区的肤色界线产生直接的长期影响。 奥斯伯特·查德威克于 1900 年在加尔各答的辛普森医生亲自陪

---

① 此处可能出于宗教禁忌考虑。 ——译者注

同下返回香港,他此时已成为帝国最重要的鼠疫专家。 面对太平山大部分地区重建的任务,查德威克和辛普森提出了新的住房法规,但并未提出新的隔离措施。 当白人开始为《九龙条例》(1903年)和《山顶保留条例》(1904年)进行鼓吹时,鼠疫已经消退。 在某种程度上,种族隔离主义者依靠对于公共卫生的关注来提出自己的理由,在第一个案例中,他们根据新流行的基于疟疾的争论表明了自己的立场,随后摒弃了老式的山中避暑地风格的气候论点来对太平山的山顶保留地提供支持。[17]

在印度,洛森的财产没收措施招致的广泛愤怒让我们感觉到,任何一种基于种族的住区隔离条例在那里的表现都是如此糟糕。 尽管在鼠疫起义之后受到打压,城市中的印度精英确实失去了重要的权力措施,但他们利用尚存的影响力针对穷人推动基于阶级的隔离措施。 英国人于1898年在孟买成立了英帝国的第一个城市改善信托基金,部分原因是为了恢复一位官员所说的"在城市财产中未获得既得利益的大量英国人"凌驾于经营城镇联合体的当地精英土地所有者之上的权力。 然而,在其计划中,孟买改善信托基金(BIT)优先考虑了印度精英对夷平与他们自己繁华地区最为邻近的贫民窟的渴望。 当BIT试图将被清除的贫民窟居民搬迁到一个具有声望且大部分是印度居民的海滨社区附近时,该社区的富裕居民成功地让他们打消了这个念头。 无论如何,BIT在为穷人提供住房安置方面充其量只能算是懒政,而公共交通的提供就更加差强人意了——这与《伦敦工人阶级住房法案》之下规定的义务形成鲜明对比。 对于那些被赶出家园却又需要在城里工作的穷人来说,唯一的选择就是挤进城市中心那些尚未被拆毁的贫民窟,导致那里的条件变得愈发糟糕。 在加尔各答,鼠疫叛乱让白人对该市体面阶级主导的市政府的长期积怨愈发深重。 1899年,尽管当地国大党领导人苏伦德拉纳特·班纳吉(Surendranath Banerjea)和其他人坚决抗议,孟加拉地方长官在寇松总督的批准下重组了该市政府,以恢复欧洲人的控制。很快,加尔各答也成立了改善信托基金,其运作方式与孟买类似。[18]

170

瘟疫政治对城市住区肤色界线的最大影响发生在其他地方,在太平洋,尤其是在非洲。 在太平洋,感染鼠疫的跳蚤迅速从香港传播到檀香山(1899 年)和旧金山(1900 年)等地。 在这两个城市,卫生官员本能地将鼠疫确定为"局部和地方的疾病"——当然,那个地方就是唐人街。 在檀香山,由克利福德·伍德(Clifford Wood)领导的三位医生仅用了三个月就彻底成为了"夏威夷独裁者"。 他们调查了孟买利用酸(即石炭酸)为基础的瘟疫防治方法,但以费用为由放弃,转而采用了英国官员在香港首先考虑的方法:火。 1900 年 1 月 20 日,伍德正忙于在唐人街的几座"受污染"的建筑物中纵火,突然刮起了瓦胡岛(Oahu)每年这个季节都有的疾风,火势失控了。 到了这一天结束时,整个唐人街都烧成了灰烬。 这一住区的中国人、日本人和夏威夷原住民都被迫进入城外的瘟疫营地,在那里被看守居住了三个月。[19]

用火来对抗鼠疫。美国公共卫生当局为消灭瘟疫而点了大火,檀香山唐人街的居民惊慌逃离。由于鼠疫被认为是一种"地方病"——并且与种族特定的习惯相关——1894 年至 1930 年的鼠疫全球流行成为种族隔离狂热全球蔓延的主要力量。"唐人街出埃及记(The Exodus From Chinatown),1900 年 1 月 20 日",照片来自 C. B. Wood 的收藏,夏威夷州档案馆,檀香山。

一年后，在旧金山发现了一起疑似鼠疫病例，卫生委员会封锁了唐人街，并在其周围部署了警察，禁止进出。当对"印度鼠疫恐怖"的耸人听闻的新闻报道被传得沸沸扬扬时，克利福德·伍德在檀香山①的一位同事敦促委员会效仿火烧唐人街的"壮举"。这个想法的热心支持者是美国公共卫生服务旧金山办公室的詹姆斯·金尤恩（James Kinyoun）医生，他曾在柏林与科赫一起接受过培训，并在巴黎的巴斯德研究所接受过培训。等待最后命令期间，他在城外安排了一个住房计划，以重新安置唐人街的居民。该城的白人媒体再次对唐人街发起煽动性攻击。急于为自己买下唐人街所在优质地块的土地投机者们，祈求这次疫情足以构成紧急情况，从而能抗击导致1890年种族隔离条例未能得逞的法院反对意见。[20]

情势并不如他们所愿。檀香山和旧金山的唐人街居民再次成功地抵制住了他们社区的永久搬迁。在美国民权法尚未适用的檀香山，尽管火灾发生后不久美国吞并了夏威夷，联邦资金流入这个城市，但店铺和房屋被烧毁的中国房东难以获得充分的损失赔偿。即便如此，许多人拒绝把土地出售给开发商，一个较小的唐人街在被烧毁的唐人街的位置崛起，今天仍然存在。在旧金山，一位中国杂货商和一名厨师成功地向联邦法院提出动议，要求以民权为由阻止金尤恩的重新安置计划，卫生委员会不得不作出让步。在这两个案例中，由于自然因素，鼠疫引发的恐慌程度有所下降。但此时此刻，白人定居者给华人居民留下了周围社会敌对和仇恨的又一次痛苦记忆，因此华人更有理由在一个单独的社区中居住以寻求保护。[21]

# 在非洲捕捉老鼠、跳蚤和蚊子

与此同时，瘟疫从亚洲向西传播到非洲——瘟疫到达之时，对这片

① 怀疑此处为原作者笔误，应当为旧金山。——译者注

大陆长达三十年的帝国争夺开始逐渐平息。 在非洲的许多港口城市，黑死病为居住隔离主义者提供了更广泛的选择。 最成功、最持久、最复杂的与鼠疫相关的城市分裂行动发生在南非。 在英布战争（1899—1903）最激烈的时期，鼠疫蔓延到开普敦、伊丽莎白港和德班。 英国军队的车队在运送战争物资时，把被跳蚤感染的老鼠运送到内陆，因此疫情也在约翰内斯堡等内陆城市暴发。 在所有这些地方，卫生医疗官员在白人城镇议会的支持下，援引印度、中国和太平洋地区的先例，自由地使用即刻征收（summary expropriation）甚至放火烧的措施。 他们全都是强行将黑人、混血"有色人种"和印度人转移到隔离营。 为黑人留出的隔离居住点很快就变成了永久性的。 其中大多数形成了种族隔离时代臭名昭著的种族隔离城镇的核心，尽管在鼠疫自行消退后不久，更复杂的隔离政治取代了聚焦于瘟疫恐慌的政治（参见第八章）。

在热带非洲，鼠疫来得稍晚一些——1909年到达黄金海岸殖民地（今天的加纳）的首府阿克拉；1911年到达内罗毕；1914年，到达塞内加尔的达喀尔。 尽管人们对这种疾病的原因越来越了解，但公共卫生官员延长了这些地方的种族隔离狂热，并最终在南非以外的所有殖民地都采取了更激进的种族隔离措施。 在非洲，官员几乎没有区分将病人隔离的紧急政策与按种族分割城市的卫生政策和永久性政策。 在某些地方，南非的例子有助于对其中所涉及的曲折逻辑推理自圆其说——在内罗毕最为明显。 但导致这场旷日持久的狂热的更大因素则在于一种日趋达成的国际共识——划界城市也可以应对另一种可怕的疾病，疟疾。

与鼠疫一样，把疟疾作为隔离的依据，源于将殖民管理者、公共卫生改革者和官员以及病菌发现者本身联系在一起的专业网络。 在非洲，无论是疾病研究中的发现，还是公共卫生措施，都从亚洲的经验中汲取了若干成果。 1898年，罗纳德·罗斯在加尔各答发现了按蚊（Anopheles）在传播疟疾中发挥的作用。 这一发现很快引起了在寻找病原体的两个大人物之间关于如何根除这种疾病的激烈辩论。 罗斯本人相信消灭蚊子是有效措施——排干蚊子繁殖幼虫的沼泽地，在池塘上洒

173

煤油和其他蚊子幼虫灭杀剂，填平低洼地，否则在下雨之后又可能会变成蚊子繁殖的水坑。 在罗斯取得上述发现后不久，罗伯特·科赫也全身心投入疟疾研究中，他认为，大剂量使用奎宁提供了应对疟疾的更实用途径。 他声称在去往德属东非、荷属东印度群岛和新几内亚的旅行中已验证了这一理论。 这些巨头之间的辩论，以及与瘟疫相关的持续存在的问题，促成了英国两家研究机构的成立。 1898 年，沿西非海岸开展贸易的商人成立了利物浦热带医学院（Liverpool School of Tropical Medicine），将罗纳德·罗斯从其任职的印度医疗服务部门（Indian Medical Service）挖走。 随后在 1899 年，罗斯的导师帕特里克·曼森医生（Dr. Patrick Manson）（那时在香港）和"暴雨海燕"辛普森帮助创立了伦敦热带医学院（London School of Tropical Medicine）。 作为其首批行动之一，利物浦热带医学院将罗斯派往塞拉利昂的弗里敦，对他提出的疟疾根除理论加以验证。 一年后，英国殖民部安排派遣另外两名科学家，J·W·W·斯蒂芬斯（J.W.W.Stephens）和 S·R·克里斯托弗斯（S.R.Christophers）从利物浦前往弗里敦、阿克拉和尼日利亚的拉各斯。 辛普森本人很快也跟上了他们的脚步。[22]

这些目的地与西非海岸的其他城市一样，都起源于奴隶贸易，而且大多数围绕着坚固的欧洲仓库或工厂及其周边的非洲人村庄发展而成。废除奴隶贸易后，欧洲人对该地区的兴趣减少了。 只有少数商铺，比如来自利物浦的商人所经营的商铺，继续在那里做生意。 非洲人主持了一些城市的大局，比如在阿克拉，嘎人（the Ga people）在那里经营着自己的城邦，在很大程度上忽略了他们中间的英国前哨。 与邻国利比里亚一样，塞拉利昂最初是为从美洲和英国获释或逃脱的奴隶建立的殖民地，这些奴隶后来成为当地精英。 在塞内加尔，法国人在四个城镇授予非洲人投票权资格，包括达喀尔和圣路易斯。 圣路易斯早在 18 世纪就有了一位黑人市长。 喀麦隆强大的杜亚拉人（Duala）则主宰了该地区以他们自己的族名命名的主要港口城市的商业生活。[23]

在争夺非洲的过程中，英国、法国和德国的殖民者试图将这些城市转变为征服基地和新殖民地的首都。 对于这些想成为其殖民者的人来说，疟疾是一个严重的问题。 生活在西非的按蚊类型是该疾病格外有效的传播者。 其幼虫可以在牛蹄留下的小水坑中存活，而且这种类型的按蚊寿命特别长，因此疟原虫有足够的时间在肠道中发育成熟。 欧洲人最初在西非海岸造出了"白人之墓"一词，这并非巧合。 在黄金海岸殖民地，七分之一的欧洲官员在服役的第一年就去世了，大部分死于疟疾，士兵的死亡率还要高得多。[24]

当罗纳德·罗斯抵达塞拉利昂时，他立即开启了他的新人生使命——大规模灭杀蚊子幼虫。 但他也构想了其他抗疟疾策略。 从在阿尔莫拉（Almora）的山中避暑地出生，到在班加罗尔、塞康德拉巴德和奥塔卡蒙德从事疟疾工作，罗斯几乎一生都在印度的数十个欧洲兵站之间穿梭。 在加尔各答炎热季节即将到来的时候，罗斯发现了疟疾的高潮，他出于本能将家人送到了位于大吉岭的喜马拉雅山中避暑地。 当塞拉利昂的总督向罗斯提到他也在考虑在弗里敦几英里外的一座小山上建造一个山中避暑地供欧洲人居住时，罗斯大吃一惊。"我……想知道几年前没有这样做的确切原因是什么。"

在进一步调查中，他发现："在这一点上存在分歧。 出于商业原因，利物浦来的商人通常希望他们的代理人住在城镇中他们的办公室附近；其他人则认为白人把自己与他们的兄弟隔离开来是邪恶的，完全无视白人因如此邻近而频频死亡的事实。 我赞成新的定居点建在山上更高的地方；但是需要一条铁路，［塞拉利昂总督］金-哈曼（King-Harman）爵士最终选择了建议的地点——海拔约500英尺。"[25]请注意，罗斯关于种族隔离的论点转向了一个引人注目的观点，它来自世界上最伟大的灭蚊者：从某种意义上说，非洲人可以像按蚊一样有效地将疟疾传播给白人。 更讽刺的是，罗斯的竞争对手罗伯特·科赫实际上"证实"了这一点。 科赫观察到，虽然非洲成年人的血液中几乎没有，但当地儿童的血液中却充满了疟疾病原体。 这是因为当地成年人获得了对疟疾的部分免疫力，但这样的免疫力只能通过童年时期的反复感染而获得。 随之而来的是，生活在那些叮咬非洲儿童的蚊子活动范围内的欧洲人，因疟疾而死的风险最高。[26]

从 1900 年至 1903 年穿越西非和印度的旅行中，罗斯的同事斯蒂芬 175
斯医生和克里斯托弗斯医生更进了一步：弃用了罗斯的灭蚊计划和科赫
的奎宁计划，他们成功把欧洲人隔离确定为作为大英帝国唯一官方疟疾
预防政策。 他们写信给他们位于伦敦殖民部的支持者："消灭本地疟疾
就像痴人说梦一样，现今每一项努力都应该转向对欧洲人提供保护。"
此外，他们设想的隔离具有最为严格的形式：欧洲人的住宅应该距离任
何非洲小屋至少半英里，而且（最难以实现的）甚至"应该尽可能远离本
地仆役的住所"。 这样的观点让他们展露了至高无上的种族沙文主义
的思想，他们预测，由此带来的不便是值得的，因为"在非洲，我们相
信，欧洲人的完全隔离将使疟疾成为一种相对罕见的疾病"。[27]

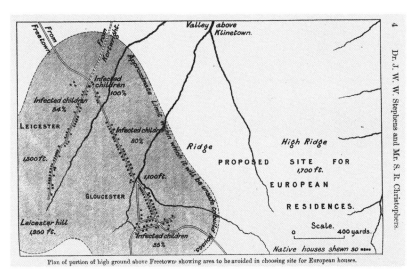

塞拉利昂弗里敦。计划在城外一英里远的五百英尺高的山上建一个只有白
人居住的山中避暑地。罗纳德·罗斯（Ronald Ross）发现疟疾是由蚊子传播的，
这助长了种族隔离狂热，在西非格外明显。起草该计划的 J·W·W·斯蒂芬斯
和 S·R·克里斯托弗斯两位医生是最有效的宣传者，他们认为白人的疟疾预防
取决于与非洲人，特别是与非洲儿童的居住隔离。来自 S. R. Christophers and
J. W. W. Stephens, "The Segregation of Europeans", in *Further Reports to the Ma-
laria Committee of the Royal Society* (1900)。

在伦敦，殖民事务大臣约瑟夫·张伯伦——因其在伯明翰市长早期
职业生涯中对卫生改革和贫民窟清理的大力支持而被昵称为"激进的
乔"——听从了斯蒂芬斯和克里斯托弗斯的种族隔离观点。 两位医生
随后航行到印度，他们在印度相对干燥的拉合尔市的营地米安·米尔
(Mian Mir)监督开展了一项消灭蚊子的实验。 即使要灭杀的蚊子相对
较少，实验也以惨败告终。 奎宁给药的方案也失败了——即使是欧洲
士兵也无法定期服药。 相比之下，种族隔离有着悠久的历史，张伯伦
这样分析，忽略了曾经让印度城市与兵站的分割困难重重的那些政治斗
争。 他迅速向西非殖民地的所有总督发送了机密信件，命令他们去勘
察可供保留给欧洲人居住的地区。[28]

在弗里敦的山中避暑地，预制的平房于 1904 年从英国乘船抵达，
连同修建地基所需的波特兰水泥一起被运送到城镇附近的半山腰。 工
作人员建造房屋的模式，确保让当地的风带来新鲜空气。 官员对仆人
宿舍的禁令态度非常矛盾。 尽管斯蒂芬斯和克里斯托弗斯提出了这样
的建议，他们还是带来了一些仆人，却忘记为厕所腾出空间。 后来，
仆人被允许进入平房，同时还指导他们如何对自己的宿舍"防蚊"。 因
此，官员不得不转过来承认，最明智的抗疟政策是将蚊子与人分开，而
不是将黑人与白人分开。 很快，一条 8 公里长的山区铁路把完成一天
职责的公务员运送到山间避暑地，当然还包括运送人们频繁前往他们本
应避免冒着死亡风险进入的疟疾城镇。[29]

毫不奇怪，并不是每个人都对英国殖民部的疟疾隔离理论感到满
意。 富有的非洲土地所有者，就像他们在印度和香港的同行一样，是
最强烈的反对者。 他们反对为了少数欧洲人的健康需要而征用他们的
土地的理由在于，这些欧洲人随后与他们所谓的"致命的"下层非洲仆
人、情妇，有时还有情妇生的孩子住在一起。 这个理由甚至对殖民地
总督来说都是有说服力的。 其中一些总督拒绝听从伦敦的命令，并与
英国殖民部和殖民地日趋组织完善的市政卫生官员对峙。

最强大的反对者是拉各斯总督威廉·麦格雷戈（William MacGregor,

1899—1904)和黄金海岸的总督休·克利福德（Hugh Clifford, 1912—1919）。麦格雷戈从拉各斯写信给张伯伦，"从社会角度来看，隔离将是灾难性的……这里……没有种族问题。成为种族问题的始作俑者并不明智"。他借用拉迪亚德·吉卜林的话说："我看不出'白人'有何种理由去推卸他的任何'包袱'。"身为医生的麦格雷戈对这种"包袱"有着特别人道主义的态度。他反对非洲人不会受到疟疾伤害的观点，指出婴儿死亡率高，而且据称对此免疫的成年人也一直深受其害。由于资源匮乏，他自己发展了一支由非洲医务人员和护士组成的队伍，让他们参与灭蚊和分发奎宁，并鼓励使用蚊帐和金属丝网将蚊子拒之门外。他还对镇上的整体卫生程序更为重视，并开展了一项公共教育活动，解释采取何种措施防范疟疾。作为回应，英国殖民部从麦格雷戈的努力中看到他对"一种奇怪的多愁善感的观点"（a curious view of sentimentalism）的背叛，并将他调到纽芬兰的某个职位去工作。他的继任者则更愿意听从伦敦的命令，在拉各斯赛马场附近征用了属于非洲精英阶层的七英亩土地。他试图在那里建立一个欧洲区，但许多以前的土地所有者强烈抗议并最终得以留在他们的房子里。[30]

与此同时，在阿克拉，黄金海岸的总督通过了一项城镇修正条例（1901 年），允许自己征用土地，随后他开始在一个名为维多利亚堡（Victoriaborg）的古老瑞典商业设施中布设欧洲人的保留地，其位置在比非洲城镇更高的一个内陆山脊之上。种族限制引起了非洲土地所有者的频频抱怨，后继的总督因担心政治后果而把这一计划搁置。后来，在1909 年，鼠疫到达这座城市。辛普森医生也在这一年到达，这一次他与所有西非殖民地的主要医疗官员在第一次联合会议上会面。他们交回伦敦的报告，强化了英国殖民部对种族隔离的呼吁。随着大火在他们脚下点燃，当局开始征用阿克拉和黄金海岸其他八个城镇的更多土地。随着独座平房的兴起，另一位不可知论者总督休·克利福德到达阿克拉，并立即试图阻止该计划。他认为，用从非洲人那里收的税满足少数欧洲人的健康需求是不合情理的。这一次，殖民部回了一封观点更为强硬的信

件，这封信包含了用以支持香港《山顶保留条例》的论点之一的若干要
178 素。 伦敦方面承认，种族摩擦和成本是一个问题，但还需要考虑其他事
情。 隔离的动机是健康，而不是种族，两相权衡，有赖于在非洲的健康
欧洲人才能达成的行政效率，超过了需要付出的高昂的政治代价。 而这
种效率对于帝国的主要目标——为非洲人服务——至关重要。 克利福德
不得不继续实施隔离计划，尽管他找到了拖延这些计划的方法。[31]

## 种族隔离狂热的高潮

从更大的尺度来看，麦格雷戈和克利福德代表的是例外而非惯例。
热带非洲其他地方的欧洲官员更热衷于将对蚊子、老鼠和跳蚤的恐惧转
化为大规模的住区隔离计划。 在大英帝国内，尼日利亚北部大殖民地
和东非保护国的总督以更大的热情接受了英国殖民部的教义。 法国人
和德国人也是热心的公共卫生隔离主义者，正如他们在各自帝国的两个
主要城市——法属西非的达喀尔和德属喀麦隆的杜阿拉（Duala）所展示
的那样。 综合来看，在这四个地方出现的政治烟花，对 20 世纪早期殖
民城市种族隔离狂热的绝对广度和外部界限提供了一个良好的测度。

与麦格雷戈或克利福德相比，北尼日利亚总督弗雷德里克·卢加德
（Frederick Lugard）爵士给了殖民部的种族隔离主义者更多的信心。 卢
加德是他所处时代最醒目的殖民征服者和管理者之一。 他在 1890 年代
领导了英国对东非的争夺，并在坎帕拉为乌干达殖民地建立了一个划界
的首都。 该城市为其他分裂的乌干达城镇提供了模板，其欧洲人的中
心区被开放空间所环绕，将它们与非洲人区域分隔开来。 从 1896 年到
1906 年，卢加德将尼日利亚北部置于他著名的"间接统治"之下，这种
政策类似于印度的土邦国（the princely states），这个政策使该地区穆斯
林城邦的传统领导人保持其职位，条件是他们需服从英国常驻大臣的指
令。 在香港总督任期（1907—1912）结束后，他回到北尼日利亚担任总

督。 他的第一项官方行动是按照阿克拉会议（Accra conference）出台的
严格规定通过立法，将尼日利亚的城市隔离开来。 在著名的《第 11 号
备忘录》（Memorandum 11）中，他制定了自己的详尽版本的印度营地
法。 在像扎里亚（Zaria）和卡诺（Kano）这样的地方，他将他征服后的营　179

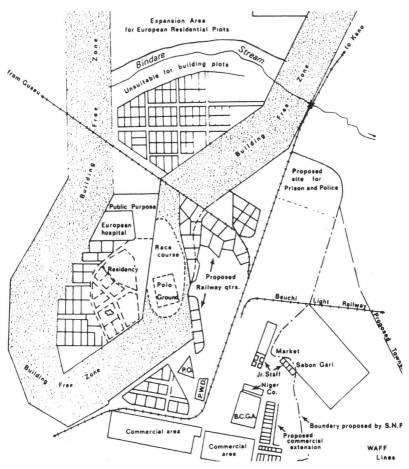

　　弗雷德里克·卢加德为尼日利亚扎里亚制定的隔离方案。在热带非洲的所
有殖民统治者中,尼日利亚的弗雷德里克·卢加德是最彻底的种族隔离主义者。
他在第 11 号备忘录列明了严格的城镇规划制度,不仅要求在欧洲人居住区
(ERA)和黑人社区之间设立"无建筑区"(Building Free Zones, BFZ),而且还开展
了不同寻常的尝试来隔离欧洲人和非洲人的商业区。地图来自 Robert Home,
*Of Planning and Planting*: *The Making of British Colonial Cities* (London:
E and FN Spon, 1997), 131。

地和民政机构混合在一起，并使用当时香港的术语将它们称为"欧洲保留地"——后来将它们重新命名为欧洲人居住区（European Residential Areas，ERAs）。 他下令，这些区域应当被 400 码宽的"无建筑区"（Building-Free zones，BFZs）围绕，这些区域将当地人和以人类为食的蚊子阻隔在下风向和远处。 本土城镇自身也是分割开来的，包括一个老城区（如果有的话）、一个供非洲办事员和其他工匠使用的区域，以及一个传统的独立"萨邦加里"（Sabon Gari，"陌生人区"），贫困的劳工不得不住在那里。 1917 年的另一项法令——一位目瞪口呆的支持者称之为"欧洲人的卫生大宪章"——实际上要对居住在保留地之外的欧洲人，包括商人处以罚款。 该条款的主旨是欧洲人和非洲人的商业活动应该在城镇的不同地区进行——分别是 ERA 中的欧洲人区和"萨邦加里"的非洲人区。 这是阿克拉会议的另一个想法。 尽管商业隔离也旨在让欧洲人取得高出他们精明的西非竞争对手之上的优势，但它阻碍了重要的跨种族商业联系。 两位英国商人明确表示，除非获得丰厚的补偿，否则他们不会将业务从卡诺老城转移。 就像近百年前新加坡的斯坦福·莱佛士一样，卢加德不仅将城市隔离视为一种卫生或商业措施，而且还将其视为一种基于种族和文化为城市居民创建各自辖区的方式，这一政策与间接统治这一更广泛的理念相吻合。[32]

与此同时，在后来被称为肯尼亚的英属东非保护国，总督们为首都内罗毕制定了种族隔离计划，这些计划至少与卢加德的计划一样雄心勃勃，尽管是以南非而不是印度作为主要模型。 与赤道非洲的其他地方不同，肯尼亚凉爽的高地吸引了大量英国定居者，其中一些人以前曾在南非和罗得西亚工作过。 与南部非洲一样，保护国的早期总督为非洲人预留了农村保留地，类似于北美的印第安人保留地，以防止他们与定居者争夺最好的土地。

内罗毕最初是作为通往乌干达线路上的一个偏远火车站而兴起的，但它作为通往白人高地的商业门户而蓬勃发展起来。 直到 1920 年，居住在火车站附近城镇集市中的印度移民铁路工人仍占其居民的大多数。

当这座城市成为首都之后，白人定居者在车站以北较高的林区建造他们的独座平房。其郊区也有五个非洲人村庄发展起来。在 20 世纪的头十年里，传播鼠疫的老鼠和它们身上的跳蚤曾多次搭乘火车进入内罗毕，最终导致此地在 1911 年至 1913 年间暴发了大规模的疫情。当鼠疫不断袭来，英国殖民部再次派出了它的末日风暴海燕辛普森医生，这次是他职业生涯的最后一次飞行，一次远赴东非的盛大旅行。辛普森回国后提交的报告，包含了他迄今为止对住区隔离最复杂的辩护。反思欧洲日益兴起的城市规划运动，尤其是富有远见的埃比尼泽·霍华德的"花园城市"理念，他称赞规划师把城市的不同功能彼此分开而付出的努力——使工作、商业和工业远离居住区。但是，他继续说道："在种族多样化、习惯和习俗彼此不同的情况下，还需要更多的东西。""这些不同种族的人易患的疾病很容易传染给欧洲人"，尤其是"当居住地点彼此靠近时"。"这是绝对必要的……城市规划应该为欧洲人、亚洲人和非洲人分别提供清晰界定的地块或住区……并且在欧洲人住区与亚洲人和非洲人住区之间至少应留出一条 300 码宽的空旷地带。"[33]

181

　　辛普森希望将蒙巴萨和桑给巴尔等古老的斯瓦希里海岸城市划分为若干个种族区域，事实证明，在欧洲人很少且非洲政体（如西非沿海）过于强大的地方，这项任务很困难。但在新近成立的白纸一张的内罗毕，白人定居者人口众多，市政府在 1921 年感到更有底气，开始征用内罗毕的非洲人村庄，并将其村民迁往普姆瓦尼（Pumwani），这是一个靠近铁路场站和排污口的南非风格本土小镇。殖民政府还开始实施通行证法律体系，旨在管控离开农村保留区前往新首都和保护国的其他发展中城镇的非洲人数量。到 1930 年代，殖民地国家自认为已经强大到可以直接废除非洲人的私有产权，这同样与南非很像，即使留下来的富有的村民也被强令进入普姆瓦尼。[34]

　　城镇中的印度商人带来一个更棘手的政治问题。他们的集市——如同檀香山和旧金山的唐人街——都位于市中心附近的好地段。一名城镇工程师曾在鼠疫暴发期间将其烧毁。辛普森现在建议再次将这个地方夷为平地，并将其搬出城外。 尽管当局的确再次将集市夷为了平地，但印度人利用英国官员对印度国内民族主义运动的日益不安，在同一地点重建了集市。 到 1920 年代，白人开始抱怨富裕的印度人也开始在全白人地区购买房地产。[35]

尽管如此，英国当局在分割尼日利亚北部和肯尼亚的城市方面取得了比西非更大的进展。 毫无疑问，在尼日利亚，部分原因在于早期非洲人和白人之间的商业接触相对较少。 在内罗毕，非洲精英在当地商业中几乎没有立足之地，甚至其最富有的成员也几乎没有政治影响力。 那里的地方官员也可以依靠更大、更有权力的白人定居者社区的支持来隔离非洲人，即使他们在削弱印度人的力量方面并无多少作为。

通过这些措施，法国人和德国人比英国人更进一步推动了以疟疾和鼠疫为基础的种族隔离的政治范围。 无论是达喀尔还是杜阿拉，都是与阿克拉、拉各斯或蒙巴萨更相似的城市，在这里，主要由暂居的白人官员和较为长久在此投资的商业代理人构成的小型白人群体，生活在由成熟、富裕和相对强大的商业精英经营的非洲人社区内。

达喀尔位于非洲最西端的佛得角，是被称为法属西非的庞大殖民地联盟的首都。 它也是塞内加尔"四个城镇"中最大的一个。 任何在四个城镇居住五年的人都可以投票，这通常被视为法国致力于用法国规范将当地人"同化"的证据。 在达喀尔，选民构成如下：白人；讲法语的天主教"混血儿"(métis)，其法国公民身份可追溯到 18 世纪；被称为 évolués(字面意思是"进化的人")的讲法语的非洲文员；少数最富有的勒布人(Lebu)，他们是佛得角的原住居民，主要是穆斯林，居住在与法国人城镇边缘重叠的新月形地带 13 个村庄中。 该市绝大多数较贫穷的非洲穆斯林要么没有资格参加投票，要么选择退出异教徒殖民机构。1914 年 5 月，évolués 与勒布人和其他非洲选民联合起来，选举了一名非洲人布莱斯·迪亚涅(Blaise Diagne)作为他们在巴黎第三共和国议会中的代表，震惊了法兰西帝国。[36]

当腺鼠疫和它的旅行伙伴——种族隔离狂热来到镇上时，达喀尔的非洲人对上述前所未有的胜利的庆祝活动才刚刚开始。到 7 月，随着死亡人数迅速攀升，该市卫生委员会断定，遏制疫情的唯一途径是"摧毁所有不易消毒的棚屋和小房"，并建立一个"隔离营"（camp de ségrégation），可以把"原住民"重新安置在"远离欧洲人城市的地方"。强硬的法属西非总督威廉·庞蒂（William Ponty）支持该计划，并在一个月内在该市北部的低洼沙质荒地上建造了一个新的非洲人片区。勒布人称这个地方为 Tilène（豺狼出没的地方）。法国人称它为 Medina①，在阿拉伯语中指北非带城墙的城镇。不管它叫什么名字，到了秋天，当局已经将 2 900 人——约占该市总人口的十分之一——转移到西非最类似南非原住民城镇的地方。[37]

法国人在达喀尔施行的种族隔离主义，与公共卫生思想的跨殖民地网络深深纠缠在一起，后者曾推动了大英帝国种族隔离狂热。法国有自己的巡回公共卫生研究人员，比如古斯塔夫·雷诺（Gustave Reynaud）和亚历山大·克摩根（Alexandre Kermorgant），他们曾到访西非并撰写了具有影响力的卫生手册，其中提到了罗斯、科赫、斯蒂芬斯和克里斯托弗斯之间关于消灭疟疾的辩论。当黄热病于 1901 年和 1905 年在达喀尔出现时，首先是克摩根，后来是来自巴黎的一个委员提出了隔离城市的想法。当殖民官员胆怯心虚地允许黑人在白人紧邻位置用砖头建造房屋居住时，当地卫生官员感到愤怒。1913 年黄热病卷土重来，总督庞蒂提出了他自己朴素版的科赫疟疾"原生宿主"理论。"当地人的存在，"他说，"靠近欧洲人就会加剧黄热病和疟疾。"接下来他的话就类似即兴表演了："黑人小孩……会存留和保持［黄热病］病毒。"接下来就更是胡扯了："就好像按蚊从黑人的血液中吸取了力量，焕发出了新的活力。"[38]

强迫本地人迁往非欧洲人聚居区的其他动机在当时的记录中也一览无遗。许多勒布人的房屋位于海湾附近的一个区域，白人渴望在那里

---

①　后文译为"非欧洲人居住区"，未音译为"麦地那"，以免与圣城麦地那混淆。——译者注

独占开发。 非洲人的习俗也被视为令人讨厌的东西，我们可以从一位偏离官方公共卫生规范严格条文的卫生官员的话中得窥端倪。 他写道，搬迁到非欧洲人聚居区的非洲人就"可以整夜演奏大鼓，也可以凌晨四点就开始捣碎小米"——离得远远的，不会打扰欧洲人。[39]

184　　相比之下，对于非洲人来说，他们被迫迁移到豺狼出没的荒野的真正原因很明显：他们是因为迪亚涅的胜利而受到惩罚。 事实上，庞蒂已经持续数年削弱讲法语的非洲文员和勒布人的公民权利。 他的行动，原因之一在于选举中非洲人迪亚涅以强劲票数当选。 即便在白人和天主教混血儿圈子里流传着鼠疫是对反叛的穆斯林（勒布人是这种疾病的主要受害者）的惩罚的谣言，但这些情绪并没有平息。 勒布人担心当局正在密谋限制非洲人拥有土地的权利，而1914年的土地征用似乎预示了这一担忧。[40]

在达喀尔，对鼠疫引发迁离的抵抗与印度以外的任何地方一样激烈。 5月，1 500名勒布人手持藤条和棍棒进入市政厅，要求停止征用土地。 他们赢得了庞蒂的一些让步，但在10月和11月，当剩余的大部分勒布人村庄被安排搬迁时，又有三千到四千人聚集在街上，要求停止对他们的小屋和茅舍的破坏。 庞蒂本来准备用军队围攻这座城市，后来又退缩了，因为担心招致殖民地发生重大破坏的后果，就像第一次世界大战初期德国军队对巴黎带来的威胁一样。 那时，德国人已经与奥斯曼苏丹，也就是伊斯兰世界的哈里发结盟，几乎不需要花费一枪一炮来对付在他们穆斯林殖民地的法国人。 布莱斯·迪亚涅本人此时正在巴黎，并且已经意识到这种敏感性。 他和当时的许多亚洲、非洲和非裔美国人领袖一样，希望白人能够改善殖民地人民的生活，以此作为对他们在欧洲服役的奖励。 因此，他敦促勒布人克制。 事情平息下来，但土地征用仍在继续，只是进度慢了些而已。[41]

和达喀尔一样，1914年世界大战开始时，在德意志统治下的杜阿拉，种族隔离戏剧达到了高潮，这也让其遥远的欧洲首都颇受震撼。杜阿拉没有鼠疫紧急情况，但镇压和反应却比热带非洲的其他任何地方都更加引人注目。 故事开始于 1910 年，杜阿拉地区专员赫尔曼·罗姆（Hermann Röhm）宣布他打算将此地 20 000 名原住民从瓦里河（Wari River）沿岸的家中迁移到距海岸一公里的原住民城镇，许多人原本以区域商人的身份谋生。 四百名欧洲商人将拥有海岸线土地的所有权，并开发一个港口，主导把中非的巨额财富运往欧洲的业务。 当然，一公里的缓冲区是为了防止肚腹中装有非洲人血的蚊子进入欧洲房屋。 一个不寻常的种族化的土地价值论调也替代了公共卫生论调：罗姆认为，杜阿拉只是从欧洲人的进步中受益的经济寄生虫，这些投资的成果应该归还给那些应得的人。 最后，还有更抽象的种族关系问题。 罗姆令人错愕地宣称，在非洲的其他地方，英国人犯了一个错误，允许"与当地人在社会和政治上保持平等"。 德意志帝国则不然，它以加深"白人与黑人种族对立"的方式建造城市。[42]

杜阿拉人毫不犹豫地反对该计划。 他们的领导人曼加·贝尔（Manga Bell）翻寻出一份由前德国总督签署的条约，其上列明将保证他们对土地的权利。 随后他聘请了一名德国律师，向位于柏林的德国国会提交了一份由大部分杜阿拉精英签署的请愿书，并争取了德国左翼代表的支持。 可悲的是，这难以成为德国参与型政府取得进步的时机，德皇的官员鼓动了保守派媒体对劣等种族的人应行使公民权这一假设的愤怒。 很快，就针对曼加·贝尔和他的私人秘书恩戈索·丁（Ngoso Din）提出了夸大其词的起诉，指控他们密谋将喀麦隆交给英国人。1914 年炎热的 7 月，随着战争的爆发，他们的案件进入了审判阶段。贝尔和丁很快被定罪并处决。[43]

## 热潮的终结

在 1914 年至 1923 年间，热带非洲的种族隔离狂热达到顶峰，标志着全球基于鼠疫和疟疾的种族隔离战略缓缓接近尾声。 从曼加·贝尔被处决的惊叹号，到威廉·庞蒂在那年晚些时候放弃围攻达喀尔；从卢加德作为尼日利亚总督的狂热任期，到 1923 年英国殖民部对内罗毕的印度人种族隔离问题的官方态度转变，激进主义的尖锐时刻缓缓转变为漫长的调整和妥协时段。一个漫长且略显平淡的收尾开始了。

186　　几乎在非洲的所有地方，就像此前在印度、中国和太平洋地区一样，冲突降级的戏剧都包含着相同的政治因素。在鼠疫危机和早期对蚊子恐慌的洪流中，在大多数地方，将致命疾病归咎于"劣等种族"并提出隔离的解决方案相对容易。西方科学的前沿证实了这一点，研究人员的国际网络为其赋予了可信度，几位诺贝尔医学奖第一批获得者的加持使之权威性又进一步增加。但在随后的政治动荡中，这一论点的完整性很快就瓦解了。对健康威胁的减少有助于这一进程。鼠疫从未像在孟买或开普敦那样侵入热带非洲或太平洋，高死亡率很快就成为陈词滥调，至少就政治而言是这样。即使在最可怕的所谓"白人坟墓"（White Man's Graves），由于麦格雷戈式的教育活动生效以及蚊帐、金属丝网和奎宁得到更广泛的使用（在晚至 1940 年代 DDT 发明之前，灭蚊效果微乎其微），白人死于疟疾的人数也在减少。①

资本主义经济利益也在种族隔离的戏剧中扮演了它们惯常的矛盾角色。隔离殖民城市的帝国官员可能一直在为长期的计划而建设可持续的基地，以利用他们的殖民地为其祖国的工业谋取利益。但这些城市中其他资本家的利益却同样坚定地将住区政策推向了相反的方向。与殖民世界各个不同地方的城市土地所有者一样，非洲人当然没有兴趣为了重新安置计划而放弃他们的财富和政治权力来源。但在非洲，白人资本家也可能会反对种族隔离，尤其是白人商人，他们认为与靠近非洲商业伙伴所带来的优势相比，种族隔离带来的任何公共卫生方面的好处都可以忽略不计。这些利益并没有完全阻止种族隔离的进程，但却总

①　DDT，是有效的杀虫剂。为 20 世纪上半叶防止农业病虫害，减轻疟疾伤寒等蚊蝇传播的疾病危害起到了不小的作用，但由于其对环境污染过于严重，目前很多国家和地区已经禁止使用。——译者注

能大大放慢其速度，迫使种族隔离的支持者使用其他有时不那么明显的工具来保持肤色界线的完整。

到 1920 年左右，支持种族隔离的公共卫生官员不得不在来自科学界的拥护者甚至帝国首都赞助人的强烈支持渐渐消退的情况下费力工作。 公共卫生可能仍然会激起分裂城市的热望，但无论谁试图进一步推动种族隔离，都不得不面对一个更大的挑战：反殖民主义。

地区专员罗姆部分放弃了杜阿拉激进的种族隔离，很好地展示出这一结局的许多特征。 就在帝国威权主义的爆发使曼加·贝尔成为反种族隔离运动的第一批烈士之时，罗姆和其他德国高级官员却悄悄放松了他们的土地征用和重新安置计划。 他们指定专供德国使用的区域远远大于四百个欧洲商人可能使用的区域。 许多白人商人已经购买了足够的土地供自己使用，他们乐于放弃可疑的千米宽的防蚊屏障，以便更方便地与杜阿拉人进行交易。 尽管罗姆对杜阿拉有更大的经济计划——建造一个港口，让德国对中非的开发超越英国、法国和比利时——但他同意限制为满足欧洲的迫切需求而征用非洲人的土地，杜阿拉人得以把他们的土地保留在该城更令人向往、海拔更高，因而也是最健康的街区之一。 他还承认，许多最富裕的杜阿拉人能够使用符合卫生规范的坚固材料建造完美的房屋，能够这样做的人被许可居住在德国区。

随着土地征用过程在战争期间持续放缓，帝国之间的竞争介入了。法国人和英国人竭尽全力地从对曼加·贝尔的处决中趁机捞一把：他们声称，这毫无疑问地表明，从道德上来讲德国根本没有资格管理殖民地。 在 1918 年凡尔赛会议上，德属喀麦隆被移交给法国。 此后，在多年来持续指责德国人把杜阿拉当成新汉堡，把隔离计划作为接管整个中非的邪恶阴谋的一部分之后，法国人决定自己也想要这样一个大港口。 法国人更改了这座城市及其居民的名字"杜阿拉"，随后自己继续执行罗姆的计划。 杜阿拉人没有错过任何一个节拍。 他们将自己重新定位为喀麦隆民族主义运动的主要力量，一再指责法国统治者甚至比杀死曼加·贝尔的德国人更加专制和独裁。[44]

187

与此同时，在达喀尔，鼠疫在 1914 年底逐渐消退，强制迁往非欧洲人居住区的进程变得缓慢起来。 种族与公共卫生之间的官方联系变得不那么明显了。 庞蒂很早就向勒布人承诺，只要他们重建家园，他们就可以返回达喀尔城并得到他们的土地。 到 1919 年，一位新总督煞费苦心地解释说："'欧洲城'这个词应该被理解为'愿意接受适用于欧洲人的卫生规则的人们的城市'……我们不应该设想两个城市的隔离意味着让种族彼此对立的政治努力，也没有限制原住民权力的任何倾向。"当然，这种言论并没有鼓励法国人在非欧洲人居住区开发充足的卫生基础设施。 在整个 1920 年代，非欧洲人居住区变得越来越拥挤且设施简陋，到处都是来自农村的各种移民。 许多勒布人最终放弃了抵抗，也搬到了此处，因为达喀尔市中心的大型开发项目慢慢蚕食了他们残存的 13 个村庄。 在接下来法国统治的时期内，市中心继续存在非洲人和信奉天主教的混血儿拥有的房屋。 然而，正如庞蒂打算的那样，非欧洲人居住区全部是黑人。[45]

弗雷德里克·卢加德爵士为尼日利亚分裂的城市制定的激进方案，尽管详细而颇费一番力气，但也证明在政治上易受攻击，而且令人费解、不切实际。 1918 年卢加德退休后，殖民部从黄金海岸调来休·克利福德勋爵接替他的职位。 这一任命反映了英国殖民部态度的缓慢转变：那里的许多人，就像罗纳德·罗斯一样，已经对基于疟疾的种族隔离论调失去了信心，并开始质疑为此付出的政治甚至经济代价是否值得。 卢加德的欧洲住宅区中到处都是宽大的独座平房和院落，而那片宽阔的无建筑区则需要政府买下大块土地，并且大部分土地是白白放着无任何生产能力。 把非洲的重要人物拒于 ERA 之外，或者不允许白人或黑人商人在 BFZ 中建造房屋变得更加困难——尤其是因为若干欧洲商业问题对 ERA 居民造成滋扰和卫生威胁。 卢加德关于不同类型非洲"陌生人"权利的拜占庭法规也将当地行政部门捆绑在一起。 克利福德暂停了卢加德的《大宪章》(Magna Charta)中的许多条款，拒绝让违反这些条款的非洲人、商人或传教士搬来。 热潮退却的节奏却并不均匀。 温斯顿·丘吉尔在 1921—1922 年担任殖民大臣的短暂任期内，热切地寻求在西非恢复种族隔离。 在拉各斯，尽管总督克利福德反对，当地官员还是想方设法在城镇以东一个以前并不安稳的名为伊科伊（Ikoyi）的沼泽上建立了一个基本上成功的隔离的欧洲人保留地。 直到1930 年代，还有一些种族隔离主义者时不时地试图将卢加德的遗产重新点燃。 然而，殖民部逐渐废除了 ERA，并最终在 1947 年向受过教育的非洲人开放了伊科伊。 作为补偿，白人 ERA 居民委员会起草了建筑租约，为居住在欧洲人地区的非洲人规定了很高的住房标准。 1945年，殖民部提出为被迫与非洲人一起生活的欧洲人降低租金，以安抚种族隔离主义者。 尽管如此，当时生活在西非的英国人不得不接受这样一个事实，即殖民地住区政策，整体开始向基于阶级而非基于种族的隔离转变。[46]

在内罗毕，第一次世界大战后对非洲人的隔离速度比以前更快。1920 年代和 1930 年代，城市周围的非洲村庄被夷为平地，到 1940 年代，该市已经建造了几个大型"庄园"，以在普姆瓦尼原住民城镇及其周边地区安置非洲人。 在此期间，通行证法也得到延展。 从这个意义上说，内罗毕的政治看起来很像约翰内斯堡或南罗得西亚的简化版，索尔兹伯里（Salisbury）和布拉瓦约（Bulawayo）等城市也有类似的安排。[47]

相比之下，隔离内罗毕印度人的努力遇到了许多政治障碍。 构成当地商人阶级的是这些印度人，而不是非洲人。 此外，就像在约翰内斯堡一样，许多印度人非常富有，可以在白人地区购置产业。 此时在圣雄甘地领导下的印度独立运动，已经使海外印度人的地位成为一个重要关注事项，英属印度统治者向其他殖民政府施加了相当大的压力，要求他们不要制造麻烦，否则这些麻烦会成为回旋镖射向德里。 1923年，殖民部发布了第 1922 号命令文件，其中明确反对在肯尼亚正式将印度人与白人隔离，并指出"现在具有决定权的医疗主管部门的观点是，作为一项卫生措施，把欧洲人和亚洲人加以隔离对于维护社区公共卫生而言并不是绝对必要的……执行卫生、警备和建筑法规……就足够了"。 白人定居者对这一决定感到愤怒，但与南非不同，尽管有来自德里和伦敦的压力，但南非的白人定居者却可以慢慢削减印度人的土地权利。 而肯尼亚是一个英国直辖殖民地，其白人的发言权要有限得多。[48]

1948 年，专门为欧洲人设计郊区住宅的南非建筑师 L·W·桑顿（L.W.Thornton）负责为内罗毕编制总体规划。 尽管距离第 1922 号命令文件发布已经过去了四分之一个世纪，他本人以及他在内罗毕访谈的欧洲人仍然咬牙切齿。 桑顿有些粗鲁地指出，"许多人向城市规划团队表达了他们希望看到种族隔离成为现实的愿望"，并且"不难看出为什么欧洲人要从其他群体中抽离"。 关于欧洲人是如何实现这种"抽离"的，他只是给了一个微妙的暗示。 在他提供的显示内罗毕人口分布的地图上，该市延伸出的大部分欧洲人地区都被描述为"受到私人地产的限制"——也就是说，开发商在房地产契约中加入了种族契约。 南非白人长期以来一直抱怨这种限制太弱，无法保证永久的肤色界线。 到1950 年，他们依据种族隔离时代的《种族分区隔离法》（Group Areas Act)实现了全面的种族分区。 相比之下，在内罗毕，至少与白人和印度人相关的问题上，白人定居者不得不满足于一种更类似于美国的种族隔离制度。[49]

## 种族隔离狂热留下的余音

尽管 1920 年殖民城市中疾病恐慌隔离主义的最激进时刻已经过去，但其基本原则并没有消失。 即使浪潮慢慢退去，非洲的其他欧洲人也建造了自己的首都，上面都打上了以老鼠、跳蚤和蚊子为因由的肤色界线。 就连通常并不被视为典型种族隔离主义者的葡萄牙人，也将洛伦索马克斯(1907 年之后成为莫桑比克的首都)的中央商务区发展为

"在非洲的欧洲大陆城市"，位于一个旨在充当肤色界线的环形车道内
（安哥拉罗安达的旧奴隶港，人口众多，杂乱且强大，更难以按种族划
分）。 1930年，比利时政府将刚果首都从博马（Boma）迁至利奥波德维
尔（Léopoldville， 今金沙萨）。 他们在卡林加（Kalinga）的欧洲区周围建
造了一个高尔夫球场、一个动物园和植物园，将其与原住民城市（Cité
Indigène）分开，并禁止非洲人和欧洲人在晚上9点之后进入彼此的区
域，这是蚊子最活跃的时段。 当化学杀虫剂在1940年代面世时，利奥
波德维尔的当局展示了一架市政飞机低空飞越广阔的原住民城市，抗疟
的药雾在其身后滚滚喷洒的照片，向潜在的比利时定居者就该市的生活
景象加以宣传。 最后，在墨索里尼的领导下，意大利人很晚才加入比
赛，重新进入非洲争夺战，并在1930年代宣布了在的黎波里和亚的斯
亚贝巴的种族隔离计划。 然而在第二次世界大战彻底粉碎意大利殖民
主义之前，这些计划并没有落地。[50]

　　尽管鼠疫和疟疾恐慌的刺激消退了，隔离和卫生设施之间更大的历 191
史性联姻在两次世界大战之间甚至更长时间内继续蓬勃发展。 至少还
有两波城市改革浪潮推动了它的持续发展，这两波浪潮时而并行。 一
个是反对城市贫民窟的运动，它可以追溯到19世纪初的印度和欧洲，
到20世纪初已然成为一个跨越不同大陆的现象。 公共卫生活动家早就
知道，对贫民窟耸人听闻的描述与疾病恐慌同样奏效，可以引起对昂贵
且不受欢迎的土地征用和强制搬迁计划的政治同情。 尽管大英帝国的
改善信托运动（Improvement Trust movement）将其实践从孟买和加尔各
答传播到殖民地世界最广泛的地区，但在1930年代，南非和美国还是
普遍采用贫民窟清理以实施种族隔离（参见第十一章）。

　　第二波浪潮是城市规划运动，或者，使用其颇具影响力的法国支持
者所取的名字，urbanisme。 对于领导这场运动的新一代城市总体规划
师来说，卫生和隔离之间的联系并非出于恐惧或厌恶，而是源于西方帝
国和文明的最宏伟的梦想。 从这个崇高的灵感中诞生了殖民时代最奢
华的城市隔离主义纪念碑。

注 释:

〔1〕 "隔离狂热"一词我借用自 Daniel R. Headrick, *The Tentacles of Progress: Technology Transfer in the Age of Imperialism*, *1850—1940* (New York: Oxford University Press, 1988), 164; *The Oxford English Dictionary*, 2nd ed. (Oxford: Clarendon Press, 1989), 14: 889—890; Paul Robert, *Dictionnaire alphabétique et analogique de la langue française* (Paris: Société du Nouveau Littré, 1972), 6: 192; *Grand larousse de la langue française* (Paris: Librairie Larousse, 1977), 6: 5434; Salvatore Battaglia, *Grande dizionario della lingua italiana* (Torino: Unone Tipografi co, Editrice Torinese, 1998), 491—494。

〔2〕 S. R. Christophers and J. W. W. Stephens, "The Segregation of Europeans", in *Further Reports to the Malaria Committee of the Royal Society* (London: Harrison and Sons, 1900), 23.

〔3〕 Heinrich Krieger, *Das Rassenrecht in Südafrika: Ein Rechtspolitischer Überblick auf Rechts-Geschichtlicher Grundlage*, *Zugleich Andwendung einer Neuen Systematik des Kolonialrechtes* (Berlin: Junker Dünnhaupt, 1945), 347—349, 357—364, 282.

〔4〕 援引自 John Cell, *The Highest Stage of White Supremacy: The Origins of Segregation in South Africa and the United States* (Cambridge: Cambridge University Press, 1982), 1—20, 引自第 20 页 (原始文献的重点)。 Cell 的分析源于他对南非和美国南部的关注。 他几乎没有研究这两个国家城市隔离的动态变化。

〔5〕 参见第四章和第五章。 J. A. Yelling, *Slums and Slum Clearance in Victorian London* (London: Allen and Unwin, 1986); Daniel T. Rodgers, *Atlantic Crossings: Social Politics in a Progressive Age* (Cambridge, MA: Belknap, Harvard University Press, 1998), 130—159.

〔6〕 W. E. B. DuBois, "The Souls of White Folk" (1910), in W. E. B. *DuBois: A Reader*, ed. David Levering Lewis (New York: Henry Holt, 1995), 453—465, 引自第 454 页; Mohandas Gandhi, "Our Shortcomings" (1921), *The Collected Works of Mahatma Gandhi* (Delhi: Government of India, Publications Division, 1966), 20: 257—261, 引自第 260 页。 就本段中所列观点, 我很感谢与 Theresa Runstedtler 教授之间的对话。

〔7〕 Mark Harrison, "A Question of Locality: The Identity of Cholera in British India", in *Warm Climates and Western Medicine: The Emergence of Tropical Medicine*, *1500—1900*, ed. David Arnold (Amsterdam: Rodopi, 1996), 133—159; Valeska Huber, "The Unification of the Globe by Disease? The International Sanitary Conferences on Cholera, 1851—1894", *History Journal* 49 (2006): 453—476; James Ranald Martin, *The Influence of Tropical Climates on European Constitutions* (London, 1856), 81, 117; Sir Joseph Fayrer, *Inspector-General Sir James Ranald Martin* (London: Innes, 1897), 118—120; Kerrie L. MacPherson, *A Wilderness of Marshes: The Origins of Public Health in Shanghai* (Hong Kong: Oxford University Press, 1987), 9—10, 27—48.

〔8〕 Michael Worboys, "Was There a Bacteriological Revolution in Late Nineteenth Century Medicine?", *Studies in the History and Philosophy of Biology and Biomedical Science* 38 (2007): 20—42; Mary P. Sutphen, "Not What, but Where: Bubonic Plague and the Reception of Germ Theories in Hong Kong and Calcutta, *1894—1897*", *Journal of the History of Medicine* 52 (1997): 81—113.

〔9〕 David Arnold, *Colonizing the Body: State Medicine and Epidemic Disease in Nineteenth-Century India* (Berkeley: University of California Press, 1993), 189—199; Mark Harrison, *Public Health in British India: Anglo-Indian Preventative Medicine*, *1859—1914* (Cambridge: Cambridge University Press, 1994), 117—138; Philip D. Curtin, "Medical Knowledge and Urban Planning in Tropical Africa", *American Historical Review* 90 (1985): 596—597.

〔10〕 Echenberg, *Plague Ports*, 6—9.

〔11〕 Echenberg, *Plague Ports*, 1—14, 70—71, 313—314.

〔12〕 Echenburg, *Plague Ports*, 28—32, 38—46; Prasant Kidambi, *The Making of an Indian Metropolis: Colonial Governance and Public Culture in Bombay, 1890—1920* (Aldershot：Ashgate，2007），49—70，引自第 65 页；Arnold，*Colonizing the Body*，200—218；Harrison，*Public Health in India*，133—150，217—226；Sutphen，"*Not What，but Where*"，101—103。与 Mary P. Sutphen 教授之间的个人通信，帮助我明确了诸如"isolation"和"segregation"等词语的当代使用。

［13］Echenburg，*Plague Ports*，15。

［14］Echenburg，*Plague Ports*，38—43、64。

［15］Harrison，*Public Health in India*，213—220。

［16］Echenburg，Plague Ports，38—43、62—68；Arnold，*Colonizing the Body*，218—239；Harrison，*Public Health in India*，222—224；Subho Basu，"Strikes and 'Communal' Riots in Calcutta in the 1890s：Industrial Workers，Bhadralok Nationalist Leadership and the Colonial State"，*Modern Asian Studies* 32(1998)：972—983。

［17］Osbert Chadwick and W. F. Simpson，*Report on the Question of Housing of the Population of Hong Kong*（Hong Kong：Noronha，1902），20，36；David M. Pomfret，"'Beyond Risk of Contagion'：Childhood，Hill Stations and the Planning of British and French Colonial Cities"（未发表文稿）。

［18］Kidambi，*Making an Indian Metropolis*，71—113，引自第 84 页。 Harrison，*Public Health in India*，184—185，220—226。

［19］James Mohr，*Plague and Fire：Battling Black Death and the 1900 Burning of Honolulu's Chinatown*（Oxford：Oxford University Press，2005），83—156，引自第 197 页。Echenburg，*Plague Ports*，200—204。

［20］Nayan Shah，*Contagious Divides：Epidemics and Race in San Francisco's Chinatown*（Berkeley：University of California Press，2001），121—157；Echenburg，*Plague Ports*，200—204，216—217，225—226。关于旧金山 1890 年法令，请参见第五章。

［21］Mohr，*Plague and Fire*，189—194；Echenburg，*Plague Ports*，209—212，226—235。

［22］Philip D. Curtin，"Medical Knowledge and Urban Planning in Tropical Africa"，*American Historical Review* 90(1985)：597—599。

［23］John Parker，*Making the Town：Ga State and Society in Early Colonial Accra*（Portsmouth，NH：Heinnemann，2000）；Curtin，"*Medical Knowledge*"，608。

［24］Stephen Frenkel and John Western，"Pretext or Prophylaxis? Racial Segregation and Malarial Mosquitos in a British Tropical Colony：Sierra Leone"，*Annals of the Association of American Geographers* 78(1988)：211—214；Curtin，"*Medical Knowledge*，" 594—597；Raymond E. Dumett，"The Campaign against Malaria and the Expansion of Scientific Medical and Sanitary Services in British West Africa，1898—1910"，*African Historical Studies* 1(1968)：155—157。

［25］Ronald Ross，*Memoirs，with a Full Account of the Great Malaria Problem and Its Solution*（London：J. Murray，1923），449。

［26］Dumett，"The Campaign against Malaria"，172；Curtin，"Medical Knowledge"，598—599。

［27］S. R. Christophers and J. W. W. Stephens，"On the Destruction of Anopheles in Lagos"，*Reports to the Malaria Committee of the Royal Society*，3rd ser.(London：Harrison and Sons，1900)，20；S. R. Christophers and J. W. W. Stephens，"The Native as the Prime Agent in the Malarial Infection of Europeans"，in *Further Reports to the Malaria Committee of the Royal Society*，3rd ser.(London：Harrison and Sons，1900)，19；and Christophers and Stephens，"The Segregation of Europeans"，24。

［28］Denis Judd，*Radical Joe：A Life of Joseph Chamberlin*（London：Hamish Hamilton，1977)，35—76；S. R. Christophers and J. W. W. Stephens，"Malaria in an Indian Cantonment(Mian Mir)：An Experimental Application of Anti-Malarial Measures— Preliminary Report"，in *Further Reports to the Malaria Committee of the Royal Society*，8th ser.(London：Harrison and Sons，1902)，13—22；Frenkel and Western，"Pretext or Prophylaxis?"，216。

［29］Frenkel and Western，"Pretext or Prophylaxis?"，217—219。

［30］Dummett，"The Campaign against Malaria"，180—185；Curtin，"Medical

Knowledge", 602—603; Liora Bigon, *A History of Urban Planning in Two West African Colonial Capitals: Residential Segregation in British Lagos and French Dakar*(1850—1930)(Lewiston, NY: Edwin Mellen, 2009), 125—187; Percival Serle, "MacGregor, William", in *Dictionary of Australian Biography*(Sydney: Angus and Robertson, 1949).

[31] Thomas S. Gale, "Segregation in British West Africa", *Cahiers d'études africaines* 20(1951): 498—501; Curtin, "Medical Knowledge", 601—602; Parker, *Making the Town*, 199—200.

[32] Walter Elkan and Roger van Zwanenberg, "How People Came to Live in Towns", in *Colonialism in Africa, 1870—1960*, ed. Peter Duigan and L.H. Gann(Cambridge: Cambridge University Press, 1975), 659—661; *Home, Planning and Planting*, 127—133; Curtin, "Medical Knowledge", 605—606; and Gale, "Segregation", 501—503,引自第503页。

Memorandum 11 的文本参见 Frederick Lord Lugard, *Instructions to Political Officers on Subjects Chiefly Political and Administrative, 1913—1918*, 3rd ed.(1918; repr., London: Cass, 1970), 404—422。

[33] Elkan and van Zwanenberg, "How People Came to Live in Towns", 661—664; Simpson 引自 Curtin, "Medical Knowledge", 610—611。

[34] Luise White, "A Colonial State and an African Petty Bourgeoisie: Prostitution, Property, and Class Struggle in Nairobi, 1936—1940", in *Struggle for the City: Migrant Labor, Capital, and the State in Urban Africa*, ed. Frederick Cooper(Beverly Hills: Sage, 1983), 171—172, 180—181.

[35] Dane Kennedy, *Islands of White: Settler Society and Culture in Kenya and Southern Rhodesia, 1890—1939*(Durham: Duke University Press, 1987), 150—152; L. W. Thornton White, L. Silberman, and P. R. Anderson, *Nairobi: Master Plan for a Colonial Capital: A Report Prepared for the Municipal Council of Nairobi*(London: H. M. Stationery Office, 1948), 15—16, 18, 49.

[36] Alice L. Conklin, *A Mission to Civilize: The Republican Idea of Empire in France and West Africa, 1895—1930*(Stanford: Stanford University Press, 1997), 151—159.

[37] Assane Seck, *Dakar Métropole ouest-africaine*(thesis, Faculté des Lettres, Paris, 1968), 122—139; Raymond F. Betts, "The Establishment of the Medina in Dakar, Senegal", *Africa* 41(1971): 143—152,引自第144页; Headrick, *Tentacles of Progress*, 159—167; Elikia M'Bokolo, "Peste et société urbaine à Dakar: L'Épidémie de 1914", *Cahiers d'études africaines* 22(1985—1986): 41; Bigon, *Two West African Colonial Capitals*, 187—216。

[38] Betts, "Establishment of the Medina", 143; Gustave Reynaud, *Hygiène des établissements coloniaux*(Paris: Ballière, 1903), 165—171, 207; Alexandre Marie Kermorgant, *Hygiène coloniale*(Paris: Masson, 1911), 30, 154—156; Kermorgant, *Epidémie de fi èvre jaune du Sénégal: du 16 avril 1900 au 28 février 1901*(Paris: Imprimerie Nationale, 1901), 94, 110; Alexandre Marie Kermorgant, *L'Hygiène et l'acclimatement à Madagascar*(Paris: Imprimerie Nationale, 1906), 32—33; Georges Ribot and Robert Lafon, *Dakar, ses origines, son avenir*(Bordeaux: G. Delmas, 1908), 160; Ponty 引自 Conklin, Mission to Civilize, 141。

[39] 引自 Headrick, *Tentacles of Progress*, 166。

[40] Betts, "Establishment of the Medina", 149—150; Conklin, *Mission to Civilize*, 151—154; Seck, *Dakar*, 122—129, 135.

[41] Betts, "Establishment of the Medina", 151.

[42] Ralph A. Austen, "Duala versus Germans in Cameroon: Economic Dimensions of a Political Conflict", *Revue Française d'Outre Mer* 44(1977): 477—483,引自第483页（强调原文献）。

[43] Richard A. Joseph, "The German Question in French Cameroon, 1919—1939", *Comparative Studies in Society and History* 17(1975): 72; Austen, "Duala versus Germans", 483.

［44］Austen，"Duala versus Germans"，483—484；Joseph，"German Question"，70—73.

［45］Betts，"Establishment of Medina"，147；引自 Seck，*Dakar*，138（作者的翻译）。

［46］Home，*Planning and Planting*，129—135；Gale，"Segregation"，503—504；Curtin，"Medical Knowledge"，612；Bigon，*Two West African Colonial Capitals*，151—153.

［47］White，"Colonial State and African Bourgeoisie"，181—185；Carol Summers，*From Civilization to Segregation：Social Ideals and Social Control in Southern Rhodesia，1890—1934*（Athens：Ohio University Press，1994），236—243.

［48］引自 White，Silberman，and Anderson，*Nairobi Master Plan*，15。

［49］关于约翰内斯堡的印度人和白人，请参见第八、九和十一章。Thornton White，Silberman，and Anderson，*Nairobi Master Plan*，49（地图位于 56 和 57 页）；Charton，"Urban Planning and Town Identity，" sect. 1.1。

［50］Harm J. de Blij，"The Functional Structure and Central Business District of Lourenço Marques，Moçambique"，*Economic Geography* 38（1962）：58—59；Jeanne Marie Penvenne，*African Workers and Colonial Racism：Mozambican Strategies and Struggles in Lourenço Marques，1877—1962*（Portsmouth，NH：Heinemann，1995），28—43；Whyms，*Léopoldville：Son Histoire，1881—1956*（Brussels：Offi ce de Publicité，1956），21—38；Bernard Toulier，Johan Lagae，and Marc Gamoets，*Kinshasa：Architecture et paysage urbains*（Paris：Somogy，2010），51—107；Mia Fuller，*Moderns Abroad：Architecture，Cities，and Italian Imperialism*（London：Routledge，2007），151—153.

第七章

# 殖民都市主义的外部界限

## 是帝国的纪念碑，也是帝国的墓碑

1911 年和 1912 年，英法两个帝国的高级官员分别作出了两项决定，开启了现代殖民城市隔离戏剧的最后一幕高潮和绝唱。 1911 年，英国国王乔治五世作为印度的共主亲临德里，重现莫卧儿王朝的杜巴传统，这是印度诸侯们的精心接待仪式。 准中世纪的盛况和氛围旨在庆祝印度古代文明的永恒，并含蓄地将其与西方征服者快速发展的文化加以对比。 国王向诸侯发表讲话的高潮时刻，唤起了传统，也引出了突然的变化：国王宣布，印度总督哈丁勋爵（Lord Hardinge）已决定将英国统治者的首都从加尔各答迁至德里。[1]

一年后，在伊斯兰世界的另一端，摩洛哥常驻将军休伯特·德·利奥泰（Hubert de Lyautey）做出了类似的意外决定，将这一新法国保护国的首都从摩洛哥传统权力所在地之一非斯（Fez）迁至另一个帝国城市，拉巴特（Rabat）。 他希望在那里讲述关于种族和文明不平等的类似故事。

手续完成之后，哈丁和利奥泰都分别聘请了各自国家最具创新精神的两位建筑师——英国的埃德温·勒琴斯（Edwin Lutyens）和法国的亨利·普罗斯特（Henri Prost）。 在他们为新首都制订的规划中，两位建筑师把殖民城市主义过去的旧概念，即种族隔离，与他们所认为的转型目标相互混合，依此建造白人城镇，用纪念性和美来表达西方帝国的宏伟抱负。

为达到这一目的，两位建筑师都从 1890 年代和 20 世纪头十年席卷欧洲和美洲的新城市规划运动中汲取灵感。在借鉴了英国的埃比尼泽·霍华德（Ebenezer Howard）、雷蒙德·昂温（Raymond Unwin）和帕特里克·格迪斯（Patrick Geddes），德国的卡米洛·西特（Camillo Sitte）、比利时的查尔斯·布尔斯（Charles Buls）和美国的丹尼尔·H·伯纳姆（Daniel H. Burnham）的愿景之后，勒琴斯和普罗斯特宣称城市规划师必须全面设想城市的未来，也就是说，要把城市视为兼具社会、经济、流通、军事、政治、卫生和（尤其是）美学等功能要素的有机体。上述所列的努力，既催生了一个崭新的知识领域，又塑造了一种崭新的"社会艺术"形式——也就是表示出最热烈支持的法国人所谓之城市规划（urbanisme）。

在拉巴特和新德里，新一代城市规划师将他们最先进的思想带到了殖民地。在那里，他们对推动殖民城市政治和种族隔离的三大机构的角色都进行了调整。虽然他们依靠帝国的力量——以及来自帝国国库的巨额现金——来完成工作，但他们的城市规划称颂了所谓的来自西方帝国文职政府的仁慈，而非其背后的粗暴军事力量。尽管他们与卫生改革者有着同样热切的目标，但他们并没有借助撒播对疾病的恐惧、在地下挖出新的下水道或清理贫民窟来寻求实现这些目标，而是说服当权者需要真正制订全面的规划以防范落入零碎解决方案的陷阱。最后，他们雄心勃勃地试图提升自己在城市政治戏剧中的影响力，城市主义者打磨了法律武器，从而让自己能够处理城市有机体中最难以驾驭的部分——土地市场。

在整合这些政治、经济和意识形态资源时，他们也重新思考了种族隔离本身的使命。除了所有古老的理由之外，白人城镇和黑人城镇之间的区别现在也可以作为一种隐喻，就像德里杜巴广场上那样刻在石头上的训诫。崭新的白人城镇将作为西方活力和进步的象征而令所有人

194

213

惊叹。 陈旧的黑人城镇偶尔的确有必要从贫民窟清理者扬起的拆除落锤之下幸免，保留下自己的荣光。 这些黑人城镇既可以象征西方的仁慈，也可以象征对被西方永久征服的永不变更的古代文明反手致以东方式样的礼敬。

当然，这样的种族幻想飞快地出现在城市主义者的梦想之中，也迅速破灭。 甚至在开始建造新首都之前，旨在通过这些城市施加统治的帝国就在反殖民叛乱的重压下开始崩溃。 与此同时，纪念性首都本身的增长速度超过了所谓的城市规划师的全面愿景。 巨型贫民窟形成的最初迹象，出现在新城市精心渲染的学院派景观的边缘。 到 1930 年代，被设计为西方胜利纪念碑的地方，正在成为西方帝国庞大的墓碑。当这种情况发生时，持续两个世纪的殖民种族城市主义（colonial racial urbanism）达到了其理论、政治、地理——以及最终的历史性——外部界限。

## 法国的联系

自 15 世纪葡萄牙埃尔米纳堡垒（fortress of Elmina）建成以来，纪念性一直是西方殖民城市分裂的一个特征。 加尔各答的宫殿之城是其最精心设计的另一种表达方式，英国人在 1911 年计划放弃这里去往一个更强大的地方。 但要充分理解城市学家们对拉巴特和新德里等城市纪念性方面的创新，我们必须追溯一系列可以回归城市肤色界线最早起源的跨洋连接，可时至今日，我们只能远远地回望。

这些联系涉及建筑思维和创新的全球交易。 这种交易与非洲和亚洲殖民地种族隔离的最终爆发有关，但在此过程中，所涉及的建筑传统也影响了欧洲、北美和南美以及澳大拉西亚的城市分裂政治。 尽管这些创新从很多地方的城市政治中汲取了灵感，但法国走在了前沿，输出了城市建筑实践的不断发展的传统，将 18 世纪防御工事工程师沃邦

(Vauban)与 19 世纪城市规划师奥斯曼以及 20 世纪巴黎著名的巴黎美术学院(École des Beaux-Arts)的反叛联系起来。

对一些人来说,法国的重要作用可能会出乎意料。 尽管法国人自豪地接受了纪念性建筑的声誉,但一些法国人却推拒说,种族分离的思想更多是盎格鲁-撒克逊人的自负,而不是高卢人的自豪。 巴黎所拥有的种族乌托邦(racial utopia)的声誉有助于证明他们的观点。 从 1910 年代开始,著名的非裔美国运动员、音乐家、作家和艺术家如潮水般奔向巴黎这座光明之城(the City of Light),在那里呼吸没有吉姆·克劳法威胁的自由空气。 还有证据表明,与英语世界的白人男性不同,法国人不太可能反对跨种族性行为,也不太可能担心黑人男性会强奸白人女性。 如果说法国人有错的话,那就是他们将黑人异国情调化,并且浪漫化(有时甚至是崇拜)黑人,对黑人加诸身体素质和性欲亢进等刻板印象。 当然,法国人对暴徒处以私刑的频率远低于美国人。 关于法国种族主义的一个更可疑的论点有赖于对该国在殖民地的"文明使命"(civilizing mission)的热烈宣传。 按照一直流传的神话,法兰西帝国的官员,更致力于普世共和原则(universalistic republican principles),他们的种族主义比英国人更柔顺——更侧重于将亚洲人和非洲人变成法国人,而不是将永久的劣等地位强加于给"暗肤色种族"。[2]

法国例外论的理论到此可以打住了。 巴黎的历史包含大量的种族暴力——以及大量的城市隔离——整个法兰西帝国的历史也是如此。英法两个帝国相互竞争过程之中,有如此之多相互模仿,作为对手的双方谁都不愿意承认罢了。 毕竟,现代种族概念本身的最古老起源都要追溯于像伯尼尔(Bernier)和布夫(Buff)这些启蒙时代的法国人。 后来的法国思想家,如居维叶(Cuvier)、戈比诺伯爵(Count de Gobineau)、古斯塔夫·勒庞(Gustave le Bon)和保罗-皮埃尔·布罗卡(Paul-Pierre Broca),对基于生物学的盎格鲁-撒克逊种族主义观点以及其他欧洲国家和拉丁美洲的种族主义观点贡献了许多核心论点。 法国也从外部输

196

入了影响。毕竟，在种族问题上开明的法国共和主义和"同化主义"原则，对殖民世界中达喀尔和杜阿拉的非洲人面临大规模的土地征用和搬迁计划时几乎毫无帮助。这些计划毫无顾忌地汲取了作为种族主义者的英国公共卫生研究人员的灵感。

在建筑和城市规划领域，法国对英国和其他殖民城市的影响可以追溯到伦敦、马德拉斯和加尔各答之间最早的关键联系。在法国历史上，那是路易十四（1643—1715）的时代——他自封为"太阳王"。在他的支持下，法国成为世界其他地区建筑风格的典范，最醒目的莫过于在城市建设的以下两个领域输出创新：防御系统和旨在炫耀皇家壮丽的城市规划技巧。军事防御系统之一的名称，堡垒（citadelle），背叛了早期的意大利灵感。城市美化装置——包括滨水广场、缓冲地带、林荫道、大道和卫生警戒线——当英国人在内的其他人开始用它们来对自己的殖民城市加以美化时，都将其法文名称翻译成了英文，并强化了它们的肤色界线。

路易十四的征服战争为他不知疲倦的军事工程师塞巴斯蒂安·沃邦开辟了广阔的创作空间，他的名字成为新一代坚不可摧堡垒的代名词。为了设计一个这样的城堡，他会找到一处高地，标记出一个完美的五边形、六边形或八边形，然后用重叠的一排排三角形防御工事围住每一边，这些三角形防御工事就像许许多多尖锐的矛头一样向外突出着。他在城墙周围布置了缓冲地带，这是一个从防御工事向下倾斜的无任何建筑的开敞空地，迫使围攻的敌人必须得暴露于城市的火力之下穿越无遮挡的上坡才能接近城墙。沃邦在法国建造了大约150个这样的战争巢穴，其中许多至今仍在高居于旨在保护的城镇上方虎视眈眈。这就在欧洲掀起了自己的军备竞赛，像沃邦这样的锯齿状的作品很快就在欧洲和殖民地四处开花了。[3]

沃邦坚持以几何学作为城市布局的指南，这一点与城市规划更宏大的理论相符合，启蒙时代的法国土木建筑师也同样发现这一理论特别有吸引力。它可以追溯到古罗马人，但更直接的灵感来自16世纪的意大利和西班牙建筑师，他们重拾了古典时期对直角街道规划和宽阔凯旋大道的热爱。 对于许多18世纪的法国思想家来说，他们所看到的古典城市空间的"规律性"成为一个重要的信号，表明一个社会有能力遵循自然美的规律，同时接纳尽可能高的文明水平。 相比之下，大多数法国城镇现有的熙熙攘攘的街景背离了中世纪以来——也就是说，在罗马沦陷之后的真正原则。 沃邦本人也曾尝试对抗中世纪的趋势，他的一些防御工事涉及布设全新的多边形城镇。 他以军事的精确度制定规划，街道如同步枪一样笔直，从广场上贯穿。 这对于队伍游行以及调派士兵去往封锁点（siege stations）都是理想的安排。 在大多数城镇，古老的、迷宫般的城市结构对于任何这样的直线性结构都难以相容。 在这些地方，沃邦和其他人在中世纪城镇延伸出来的部分进行了建造，这更符合他所认为的古典理想。[4]

　　当然，笔直的大道也可以通过其他方式满足国家的需要，它可以激发人们对不朽皇权的敬畏感。 最好的例子是路易十四的建筑师环绕着他著名的城堡而建造的凡尔赛新城。 其造型不再是方格网，而是采用更时尚且颇具韵律感的扇形笔直大道，并以精确的30度、45度和90度角布设倒影水池，使得这座皇家之城看上去散发着力量，就像太阳王本应有的居所。 为了促进这种古典建筑理念的扩展，路易十四设立了著名的罗马大奖（Prix de Rome）来提升巴黎美术学院的国际声誉。 这个奖项为法国最有前途的年轻艺术家全额支付费用，资助他们在罗马的一座宫殿逗留学习五年。 获奖的建筑师被要求细致研究人类文明最伟大的城市创造，以便他们能够在法国——当然，在整个法兰西帝国——重现古典的完美和"规律"（regularity）。[5]

　　在法国殖民地，这些建筑形式也有助于按肤色划分城市。 最早的例子是位于马德拉斯以南100英里的本地治里，它建立于1674年，是法国印度公司的首府。 在法国对南印度的影响达到顶峰期间，总督约瑟夫-弗朗索瓦·杜普莱（Joseph-François Dupleix）（1742—1754）将本地治里改造成一座城市，其宏伟程度轻而易举就超越了当时的马德拉斯和

198

217

加尔各答。 五角形的沃邦式样城堡和北面的一条笔直的运河，将法国城镇的矩形街道网格与不太规则的内陆本地人城镇分隔开来。 与马德拉斯的情况相似，在特别困难的时期，使用隔离的公告对隔离墙提供了补足。[6]

伦敦和加尔各答很快让巴黎-本地治里联系的迷人潜力告终。 1761年，英国人摧毁了法属印度的首都，包括坚不可摧的城堡以及所有的一切。 杜普莱的继任者不久之后重建了本地治里，但规模要小得多。 七十多年过去了，英国人在世界任何地方都未给法国人留下足够的空间来建造另一个胜利的殖民首都。 在那段时间里，正如我们所知，英国人比法国人更多地去运用——或至少渴望在海外引入——法国风格的建筑技术：位于马德拉斯的崭新的沃邦风格的圣乔治堡及其更威猛的兄弟，位于加尔各答的威廉堡；这些城堡被滨水广场围绕（请记住，法国人在占领这座城市期间布置了马德拉斯的滨水广场）；韦尔斯利在加尔各答修建纪念大道的计划；他在巴拉克波尔（Barrackpore）修建一座印度"凡尔赛宫"的未实现之梦。

## <sup>199</sup> 法国加尔各答？

从 1750 年代到 1830 年，法国的海外扩张屡屡告吹。 与其他保皇派盟友一起，英国军队在欧洲和埃及击败了法国的革命军队，甚至——经过巨大的努力——击败了拿破仑·波拿巴（1814）。 直到 1830 年，法国才成功地在海外占领了一个新的殖民地，当时查理十世国王在巴黎面临第二次法国大革命的威胁，试图通过派遣 3.5 万名士兵穿越地中海征服阿尔及尔来分散本国骚动不安的人民的注意力。[7]

在欧洲人的想象中，阿尔及尔是一个臭名昭著的地方。 它是所谓的巴巴里海岸（Barbary Coast）的首都之一，半独立的奥斯曼总督被称为这个城市的统治者，他在不久之前仍在鼓励海盗劫持欧洲和美国的水手，并将他们与非洲人一起卖为奴隶。 城市为城墙所环绕。 法国士兵从海上而来，攀爬上陡峭的斜坡，最终到达了当地称为 *qasbah* 的堡垒。 和其他伊斯兰城市一样，城中的房屋密密麻麻挤挤挨挨。 房屋的外墙没有窗户，私人庭院隐藏其中，女性的居所，或称为闺房（harim），远离公众视线。 房屋之间是迷宫般的小巷，间或出现通往市场（suqs）的开口。 宫殿、圆顶清真寺和尖塔点缀着城市景观。 离港口最近的地段是官员们的府邸，包括达艾尔苏丹（Dar-al Sultan），统治者的主要居所，以及来自地中海各地的城市外国商人的商馆（或客栈）。[8]

当法军攻占阿尔及尔时，士兵和军官洗劫了这座城市。 他们强奸并杀害无法逃离的居民，砸毁房屋和商店，甚至推倒一座显要的宣礼塔。 指挥官下令将清真寺和墓地用作营房，军队在堡垒里统治者的宝库中大肆劫掠。 消息很快就传到了欧洲，航行不用多远就可以获得免费的财富。 法国、意大利、西班牙和马耳他的移民蜂拥而至，加入法国部队。 其中一些人获取了阿尔及尔和其他城市的房地产；其他人则分散到法国军队占领的农业区及更远的地区，四处夺取农场和产业。 在很短的时间内，法国拥有了一个新的定居者殖民地，并于 1838 年以该城市的名字为其命名：阿尔及利亚。 1848 年，在与阿卜杜勒·卡德尔（Abd-el-Kader）领导的泛阿尔及利亚反政府力量进行了多年的血腥战争后，阿尔及利亚被划分为三个法国式的部分（départments），征服者将其视为法国不可分割的一部分。

200

大多数城市评论家，包括许多后来的法国帝国主义者，都认同法国军队在 1830 年代和 1840 年代重建阿尔及尔过程中征服的野心开始膨胀。"基督教商业城镇"，一位军事工程师在 1839 年嗤之以鼻，"无法保持海盗首都的形式"。 但这些工程师真正提供的是一个分裂的城镇，主要是为满足法国军队的需要而设计的——用更坦率的话说，"一个作战的地方"。 从地图上看，阿尔及尔的转变与 25 年后印度兵变被镇压后德里的转变惊人地相似。 穆斯林城市东边三分之一部分成为欧洲城镇。 经过加宽的、基本呈直线的街道取代了原有狭窄、蜿蜒的街道。

在征服阿尔及尔过程中，城中人口剧减，城市剩余的三分之二部分被留下作为本地城镇缓慢恢复。

与英国德里的平房和军营相比，阿尔及尔的欧洲区具有更密集的城市肌理，比维多利亚时代的郊区或英印营地更让人联想到它是一个法国的省城。 最剧烈的变化是宽阔的沃邦风格军事广场，1830 年代，陆军工程师把城市中心掏空修建广场，作为集结部队的地点[他们很快将其更名为总督广场（Place du Gouvernement），从而让军事统治不那么棱角分明]。 当他们把广场扩大成一个经典的矩形时，一座美丽的清真寺倒在了破坏者的手下，另一座则奇迹般地幸存了下来，尽管它的位置迫使军事广场的一侧略偏斜。 以中央广场为起点，官员们还将三条街道拓宽为大道，南北通向城门，向东则通向海港。 伊斯兰城市的结构迫使这些本应笔直的道路在某些点改变路线，但建筑师在它们之间排列着统一的拱廊，善于共情的观察者肯定会注意到这与巴黎的里沃利大街（Rue de Rivoli）非常相似。 随着时间的推移，又有数百座奥斯曼时代的房屋、商店，甚至墓碑倒塌，三条主轴上延伸出来的街道愈发接近直角网格，覆盖了大部分欧洲区域。 人们所称的海洋区（Marine Quarter），很快就被法国城镇那种典型的公寓楼填满了。 来自巴黎美术学院的学生们为政府机关送来了沉稳且符合经典比例的设计。[9]

这一时期的一首歌，能很好地说明穆斯林居民如何看待他们的城市发生的转变：

哦，为阿尔及尔叹惋，叹惋我们的屋舍
以及精心维持的公寓！
哦，叹惋这座清洁之城
谁的大理石和斑岩使人眼花缭乱！
基督徒居住其间，它们都已改变！
一切都被贬损，一切都被破坏，一切都由纯净变得杂乱！

这张卫星照片显示了法国统治对阿尔及尔城市结构的影响。左边可看到旧城区（Casbah）山坡上狭窄的迷宫般的小路。在右边，在城市的低处，法国人开辟了让人联想到法国省会城市的笔直大道。沃邦的影响在图右中的政府广场看出来，其形状略为改变以保留其右侧的清真寺。沿着海湾的拱形堤岸建造了具有纪念意义的豪斯曼风格的皇后大道（Boulevard de l'Imperatrice）。e-Map and Digital Globe 提供图片。

他们拆除了大理石、栏杆和长凳；

装饰窗户的铁格栅已被撕毁，

让我们置身于更深沉的不幸之中！

哦，为阿尔及尔的店铺们叹惋！

现今已是踪迹难寻。

他们翻遍了我们祖先的坟墓，

祖先的骨骸被丢弃一地，

202

他们的马车从其上碾压而过。

信徒啊,世人亲眼所见。

他们的马拴在我们的清真寺里。[10]

法国人发现,这座城市位于海洋区后方山坡上的三分之二的区域没有多大用处,居民几乎完全是穆斯林。 本地居民称其为 *el-Djabel*(山),法国人则将整个地区称为 "*Casbah*"(旧城区),以山顶 qasbah 命名。 随着时间的推移,这个地名会唤起一个封闭世界的意象,点燃关于东方主义的性感、异国情调、永恒、神秘和肮脏的诸多幻想。

然而,殖民官员从未觉得有必要通过法律对城市进行种族划分。这是为什么呢? 毕竟,法国对阿尔及利亚的统治充满着歧视——尽管事实上官员们在技术上确实坚持普世主义原则,并且从未把种族列为殖民地法律中的一种官方分类。 整个 19 世纪中叶,随着法国将军们对一波又一波异议的残酷镇压,帝国官员从穆斯林宗族手中夺取了越来越多农田,并将其交给欧洲殖民者和法国大开发公司。 1870 年之后,殖民者们在对阿尔及利亚的控制中获得了更大的权力。 为了巩固自己的权力,他们在巴黎的代表支持为西班牙人、意大利人、马耳他人甚至犹太居民授予法国公民身份的法律,却对穆斯林强加了几乎不可能达成的条件,包括公开否认伊斯兰教义的义务。 定居者还帮助起草了一项特别的原住民法典(即 *indigénat*),据此让穆斯林受到殖民警察部队的任意摆布。 正如摩洛哥的法国官员后来证明的那样,共和普世主义并没有构成种族隔离合法化的不可逾越的障碍。 阿尔及利亚的法国种族主义记录及其占比极高的定居者人口表明,即使在一个本应属于共和制法国的殖民地之中,这种情况也会在那里出现。[11]

然而,矛盾的是,法属阿尔及利亚严厉的反穆斯林政策,可能导致203 从政治上而言城市隔离法没有必要成为白人统治的工具。 镇压使穆斯林在政治上愤愤不平,土地剥夺则削弱了他们持有财富的主要来源。沿海城市的穆斯林人口在征服之后才缓慢恢复,在整个种族隔离狂热时期，其人口规模仍不到欧洲人口的一半。 因此，与其他殖民地的白人相比，阿尔及尔的欧洲定居者在城市房地产市场上面临的来自当地富裕土地精英的竞争较少。 绝大多数进城的穆斯林移民都太穷了，买不起欧洲社区的住房。 对于那些可能买得起的人来说，文化问题已经开始发挥作用：大多数人似乎更愿意在毗邻旧城区的地区定居，那里遗留下来的奥斯曼帝国时代的住房更适合家庭隐私和性别隔离的传统。 无论主要原因是什么，阿尔及尔的肤色界线基本完整，并没有专门的法律来保持原状。 尽管穆斯林山区在 1900 年之后变得越来越拥挤并有所扩大，但海洋区仍然以欧洲人为主。[12]

　　与此同时，阿尔及尔欧洲城的建设带来的大量破坏也让许多法国官员颇为困扰。 巴黎的一位政府委员甚至承认，地球上最文明的国家的军队"在野蛮程度上已经超过了我们为了教化他们而来的那些野蛮人"。 多年来，这种态度只增不减，特别是当军队在城市的旧城墙外建造了巨大的设施，目标是将这座城市变成"阿尔及利亚的城堡"，以更好地打击身在农村的阿卜杜勒·卡德尔及其继任者。 到了 1860 年代，在拿破仑三世皇帝的统治下，阿尔及尔在法兰西帝国的想象中所占的位置，类似于加尔各答之于大英帝国——一个愈加糟糕的殖民城市。 剧烈的重建深深地激怒了法国的新殖民臣民。 而且，尽管如此，法国人从他们的白人城镇获得的比英国人从加尔各答得到的还要少。 阿尔及尔没有出现"宫殿之城"，总督广场也难以被当成滨水广场。 军方的影响使沃邦风格虎视眈眈的遗产掩盖了凡尔赛宫的光芒四射的潜力。[13]

## 奥斯曼星球

　　1852 年，拿破仑三世任命乔治-欧仁·奥斯曼男爵监督巴黎的重建工作，路易十四的规划者们所设想的古典"规则性"的胜利被推迟了太久，不仅在阿尔及尔这样的外围地区如此，在法国首都亦是如此。

204

事实上，奥斯曼认为，19世纪的商业和卫生问题只会增加对不那么拥挤的城市结构的需求。 但是，在他的梦中也清晰地浮现出帝国气势宏伟的景象——这也正是他的支持者，皇帝本人的梦想。 城市防御也是一个优先事项，尽管他最担心的敌人不是围攻沃邦式堡垒的军队，而是巴黎城内的革命者。 自从拿破仑第一次被流放以来，革命者们已经发动了两次打击。 1830年，他们看穿了查理十世在阿尔及利亚的杂耍表演，尽管他取得了光荣的胜利，但革命者还是推翻了他。 然后，在1848年，几乎整个西欧都在革命中缓慢燃烧着，躁动不安的巴黎人再次封锁了首都迷宫般的街道，扰乱了皇家军队，并建立了第二共和国。

1852年，大波拿巴大帝的外甥拿破仑三世迅速结束了法兰西第二共和国的冒险，他的第一个专制统治行动之一是将奥斯曼放归巴黎。 奥斯曼传奇巨作最重要的方面在于，致力于摧毁这座城市的大部分中世纪建筑，并穿过废墟建造宽阔的林荫大道，这些林荫大道至今仍能激发游客的想象力。 奥斯曼设计的公寓楼高度相同，设计互补，他希望这样的大通道不仅能够防范设置路障，而且还为这座城市的纪念碑和皇权象征吸引来惊奇的目光（宽阔的人行道也为巴黎著名的咖啡馆留下了很多空间）。 巴黎众多最为优雅的"绿肺"也在奥斯曼的指导下诞生：布芬涅森林和文森森林、战神广场（后来成为埃菲尔铁塔的所在地）以及宝石般的肖蒙山丘公园。 为了给这些项目扫清道路，奥斯曼——就像在他之前加尔各答的彩票委员会希望做的那样——攫取超出所需的土地，他认为林荫大道上的地块价值会上升，刨去开支之后还富富有余。 转售条件也保证了建筑的规则性。[14]

他对工人阶级和贫民窟住区进行了清理，再加上优雅的新大道上的租金暴涨，迫使巴黎的贫困居民向城市边缘地区迁移——尤其是朝向东部地区。 于是，巴黎著名的"红色郊区"（banlieues rouges）应运而生。 与伦敦一样，巴黎贫民窟清理的支持者常常将城市贫民等同于殖民地的原住民和黑人一般对待。 在20世纪，当巴黎开始吸引更多真正来自这

205

些殖民地的移民时，红色郊区不成比例地变成了棕色和黑色。 奥斯曼因此将巴黎置于相互关联的阶级隔离和种族隔离的道路上，当巴黎人争论美式贫民区是否在他们中间出现时，上述隔离的根源有时会变得模糊。[15]

与此同时，奥斯曼的大胆也吸引了其他人的想象力，尤其是专制精英、卫生主义者和新一代城市规划者的想象力。 其标志性的宽阔、笔直、对角的林荫大道和公园成为所有世纪之交现代城市再开发学派的标准做法。 在法国之外，奥斯曼的规则化导致阶级隔离和种族隔离以更快速度结合。 例子遍布各大洲，但最重要的是南美洲最大的城市布宜诺斯艾利斯和里约热内卢，以及非洲最大的城市开罗。 在上述三个地方和其他地方，当承诺对他们的社会加以"欧洲化"的精英们在1850年代和1860年代掌权之时，摒弃了要求与帝国心脏地带进行更大程度隔离的统治政权，奥斯曼式规划的输入就已经准备就绪。

在布宜诺斯艾利斯和里约，对奥斯曼的拥护与社会达尔文主义和优生学的输入齐头并进。 然而，这种跨洋影响都不是直接的。 拉丁美洲的西方化精英们不得不面对这样一个事实，即他们的国家（在某些地方，还包括精英们自己）是由非洲、欧洲和美洲印第安人的混合血统组成的——因此，根据最流行的种族理论，注定要经历种族退化的漫长过程。 为了实现其国家的欧洲化，精英们实施了三项大胆的智力和政治策略。 首先，他们发明了一种优生学的反理论，指出种族混合实际上可以创造一个更强大的种族，而非更弱的种族。 如果有足够多的白人移民到南美洲，黑人和混血儿就会慢慢融入主流群体，并"白化"自己的存在。 其次，他们制定了国家政策，鼓励白人大量移民，并悄悄关闭了黑人移民的大门，以保证真正发生种族白化，而不是黑化。 第三，他们大肆宣传在一定程度上由当地种族理论家捏造的事实，声称他们国家的黑人人口处于不可逆转的下降趋势。

所有这些策略都非常成功。 19世纪后期，数百万欧洲移民涌入阿根廷和巴西。 黑人和混血儿的人口也在继续增长。 但在"白化"的大肆宣传中，暗肤色的人可以使用各种具有社会吸引力的中间肤色类别。结果，拉丁美洲的人口普查员所记录的自称为"黑人"的人数越来越少。阿根廷知识分子一直在"构想"自 1830 年代以来黑人人口的减少，尽管人口普查结果表明并非如此，但到 1900 年，他们宣布黑人实际上已经消失了。巴西是非洲以外黑人人口最多的国家，现在将其黑皮肤的人重新想象为"种族民主"的良性组成部分，显然仍然存在，但却无情地朝向白人奔去。[16]

然而，这些城市对于本质上是反种族隔离主义的白化计划提出了一种悖论。在城市政治中，需要第四个外来的政策工具：对城市开展大规模的豪斯曼式改造。如果这都不算无情的种族隔离主义的话，那它算什么呢？在 19 世纪的最后几十年里，随着贫穷的欧洲移民和来自南美乡下的人涌入布宜诺斯艾利斯和里约，这两个城市成为世界上最大的两个城市，也是截至当时世界历史上发展最快的两个城市。来自欧洲的新移民挤在布宜诺斯艾利斯被称为小修道院（conventillos）和里约热内卢被称为蜂巢（cortiços）的贫民窟中，在那里与混血儿和黑人住在一起。在里约，这些黑人邻居许多是新近被释放的奴隶。拥有巴黎、伦敦和柏林授予资质的卫生官员将里约的公寓区列为该市久负恶名的黄热病、疟疾和其他疾病暴发的主要来源——所有这些都可能威胁到精英们吸引更多欧洲移民的计划。为了解决这个问题，移民倡导者允许自己对种族事宜鱼与熊掌兼得。他们一边宣称种族混合在通向白人之路上所具有的优势，一边呼吁大规模摧毁"小修道院"和"蜂巢"，认为它们是导致"原始混血"和白人种族退化的窝点。一座"文明"的欧洲城市将取而代之——而奥斯曼将会指明道路。20 世纪初，这两个城市的鼠疫恐慌进一步鼓励了他们的计划。[17]

从 1880 年代到 1910 年，由国家资助的大规模贫民窟清理和建设项目重建了布宜诺斯艾利斯和里约的中心，让这里也拥有了巴黎那样宽阔的林荫大道和巨大的广场（在墨西哥城和其他拉丁美洲首都也进行了一些规模没有如此宏大的类似计划）。像巴黎和伦敦一样，贫民窟居民被

207

迫搬到城市边缘。 但由于拉丁美洲流离失所的穷人中暗肤色人群占比极高，阶级隔离和种族隔离同时发生。 在里约，市中心租金的急剧上涨迫使该市大部分贫困和深肤色人搬到城镇北部工业区，或在山上的陡坡发展起来的著名贫民窟中的非正式住房中容身。 这座城市整体而言肤色较浅的精英们长期以来已经习惯了一种自我隔离：在黄热病季节，他们涌向附近的悬崖，前往彼得罗波利斯（Petropolis）和其他度假小镇——这些是巴西版的山中避暑地。 新的城市规划给了这些精英更多的选择。 虽然它几乎没有提供让工薪阶层从北部边缘到市中心工作更方便通勤的公共交通系统，但它为富人布设了便利的有轨电车网络，让他们可以向南去往伊帕内玛（Ipanema）和科帕卡巴纳（Copacabana）这样美丽但仍然人烟稀少的海滨。[18]

　　在开罗，"奥斯曼化"的进程中涉及的种族理论及其导致的破坏和流离失所更少，但分裂的开罗同样迅速出现。 同样，这样的过程也使埃及破产，只能任凭法国和英国摆布。 埃及的主要工程是赫迪夫·伊斯梅尔（Khedive Ismāʿīl, 1863—1879）的作品。 伊斯梅尔年轻时曾在巴黎学习。 他于1867年作为拿破仑三世和奥斯曼的客人应邀回到巴黎，对这座城市在过去十五年中的转变深感敬畏。 不忍面对迟暮衰败的中世纪开罗即将在苏伊士运河开通庆祝活动中接待所有欧洲国家元首的羞耻情景，伊斯梅尔聘请了奥斯曼的布劳涅森林的项目总监，并为他配备了一位名为阿里·穆巴拉克（Ali Mubarak）的受过法国教育的埃及建筑师作为助手，并下令对哈里发的前首都进行类似豪斯曼式的改造。

　　出于对尼罗河每年洪水泛滥的尊重，围墙之城开罗在这条大河以东一公里半的地方发展起来。 然而，伊斯梅尔已经启动了通过引水渠和更高的堤防驯服尼罗河的过程，他的计划使得有一大块土地可供使用。 在从前的洪泛平原上，阿里·穆巴拉克铺设了开罗新城的核心——伊斯梅利亚大道，而奥斯曼的建筑师则添加了肖蒙山丘公园的复制品。 伊斯梅尔从欧洲银行大量贷款来在这里实施放射状林荫大道的计划，其中部分大道也修建到了老城区。 随着债务越来越失控，法国和英国接管

208

了该国的财政，然后废黜了伊斯梅尔。 到 1882 年，在勉强获得奥斯曼帝国同意的情况下，英国和法国以"间接统治"的方式联合接管了埃及政府。[19]

与此同时，埃及已成为欧洲投资者的一块磁铁——人们参与到苏伊士运河相关项目中或埃及的棉花繁荣之中，这可以追溯到美国内战年代，当时英国工业家需要找到被美国种植园禁运的棉花的替代物。 在 1880 年代和 1890 年代的埃及早期殖民时代，来自地中海对面的欧洲人涌向开罗，就像他们曾经奔向阿尔及尔一样。 大量来自农村的埃及人也是如此，他们因土地合并以供棉花生产而被迫离开农场。 老城区被填满，欧洲风格的部分急剧扩大，填满了伊斯梅尔的大道沿线的空间，然后穿过尼罗河到达西岸，并到达河中的岛屿之上。 尽管政治环境不允许实施合法的种族分区，但新城镇成为富有的埃及人和欧洲人的专属居所。 1907 年，白人移民占开罗人口的七分之一。 英国人在格兹拉（Gezirah）岛上建造了经典的洋房区，高级会所如雨后春笋般涌现，就像在加尔各答和上海一样。 与此同时，旧开罗仍然完全是穆斯林居住，而且穷人占绝大多数，就像阿尔及尔的旧城区一样。[20]

然后，在 1890 年代，在刚果的强制劳动橡胶种植园中发了大财的比利时人爱德华·恩潘男爵（Baron douard Empain）在开罗东北部的沙漠中部开发了一个巨大的东方主义住宅幻想世界，名为赫利奥波利斯（太阳城）。 恩潘从富有远见的社会主义英国规划师埃比尼泽·霍华德（Ebenezer Howard）的"田园城市"理念中借用了他的街道规划。 但这个准郊区、准度假胜地的"绿洲"——点缀着一千零一夜风格的洋葱形状圆顶，甚至还有一座仿印度教寺庙——是那个时代最精致的资本主义无用之物。 就连美国银行家 J·P·摩根（J.P.Morgan）也摇头不相信它能够成功。 赫利奥波利斯吸引了富有的欧洲度假者和第二套房买家，其中包括一批放弃西姆拉的英裔印度人。 与开罗的其他开发项目一样，赫利奥波利斯将这座城市的房地产市场与欧美银行的命运联系在一起。 在 1907 年华尔街的恐慌期间，开罗的房地产泡沫破灭，直到 1920

年代都一直萎靡不振。[21]


# 分裂城市，学院派风格

在法国城市设计在国外取得成功的同时，法国有影响力的评论家开始担心，在奥斯曼之后整个法国文明将开始失去创新能力。 1870 年，拿破仑三世的第二帝国在惨败给德国人之后瓦解。 奥斯曼的林荫大道未能阻止无法控制的人群再次占领巴黎这座城市。 首先他们宣布成立了一个公社，然后出现了第三共和国——一个寿命更长但政治不稳定的共和国。 与此同时，"光辉城市"的人口在 19 世纪下半叶翻了一番，其中大部分居住在规划不善、不断蔓延的工人阶级郊区。

朱尔斯·齐格弗里德(Jules Siegfried)和莫里斯·哈尔布瓦奇(Maurice Halbwachs)等住房改革者谴责奥斯曼计划遗留下来的不平等现象，并抱怨新共和国缺乏必要的法律机制来防止投机者建造丑陋、不卫生的工人住房——这些住房通常紧挨着郊区的有毒工厂布设。 由于担心在这种情况下可能会在红色郊区(banlieues rouges)滋生出革命性的不满情绪，他们联合起来组建了颇具影响力的社会博物馆(Musée Social)，致力于游说法国的住房和规划立法，使巴黎能够追赶上欧洲的其他首都。[22]

然后，在 1900 年之后的几年里，路易十四的美术学院建筑系酝酿了一场反叛。 建筑领域的三位罗马大奖得主托尼·卡尼尔(Tony Garnier)、欧内斯特·赫布拉德(Ernest Hébrard)和亨利·普罗斯特(Henri Prost)明确拒绝在永恒之城①仅仅为了思考古典美的普遍性而耗去五年的时光。 在他们提交给巴黎深感震惊的教授的报告中，每个人都以自己的方式指出，建筑的发展绝非依照预先确定的美学规律，而是在城市

---

① 即罗马。——译者注

复杂而独特的社会背景中得来，建筑将成为城市的一部分。 他们的目标再次统一，就是让法国的建筑实践与时俱进，并接纳欧洲其他地方城市规划取得的进步：卡米洛·西特(Camilo Sitte)在德国、查尔斯·布尔斯在比利时，以及埃比尼泽·霍华德在英国的理论和实践。 像奥斯曼一样，他们拒绝了沃邦喜欢的僵硬且缺乏人情味的矩形网格，接受了对角线林荫大道——以及适合公园的更轻松的英式弧形车道。 诚然，城市规划需要关注防御、商业、卫生、控制、美，甚至炫耀军功等事宜，但它同样有义务服务于更广泛、更具有人情味的抱负，以应对导致动乱的社会问题，并激发城市文明新高度。[23]

"社会博物馆"改革者和学院派反叛者一致认为，完成这一伟大使命需要大量权力——也许甚至比奥斯曼在第二帝国统治下所拥有的权力还要多。 特别是，初出茅庐的城市主义者开始呼吁制定真正全面的立法，赋予规划者广泛的权力，让他们以更宏大的社会目标的名义征用和夺取私有财产。 在法国，这样的呼吁遇到了大型开发商和自由的产权支持者的抵制力量。 到 1910 年，由于规划立法在法国议会中一再陷入停滞，该国在城市文明化方面似乎更加落后于其他欧洲国家。[24]

然而，就在那时，城市主义者的命运发生了变化。 摩洛哥新保护国的常驻将军休伯特·德·利奥泰(Hubert de Lyautey，1854—1934)将亨利·普罗斯特召到北非，让他设计一座首都，既可以展示法国将文明播撒给全世界的卓越能力，还可以向法国——以及法兰西帝国的其他部分——展示它如何摆脱掉自己隐匿的束缚。

利奥泰是法国最著名的帝国主义者之一。 作为一名征服将军、殖民管理者、文学家和他那个时代最重要的保守知识分子之一，利奥泰对法国转向共和主义深感失望。 他还成为了一位杰出的批评家，他认为法国军队的顽固性和野蛮行径阻碍了帝国说服殖民地原住民相信法国文明光辉前景的能力。 为了对自己提出的抱怨提供支持，利奥泰呼应了其他城市规划批评者，指出法国殖民城市的悲惨状况。 在阿尔及利亚和后来的中南半岛，沃邦和军事工程师的刚性影响仍然难以消解。 奥斯曼式的规划充其量只是基础，但即使在 1880 年代和 1890 年代有所改进，在利奥泰看来，似乎也只是强调表面上的夸大其词，而非更高的规划目标。

利奥泰的批评反映了对阿尔及尔城与日俱增的不满。 对这座城市最具影响力的批评者是拿破仑三世本人，他在位期间两次访问这座城市，并任命了一个委员会，旨在将巴黎式规划的若干优点带到这座殖民之都。 委员会的报告指责早期规划者缺乏雄心：海洋区的新街道太窄，不够卫生或不够宏伟，军事工程师设计的沃邦式城墙体系导致城市无法向南发展，而南边拥有更开阔的土地和美丽的海湾环境。 规划人员在海洋区为这座城市的地标皇后大道（Boulevard de l'Impératrice）找到了空间（为纪念拿破仑的妻子命名，然后在 1870 年后为共和国而更名），建在海面之上精心设计的拱形堤岸上。 但是即便到了 1881 年，当利奥泰驻扎在阿尔及尔时，军方仍然反对扩建计划。 白人城镇一如既往拥挤和乏味，旧城区正在变成一个人满为患的贫民窟。"是我们，"利奥泰写道，"身处野蛮人中间，也散发着野蛮人的气息……阿拉伯人怎么会不生气呢？"[25]

在中南半岛，沃邦的遗产可以追溯到比阿尔及尔更远的地方。 在 18 世纪，法国商人和冒险家向作为竞争对手的越南统治者兜售他们的保护服务，就像印度的杜布雷。 他们于 1790 年在西贡为一位统治者设计了一座沃邦风格的城堡，并于 1803 年在河内为越南皇帝设计了一座城堡。[26]当法国人在 1859 年彻底占领西贡时，他们摧毁了旧城堡并用一座较小的城堡取而代之。 然而，旧堡垒内的街道格网为欧洲城镇奠定了模式，其中包括被称为高原（Plateau）的相对高的地面。 随着时间的推移，一些街道被拓宽成林荫大道，其中一条将新城堡与位于公园内的一座总督的大官邸连接起来。 优雅的别墅则沿着较小的街道拔地而起，两侧是散发着芳香的罗望子树、鸡蛋花和柚木树。 城的中心是卡蒂纳街（Rue Catinat），后来的游客将这里与巴黎的和平街（Rue de la Paix）相提并论。 在越南北部城市河内，这座古老的城堡之内同样具有

211

矩形的街道格局，即便在 1883 年最终征服这座城市后，这座被称为三十六街(Thirty-Six Streets)的老城仍然完好无损。 就像在阿尔及尔一样，虽然可能不是直接模仿，但法国规划师保罗·伯特(Paul Bert)对白人城镇加以安排，使其完全包围住本地小城镇——一面是城堡，第二和第三面是行政区和别墅区的直角街道，第四面则是红河。 在河内，保罗·伯特街与西贡的卡蒂纳街具有相同的功能。 在每个工作日结束的时候，殖民官员可以在那里的咖啡馆里打发悠闲的时间，在那里他们可以啜饮真正的法国茴香酒和苦艾酒，这是通过大法国火轮船公司(Messageries Maritimes)直接从法国运来的。 这两个城市都有豪华的当地歌剧院，让他们的巴黎生活方式得以延续到夜晚。 在西贡，寻求更多异国情调的跨种族冒险者可以穿过"竹帘"，前往附近的名为堤岸(Cholon)的中国商业城性交易场所和赌博窝点。[27]

对于早年前往越南农村担任高级陆军指挥官时曾途经西贡的利奥泰来说，西贡改建之后，即便具备了更为浓郁的奥斯曼风格，却也不比在阿尔及尔的情况好多少。"啊！"他对他到访的所谓法亚城市"奶油馅饼"嗤之以鼻。"纪念性的咖啡馆，你相信吗！ 还有酒店、舞厅和餐厅……在郁郁葱葱的植被中，所有这些硬纸板一样不真实的装饰都让人赏心悦目。 然而，人们很快就会意识到，擦掉其表面是很危险的，因为如果我们取消官僚、军人及其巨大的特权，一切都会分崩离析。"相比之下，利奥泰几天前到访过的新加坡，英国人将欧洲文化更为人性化地带到了亚洲，因此得以在此处深深扎根。 甚至新加坡的营地也让利奥泰欣喜若狂："看到我所有的想法付诸实践，我开心得都有些晕眩。这些不仅仅是乌托邦；令人愉快、热情、开放的区域确乎存在，它提供了完整的生活，人们在那里微笑着做事。 在那里，人是人，而不是在准尉的诅咒下无休止地清扫庭院的衣衫褴褛的罪犯。"[28]

在接下来的 20 年里，利奥泰有更多机会将他的想法亲自付诸实践。 他在征服马达加斯加的任务中抽出时间，对两个崭新的殖民城镇亲自规划，其中一个是岛上第二大城市菲亚纳兰索阿(Fianarantsoa)的欧洲城镇。 在那里，他设想了奥斯曼的学院派改造方式，将奥斯曼风格的大道与英国殖民城市的特征并置，例如"小房屋和不对称"，旨在"避免……整齐划一或任何监狱或军营的感觉。"[29]

　　然而，利奥泰获得真正重要工程的机会是在 1912 年。 作为提议征服摩洛哥的奖励，他被任命为那里新法国保护国的常驻将军。 他的第一个行动是召集法国规划师在摩洛哥每个主要城市令人印象深刻的防御工事区之外为欧洲人建造新城，在那里被称为非欧洲人住区（medinas）。 热切的亨利·普罗斯特响应利奥泰的号召，从巴黎奔赴摩洛哥。 这位常驻将军似乎已经准备好让自己成为城市主义者们的"拿破仑三世"，这是他们在共和制的法国梦想重返的专制政治的守护人。

213

　　摩洛哥的出彩项目是在拉巴特设计一个饱受争议的新首都。 利奥泰选择了这个海滨城市，并强烈反对了其他可能性。 尽管拉巴特有过作为帝国之城的历史，但它显然与更光彩夺目的非斯（Fez）不同，身在非斯的摩洛哥当权者因征服怒火中烧，并对法国的统治构成更大的危险。 拉巴特也不是卡萨布兰卡，卡萨布兰卡是摩洛哥治下一个相对较小的地方，自从征服以来，它已成为一个蓬勃发展的港口城市。 与 20 年前的开罗非常相似，房屋已被欧洲商人和土地投机者占领。 但最重要的是，利奥泰梦想着让拉巴特将成为阿尔及尔的鲜明对比，阿尔及尔是一个建立在穆斯林文明废墟上的平淡无奇的首都。[30]

　　为了表明他非常认真地去避免这种命运，普罗斯特拿出了他和城市主义者在美术学院反叛以来的所有规划技巧：当然是奥斯曼式的宽阔的呈对角线式大道；与奥斯曼不同，巨大的政府结构以各种风格建造，借鉴了法国、英国和马格里布（Maghrebian）模型，并考虑了当地的气候和建筑环境；令人愉悦的公共空间和公园；完备的下水道基础设施；经过合理规划的交通系统；以及独立的行政区、住宅区、工业区和军事区。时至今日，建筑评论家普遍称赞普罗斯特对摩洛哥新城镇的美学和城市主义概念堪称学院派天才的作品。 在拉巴特，沃邦的阴影终于消散了。[31]

　　然而，在辉煌的背后，是一部庸俗的戏剧，它并没有像利奥泰和普罗斯特声称的那样与阿尔及尔截然不同。随着利奥泰和普罗斯特对摩洛哥城市的重建，他们发展出了城市分裂历史上最详尽的种族隔离理论之一。对普罗斯特来说，"欧洲人和原住民聚居区的完全分离"是殖民城市规划的"基本条件"。如果不这样做，综合计划中的其他考虑因素都无法实现，无论是"政治、经济、卫生……[或]美学"方面皆是如此。[32]

　　亨利·普罗斯特为摩洛哥拉巴特制定的规划。建筑历史学家因其优雅的街道布局以及法国和北非风格融合的优雅建筑而称赞普罗斯特的新城镇。普罗斯特格外复杂和全面的种族隔离主义愿景源于这样一种想法，即需要保留这座城市历史悠久的非欧洲人住区(the Medina)，作为把阿拉伯世界静态文明荣耀与不断发展的西方进行对比的一种手段。来自 Henri Royer, *L'Urbanisme aux Colonies* (1932)，63。

政治方面的顾虑首先反映了利奥泰自己的种族和帝国理论，其中包含了他自认为对种族之间不可改变的文化差异的深切尊重。 摒弃了当地人能被法国文化迅速"同化"的想法，利奥泰更倾向以与摩洛哥苏丹和其他本土机构"联系"的方式来管理他的保护国，更像是弗雷德里克·卢加德在英属尼日利亚施行的"间接统治"。 城市隔离——如在卢加德的卡诺（Kano）和扎里亚（Zaria）或莱佛士的新加坡——允许平行的地方治理形式同时运作，并不会因目的不同而发生冲突。 普罗斯特还认为，性别政治的差异使得隔离必不可少。 穆斯林建造的房屋没有朝外的窗户，以隐藏女性居室的门廊外露。 但这种限制不适用于欧洲人，所以他们需要完全不同的城镇。

出于经济和卫生方面的考虑而实施隔离，对普罗斯特来说是不言而喻的：摩洛哥非欧洲人住区（medinas）狭窄蜿蜒的街道根本不适合现代商业或卫生系统。 在其所有规划中，普罗斯特都呼吁在非欧洲人住区和新城之间建立一个无建筑的卫生警戒线，这可以保护欧洲人免受难以避免的传染，并为商业交通腾出一条通廊。

最后，普罗斯特和利奥泰对种族分离提出的审美理由，表明了他们对城市分裂历史最为显著的贡献。 （与阿尔及尔的军事工程师不同）他们认为摩洛哥的非欧洲人住区应该得到精心保护——原因同样是，使之成为一种高贵而永恒文化的纪念碑。 种族隔离因此被赋予新的使命：历史保护。 对于利奥泰来说，这种对穆斯林文化的尊重与他的保守主义产生了深刻的共鸣。 他认为，伊斯兰教维持了法国曾经非常不明智抛弃的贵族制度。 只有驯服摩洛哥精英并与他们合作，法国才能保持对殖民地的控制。 对非欧洲人住区施加保护还可带来其他政治和经济利益——它避免了因阿尔及尔的旧城区被毁而为穆斯林带来的挥之不去的痛苦。 更重要的是，非欧洲人住区本身可能成为一个旅游目的地，吸引欧洲人和他们的钱到摩洛哥，这样的收益可能是永久的。 尽管利奥泰鄙视欧洲殖民者的种族主义（他显然认为这比他自己的方式更严厉），但鼓励欧洲殖民也成为在摩洛哥美丽的"新城"大肆挥霍越来越重要的理由。 一些人认为，需要持续从欧洲输入人口，以便保护国能够对当地人的"民族主义倾向和布尔什维克宣传"形成反击。[33]

216 　如果说种族隔离的理论依据是详尽的，那么将理论付诸实践的威权的法律机构也是如此。 与阿尔及尔的征服不同，摩洛哥的征服并未涉及对城市的大范围破坏，许多城市土地仍掌握在当地精英手中。 因此，显然需要通过法律措施来实现这一雄心勃勃的肤色界线，而利奥泰愿意利用他的法令权力来弥补他在动用军事力量方面的相对克制。 事实上，他和普罗斯特共同确立的规划制度代表了为削弱土地利益的力量所付出的法律方面的广泛努力之一，这些力量在其他地方的殖民地城市中导致种族隔离计划受挫。 新城需要大量土地——在拉巴特，普罗斯特的欧洲城市是老旧的非欧洲人住区的十倍。 为了获得这些土地，利奥泰忽略了他自己借助摩洛哥的机构开展工作的原则，他从国外输入了三种工具。 一种工具是澳大利亚的托伦斯系统（Torrens system），该系统使得土地所有权的证明取决于产生书面的、国家认证的所有权的能力。 在这种制度之下，土地的纠纷通常会被交由法国法院解决，而传统的穆斯林产权在法国法院经常被视为无效。 主持这些法院的白人法官倾向于作出有利于欧洲产权持有者的裁决，无论他们的主张多么具有欺诈性。 在西贡，1860 年代曾使用类似的系统来对高原（Plateau，即前文提及位置较高地块）加以清理，以供欧洲人取得所有权。 马达加斯加和突尼斯也重复了这一过程。 第二种工具是综合性的城市规划法，由社会住房改革者根据欧洲许多城市中通过的条款汇编而成。 利奥泰于 1914 年通过法令宣布了这项法律，在此之后法国才出台了远没有如此全面的规划法。 依据法律，每个城市都要制订具有法律约束力的综合规划。 土地征用方案借用自"社会博物馆"的莫里斯·哈布瓦克斯（Maurice Halbwachs），而后者的方案又是从法兰克福有争议的方案中借用而来。 利奥泰进一步下令，那些妨碍普罗斯特重大工程的土地的私人所有者必须将其产业中最有用的部分转让给国家，然后与同一地区的其他土地所有者进行谈判，以分割建设之后剩余的土地。 只有托伦斯系统的产权持有者才能参与这些谈判或获得补偿。因此，该法令有效地帮助国家和其他欧洲投机者从摩洛哥土地所有者手中掠夺大片不动产。最后，利奥泰还通过了非欧洲人住区和新城各自的建筑规范，规定在每个种族区域建造不符合建筑和卫生标准的建筑是非法的。除非摩洛哥人愿意并有经济能力购买托伦斯所有权的土地并建造欧式房屋，否则不允许他们居住在新城。[34]

这个系统的效果如何？普罗斯特确实在很大程度上按计划在拉巴特建造了他辉煌的新首都，而非斯、梅克内斯和马拉喀什也出现了不那么完全粉饰的新城。正如利奥泰预测的那样，疯狂投机的卡萨布兰卡显然是一个更棘手的难题，规划者被迫在那里建造一个"崭新的非欧洲人住区"，从而对小得多的旧穆斯林城镇加以补充。即便如此，这座城市宏伟的林荫大道仍然完美无缺，正如普罗斯特和他的助手们想象的那样。学院派风格的规划也在整个帝国及其他地区重振了法国建筑的影响力，尽管不同规划师取得的成功程度不同：在河内，普罗斯特在罗马大奖赛上的同仁埃内斯特·埃布拉尔可以运用的规划工具没有那么强大，并且在对付该市的网格方面并不成功（西贡的网格基本上保持原状）。但是，他确实为大叻（Dalat）的法属中南半岛政府规划了一个气派的学院派山中避暑地。根据法国评论家的说法，它的魅力远远超过了荷兰的比滕佐格（Buitenzorg）和英国的西姆拉。与此同时，在开罗赫利奥波利斯（Heliopolis）的扩建部分以及欧洲人的达喀尔和马达加斯加首都塔那那利夫（Tananarive）的规划中，可以找到法国新城的特征。他们甚至在阿尔及尔也有所施展，在那里，旧城区旧城墙外的南部地区成为比海洋区更优雅的法国生活中心。[35]

种族隔离情况如何？在摩洛哥，利奥泰无情的法律工具对于创设独立的欧洲城镇以及将它们与本土城镇分开的卫生封锁线（cordons sanitaires）而言至关重要。然而，这些法律只是创造了单独的欧洲和摩洛哥"聚居区"（agglomerations）；遵循与阿尔及利亚同样的对肤色视而不见的顾忌，他们并没有明确禁止摩洛哥人住在白人城镇之中。一些受

217

过欧洲教育的摩洛哥穆斯林和犹太人（他们在摩洛哥治下居住在不同的地方）可以并且确实获得了土地以及产权，然后在欧洲城镇中按照西方风格为自己建造了房屋。利奥泰和普罗斯特都承认，他们的城市，就像世界历史上所有所谓的双重城市一样，依赖于跨越住区肤色界线的大量日常交通：正如他们的一位同事所说，这些城市是"连体姐妹"。构成拉巴特卫生封锁线一部分的公园，变成了一种悠闲的跨种族聚会场所。尽管涉及高压的技术，但正如一位评论家所说的那样，这并不是北非版本的种族隔离。[36]

218 1931 年，讲法语的殖民城市主义者召开了第一次也是唯一一次专门讨论殖民城市规划的国际会议。他们在那里为已退休的英雄休伯特·德·利奥泰和他的助手亨利·普罗斯特举办了宴会。与会者称赞这一对合作伙伴在摩洛哥的成就是未来世代殖民城市主义者的"大师课"。[37]普罗斯特走上讲台，就学院派规划与种族隔离之间的基本联系发表了他迄今为止最明确的声明。然而，在随后的讨论中，人们对他和利奥泰所做的事情明显有些不安。一位来自荷属印度群岛的代表愤怒地将法国的种族隔离与巴达维亚的旧唐人街系统相提并论，称其为"中世纪的"甚至"古代的"，而且毫无任何公共卫生理由。作为回应，埃内斯特·埃布拉尔热烈地（并且是虚伪地）吹嘘说，将摩洛哥"拯救非欧洲人住区"的政策作为"蓄意种族隔离"的例子是"完全错误的"。他进一步指出，法兰西帝国的独立种族区"本质上对应于我们自己现代城市的商业区和工人阶级住宅区，……相互分开……却没有在地图上画一条清晰的界线"。另一位发言者总结说，在种族隔离问题上，法国人的气质与英国人有着根本的不同：普罗斯特的规划当然使用了"分离，但并非激进的分离"，并非那种"涉及对原住民城镇鄙视的隔离……[比如]英国的方法"。[38]

这些笼统的防御性言论，不仅夸大了法兰西帝国对种族普世主义的承诺，而且忽略了法国在世界各地的各种做法及其与同样多变的英国做法的密切联系。这同样揭示了晚期殖民城市政治中一个更大的主题，而这个主题并不仅限于学院派规划从业者。　随着民族主义运动越来越肯定地呼吁终结帝国，精心设计的种族隔离理论变得越来越没有意义。城市肤色界线的实际政治留存，越来越依赖于殖民当局合理否认其存在的能力。

## 新德里的日落

当你沿着新德里宽阔又笔直的国王大道（Kingsway）直行向西，接近瑞希纳（Raisina）不朽的"卫城"（acropolis）时，会发生一些奇怪的事情，总督府巍然高耸的圆顶高出一头，这是英国著名建筑师埃德温·勒琴斯的作品。　巨大的穹顶在近两英里开外就已经吸引着你的目光，国王大道（同样由勒琴斯设计）则从印度门（All-India Arch）开始。　但当你到达通往卫城的坡道时，总督府突然渐渐从视线中消失，它被坡道本身遮住了。　慢慢地，最后，圆顶几乎消失无影踪，就像落日一样。

据报道，因为埃德温·勒琴斯中风，无法采取任何措施来更改这个规划中离谱的错误。　坡道不得不采用如此陡峭的坡度，以便在国王大道的最后一段有足够的临街土地，容纳同样宏伟的秘书处双子大楼，由他的同事赫伯特·贝克（Herbert Baker）设计，位于山顶府邸的侧面。在花费多年的创造力将新德里打造为大英帝国统治的至尊城市纪念碑之后，最重要的象征——府邸圆顶本身——似乎应验了法国总理乔治·克莱蒙梭（Georges Clemenceau）的刻薄预言，他曾在 1920 年动工建设时参观了这座城市的场地。　他望着在这片土地上来来往往的诸多皇城遗迹说道，"这将是它们之中最精美的废墟"。[39]

新德里经常被称为极致的殖民城市。　最终，无论从哪个意义上来说，它既是最雄心勃勃的，也是在印度的最后一个殖民之城。[40]在一个层面上，它代表了现代英国殖民城市种族隔离戏剧的完美结局，回望了 18 世纪的加尔各答，也就是剧情开始的地方。　与此同时——撇开克

239

莱蒙梭的轻蔑言论不谈——新德里和加尔各答一样，也高调呈现出若干明显的法国特色。 毕竟，在伦敦完全没有类似国王大道或总督府邸的东西——新德里的灵感主要来自巴黎的香榭丽舍大街和路易十四的凡尔赛宫。 像巴黎美术学院的反叛者们一样，勒琴斯也踏上了前往罗马的旅程［他经常将瑞希纳卫城称为卡比托利欧山（Capitoline Hill）的复制品］。 和他们一样，他仔细研究了法裔美国建筑师皮埃尔·查尔斯·朗方（Pierre Charles L'Enfant）对华盛顿特区的规划。 为了向朗方和凡尔赛的建筑师致敬，他绘制了宽阔的放射状街道，以完美的 30 度、60 度和 90 度夹角与新德里的国王大道相交。 和他们一样，他紧跟美国城市规划师丹尼尔·伯纳姆的工作，并紧跟伯纳姆受奥斯曼和学院派启发在美国和菲律宾发起的"城市美化"运动。 当然，在新德里有足够的空间让英国人施展。 在印度工作之前，勒琴斯曾在伦敦著名的田园城市郊区汉普斯特（Hampstead）担任设计顾问，田园城市的灵感则来自埃比尼泽·霍华德。 与许多英裔美国人居住的郊区一样，位于国王大道和其他大道两旁的独座房屋远离道路，在茂盛的绿色植物掩映之下近乎隐形——与奥斯曼设计的位于香榭丽舍大街的六层公寓楼形成鲜明对比，也与普罗斯特在拉巴特设计的更密集的、朝向人行道的建筑形成鲜明对比。[41]

221　　此外还有反面的教训，意即新德里要避免的事情。 其中之一在于营地。 在这一点上，总督哈丁的一位高级顾问很清楚：既然英国首都已经抵达莫卧儿王朝的旧址，新德里将不得不成为一个真正的皇城，而不仅仅是一个军营。 勒琴斯在新德里的正式规划让一百年来帝国兵站的仓促规划相形见绌，兵站的布局几乎没有任何胜利或纪念意义。

　　另一个可提供反面教训的是旧德里。 虽然新德里可以从旧德里汲取一些威严，但这两者会像东方与西方一样不同。 有围墙的迷宫般的沙贾哈纳巴德应该保持完好，就像利奥泰规划的拉巴特的非欧洲人住区一样，但它作为一种反纪念碑（countermonument），将印度曾经的宏伟辉煌与一种远超于其上的"西方科学、艺术和文明"的崭新、宏伟、有棱有角的表达方式进行对比。[42]

最后，新德里当然不会重现臭气熏天的加尔各答景象。这座充满纷争的城市现在的街道上充斥着孟加拉"恐怖分子"的炸弹爆炸声，而城市的改善信托基金，尽管清理了贫民窟，也几乎无法阻挡越来越多深肤色的人涌入日趋衰落的白人城镇。相比之下，新德里将受益于北印度平原更为健康的环境，并使印度政府更容易去往西姆拉。由于旧德里以南的帝国土地征用，勒琴斯就有了可供建造的如同白纸一张的土地。而且，正如一位印度老手向忧心的军方人士保证的那样，在英国统治的政治地理范围内，新德里将"比克拉彭公地（Clapham Common）更安全"，伦敦标志性的郊区福音派从城市道德污染中抽身。[43]

与在拉巴特一样，种族隔离是所有工作的关键。肤色界线将使凯旋规划的影响在新德里盛行，并将不受欢迎的人排除在外。新德里选址本身就代表了种族隔离的第一项行动。委员会并未在旧德里北部建立起阻挡印度土地所有者和善于敲诈勒索的古贾尔部落人的民间界线（civil lines），而选择在旧德里南部的"处女地"上定居。勒琴斯的规划将新德里的街道和公共广场布设在远离旧城的地方，像拉巴特一样，在两个城镇之间设置了卫生封锁线，沙贾哈纳巴德的南墙发挥了加固封锁线的功能。即便如此，南部地块上仍然散布着许多其他曾在此处经历繁荣的纪念性首都的遗迹，让勒琴斯得以通过与这些光荣的、政治上不那么麻烦的"过去的德里"联系起来，以提升"今日的德里"的形象。比如，国王大道的宏伟壮观因其在总督府和因德拉普拉斯特拉（Indraprashtra）古代遗址之间建立了直接联系而得以抬升。（而其他几处废墟则不得不被夷为平地才派得上用场，正如勒琴斯对他的妻子所说的那样，"想象一下巴黎的协和广场，到处都是坟墓"。）[44]

1913年，勒琴斯在苏格兰巴尔莫勒尔城堡（Balmoral Castle）拜见乔治六世国王时，更进一步制定了对新德里内部进行分隔的复杂方案。在一张方格纸上，他勾勒出他所在城市的一张种族横截面。在图中，旧德里的大贾玛清真寺（星期五清真寺）一直出现在左侧，非常低矮。

222

在它的右边出现了几棵树，代表了封锁线。然后是两座小房子，分别标有"瘦黑人"和"瘦白人"。在图的更高和更右边是一个更大、更华丽的房子，标有"胖白人"。最后，在最右边的"最高线"处，是总督府。在接下来的 20 年里，随着新德里的建设缓慢推进，英国统治者和该市的规划委员会对这幅草图中的想法加以推广和发展，在南非以外的所有殖民城市创建了最为复杂的住区空间划分系统。[45]

在拉巴特，勒琴斯通过登记系统和规划立法最大限度地减少了新城中私人土地所有者的权力。在新德里，印度政府做了同样的事情，直接保留了 33 平方英里改善区大约三分之二西部地区的所有土地和建筑物的所有权，作为"官方地产"。这就使英国统治者有权力将城市分成不少于五个独立的住宅区。其中最不受欢迎的住区是北部一个人口稠密的地区，与老城的嘈杂郊区相距最近，是为印度文员（勒琴斯所列的"瘦黑人"）保留的。在它的南边，建筑密度稍低一些，是低级白人政府官员（"瘦白人"）的房子。"胖白人"——高级官员——则可以住在第三个区域的大院子里，在国王大道以北的三角地带，靠近卫城。精英中的精英们住在国王大道以南，在那里他们可以获得更大的院子。第四个区域，在国王大道的东部延伸区域，被指定为印度王爷的宫殿[勒琴斯本人为海得拉巴的尼扎姆设计了其中最大的宫殿]。最后，第五个区域是商业用途，环绕着康诺特马戏团（Connaught Circus），这是勒琴斯规划的北部放射状大道的另一个大型交汇点。[46]

尽管努力使新德里与驻扎营地保持距离，但向城中居民发放住房的系统，类似于驻地法（cantonment code）中住宅相关条款的扩充版本。根据 1927 年颁布的"新德里宿舍分配规则"，当首都终于准备好接收第一批政府雇员时，一位专门的地产官员制订了一份每个宽泛的政府雇员类别之内的最佳住房候补名单。每年秋天，当政府从山中避暑地返回时，他都要更新这份名单。政府雇员在名单上的位置，取决于他们的薪水（薪酬）、他们此前在新德里居住的时长、他们目前的住房是否适合他们的声望，最后是他们在拜占庭式的"优先权令"中的位置。这是

223

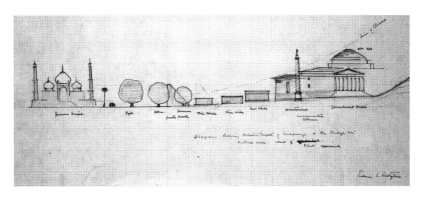

　　勒琴斯绘制的新德里横截面草图,展示了新首都设计中固有的隔离方案。从最左边看,旧德里的贾玛清真寺被一片绿树成荫的缓冲区和墙壁隔开,然后是"瘦黑人"职员的住处,"瘦白人"官员的房子,"胖白人"官员的独座平房,在"最高线"位置,是总督府。英国皇家建筑师学会图书馆图集收藏部提供。

一个66级的等级排序,对所有政府职位进行分级,从第一级的总督一直到第66级最低等的文员(类似的排名还用以管理总督晚宴的座次)。[47]

　　分配规则在新德里的种族住居隔离程度与政府招聘中的种族歧视程度之间建立了密切的联系。 反过来,这也就把居住隔离与印度民族主义运动说服英国统治者向印度人开放上级行政部门职位的能力联系起来。 迫于该运动日益增加的压力,1919年和1935年的印度政府法案就此作出了更大的让步,到1940年,国王大道附近一些最负盛名的地址被直接向总督报告的印度部门秘书所接管。 尽管如此,直到独立,上级"宪报官员"(gazetted officers)的队伍中白人仍然占绝大多数,而绝大多数下级职员依然是印度人,因此居住政策以职业作为基础,只是在某种程度上模糊了肤色界线。 但不平等现象仍然十分严重。 正如勒琴斯和总督们焦虑地意识到的那样,新德里本质上是一个33平方英里的公共住房项目,涉及大量的政府开支——其中大部分是由极其昂贵,甚至可以说富丽堂皇的独座平房组成。 在对住房建设支出进行优先考虑时,豪华的平房区的开支总是比文员公寓区域多。 由于文员人数最多,而且他们最有可能是印度人,因此他们得到的服务严重不足,许多人不得不住在旧德里。 在新德里,新首都提供的工作机会吸引了数以

224

万计的其他新移民来到这座城市。 租金飙升，住房人满为患。 更糟糕的是，勒琴斯的规划将最富有的人安排到距离他们在卫城工作地点最近的住所，并迫使最穷的政府雇员支付最长距离和最昂贵的通勤费用。[48]

## 苦涩的墓志铭

我们现在应该回到 1931 年的巴黎殖民城市主义国际会议，当时埃内斯特·埃布拉尔公然否认他和他在城市规划运动中的同仁们参与了种族隔离。 毕竟，他断言，当地人可以住在白人城镇，只要他们按照法规建造房屋。 因此，黑人和白人之间的界线就像欧洲城市之中阶级之间的界线一样无害，这是"在地图上并没有明确划出的一条界线"。

埃布拉尔对法国政策的辩护包含双重欺骗。 在殖民城市的历史中，不可能指望种族的力量消失，无论是在规划者明确在他们的地图上清晰绘制肤色界线的时刻，还是在他们试图对种族加以隐藏的时刻。 然而，更重要的是，城市之中的阶级隔离却毫无天真可言，也无法掩饰自己的阴险，其历史永远无法奇迹般地从种族隔离的历史中切除。 请记住，城市种族隔离的最大问题不是将不同类型的人划分到不同的社区。 它最大的问题在于如此不公平——造成资源分配不均，明显不利于那些肤色界线使其处于政治从属地位的种族群体。 因此，从历史上来看，种族隔离不仅依赖于阶级隔离技术。 它实际上正是一种阶级隔离——其邪恶性主要源于这一事实。

然而，埃布拉尔的评论还可以以另外一种方式解读。 到 1940 年，殖民城市主义已经达到了它的外部极限——其美学概念的纯粹野心、种族的概念力量、帝国的制度力量、殖民改革网络的想象以及政府对城市土地市场的控制技术皆达到极限。 当时，殖民城市主义的实践者也暴露了他们作为综合规划者的自我认同的外部界限。 他们热衷于建设壮

225

观的新城市，但几乎完全忽略了为他们行动的主要后果之一进行规划：很多人从农村快速迁移到殖民城市中心，他们大部分是穷人。从这个意义上说，20世纪的都市主义者都没有从阿尔及尔或加尔各答那里吸取教训。在阿尔及尔，军队可能已经为欧洲城镇提供了向外扩张的空间，但旧城区仍然被锁在城堡高墙之后。当阿拉伯人和其他北非人在1920年代和1930年代被新一波欧洲人定居浪潮驱赶离开他们农村的土地时，开始大量迁移到阿尔及尔，他们很快就把旧城区塞满，这里沦为贫民窟。由于无处可住，更加贫穷的新移民被迫在周围的山腰上搭建自己的窝棚和小屋，超越了不断扩大的欧洲城镇的边缘。同样的情况也发生在河内的36街和拉巴特的非欧洲人住区，全部都以"保护"或"拯救"所谓永恒的东方文明纪念碑的名义实施。与此同时，在印度，勒琴斯为新德里规划的33平方英里区域在1931年共容纳6.5万人。同年，旧德里7平方英里的土地上则居住着35万人。尽管人口规模和密度存在巨大差异，但城市两个部分的保健和公共卫生预算是相同的；旧德里的死亡率是新德里的三倍。

226

　　勒琴斯规划的新德里规模庞大，加上北面的民间界线，只在旧德里城墙西侧留下了一窄条廊道可供用于扩建。那片区域很快就填满了，很快，棚户区开始出现在远处的郊区。1935年，抗议者在旧德里市政厅的一次示威中宣称："新德里的人并不是天上掉下来的，政府可以[在新德里]一掷千金，但为什么要把德里人民视为贱民？"[49]

　　事实上，殖民城市的阶级划分与伦敦、巴黎和柏林的不同。关于政府为穷人提供住房的义务的讨论——在欧洲（甚至在美国）这都是造成困难的问题——直到很久以后才传播到殖民地大部分地区。但最重要的是，殖民城市的阶级隔离反映了一种更为庞大的全球经济隔离形式。在19世纪期间，帝国的扩张、盘剥和殖民地的欠发达状况，造成了西方与世界其他地区之间在财富和经济实力方面不断扩增的"鸿沟"。随着殖民城市成为独立的"第三世界"国家的首都和经济中心，它们不得不吸纳比帝国本国的城市更多和更贫困的人口。今天的巨型城市，有

种族隔离

着巨大且独立的自建住房边缘地带，正是因之带来的后果——这是镌刻在现今已成为西方帝国墓碑的纪念性殖民首都之上的苦涩墓志铭。

**注 释:**

[1] Thomas R. Metcalf, *Ideologies of the Raj* (Cambridge: Cambridge University Press, 1995), 195—199.

[2] Tyler Stovall, *Paris Noir: African Americans in the City of Light* (Boston: Houghton Miffl in, 1996), and "Love, Labor, and Race: Colonial Men and White Women in France during the Great War", in *French Civilization and Its Discontents: Nationalism, Colonialism, Race*, ed. Tyler Stovall and Georges van den Abbeele (Lanham, MD: Lexington Books, 2003), 297—322; Petrine Archer-Straw, *Negrophilia: Avant-Garde Paris and Black Culture in the 1920s* (New York: Thames & Hudson, 2000); Elisa Camiscioli, *Reproducing the French Race: Immigration, Intimacy, and Embodiment* (Durham, NC: Duke University Press, 2009), 75—154; Tyler Stovall, "The Color Line behind the Lines: Racial Violence in France during the Great War", *American Historical Review* 103 (1998): 737—769; Todd Shepard, *The Invention of Decolonization: The Algerian War and the Remaking of France* (Ithaca, NY: Cornell University Press, 2006), 19—54.

[3] F. J. Hebbert and G. A. Rothrock, *Soldier of France: Sebastien Le Prestre de Vauban, 1633—1707* (New York: Peter Lang, 1989), xi.

[4] Roger Chartier, Hughes Neveux, and Emmanuel Le Roy Ladurie, *Histoire de la France urbaine vol.3, La ville classique: De la renaissance aux révolutions* (Paris: Seuil, 1981), 109—116.

[5] Chartier, Neveux, and Le Roy Ladurie, *La ville classique*, 116—133.

[6] Preeti Chopra, "Pondicherry: A French Enclave in India", in *Forms of Dominance: On the Architecture and Urbanism of the Colonial Enterprise*, ed. Nezar AlSayyad (Aldershot, UK: Avebury, 1992), 107—138.

[7] John Ruedy, *Modern Algeria: The Origins and Development of a Nation* (Bloomington: Indiana University Press, 1992), 45—48.

[8] Ruedy, *Modern Algeria*, 21—23; J. L. Miège, "Algiers: Colonial Metropolis (1830—1961)", in *Colonial Cities*, ed. Robert J. Ross and Gerard J. Telkamp (Dordrecht, Netherlands: M. Nijhoff, 1985), 171—172; Zeynep Çeylik, *Urban Forms and Colonial Confrontations: Algiers under French Rule* (Berkeley: University of California Press, 1997), 12—21.

[9] René Lespès, *Alger: Étude de géographie et d'histoire urbaines* (Paris: Félix Alcan, 1930), 200—246; Karim Hadjri and Mohamed Osmani, "The Spatial Development and Urban Transformation of Colonial and Postcolonial Algiers", in *Planning Middle Eastern Cities: An Urban Kaleidoscope in a Globalizing World*, ed. Yasser Elsheshtawi (London, 2004), 29—58; Miège, "Algiers," 173—174; Çeylik, *Urban Forms*, 26—38.

[10] 转述自 Çeylik, *Urban Forms*, 27。

[11] Ruedy, *Modern Algeria*, 45—113; Charles-Robert Ageron, *Les Algériens Musulmans et la France (1871—1919)* (Paris: Presses Universitaires de France, 1968); Shepard, *Invention of Decolonization*, 19—54; Jonathan K. Gosnell, *The Politics of Frenchness in Colonial Algeria, 1930—1954* (Rochester, NY: University of Rochester Press, 2002), 1—40.

[12] 阿尔及利亚的城市历史学家没有解释为什么在种族隔离狂热时期，一个对帝国政策有相当大影响力的种族主义定居者殖民地并没有通过任何形式的种族隔离法。因此，本段中的论点必须被视为假设。需要更深入的比较研究来证实它们。若干其他可能因素如下所列。在阿尔及尔，即便随着穆斯林人口的增长并对于肤色界限带来压力，法国定居者可能也对松散界定的西班牙、意大利和犹太工人阶级和商业社区感到放心，因为

这些社区在海洋区和卡斯巴之间的边界提供了缓冲区。早在 19 世纪 90 年代，就已经在围墙城镇的南部为欧洲定居点开辟了新的区域，从而为白人打开了住房市场的安全阀，这可能减少了对隔离法的需求。殖民者们对穆斯林男性构成的性威胁的焦虑相对平缓，这也可能发挥了作用。帝国主义者通常担心与阿尔及利亚忠诚的少数穆斯林精英维持脆弱的联盟。Lespès, Alger, 493—620; David Prochaska, *Making Algeria French: Colonialism in Bône, 1870—1920* (Cambridge: Cambridge University Press, 1990), 23—24, 156—165; Çelik, *Urban Forms*, 21—26.

［13］转述自 Ruedy, *Modern Algeria*, 50—51。

［14］Françoise Choay, *The Modern City: Planning in the Nineteenth Century* (New York: George Braziller, 1969), 15—22; Michel Carmona, *Haussmann: His Life and Times, and the Making of Modern Paris* (Chicago: Ivan R. Dee, 2002), 140—166; Paul Rabinow, *French Modern: Norms and Forms of the Social Environment* (Cambridge, MA: MIT Press, 1989), 73—81.

［15］Tyler Stovall, *The Rise of the Paris Red Belt* (Berkeley: University of California Press, 1990), 9—40.

［16］George Reid Andrews, *The Afro-Argentines of Buenos Aires* (Madison: University of Wisconsin Press, 1980), 102—106; Theresa Meade, "*Civilizing*" *Rio: Reform and Resistance in a Brazilian City, 1889—1930* (University Park: Pennsylvania State University Press, 1997), 27—32.

［17］Andrews, *Afro-Argentines*, 80; Meade, "*Civilizing*" *Rio*, 66—74, 116—117; Sidney Chaloub, "The Politics of Disease Control: Yellow Fever and Race in Nineteenth Century Rio de Janeiro", *Journal of Latin American Studies* 25(1993): 441—463; Ramón Gutiérrez, "Buenos Aires: A Great European City", in *Planning Latin America's Capital Cities*, ed. Arturo Almandoz Marte (London: Routledge, 2002), 45—74.

［18］Meade, "*Civilizing*" *Rio*, 75—101; essays in Arturo Almandoz Marte, *Planning Latin America's Capital Cities* (London: Routledge, 2002); John Lear, *Workers, Neighbors, and Citizens: The Revolution in Mexico City* (Lincoln: University of Nebraska Press, 1996), 23—48.

［19］Janet Abu-Lughod, *Cairo: 1,001 Years of the City Victorious* (Princeton: Princeton University Press, 1971), 99—117; Heba Farouk Ahmed, "Pre-Colonial Modernity: The State and the Making of Nineteenth-Century Cairo's Urban Form" (PhD diss., University of California, Berkeley, 2001), 99—145.

［20］Abu-Lughod, *Cairo*, 118—131, 144—166; Andrew Beattie, *Cairo: A Cultural History* (Oxford: Oxford University Press, 2005), 170—177.

［21］Khaled Adham, "Cairo's Urban Déjà Vu: Globalization and Urban Fantasies", in *Yasser Elsheshtawy, Planning Middle Eastern Cities: An Urban Kaleidoscope in a Globalizing World* (London: Routledge, 2004), 134—168. Abu-Lughod, *Cairo*, 132—166.

［22］Rabinow, *French Modern*, 168—210, 253—254.

［23］Rabinow, *French Modern*, 211—267.

［24］Rabinow, *French Modern*, 267—276.

［25］Çelik, *Urban Forms*, 31—38; M. Pasquier-Bronde, "Alger: Son développement depuis l'occupation Française", in *Jean Royer, L'Urbanisme aux colonies et dans les pays tropicaux* (La Charité-sur-Loire: Delayance, 1932), 33—40; Rabinow, *French Modern*, 104—125, 转述自第 113 页。

［26］X. Guillaume, "Saigon; or, The Failure of an Ambition(1858—1945)", in *Colonial Cities*, ed. Robert J. Ross and Gerard J. Telkamp (Dordrecht, Netherlands: Martinus Nijhoff, 1985), 182; Michael G. Vann, "White City on the Red River: Race, Power, and Culture in French Colonial Hanoi, 1872—1954" (PhD diss., University of California, Santa Cruz, 1999), 24.

［27］Nguyen Dinh Dau, *From Saigon to Ho Chi Minh City: 300 Year History* (Ho Chi Minh City: Land Service Science and Technics Publishing House, 1998), 97—105; Guillaume, "Saigon," 188—189; Philippe Franchini, "La Cité Blanche", in *Saigon, 1925—1945: De la "Belle Colonie" à l'éclosion révolutionnaire ou la fin des dieux blancs*，ed. Philippe Franchini（Paris：Éditions Autrement，1992），31—35；Vann，"White City on the Red River"，41，69—83.

［28］Hubert de Lyautey，*Lettres du Tonkin et de Madagascar（1894—1899）*（Paris：Armand Colin，1946），55，59（translation by author）.

［29］Gwendolyn Wright，*The Politics of Design in French Colonial Urbanism*（Chicago：University of Chicago Press，1991），258—261.

［30］Janet Abu-Lughod，*Rabat：Urban Apartheid in Morocco*（Princeton：Princeton University Press，1980），138—142；Rabonow，*French Modern*，289.

［31］Wright，*Politics of Design*，85—140.

［32］Henri Prost，"Le développement de l'urbanisme dans le protectorat du Maroc，de 1914 à 1923"，in *Royer*，*Urbanisme aux colonies*，60（对原始文献的强调）.

［33］Prost，"Développement de l'urbanisme"，59—60；final quotation from Vivier du Steel，"Introduction"，in *Royer*，*Urbanisme aux colonies*，12.

［34］Abu-Lughod，*Rabat*，146—190；Wright，*Politics of Design*，141—144；Rabinow，*French Modern*，291—293. 法兰克福的灵感来自 Adickes law。

［35］Hébrard，"Urbanisme en Indochine"，in Royer，*Urbanisme aux colonies*，278—289；Wright，*Politics of Design*，161—301；Lespès，*Alger*，528—543，564—566，588—620.

［36］Abu-Lughod，*Rabat*，*footnote on xvii*；Wright，*Politics of Design*，147，221；Rabinow，*French Modern*，297—301.

［37］Jean Royer，"Compte Rendu Général"，in Royer，*Urbanisme aux colonies*，15.

［38］Articles by Prost and others in Royer，*Urbanisme aux colonies*，22，29，30，276—277，285.

［39］Robert Grant Irving，*Indian Summer：Lutyens，Baker，and Imperial Delhi*（New Haven：Yale University Press，1981），142—165，355.

［40］Anthony D. King，*Colonial Urban Development：Culture，Social Power，and Environment*（London：Routledge & Kegan Paul，1976），182，228.

［41］Irving，*Indian Summer*，53—90.

［42］转述自 ibid.，73。

［43］转述自 ibid.，35；Stephen Legg，*Spaces of Colonialism：Delhi's Urban Governmentalities*（Malden，MA：Blackwell，2007），31—32，57。

［44］Irving，*Indian Summer*，39—52，转述自第 46、80 页，另请参见 Delhi Town Planning Committee，*Final Report Regarding the Selected Site*（London：H. M. Stationery Offi ce，1913），5。

［45］Irving，*Indian Summer*，76—78.

［46］Legg，*Spaces of Colonialism*，27—58（参见第 44 页和第 79 页地图，可看到新德里政府持有和私人持有土地的范围变化情况）；King，*Colonial Urban Development*，241—258。

［47］Legg，*Spaces of Colonialism*，45—46；King，*Colonial Urban Development*，241—243.

［48］Legg，*Spaces of Colonialism*，58—81.

［49］Hadjri and Osmani，"Spatial Development of Algiers"，40—43；Çelik，*Urban Forms*，113—179；Vann，"White City on the Red River"，69—83；Abu Lughod，*Rabat*，157—161；King，*Colonial Urban Development*，267—268；Legg，*Spaces of Colonialism*，162.

# 第四部分　大种族
## 隔离主义者

# 第八章

# 约翰内斯堡的多重隔离

## 大种族隔离主义和更广阔的世界

到 1960 年代，南非约翰内斯堡的官员成功地建立了世界历史上最雄心勃勃和最繁复的城市肤色界线系统。 此时，可能这些边界并非沿着一列山脉，而是沿着两列山脉的峰顶布设。

这两座不起眼的山脊彼此平行，相距约两英里，一列是天然山脊，另一列则是人工山脊，从东到西沿着城市中心及更远的北部和南部边界延伸。 北部的天然山脊被称为维特沃特斯兰德（Witwatersrand），或白色流域（White Watershed）。 据传说，这些讲南非荷兰语的布尔人（农民）给它取的这个名字，因为从远处看，雨水从山坡倾泻而下，在阳光下看起来白光闪烁。 但兰德（the Rand）从另一个意义上而言也是白的。 它平行的断脊标志着这个城市北部郊区的开始，这是中上层阶级统治精英的领地，也是白人的专属区域。 这些郊区最早可以追溯到 1890 年代，当时这座城市传奇的金矿主兰德大亨们（Randlords）发现兰德的岩石山峰可以成为他们建造豪宅的绝佳位置。 他们的第一个山顶住区被称为帕克敦（Parktown），从此处向北看，可以欣赏到南非高地波涛翻滚的美景。 稍微眯一眯眼，兰德大亨的妻子们都会惊叹不已，觉得一眼看过去能看到她们的"家园"，也就是伦敦的公园街（Park Row），很多人在那里拥有第二座府邸。 北面是约翰内斯堡种族特权的方向。 就像一位兰德大亨府邸的名字一样，就是"向阳面"(Sunnyside)。

230　　　而在南边，一切变得越来越不那么迷人，甚至有时阳光都少了许多。 这座城市繁忙且平淡无奇的市中心位于兰德南坡脚下，早在1886年时此处是一个尘土飞扬的矿场。 那一年，在当时布尔人的独立南非共和国(Zuid-Afrikaansche Republiek, ZAR)的偏远地区发现了黄金。市中心的核心是专员街(Commissioner Street)火热的证券交易所，职员们在那里为矿山所需的跨大陆资本流动提供中介服务。 直到1900年之后，英国在英布战争期间占领了这座城市，大英帝国官员废除了ZAR并将其更名为德兰士瓦殖民地(Transvaal Colony)，约翰内斯堡才终于在集市广场(Market Square)有了一个合适的市政厅。 在那里，清一色白人的当选官员就世界各地种族隔离思想和工具的优点进行了辩论，并将它们在当地付诸实践。

在市中心以外，事情变得明显不那么愉快了。 往西是一个贫民窟，这是ZAR官员专门为城市贫穷的南非白人、印度人、黑人和被视为有色人种的混血南非人留出的。 这些"西部地区"——连同其他环绕在市中心南部腹地的贫民窟——在整个20世纪早期成了这个城市主要的种族斗争场所。

市中心以东是本城最早的白人工人阶级聚居区，在多恩方丹(Doornfontein)和杰普斯敦(Jeppestown)等日渐衰落的社区中，有一些小房子，精英阶层在离开前往山岗之前曾青睐这些社区。

市中心的南部边缘，是这座城市的第二大山脉——人造山，在整个20世纪都以巨大的亮黄色废土堆的形式缓慢增高，被称为"矿山垃圾场"。 从市中心向四面八方30英里延伸出来的，正是约翰内斯堡存在的理由：一个巨大的金矿床以45度角从地表向南深入地壳。 在矿坑中间，可以看到矿井电梯的滑轮塔（"井架"）、大声撞击的压矿机、繁忙的货运堆场，以及随着这个世纪即将结束而出现的被称为"泥坝"的有毒尾矿库。

城市南边的住宅地产要差得多，这使它成为倾倒矿山废料以外其他东西的理想场地。 例如，在金矿之中，兰德大亨们为成千上万的移民工人建造了他们的"大院"——艰苦的生活场所，这些移民全是男性黑人工人，他们每天昼夜轮班地下到矿井中劳作。 1904 年，市议会还决定将城市所有的污水倾倒在城南，任由其漫流到金矿带之外的一个名为克里斯普鲁特（Klipspruit）的"污水处理场"的场地中，与市中心相距15 公里。 在作出这项决定后不久，市议会命令所有不住在大院的黑人搬到污水处理场去，于是市政府就在污水处理场的正中央建立了一个新的"原住民居住地点"。 这是约翰内斯堡西南郊区第一个黑人、有色人种和印度人聚居的地方，后来被重新命名为"城镇"。 1962 年，它们被统称为索韦托（Soweto），这是短语"西南城镇"（Southwestern township）的缩略版本。

　　是什么造成了这种无可撼动、以山脉为根基的大种族隔离主义的南北分裂呢？ 流传最广的一个说法是，南非的种族隔离制度，在 1948 年被重新命名为"种族隔离"（apartheid），完全是土生土长的，是一个极端种族主义社会和文化所独有的。 在这个版本的故事中，布尔人（又称南非白人）通常被塑造成倔强、反常的恶棍。 19 世纪 30 年代，为了逃离英国的统治，布尔人长途跋涉，越过南非最初的好望角殖民地的边界，向东北迁徙。 布尔人将自己与进步隔绝开来，甚至错过了整个 18 世纪及其启蒙运动时代。 荷兰式的加尔文主义（Dutch Calvinism）加剧了他们的落后。 在遥远的高地，在布尔人的两个独立共和国——奥兰治自由邦（Orange Free State）和南非共和国之中，他们开始把自己想象成为天选之人，注定要对自己的非洲部分进行统治——尤其要对生活在那里的大量非洲人进行统治——而且要带来他们愤怒的上帝的雷霆万钧。 当据称更自由的大英帝国进行干预时，布尔人回应以更多的蔑视与保守，最后终于达到威权的极端民族主义。 延续这一传统的是面无表情的种族隔离"建筑师"：南非国民党的 J·B·M.赫佐格（J.B.M. Hertzog）、牧师 D·F·马兰（D.F.Malan）、亨德里克·维沃尔德（Hendrick Verwoerd）教授和"老鳄鱼"P·W·博塔（P.W.Botha）。 故事是这样的，他们和他们的同侪将人们推入种族之分，如约翰内斯堡的白人郊区和黑人城镇，最终目的是按种族、农村和城市划分整个国家。其计划是让黑人从城市甚至从整个南非消失——到他们自己独立的农村国家去，而这些国家是从白人农民不需要的土地上开辟出来的。[1]

有人争辩说，事实并非如此。在南非白人民族主义者上台之前的几十年，渴求黄金的兰德大亨们（主要是英国矿主）已经为南非特有的悲剧绘制了蓝图。由于南非地下大金矿层的坡度陡峭，矿业资本家不得不支付越来越多的机械和劳动力费用，才能将闪闪发光的矿石从地下开采出来。但与世界上任何其他商品都不同，黄金的价格基本保持不232 变，因为其价值与世界货币挂钩。因此，赚取利润的唯一方法是保证稳定的矿工流，以接近最低工资的标准与他们签订 10 个月的劳动合同，从而将劳动力成本维持在极低水平。这意味着从遥远的地方引入单身非洲男人——并且在 1904 年到 1907 年这一段糟糕的时期，甚至将数万名中国"苦力"（coolies）运送到兰德。为了让这些移民矿工继续工作——在远离地面的闷热隧道之中，在爆炸、竖井倒塌和令人窒息的灰尘环境之中，四肢着地锤击坚硬的岩石——兰德大亨们需要一个愿意执行无情的劳动合同并通过法律的政府。同样还需要执行隔离的、单一性别的全部是黑人矿工的住所。种族隔离正是其最终的结果。

这两种说法都有一定的道理。南非白人民族主义者确实发明了"种族隔离"一词。而且，在 1948 年之后——甚至可以说是在第一任民族主义总理赫佐格从 1924 年到 1939 年的执政期间——南非国民党貌似至少以比一些讲英语（和讲南非荷兰语）的同时代人所认为的程度更大的威权之力来推动种族隔离。至于兰德大亨们，他们在重工业资本家中确实不寻常，因为他们直接参与了城市居住隔离，创造了南非肤色界线中若干最可怕的特征。弥漫在迅速变化的资本主义新兴城市中的焦虑，可能也让白人对秩序感产生了更普遍的需求，他们的应对之策就是隔离。但是，这两个故事都无法解释政府所支持的一系列异常繁复、广泛和强制性的措施，这些措施在其长达一个世纪的历史进程中让南非的城市大种族隔离主义成为奇葩。

在两个故事中，三个跨越全球的机构都缺位了，而在殖民世界的其他地方，是由这三大机构按照种族来分裂城市的。 在南非定居者的种族政治之中，在特别傲慢又充满焦虑的背景下，这三个机构传递出格外强大的种族隔离冲动。 大英帝国做出了最重要的早期贡献，其官员是这部大戏第一幕的主要人物。 从 1900 年到 1906 年，南非高级专员阿尔弗雷德·米尔纳（Alfred Milner）直接管理着德兰士瓦殖民地。 从 1900 年到 1903 年，米尔纳精心挑选的讲英语的下属也直接统治了约翰内斯堡市。 他们在种族隔离方面的记录有时被低估，部分原因在于他们无法实现他们提出的期望。 但有必要记住的是，在米尔纳的命令下，所有四个殖民地的南非白人就他们的政府为达成三个傲慢的种族隔离主义目标所承担的义务进行了首次深入讨论：黑人隔离于白人之外，在农村"独立发展"；控制黑人"涌入"城市；在城市地区建立永久隔离的种族区域。

米尔纳和他的助手，尤其是精力充沛的莱昂内尔·柯蒂斯（Lionel Curtis），通过了第一个正式立法来实现这三个目标，他们这样做的同时遭受到了来自大英帝国其他地方越来越多的反对声。 1910 年之后，所有四个殖民地联合起来组成南非联盟，他们这样做的目的是希望联盟的中央、省和市各级近乎全白人议会政府的新体系，能够并且应该遵循这些最初的努力，在未来通过更有效的立法来强化。

说种族隔离在 1906 年已成不可避免之势，这是错误的，因为这些早期的先例刚刚开始。 当然，在接下来的几十年里，没有人确切地知道未来会带来什么。 整个联盟的白人定居者确实达成了一种惊人的共识，即种族隔离是必要的，在城市内部尤其如此。 但白人对实现三个抽象目标中的任何一个应采取的方法都存在巨大分歧——甚至就这三个目标是否都必要，甚至这些目标是否合理，都存在分歧。 因此，这一过程之中可能出现许多不同的结果，包括不那么激进的结果。

尽管如此，当种族隔离的创造者在 1948 年之后投入工作，他们就

233

严重依赖前几代政府官员留给他们的高度强制性的工具。他们的前辈使用的工具包括农村原住民保留系统（rural native reserve system），旨在控制非工作黑人涌入城市的通行证法，以及城市中的原住民居住地系统。在米尔纳时代，英国官员承诺对上述三种工具都加以强化——其结果之一是出现了 15 公里的缓冲区，两座山脉让其更加巩固，种族隔离的高高屏障将约翰内斯堡绿树成荫、鲜花盛开的白人街区与索韦托和滚滚煤烟彻底隔断。

更广阔的世界为米尔纳时代的种族隔离政治提供了各种各样的元素。米尔纳和他的下属——以及种族理论家、城市改革者、房地产开发商、矿业资本家、商人和帮助推动其种族隔离倡议的普通南非白人和英国定居者们——对殖民世界中几乎所有城市分裂类型都加以借鉴，并从世界上另一个新诞生的大种族隔离主义社会美国的思想和实践中吸取精髓。

234

大英帝国在约翰内斯堡的政治目标本身就特别详细。官员们需要对一个在布尔战争期间近乎变成鬼城的地方达成基本的社会控制。他们需要让新征服的金矿恢复运营，这样地方经济和帝国经济才能生存。为此，他们需要重新启动移民劳工制度，并在工人到达兰德后对其进行控制。但也许最重要的是，帝国当局认为南非的未来取决于吸引更多讲英语的白人定居者到达兰德，以确保德兰士瓦殖民地对大英帝国的忠诚。

紧迫的卫生问题也岌岌可危。战争期间，鼠疫从亚洲传入南非，约翰内斯堡的英国公共卫生官员迅速从其他殖民地输入了一种格外疯狂版本的疾病恐慌隔离狂潮。

德兰士瓦殖民地的官员还自觉地借用了环太平洋地区的法律工具，以防止亚洲人跨越印度洋迁移到南非。反过来，这又使殖民地——以及约翰内斯堡本身——卷入了英属印度统治者的政治戏剧中。在一位名叫莫汉达斯·K·甘地的年轻律师的领导下，当地的印度人要求南非按照英国为在印度生活的印度人提供的待遇标准执行，包括拥有土地的权利和从事商业活动的权利。 在这种情况下，还有一个额外的起伏，在约翰内斯堡，欧洲商人不像在印度或西非那样与海外业务的本地伙伴合作。 在南非的白人定居者社会，如同肯尼亚和罗得西亚一样，印度人和白人就城市白人消费者市场展开竞争，诸如约翰内斯堡等地的城市种族隔离运动的另一个目标在于削弱印度商人，从而有利于白人商人。

南非的种族政治也以许多相互矛盾的方式与美国的种族政治联系在一起。 一方面，美国种族理论家和他们的欧洲同行一样，为南非的种族隔离事业提供了很多支持。 南非白人最喜欢的美国种族思想家之一是布克·T·华盛顿(Booker T.Washington)，他是阿拉巴马州塔斯基吉研究所(Tuskegee Institute)春风得意的主任，作为一名黑人，他笃信黑人应该"就地放下他们的水桶打水①"，并避免鼓动"社会平等问题"，这有利于开展工业教育，旨在慢慢确认"黑人种族"对社会的有用性。 另一方面，南非白人对美国将投票权扩大到黑人这一事实表示遗憾。他们受到了 W·E·B·杜波依斯等其他黑人领导人的大力抨击，这些黑人领导人呼吁黑人精英同胞们与白人自由主义者一起发起保障平等权利的运动。 南非白人甚至将南非本身的种族骚乱归咎于美国民权活动人士。 他们抱怨说，在美国上黑人大学的南非黑人带回了令人无法接受的激进思想。 美国黑人传教士在南非的教会中煽动不满，最引人注目的是以卫理公会为基础的 4 万多黑人独立教会运动，运动提出了激动人心的口号"让非洲回来！"(Mayibuye iAfrika！)。 在这个过程中，像南非原住民国民大会(South African Native National Congress)(SANNC，后来更名为非洲人国民大会，ANC)这样的世俗组织也很快与杜波依斯的全国有色人种促进会(National Association for the Advancement of Colored People， NAACP)几乎同时(但独立于其外)成立。[2]

235

①　意即不要怨天尤人，而应乐天知命。 ——译者注

就南非白人而言，他们也与美国白人有着重要的法律和经济联系。南非和美国的定居者社区在英国主导的世界城市房地产市场全球化中都发挥了重要作用，并且都利用他们与英国法律机构、开发商和政治传统的联系来把隔离主义工具、资金，甚至草根业主组织的模式引入到各自的社会。约翰内斯堡和芝加哥等城市成为技术的国家交流中心，对这些外部引入的工具重新设计，从而激发了殖民世界其他任何地方都无可比拟的种族排斥社区运动。

在南非和美国，这种运动对大种族隔离主义政治的典型特征而言至关重要：尽管白人内部的冲突特别严重，大种族隔离主义政治却能够支持明确的肤色界线；有能力跟上快速的、以行业为主导的城市增长，吸引了特别多的黑人向城市迁移；当世界其他地方种族隔离逐渐减少时，在非殖民化时代的戏剧性事件中存活更久的能力。

## 236 种族与文明的角逐

帝国主义是城市种族隔离的主要推动者。英帝国官员最先将南非种族隔离主义政治的意识形态、政治、人口、经济和制度成分混合在一起，并树立起了关键的、具体的先例，激发了后来更激进的运动。[3]这一点在1900年英国征服约翰内斯堡后最为明显，当时阿尔弗雷德·米尔纳引入了一批刚从牛津大学毕业的年轻英国人，按照英国的路线重建这座城市。这群年轻新人被戏称为"幼儿班"，他们很快就接纳了这个名字，以此来宣传他们的帝国复兴品牌。米尔纳和"幼儿班"绝非在高地上迷失的那一群被时间遗忘的布尔人。那么，到底是什么样的种族主义导致了当时世界上最复杂和最严酷的城市隔离形式？

答案有些出人意料。可以肯定地说，1900年标志着西方帝国主义和种族沙文主义的绝对顶峰，杜波依斯和甘地很快将其称为"白人宗教"（religion of whiteness）的巅峰。在布尔战争的头几个月，约翰内斯堡那些主要由讲英语的白人构成的难民开始重返这座刚刚被征服的城市，因此出现了大量直截了当的社会达尔文主义、优生学、生物种族主义和约翰布尔沙文主义（John Bull jingoism）。然而，在大英帝国——以及在法国和美国——最近西方在世界范围内的大规模征服也引发了激烈的声讨和争吵，甚至引发了关于种族和种族理论的争议。世界范围有影响力的圈子，开始对所谓强大的盎格鲁-撒克逊种族保持其全球权力的能力以及种族本身在帝国制度中的核心作用产生出惊人的怀疑。对于阿尔弗雷德·米尔纳和"幼儿班"来说，南非和约翰内斯堡的当地情况只是重新开启并加剧了所关涉的问题。

在北美洲，白人跨越大陆的进军乍一看似乎证实了社会达尔文主义者关于优胜劣汰的预测。白人定居者数量在美国大平原上成倍增加，而土著人的数量则急剧减少，几乎到了许多人认为的灭绝的地步。但美国黑人似乎并非如此。来自美国的证据似乎表明，曾经一度黑人人口的增长速度实际上比白人快。随后，纽约人寿保险公司保险理算员弗雷德里克·霍夫曼（Frederick Hoffman）在一次引人注目的曝光中公布了新数据，显示黑人患致命疾病的概率更高。住在城市的黑人特别容易受到致病因素的影响。他们正走在通往即将全面消失的最为快速的道路上。然而，"消失的黑人"似乎并没有那么快消失。对一些人来说，霍夫曼真正证明的是，非洲人天生就是适合于乡村的人种，他们没有理由居住在城市里，因为他们对城市道德和现实诱惑缺乏抵抗力，这会导致疾病。

与此同时，完全没有证据表明亚洲人濒临灭绝——但这是加利福尼亚人、不列颠哥伦比亚人和澳大利亚人长期以来提出的说法。来自澳大利亚墨尔本的极受追捧的种族理论家查尔斯·皮尔逊（Charles Pearson）感叹道："我们很清楚，中国可以用一年的过剩人口淹没我们。"鼠疫抑制了印度的人口增长，但大量印度人正在横渡大洋，因为白人种植园主希望用签订合约的苦力劳动者取代黑人奴隶，在加勒比地区、在东非和在南非纳塔尔殖民地的甘蔗田中尤为如此。[4]

237

查尔斯·皮尔逊对白人种族凯旋主义的直率批评又一次震惊世界。对于白人观众来说，他的批评是一个可怕的全球范围的预测。温带地区几乎没有剩余任何"空置"地方，以供白人在那里定居，且不会与更多数量的本地人或移民黑人人口遭遇。"这一天终将到来，也许不会太遥远，"他如此预言，带有尽管模糊但最终被证明准确的远见，"届时欧洲观察者环顾四周，将看到地球上遍布黑人和黄色人种的连续区域，他们不再羸弱不堪，不再任人侵略或被收拢保护，他们终将独立"。[5]

皮尔逊的朋友詹姆斯·布赖斯（James Bryce）是一位英国政治家、旅行家、外交家，也是一位更具有影响力的种族理论家，他认为西方文明应当把这场"世界历史上的危机"归咎于自身。西方的技术进步带来了一个崭新的"世界进程——由于最近的科学发现让运输成本极其便宜"，使得"世界变小，每个种族和国家的命运现在可以或终于可能随时与其他种族和国家的命运发生交集"。面对这场我们现在所说的全球化危机，布赖斯认为，加利福尼亚、澳大利亚和纳塔尔的白人在限制移民方面表现出了远见卓识。但在无法阻止跨种族共存，以及实施大规模驱逐不切实际的地方，白人就面临着种族灭绝、种族混合、吸收接纳或社会隔离的选择。而上述选择之中，只有最后一个——种族隔离，为白人的"自我保护"（selfpreservation）带来了希望。[6]

尽管他一直在谈论种族隔离，但布赖斯认为自己是可追溯到约翰·斯图尔特·密尔的悠久传统中的"自由主义者"。他深切关注人口流动增加对白人所负有的开发"落后"种族的神圣义务所产生的影响。在19世纪后期的伦敦，原住民保护协会承担了旧废奴运动的职责。许多人将其自由派盟友称为"埃克塞特会堂"（Exeter Hall），以纪念反奴隶制活动家的聚会场所。社会无情地批评殖民当局未能兑现帝国公开声称的"提升"非白人臣民的承诺。帝国主义者，如伦敦的殖民大臣约瑟夫·张伯伦和南非的米尔纳，都以狂热的自由主义者的身份开始了他们的职业生涯，但对他们来说，"埃克塞特会堂"是烦人责骂的同义词，其对帝国的批评助长了印度国民大会和天主教领导的爱尔兰地方自治运动这一类危险事业。 这种鲁莽行为可能会进一步削弱张伯伦所说的"最伟大的统治种族"的决心。[7]

詹姆斯·布赖斯对于"埃克塞特会堂"持有更加认同的态度。 他被纳入自由主义者之列，是因为其撰写的关于美国民主制度的畅销书，他希望英国能效仿。 然而，他赴美国开展的三次研究之旅以及早些时候对印度的访问给他以惨痛的教训。 推动落后种族的发展，可能会导致他们与上等种族之间发生更大的"摩擦"，因为深色皮肤的人会意识到自己的权利。 对于布赖斯来说，这种摩擦的场景 A 出现在美国的重建时期，他认为，当时自由派根据宪法第十五修正案将投票权授予了黑人，这是错误的。 与当代美国历史学家对这些事件的种族主义解释相呼应，布赖斯认为"极好的……意图"已经遭遇到了"事实的牙齿"，从种族上来看，大多数黑人无法实行自治。 他们在掌权时会变得腐败和独裁。 然后白人的自我保护本能开始发挥作用，导致令人遗憾但不可避免的残酷报复和私刑。

后来，布赖斯非常高兴地报告，美国密西西比州通过为选民登记设定了识字测试，开辟了一条更明智的道路。 因为由白人登记员对测试进行管理，他们可以禁止黑人投票，近乎所有黑人都被从投票名单中剔除。 在随后的几年里，大多数南方州都复制了这个系统，以开普敦为中心的南非开普殖民地也是如此。 在那里，一种所谓的开普自由传统（Cape Liberal tradition）占据了主导地位。 要获得投票资格，公民必须拥有财产，这一限制条件原则上适用于所有种族。 1892 年，开普殖民地立法机关收紧了这一制度，提高了具有投票权的人所需拥有的财产数量要求，此外还让选民通过识字测试来展示他们具有自治的智力，其灵感直接来源于密西西比州。 另一个由英国统治的南非殖民地纳塔尔拥有更加严格的"色盲（无关肤色）"投票法。 在这两种情况下，此类法律的设计都对黑人和有色人种产生了不成比例的影响；在纳塔尔，他们基本上剥夺了殖民地大量印度人口的权利。

尽管如此，潜藏于财产资格和识字测试的想法之下的，至少对固定种族的思想提出了一个理论上的挑战。该制度隐藏着对邻近的奥兰治自由邦布尔共和国和南非共和国的投票法的谴责，上述投票法规定所有白人无论财产状况如何都可以投票，但却直接剥夺了所有黑人、有色人种和印度人的投票权。正如布赖斯所说，"种族和血统不应成为投票中的歧视理由"。相反，帝国的公民身份应该取决于文明程度。在1858年印度兵变之后，维多利亚女王本人已正式承认这一职责，她宣布她在印度的所有臣民都应该"能够在接受教育之后，被自由且公正地接纳进入我们的服务办公机构，并履行自己有资质承担的职责"。[8]

话虽如此，文明标准却并不意味着放弃种族概念——正如布赖斯的著作所暗示的那样，或者如同英属印度长期以来的官方言论。帝国的正当性可以通过将种族与文明相提并论来得以强化。种族未曾发生改变，或必须经过数百或数千年才能发生改变；但就文明而论，原住民可以通过教育获得。虽然种族为白人持续统治提供依据，但文明却为这种统治赋予了庄严和贵族义务般的感觉。虽然"文明"为一些当地人提供了个人进步的空间，但"种族"可能会在必要时关闭这种进步的路径。最重要的是，正如布赖斯算计的那样，在一个种族接触无处不在的世界里，文明与种族的结合保证了种族和平。它通过剥夺大多数深肤色人种的特权来平息白人的种族愤怒，同时确保帝国不会"让有色人种被排除于公民职能和义务之外，从而对整个有色人种造成伤害和疏远"。[9]

在政治上，詹姆斯·布赖斯与阿尔弗雷德·米尔纳相去甚远。作为国会议员，布赖斯和埃克塞特会堂的自由派一样，在英布战争期间强烈反对征服德兰士瓦和奥兰治自由州。布赖斯怒斥大英帝国曾经是造福人类的最伟大力量，现在它开启了对一些金矿的巧妙而贪婪的掠夺。在此过程中，它粉碎了两个独立的白人民主国家——并且是通过将数千座高地农庄夷为平地，并把数以万计的布尔妇女和儿童关押在集中营来实现的这一"壮举"。尽管自称为"彻头彻尾的帝国主义者"的米尔纳

240

对来自伦敦自由派的这种谩骂深感恼怒，但他从布赖斯对种族和文明的微妙交锋中感受到了实用政治的气息，并认为这值得在战后南非的危险局势中一试。

## 全球盎格鲁-撒克逊主义的基石

"一个伟大的约翰内斯堡，"米尔纳在1902年宣称（此时附近的布尔人农场正在慢慢燃烧），"在智慧、修养和公共精神方面都非常出色——这里指的是英国的德兰士瓦。"事实上，这座城市的重要性远不止于此，米尔纳在南非所肩负的使命是具有全球意义的——重拾"英国种族遍布全世界的不可分割的力量"。 与皮尔逊和布赖斯相似，米尔纳长期以来一直忧虑大英帝国遥远的白人殖民地加拿大、澳大利亚、新西兰和南非已然成为"分崩离析的社区"。 通过寻求更大的自治，他们对英帝国主义的伟大使命施加了压力，即"在五分之一的人类中维持文明的生存条件"。

在英国殖民者的殖民地中，南非是米尔纳希望重铸的"帝国链条中最薄弱的一环"。 在德兰士瓦这个最新、最富有的英属南非殖民地，英国"种族"本身仅占人口的一小部分，其数量远远少于"天生"与帝国目标无关的荷兰"种族"。"我最重视的是英国人口的增加，"米尔纳在1900年写信给伦敦说，"如果十年后英国人和荷兰人比例是三比二，这个国家就会安全繁荣，但如果比例是二比三，我们将永远困难重重。"他又一次指出，黄金之城约翰内斯堡——"在智慧、修养和公共精神方面都非常出色"——将肩负把英国人吸引到高地的重任。[10]

正如"幼儿班"的一名成员所说，问题在于，在1902年，约翰内斯堡相当于"只是被过往车辆磨秃了草皮的大草原"。 当然，严格来说还有更多的东西：金矿主们的巨大豪宅已经傲慢地沿着帕克敦山脊矗立；米尔纳本人也搬进了"向阳面"。 富丽堂皇的流浪者俱乐部

241

(Wanderer's Club)重新开业,证券交易所和一些矿山也重新开业。 然而在战前,在令人生畏的总统保罗·克鲁格(Paul Kruger)的领导之下,布尔人的南非共和国曾试图让该市大多数讲英语的外国人口失去一切权力。 直到 1898 年,约翰内斯堡都没有市政府,只有一个主要由克鲁格的亲信组成的卫生委员会。 由于几乎没有征税权,卫生委员会仅仅是政治机构的很小部分,对于维持这座看起来和闻起来都像是采矿营地的城市几乎没有任何作用。[11]

城镇最糟糕的部分位于中央商务区以西,在帕克敦山脚下,距离"向阳面"仅一英里半。 这里地势低洼,多沼泽,多黏土,容易发生洪水。 1887 年,南非共和国当局根据其 1885 年的第 3 号法律,选择了这个不利的地点作为他们所谓的"苦力居住地点"(以这个国家为印度人取的最喜闻乐见的绰号命名)。 这一法律禁止"亚洲人"拥有土地所有权,但"这样的街道、住区",以及政府为"卫生目的"而选择的地点除外。 这一决定代表了布尔政策对约翰内斯堡早期住区肤色界线的最直接影响[然而,应该指出的是,在制定第 3 号法律时,南非共和国的民众(Volksrad)从英国人在开普殖民地建立的原住民定居地点中借用了"居住地点(location)"一词。 卫生方面的理由再难以让一个人与全球城市思想潮流隔绝]。 除了苦力地点之外,总测量员还在两个街区中为穷困潦倒的"市民"划出了几千宗地块,这是南非共和国对讲南非荷兰语的公民的称呼,他们中许多人靠以当地的黏土为材料烧砖谋生,砖则供给市中心建筑之用。 相应地,这两个住区就被称为伯格斯多普(Burghersdorp)和布里克菲尔德(Brickfields)。 在更远的地方,政府还为另一个名为弗雷多普(Vrededorp, 和平村)的南非白人社区提供了土地。 最后,在 1893 年,政府根据英国的先例,为开普敦有色人种和黑人进一步留出了"立足之地"——并没有任何南非共和国法律要求他们这样做。 延续了使用种族侮辱为这些地方命名的惯例,他们把有色人种居住区称为马来人居住地点(Malay Location),把原住民居住区称为卡菲尔居住地点(Kaffir Location)。[12]

242

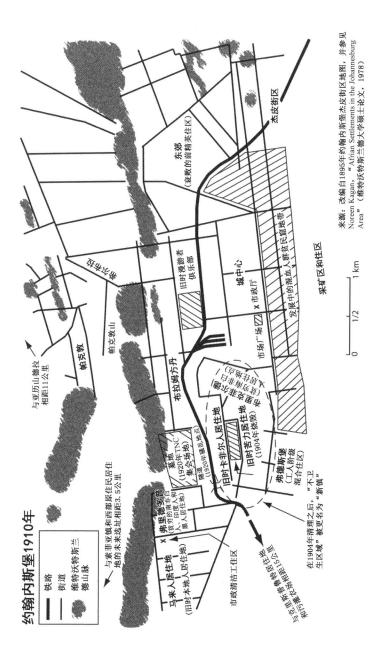

**约翰内斯堡1910年**

图例：
- 铁路
- 街道
- 维特沃特斯兰德山脉

与亚历山德拉相距11公里

与菲亚镇和西部原住民居住地的未来选址相距3.5公里

帕克敦

帕克敦山

布拉姆方丹

马来人居住地
（旧时本地人居住地）

弗里德多普
（贫穷的清贫和印度人、即贫困点）

x 市政清洁工住地

与克里斯普鲁特住地相距15公里
和污灌场相距1公里

市政清洁工住地

旧时TNC
（1920年TNC集会场地）

墓地

隧道
（1920年骚乱地点）

旧时卡非尔人居住地

旧时苦力居住地
（1904年烧毁）

弗德斯堡
（工人阶级混合住区）

在1904年清理之后，被更名为"新镇"

东郊
（衰败的前精英住区）

东部

旧时漫游者俱乐部

城中心

市场广场 x 市政厅

城市中的混血人群贫民居住地带

采矿区和住区

杰皮街区

0  1/2  1 km

来源：改编自1895年约翰内斯堡杰皮街区地图，并参见 Noreen Kagan，"African Settlements in the Johannesburg Area"（维特沃特斯兰德大学硕士论文，1978）。Kailee Neuner 绘图。

约翰内斯堡的种族地理显示出在米尔纳时代初期到原住民（城市区域）法出台期间，按种族划分城市的加剧。

265

1901 年 5 月 8 日，米尔纳发布了第 16 号公告，赋予约翰内斯堡一个英国式城市政府。 在接下来的两年里，他任命了该市 25 名杰出居民担任议员，几乎全部都是住在帕克敦山岭上的英国血统。 为了确保委员会履行职责，他给了"幼儿班"最活跃的成员莱昂内尔·柯蒂斯约翰内斯堡代理书记员（Acting Town Clerk）的小头衔。

柯蒂斯的背景使他成为一个不同寻常的候选人，可以管理一个充满右翼分子的小镇。 当他还是一名学生的时候，他穿着脏兮兮的旧衣服，在东安格利亚的乡村小镇中游荡了几个月，试图了解英格兰"流浪汉"的生活。 后来，他帮助在伦敦东区组织了一个安置房项目，在那里他遇到了一些全世界最知名的住房改革者，包括奥克塔维娅·希尔，

243 从而迈入了埃克塞特会堂的社交圈。 曾经一度，他还担任伦敦郡议会一位高级官员的私人秘书，在此期间他加深了对全球城市改革主义网络的理解，而这些网络正是城市改革主义最伟大的立法创新的源泉。

但是，当布尔战争爆发时，柯蒂斯追随张伯伦和米尔纳的道路，在帝国启动其最为好战的十字军东征之一时加入了帝国的一边。 在一个自行车侦察部队服役之后，柯蒂斯带着他在伦敦取得的证书找到了米尔纳，并很快获得了约翰内斯堡的职位。 虽然柯蒂斯持续的自由主义顾忌和他的帝国沙文主义——以及他对于巨大权力的积极运用——使他对许多普通的约翰内斯堡白人感到厌恶，他几乎没有浪费自己的时间去帮助他们，而是由精心挑选的市议会组织了一个白人至上主义的城市，这是世界上其他任何地方都无法比拟的——除了南非种族隔离主义城市，比如开普敦和德班略可相提并论。[13]

尽管有遭遇游荡的布尔突击队的风险，柯蒂斯仍然开始了他的新职责，他骑马穿过城市周围的草原，绘制出一条边界，将新城市的面积从 5 平方英里增加到 82 平方英里。 他的主要目标直接源自奥克塔维娅·希尔的住房改革，同时也符合他手头的种族任务：为每一位来到这座城市的英国移民，无论是中产阶级还是前伦敦贫民窟居民，提供足够的空间以建造"自家独立花园中的房子"。

与此同时，市议会宣布城镇西侧的大部分地区——包括南非白人社区的部分地区和三个地点——为"不卫生区"（Insanitary Area），并要求米尔纳批准征用该区域以准备拆除。当鼠疫在开普敦带走数千人生命的那一刻开始，"已经允许原住民和东方种族以及贫穷的欧洲人的聚居地不断增加，根本未曾考虑……健康和体面……我们与集市广场相距如此近，一刻钟就到了……只有那些不受英国管理的东部城市才如此行事"。最后，正如柯蒂斯本人在1901年敦促的那样，是时候就布尔政府对城市隔离的薄弱承诺作出彻底改变了："市议会必须反对允许原住民在该居住地点边界之外散居的原则。"市政府应为这些地点制定明确的章程，并聘请专业的地点管理者来执行。[14]

英属南非的新城市基石和帝国之弧的设计正变得越来越清晰：约翰内斯堡要成为吸引不列颠人的全球磁石，这座城市中帕克敦数量必须增加，而"不卫生区"则应当大大减少。还应该采用一道高高的、闪闪发亮的肤色界线将两者彼此分开。

## "独自发展"的起源

但是这个基石意图高高托举的帝国又如何呢？随着柯蒂斯和委员会开始工作，国家和全球关注的问题发生转变，为城市政治的戏剧投下暗影。随着两个白人种族之间的战争接近尾声，注意力转移到"本土问题"和"亚洲问题"的大规模解决方案上。人们再一次开始谈论种族、文明和种族"发展"的可能性。

在议会中，詹姆斯·布赖斯等人在埃克塞特会堂的推动下，希望英布战争中取得的血腥胜利，至少能通过重新推动德兰士瓦当地人的人道待遇来让帝国恢复些许道德地位。自由主义者最希望达成的愿望，是将"非种族的"以财产和教育为基础的开普特许经营权（Cape franchise）向北扩展到从前布尔人的领地。然而，在1902年的弗里尼欣（Vereeniging）和平会议上，布尔将军扬·克里斯蒂安·史末资（Jan Christian Smuts）和路易斯·博塔（Louis Botha）拒绝了这一要求，他们敦促米尔纳将特许经营问题推迟到德兰士瓦和奥兰治河殖民地获得白人自治之后。 当米尔纳在张伯伦的批准下同意这一妥协时，两人都充分意识到，他们实际上是保证了新的北方殖民地全部为白人选民。 这不仅是因为布尔人会势不可挡地反对开普制度（Cape system），还因为德兰士瓦（甚至是整个南非）大多讲英语的居民都反对它。 毕竟，对被征服的德兰士瓦而言，最早拥有民选政府的是基本讲英语的城市约翰内斯堡，发生在 1903 年。 在约翰内斯堡，米尔纳任命的委员会坚决反对让黑人、有色人种或印度人加入选民名单，无论他们能表现出有多么"文明"。 为了解决这一问题以及在原住民事务政策上的诸多其他分歧，米尔纳任命戈弗雷·拉格登（Godfrey Lagden）为南非原住民事务委员会（South African Native Affairs Commission, SANAC）的负责人。 该委员会在接下来的

245 两年内访问了四个殖民地以收集意见。 在此过程中，他还引发了南非第一次关于农村隔离、"流入控制"和城市隔离的跨殖民地对话。[15]

　　类似的动态也在印度事务中发挥作用。 战前，纳塔尔殖民地的英语居民战胜了由印度商人以及他们的律师甘地领导的坚决抗议运动，并成功实施了澳大利亚式的移民限制和其他歧视性法律。 失败后，甘地返回印度，希望能得到印度国民大会的支持，但该组织无能为力，在孟买和加尔各答的瘟疫起义之后遭受到猛烈的报复。 然而，位于伦敦的印度事务部担心南非的印度政治对帝国皇冠上的明珠产生影响，埃克塞特会堂也注意到了这一点。 为了安抚这些势力，米尔纳似乎希望至少就南非共和国于 1885 年颁布的"苦力居住地点"第三部法律的条款加以柔化。 然而，兰德的英国商人害怕来自印度人的竞争。 约翰内斯堡商会宣称坚决反对允许"亚洲商人"在该市任何地方生活和贸易。 米尔纳的下属，包括拉格登和约翰内斯堡市议会，开始为德兰士瓦讨论一种被委婉地命名为"亚洲集市"的新体系，它将被设置于殖民地城镇之外，这就导致印度商人处于更大的劣势之中。 约瑟夫·张伯伦于 1902 年底

来到南非，是为了亲自把握这种潜在爆炸性局势的脉搏。 甘地结束了在印度的逗留返回南非，亲自与张伯伦会面。 印度人在约翰内斯堡举行抗议的新机会，使得甘地在 1914 年之前都留在这座城市。 尽管他的主要抗争集中在其他问题上，但他一再坚持印度人自由拥有土地的权利，这是自 1600 年代以来印度人在英国统治下在印度一直稳定享有的权利。[16]

1903 年 5 月 18 日，为了弥合德兰士瓦的英国种族政治与帝国其他地方的自由主义文明之间日益扩大的鸿沟，米尔纳在约翰内斯堡发表了著名的瞭望塔演讲（Watchtower speech）。 在对"埃克塞特会堂的哗众取宠"说了几句笑话之后，这位高级专员直奔问题的核心。 来自约翰内斯堡的"相反类型的论调"，开始于人们将政治建立在"腐朽且站不住脚的肤色基础之上"。 他敦促他的属下和人民超越这种狭隘的心态，接受"站在瞭望塔上的人"更高尚的、泛帝国的观点。 他认为，从这个高度来看，"只有一个理由可以证明"白人至上。

> 这个理由就是优越的文明……白人必须统治，……因为这是让黑人逐渐抬升的唯一可能手段，尽管达不到我们的文明水平——黑人是否最终能达到这一水平值得怀疑——但却比他们当前的文明水平要高得多……如果一个黑人，可能只占全部黑人的千分之一——也许说十万分之一更正确——把自己提升到白人的平均文明水平，……你还要敲打他的头来阻止整个文明的进步吗？[17]

米尔纳本人相信吗？ 还是他只是在博取作为高尚政治家的名声？这很难弄清楚，但是——抛开其强烈的理论性言辞——瞭望塔演讲并没有禁止南非城市政策中出现的任何具体变化。 米尔纳安静地接受了他的委员会刚刚通过的仅限白人的市政特许经营权，尽管他含混地要求德兰士瓦城镇为受过教育的当地人、有色人种和印度人赋予"市政权利"。[18]

当莱昂内尔·柯蒂斯和市议会继续冷静地剥夺这些权利时，约翰内斯堡新统治集团的一名成员为他们的所作所为提供了理论基础。 自

246

1889 年以来，霍华德·皮姆（Howard Pim）一直在约翰内斯堡担任矿业公司会计师，1903 年，米尔纳任命他为市议会成员，显然是希望利用他的金融专业知识。 皮姆的父母是贵格会教徒，他出生在爱尔兰，也在（美国）马萨诸塞州的波士顿生活过一段时间。 对于所有这一切，他可能会更倾向于埃克塞特会堂，而不是他的白人至上主义城镇居民。 事实上，在他的职业生涯后期，他成为更好对待约翰内斯堡黑人的主要倡导者。 但作为一名市议员，皮姆利用 15 年来对"原住民问题"的解读，逐点驳斥了自由主义在种族和文明问题上的立场。 在瞭望塔演讲前两个月，他走上德兰士瓦哲学学会的讲台，并以含蓄的警告开始他的发言："对我们身在南非的人来说，原住民问题并不是学术问题，讨论它也不是像巴苏陀人（Basutos）所说的那样难以置信地去海中追逐鸟儿。 这对我们来说是非常实际的政治问题，……不仅对我们自己重要，而且对我们的孩子都至关重要。［不同于］帝国其他地区……责任、辛劳和危险都是我们的，即便我们想逃避，我们也无法逃避。"[19] 在陈述了当地情况后，皮姆继续自由地借鉴来自欧洲、澳大利亚，尤其是美国的种族理论家的工作。 他认为，白人对本地种族加以开发培养的能力极其有限，因为真正的驱动力是生理上的。 正如科学家们已经证明的，"原住民和白人之间的心理差异……至少与他们的身体差异一样明显。"然而，更重要的是，"原住民和白人之间存在着比理性更为深刻的自然厌恶"，这将限制任何长期发展所必需的接触。 即便原住民"在能力或教育方面达成了任何表面上的平等"，或者"其在任何方面的劣势似乎有待商榷"，那么以上所提及的厌恶也会使得白人强迫"有色人种重新回到他的位置上"。 这种白人偏见可能并不"值得称道"，但"任何心系这个国家福利的人都不会企图忽视它。"[20]

1903 年，皮姆并不确定对于这种棘手的情况是否真的有"最终解决方案"——这是他的原话，堪称不祥之兆。 但一年后，当南非原住民事务委员会来到约翰内斯堡时，皮姆告诉戈弗雷·拉格登，原住民的"独立社区"体系至关重要。 拉格登被这个观点打动，建议皮姆在

1905 年英国科学促进会（British Association for the Advancement of Science）约翰内斯堡会议上发表演讲，这是众多英国精英学者历时颇久组团到访南非的亮点。 在那里，皮姆直接回应了米尔纳在瞭望塔演讲中"腐朽的肤色基础"评论，甚至对英国所有自由主义者中最伟大的约翰·斯图尔特·密尔提出了谴责。"文明是什么意思？"皮姆询问与会的名流们。"是我们的父辈经过几千年的努力和舍弃为我们披挂上的？ 抑或是本地人从他们的栅栏村庄中取出并在白人教师的指导下训练了几年后获得的东西？"美国不断升级的种族战争成了最明显的证据，让南非只能坐视根本性的种族不平等和冲突。 为了证明这一点，皮姆为他的听众展示了杜波依斯刚刚出版的新书中引用的一张欺诈性的拼贴画，《黑人的灵魂》，这让杜波依斯看上去似乎也同意黑人天然地寻求与白人分开发展（其实杜波依斯在文中其他地方明确否定了这一点）。 然后，在援引了杜波依斯对新一代黑人领袖发出呼吁的另一段话之后，皮姆嗤之以鼻："我想问的是，这是否可以看作是对重新设立酋长职位的呼声，以及对部落制度修改版本的呼唤。"对皮姆而言，杜波依斯因此成为种族发展虚假承诺的化身。 在另一次演讲中，他引用了《灵魂》（Souls）中关于黑人知识分子在种族主义土地上的内心饱受折磨的感人段落。 在"这样的爆发"中，皮姆反驳道，"尽管这很奢侈"，杜波依斯也承认"在社会生活的所有基本要素中，原住民和白人种族必须保持分离。 他感觉到了，也强烈地憎恨它，但他知道这条界线是由不可阻挡的命运所决定的"。 到目前为止，皮姆最喜欢的种族关系权威是杜波依斯的竞争对手布克·华盛顿。 面对有着并非一种而是许多不同原住民种族栖居的国家，皮姆断言，华盛顿"大智若愚的言辞打动身处南非的我们的心"："我们对任何种族加以发展最明智的做法莫过于，从种族土生土长的地点着手。"[21]

　　对于皮姆来说，以华盛顿方面的原则为基础，南非所有四个殖民地的"统一的原住民政策"的先例已经到位。 长期以来，官员们一直为黑人留出农村土地作为"原住民保护区"——这一政策类似于北美印第

248

安人的保留地。 只有通过扩展这一制度并对大部分黑人的居住地整个南非农村加以隔离，白人和黑人才能从隔离的种族发展政策中受益。拉格登同意皮姆的意见，原住民事务委员会的其他成员也都同意。 拉格登之前的职位是巴苏陀兰（即今天的莱索托）的常驻专员，这是英国于1884年建立的小型山地保护国，以防止布尔人和其他非洲人夺取索托南部（或巴索托，这是当时的称呼）。 虽然被四个白人殖民地和南非共和国完全包围，但索托人保留了许多受英国间接统治的机构。 与祖鲁人不同，祖鲁人的领土已被并入纳塔尔，并于1906年发动了一场严重的叛乱，有些人认为这是美国式激进黑人教会的作品，而巴苏陀人则生活在种族和平中。[22]

巴苏陀兰是和平且半独立的种族家园，帮助皮姆和拉格登为他们摒弃种族自由主义增添了一抹人道主义色彩。"幼儿班"的其他成员也加入了进来，迅速崛起的南非白人政党也加入了进来。 1910年南非联邦成立后不久，农村隔离问题就上升到国家议程的首位。 1913年，根据臭名昭著的《原住民土地法》，原住民事务委员会关于在全联盟范围内建立独立农村原住民地点体系的建议成为法律，该法将全国最好的土地中的绝大部分供白人专用，同时又采用种族隔离制度的前身——被称为独立家园（independent homelands）和班图斯坦（Bantustans）——将黑人加以限制。

1906年，皮姆在提交给"双周俱乐部"的论文中总结了他的想法。 这个俱乐部是米尔纳任命的委员会、"幼儿班"成员以及和他们的朋友每隔一周的聚会，聚会地点在俱乐部成员在帕克敦各自的家中轮流。 最后，皮姆驳斥了詹姆斯·布赖斯和查尔斯·皮尔逊的担忧，即"国家之间的物理障碍"的消失意味着"种族差异也随之消失……尽管美国联盟的大熔炉似乎是一个例外，但我相信他们会重新确立自己的地位，未来将属于那些保持自己清洁、独立、自给自足和自立自强的国家"。[23]

# 从劳工控制到"流入控制"

　　皮姆的独立发展理论忽略了城市问题。事实上，他的想法很大程度上依赖于福音派反城市的陈词滥调，即只有在乡村才能寻得真正的健康。南非白人普遍认为当地人是"农村种族"，他们特别容易受到城市生活的诱惑和"刺激"。为了支持这一点，他们经常提到美国保险理算师弗雷德里克·霍夫曼的研究，就像皮姆在 1905 年的演讲中所做的那样。不过，对于皮姆来说，最重要的是田间生活最符合当地人的特殊发展道路。"在［农村］保护区……当地人生活在自己能够理解且自身生长其中的自然条件下……是否可以假设［城市］地点与当地人自己的环境同样健康？当然，对他的习俗的任何干预都不可能改善其后代。"[24]

　　这样的观点并不适合于雇佣当地劳动力的城市白人——尤其是约翰内斯堡的所有兰德大亨。随着战后几年金矿的生产准备就绪，他们的"原住民问题"与皮姆的问题正好相反——他们想的是，如何让当地人留在城市，或者更准确地说，白天在矿井劳作，晚上在矿工大院歇息。对于米尔纳的宏伟帝国计划来说，解决这个问题甚至比捣鼓约翰内斯堡更为重要。毕竟，如果矿山没有盈利，这座城市又会成为草原。1902 年，当莱昂内尔·柯蒂斯的一名"幼儿班"同伴能够与莫桑比克的葡萄牙当局签订一份"谅解备忘录"以提供本地劳工时，柯蒂斯在他的日记中写道，"矿山正在运送快乐。"然而，一年后，随着黑人工资的下降，成千上万的移民劳工用脚投票，返回保护地或他们在南部非洲其他地方的家。1904 年，米尔纳和金矿主们制定了一项傲慢的计划，签订长期超低工资合同经由香港进口数万名中国苦力，确保矿山重新全速运转。[25]

　　这些计划自然让埃克塞特会堂成员们大怒。中国劳工计划听起来几近奴隶制，它在伦敦引发了强烈抗议，从而助力推翻了曾将米尔纳派

250

往南非的保守派政府（霍华德·皮姆反对引入中国人，因为这就造成了另一个无法解决的种族接触轴心）。 然而，对于自由主义者来说，苦力进口只比金矿主们使用的通行证系统稍差一点，这种系统是由南非共和国法律提供的，用以跟踪他们的非洲劳工。 这些法律实际上可以追溯到南非的奴隶制时代，强迫移民黑人劳工在旅行时、在城市不同区域之间穿行或在夜间外出时携带有时令人眼花缭乱的身份证明文件。 按需为当地人制作通行证，其中包含有关他们就业状况的信息，可帮助警方识别和逮捕任何"叛离"长期合同的人。[26]

1901 年，伦敦原住民保护协会（Aborigines Protection Society）向殖民部就南非共和国通行证法提出强烈谴责，将其定性为强制劳动的工具。 来自南非的米尔纳有些恼怒地回答说，他已经给戈弗雷·拉格登分配了一项消除对此制度加以滥用的任务——其中包括，通行证官员可强制申请人通过一定时长的个人服务以换取他们的通行证文件，以及鞭打在合同到期前就离岗的人。 尽管如此，米尔纳明确表示，这些通行证是一种必不可少的社会控制机制，甚至超越了劳动合同的执行。"旧通行证法的根本思想并没有错。 如果原住民要大量来来往往寻找务工机会，并在白人社区中居住相当长的时间，就必须有一些护照制度，否则这个地方将是一片混乱。"[27]

通过这种方式，通行证法也旨在对城市种族隔离的实践提供补充，这种实践目标明确，就是为了对移民劳工进行控制：居住大院（compounds）。 这些也可以从奴隶制时代的法律中寻觅到根源，这些法律要求奴隶主在自己的家庭中为他们的奴隶资产提供庇护。 在 1870 年代，钻石开采小镇金伯利的市政法律要求为黑人挖掘者提供类似的住宿条件。 当大公司在 1880 年代接管金伯利的矿山时，他们遵循这些法律建造所谓的"封闭式大院"，这是带有围墙的大型设施，内有许多简易宿舍，至少在规模上让人想起荷兰联合东印度公司 18 世纪在开普敦建造的奴隶旅馆。 这些设施可能也受到巴西类似钻石开采场的启发，雇主认为这为他们带来了许多好处：防止移民黑人工人在合同到期前逃跑，

251

使用罪犯劳工，对酒精消费加以管控，并在每次轮班后对所有工人进行脱衣搜身以追回被盗的钻石。这些大院还帮助公司努力把白人和黑人矿工分开，他们曾于1884年联合起来参加了钻石矿场的一次大罢工。在随后的几年里，最初希望将白人工人和黑人混为一谈的矿主，转而帮助为白人提供更好的住房设施，以宣传白人工人的利益不同于黑人的观点。[28]

在约翰内斯堡，金矿主们沿着金矿矿脉建造了类似的、可能总体上更为开放的大院，主要目的是为了执行低工资的非洲移民矿工的季节性合同。这些代表了金矿主以他们作为劳工领主的身份对城市的居住隔离做出的重要贡献（他们将以鲜为人知的房地产领主角色做出其他贡献）。对于矿主来说，做生意的这项基本成本已成为公职人员心目中的"最佳实践"，他们希望在一个依赖"原住民"劳动力的城市中防范"混乱"。约翰内斯堡市政机构本身就是一个黑人移民劳工的大型雇主，在城镇中为环卫工人、建筑团队、园丁和维修人员以及在市政洗衣设施工作的"洗衣工"建造了大院。市议会还要求其他私营雇主，从较小的非矿业公司到家庭佣工的雇主，都就地提供工人住房。[29]

但是显而易见，大院和其他为工人就地提供的住所，不能指望容纳或控制该市所有的非洲人，更不用说印度人和混血南非人了。该市的大多数小规模雇主都不具备追随金矿主建造大院的经济动机，而且很少有人能负担得起。他们寻求并获得了对提供就地住宿这项要求的豁免，其员工在该城西部地区或较为便利的位于市中心以南的贫民窟区域住宿。在这些地方，少量黑人、印度人以及南非混血专业人士，以及大量印度商人、其他各种肤色的个体经营者、出租车司机和其他服务人员、临时工、非法酒商、妓女、罪犯和大量失业者加入了他们的行列。所有上述类别的人都可能包括新移民，其中许多人违反了通行证法。

1903年，当莱昂内尔·柯蒂斯结束他在英格兰的疗养和探亲之旅返回约翰内斯堡时，他开始着手制定针对以上人群的法规。他将镇书记员的职位留给了"幼儿班"伙伴理查德·费唐（Richard Feetham），现在他

252

275

在德兰士瓦殖民地担任助理辅政司秘书（assistant colonial secretary），负责城市事务。 他的工作是为整个殖民地的市政府起草示范立法，正是为此目的，他帮助组织了 1903 年 5 月的市政会议——米尔纳在会上发表了瞭望塔演讲。 与会官员们希望将矿业公司的移民劳工和大院制度的若干基本原则纳入法律，并将其推广给所有非洲人，甚至把亚洲人和混血南非人也一并纳入。 柯蒂斯的首要任务是制定"流入控制"的原则，即扩大通行证法的适用范围，将居住在该市的非白人数量限制为白人雇主所需的人数。 第二项任务是为原住民地点编写市政章程——实际上是由市政管理的规模更大、距离更远的隔离劳工大院，以供"不在雇主所在地居住的原住民"居住。[30]

使用通行证法执行流入控制，体现了皮姆认为非洲人本质上是农村种族的观点与雇主吸引大量本地劳动力到城市的愿望两者之间的妥协。 柯蒂斯为市政当局制定的原住民通行证法第 2 条对该原则进行了大胆阐述："任何本地人都不得在市政范围内居住或逗留……除非他的确在此工作。"初来乍到者有六天时间找工作，否则就得离开。 后来，这一原则被提炼为所谓的斯塔拉德宣言（Stallard Doctrine），以 C·F·斯塔拉德上校（Colonel C.F.Stallard）的名字命名，他是柯蒂斯的同事，也是双周俱乐部的常客。 斯塔拉德 1921 年关于城镇政府的委员会报告，相当于种族隔离时期人口涌入控制的大宪章。[31]

并非柯蒂斯本人在 1902 年"创造"了斯塔拉德宣言。 在开普殖民地，城市立法长期以来一直将原住民视为"陌生人"和城镇的"临时"居民。 至少从 1880 年代开始，在开普殖民地，通行证法就与恶劣的流浪法相结合，其他殖民地的市政当局也有类似的规定。 然而，柯蒂斯所制定的通行证法的第 2 条，确实标志着南非城市种族隔离主义舞台上一组重要人物的到来：激进的市政府对时时警惕的纳税人负责，他们认为城里过多的当地人堪称过度的财政负担。[32]

柯蒂斯 1903 年的瞭望塔会议启发了德兰士瓦市政协会（Transvaal Municipal Association， TMA）的成立，该协会在约翰内斯堡镇书记员

253

理查德·费唐的领导下，游说柯蒂斯和他在省级办公机构的同事进行改革，旨在减少地方政府因黑人流入而产生的开支，或通过通行证增加地方政府的收入。 市政协会无法达成其某些最高优先级的愿望。 例如，德兰士瓦殖民办公室否决了市政协会要求为黑人妇女和14岁儿童提供通行证的呼吁，以此作为阻止家庭离开保留地的手段。 省级官员认为，这样的政策很可能激怒黑人和伦敦自由主义者。 相反，当市政协会试图通过以每天1先令的价格延长6天的求职时限来增加收入时，该省指责市政当局竟然考虑"放纵证明"以鼓励更多的移民。 流入控制的实际执行远远超出了初出茅庐的市政部门和省份所具备的能力，在米尔纳时代首次正式化的所有大种族隔离原则中，它的实施是最薄弱的。 然而，市政协会及其联合的英国式基层纳税人组织也刚崭露头角。 随着时间的推移，约翰内斯堡将推出更严格的通行证，以及更多的流入控制机制。[33]

我们必须记住，流入控制绝不仅仅是南非的发明。 非洲其他地区的英国、法国和比利时殖民官员也使用与季节性合同、身份证明文件、劳工营地、大院和原住民村庄（villes indigènes）相关的移民劳工制度。 南非的劳工招聘网络甚至很快就与北罗得西亚和比利时刚果的矿区的招聘网络重叠。

此外，流入控制被视为策划和限制跨洋和跨界移民的更广泛努力的区域版本。 莱昂内尔·柯蒂斯本人体现了流入控制与太平洋式海洋隔离之间的联系。 在完成通行证法制定工作不到两年后，他帮助起草了臭名昭著的亚洲人登记法（Asiatic Registration Act），被称为"黑人法"（Black Act），该法迫使所有印度人在地方当局登记并提交全套指纹——这对于补足德兰士瓦对印度移民越来越严格的限制起到立竿见影的效果。 尽管柯蒂斯向他的上司抱怨法律歧视英国臣民，但他作为一名人口统计学工程师，白人德兰士瓦有被"淹没"危险的论点说服了他。 当甘地开启了反对黑人法崭新的消极抵抗运动时，他也意识到了控制区域和全球移民倍增的狂热之间的联系。 他毫不留情地说，法律"将印

254

度人减少到低于卡菲尔人(Kaffirs)的水平"。[34]

## 种族区域的先祖

如果通行证法注定是南非种族隔离最令人唾弃的方面,那么 1950 年种族隔离时代的《种族分区隔离法》(Group Areas Act)将成为南非特有的无情的城市规划政治的核心象征。 莱昂内尔·柯蒂斯为德兰士瓦拟定的本地人地点章程,他希望将其扩展到印度人和混血南非人,这代表了对若干后来纳入《种族分区隔离法》的法律原则加以巩固的早期努力。 在约翰内斯堡,这些先例还与两个标志性做法的早期实验有关:强制搬迁,以及政府保证的永久性白人种族区。

部分可归功于柯蒂斯的努力,南非的城市原住民居住点的概念与居住大院和通行证系统越来越紧密交织在一起。 然而,本地人居住点具有与之不同且更为晚近的历史根源。 如果说大院和通行证源于奴隶制,那么本地人居住点与大英帝国代表开普殖民地东部边境的白人定居者对科萨人(Xhosa people)发动的旷日持久的血腥征服战争具有更为密切的关联。 最早的本地人居住点出现在最靠近战争前线的两个城市,因此表明南非的边境对城市隔离中至少一个方面产生某些直接影响。 早在 1834 年,在迅速发展的城镇伊丽莎白港(Port Elizabeth),路德教会的传教士就建立了一个居住点,收容逃离边境冲突的黑人并使他们皈依。 1847 年,该镇正式确立了一处"原住民陌生人居住点",尽管开普议会用了几年时间才允许市政府将人们真正搬去那里居住。 在东伦敦——位于更东 150 英里处,更靠近边境敌对行动——出于军事考虑,1849 年决定将当地人限制在特定地点。 因此,"群体区域"最遥远的祖先,既包含新英格兰或法属加拿大的祈祷城镇或向印第安人传教区具备的元素,也包含像马德拉斯这样的分裂殖民城镇的元素。 在接下来的几十年里,卫生问题和白人选择城市优良土地的愿望助长了伊丽莎白港和东伦敦的强制搬迁。 在更远的东边，纳塔尔首府德班市议会也于 1871 年利用卫生理由将城市不断增长的印度人口（包括甘蔗园的契约苦力工人和不断壮大的商人社区）限制在某一地点。 这些例子可能都有助于激发南非共和国出台第 3 号法律，将德兰士瓦的所有印度土地所有权限制在布尔人所谓的"原住民居住点"范围内，这是对英国人的模仿。[35]

与殖民世界的其他地方一样，正是 1901 年黑死病的到来，导致南非掀起了第一次全国性的城市隔离狂热。 除了孟买和香港之外，开普敦所遭受的鼠疫影响比世界上任何其他城市都要大。 在此之前，人们对城市种族分区的兴趣相对较小，该镇的混合居住模式与大西洋世界众多其他前奴隶城市相似。 在数以千计的鼠疫病例最早开始出现时，当局就围捕了城中小型非洲人社区的大多数成员，并将他们转移到位于"流出"（Uitvlugt）的一个仓促建造的营地。 这是一个与城镇相距 9 公里的荒凉之地，紧挨着城市的污水管的尽头。 当该市试图在那里收取租金时，当地活动家、未来南非原住民国民大会的创始人阿尔弗雷德·曼格纳（Alfred Mangena）帮助组织了示威活动，有 400 名挥舞着棍子的居民参与其中，要求改善居住条件和往来城镇工作的交通。 1902 年，"流出"有了一个更悦耳的名字，恩达贝尼（Ndabeni）。 在接下来的几年里，也只是建造略好些的住房而已，但原住民事务专员戈弗雷·拉格登认为它是一个"模范"的永久性本地人居住地点。[36]

在约翰内斯堡，任命的城镇议会成员密切关注了开普敦的这些事件以及接下来两年在伊丽莎白港和德班发生的类似事件。 早在 1898 年，在南非共和国治下，该市讲英语的健康委员会主席就报告说，"过去几年来，人们一直试图清除城中的阿拉伯人、苦力和其他有色人种，这些人现在不幸感染，但是没有任何好的结果"。 征服这座城市后不久，英国当局将这座城市西边的多种族贫民窟确定为鼠疫流行地。 为了防止疾病蔓延到城市中，由莱昂内尔·柯蒂斯担任幕后工作的市议会卫生委员会援引英国 1890 年《工人阶级住房法》为理由，提出征用与市中心相距最近的大部分破旧地区，包括全部苦力居住点和混血人群居住的布

256

里克菲尔德。对于这样一个刚刚起步的市政当局来说，这是一项大胆而昂贵的行动。对于印度人而言，这意味着放弃他们可以合法拥有土地的唯一社区。米尔纳在大多数日子里都并非政府征地的拥护者，他将提案交给了一个委员会，这个委员会又将该项目推迟了一年，然后才给予批准。1903 年，包括矿业会计师霍华德·皮姆在内的市议会财务委员会基于该地区未来价值可观而签署了该项计划，该市以惊人的 120 万英镑高价，成为了一个破烂贫民窟的所有者。[37]

利用英国自由改革者最喜欢的法律之一来征用一个多种族社区，这对约翰内斯堡的右翼分子来说堪称妙招，当时伦敦的贫民窟清除计划几乎毫无进展。然而，他们将立即面临一个为后来南非种族隔离主义者带来困扰的问题。《工人阶级住房法》列明，在提供足够的替代住房之前，禁止市政当局清理贫民窟。这一规定背后有一个合理的理由：如果没有新住房，贫民窟居民只能搬迁到其他社区，这就扩大了清拆要解决问题牵涉的范围。出于同样的原因，柯蒂斯和镇书记员理查德·费唐投入于为德兰士瓦拟定原住民居住地点章程的任务。这是在拉格登的敦促下进行的，始于他在 1904 年初带他们参观了开普敦的恩达贝尼。与此同时，米尔纳和拉格登不顾约瑟夫·张伯伦对南非共和国的第 3 号法律的顾虑以及甘地的抗议，为当时所谓"亚洲集市"（拉格登提出了使用"集市"一词替代的想法，因为"亚洲居住地点"对印度人来说"应该是一个冒犯性的术语"）编订了一份横跨德兰士瓦的地点清单。令甘地沮丧的是，名单上的大多数地点都在远离城镇的地方，就像恩达贝尼一样。因此，他抱怨说，他们很可能会导致他的商业客户财务破产。[38]

新地点和集市应当选址在约翰内斯堡的何处？最开始，市议会探讨了在目前尚未拆除的本地人居住地点之外新建一个苦力居住点的想法。此处，他们遇到了另一个未来困扰南非大种族隔离主义者的问题：居住在该居住点附近的白人反对这样选址，担心这会影响他们的房产价值。[39]

　　与此同时，至少在一些人的脑海中浮现出另一种解决方案。约翰内斯堡与世界上许多城市（包括欧洲和北美的众多城市）一样，仍然极大程度上依赖污水桶系统（slop-bucket system）来清运人类排泄物。这个系统包括一支由两千名当地清桶工人组成的大军，他们在弗里德多普附近有自己的大院，甚至还包含一个移民劳力体系——并配备有劳工招募代理人，他们在农村保留地寻找打算在城市求职的男性。市议会则期盼建立一流的污水管道系统，从而对英国移民产生更多吸引力。到1903年，基于德兰士瓦工程师对印度、澳大利亚、欧洲和加利福尼亚州洛杉矶（其干燥的气候与约翰内斯堡的气候相似）的污水系统的研究，他们决定建立一个"污水农场"（sewage farm）系统，用一根管道把这座城市的全部污水输送到大片农田之中，为农田施肥，然后市政府出售这些农作物获利。该设施的理想地点是一座占地2 640英亩的土地，名为克里斯普鲁特58号农场（Klipspruit Farm No.58），位于城市西南15公里处，在一排矿渣堆场之外，位于柯蒂斯的市政边界外部，是该地区地势最低、人烟最稀少的地点之一。涉及许多地质和"农学"问题。至少有一位矿业公司高管反对该计划，因为他声称他想将毗邻的土地变成一个白人郊区（由于这个选区很小，因此市议会这次忽略了这一要求）。自1890年代以来，在克里斯普鲁特一直存在一个主要为黑人居民的小型定居点克里普敦（Kliptown），这可能同样导致议会对农场的持续关注。事实上，另一个问题也不断出现：大量居住在此设施附近的人是否安全？[40]

　　在这个问题上，这出戏剧的新主角登上了舞台：约翰内斯堡第一任市政卫生官员查尔斯·波特医生（Dr.Charles Porter），他刚刚从英国抵达，由约瑟夫·张伯伦本人亲自任命。波特是污水农场的热心支持者。他"非常熟悉曼彻斯特的污水处理厂……[那里]有面积达数英亩的开放式化粪池，没有明显的气味，人们居住在与这个地方相距半英里的位置。而且曼彻斯特并不具备克里斯普鲁特所拥有的开阔空间的优势"。[41]

258

281

1901 年上任后，波特一直密切关注鼠疫病例。 应非卫生区委员会 (Insanitary Area Commission)的要求，他与甘地一起参观了苦力居住地点，后来又探访了卡菲尔(Kaffir，南非黑人)居住地点。 波特在访查报告中使用的耸人听闻的语言让甘地感到震惊，他认为波特会通过发布若干违反住房法规的理由来解决苦力居住地点的问题。 正如波特所说，这是他的职业生涯中"见过的最糟糕的"情况。"只是加以改进，远远不够"，因为苦力居住地点"对城镇的其他地方构成了巨大而持续的威胁"。 出于对鼠疫的担忧，"毫无疑问，将该地点设置在几英里以外的乡村会更好，在那里它不会与白人人口紧密相连"。 他甚至设想了一种"廉价且频繁的轨道交通服务"。[42]

莱昂内尔·柯蒂斯喜欢波特一项计划的核心内容。 为了使之成为可能，他在他正在起草的地方章程中插入了两个有说服力的词，允许市政当局"在地方当局的管辖范围内或以外"建立此类设施。 到 1904 年初到访恩达贝尼时，他和波特一样，肯定就已经在拟建的污水农场和镇上的原住民和印度人的垃圾场之间建立了联系。[43]

在未来的数年里，波特的"贫民窟"呐喊就足以推动南非强制搬迁行动付诸实施。 然而，在 1904 年，仍然需要应对更大的紧急情况。命中注定，那年 3 月，当鼠疫袭击了非卫生区(Insanitary Area)时，紧急情况立即到来了。 波特本人病得很重(伤寒)无法工作，但他的下属沃尔特·帕克斯(Walter Pakes)从他那里得到了很好的指导。 此时在甘地的同意下，帕克斯封锁了苦力居住点，却无视来自附近其他社区的鼠疫病例。 然后他下令让所有居民——包括黑人、混血南非人和印度人——登上火车，将他们带到克里斯普鲁特 58 号农场的帐篷居住区。最后，他下令将苦力居住点夷为平地。[44]

在接下来的几个月里，随着鼠疫的暴发和消退，大多数被驱逐到克里斯普鲁特的人返回城镇，在仍然存留的马来人和卡菲尔人居住点重新定居。 但是波特和柯蒂斯提出的 15 公里种族缓冲带已经抓住了市议会的心。 霍华德·皮姆的财务委员会在 10 月就购买克里斯普鲁特农场达

成最终协议,并指出转售非卫生区域的获利将有助于支付新建原住民居
住点和亚洲集市的成本。 公共卫生委员会对此热情洋溢：

259

> 无论是考虑到原住民的利益,还是考虑到欧洲贫穷阶层的利益,
> 让原住民居住点彻底远离白人,其优势对每个人来说都是显而易见
> 的。将提供许多用于维持秩序和开展有效卫生控制的设施,但是原
> 住民居住点目前所处位置使得上述设施非常难以提供。此外,如果
> 把原住民居住点设置在克里斯普鲁特,其产生的污水可以直接送到
> 土地上加以利用,并且该居住点有更多可供使用的空间,会对本地人
> 的健康和清洁带来有益效果。

委员会继续说,对印度人来说,这样的安排同样是最好的。 他们
搬到计划中的克里斯普鲁特集市会带来一项额外的好处,即提升约翰内
斯堡白人商人的生计。 一旦在省的层面通过授权立法,委员会还将搬
迁同样危险的马来居住点的有色人种居民,以及城中少量叙利亚人和华
人。 当委员会修建的污水管缓缓蜿蜒过大草原通向新农场时,市政机构
协商了一项廉价的火车服务来运送城中那些"人类垃圾"——这种情况
下,他们不得不在城镇的工作地和新提出的种族隔离区之间往返。[45]

1906 年 4 月,委员会完成了将旧有卡菲尔人居住点的黑人居民强
制搬迁到克里斯普鲁特原住民居住点的工作。 该市的第一个西南黑人
城镇(Southwestern Townships)应运而生,周围环绕着每年将接收 10 亿
加仑现排污水的田地。 在种族隔离狂热时期,他们所引入的种族缓冲
区比任何地方都大——克里斯普鲁特的位置与市中心的距离几乎是恩达
贝尼与开普敦之间距离的两倍,比后来达喀尔、杜拉、北尼日利亚和内
罗毕的搬迁计划要远十五倍之多。

委员会没有完全得偿所愿。 在法庭上,印度商人成功地击败了委
员会将他们搬迁到克里斯普鲁特的企图。 可用来允许市政府强行驱逐
有色人种和印度人的立法,直到 1934 年才通过。 即便如此,在 1978

年之前，约翰内斯堡也未能获得将马来人居住点夷为平地的权力，该地区是市中心的大多数印度人和有色人种的居住地，直到 1978 年他们才开始被迁往索韦托以外的黑人城镇。 与此同时，莱昂内尔·柯蒂斯也得向埃克塞特会堂弯腰，他不得不在其（原住民）居住点章程中加入一项条款，允许杰出的黑人向德兰士瓦的代理总督呈交申请，要求得到豁免，许可他们住在城里。 到 1920 年代，约有 997 名"受过教育的本地人"获得此类豁免。[46]

1898 年，在布尔战争前夕，米尔纳冷酷地将布尔人的南非共和国称为"中世纪的种族寡头政治"，无法与工业社会共存，"必须被清除"。 然而，到 1906 年，当他返回英国时，他、柯蒂斯和其他讲英语的官员，实际上已经将一个非常松散的种族隔离制度转变为一个格外精细的法律范例体系，其中包含了来自英国殖民实践和来自外部世界的众多元素。 莱昂内尔·柯蒂斯后来因倡导英联邦而声名鹊起——米尔纳的统一一大英帝国愿景的自由派后裔——在很大程度上促成了这一成就。 在这个过程中，至少在目前来看，他已经从一个不冷不热的怀疑论者转变为一个公开的种族隔离主义者，这是他 1907 年在帕克敦双周俱乐部聚会的一次演讲中自豪宣布的事实。 尽管他付出了许多努力，但议会中的种族隔离主义者可能对种族寡头政治的未来持有过于乐观的态度：他们吹嘘说，克里斯普鲁特居住地点将使"我们确信约翰内斯堡作为白人国家中的白人城市存在的未来"更近了。[47]

注释：

　[1] C. W. de Kiewiet, *A History of South Africa*, *Social and Economic* (Oxford: Oxford University Press, 1941); Paul Maylam, *South Africa's Racial Past: The History and Historiography of Racism* (Aldershot: Ashgate, 2001).

　[2] Booker T. Washington, *Up from Slavery: An Autobiography* (Garden City, NY: Doubleday, 1922), 218—225; James T. Campbell, *Songs of Zion: The African Methodist Episcopal Church in the United States and South Africa* (Chapel Hill: University of North Carolina Press, 1998), 103—327; Thomas J. Noer, Briton, Boer, and Yankee: *The United States and South Africa*, *1870—1914* (Kent: Kent State University Press, 1978), 111—134.

　[3] Bernard M. Magubane, *The Making of a Racist State: British Imperialism and the*

*Union of South Africa*, *1875—1910*(Trenton, NJ: Africa World Press, 1996); Martin Legassick, "British Hegemony and the Origins of Segregation in South Africa, 1901—1914", in *Segregation and Apartheid in Twentieth-Century South Africa*, ed. William Beinart and Saul Dubow(London: Routledge, 1995), 43—59.

[4] George M. Fredrickson, *The Black Image in the White Mind: The Debate on AfroAmerican Character and Destiny*(Hanover, NH: Wesleyan University Press, 1987), 228—255; 转述自 Marilyn Lake and Henry Reynolds, *Drawing the Global Color Line: White Men's Countries and the International Challenge of Racial Equality*(Cambridge: Cambridge University Press, 2008), 77, 79。

[5] Lake and Reynolds, *Drawing the Global Color Line*, 75.

[6] James Bryce, *The Relations of the Advanced and Backward Races*(Oxford: Oxford University Press, 1902), 7—8, 33—34; Lake and Reynolds, *Drawing the Global Color Line*, 72—74.

[7] 转述自 Alfred Jeyes, *Mr. Chamberlain: His Life and Career*(London: Sands, 1903), 391; Denis Judd, *Radical Joe: A Life of Joseph Chamberlain*(London: Hamish Hamilton, 1977), 35—76; John Marlowe, *Milner: Apostle of Empire*(London: Hamish Hamilton, 1976), 6—25。

[8] Lake and Reynolds, *Drawing the Global Color Line*, 62—63; Leonard Thompson, *The Unification of South Africa*, *1902—1910* (Oxford: Clarendon Press, 1960), 109—125. Uday Singh Mehta, *Liberalism and Empire: A Study in Nineteenth-Century British Liberal Thought*(Chicago: University of Chicago Press), 77—114, 转述于第196页。

[9] Bryce, *Relations of the Races*, 42.

[10] Walter Nimocks, *Milner's Young Men: The "Kindergarten" in Edwardian Imperial Affairs*(London: Hodder and Stoughton, 1968), 30; Alfred Milner, *The Nation and Empire: Being a Collection of Speeches and Addresses*(London: Constable, 1913), xxxiii—xli; Cecil Headlam, ed., *The Milner Papers: South Africa 1899—1905*(London: Cassell, 1933), 2:242—244.

[11] Johannesburg Municipality, *Mayor's Minute*, 1901—1903, 3—6; John P. R. Maud, *City Government: The Johannesburg Experiment* (Oxford: Clarendon, 1938), 10—68.

[12] D. F. Malan, *Report of the Transvaal Asiatic Land Tenure Act Commission*(Pretoria: Government Printer, 1934), 87—93.

[13] Deborah Lavin, *From Empire to International Commonwealth: A Biography of Lionel Curtis*(Oxford: Clarendon, 1995), 11—36.

[14] 初次转述自 Charles van Onselen, *Studies in the Social and Economic History of the Witwatersrand*, *1886—1914*, *vol.1*, *New Babylon*(Harlow, UK: Longman, 1982), 29—30; 另请参见 Lionel Curtis, *With Milner in South Africa*(Oxford: Basil Blackwell, 1951), 342。第二次转述自 *Johannesburg Town Council Minutes*(hereafter CM), March 19, 1902。

[15] Thompson, *Unification of South Africa*, 10—12; "Johannesburg Municipal Elections Ordinance", National Archives of South Africa (NASA), Transvaal Archives (TAB), *Papers of the Secretary of Native Affairs*(SNA), 113 538 02-115.

[16] Maureen Swan, *Gandhi: The South African Experience*(Johannesburg: Ravan Press, 1985), 92—98; Mahatma Gandhi, *Collected Works*(Ahmedabad: Government of India, 1960), 3:86—90, 280, 301, 325—329.

[17] Cecil Headlam, ed., *The Milner Papers: South Africa*, *1899—1905* (London: Cassell, 1933), 2:465—470.

[18] Headlam, ed., *The Milner Papers*, 2:468.

[19] Howard Pim, "The Native Question in South Africa" (1903), in Howard Pim Papers, Historical Papers, University of the Witwatersrand, Johannesburg (hereafter HPP).

[20] Pim, "Native Question", 6, 28—29.

[21] Howard Pim, "Some Aspects of the Native Question" (1905), 6, 41—56, 67—68, in HPP; Howard Pim, "The Question of Race" (1906), 5, in HPP; Edna Bradlow, "The British Association's South African Meeting, 1905: 'The Flight to the Colonies' and Some Post Anglo-Boer War Problems", *South African Historical Journal* 46(2002): 42—62.

[22] Legassick, "British Hegemony and Segregation", 43—59; Patrick Duncan, "Suggestions for a Native Policy" (Johannesburg: Central New Agency, 1912), 5—6; SANAC, Report 1, 39, 94; Godfrey Y. Lagden, "The Native Question in South Africa", in *The Empire and the Century: A Series of Essays on Imperial Problems* by Various Writers, ed. Charles Sydney Goldman (New York: Dutton, 1905), 539—556; Legassick, "British Hegemony and Segregation", 43—59.

[23] Pim, "Question of Race", 3, 5, 7.

[24] Pim, "Some Aspects", 37—58, 转述于第 9 页; SANAC, Report 1, 935; Sue M. Parnell, "Johannesburg Slums and Racial Segregation in South African Cities, 1910—1937" (PhD diss., University of Witwatersrand, 1993), 25。

[25] Curtis, *With Milner in South Africa*, 342.

[26] Ellison Kahn, "The Pass Laws", in *Handbook on Race Relations in South Africa*, ed. Ellen Hellman (Cape Town: Oxford University Press, 1949), 276—280.

[27] Milner 给 Chamberlain 寄去的信件, 1901 年 11 月 29 日和 12 月 6 日; Lagden 关于通过法律的备忘录, TAB SNA 13 NA 24/02。

[28] Alan Mabin, "Labour, Capital, Class Struggle and the Origins of Residential Segregation in Kimberley, 1880—1920", *Journal of Historical Geography* 12 (1986): 4—26.

[29] Parnell, "Johannesburg Slums," 126—132.

[30] 自 1903 年以来 Lionel Curtis 和 Richard Feetham 之间关于 TAB TPB TALG 518 的通信; [Lionel Curtis], Native Locations (Pretoria: Government Printing Office, 1904), TAB LD 269 AG846/04, 1。

[31] Lionel Curtis, "Native Pass Regulations", TAB LD 463 AG2801/03, 1; *SANAC Report 1*, 48.

[32] Gary Baines, "The Origins of Urban Segregation: Local Government and the Residence of Africans in Port Elizabeth, c. 1835—1865", *South African Historical Journal* 22(1990): 61—81; Joyce F Kirk, "Race, Class, Liberalism, and Segregation: The 1883 Native Strangers' Location Bill in Port Elizabeth, South Africa", *International Journal of African Historical Studies* 24 (1991): 293—321; Kahn, "The Pass Laws," 276—277.

[33] Hugh Windham to Lionel Curtis, November 6 and December 12, 1903; Richard Feetham to Curtis, November 3, 1904; John Dove to H. R. M. Bourne December 10, 1906; and Bourne to Curtis, January 2, 1907; all in TAB TALG 518.

[34] Bruce Fetter, *The Creation of Elisabethville: 1910—1940* (Stanford: Hoover Institution Press, 1976); Jeanne Marie Penvenne, *African Workers and Colonial Racism: Mozambican Strategies and Struggles in Lourenço Marques 1877—1962* (Portsmouth, NH: Heinneman, 1995); Garth A Meyers, "Colonial and Postcolonial Modernities in Two African Cities", *Canadian Journal of African Studies/Revue Canadienne des Études Africaines* 37(2003): 334—338; Swan, *Gandhi in South Africa*, 101, 118; Lavin, *Curtis*, 59—60.

[35] Baines, "Origins of Urban Segregation", 67—81; Kirk, "Race, Class, Liberalism, and Segregation", 293—321; Maynard W. Swanson, " 'The Asiatic Menace' : Creating Segregation in Durban, 1870—1900", *International Journal of African Historical Studies* 16(1983): 401—421.

[36] Christopher Saunders, "The Creation of Ndabeni: Urban Segregation, Social Control and African Resistance" (typescript of paper in author's possession); Maynard Swanson, "The Sanitation Syndrome: Bubonic Plague and the Urban Native Policy in the Cape Colony", *Journal of African History* 18(1977): 387—410.

[37] CM，March 19，1902，April 15，1903；C. A. Wentzel，*Report of the Commission on the Johannesburg Insanitary Area Improvement Scheme* (Johannesburg: Transvaal Leader，1903)；Johannesburg Municipality，*Report on the Work of the Town Council*，1901—1903，7.

[38] 1903 年 3 月 26 日 Feetham 给 Curtis 的信函；1903 年 4 月 21 日比勒陀利亚镇书记员给 Curtis 的信函；1903 年 5 月 4 日 Windham 给 Curtis 的信函；1903 年 6 月 26 日，Curtis 给 Feetham 的信函；1903 年 11 月 25 日 Curtis 给 Windham 的信函；所有都在 TAB TALG 518；1903 年 8 月 24 日 Feetham 给 Windham 的信函和电报；1903 年 10 月 13 日和 17 日，Lagden 给 Windham 的信函；1904 年 1 月 12 日 Windham 给 Lagden 的信函；1904 年 1 月 12 日 Curtis 给 Lagden 的信函；所有都在 TAB SNA 143 NA 1486/03；Swan，*Gandhi in South Africa*，94；*Report of the Medical Officer of Health*，1921—1922，22。

[39] Rand Plague Committee，*Report on the Outbreak of Plague on the Witwatersrand*，TAB AMPT PUBS 210，v；*Asiatic Land Tenure Act Commission Report*，88 para. 27.

[40] Report of the Scavenging Department，appended to *Report of the Medical Officer of Health*，1904，27；CM，July 6，1904，540；Johannesburg Municipality，*Mayor's Minute*，1904，7—8；工程师和农学家的报告，以及来自 Edmund T. Somerset 的信函，时任 Anglian Mining and Finance Company 董事长，1904 年 8 月 8 日，所有都在 TAB MJB 4/2/43 A 307；CM，November 25，1903. 关于 Klipstown 的早期故事，在与 Philip Bonner 教授的私下交谈之中提供。

[41] "Examination of Mr. Charles Porter，MOH"，TAB MJB 4/2/43.

[42] Wentzel，*Report*，viii—ix；Charles Porter，*Report of the Medical Officer of Health*，1903，13—14，and 1904，16—17；Gandhi，*Collected Works*，403—405.

[43] Curtis，*Native Locations*，1(我加的重点)。

[44] Rand Plague Committee，*Report*；Porter，*Report of the Medical Officer of Health*，1904，15—17，36；Howard Phillips，"Locating the Location of a South African Location: The Paradoxical Pre-History of Soweto"，在德班南部非洲历史学会两年一度的会议上交流的论文，未发表，2011 年 6 月 28 日。

[45] CM，February 10 and July 20，57，584，respectively，and CM，October 12，1904，866—883；转述于 869(同时也在 TAB SNA 237 NA 2408/02 中)。

[46] Nazir Carrim，*Fietas: A Social History of Pageview*，1948—1988 (Johannesburg: Save Pageview Association，2000)，126—163.

[47] Nimocks，*Milner's Young Men*，18；CM，October 12，1904.

# 第九章

# 殖民城市中此起彼伏的愤怒

## 傲慢以及因之而来的痛苦

在克里斯普鲁特初次强制搬迁后的数十年里，约翰内斯堡受各种各样来源所激发的种族隔离政治只会变得更加复杂，甚至呈指数级增长。主要原因是普通白人殖民者占据了戏剧舞台的中心。1905年，随着南非殖民者统治压力的加剧和伦敦自由党的大获全胜，英国将阿尔弗雷德·米尔纳爵士召回国内，"幼儿班"的影响力逐渐减弱。普通白人男性殖民者以选民身份接管了政府的统治——首先是1903年，在约翰内斯堡；然后是1906年，在德兰士瓦殖民政府；再然后是1910年，在新成立的南非联盟（1930年之前，白人妇女在这些管辖区的任何地方都没有投票权）。新选民在城市政治中引发了激烈的内部冲突。自相矛盾的是，他们也给这个国家的种族隔离观念带来了更强大的推动力。

对于白人种族隔离主义运动的草根阶层来说，诸如大英帝国、国际改革和学术网络以及房地产行业等机构，正是可供大量引进思想、人员、资金、政策工具、法律措施，甚至公众政治组织形式的丰富来源。但他们也是激烈政治争论的焦点。南非战败的阿非利卡民族主义者的顽固分子，聚集于 J·B·M·赫佐格的领导之下，以大英帝国为头号敌人。即使是讲英语的人和更注重和解的阿非利卡人，在前布尔战争将领路易斯·博塔和南非党（South African Party）的扬·史末资领导下，也倾向于把帝国看作是一个头脑混乱的佣人，为伦敦自由派、爱尔兰本土统治者和印度国民大会服务。 正如我们所知，随着时间的推移，伦敦和德里的帝国官员确实并没有始终如一地支持种族隔离。 在南非，这意味着城市分裂的重担更多地落在了殖民者和他们的常常暴躁无比的地方、省和国家政府的肩上。

在南非这样一个发展中的工业社会，城市社会改革的政治也可能比大多数其他殖民地更具冲突性。 公共卫生学家当然非常积极地倡导种族隔离，但还有大量其他社会改革者与他们共享种族隔离的舞台：反犯罪斗士、禁酒主义者、恶习改革者、反移民联盟、家政服务改革者和自由租售住房倡导者。 劳工冲突也撼动着白人社会的根基，最引人注目的是 1914 年的大规模矿工罢工和 1922 年的兰德大起义。

尽管改革派和劳工组织的领导人都发现了种族隔离的若干有用之处，但他们所持有的不同议程导致了对细节的争论。 他们时而与白人纳税人组织（南非纳税人自称）结盟，时而与之斗争，急盼将政府政策（包括改革举措）的成本保持在较低水平。 约翰内斯堡周期性的"黑祸"（Black Peril）焦虑——对黑人犯罪感到恐慌，最耸人听闻的是针对白人妇女的袭击——只会使这些危险火上浇油。

最后，南非城市白人殖民者社区的庞大规模和永久性，使他们在房地产政治中发挥举足轻重的作用，远远超过非洲和亚洲其他流动性更大的白人殖民社区。 殖民者普遍认为，他们对土地的投资价值取决于保持白人社区白人化的需求。 但是，种族分区的实施同样容易导致商界不同部门相互对立。 此外，邻里纳税者协会，作为种族隔离运动从英国借鉴引进的重要组织之一，在核心问题上协会内部人士彼此意见相左。

如果说这些内部冲突使割裂约翰内斯堡的政治变得复杂，那么米尔纳时代的城市隔离措施对南非的黑人、印度人和有色人种来说毫无意义，这一点亦是赤裸裸的事实。 当他们集体寻求生计、庇护所和基本尊严时，就不断阻挠官方费尽心思将其限定于城市专属种族区的努力，罔顾在半渗透空间中被白人强加的要求遵循的种族礼节，而这种半渗透空间正是让种族界线作为白人权力工具发挥效力的必要条件。 他们也越来越有能力组织大批民众反对种族隔离立法，经常走上街头进行大规模抗议。

263　　一方面，由此引起的激烈戏剧冲突产生了事实上的不确定性，以及白人的政治困境。 然而，矛盾的是，这些年的冲突也让我们获得了重要的洞见：为什么种族隔离的这种极端形式最终会来到南非。 毕竟，在 1923 年，殖民者和他们的新国民政府成功地通过了臭名昭著的《原住民（城市地区）法》［Natives（Urban Areas）Act］。 地球上没有任何其他社会制定过如此复杂的以种族为基础的居住分区政府立法体系。 此外，这一体系的目的是确保肤色界线近乎永久固着于城市景观之中。这也大大促进了米尔纳时代的另外两个大隔离主义理想：独立开发和流入控制。 当在世界其他地方的种族隔离狂热几乎都在消退的时间点，此地却步入这一种族隔离大发展的阶段之中。

南非白人殖民者政治的三个特点能解释为什么它的愤怒最终升级为大种族隔离。 其中之一是白人和有色人种日常遭遇的情感撞击发生在较小的城市空间：住宅、街道、人行道、茶室、商店、电车、公园，甚至在广告牌周围的空间。 在这些空间里，白人体会到了抽象的理论（如种族冲突的必然性和种族混居的危险）演变为个人隐私。 他们隐秘的种族战争还涉及白人男子和黑人男子之间在性领域和城市空间的性别冲突，以及白人男子和白人妇女之间有关妇女广泛推崇（但同样普遍猜疑）的对性感受自控上的性别冲突。 这种冲突给种族隔离主义政治注入了矛盾的混合情绪，包括傲慢、名誉受损、欲望、危险，以及一种不可抗拒的感觉，即白人是种族不公的主要受害者。 在当代西方流行文化中，对黑人形象的轻视、讽刺和污蔑，以及对白人崇高道德的义愤表达随处可见。 然而，在约翰内斯堡（以及我们将看到的芝加哥）这样的地方，快速工业化的社会焦虑，加上殖民者社区的庞大规模和投票权，使白人的日常痛苦和傲慢堆积起来，成为比其他殖民城市强大得多的政治力量。

极端种族隔离主义背后的第二个驱动力是约翰内斯堡白人房主的共识：他们的财产价值容易受到种族威胁，这是他们与美国兄弟分享的另一个共同信念。 随着越来越多的白人工人阶级购买房产，种族隔离的经济动机变得越来越普遍，最终超过了城市土地市场上经济利益的相互冲突。 越来越高涨的意见认为黑人和其他有色人种根本就应该无权拥有城市财产。

最后，米尔纳时代的先例至关重要。 由于公开讨论和从帝国直接统治中继承的法律先例，南非白人殖民者——这次明显不同于美国的殖民者——产生了一种特别强烈的期望：他们初出茅庐的种族排斥政府，尽管存在巨大缺陷，但可以而且应该开展必要的法律、行政和财政能力建设，以实施更加大胆的种族隔离计划；而且应该在这方面下功夫，而不需要去对白人社区本身过度征税。

这一信仰在大概 1907 年至 1920 年期间经受了严峻的考验。 由于国家和帝国政治的变迁，南非联盟将城市事务的大部分责任委托给了像约翰内斯堡这样的地方政府，但是这些地方政府经济拮据，且并非总能有效执政。 在许多时候，约翰内斯堡的种族隔离运动似乎陷入僵局，甚至从米尔纳的先例中退缩。 但是，殖民者种族自大的强烈程度，无论是出于道德上的义愤、经济利益还是对政府行为的期许，最终都超越了他们内心焦灼的愤怒。 事实上，殖民者内部的冲突可能是导致种族隔离升级的一个本质因素。

## 种族战争中的隐秘关系

为了探究约翰内斯堡白人要求种族隔离的控制力与他们在城市空间日常出行中所知所感之间的联系，我们应该从他们大部分日常体验所处的地方（其郊区的家中）开始。 1912 年是我们开始探索的一个好时机，正是在这座城市最激烈的"黑祸"事件之一发生的期间。 在过去的两年里，关于黑人男子破门而入强奸白人妇女的耸人听闻的报道震惊全城。南非联盟(The Union of South Africa)成立了一个侵犯妇女问题委员会，以弄清问题的真相，并为此向约翰内斯堡的白人就私人生活询问和调查。

对一位名叫布莱克的白人先生而言，问题很明显，他也非常恼怒。"这完全就是个错误，"他对委员们怒气冲冲地说，"让一个成年的卡菲尔人在白人家中工作，而且……毫无疑问，这是黑祸的一个巨大来源。"然而，在一个本该暴怒的谈话中，一个更复杂而窘迫的想法却悄然流露。他不得不承认自己"在这个问题上，和自己的妻子""陷入了困境"。然后，他努力从愤怒的语气中平复，用庄严的誓言结束了自己的证词：布莱克夫妇之间"这些争论会持续不休"，只要他们"在厨房和卧室雇用了年轻男仆"。[1]

时间飞逝的这个瞬间真是多事之秋。首先，种族生物学家的探讨范畴很广，他们想象黑人拥有动物的属性（"成年"卡菲尔人）。还有一种假设：这些动物性的倾向之一是不受控制的性欲——而白人妇女作为珍贵种族的成员，会成为黑人男性欲望和暴力的系统设定目标。还有一个经济阶层的问题——即雇主寻求对家庭佣工拥有更大的控制权，与此同时，不太有利的情况在于，雇主又不能没有佣工的服务。除此之外，最终还有一场性别冲突：把男人和女人对立起来的是家庭的最终决定权，而传统上这是女性的领地。然后在此还有一句妙语，这就是布莱克先生在整个"困境"事件刊登上报时感到后悔的原因：尽管布莱克先生有着至高无上的种族正义感，但他几乎对自己的妻子和仆人失去控制。更糟糕的是，他甚至害怕在自己的卧室里挂上一顶跨种族、跨阶层的性阴谋的绿帽子。

当然，在布莱克先生的时代，这些关于种族、性和暴力的陈词滥调——以及驱使他们的感知——有着更加普遍的生命力。长期以来，这种白人种族想象中老套的虚构情节通过流行媒体传遍到世界各地，到了20世纪之初，正是这些媒体将广泛分布的白人殖民者社会更有效地联系在一起。 总体上而言，媒体可以说是远距离传播种族隔离思想的第四个机构载体。 其中包括我们已经探讨过的引发轰动的关于种族理论的系列论文；在《大西洋月刊》(the Atlantic)、《斯克里布纳杂志》(Scribner's)和《笨拙》(Punch)等杂志上发表的大量关于种族和帝国的文章，其订阅者遍布英语世界各地；与新的跨洋通讯社紧密联系的本地报纸上的文章和社论；畅销小说；吉卜林的诗歌；广告；国际博览会上的民族学展览；以及诸如滑稽说唱团的巡回表演、福音剧团、早期无声电影和国际体育赛事这样的轻松娱乐节目。 正如历史学家特蕾莎·朗斯特勒(Theresa Runstedtler)所展示的那样，跨种族拳击锦标赛成为这一时期世界范围内最早的多媒体壮观场面之一。 发起人依靠印刷媒体在打斗发生前建立起轰动效应，然后通过有线广播逐个爆料，后来他们把打斗的无声电影运送到世界各地的影院。 对许多人来说，白人和黑人拳击手的当面角逐代表了衡量白人帝国统治牢不可摧的关键标准。事实上，世纪之交在所有媒体的种族主义流行的一个标志在于：种族斗争是个人事务，需要每个人，尤其是白人，为日常的种族斗争做好精神和身体准备，这将磨炼并考验他们统治世界的真正能力。[2] 266

南非殖民者对当地人口困境的看法，进一步加剧了这种个人种族战争的幻想。 正如当地白人一再提醒来自外界的自由派"多管闲事者"一样，世界上没有其他地方像南非那样。 一个庞大的、永久性的白人殖民者社区已经形成，但其中黑人人口比其他任何地方都要多，因而带来的威胁也要大得多。 莱昂内尔·柯蒂斯曾在日记中满怀渴望地写道："如果像印第安野人一般的黑人能够先于我们灭绝，那对我们来说将是一件幸运的事情。"抛开这些种族灭绝的冥思妄想不谈，阿尔弗雷德·米尔纳的另一个人口工程计划旨在提振讲英语的白人移民数量，可在一定程度上缓解黑人占多数的压力，哪怕只是在城区。 尽管战后来自英国的移民从未如米尔纳所希望的那样淹没布尔人，但适量移民人口的到来确保了约翰内斯堡的白人仍然主要讲英语，整个城市的白人仍然占多数。 不出所料，移民到此地的英国白人妇女人数也比早期采矿营地时多得多。 正如柯蒂斯和房产开发公司所希望的那样，生育子女的英国夫妇推动了郊区房地产的全面繁荣。

尽管如此，在 1912 年，该市的黑人人口，虽然只占当时总人口的 43%，但其中超过 95% 是男性，尽管黑人女性移民的数量也在逐渐增加。 这些黑人男性分成三类群体，每类约占总数的三分之一。 一类人在兰德大亨的金矿中劳作，住在附近的劳工大院里。 第二类在城镇中工作，可能住在五个地点：在克里斯普鲁特；在市政大院里；在他们雇主的小型"私人场所"；由雇主根据市政当局的特别许可证安排的市区私人住宅；或者，大多数情况下是在市中心以南蔓延的贫民窟中非法居住。 约翰内斯堡剩下的三分之一的黑人劳动力，1912 年包括三万多名年轻人，在遍及北部和东部郊区的白人家庭工作，晚上要么住在后院的佣人棚屋里，要么住在家中的小房间里，要么干脆躺在厨房地板上。 结果，帕克敦，这个城中的典型白人郊区，事实上黑人居民和白人一样多。[3]

尽管如此庞大的人口数量对白人来说是可怕的，但白人对整个种族的看法却是由少数黑人主导的。 这个小团体是由阿玛莱塔人(the ama-leita)组成的，由于在 1907 年开始的经济衰退期间对家政服务工资下降不满，一些年轻男仆加入黑人犯罪团伙的队伍。 这些团伙以"持械抢劫"命名——他们会要求受害者掏光钱包——有些人还利用他们对白人家庭的了解，实施团伙入室行劫。 1912 年，一个帮派的成员进入一个叫哈里森夫人的白人妇女的家，位于图尔方登(Turffontein)南部工人阶级社区，并在她丈夫上矿井夜班时强奸了她。 这一"卡菲尔暴行"发生在过去五年里的其他几起类似事件之后，引发了对委员会(侵犯妇女问题委员会)的任命，布莱克先生就是向该委员会作证的。[4]

对于雇佣男性佣人的白人家庭来说，种族威胁总是在家庭的角落里潜伏，但白人与黑人佣人之间更深入的相互了解，也可以打破这种陈词滥调。 这种白人和黑人之间的"熟悉感"本身就成了黑祸恐慌时期耸人听闻的新闻。 例如，让年轻的黑人男仆负责照顾白人婴儿或小孩，特别是小女孩，这一想法招致义愤填膺的怒号。 1912 年 6 月，在大剧

267

院的一个挤满了人的屋子里，一位名叫马利根先生的家政改革家讲起了这样一个例子："该镇一位社会地位相当高的女士"承认"当她的女仆不在时，她让卡菲尔男仆扣上了她衣服后面的纽扣"。当被问到怎么能这样做时，她回答说："我有个好男仆，而且这一位男仆家里有两个妻子。"[5]

对于马利根来说，这种幼稚的想法与专家们讲授的关于不同种族和文明的一切都是背道而驰的。移居到兰德的年轻男仆"脱离了平常的环境"，"摆脱了部落的束缚"。在"与白人女性的亲密接触"中，这类黑人男性有成为"性狂人"的危险。报纸上广泛报道的白人主妇方面的其他不负责任的行为包括：她们与仆人共用浴室设施，在骑马套圈时与年轻男仆"擦肩"，要求男仆们在球场上递送高尔夫球杆。白人妇女允许男仆在卧室里给她们端咖啡、帮她们穿衣服甚至给她们洗澡的故事引来了最大的轰动，各种风流韵事的私下传言也不计其数。马利根在"热烈的掌声"中总结道："许多白人妇女对待原住民的行为是极其粗心的。"[6]

除了提高白人妇女的羞耻感，马利根和其他家政服务改革代言人也向国家寻求帮助。1903 年，在对种族隔离时期立法的另一种不可思议的预期中，米尔纳时代的德兰士瓦殖民地通过了第 46 号法令，这是一项早期的"不道德法"，将白人妇女和黑人男子之间的性行为定义为非法行为。1912 年，约翰内斯堡市议会与该市的纳税人协会及其他公民团体通过一项联合决议，提议修改法律，同样禁止白人男子与黑人妇女发生性关系。联合委员会的建议基于奇怪的社会达尔文主义推论：如果白人男性被禁止侵犯黑人男性的性领域，黑人男性也会避让白人男性的性领域。除了这项建议，还有人呼吁指派警察到白人家庭告诫主妇们如何举止得体地对待年轻男仆；要求发放通行证的官员在年轻男仆的通行证文件中附加一个复杂的性格特征系统（"他礼貌客气吗？动作敏捷吗？干净吗？冷静持重吗？"）；以及出台按种族和性别对家庭进行隔离的法律——要么将男仆从厨房、餐厅和卧室驱逐出去，要么强令户主为仆人建造单独的厕所。 但是，"黑祸"恐慌时期，像马利根这样的家政改革派，主要关注点是将黑人从白人家庭中全部迁走——搬到克里斯普鲁特或保护区居住。 为了取代这些年轻男仆，政府可以重新启动针对白人佣人的移民计划，也可以向住户施压，要求他们购买美式炉灶和洗衣机。 如果其他一切措施都失败了，主妇们就得雇用黑人妇女。在 1910 年代晚期和 1920 年代，随着黑人妇女向城镇移民的增加，后一种办法最终胜出。 结果产生的是种族隔离时期"女仆和夫人"这样与之前不同但同样复杂的心理动力学。[7]

269   家庭之外，在城市的街道和公共场所之中，个人种族战争主要是在陌生人之间进行的，由零星执行的有些模棱两可的错综复杂的法律所控制。 根据布尔人时期的南非共和国的一项法律，只有白人才被允许在城市的"步道"上行走，也就是所谓的人行道；其他人必须与车辆共用街道，除非他们有豁免权或者只是横穿街道进入建筑物。 白人的茶室或餐馆应该禁止黑人进入。 市政当局不遗余力地批准了一整套商业系统提供给黑人，官方称之为"卡菲尔餐厅"。 市政当局还授权确保电车车厢的内部完全是白人，且只有在车辆足够时，才肯为非白人运行单独的电车。 法规允许佣人在白人汽车外部的踏脚板上搭车，或者冒着生命危险登上车顶搭车。 一些有轨电车线路在车辆后部为非白人乘客设置了某种空间。 当然，克里斯普鲁特居民乘坐的是市议会为他们安排的进城的火车，是由改装过的牛车拼成的，而且经常脱轨。 虽然一些电车线路并不那么强制实行种族排斥规定，但大多数居住在城市的有色人种还是被迫在街道中间走路去上班。[8]

  当然，这些法律的潜台词是：白人拥有城市公共空间，有色人种只能以一种屈辱或危险的状态使用这些空间。 在任何时候，都有大量的白人随时代表他们自己在街上行使他们至高无上的地位，而大量的黑人、有色人种和印度人则渴盼抵抗自己的落魄状态。 毫不奇怪，阳刚的姿态四处纷纷呈现。 一位回忆录作者记得有一次，他看到"四个卡菲尔男孩"走在他前面。 突然，三个白人"在他们背后放出了自己的狗，狗立即开始冲向卡菲尔男孩的脚后跟……中间的大男孩真的很机敏……他后踢腿如此之快……那条狗被踢飞到空中，完全来了个后空翻，回头朝着那个人尖叫不已。他们又把狗放在男孩们后面，但狗这次一动不动了，孩子们笑着继续走街上去了"。这个故事里的黑人实际上是遵守法律，在街上行走的，但报纸上充斥着愤怒的信件，呼吁加强对"傲慢的卡菲尔人"的人行道法律的执行，有一些卡菲尔人诅咒那些试图把他们赶到一边的白人。对一个叫 G·E·伍德(G. E. Wood)的白人男士来说，原住民在街上"大摇大摆的自我欣赏"，以及他们"（挺起胸膛）直面欧洲人，使用卑鄙的语言"的意愿，所映射的无非是一种"摧毁欧洲人性格的期待，甚至渴望"。黑人的衣着有时也被诠释为一种不体面的种族自豪感的标志。像阿玛莱塔人一样，许多年轻的西方化黑人男子都穿着定制的喇叭裤，喇叭裤上缝着亮色布料。传统些的服装穿着，往往会携带棒子或圆头棍，这同样带来威胁，一些人呼吁使用规章条例，禁止原住民携带这些潜在的武器。[9]

　　白人妇女有时也会卷入这类个人的街头巷尾种族战争。一位英格兰妇女写信给编辑抱怨说，原住民"经常三三两两并排走在路上，永远不会只走一边"。她认为自己应该"有充分的理由……用雨伞打违法者的脸"。不过，对于大多数男性来说，白人女性的性意识是白人男性在街头防御的薄弱环节，就像在家里一样。公告牌（被称为围板）是给约翰内斯堡报纸编辑写信的常见栏目。"这样合适吗，"一个男人写道："广告牌上展示……白人妇女吸烟、喝酒或醉酒的照片？"当白人妇女显得"如此放荡和堕落"时，"野蛮人的看法又会受到什么影响呢"？[10]

　　一些白人妇女可能对跨种族性行为持开放态度，对此的质疑可谓司空见惯，可以追溯到约翰内斯堡早期的卖淫丑闻，当时犯罪集团从欧洲甚至美国各地将数千名"白奴"带进了几乎全是男性的矿业小镇。米尔纳1903年颁布的"不道德法令"也算是一项早期的尝试，除了作出其他规定之外，还旨在阻止该市散漫的妓院中开展的跨种族性交易。1907年，约翰内斯堡白人男性的结婚率不断上升，加上警方的大规模

270

镇压，对国际犯罪集团造成了严重削弱，但仍有大量贫穷的阿非利卡人和黑人妓女继续在该市贫民区跨越种族界线进行性交易。 他们也因之遭受到了"黑祸"罪名的指责，然而有一部分城中茶室也是如此，茶室门口并非总能够设置肤色界线。 一位与妻子一起散步的"政府官员"报告说，他"碰巧向下瞥了一眼地下室"，看到一位"茶室女侍者懒洋洋地躺在桌子上，嘴里叼着一支香烟，而三个原住民站在她面前，摆出各种欢笑的姿态"。 他声称，这是"有违公众利益的事件"，因为"如果避免与卡菲尔人这种随意交谈的方式，至少会减少一些黑祸"。 另一封信的作者呼吁建立一个"全白人茶室协会"，抵制违反规定、接待黑人的餐馆。[11]

在约翰内斯堡公共场所企图控制种族意象的类似诉说，也出现在两次臭名昭著的有奖斗殴之后，这两次事件都发生在地球另一端的太平洋沿岸殖民者社区。 1908 年 12 月，非洲裔美国重量级拳击手杰克·约翰逊（Jack Johnson）——他以标榜自己对白人种族礼节的蔑视、奢侈的生活方式以及与白人妇女公开的风流韵事而闻名——在澳大利亚悉尼击败了加拿大白人冠军汤米·伯恩斯（Tommy Burns）。 而后，在 1910 年 7 月 4 日内华达州里诺（Reno, Nevada）举行的一场更为轰动的比赛中，约翰逊击败了此前不败的"白人希望"吉姆·杰弗里斯（Jim Jeffries）。 发起人和新闻媒体，包括约翰内斯堡的报纸，都把这两场比赛看作是种族冲突的一对一版本。 约翰逊获胜后，美国、菲律宾和英国殖民地的黑人和亚裔社区爆发了自发的庆祝活动，美国数十个城市的白人武装起来进行暴力报复。 当约翰逊-伯恩斯之战的新闻片在约翰内斯堡到处出现时，白人抱怨说"大帮原住民仰慕地凝视着描绘白人倒台的海报，这是一种令人作呕的景象"。 一位评论员认为，要求撤除海报的呼声被拖延了太久，以至于"对原住民的心灵造成了巨大的伤害"。 当约翰逊在1910 年再次获胜时，据报道当地黑人向获胜者发来了贺电。《兰德每日邮报》（*The Rand Daily Mail*）呼吁市政机构禁止影院放映格斗片——就像许多美国和英国城市的政府曾经做过的那样——警告说"为了我们妻子和孩子的安全……我们应该尽我们最大的努力来防止原住民的自我膨胀，并试图模仿他们的冠军"。 最后，一个形象上不亚于J·B·M·赫佐格的南非联盟首席司法部长宣布，这些新闻影片"违背了公众利益"，并下令当地警察部队对所有放映活动实施禁令。 作为补偿，约翰内斯堡歌舞杂耍剧院提供了"微型显微镜"，放大展示了落败的吉姆·杰弗里斯的一些"良好态度"的照片。 一位不满的白人体育迷在信中写道："主张每个白人男孩……作为教育的一部分应该被教导如何使用拳头。"[12]

272

"给他们一条街，"约翰内斯堡黑祸时代的白人人行道斗士G·E·伍德警告道，"他们将占领一座城。"这一理论的最好证据是约翰内斯堡不断扩大的贫民窟地带。 在那里，大量混血的、以非洲人为主的次级城市已经发展起来，那里的人们讲祖鲁语、索托语、科萨语、

约翰内斯堡的贫民窟。没有什么比约翰内斯堡市中心以南的混血贫民窟更能代表南非白人的恐惧，一种被占多数的黑人人口所"淹没"的恐惧。这些贫民窟是该市种族隔离主义者的主要目标，但直到1930年代，这些贫民窟仍在不断扩大。埃伦·海尔曼(Ellen Hellmann)所述，"左边是密布草棚的小巷"。照片来源：the Rooiyard slumyard from Historical Papers, University of the Witwatersrand Library, Johannesburg, South Africa, A1419, no.11。

茨瓦纳语、尚加语、古吉拉特语、印度斯坦语、南非荷兰语、英语，以及各种可以相互理解的上述语言的混合体。 贫民窟的扩张是一系列因素的映射：市议会对那些希望黑人雇员在工作区附近居住的雇主的宽容态度，黑人往返克里斯普鲁特所面临的困难，贫民窟的白人和印度人房东为了收益而对肤色界线的无视；到了 1920 年代，黑人移民的激增，女性新移民几乎和男性一样多。 贫民窟地带从西边的马来人居住地点、弗雷多普（Vrededorp）和福德斯堡（Fordsburg），绵延穿过费雷拉斯敦（Fereirrastown）、马歇尔敦（Marshallstown）和斯佩斯博纳（Spes Bona），一直延伸到市中心的南部，并向东潜入道恩方丹（Doornfontein）、杰皮斯敦（Jeppestown）和贝特拉姆斯（Bertrams），也威胁到北郊的斜坡。 如果白人城镇的街道上挤满了无数三五成群的黑人，那么单凭这些贫民窟社区的名字就能让人联想到周末聚集在一起喧嚣狂欢的大批黑人，还配有打鼓、斗棍和传统舞蹈。 当然，阿玛莱塔人白天会躲在贫民窟中（也就是说，那时他们还没有修好南边山上的废弃矿井），妓女、赌徒、失业的通行证伪造者和流浪者也是如此。 然而，贫民窟对白人最大的毒害，莫过于在此壮大起来的大量乡村风格啤酒酿造作坊。[13]

约翰内斯堡的贫民区是由一片闲置的地块组成的，房东们建造起一排排 10×10 即 100 平方英尺的棚屋，然后出租给一大群单身男子或整个大家庭。 在这些臭气熏天的城中村里，妇女们带来了非洲农村传统的啤酒酿造工艺，在任何可用的容器中发酵各种各样的谷物。 自从兰德大亨转向深部掘矿以后，德兰士瓦就禁止非洲人饮酒。 地下数千英尺的工作需要劳工们保持清醒，此时已不同于早期地表采矿的时代了，那时雇主广泛向工人出售白酒，酗酒让他们身无分文，于是他们只好留在矿上继续工作。 随着政策的改变，贫民窟里几乎所有黑人妇女都成了罪犯——"非法酒贩子"，这相当于那个时代的毒贩。 贫民窟房东助力并教唆了这项业务，因为他们的租金收入依赖于啤酒销售。 为了躲避警察，妇女们把发酵罐埋在棚屋之间的肮脏的土院子下面。 不过，每当煤矿工人、市政垃圾工人或郊区的男仆下班时，啤酒就会搬出来，到了周末，啤酒则不受限制地从污浊的棚屋分发出来，变成了所谓的非法小酒馆。如果一个邻居成功地使用一架废弃的钢琴、一支小号、一台手风琴或一把吉他配乐，那么这个舞台就为非洲传统文化向约翰内斯堡著名的马拉比①风格的转变做好了准备；作为南非对美国布鲁斯和爵士音乐风格进行的几次回应，马拉比是其中首个音乐风格。[14]

白人禁酒改革派认为这种文化现象是可憎的，并再次将大量的道德义愤、种族和文明理论泼洒到城市的街道上。他们认为，酒业可堪作为证据，证明黑人在这座城市的出现，是将此类"原住民种族"太快太突然引入到文明之中，这是原住民种族难以承受的。"这合乎情理吗，"科利尔（Collyer）牧师问道，"一个刚从蛮荒之地走出来的原住民，被安置到一个总是兴奋不已的城市里，他能够保持一种平静的清醒吗？他有没有可能在一瞬间就能够达成我们花了2000年才达到的所有文明的渐进调整适应程度呢？"然而，正如科利尔和其他许多人也指出的那样，酒精含量相对较低的传统非洲啤酒只是黑人放纵故事中的一个部分。白人同样从贫民窟和居民区的烈性酒销售中获利，这一事实有助于证明种族间的接触对双方都有害的理论。[15]

对白人来说，另一个与贫民窟有关的迅速而可怕的发展是黑人的政治蜕变。在约翰内斯堡这个混血罪恶之都，街头的蔑视遭遇到有组织的、显得更有教养但日益创新的政治活动对抗，这些对抗来自R·V·塞洛佩·泰马（R. V. Selope Thema）的德兰士瓦非洲大会（Transvaal African Congress, TAC, SANNC 的地方分支）、夏洛特·马克塞斯（Charlotte Maxexe）的班图妇女协会（Bantu Women's Association）、甘地的英属印度协会和有色人种领袖A·阿卜杜拉曼（A. Abdurahman）的非洲人民组织（African People's Organization）。甘

①　马拉比（Marabi）音乐风格首先出现在约翰内斯堡，它将爵士、蓝调等音乐风格融入传统非洲的节奏之中，简单地重复旋律，让参与者迅速融入节奏之中，随着音符的跳动，轻松愉快地舞蹈起来。——译者注

地领导的第一次群众集会是在市中心的舞厅举行的，但他很快就把集会转移到西部贫民窟的街道上，吸引了大量居住在马来人居住地点和弗雷多普的印度人。[16]

1920 年 3 月的弗雷多普暴动生动地展示出个人、街头种族冲突和有组织的政治相混合，是多么具有爆炸性。那个月，受甘地消极抵抗技术的启发，塞洛佩·泰马和夏洛特·马克塞斯在弗雷多普的市政陵园以德兰士瓦非洲大会的名义举行了一轮集会。周边西区贫民窟的四百名黑人居民参加了规模最大的抗议通行证法的活动。他们还要求提高黑人家政、市政工人和罢工矿工的工资。重要的是要记住：ZAR 政府曾打算将弗雷多普作为一个纯粹的白人社区来打造，以提供给阿非利卡人中的贫穷者。在米尔纳和当时的博塔将军领导下，英国德兰士瓦殖民地履行了这一承诺，并于 1907 年通过了《弗雷多普地皮法》（Vrededorp Stands Act），其目标是将所有非白人从附近的小房子和狭窄的街道之中驱逐。但是弗雷多普也被一个混合种族的马来人居住地点包围着，另一边是市政拾荒部门的大型土著人社区，还有一边是市政陵园。弗雷多普的白人和工人大院的黑人在曾经隔离了他们一段时间的街道上零星地互相用石头打砸。此外，社区内的种族清洗努力基本上失败了。弗雷多普甚至成为约翰内斯堡三个受美国影响的激进黑人教堂之一的所在地。[17]

白人从弗雷多普进城的唯一途径是阴暗的铁路栈桥下的"地道"，这是印度和非洲小贩以及拾荒者休息时最喜欢的地方。1920 年 3 月 1日，当德兰士瓦非洲大会集会在陵园一侧散去时，一名黑人试图在地道附近跳上一辆满载白人的电车，这辆电车正从市中心往更西边的郊区行驶。当他被白人推开时，黑人抗议者开始向下一辆经过的电车投掷石块。骑警很快赶到，紧随其后的是持枪的弗雷多普白人，他们集体冲进了周围的街道——在接下来的两个小时里，4 名黑人被打死，70 人受伤。许多惊慌失措的黑人跑进了马来人居住地点，隐匿于狭窄的街道和棚屋之中。约翰内斯堡的街道第一次尝到血腥冲突——这种冲突双

275

方都兼具有组织的以及非正式的力量——从长远来看，这样的冲突将导致白人政权倒台。[18]

# 他们会花钱让我们离开这个国家

从短期来看，黑人在 1920 年的暴乱中结局最为糟糕。但是，在普通白人对城市的恐慌占据主导地位的背景下，白人一方不需要太多创造性的想象力，就能将被围困和渗透的弗雷多普想象成整个约翰内斯堡的一个缩影。自从市议会宣布这座城市为"白人国家中的白人城镇"以来，这个位于约翰内斯堡腹地的人口众多、种族混杂的非洲贫民窟之城一直在稳步发展。弗雷多普是一个贫穷的社区，因此它的种族防御能力较弱。但在城市的另一边，贫民窟横行的道恩方丹和杰皮斯敦曾是城市最时髦的郊区，到处都是兰德大亨的宅院。没有理由认为兰德之巅那条高贵的肤色界线会永远无法撼动。

约翰内斯堡白人维护整个社区的冲动与他们对城市中较小空间的维护，有着内在的联系。但殖民者保护其房地产的决心也包含了其他因素：高风险的经济利益、产权问题以及土地所有权的性质。这些冲突因素汇集于约翰内斯堡，一部分凭借国际交流，也有一部分来自地方改良。 276

就某些历史学家而言，他们渴望找到一个最终的解决方案，来应对这个问题：南非历史上，相比种族（或"意识形态"）因素，是否阶层（或"物质基础"）因素更重要？白人在约翰内斯堡保护房地产价值的努力提供了证据，证明在这一切的背后，种族隔离是一个经济问题。这种解释实在太过简单了。白人认为黑人、有色人种或印度邻居对他们的财产价值构成致命威胁的事实，在很大程度上借鉴了同样广泛流传的关于种族、性别和文明的故事，这些故事也促使殖民者去捍卫该市那些更私密的城市空间。因此，"种族主义价值论"代表了一种证据，证明种族信仰与有形物质的价值之间是不可分割相互交织的关系，而不是重要性有待一决高下的关系。[19]

而且，作为政治动员的发动机，种族主义的财产价值理论也有赖于其他非经济的偶发事件。在南非，白人的人数可能比较多，但与印度和其他大多数殖民地的白人不同，他们在长期定居地投入了足够的资金，在公共领域拥有足够的权力，并且可以根据足够实用的立法先例宣布所有权，利用他们关于种族的财产价值观念，要求国家为他们的社区提供保护。然而，当白人房主为种族隔离提出财产价值主张时，他们有时会遭遇到其他有权势的白人，即开发商和贫民窟房东，他们在房地产方面的经济利益并不总是指向种族隔离。有时白人房主甚至背叛种族隔离主义的目标，把白人社区的房产卖给了非白人。当他们这么做的时候，他们和其他人一样也只是关注到自己的经济利益。最后，由于房主也是纳税者，他们自己的经济利益被分裂了：规避建造独立的黑人住区所需缴纳高额税收所带来的利益，可能与他们维持财产价值的利益是冲突的。[20]

这些贯穿各领域的经济利益也在法律权利问题中摇摆不定，而法律权利本身又与种族有着千丝万缕的联系。其中最大的问题是：究竟是277 否应该允许黑人、有色人种和印度人拥有私有财产。相比美国、印度和大多数其他亚非殖民地，南非种族政治的根源之一是南非白人殖民者的野心，他们想要阻止或至少严格限制拥有财产的非白人阶级的崛起。事实上，南非许多人支持种族隔离，正是因为它阻碍了黑人和其他有色人种，特别是印度人的土地所有权。相反，对非白人财产权的实际限制也大大有助于政府，使得政府支持的种族隔离在法律上成为可能和可行。

南非白人也并非普遍支持种族限制的财产权制度。一些自由派支持非白人拥有有限的财产权，与他们用来解释有限投票权的理由相似：个人拥有财产权或者可供成为通往文明的有益途径，或者应该给予那些表现出文明能力的人。然而，正如霍华德·皮姆证明的那样，对"文明"标准空口白话的应酬，可以为纯粹出于白人种族利益而提出的主张赋予额外的力量——会让这些主张表面上看起来具有更高的道德感。

　　这种思想成就的一个很好的案例，是土地测量员及约翰内斯堡市议员 W·K·塔克（W. K. Tucker）在 1905 年为南非原住民事务委员会（the South African Native Affairs Commission）提供的证词。 塔克的职业生涯还表明，在国际房地产行业腹地工作的人们，是如何让自己进入到其他种族隔离制度舞台的，包括政府和城市改革运动。 塔克在种族战争年代出生于东开普省的一个英国殖民者家庭，曾在金伯利开采钻石，在约翰内斯堡开采黄金。 在这个过程中，他为矿业和土地公司工作，对他们持有的房地产进行盘存，并测量待售地块。 在布尔战争期间，他帮助管理过一个英国妇女和儿童集中营地，后来他帮助建立了兰德先驱者组织（the Rand Pioneers），该组织由一群著名的约翰内斯堡殖民者组成，致力于保护白人使其免受黑祸威胁。 除了其他事务之外，先驱者们还鼓动了人行道条例的实施。 塔克在先驱者组织中的高位为他提供了竞选约翰内斯堡市议会议员所需的显赫地位。 在议会任职期间，他曾在兰德鼠疫委员会（the Rand Plague Committee）任职，帮助确定了克里斯普鲁特作为该市种族隔离营地的所在地。 1907 年，他的同事选举他为约翰内斯堡市长，1908 年，他在新的德兰士瓦立法议会中赢得了职位。 在政治运动期间，他创建了德兰士瓦土地测量师协会（the Institute of Land Surveyors），并成为第一任主席，还为市政府指导了一次正式的城市勘测。 他也是霍华德·皮姆双周俱乐部的成员。[21]

　　“没有任何一个原住民个体，”塔克对戈弗雷·拉格登的委员会说，“应该拥有土地。”在原住民目前的文明发展阶段，只有在原住民保护区实行传统形式的共有权才是合适的。“我不认为当前应当通过给予原住民租赁权或不动产来使之自主化。 我们不能指望通过我可以称之为温室的过程来推动原住民走上非自然发展道路以解决问题。”但在这些一模一样的词语编织中，有一个不同的论点，即原住民实际上会从财产所有权中受益。 当拉格登问塔克所“担心”的原住民能拥有土地的后果时，塔克回答说：“他们会变得有影响力，他们会变得富有，他们

278

会更快速地自我发展，这与我们的目标不符。"那么，事关成败的关键在于，白人的特权和他们在南非的存在本身，不遵循任何种族发展的基本规律。"白人来了，从本地原住民手中夺走了国家。"如果黑人可以拥有土地，白人将被"买断后永远离开这个国家"。这种双管齐下的理论有很多用处：白人可以立即重申他们的至高无上地位和他们对不公平受害的愤慨，他们也可以拥有他们的征服法则并对此感到满意。[22]

实际上，要建立一个种族缩减版的财产所有权体系，需要处理一些不那么崇高的问题：土地所有权问题。事实上，在约翰内斯堡，大多数普通的白人殖民者实际上对土地的所有权很弱。在黄金大发现后的几年里，被称为乡镇公司的大型开发公司，其中大多数是矿业公司的子公司，几乎买下了维特沃特斯兰德沿线的所有土地，包括约翰内斯堡市政范围内 87 平方英里几乎所有的土地。开发商利用了他们近乎垄断的优势，以及土地购买者对矿业小镇可持续性的不确定性，以 99 年的租赁权提供住宅用地；17 世纪伦敦西区贵族向商人提供过的租赁权则是如此吝啬的地契的直系先祖。这种糟糕的交易迫使房主每月支付"地租"，并认识到在租约结束时，他们的继承人可能面临对任何土地"改善"设施的没收，如家庭住房的没收。一旦深层采矿的成功让约翰内斯堡的经济前景得以稳定，居民们像当代英国的大多数人一样，强烈要求获得土地的完全所有权或"永久所有权"，米尔纳和柯蒂斯向乡镇公司施压，要求他们将租地转为吸引英国殖民者的另一个诱饵。他们的施压下产生了德兰士瓦共和国的三个乡镇法案（Townships Acts，1907 年、1908 年和 1909 年）。[23]

在这之前，几个乡镇公司通过在契约中悄悄塞入限制性条款来改善租赁权。其中一些与在英国郊区使用的条款非常相似——他们的目的是保持独立开发，对昂贵的建筑设施加以规定，禁止划分地块以规避公寓和贫民窟建设，以及禁止建造"任何食堂、餐厅，或出售……酒精的地方"。早在 1895 年，杰普斯敦东郊的开发商杰普（Jeppe）兄弟就在他们的契约中加入了种族居住条款，规定"承租人不得允许家庭佣人以外

279

的有色人种居住在这些地块。"[24]

　　列明这些种族限制条款的公司早期只是在搞恶作剧，他们通常无意真正去实施这些限制条款。获得地块的承租人却有一种感觉，即他们的邻居会保持房屋用于住宅并且都由白人居住，但他们却常常发现，一些白人邻居对保护其他白人的财产价值并没有兴趣，转而去开酒吧或把后院的棚屋租给黑人。对于这类违反契约的白人，他们愤愤不平的邻居经常会起诉土地公司，要求这些种族限制必须执行到位。正如朱利叶斯·杰普（Julius Jeppe）本人所承认的那样，公司将任何一项违规行为告上法庭所产生的费用（一个案件 880 英镑）相对房屋契约的市场价值来说几乎是不值的，特别是在杰普斯敦第一个贫民窟开始萌芽，并成为一个无论如何都不太理想的居住地之后。南非法院于是引进了英国的法律先例来解决此事。适用于这类事件的关键案例涉及伦敦莱斯特广场（Leicester Square）的一个建筑契约。在塔尔克诉莫克塞案（Tulk v. Moxhay，1848）中，大法官曾裁定：所有契约限制必须"跟随土地"——也就是说，所有土地的后续买家必须遵守这些条件，而不管是不是他们创立的。然而，后来的一系列案件，包括雷诺诉考利绍案（Renals v. Cowlishaw，1878），清晰表明，以前的业主，包括在该小区以同等条件拥有许多其他地块的开发商，对制止后来的违规者不负有责任。在这些英国案件的基础上，德兰士瓦最高法院为土地公司作出了裁决，执行这些契约限制的责任完全落在了产权持有人的肩上。[25]

　　在米尔纳和柯蒂斯的领导下，德兰士瓦政府自身开始在这个问题上采取直截了当的立场。ZAR 已经通过两项法律，限制特定人群的土地所有权和占有权——1885 年的第 3 号法令，该法令禁止"亚洲人"在异地拥有土地，并通过了一项黄金法令，禁止所有黑人、亚洲人和有色人种在可能对采矿有价值的土地上生活。柯蒂斯的地方规章制度迫使那些没有和雇主住在一起的原住民搬去特定地点，比如约翰内斯堡的克里斯普鲁特。此外，米尔纳的《乡镇条例公告》（Proclamation of Town-ships Ordinance，1905 年）设立了一个乡镇委员会，其职责是核准开发

280

商进行新乡镇规划，在约翰内斯堡划分了成倍增加的 1 平方英里大小的地块，当时被称为郊区细分。 为了获得批准，该委员会要求该镇所有财产的契约必须包含反对分割和非居住用途的条款，以及强化的种族限制，即对任何"亚洲人、原住民或其他有色人种"而言，不仅禁止他们当前在此居住，而且禁止他们将来在此购买或租赁。 在 1912 年之前该市 88 个郊区城镇有 65 个在其财产契约中载有这些条款；到 1947 年，南非政府实施种族隔离制度前夕，种族限制已经覆盖了更大范围，占约翰内斯堡矿区 387 个城镇中的 345 个。[26]

随着市政委员会将约翰内斯堡视为"白人国家中的白人城镇"的设想得到越来越广泛的认同，约翰内斯堡的普通白人居民向政府施压，要求政府朝着一个全面和可强制执行的种族分区体系迈进。 与此同时，他们引进了英国郊区政治的另一个重要特色——纳税人协会，以此将事态掌控在自己手中。 约翰内斯堡的许多白人郊区大部分在某些时候都有这样一个协会。 若干协会的产生与他们的英国同行有着同样的原因，即他们对市议会如何使用其成员上交的税款保持鹰眼一样敏锐的关注。 另一些组织，如图尔方丹的组织，则以"警惕协会"的形式迅速崛起，针对"卡菲尔暴行"在街道夜间巡逻。 几乎所有的纳税人协会都曾在某时某刻带头反对黑人、有色人种或印度购房者"入侵"邻里土地。 同时其中少数几个协会，如图尔方丹的协会，他们从事法外义务活动，他们的成员拒绝"采取美利坚合众国采取的激烈步骤"，并诉诸"法官私刑"或其他形式的暴力。 相反，大多数成员将其重点放在扩大他们在市政府正式机构内部的影响力上，再次表明白人对政府的种族隔离潜力的信任。 1916 年，几个最强大的协会成立了约翰内斯堡纳税人协会联合会（Johannesburg Federation of Ratepayers Associations, JFRA），在制定包括种族分区在内的各种政策方面发挥了重要作用。 后来，这个联合会提供了自己的候选人名单，最后，在 1923 年，它成为一个正式的政党，在市议会中占据了绝大多数席位。[27]

如果说白人房主的财产利益为种族隔离主义暗中提供了强大的助

力，那么黑人、有色人种和印度人的经济利益则是引领他们在任何可以落脚的地方住下，获得任何他们可能获得的称号，并在任何可能或需要的时候尽量忽视肤色界线。 如何使白人对排外的土地占有制度的希望破灭，有色人种最基本的——非正式的、但也是集体的——一种方式，就是大量地迁往城市，首先是为了找工作。 尽管有移民限制法案，该市印度人的数量还是从1911年的5 000人左右增加到1935年的10 000人。 同期，主要来自开普省的有色移民人数从不到8 000人增加到22 500人以上；尽管有通行证法，黑人的人数也从95 000人增加到219 000人。 其中，有大约10万名男子因未在矿井工作而需要在城里住宿，以及28 000名妇女（比1911年超出7倍）和51 000名儿童。 一旦他们到了城市，所有这些新居民受经济利益驱动，与这一时期各地工人阶级一样，就是住在离工作地点近的地方，这样就能按时上班，又能避免高昂的交通费用支出。 这意味着，正如我们之前了解到的，家庭佣工需要住在郊区。 其他非矿业工人和个体经营小贩、酿酒商和商人也需要住在市中心，靠近大多数商务、市政办公楼和顾客。 正是因为这个原因，这个城市的贫民区无情地扩大了。[28]

在15公里外的乡下本地或亚洲集市居住的想法，让约翰内斯堡的大多数有色人种感觉荒谬，甚至认为具有彻底毁灭性。 市议会曾与一家铁路公司达成协议，提供克里斯普鲁特和市中心之间的优惠客运，以换取有保障的客流量，但该地点如此偏僻，以至于火车从未满载。 随后，公司运营的车次越来越少，最终采取了每条线路每天两趟的方式，最后一趟是下午5:30就离开镇，使得很多原住民下班后无法回家。 1906年，当最早提议克里斯普鲁特为居住地点时，议会设想的人口是在4 000到1万之间。 1907年，只有1 800人住在这个地方；在1910年代的任何一年里，居住人数都不超过3 000。 大多数留下来的人之所以留下，是因为他们可以用农事、耕种小块土地和放牧几头牛来贴补工资收入。[29]

大多数未在雇主房子里居住的黑人、有色人种和印度人，直接在市

282

中心租房住，任由自己完全置身于贫民窟房东的摆布之下。然而，少数黑人、大量有色人种和印度人怀有希望，即英国人或许能增加兰德土地所有权的机会。但事与愿违，米尔纳屈服于白人的压力，将所有的黑人土地所有权都置于政府受托人的名下。五位非洲卫理公会主教牧师，在爱德华·茨乌（Edward Tsewu）部长大人带领之下，在法庭上对这一制度提出质疑，并赢得了胜利。米尔纳以一种更具法庭证据的托管制度的版本作为回应，但这群人仍然向议会请愿，否决了这一制度。在这种情况下，柯蒂斯曾考虑在克里斯普鲁特提供 33 年的租赁权，以增加该地区的吸引力，但市议会即便在这一微弱的特许权上也不遗余力地反对。与之相对应，该地区的居民使用的是一年期、可续期的"地皮许可证"（stand licenses），需要每年支付租金。[30]

然而，部长们在法庭上的胜利为寻求房产的黑人在约翰内斯堡其他地方获得更好的房地产交易打开了一扇小窗。其中一笔交易是在城镇以西四英里处由独立开发商赫尔曼·托比安斯基（Herman Tobiansky）规划的一个小镇上进行的。索菲亚镇，以托比安斯基爱妻的名字命名，起初是为经济拮据的白人准备的，它最初的契约包含了反对黑人购买的种族限制。不过，也有少数白人，愿意作为黑人朋友的代理人帮他们购买一些廉价地块。其白人邻居发现他们的"财产大大贬值"，于是成立了一个"警戒协会"，派出夜间巡逻队抓捕在家的黑人，并安排逮捕他们。一些"警戒员"甚至集资购买了与黑人所购地块相邻的若干地块，在社区内设立缓冲区。这件事不仅让法院听闻，也传到了议会（议会颁布了一项禁止黑人居住的无足轻重的禁令），甚至传到了原住民事务部长戈弗雷·拉格登那里，部长本人面对议会束手无策。最终，法院因索菲亚镇的案件不堪重负，拒绝进一步受理。该市决定在索菲亚镇附近开设一个垃圾堆放场，导致房产价值进一步暴跌，白人开始离开。剩下的几个警戒员继续抗议，他们认为索菲亚镇已经成为黑祸的主要滋生地。一位房主写道：从黑人邻居那里，白人儿童获得了"一种认知，这种认知的粗劣使得他们绝对不适合走向美德之路"。

283

1913 年的《原住民土地法》正式禁止黑人新购保护区以外的土地，但到那时，联邦最高法院已经裁定，任何财产的所有人，即使是黑人，在他们已经拥有的土地上也有了生活的基本权利。结果，没有任何事情阻碍约翰内斯堡远西区"南非哈姆莱区"的发展。很快，黑人也找到了在邻近的马丁代尔（Martindale）和纽克莱尔（Newclare）获取土地的方法，进一步扩大了一个全黑人区，白人很快将其命名为"西部地区"。[31]

与此同时，就在莱昂内尔·柯蒂斯所在的城市边界以北，一位白人农场主变成了开发商，名叫帕彭富斯（H. B. Papenfus），他开始将土地租给他家厨师的黑人亲戚。1912 年，在《原住民土地法》规定黑人在保护区以外购买土地非法之前一年，帕彭富斯对他的农场进行了分区，现在更名为亚历山德拉（Alexandra，同样以他妻子的名字命名），并宣传说这是一个向所有黑人开放的城镇，只要他有兴趣拥有土地，不需要地皮许可证，也没有搬迁威胁。到 1922 年，黑人和有色人种取得了 1 300个地块的不动产所有权，这些地块位于市中心以北 8 英里处，成为一个日益细分和拥挤的矩形片区。后来，最坚定的种族隔离工程师们为摆脱亚历山德拉所做的努力都失败了，尽管约翰内斯堡最北端、最排外的白人郊区在其周围发展壮大，但它直至今日仍然存在。[32]

对于印度的土地购买者来说，他们中的大多数是商人，首要的就是居住在靠近市中心的地方。根据第 3 号法令，对苦力居住地点的破坏剥夺了他们唯一可以合法获得 99 年租赁权的地方。早在 1880 年代，亚洲人就与富有同情心的白人合作，成立有限责任公司，以不动产所有权购买土地供亚洲人使用。如今，这种做法越来越普遍，令白人商人和纳税人协会感到懊恼。作为德兰士瓦共和国的殖民地部长，扬·史末资带头进一步限制了印度人的土地所有权。《弗雷多普地皮法》（1907年）禁止印度人和黑人居住在弗雷多普，该地区被南非共和国视为阿非利卡工人阶级专区。1908 年修订的《黄金法》（Gold Law）将所有非白人在官方指定的金矿区拥有或占有土地定为刑事犯罪。史末资还偷偷地在 1908 年的《城镇法》中加入了一项条款，规定如果违反限制性条款而持有某些类型的永久产权，政府有权没收其财产。 由于印度人在所有受法律限制的地区都拥有土地，甘地和德兰士瓦英属印度协会进行了反击。

尽管甘地在此期间最著名的运动是针对黑人法的，因为该法案迫使印度人携带类似于原住民通行证的登记文件，但他一直不停歇地鼓动对财产权限制的抗议。 诚然，他非常不客气地加入了将"卡菲尔人"从印度社区迁移到克里斯普鲁特的呼吁，他又将德兰士瓦规划中的印度集市比作犹太人的"贫民窟"，声称种族隔离的逻辑"只能导致数百名守法和受人尊敬的印度人的幻灭"。 约翰内斯堡市议会放弃了对亚洲集市的讨伐，当时印度商人雇佣的一名律师在德兰士瓦最高法院成功地辩解说：第3号法令没有赋予政府任何实际权力去强迫印度人搬走。 后来，甘地在伦敦与英国高级官员会面，包括当时的殖民地事务助理大臣温斯顿·丘吉尔，他提出了弗雷多普法。 1914年，他在南非成功领导了六次消极抵抗运动之后，甘地得到了史末资的支持，保证联邦政府不会侵占任何先前归属印度人的财产。 当甘地在当年晚些时候离开此地去了印度，因而错过了多种族幌子公司可以购置产业的窗口期，其中一些产业属于伦敦英属印度协会白人说客。[33]

## 种族隔离主义的潘多拉魔盒

约翰内斯堡街头和房地产市场上白人的种族战争，给政府的种族隔离行动带来了巨大压力。 但仅仅是压力本身并不能决定政府应该采取什么样的行动。 由于白人选民之间爆发了激烈的分歧，决策就失去了帝制直接对准的焦点。 而该国的新政府，就他们而言，只是参差不齐地发展着官僚机构，他们需要跟进1910年代米尔纳时代的机构先例。其结果是对城市种族分区进行了长达15年的不断变换的尝试。 直到1923年，白人种族主义的持续傲慢才与大胆的行动相匹配。

在省和国家的层面，城市隔离政治卷入了有关南非与大英帝国关系的冲突，也使主要讲英语的城市与大多数讲南非荷兰语的更多人口居住的农村对立起来。 这些冲突发生了惊人的转变。 当阿非利卡人首先在德兰士瓦共和国立法议会，然后在南非议会联盟占多数掌权时，事实上而言，在十五年多的时间里这切实减缓了在国家层面对城市进行全面种族分区的进程。 1908 年，英国殖民者、测量员、朴素的种族理论家威廉·基杰·塔克，现在作为德兰士瓦议会兰德代表团的成员，敦促当时的殖民地大臣，即前布尔战争将领扬·史末资在一项终身保有权转让法案中加入一项条款，允许城市"为土著人、有色人种或亚洲人专属所有权而规划地段或地块"。 这代表了另一个早期的尝试，将一项原则加以固化，这项原则后来被载入了《种族分区隔离法》，但根据《德兰士瓦宪法》，将种族"缺陷"纳入立法意味着现在自由党主导的伦敦下院将不得不复查该法案。 史末资、路易斯·博塔总理和团结的阿非利卡多数派一直投票支持塔克，以确保该法案的永久保有权条款获得通过。[34]

1910 年后，南非联盟宪法要求其种族主义法律不再需要在伦敦议会去获取批准。 但是南非白人的首要任务是解决他们内部的争论：关于如何让黑人留在白人农场工作，同时又对农村实行种族隔离。 他们认为，1913 年建立了全国性农村保护区制度的《原住民土地法》比城市隔离更为紧迫，而现在的联邦总理路易斯·博塔，在这些争执中搁置了一份城市法案草案。 1918 年，议会再次推迟了另一项城市种族区划法案，为修订农村保护区制度让路。 不久之后，联邦议会的三个独立委员会和一个特别委员会着手起草城市立法，但他们的结论相互对立，从而导致了进一步拖延。[35]

没有来自上级的资源或权力许可，像约翰内斯堡这样的市政当局选择余地有限。 而在不断升级的地方冲突中，首当其冲的是市议会。 约翰内斯堡最有争议的问题之一，是黑人的市政居住设施定位在哪里。大多数雇主同意他们的黑人雇工的看法，认为克里斯普鲁特的位置太远，作为宿舍不能有效服务于那些需要按时上班的工人。 他们可能会说，市议会本身的大多数黑人雇员就住在市中心或附近的大院里，正是为了让他们靠近自己的工作。 在1912年的黑祸恐慌期间，家政服务改革派同样呼吁市议会在离城镇更近的地方修建新的住所，以便年轻男仆能够找到方便的住房，而不必和雇主夫人睡在同一所房子里。 与此同时，镇上越来越多的黑人家庭给市政大院外面的住房带来了更大的压力，而市政大院内部则是为单身男子准备的。 从大约1910年到1922年，各方施压要求放弃15公里的种族缓冲区，取而代之的是克里斯普鲁特。 一些人希望这座城市建立四个新的地点，在东南西北每一个方向上都设置一个，而且离城镇更近。 1917年，塔克，现在是一名联邦参议员，他甚至通过散布一个虚假的故事来抽离自己在克里斯普鲁特的建立中所扮演的角色，即这个地点在它建立时只打算作为临时措施。[36]

纳税人和开发商很可能也和雇主一样对克里斯普鲁特感到失望。但是，同样是纳税人协会，他们反复呼吁市政当局通过将黑人从白人社区中赶走以保护他们的住房价值，他们也反对所有在他们自己社区附近建造任何工人大院或居住地点的计划。 在这件事上，开发商与业主达成了一致。 例如，布兰姆方丹房地产公司是黄金开采公司赫尔曼·埃克施泰因公司的子公司，涉及最大的一个兰德黑人劳工大院。 但该公司尽力了，在自己钟爱的公园小镇项目中也为市政府建设了一个大院。令公司恼怒的是，议会在1917年威胁说要在镇上的所有地方建立原住民居住地点，"这样社区的任何一部分都不能抱怨说他们背负着属于市政当局其他部分的原住民的包袱"。 不过，到那时，这座城市已经精明地将目标锁定在了城市的一部分，即索菲亚镇和其他西部地区，他们可以用最少的政治影响来牺牲这些地区的财产价值。 一旦市议会宣布了一项原住民居住点的计划，最近的白人郊区纽兰兹（Newlands）的纳税人又大惊小怪起来。 不过，这一次，城市已经准备好了。 作为接受原住民邻居的交换条件，纽兰兹将获得一条通往市中心的全白人有轨电车线路的延长线，这保证了原住民的居住地点将被完全围起来，并同意该位置不会共用"纽兰兹"的名称。西部原住民镇的工作始于1918年。[37]

如果说雇主和房主内部冲突的利益交错搅乱了殖民者种族隔离的戏剧，那么城市改革运动的政治也是如此。最大的问题是原住民居住点住房条件。甚至在克里斯普鲁特成立之前，米尔纳的原住民事务专员戈弗雷·拉格登就曾敦促莱昂内尔·柯蒂斯避免"饼干桶式居住点"，这种居住点的居民用他们能找到的任何材料建造自己的房子。市政当局在克里斯普鲁特建造一些小房子——因为它急于摆脱城中的黑人——在提供公共住房方面超前于时代一步。这就是说，这种房子的质量太差了。一个联邦委员会发现，由于约翰内斯堡这样的地方政府在材料和维护方面投入很少，原住民居住地点的高租金实际上为市政当局赚到了钱。在克里斯普鲁特，许多房屋只不过是"V形窝棚"，看起来像木头或金属帐篷，只是没有地板。一位名叫托马斯·姆科辛库鲁(Thomas Mkosinkulu)的居民后来证明说，"这个房子夏天太热。一桶水放在里面会沸腾，下雨时地板渗水，屋顶漏水。冬天，这个房子又太冷，一个人需要10条毯子取暖"。基础设施极其简陋，"水管……塞满了死青蛙，就那样危险地铺设在污水之中"。至于附近的污水处理场，"难怪居住地点有那么多疯子；因为大脑被气味熏傻了。（需要开展一场运动）来对付夏季月份蚊虫肆虐时的苍蝇和蚊子"。[38]

在1910年代，南非卫生学家和住房改革者，在约翰内斯堡市卫生官员查尔斯·波特的领导下，发起了一场持续不断的运动，以获取更多的住房和城市规划的市政权力——引用了新的欧洲住房法典、英国1890年的《工人阶级住房法》，以及后继的1909年的《住房和城镇规划法》。就波特而言，他曾多次为克里斯普鲁特的健康辩护，他的主要目标是将白人穷人从贫民窟中转移出来，并将他们安置在英国式的田园郊区。1920年，联邦议会通过《国家住房法》帮助实现了这一目标。然而，改革派对住房问题的关注也在联邦原住民事务部中产生了反响，该部原本主要关注农村事务。那里的自由派官员认为改善住房条件是一种手段，用以吸引不情愿的原住民搬离贫民窟到这些地方居住。当约翰内斯堡开始建设这个西部原住民城镇时，其提供的住房恰与富丽堂皇形成反差。 但是西部原住民镇的预算很快就开始拖欠了，部分原因是战后建筑材料价格飞涨。 有一段时间，市议会恢复建造一战风格的尼森棚屋（Nissen huts），一天就可以组装起来，每间成本 55 英镑。 即便如此，原本如此致力于种族隔离的白人纳税者协会，也在叫嚣着抗议这些花费。 然后，在 1919 年工党赢得了市议会的多数席位，计划将黑人送回保护区，由白人工人取代他们。 在他们的鼓动下，该市放慢了西部原住民镇的建设步伐，继而停止，甚至最终放弃了为居住点居民提供单独电车线路的昂贵事务。 又一次，白人纳税者开始狂怒，这次是在去往纽兰兹的西边线路上，抱怨说他们不得不和黑人在电车上"亲密接触"。[39]

与此同时，不同阵营的社会改革派之间的一个恶意争论，切断了另一个不寻常但对许多人来说有希望的黑人住房资金来源。 自 1908 年以来，德班市市政委员会利用从自己的非洲啤酒酿造厂获得的利润，建造了广受赞誉的原住民居住地点。 1916 年，一个由约翰内斯堡市议员组成的代表团访问了德班，看看这个系统的运作，参观镇上的啤酒厂和市政啤酒餐厅，回去后急切地想传播这个好消息。 啤酒业务不仅为该市创造了可观的利润——即使将其相对昂贵的原住民住房成本计算之后——它还使得该市能够监管啤酒中的酒精含量。 因此官员们还声称能降低该市的犯罪率。 然而，回到约翰内斯堡，代表团面对的是持续多年的强烈愤慨。 兰德的禁酒倡导者和彻头彻尾的禁酒主义者比德班组织得更好，部分得益于深层矿业公司的支持，部分原因则是所想象的小酒馆在黑祸威胁中扮演的角色而激发的民愤。 他们还密切关注美国禁酒主义者的成功；甚至虑及官方对原住民酗酒的支持，在抨击市政当局和住房改革派的演讲中统计美国每一个新的"主张禁酒"的州。 兰德一带兴起的反酒类联盟有效地挫败了约翰内斯堡啤酒垄断的念头。 到 1938 年，该市和世界范围的禁酒主义运动都在消退。[40]

在第一次世界大战后的几年里，种族隔离主义造成的内部伤痛在约翰内斯堡达到高潮。 进入城镇的黑人移民数量在战争期间急剧上升，而且随着战后的通货膨胀，所有人都难以维持生计，生活艰难的绝不仅仅是市政当局。 1918 年，致命的全球流感疫情席卷南非原住民居住点和约翰内斯堡贫民窟，造成数千人死亡。 对兰德范围内的矿工罢工的恐惧与日俱增，而弗雷多普大院的"垃圾工人"，就工资问题提出抗议，在臭味难耐的几天里拒绝收集城市垃圾。 在克里斯普鲁特，查尔斯·詹姆斯，市议会为某个居住地点任命的一名严厉的管理人员，长期以来一直与居民对立，他夺回未付地皮租金的房屋，并扣押越过居住点围栏的牛，那些牛是要去吃市政污水处理场上的葱绿青草。 1919 年 3 月 23 日，在牛群受到突袭之后，一群居民用"砍刀、镐、棍子和投掷物"袭击了詹姆斯和他的警察，打伤了几名白人，敲击了詹姆斯的头部。 詹姆斯封锁了这个居住点，第二天早上 5 点 30 分开往城里的火车空无一人。

与此同时，德兰士瓦原住民议会在索菲亚镇和弗雷多普举行群众集会，反对通行证法的运动不断升级。 当克里斯普鲁特叛乱者被押送审判时，德兰士瓦非洲大会的抗议者开始在市中心的法院外聚集。 4 月在此处爆发了一场混战，后来一名白人枪手在弗雷多普地下通道的混战中打死了一名黑人，预示着来年的全面骚乱。 市议会任命了一个委员会来调查克里斯普鲁特的问题；那年春天，这份调查报告对市政当局（污水处理）设施的管理而言堪称重大打击，并建议解雇詹姆斯。 然而，各种怀疑与日俱增，本城的动乱从南非以外的许多地方得到启发：埃及的反殖民主义风潮、印度的甘地领导的大规模抗议、美国激进的黑人教会领袖、来自全球国际工人的巡回煽动者，以及——种族隔离时代困扰的不祥之兆——布尔什维克。 与此同时，纳税人协会联合会和市议会感到非常震惊，他们听说联邦政府正在考虑一项法案，将自 1914 年甘地-史末资协议（Gandhi-Smuts agreement）以来所有以白人为幌子的印度有限责任公司的土地买卖合法化。 一个庞大的反亚洲大会在比勒陀利亚附近召开，激进分子在那里发表了激烈的演讲，主张将亚洲人驱逐出境。来自印度政府、伦敦和开普敦自由党的压力导致更多的妥协和更多的怨恨。

290　　回到约翰内斯堡，克里斯普鲁特叛乱分子得到宽大处理，西部贫民窟里的白人怒火也愈演愈烈。在 1920 年初，众所周知，弗雷多普爆发了一场长达四个小时的暴乱，有轨电车被砸毁，枪声密集，巷战激烈。黑人在马来人居住地点避难的事实，激怒了附近几个社区的白人纳税人，他们的电车线路在骚乱期间成为抗议的完美象征。在纳税人协会联合会的敦促下，他们向市政大厅递交了一份有三千人签名的请愿书，要求将马来人居住地点夷为平地。路易斯·博塔去世后，刚成为联邦总理的扬·史末资亲自前来视察该地区。在那里，市议员遗憾地告知总理和愤怒的纳税人，如果市议会摧毁了马来人居住地点，也将无法阻止其居民占据邻近的社区，可能包括那些请愿者的社区。大隔离主义运动正被自己的愤怒所扼杀，急待救援。[41]

## 民族国家隔离的产生之痛

　　1920 年，扬·史末资的联邦政府谨小慎微地在国家层面处理城市种族综合分区问题。史末资曾经说过，"未来的困难并不在于村里的原始原住民，而在于聚集了几十万原住民的大中心。那里正在出现大麻烦"。史末资的头脑中，复杂性是如此之大，以至于他允许对他的《原住民城市地区法案》的讨论接受五年的公众审议（从 1918 年到 1923 年），期间史末资作为一个新任原住民事务委员会主席还组织了全国巡展。[42]

　　毫不奇怪，草根阶层清晰的软肋很快在全国范围的辩论中划破。黑人对种族隔离的反对最为强烈。正如德兰士瓦非洲大会的塞洛佩·泰马所解释的："他们想要的种族隔离将使南非成为'白人的土地'。这一政策和镇压政策没有区别。"原住民必须有"阳光下的空间，（和）

思想和行动的自由"。 史末资的委员会将其提议的城市地区法案翻译成非洲语言，广泛传播，并听取了大量黑人领袖的证词。 尽管如此，无比清晰的一点是：史末资对追随泰马观念中的清晰道路没有兴趣。 这项法案只适用于原住民，而不适用于有色人种和印度人，这一事实清楚地表明了白人的设定，即黑人及其领导人是该国政治上最弱的群体。[43]

然而，该委员会确实包括了一些有声望的自由派改革者，比如德班的查尔斯·T·罗兰（Charles T. Loram），他渴望看到这项法案能够解决住房质量问题。 像 G·A·戈德利（G. A. Godley）上校这样的自由派也在第二个委员会中占到了多数，这个委员会的重点是通行证法。 约翰内斯堡的贫民窟和克里斯普鲁特反复被作为案例，说明情况可能有多么糟糕。 此外，自由派还提出了让黑人在居住地点拥有更稳定的土地保有权的想法，以此为诱因，让更富有的黑人搬出索菲亚镇这样的地方。史末资也曾有过这样的想法，即在居住点附近建立"原住民村庄"，让"在文明地域中长大的黑人"可以获得永久保有权，并与那些"半野蛮状态"的黑人分开居住。 这意味着得以免于德兰士瓦的居住地点法规限制的约997名约翰内斯堡黑人，将被迫去往克里斯普鲁特附近地区，因此，他的想法还将代表使用文明修辞进行种族镇压的另一个例子——即便有自由保有权这根胡萝卜的诱惑在前。[44]

然而，对于约翰内斯堡的许多白人来说，所有关于住房改革和永久保有权的言论都只意味着一件事：史末资即将妥协，大量黑人可以永久居住在城市之中。 随着城市纳税人和市政官员考虑到更多黑人"渗透"到白人社区的可能性，并计算出为黑人提供更多隔离的公共住房所涉及的费用，越来越多的人接受了这样的观点，即城市种族分区需要施加更强大的人口流入控制。 柯蒂斯的《市政通行证法典》和皮姆关于黑人固有的乡村本质那些广泛认同的理论中，都隐含着这一观念。 全白人的南非工党（South African Labour Party）也沿着上述思路进行了有力的辩论，坚持认为正是因为兰德大亨和其他雇主起初拒绝放弃对廉价

291

黑人劳动力的依赖，从而导致了城市种族问题。

1922年，劳工骚乱突然达到顶峰，威胁到了白人联盟本身。 那一年，一群兰德大亨试图用愿意拿较低工资的黑人来取代半熟练的白人劳工。 白人劳工武装起来，组成布尔战争风格的游击队"突击手"，关闭矿井，占领兰德沿线的几个市政厅，并从警方手中抢占了约翰内斯堡两个郊区的街道。 史末资派军队对工人反击。 很快，飞机对叛军进行了低空扫射，并在约翰内斯堡市中心附近投掷炸弹，造成数百人死亡。与此同时，罢工者继续横冲直撞，在他们的大院和街道上杀死了大约40名手无寸铁的黑人矿工。 作为他们臭名昭著的口号"全世界的工人团结起来，为一个白人的南非而斗争"的必然结果，反叛者还呼吁建立独立的社区并实施更强的流入控制。 与此同时，阿非利卡民族主义者非常关注兰德大起义。 他们也希望减少城市中的黑人人口，以便阿非利卡农民在非洲农村也有稳定的农业劳动力供应。[45]

"原住民只有被允许进入城市地区时他才能进入，因为城市地区本质上是白人所创建，只有当原住民愿意进入并且是基于白人的需要而提供服务时，他们才可进城；并且当不再需要他们的服务时，应该从城中离开。"持有这些说法，阴沉的斯特拉德（C. F. Stallard）上校，德兰士瓦地方政府委员会主席——这是史末资任命的致力于城市地区法案的第三个委员会——尖锐地谴责那些自由派，因为自由派想要放宽通行证法律，改善居住点住房条件，并给予黑人财产权。 斯特拉德毕业于牛津大学，曾参加过布尔战争和第一次世界大战，是一名宪法律师，一位绅士农场主，一位狂热的帝国效忠者。 他的大种族隔离主义信条诞生于约翰内斯堡社会中最崇高和最亲密的地方。 作为双周俱乐部的一名成员，他与柯蒂斯以及"幼儿班"都有着紧密联系，成为一名稳固而坚定的"黑祸"斗士，曾经在法庭上辩论：因为在那里工作的黑人没有穿衬衫而要求关闭一个白人社区的垃圾焚烧站。 （"一件损害妇女荣誉的事情比建立卫生设施更重要。"）对斯特拉德来说，即使仅仅作为一种修辞性的糖衣，文明标准在公共政策中也没有立足之地。 他抱怨道，不用说授予房地产自由保有权，哪怕是任何对"受过教育的原住民"的豁免，都必将使得"最无能的那部分白人最终屈从于最能干的那部分黑人"。奇怪的是，他本人的农场霍普·伍利思（Hope Woolith）就在克里斯普鲁特污水处理场的边界上。市政委员会定期向他提供从农场到田地的肥料。还为他支付修建庄园围栏的费用，以防止土著居民那边出走的母牛不受欢迎的造访。[46]

《原住民（城市地区）法》最终于1923年出台。它用全国范围的自愿综合城市种族分区制度取代了所有现存的地方和省级居住地点规章制度。现在，市政当局有权"宣告"城市中部分地区为白人地区，并将居住在那里的所有黑人迁移到原住民居住点——只要当局能够为流离失所者提供足够的住房。自由派能够保留该法律中的最后一条规定，它是《工人阶级住房法》关键条款的种族化版本。为了支付住房费用，城市可以保留一个单独的"土著人收入账户"，其中包括通行证办公室从登记原住民工作合同的雇主那里筹集的资金，或者从像德班这样的啤酒馆体系中筹集到的资金——如果他们真正能够抵抗住当地反对而建立起这样的系统。这种"财政隔离"制度意味着普通的白人纳税人将不必为黑人留在城市而买单。[47]

但该法也受到以下各方的影响：斯特拉德、纳税人协会联合会、白人劳工联盟，以及赫佐格这样的民族主义者。该法允许市政当局实施更严格的通行证法，以控制"无雇主原住民"流入城市。而且，在史末资、赫佐格和理查德·费唐的批准下，后者是柯蒂斯的"幼儿班"同僚及镇书记员的继任者——让塞洛佩·泰马等黑人领袖深感失望的是——该法案并未能在这些居住点提供房地产永久产权。此外，只要他们宣称属于白人的地方，比如索菲亚镇，城市当局可以直接撤销黑人的不动产。黑人能够获得可靠产权的唯一地点是农村保护区。塔克的种族产权理论因此得以证实。[48]

《原住民（城市地区）法》对于一个国家整体的城市隔离，当时无疑代表了世界历史上最广泛、最清楚和最复杂的法律方案，这是一个精细复杂的殖民地包围方案，远远超过了类似的其他方案，包括英国统治者的营地守则、英国殖民部（the Colonial Office）关于西非隔离的建议，或者利奥泰的摩洛哥城市规划法。 这场旨在通过这项法律的政治斗争，也是有史以来以种族城市分裂的名义发起的最大规模的壮举。 尽管南非殖民者多次抱怨，但由于特别狂热的力量推动他们的种族主义向前发展，在白人隔离狂热在世界其他地方几乎消退的时刻，南非种族主义的胜利却已经到来。

即便如此，1923 年的法案并没有终结殖民者城市的所有愤怒。 虽然种族隔离遍及全国各地，但实际的种族隔离行动，例如清除约翰内斯堡市中心的黑人，将取决于地方政府是否有能力支付原住民居住点的费用，筹资渠道包括雇主筹集、小额联邦拨款，以及可能的条件下也从喝啤酒的黑人那里获取资金。 早在 1924 年，约翰内斯堡的纳税人党，就已经完全掌控了议会，并在斯特拉德式的狂妄自大和熊熊怒火的推动下，试图通过一举宣告"整个城市都属于白人"来虚张声势地指责该法案的自由派倾向。 法院以约翰内斯堡没有按要求提供替代住房为由，很快废除了该宣告。 1910 年代的许多戏剧——关于种族界线的位置、非洲啤酒、住房信贷，以及最重要的，非洲人是否应该成为永久的市民——继续发酵，持续到 1930 年代以后。 克里斯普鲁特留存下来了，尽管非常勉强。 1920 年的一个负面报道之后，议会差点关闭了这个地方，当时此地的一个行动代表了米尔纳先例的大撤退。 然而，威廉·C·戈尔加斯（William C. Gorgas）上校正好路过该镇，其权威不亚于伟大的美国黄热病消灭者，他同意波特的看法，认为尽管这个地方气味难闻又蚊虫滋生，但并非不健康。 尽管如此，黑人还是源源不断地涌入约翰内斯堡，导致市政期盼在西部原住民城镇建造新的尼森棚屋。 这个城市的贫民区地带继续扩大。[49]

接下来上场的是赫佐格，他创建的南非国民党充分利用与工党的结盟，在 1924 年的选举中战胜了金矿主和大英帝国所热爱的扬·史末资。 早在 1911 年，赫佐格就对原住民问题有"一种类似于恐怖的感觉"。"1903 年我就提倡将种族隔离作为解决这一问题的唯一永久措施，从那以后，我一直非常清楚：除非很快实施这一政策，否则，实现这一愿望的必需条件就会消失，就像在美国发生的那样。"[50]

　　赫佐格不可能知道的情况是：就在 1923 年，也就是南非殖民者开始阐明他们的中央政府在该国城市分区上所起作用的同年，一小部分美国改革家和"房地产商"也在做同样的事情，以完全不同且更加安静的方式进行。很快，赫佐格和这些美国人都会开发出一些技巧——他们各自的技巧并不完全相同，而其中有些技巧是与城市规划中同样的跨洋潮流有联系的——这样的技巧使得殖民者种族隔离进一步激进，尽管此时此刻，在其他地方的种族隔离都在消退。

------

**注 释：**

　　[1] "Black Peril"，*Rand Daily Mail*，August 21，1912；"Social Problem"，*Star*，August 21，1912；两者皆收录于维特沃特斯兰德大学（University of the Witwatersrand）原住民事务（NA）历史文件剪报文件（HPCF）文件夹。

　　[2] Theresa Runstedtler，*Jack Johnson*，*Rebel Sojourner：Boxing in the Shadow of the Global Color Line*（Berkeley：University of California Press，2012），chaps. 1—2；Zine Magubane，*Bringing the Empire Home：Race，Class，and Gender in Britain and Colonial South Africa*（Chicago：University of Chicago Press，2004），153—184；Gail Bederman，*Manliness and Civilization：A Cultural History of Gender and Race in the United States*，1880—1917（Chicago：University of Chicago Press，1995），1—44，170—216；Paul Kramer，"Empires，Exceptions，and Anglo-Saxons：Race and Rule between the British and United States Empires，1880—1910"，*Journal of American History* 88（2002）：1315—1353.

　　[3] Johannesburg Municipal Census（1912），National Archives of South Africa（NASA）National Government Repository（SAB）GG 1349 38/11；NASA Transvaal Archives（TAB）SGJ 17 386；Johannesburg Municipality，*Mayor's Minute*，1913，xiii；Charles Porter，"Report of the Municipal Officer of Health"，July 1，1903，30，and June 1904，42；Charles van Onselen，*Studies in the Social and Economic History of the Witwatersrand*，1886—1914，vol.2，*New Nineveh*（Harlow，UK：Longman，1982），1—60.

　　[4] Van Onselen，*New Nineveh*，54—60，171—201.

　　[5] "The Black Peril and 'Jim' "，*Daily Mail*，June 10，1912；"Black Peril Commission"，*Transvaal Leader*，June 26，1912；both in HPCF NA.

　　[6] "The Black Peril and 'Jim' "，*Daily Mail*，June 10，1912；"Black Peril Commission"，*Transvaal Leader*，June 26，1912；both in HPCF NA；"Whites and Natives"，*Leader*，June 12，1912；Van Onselen，*New Nineveh*，48.

　　[7] "Not Nice，but Necessary"，*Transvaal Leader*，September 12，1908；"Commission on Black Peril"，*Leader*，June 26，1912；"Round Table Conference"，*Daily Mail*，June 26，1912；"Black Peril：Joint Committee Meeting"，*Leader*，August 10，1912；"A Township for Natives?"，*Daily Mail*，May 28，1912；all in HPCF NA；Doornfontein Ratepayers Association，"Recommendations on the Pass Law"（1906），TAB SNA 348 N3919/06；"Ratepayer's Meeting"，*Leader*，May 27，1911，HPCF Ratepayers files

(RP)；"Black Peril"，*Daily Mail*，May 2，1912；"The 'Black Peril'"，*Leader*，June 16，1912；"The Black Peril and 'Jim'"，*Daily Mail*，June 10，1912；all in HPCF NA；*Municipal Magazine*，February 1，1932. Rebecca Ginsburg，*At Home with Apartheid*：*The Hidden Landscapes of Domestic Service in Johannesburg*（Charlottesville：University of Virginia Press，2011）.

[8] Mahatma Gandhi，*Collected Works*，4：105—106，147—148，220—221，239，5：186，206—207；Johannesburg Municipality，*Council Minutes*（CM），1923，578，628—629. On the train to Klipspruit，see Charles James，"Report to Parks and Estates Committee re：Committee of Inquiry，Klipspruit"，8，in TAB SGJ 78 1557；"Jim's Express"，*Star*，June 5，1920，HPCF NA.

[9] Maryna Fraser，ed. *Johannesburg Pioneer Journals*（Cape Town：Van Riebeeck Society，1986），225，228—229；"Natives on Footpaths"，*Transvaal Journal*，March 7，1912；"Johannesburg Kaffirs"，*Star*，December 2，1912；"Natives and Sticks"，*Star*，December 31，1919；all in HPCF NA.

[10] "Natives on Footpaths"，*Leader*，April 4，1912；"Tirade against Posters"，*Star*，April 4，1912；untitled letter，*Star*，May 6，1912；all in HPCF NA.

[11] Van Onselen，*Studies in the Social and Economic History of the Witwatersrand*，*1886—1914*，vol.1，*New Babylon*（Harlow，UK：Longman，1982），103—162；quotation from "Reasons for Black Peril"，*Daily Mail*，July 11，1912，in HPCF NA.

[12] "To-day's Fight" and "The Big Fight"，*Star* July 4，1910；"The Great Fight"，*Star*，July 5，1910；"The Great Fight"，"All for the Bioscope"，and "Pictures of the Fight"，*Star*，July 9，1910；"The Big Fight"，*Star*，July 11，1910；Hertzog quotation in "Reno Pictures"，*Star*，July 14，1910；"Today's Great Fight"，*Daily Mail*，July 4，1910；"The Great Fight"，*Daily Mail*，July 5，1910；"Bioscope Pictures of the Fight"，*Daily Mail*，July 6，1910；"United South African Action Called For"，*Daily Mail*，July 7，1910；"The Prize Fight"，*Daily Mail*，July 7，1910；"Jeffries Display"，*Daily Mail*，July 12，1910；first quotation from "The Prize Fight"，*Daily Mail*，July 14，1910；second quotation from "White v. Black"，*Daily Mail*，July 15，1910；Runstedtler，*Jack Johnson*，chaps. 1 and 2.

[13] "Native Gamblers"，*Leader*，March 25，1909；"Light on Slums"，*Star*，January 7，1918；"Lord Buxton Visits the Slums"，*Daily Mail*，January 8，1918；"Native Disturbances"，*Star*，March 20，1919；all in HPCF NA.

[14] Susan Parnell，"Johannesburg Slums and Racial Segregation in South African Cities，1910—1937"（PhD diss.，University of the Witwatersrand，1993），122—177；Ellen Hellmann，*Rooiyard*：*A Sociological Survey of an Urban Slum Yard*（Cape Town：Oxford University Press，1948）；Van Onselen，*New Babylon*，44—102.

[15] "The Problem of the Native：Liquor & Gambling"，*Leader*，May 20，1912；"Illicit Liquor Evil"，*Daily Mail*，March 8，1918；both in HPCF NA.

[16] Thomas Karis and Gwendolen Carter，eds.，*From Protest to Challenge*：*A Documentary History of African Politics in South Africa*，*1882—1964*，vol.1，*Protest and Hope*，*1882—1934*（Stanford：Hoover Institution Press，1972），18—29，39—42，61—68，76—82；James T. Campbell，*Songs of Zion*：*The African Methodist Episcopal Church in the United States and South Africa*（Chapel Hill：University of North Carolina Press，1998），249—295；Maureen Swan，*Gandhi*：*The South African Experience*（Johannesburg：Ravan Press，1985），114—122.

[17] Karis and Wright，*Protest to Challenge*，106—107，118—125；George Frederickson，*Black Liberation*：*A Comparative History of Black Ideologies in the United States and South Africa*（New York：Oxford University Press，1995），140—141；Campbell，*Songs of Zion*，145.

[18] "Natives Want a Board"，*Daily Mail*，February 25，1920；"Municipal Compound Incident"，*Daily Mail*，February 26，1920；"Attack upon Tram Cars"，*Daily Mail*，March 1，1920；"Serious Rioting by Natives"，*Daily Mail*，March 1，1920；all in HPCF NA.

［19］"种族主义价值理论"出自：Charles Abrams, *Forbidden Neighbors：A Study of Prejudice in Housing*(Port Washington, NY：Kennikat Press, 1971), 158。

［20］Paul Maylam, "Explaining the Apartheid City：20 Years of South African Urban Historiography", *Journal of Southern African Studies* 21(1995)：25—26.

［21］*South African Who's Who*(Derby, UK：Bemrose, 1911)；South African Native Affairs Commission(SANAC), *Report*, vol.4, *Minutes of Evidence*(Cape Town：Cape Times and Government Printers, 1904), 805；Rand Pioneers, *First Annual Report*(Johannesburg：Rand Pioneers, 1904), 2；Johannesburg Municipality, *Mayor's Minute*, 1905, 1；1907, 1；1910, 3；Rand Plague Commission, *Report*(Johannesburg：Argus, 1905), 1；*Journal of the Institute of Land Surveyors of the Transvaal* 1(1905)：1；diary, Fortnightly Club Papers, Historical Papers, University of Witwatersrand.

［22］SANAC, *Report* 4：806, 808—809, 812—813.

［23］Transvaal Leasehold Townships Commission, *Report*(Cape Town：Cape Times and Government Printers, 1912), 2—8. 到1914年，英国60%的土地使用权是永久保有制。Richard Rodger, *Housing in Urban Britain, 1780—1914：Class, Capitalism, and Construction*(Cambridge：Cambridge University Press, 1995), 13—15.

［24］威特沃特斯兰德镇房地产和金融公司(The Witwatersrand Township Estate and Finance Corporation)567号地块的"租赁契约", Jeppestown, October 11, 1895；作者抄录自约翰内斯堡契约登记处保管的副本。

［25］Leasehold Commission, *Report*, 10；*Tulk v. Moxhay*, Lord Chancellor's Court (1843—1860)；all ER Rep 9, December 22, 1848；*Renals v. Cowlishaw*(1875 R. 89)；Chancery Division 9 Ch D 125, April 10, 1878；*Norwood Township Syndicate v. Dawson*, Transvaal Supreme Court, April 6, 1910, *Transvaal Law Reports*(Grahamstown, South Africa：African Book Co., 1911), 235—243.

［26］引用典型的城镇租约，作者抄录自约翰内斯堡契约登记处保管的副本；1912年的数字来自作者根据租赁佣金中的信息进行的计算，*Report*, 42—113；1947年的数据来自 Witwatersrand Land Titles Commission, *Report*(Pretoria：Government Printer, 1947), 3：4—5。另见 Asiatic Land Laws Commission, *Report*(Pretoria：Government Printer, 1939), 7—8, 可了解一些没有这些限制的乡镇信息。

［27］协会早期活动的最佳总体资料来源是 HPCF 的纳税人(RP：the Ratepayers)档案。早在1908年就有一个名为"纳税人联合会"(the Ratepayers United Federation)的组织("Ratepayers Associations", *Transvaal Leader*, October 15, 1908, HPCF RP)。1918年后，JFRA 在市政杂志(the *Municipal Magazine*)上发表了论文集，并与德兰士瓦市政协会(the Transvaal Municipal Association)共享(参见 *Municipal Magazine*, February 1, 1918, 3—5)。有关纳税人党(the Ratepayer Party)的模糊基础，见"Ratepayers Call for Terminal Station", *Mail*, September 23, 1924；"Orange Grove Incident", *Star*, September 24, 1924；and "Municipal Slogans", *Mail*, September 24, 1924, all in HPCF RP。另见 Maud, *City Government*, 85, 96—97。

［28］Johannesburg Municipality, *Mayor's Minute*, 1910, ix；1935—1936, 190.

［29］CM 1905, 26；Johannesburg Municipality, *Mayor's Minute*, 1906, ix；1907, 97；1913—1915, 81；1916—1917, 78, 85；1917—1918, 72；1918—1919, 71. "Native Housing", *Star*, September 7, 1918；Norren Kagan, "African Settlements in the Johannesburg Area, 1903—1925"(master's thesis, University of Witwatersrand, 1978), 55.

［30］Campbell, *Songs of Zion*, 153—154；Lionel Curtis 给 Johannesburg Town Clerk (Richard Feetham)的信, December 14, 1905, in TAB SNA 301 NA 3738/05；［Lionel Curtis］, *Native Locations*(Pretoria：Government Printing Office, 1904), TAB LD 269 AG846/04。

［31］"Social Danger", *Star*, November 2, 1912；TAB AG 138 21 995/06；Kagan, "African Settlements", 32—38.

［32］Quotation from CM, 1912, 410—411；Kagan, "African Settlements", 39—41；Mike Sarakinsky, "Alexandra：From 'Freehold' to 'Model' Township"(PhD diss., University of Witwatersrand, 1984).

［33］Transvaal Asiatic Land Tenures Act Commission, *Report*, 87—90；Asiatic Land

Laws Commission，*Report*，6—16；Gandhi，*Collected Works*，4：130—131；5：340；6：225，258.

[34] *Debates of the Second Session of the Legislative Assembly of the Transvaal*（Pretoria：Wallach's，1908），quotations on 1470—1471.（Transvaal）总督在 1909 年第 640 号政府公告中解释的《乡镇法》（Townships Act）最终版本第 62 节规定，政府有权没收违反限制性契约转让的所有土地，而无需对建筑物或改造进行补偿。见 H. S. L. Polak 写给 Government of India 的信，in Gandhi，*Collected Works*，11：573；Transvaal Leasehold Commission，*Report*，28，42—117。

[35] Department of Native Affairs，*Report*，1913—1918（[UG 7 1919] Cape Town：Cape Times，Government Printers，1919），16—17；T. R. H. Davenport，"The Beginnings of Urban Segregation in South Africa：The Natives（Urban Areas）Act and Its Background"（Grahamstown，South Africa：Institute of Social and Economic Research，1971），8—10.

[36] CM，1916，652—675；"Commission on Black Peril"，*Leader*，June 6，1912；"Menace of the Slums"，*Star*，July 25，1917；both in HPCF NA.

[37] Johannesburg Municipality，*Mayor's Minute*，1904，7—9；Jho. T. Pascoe to J. de Villiers in NASA TAB CS 729 11787；"The Black Peril"，*Star*，September 21，1908；"Proposed Coloured Township"，*Leader*，December 12，1908，HPCF NA；"Ratepayers' Meeting"，*Leader*，March 1，1911，HPCF RP；"Land for Coloured People"，*Leader*，March 19，1912；"Municipal Locations"，*Daily Mail*，June 10，1912，in HPCF NA；"Indignation and Contempt"，*Daily Mail*，October 1，1913；"Asiatics in the Suburbs"，*Daily Mail*，March 4，1913，HPCF RP；"The Voice of the People"，*Evening Chronicle*，June 26，1912；"Native Housing"，*Star*，July 20，1917；"Menace of the Slums"，*Star*，July 25，1917，all HPCF NA；"Native Housing and Slums"，*Daily Mail*，January 17，1918，HPCF RP；CM，1916，655；CM，1918，310；Kagan，*African Settlements*，71—80；Arnold Benjamin，*Parktown*，1892—1972：*A Social and Pictorial History*（Johannesburg：Studio Thirty Five，1972），16—17；"Native Housing Problem"，*Daily Mail*，February 28，1918；"The Newlands Location"，*Star*，June 19，1918；both in HPCF NA；"The Grievances of Newlands"，*Daily Mail*，March 1，1919；"Newlands Ratepayers"，*Star*，March 1，1919，HPCF RP；CM，1919，384.

[38] Lagden 写给 Wyndham 和 Curtis 的信，in TAB SNA 143 NA 1486/03；CM，1905，493；"Native Grievances"，*Star*，September 16，1919，HPCF NA；CM，1919，177。就连屡次为克里斯普鲁特的健康作担保的查尔斯·波特也承认，三角形的棚屋必须拆除，分散的便厕不足以为这少部分人服务（"Klipspruit Location：Inspection by M.O.H."，November 17，1920，in TAB SGJ 78 A197）；"Mortality of Infants"，*Mail*，October 8，1919，HPCF NA；Davenport，"Beginnings of Urban Segregation"，6—8。

[39] Parnell，"Johannesburg Slums"，17—33；Patrick Duncan，"Suggestions for a Native Policy"（Johannesburg：Central News Agency，1912），11；Department of Native Affairs，*Report*，1919—1921（[U.G. 34-1922] Cape Town：Cape Times，Government Printers，1922），13—14；"Slums and Native Housing"，June 5，1919，HPCF RP；"Native Housing"，*Star*，September 7，1918，HPCF NA；Kagan，"African Settlements"，74—80；*Municipal Magazine*，February 1922；*Municipal Magazine*，November 1922.

[40] "Black Peril"，*Leader*，August 10，1912；"Black Peril"，*Daily Mail*，August 21，1912；"Prohibition and Colour"，*Leader*，August 21，1912；all HPCF NA；CM，1916，601，652—675；CM，1917，386—387；"Canteens for Natives?" *Daily Mail*，December 23，1918；"Canteens for Natives"，*Daily Mail*，August 22，1918；"Women's Reform Club"，*Daily Mail*，August 24，1918；"Fair Play and Justice"，*Daily Mail*，August 29，1918；all in HPCF NA.

[41] "Commission of Native Strike Minutes of Evidence"，TAB MJB A823，1918；"Native Housing"，*Star*，September 7，1918；"Means to Voice Their Wishes"，*Mail*，September 7，1918；"The Moffat Report"，*Star*，September 9，1918；Native Grievances"，*Mail*，September 10，1918；all in HPCF NA. On the Klipspruit riot："Native

Trouble”，*Star*，March 24，1919；“Serious Row at Klipspruit”，*Mail*，March 24，1919；
“Native Menace”（同一天两篇标题相同的文章），*Star*，March 31，1919。1919 年 3 月 31
日至 4 月 26 日，Star 和 Mail 对通行证抗议和法院骚乱进行了跟踪，克里普斯普鲁特委员
会（the Klipspruit Commission）的听证会从 1919 年 8 月 26 日持续到 10 月 8 日，见 HPCF
NA；反亚洲大会（the Anti Asiatic Congress）于 1919 年 8 月 13 日至 9 月 9 日举行，见
HPCF Asiatic Affairs file（AA）；弗雷多普暴乱从 1920 年 3 月 1 日持续到 3 月 4 日；马来
定居地点请愿书见 *Mail* from March 3，27，30，June 9，July 7，September 23，1920；
*Star*，June 8，1920；all in HPCF NA；*Municipal Magazine*，March 1925，5。另见
Fredrickson，*Black Liberation*，140—141。

[42] “For Town Natives”，*Star*，June 21，1920，HPCF NA；Parnell，
“Johannesburg Slums”，50—51。

[43] R. V.Selope Thema，“The Race Problem”，*Guardian*，September 1922，in
Karis and Carter，*Protest to Challenge*，213。

[44] Native Affairs Commission，*Reports*，1921—1923（Cape Town：Cape Times
Ltd.，Government Printers，1921—1923）；Interdepartmental Committee on the Native
Pass Laws（Godley Commission）（Cape Town：Cape Times Ltd.，Government Printers，
1922）；Select Committee on Native Affairs，*First Report*（Cape Town：Cape Times Ltd.，
Government Printers，1923）；*Report Debates of the House of Assembly as Reported in the
Cape Times*（Pretoria：State Library，1969），vol.8（1923），February 8，53；Parnell，“Jo-
hannesburg Slums”，48—51。

[45] “The Native Problem”，*Leader*，November 18，1912；“The Sewerage Farm
Location”，*Star*，January 26，1918；“Slums and Native Housing”，*Daily Mail*，July 5，
1918；“Council and Housing”，*Star*，December 1，1918；“The Location Problem”，
*Daily Mail*，January 21，1918；“A Broken Reed”，*Daily Mail*，July 7，1918；“Our Flimsy
Hold”，*Daily Mail*，July 10，1918；all in HPCF NA；Keith S. O. Beavon，*Johannesburg：
The Making and Shaping of the City*（Pretoria：University of South Africa Press，2004），
99；Norman Herd，1922：*The Revolt on the Rand*（Johannesburg：Blue Crane Books，
1966），16。

[46] Transvaal Local Government Commission（“Stallard Commission”），*Report*
（Pretoria：Government Printing and Stationary Office，1922），47—50；“The Kenilworth
Meeting”，*Daily Mail*，April 20，1912；“Black Peril and The Compounds”，*Leader*，
September 11，1912；CM，1909，56—57；CM，1921，303。

[47] Parnell，“Johannesburg Slums”，50—52。

[48] Davenport，“Beginnings of Urban Segregation”，13—23；Parnell，“Johannes-
burg Slums”，55—60；引自 Local Government Commission，*Report*，48。

[49] CM，1920，502，760—762；“Klipspruit Location”，*Star*，March 27，1920；
“Klipspruit Location”，*Star*，August 31，1920；“Locations”，*Star*，September 2，1920；
“‘The Government's Your Father’”，*Daily Mail*，September 4，1920；“Natives
‘Stirred and Astounded’”，*Daily Mail*，September 24，1920；all in HPCF NA；“漫不经
心的市议员和定居地点”，未经报道的新闻剪辑；Charles James，“Report to Parks and
Estates Committee re：Committee of Inquiry，Klipspruit”，5—6，in TAB SGJ 78 1557；
Johannesburg Municipality，*Mayor's Minute*，1921—1922，109；1923—1924，106；1924—
1925，106；CM，February 14，1922，80—81。

[50] Hertzog 写给 F. W. Bell 的信，引自 Colin M. Tatz，*Shadow and Substance：A
Study in Land and Franchise Policies Affecting Africans*，1910—1960（Pietermaritzburg：
University of Natal Press，1962），14—15。

第十章

# 芝加哥肤色界线的伪装

## 是一种微妙的种族隔离？

对于原住民、亚裔、墨西哥裔和非洲裔美国人（以及一些东欧和南欧移民）来说，南非政治家 J·B·M·赫佐格 1911 年哀叹"种族隔离的条件"已经从美国消失，显得很荒谬。长期以来，作为所有西方定居者殖民地中地域最广、人口最多、最富有和最强大的美国，种族的大规模隔离一直是白人至上主义者的中心目标——尤其是在美利坚合众国横贯大陆、继而本身成为跨洋帝国，在纯粹的领土扩张上与英国和法国相抗衡的时候。南非白人对南非政府会经常寻求倚靠，不同的是，美国的白人对"美利坚合众国的动荡不安"时而满怀期待时而灰心丧气。但在不同的时间和地点，美国殖民者和他们的政府制定的种族隔离政策比南非的更为激进和彻底，其中一些采取了显而易见的形式，如独立开发、流入控制和城市种族分区。在其他时候，美国种族隔离主义者的行为更进一步，演变为大规模驱逐和种族灭绝。[1]

尽管有这段历史，美国联邦政府仍然不能全心全意地支持 20 世纪初北美大陆帝国大城市的城市隔离主义。正因如此，美国的种族隔离狂热虽然激进，但与米尔纳时代的南非和其他殖民地城市，甚至包括美国海外帝国的一些城市，形成鲜明的对比。

由于帝国权力真空状态，北美美国城市的种族隔离主义白人被迫求助于其他权力资源，以强制推行住宅肤色界线。 他们对推行肤色界线的这种追求，开始引领着他们，在政治层面逐级向下进行：首先是州和地方政府的作为，然后是社区"保护"组织的行动，再然后是城市街道上的聚众暴乱。 所有这些做法在 1917 年至 1920 年都事与愿违——在同样的动荡岁月里，种族隔离狂潮在殖民地世界达到顶峰，约翰内斯堡的种族隔离风暴迭起直至失控。 对于白人至上主义者来说，这是一次令人震惊的失败：黑人活动家及其盟友说服美国最高法院，通过政府立法宣布居住种族隔离无效。

为了应对联邦层面的新挫折以及随后不断升级的城市暴力，一小撮主要驻扎在芝加哥的种族隔离主义精英准备重新为美国城市种族界线而斗争。 他们从其他城市隔离运动所使用的另外两种全球规模的制度权力来源中，剔出了一套意识形态和城市分裂工具——城市政治改革和房地产业。 与约翰内斯堡公开借鉴其他殖民城市的启示不同，芝加哥和其他美国城市的种族隔离主义者们，不得不通过在制度和意识形态诸多层面的伪装中，对城市的肤色界线进行掩盖并重塑。 这种伪装旨在使公众对城市分裂的种族言论保持在最低限度，同时确保种族隔离在实践中达到最大程度。 与南非一样，这一运动在全美范围内首次取得成功是在 1920 年代初，这就为美国所有城市建立一个更彻底的、得到联邦支持的——但却更为隐蔽的——种族隔离制度奠定了基础。

## 美国的种族隔离

纵观美国的大部分历史，种族主义根本不是一件微妙的事情。 在19 世纪，大量美国最有影响力的白人把美国人想象成盎格鲁-撒克逊种族中一个特别有活力的分支，他们拥有征服和取代并超越北美大陆次等种族的"天命"。 一些人转而翻检加尔各答东方学家威廉·琼斯的著作，书中宣称白人在美洲的命运构成了世界种族隔离天意计划的一个关

键部分。 这个计划始于数千年前，源于所谓的优越的印欧人种亦即
"雅利安人"的中亚诞生地，并继续西行——像太阳的轨迹一样——沿
着世界上最温暖最肥沃的纬度区，穿过欧洲，穿过大西洋，然后横跨北
美。 很快，这一种族家园的征途将在绕行地球整圈后重返亚洲。 对许
多美帝国主义者来说，最后一站之前穿过的是夏威夷和菲律宾。[2]

如此的信仰，伴随着殖民者对土地的贪婪欲望，导致人们一再呼吁
清除北美洲所有的"劣等种族"，首当其冲的是美洲原住民，即印第安
人。 与布尔人和英国人征服南非相比，如果有区别，那就是：横贯美
洲大陆的征服导致了一系列更为残酷的强制搬迁，以及更为广泛的农村
"原住民保留地"体系。 在美国，就像在南非一样，有很多模棱两可
的说法，可以追溯到托马斯·杰斐逊。 他认为印第安人的保留地将给
他们的居民一个独立的、受保护的空间，让他们按照自己的种族时间表
去实现文明。 但对许多美国征服者来说，这种要求独立发展的呼声只
是为了争取时间，进而完全剥夺美洲原住民的权利，无论是通过狡诈的
欺骗行为还是通过残酷的灭绝行为。 原住民对欧亚非等旧大陆疾病的
易感性，以及他们面对大平原野牛群等资源破坏的脆弱性，最终导致被
美国军队和殖民者团体武装力量击败的命运，虽然他们时时奋勇抵
抗——抵抗的代价有时会是大量人群被屠杀。 在这一过程中原住民数
量锐减。[3]

由于种族屠杀，美国充满活力的工业经济比南非更果断地转向亚
洲、拉丁美洲，尤其是欧洲的北美大陆外的劳动力资源。 作为回应，
"老一辈"美国白人殖民者的后代愤世嫉俗地称自己为"本土主义者"，
他们加入了充满激情的反移民运动，呼吁联邦政府控制他们认为是"异
族"人口的流入。 移民限制的浪潮由此掀起，首先是针对中国人（1882
年），然后是其他亚洲人（1907 年和 1917 年），随后又针对意大利人、斯
拉夫人、被大屠杀围困的东欧犹太人，以及其他非欧洲人（1924 年）。
这些措施有效地阻退了跨越太平洋和大西洋的移民大潮，与南非对印度
移民的限制很类似，而且肯定比其针对黑人的国内通行证法更为成功。

从 1920 年代开始，白人本土主义者将目标转为将墨西哥人从美国西南地区驱逐出境。这一运动在 1950 年代的"湿背行动"（Operation Wetback）中达到高潮，波及数百万人。与此同时，二战期间，联邦政府将超过 11 万名日裔美国人拘禁在拘留营中，大部分拘留营都位于美国西部荒凉地区。[4]

　　然而，对美国白人来说，没有什么种族共存问题比"黑人问题"更棘手。尽管南非人经常把自己的种族问题与美国相提并论，但这两个社会在若干方面存在着根本的差别。奴隶制和奴隶解放运动构成了美国黑白政治的核心矩阵，南非则完全不同，是以武装征服和土地剥夺为主。在美国内战（1861—1865）期间，大量黑人奴隶为了南方联盟军的防线安全而离开了他们的种植园去参军，由此促使亚伯拉罕·林肯总统领导下的联邦政府不得不接受解放黑奴及保护自由黑人的中心角色。1865 年林肯遇刺后——源于废奴运动的自由主义情绪影响，以及战败的南方各州对黑人选票更大程度的党派渴望——共和党据此两点行事，通过了宪法第十四和第十五修正案，禁止所有政府以"种族、肤色或以前的奴役状况"为由剥夺公民权利和投票权。[5]

　　战前支持奴隶制的活动家经常欢庆黑人和白人在北美大陆的融合，他们以家长权威主义者的视角，认为黑人作为优越种族的奴隶，其发展速度比他们在非洲保持自由状态要快得多。相比之下，当被要求解释如何对待获得自由的黑人时，反奴隶制活动家往往发现自己只能被动申辩。许多人，包括"伟大的解放者"亚伯拉罕·林肯本人，对所谓的殖民政策是积极支持的，目的是在非洲或其他热带地区重新安置黑人。包括一些黑人领袖在内的殖民主义倡导者认为，非洲人在更适合其种族特征的环境下会更好，而大陆隔离将使黑人免于当前与种族主义白人之间不可避免的冲突，正是这种冲突可能破坏整个美国社会。殖民运动最雄心勃勃的冒险发生在西非独立国家利比里亚（Liberia），该国是与相邻的英国自由黑人殖民地塞拉利昂（Sierra Leone）相对应的美国殖民地。与此同时，在北方各州，逐步解放的政策开始得更早，但白人暴

徒针对自由黑人的聚众暴力在北方城市仍然普遍存在，极端暴力甚至近

299 乎种族灭绝。 到了 1830 年代，大多数北方州都剥夺了黑人的权力，并将大量的公共设施设置了隔离。"吉姆·克劳法"一词就是北方在这一时期铸造出来的。 许多西部州，包括林肯所在的伊利诺伊州，也通过了禁止黑人进入其领土的法律。[6]

解放黑奴后，南方白人也接受了这样一种观点，即与黑人在大陆共存对优越种族就是祸根。 随着黑人获得选举权，数十位黑人开始在南方选举中胜出，他们在南方选区人数往往占多数。 许多白人进行了激烈的报复，发动聚众暴力袭击，并成立了公开声称种族灭绝的三K党等组织。 其他人则利用殖民言论的废奴主张，希望迫使黑人离开北美。成千上万的黑人死于暴徒袭击，其他一些黑人则侥幸逃离，不少乡镇与城市的黑人人口明显减少。 然而，非洲裔美国人最终躲过了残酷摧毁美国原住民的这类种族清洗。 美国的黑人对旧世界的疾病没有那么敏感，尽管他们面对的经济前景岌岌可危，但与平原上的狩猎和采集文化相比，黑人在此受到的伤害会少些。 事实上，大多数南方黑人作为佃农的新角色，尽管地位一直低下，却被赋予了种植园经济中不可或缺的地位，这使得种族灭绝和政治驱逐都不切实际。[7]

尽管如此，对于像亨利·格雷迪（Henry Grady）这样的领导人，所谓的"新南方"（New South）倡导者来说，重建时期的暴力事件证实了社会达尔文主义的观点，即同一地区的不同种族不可避免地会陷入你死我活的斗争。 他没有把黑人从大陆赶出去，而是把重点放在取消黑人的投票权，他认为——就像詹姆斯·布赖斯以及许多南非人所认为的那样——黑人选票加剧了这些"注定"的种族冲突。 尽管有些南非人，如赫佐格和霍华德·皮姆，开始确信美国内战后的重建时期已经对美国白人的种族隔离实践造成了严重创伤，格雷迪县（Grady）和南方各州的立法机构却毫不气馁。 从 1890 年起，这些立法机构无视第十五修正案关于投票权的非种族主义原则，使用了各种各样的手段，包括密西西比州首创的选民识字测试。 到了 1901 年，大多数南方州实际上已经取消了

黑人投票权。 美国最高法院与种族保守派一道，采用了这些手法，同时削弱了第十四修正案的民权条款。 在普莱西诉弗格森案（Plessy vs. Ferguson，1896）中，法院还宣布，只要提供给白人和黑人的设施待遇是"平等"的，政府就可以为黑人提供隔离设施。[8]

取消选举权和普莱西案最终为南方的吉姆·克劳法扫清了道路，这　300
是南方白人解决种族共存问题在政治上最可行的处理手段。 美国南方州和市政府 1900 年后通过了俨然铺天盖地的法令，将城镇的较小空间进行划分：火车和电车、火车站售票亭、站台、候车室、公共卫生间、职员闲谈室、法庭、学校和城市公园（在城市人行道上，管控黑人行为的是一套复杂的种族规矩，而不是约翰内斯堡那样的法令）。 私营企业被要求将餐馆、剧院和游乐场等场所进行隔离，或者按要求办理相应的许可证。 南方吉姆·克劳法的胜利标志着"重建"对黑人自由民身份的许诺及里程碑式的宪法修正案发生了令人沮丧的逆转：到 1900 年，即反奴隶制革命三十年后，南方黑人坠落到他们历史上的一个新低点，被盘根错节的阴谋所包围：敌对的州议会，残暴的地方当局和威胁动用私刑的暴徒，以上种种将一直持续到 1950 年代和 1960 年代的民权运动之前。

## 吉姆·克劳法走进街区

然而，即使在黑人地位的历史最低点，甚或在世界其他地方的种族隔离狂热的早年间，美国联邦政府也无法持续支持广阔的北美大陆领土上开展种族城市分裂的地方项目。

为何如此？ 毋庸置疑，美国并不缺乏帝国意志。 事实上，就在这个时期，美联邦帝国正处于全面扩张之中，并受到如西奥多·罗斯福总统这样的社会达尔文主义和优生学的杰出领袖的鼓舞。 除了占领夏威夷，美国军队——包括罗斯福自己的"野蛮骑士"团在内——在 1898 年占领了古巴、波多黎各和菲律宾等西班牙前属地，扩展了这个国家"注定的"种族天命。 1903 年，罗斯福强悍地武装了巴拿马这个新国家，目的是让美国控制这个十英里宽的运河区，随即成为巴拿马运河的所在地。[9]

在这些新的海外殖民地，城市隔离主义政治简直与法国和英帝国内部的政治一样，多种多样且兼收并蓄。 在古巴的哈瓦那，美国的官方政治控制最弱。 在那里，美国开发商为当地"美国殖民地"的富人在城市的西郊开辟了一个广阔的"乡村俱乐部区"，但他们让古巴富人以及来自拉丁美洲各地的外交官共享此地。 在菲律宾，美国的控制权在很大程度上也依赖于与当地富有同情心的精英结盟，因此合法化的居住隔离同样是不可能的。 马尼拉市中心的伊斯科塔区确实变成了一种美国式街区，配有上海风格的独立俱乐部、酒吧和剧院。 许多官员在西班牙上流社区的富丽堂皇的郊外住宅区，或是专属马球俱乐部附近地区自立门户。 1904 年，著名的城市规划师丹尼尔·T·伯纳姆（Daniel T. Burnham）带着奢华的奥斯曼风格的规划来到马尼拉，该计划是为了美国人所期望的"城市……为了更美好的生活"而制定的，但却未进一步巩固当地的肤色界线。 相比之下，伯纳姆在吕宋岛碧瑶市（Baguio）的科迪勒拉中心（Cordillera Central）海拔五千英尺高处设计了一个山中避暑地——碧瑶之于菲律宾，就像西姆拉之于印度——代表了一种更为蓄意的种族隔离主义城市规划。[10]

联邦政府最严格的海外城市种族界线出现在巴拿马运河区，那里的美国帝国控制权竞争最少，白人殖民者社区更为永久安逸。 在那里，臭名昭著的金银职业制度（the gold-and-silver occupational system）占据了主导地位。 参与运河建设的工程师、承包商和雇员，他们主要是白人，享受高得多的工资水平，以黄金和美元计；与此同时，西印度人、巴拿马人和非洲裔美国人为主的挖掘工人则不得不接受低得多的工资水平，以巴拿马银元（Panamanian silver）计。 黄金职位和白银职员之间的界线很快就演变成一个几乎不加掩饰的种族歧视法定制度体系，这个体系是基于种族化福利国家的一个早期版本建立的。按照它的逻辑，巴拿马运河区的美国白人不仅有权享受美国政府提供的假期，还享有他们自己的封闭学校、各类种族专属的便利设施，以及在当地城市专属地区的高级租赁住房。在戈尔加斯（William C. Gorgas）上校为消灭该地区携带黄热病病原体蚊子所付出的得到盛赞的努力中，以卫生考虑作为正当理由已根深蒂固，并实现了制度化。征服后不久，美国的规划者们在小城市里为白人规划了最先进的开发项目，比如作为巴拿马科隆市外港的克里斯托瓦尔（Cristóbal），对其仰慕的游客认为堪比芝加哥郊区。黑人和混血运河工人及其后代留在几乎未加改造的工作营地，其中一个在该地区实施巴拿马运河区金银支付体系（the Zone's payment system）后被改称为银城。尽管有小股政府投资流入了这些被排除在外的开发项目，但许多项目与镇上白人区的距离与一些南非黑人城镇处境相同。[11]

302

与此同时，在美利坚合众国的北美大陆帝国内，联邦政府在种族隔离方面的实践可选项随着时间的推移而减少。征服北美大陆使白人殖民者得以夺取世界上最富饶和最广阔的农业和矿业领土。几十个新兴城镇和新城市应运而生，并致力于加工和转运新帝国的自然财富，在这方面与约翰内斯堡没有太多不同。没有哪座城市的繁荣发展更具爆发性，独有伊利诺伊州的芝加哥——它无疑成为世界历史上最成功的殖民城市之一。

然而，由于与西方征服有关的种族灭绝达到了大规模人员死亡的程度，美国工厂主从来没有兴趣建立一个南非式的涉及原住民民族的移民劳工制度，也没有想过强加通行证法，或重新引入殖民时代的祈祷城镇作为城市原住民居住点。与南非形成鲜明对比的是，大多数美国城市的主要劳动力由该国数以百万计的欧洲移民构成。一些雇主，其中最有特色的是芝加哥的乔治·普尔曼（George Pullman），为他们公司的工人建造了全白人的"公司城镇"，就像维特沃特斯兰德的本地劳工大院一样，旨在防止员工流动和罢工。然而，从长期来看，公司城镇在芝

加哥和美国其他主要城市空间或种族政治中只是过客。 1894 年，当
"工人天堂"（workingman's paradise）爆发激烈罢工时，普尔曼拆除了
这个地方。 美国大多数新规划的工人宿舍都建在较小的城镇。[12]

在 1900 年，美国黑人在任何情况下都几乎完全被排除在大城市工
厂和市政工作之外，再一次与南非的黑人形成鲜明对比。 黑人的劳工
大院因此和美国原住民的劳工大院一样没有什么意义。 只有在南方各
州，该地种植园主这样的大型雇主确实会设法控制黑人的活动空间，以
让他们持续工作。 他们采用的技巧与南非农村部分重叠——包括长期
佃农合同、债务抵押、流浪法以及外部招聘禁令。 然而，在美国南方
一些黑人劳动力相对较少的地区，种植园主与他们在劳动力丰富地区的
同行们相比，有关更广泛地控制劳动力流动的看法上存在分歧，黑人禁
止通行制度应运而生。 后来，美国本土主义者在 1924 年通过的对"种
族嫌疑分子"海外移民的流入控制实际上为南方黑人迁移到北方城市开
启了机会。[13]

在北美大陆的美利坚帝国内，政府强制城市种族隔离的唯一先例是
旧金山的排华法案。 在这里，美国种族扩张主义的另一个机构，普莱
西时代的美国最高法院，为这出戏剧提供了悬念。 尽管法院显然是白
人至上的捍卫者，但它尚未就住区隔离问题作出裁决。 在种族主义盛
行的加利福尼亚州，具有财产权意识的州法官在普通中国杂货商和洗衣
工提起的法庭案件中两次否决了旧金山排华法案，这一事实加剧了不确
定性。 在该国其他地区的种族政治中，这种不确定性进一步被强化。
即使法院允许剥夺公民权，而且吉姆·克劳法在南方蔓延，黑人在北方
仍然保留了投票权。 北方芝加哥这类城市，黑人的投票权促成了内战
前吉姆·克劳法的废除，尽管公共设施的隔离一直持续到 20 世纪。 黑
人选民也为联邦政府在大陆城市留下了推行居住隔离的空间，这个空间
比运河区实施居住隔离的空间要小，比阿尔弗雷德·米尔纳在约翰内斯
堡拥有的空间要小得多。 最后，自内战以来，当他们的新工会章程限
制了伦敦自由派在其事务中的影响力之时，城市隔离主义者再也不能像

1910 年南非白人那样，通过直接脱离宗主国重建自己的联邦政府就能绕过这些反对势力。 美国唯一剩下的种族隔离策略，是由州和地方官员以及普通白人公民自己带头，促使最高法院采取行动。[14]

　　1910 年，在马里兰州的巴尔的摩市，一小群吉姆·克劳法种族隔离主义者正是这样设法成功地鼓动出台了一项市政法令，将城市划分为黑白两个街区。 然后，他们在前南部邦联及以外地区引发了一场地区运动，旨在说服各州和联邦当局，包括司法部门，将吉姆·克劳法推广到全国城市住区，甚至可能推广到尚未实施该法的美国海外殖民地。

　　一直以来，吉姆·克劳法首先是一个城市现象，而在南方，它反映的是该区域的城市在内战后的发展。 就像当代约翰内斯堡早期的"小种族隔离"（petty apartheid）条例一样，吉姆·克劳法帮助白人维持城市中黑人的遵从，而种植园中建立在相互熟悉关系基础上的白人，其家长专制作风却不那么奏效。 在南方城市中陌生人模糊的性意图弥漫着"种族隔离观念"，"反异族通婚"法也在这段时间泛滥，就像在德兰士瓦一样。 维特沃特斯兰德的"年轻男仆问题"在此并没有引起太多的关注，因为美国南方城市的大多数家政佣人都是黑人女性。 但是，城市中出现了少数黑人男女，他们穿戴得比许多贫穷的白人更好（后来，也开更好的车），于是表明他们在经济上独立于白人，这增加了白人的受害感和道德上的愤慨，由此驱动了吉姆·克劳法，并引发了该地区大规模的私刑浪潮。[15]

　　1910 年，正是对这个由南方黑人中的专业人士、商人、收入较高的服务人员及其家庭构成的虽然微小但却不断壮大的阶层引发的白人恐慌，吉姆·克劳法被推广到了社区。 一位名叫阿什比·霍金斯（Ashbie Hawkins）的巴尔的摩黑人，是全国有色人种协进会（NAACP）一个新成立的地方分会的明星律师，他在该市西北面买了一栋房子，这所房子可以追溯到 1830 年代，且长久以来一直都是白人的专属准郊区开发项目。 惊愕的邻居里包括若干白人律师和市政官员，这些人与马里兰州参议员威廉·卡贝尔·布鲁斯（William Cabell Bruce）以及巴尔的摩市

304

长 J · 巴里 · 马胡尔(J. Barry Mahool)有关联。 尽管这些人很难算得上具备像莱昂内尔 · 柯蒂斯那样高高在上的帝国官员的资格,但他们本身就是非专业的种族理论家,可以凭实力在自家客厅里举办公开论坛,在当地报纸和全国新闻杂志上发表宣言。 美帝国主义鼓舞了他们,但他们的作品取自白人至上主义狂热的多种来源,包括:英属印度的种族隔离;法国种族主义理论家戈宾诺伯爵(Count de Gobineau)的著作;西海岸的反华运动;对种植园秩序的个人怀旧情绪;以及对他们在马里兰州试图剥夺黑人选举权失败后的极度失望(巴尔的摩作为一个南方城市,欧洲移民数量异常庞大,与他们的北方同胞一样,他们成功地阻止了识字测试和其他取消选举权的制度)。 对当地的种族隔离运动同样重要的一件事,是 1910 年 7 月 4 日,在内华达州里诺(Reno,Nevada)举行的世界重量级拳击比赛中,黑人拳击手杰克 · 约翰逊以惊人的成绩大胜了吉姆 · 杰弗里斯。 世界上最引人注目的穿着讲究、驾驶豪车的“傲慢的黑人”典型代表,在全球大众媒介的舞台上赢得了崭新的自我展示权,巴尔的摩法令支持者的第一次会议就在其后的第二天举行。

305

1910 年秋天,马胡尔市长手下的种族隔离主义骨干起草了一项法令,将巴尔的摩的每一条街道划分为白色街区和有色街区,并将移动到“相反种族”街区的任何行为,定为犯罪行为,可处以百元罚款或一年以内监禁,住在白人政府雇员家里的黑人佣工除外。 他们的主要法律论据直接来自社会达尔文主义的一个中心论点:缓解种族间的固有冲突的一种重要方式,是对城市“警察权力”的适当利用。[16]

马胡尔市长还把自己当作更大的全球自由主义传统中的城市改革者。 像其他种族隔离主义者一样,他把这项法令定位为一项温和的措施,捍卫着理性中间立场,一方面受到私刑暴徒的威胁,另一方面受到阿什比 · 霍金斯(Ashbie Hawkins)等“黑人煽动者”的威胁。 有关卫生方面的论点也起了作用。 巴尔的摩的约翰斯 · 霍普金斯医学院(Johns Hopkins Medical School)是一个国际知名的结核病研究中心,由世界著名的医生如威廉 · 奥斯勒(William Osler)和威廉 · 韦尔奇

（William Welch）领导，他们与疟疾专家罗纳德·罗斯爵士（Ronald Ross）等海外巨擘过从甚密，并对疟疾预防的种族隔离理论予以肯定。他们帮助举办了一个关于肺结核的巡回展览，展览的焦点是巴尔的摩地图，地图上呈现的是肺结核发病地点，出现致死病例的位置用大头针刺破。一片密集的大头针覆盖在西北侧边界上不断增长的黑人社区之上，向当时的观众充分展示了"这种疾病在有色人种中的流行，对我们的白人群体是一个巨大的威胁"。这样的恐慌促使白人社区的基层运动支持这项法令。[17]

不过，最激动人心的战斗号召是关于财产价值的种族理论。"但是，让这些白痴嚎叫吧，"来自纽约的全国有色人种协进会的伟大领袖杜波依斯写道，"黑人压低了房地产价值！这是一个谎言——一个捋虎须般的古老谎言。降低房地产和人两者价值的，其实是种族偏见。"尽管这个谎言可能老得都长胡子了，但直到最近才对世界城市隔离史产生重大影响，在20世纪之交南非和美国的白人将其提升为一种勇猛而奋不顾身的真理之前，它在殖民地城市中只是零星出现且相互矛盾。那时，巴尔的摩和美国其他城市一样，已经产生了大量"邻里保护"协会，这些协会与约翰内斯堡的纳税人协会有着共同的英美政治传统渊源。像他们的南非表亲一样，这些组织大多数产生的起因各地不同——例如，作为政府监督机构或作为"禁酒"的反酒馆法令的执行者。然而，许多人把反对"黑人入侵"以维护当地居民的物业价值作为他们的中心任务。在巴尔的摩，这些协会中有几十个要求他们支持马胡尔于1910年12月签署的种族隔离条例。[18]

马胡尔的办公室很快就被来自全国各地甚至远自菲律宾的信件包围，要求提供该法令的副本。从里士满到亚特兰大，从新奥尔良到圣路易斯，几十个城市的当局都通过了类似立法。弗吉尼亚州通过了一项法律，允许将城镇领土划分为很多个"隔离区"，从而将南非《原住民（城市地区）法》的核心条款提前了11年。在少数几个实例中，有一个南非种族理论家直接激励了一位美国种族隔离主义者，这位白人佃农倡导者克拉伦斯·坡(Clarence Poe)——曾与纳塔尔(Natal)的流动原住民事务专员莫里斯·埃文斯(Maurice Evans)进行磋商——利用巴尔的摩种族隔离条例发起了一场农村种族隔离运动,旨在将黑人佃农交给原住民保留区(大种植户在这项计划没看到任何好处,结果无疾而终)。[19]

当吉姆·克劳法伸出新的魔爪之时,黑人领导人利用他们在重建中赢得的政治空间的剩余部分来压制进攻。甚至布克·T·华盛顿强烈反对巴尔的摩式的法令,因为他认为这些法令对黑人经济发展存在障碍。1917 年,穆尔菲尔德·斯托里(Moorfield Storey)领导下的全国有色人种协进会的律师们向美国最高法院提交了一份针对肯塔基州路易斯维尔(Louisville,Kentucky)的种族隔离条例的精心设计的测试案。同年 11 月 5 日的布坎南诉沃利案(Buchanan v. Warley),法院在该案中作出了有利于全国有色人种协进会的判决:"种族敌对情绪引发的难题",法官们认为,不足以成为一个正当理由去制定法令以宣称其"直接违反了(财产权)……宪法第十四修正案在此防止了国家通过正当法律程序干涉财产权"。[20]

一个由黑人专业人士领导的多种族律师团队已经迫使白人至上主义的司法机构在种族主义和自由放任的基本前提——自由资本主义——之间作出选择,财产权胜出,至少在社区隔离的情况下是这样。"这座城市,"巴尔的摩一位沮丧的白人法令支持者抱怨道,"很快将成为第二个最黑暗的非洲。"马胡尔市长的继任者詹姆斯·H·普雷斯顿(James H. Preston)只能带来一线希望。"我在芝加哥有个朋友,"他写信给一些人,那些人"告诉我他们有一个阻止黑人进入白人街区的计划……有些这样的计划在这里可能是奏效的"。[21]

## 牟取暴利者、保护协会及大屠杀造成的隔离

美国北方城市的种族隔离主义者喜欢将他们所谓温和的种族政策与

南方极端的种族主义政策进行对比。事实上，这种比较作为整个 20 世纪北方种族隔离主义活动的主要伪装形式，类似于英国帝国官员与愚昧的布尔人进行对比，他们努力宣称在南非进行种族启蒙。美国北方的真相同样更为复杂，也更让人讨厌，正如 20 世纪初芝加哥越来越多的骗局缠身的、组织严密的、往往还很凶猛的基层隔离运动所显示的那样。[22]

19 世纪，随着美国最大的城市突围成为工业强市，他们的富裕阶层和中产阶级逐渐放弃拥挤的多阶层共处的城市核心区而转向郊区，就如一个世纪前的伦敦和亚洲殖民城市。一如伦敦精英般，美国郊区居民也反复宣扬这样一种意识形态：远离社会底层（和工厂的烟雾）会给人们带来道德上的正直和身体健康，也会给房地产带来更丰厚的投资。与此同时，工厂工人们涌入靠近市中心和肮脏的商业区或制造区的公寓和贫民窟，用高昂的租金和恶劣的环境换取低廉的交通成本和靠近招聘地点的位置。一位芝加哥住房改革家计算发现，芝加哥贫民窟的人口密度是"东京、加尔各答和许多其他亚洲城市中最拥挤地区的三倍"。但芝加哥人也以他们所认为的占主导地位的移民来源区分城市中各种各样的"外国人聚居点"：波罗尼亚（Polonia）、小意大利（Little Italy）、小西西里（Little Sicily）、小希腊城（Greektown）、波希米亚人的皮尔森（Pilsen for the Bohemians）、犹太人的老隔都（the Old Ghetto for Jews）。这些社区的名字可能很好地反映了区域中宗教机构和商业主导地位的群体。但通过一条街一条街地对人口普查记录逐一查证分析表明，所有这些"少数民族社区"实际上都是讲几十种语言的民族极其复杂的拼凑区。[23]

在 19 世纪的大部分时间里，美国北方城市中人数虽少却在不断增加的非洲裔美国人，有些惴惴不安，却也进入到城市的这些拼凑区之中。在东海岸的前奴隶城市中，许多黑人仍然是从前主人家里的仆人；另一些人寻求独立，就像他们被奴役的祖先一样，聚集在离市中心较远的小而松散的有边界的社区，白人称之为"黑鬼山"（Nigger

Hill)、"新几内亚"（New Guinea），或"小非洲"（Little Africa）。我们知道，在奴隶制刚结束的时期，就有白人零星抱怨黑人对其房地产价值带来威胁，因此这些黑人社区的位置可能在某种程度上反映了白人的偏好。然而，黑人社区仍然很小，城市的肤色界线仍然是模糊和暂时的，在内战前，白人并没有努力把北方的吉姆·克劳法延伸到居民区。随着城市的阶级划分越来越清晰，极少数有着更高职业地位的黑人找到了在更体面的全白人社区买房的途径，当然，这些社区中也住着黑人佣人。明明大多数黑人都生活在贫民窟之中，少数体面的黑人却激起了白人移民不同程度的敌意，比如很多人成为美国人的第一堂课就是如何称呼黑人为"黑鬼"。正是在这些贫民窟里，一些更为激烈的北方居民隔离势力开始萌芽，始于1890年代芝加哥南区。[24]

芝加哥已经从1830年的一个沼泽地殖民贸易点成长为1880年的50万人口的大城市——尽管1871年的大火夷平了城市的历史中心区的大部分。到1900年，作为美国西征的战果，芝加哥成为首要的仓储运输中心——木材、铁、煤、谷物、猪肉和牛肉中心——城市人口又增加了两倍，达到150万。人口增长主要归功于南欧和东欧的移民，但在同一年，该市的少量黑人人口也增加了五倍，从约六千人增加到三万人。这些增长数量的相对大小，意味着芝加哥贫民窟地带的房地产种族动态与约翰内斯堡这样的城市有所不同。在维特沃特斯兰德，贫民窟房东的主要租户群是这个城市大量的黑人、有色人种和印度人；与其不同的是，在芝加哥，如果数量更多并不断增长的白人反对与黑人为邻，芝加哥的贫民窟房东就可以发现将黑人拒之门外的好处。随着非洲裔美国人的住房选择越来越紧缩，他们被迫以更高的价格入住质量较低的住所，通常是在黑人企业和教堂已经开始聚集的地区。这类地区在芝加哥有好几个，但最大的一个很快就被命名为"黑带"（Black Belt）。这个街区位于芝加哥市中心以南不远，挤压在一条四分之一英里宽的狭缝中，其西边是繁杂的岩岛铁路（Rock Island Railroad）——除此以外还有多民族白人工人阶级的肉类加工区——东边是喧闹嘈杂的南区高架通勤

309

铁路（呈 L 形），借此将黑带区与 1850 年代中产阶级的肯伍德（Kenwood）、海德公园（Hyde Park）和伍德朗（Woodlawn）的准郊区开发地带分隔开来。 在黑带内部，外来者种族主义给这个地区的大部分白人地主带来了一个盈利的机会。 由于这些贫民窟房东的黑人租户基本上是没有人身自由的，房东们即便提高租金同时拒绝承担昂贵的维修费用，也可逍遥法外免于惩罚。 很快，黑带变成了一种异常现象：是贫民窟中的贫民窟，也囚禁了一个不断努力却越来越没有希望的黑人中产阶层。 结果，芝加哥的贫民窟地带比当代约翰内斯堡的贫民窟种族隔离更甚。[25]

在这种情况下，出现了另一种类型的房地产奸商：大鳄（the "blockbuster"）。 这个角色的主要收入来源于两个群体：芝加哥贫穷白人和贫穷黑人。 芝加哥贫穷白人的事实是：虽然他们的工资和工作无疑也饱受剥削，但该市多样化的工业经济确实允许数量惊人的白人在芝加哥的廉租公寓中获取到更好一点的房子。 为了做到这一点，他们从朋友、民族协会和名为"建筑与贷款协会"（building and loan societies）的新型银行那里筹集资金。 然后，他们通过出租多余的房间和田园种植以节省食品成本来筹措还款资金。 由于他们的投资非常不稳定，潜在的威胁都足以让他们担惊受怕。 其中一个威胁是，他们越来越相信芝加哥黑人将不断增加，这也是大鳄诞生的第二个基本事实。 从 1900 年到 1910 年，这个城市的黑人人口增加了一倍，达到四万四千人；在 1910 年代的大迁徙期间，这一数字几乎又增加了三倍，达到 11 万人，基本上相当于约翰内斯堡的黑人人口——这是只有在芝加哥这样一个大型工业城市里才会出现的情况。[26]

这些情况为芝加哥的大鳄们提供了一个理想的背景，让他们散布关于房地产价值的"捋虎须般的谎言"，然后利用由此产生的恐慌牟利。他们的谋划通常是从街角的一种滑稽说唱团开始，而在约翰内斯堡似乎没有一种可以精确对等的表演。 他们雇佣黑人男子在全白人的街角上演斗殴，或雇佣黑人妇女在街上玩耍的白人儿童中间推婴儿车。 戏码

310

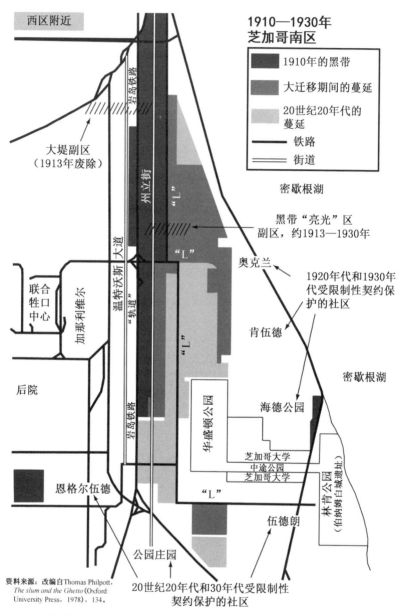

1910—1930年
芝加哥南区

■ 1910年的黑带

■ 大迁移期间的蔓延

□ 20世纪20年代的蔓延

—— 铁路

═══ 街道

密歇根湖

大堤副区
（1913年废除）

岩岛铁路

州立街

"L"

"L"

温特沃斯大道

"轨道"

"L"

联合牲口中心

加那利维尔

后院

岩岛铁路

华盛顿公园

奥克兰

肯伍德

海德公园

芝加哥大学

中途公园

芝加哥大学

恩格尔伍德

公园庄园

"L"

伍德朗

黑带"亮光"区
副区，约1913—1930年

1920年代和1930年
代受限制性契约保
护的社区

密歇根湖

林肯公园
（伯纳姆白城遗址）

资料来源：改编自Thomas Philpott，
*The slum and the Ghetto*（Oxford:
University Press，1978），134。

20世纪20年代和30年代受限制性
契约保护的社区

1930年的芝加哥南区的种族地理图，展示大迁徙期间和之后黑带的扩张，以
及邻近白人的反应。制图：Kailee Neuner。

刚完，他们接踵而至地发放一大堆传单，警告白人在即将到来的袭击之前离开这个社区。 如果这一计谋成功地散播了足够的恐慌，白人将房产以比其他人更便宜的价格出售给大鳄，让大鳄以更高的价格向越来越多绝望的寻找住处的黑人出租或出售同样的房产。 一些黑人房地产经纪人也从事大鳄相关工作，尽管显然较少是出于自己选择，更多是由于生活需要，选择了较少的滑稽说唱工作以及牟取暴利工作。[27]

白人不喜欢被大鳄刺痛，但他们很乐意传播有关财产价值的种族主义大风暴。 这两股看似矛盾的力量齐头并进。 黑人设法在岩岛铁路以西从大鳄手中沿着工人阶级的温特沃斯大街租房子，甚至买下房子。更富裕的黑人从贫民窟中自我解放出来，他们搬到了"L"的东边，再次依靠大鳄搬入南边中产阶级的边缘地带，首先进入肯伍德北部，随后越来越多地进入到特别时尚的海德公园。 在那里，出售便宜酒的小店已经涌现，以迎合黑人家仆的需要，同时困扰着当地戒酒积极分子和有财产意识的房主。 1909 年，令人肃然起敬的海德公园保护协会，其成立初衷就是为了清除社区酒馆，开始致力于打击"黑人入侵"和带来这场入侵的大鳄。[28]

随之而来的白人受害和道德义愤的表达，包含了南非和其他殖民地城市的许多种族隔离运动的主题，尽管也有一些本地惯常的曲折故事。社会达尔文主义的陈词滥调大量充斥在海德公园保护协会及其后继者的通告、报纸和公开会议上。"在每一块土地和每一个地区，"在当时被称为海德公园和肯伍德协会（Hyde Park and Kenwood Association，KHPA）的一次会议上，一位演讲者吟诵道，"人类遵从自己本性的第二定律，寻求自己的同类而避开彼此的异类。"为了证明这一点，他引用了"那个了不起的神人"亚伯拉罕·林肯的话，他曾经宣称，"白人和黑人种族在身体上存在差异，（我相信这将永远禁止他们）在社会和政治平等的条件下生活在一起"。 在社区活动家中，这种强硬的种族主义言论很少得以缓和，既无人谈起有义务承担"白人的负担"，也无人提及有必要明白一点，即如果黑人获得了"文明"，他们的负面种族特性会

311

得以改善。 尽管如此，弗雷德里克·霍夫曼认为城市是黑人进步的最坏环境，这种起源于美国并传播到南非的思想，也启发了芝加哥南区的种族隔离主义者。 像约翰内斯堡的白人一样，芝加哥人经常使用布克·T·华盛顿的名字为他们的事业辩护，同时不遗余力地诋毁更激进的杜波依斯和其他民权领袖。 例如，一家业主协会报纸刊登了一张杜波依斯的照片，附加说明是"黑人里的卡尔·马克思。 著名的有色人种哲学家，其作品被煽动者用来煽动种族仇恨"。 当来自黑带的市议员奥斯卡·德·普雷斯特(Oscar De Priest)召开一次公开会议，回应海德公园和肯伍德协会的种族隔离运动时，《海德公园业主杂志》(*Hyde Park Property Owner's Journal*)的一位作家再次挖掘到美国滑稽说唱团表演中的种族讽刺。 典型的"黑人领袖"，他写道："会成为一个专横、膨胀、暴躁的人，他对于社会平等的思想负担太重，到了某种程度，以至于他对所有与他接触的人而言都是危险的……他们有过度的虚荣心，他们渴望闪耀社会之光，导致他们偏离自己的道路并迷失了自己……很多滑稽的演讲，他们在深褐色的受骗者们迷惑不解的目光面前对我们的协会造成了动摇，在极度愤怒到暴汗之后，他们任命了大约15个委员来彻底击败海德公园协会的人。"该杂志的最后寄语更直截了当地指向了海德公园和肯伍德协会的要点："黑人贵族就该待在黑人社区。"[29]

　　南方的白人也把他们痛苦的傲慢倾注在芝加哥大量的贫穷黑人移民身上。 在这里，卫生、住房和恶习改革的跨洋积聚起来的言论，与白人对在城中与黑人日常接触的个人感受混杂在一起。 就像在南非一样，黑祸危险的歇斯底里症常常给意识形态的酝酿增添了调料。 例如，拳击手杰克·约翰逊在芝加哥白人的想象中就是身强力壮的，这是因为约翰逊实际上在芝加哥生活了很多年，他与白人妇女的各种绯闻都是当地新闻。 约翰逊在黑带拥有一个冠军咖啡馆(the Café de Champion)，他在酒吧内涉及的复杂的跨种族友情和性交易也一样广为人知。 1910年，一位名叫詹姆斯·罗伯特·曼恩(James Robert Mann)的伊利诺伊州众议员在美国国会发起了一项《白奴贩卖法》（White Slave Traffic Act）［广为人知的名称叫《曼恩法》（the Mann Act）］，该法案规定，为卖淫和其他未指明的"不道德目的"而跨州运送妇女是非法的。 1913年，基于约翰逊与一名白人女性同伴前往邻近州的旅行，联邦检察官利用该法案捏造了一宗针对约翰逊的案件。 约翰逊被判有罪后，迅速逃离芝加哥，先后流亡伦敦、巴黎、墨西哥城和哈瓦那，所到之处将全球肤色界线的精妙全搅乱了。[30]

与此同时，在芝加哥，恶习改革者加大了对该市红灯区的突击行动，以清除该市的妓院和赌场。 一位警方官员甚至公开承认，这场运动的主要目标就是将妓女从一个以白人为主的地区［称为大堤（Levee）］驱赶到黑带，而正是在那里，新的官方容许的"亮灯"区（Bright Lights）发展起来，这让黑人精英大为震惊。 白人不失时机地将恶习视为种族劣势和种族混杂的问题，激起了人们对"有色人种"男性表演者和妓院男雇员的恐惧，"他们以赚白人女性的钱为生，甚至有些人依赖白人女性生活"。 整个1920年代，随着芝加哥成为美国居住种族隔离技术的创新中心，亮灯区的"黑色和棕褐色"俱乐部（the "black and tan" clubs）使这座城市在跨种族性行为方面全国有名。 一位来访的记者甚至写了一篇报道，宣称在这方面，"芝加哥比巴黎更糟糕"。[31]

在约翰内斯堡，人们认为黑人男子对白人妇女有着无休止的性趣，这是人们想象中的一个主要情景，透过此情景让白人注意公共场所遇到的匿名黑人的意图。 这种恐惧在芝加哥的街道、学校、公园和有轨电车的种族混杂的各种微观地理中被放大，包括那些昵称为"非洲中心"的街道。"性不道德，"一个典型的线人向委员会宣称，"归因于黑人和白人在公立学校和公园的混杂。""街道上汽车里的黑人，"我们互相了解到，"拒绝和自己同种族的人混在一起，却似乎喜欢坐在一个漂亮的白人女孩旁边……他常常睡着并靠在他白人邻座的肩膀上。"总结陈词滥调的第三点，也是世界上大多数移民城市流行的种族主义情绪的核心所在："正如你所知，白人妇女无疑应该对有色人种男性保持警惕。"[32]

313

347

与此同时,芝加哥贫民窟的改革派长期以来一直将对贫民窟房东的谴责与种族不良倾向的影响混为一谈,这里的种族不良倾向是指意大利人、波兰人或犹太人贫民窟的居民会威胁到该市更正直的盎格鲁-撒克逊公民的健康。 对许多白人来说,黑带更糟糕的状况预示着一旦肤色界线被打破,白人社区会沦落到何种地步。 随着黑人移民的到来,加剧了人们对南方疾病侵入北方的担忧,种族隔离主义者用"瘴毒"等真正古老、捋虎须的隐喻来形容黑人对白人社区的"入侵"。[33]

314 然而,在所谓的入侵社区,所有的种族理论——无论是社会达尔文主义者、优生主义者、卫生主义者、道德主义者、日常主义者,还是彻头彻尾的异类——都直接指向了一个主题:房地产价值。"每一个搬进海德公园的有色人,"1920 年的《海德公园业主杂志》怒斥道,"都知道自己在减损白人邻居的房地产价值。 因此他在向白人开战。"在芝加哥,种族隔离主义者表达了他们在房地产市场上的种族脆弱感,这种表达可能比南非更强烈,更像是种族战争的感觉。 关于房地产价值的种族主义理论也更完全地主导了关于城市分裂的讨论,而芝加哥南区比其他地方更充分地阐述了这一观点。 例如,他们仓促地编造出关于黑人入侵给整个社区造成多少损失的确切统计数据。"我们的房地产价值会损失掉三分之一吗?"海德公园和肯伍德协会这样质问,"我们要像老鼠一样从燃烧的船上逃走? 还是要建立一个统一战线,让海德公园继续成为我们自己的理想家园?"协会断言,他们的工作是"保卫这 10 亿美元(他们对海德公园所有房地产的计算价值)免遭任何损失"。 任何头晕目眩耸人听闻的攻击都无人禁止,"黑人入侵"是"自芝加哥大火以来这座城市遭受的最严重灾难"。 甚至可以不折不扣地说是偷窃:"破坏一个人的财产并损毁其价值,就是抢劫。 犯下这种行为的人就是强盗。"最后,黑人不仅破坏了财产,还破坏了整个城市的形象,正如如下描述:"美丽的芝加哥将会落下什么样的名声? 如果游览芝加哥的游客看到成群结队游手好闲的粗野黑人懒洋洋地躺在南区的林荫道上,使得公园里的花卉展示更显美丽,街道上堆满了旧报纸和西红柿盆罐,还有用以清除黑人打结卷发的产品广告，贴在曾经干净体面而后被废弃的住宅遗址的窗户上。"[34]

白人对于政府的回应并不确定，这可能是这种精心策划、极端的房产价值宣扬的原因。1917 年 4 月，芝加哥房地产委员会（the Chicago Real Estate Board，CREB）试图临时介入这个突破口并解决这个复杂的问题。芝加哥房地产委员会以貌似有理的准确度自称为"世界上最古老、最庞大、最具影响力的房地产董事会"，它对南区的担忧与日俱增。房地产中介的声誉长期受损，芝加哥房地产委员会决定要采取行动改善这种状况，而大鳄们威胁要毁掉这一行动。更糟糕的是，向黑人"乱卖"房产可能会"毁掉"芝加哥房地产委员会自身的这部分房产，其价值先估价为 1 亿美元，后来还提高到 2.5 亿美元。"这个巨额财产值的 30% 到 60% 是无法挽回的损失……从第一个有色家庭搬进街区的那一刻起。"1917 年 10 月 3 日，芝加哥房地产委员会的"种族隔离委员会"要求市议会"立即通过一项法令"：不仅要按种族划分该市，还要使用警力阻止所有黑人移民进城，"直到制定适当的条文并强制执行合理的租售限制，以防止不法行为、房地产价值和财产的破坏以及生命的丧失"。但是市议会没有时间采取行动。在芝加哥房地产委员会被传唤一个月后，最高法院对布坎南案作出了裁决。以政府法令隔离美国城市的运动，就在差不多最接近最大胜利的边缘，突然失去了势头。[35]

种族隔离法律环境恶化的同时，其人口和经济状况也恶化了。在第一次世界大战期间，成千上万的白人男性工人离开工作岗位去欧洲参战。来自大西洋彼岸的白人移民逐渐减少，而雇主对劳工的需求不断增长，以满足对战争物资无止境的需求。实业家们与芝加哥可敬的黑人报纸《芝加哥卫报》（*Chicago Defender*）结成了一个不太可能的联盟，他们慷慨激昂地请求南方黑人北上，而南方黑人则以"大迁徙"来回应。五万名新来者涌入芝加哥黑带，然后塞满各个方向的铁路轨道，进入西边的包装区和东南部的海德公园。城市西侧的一个较小的

315

黑人飞地也急剧增长；恩格尔伍德（Englewood)，黑带南部和西部的一块较小的飞地也是如此。 由于战争期间新房建设几乎停止，白人无处可逃。 当要求政府提供帮助的呼声落空时，邻里保护协会已经打了十年的口水战在城市的街道上转变成为愈演愈烈的行动战。[36]

到了第一次世界大战，暴力和恐吓在芝加哥的居住隔离戏剧中登场已经有一段时间了。 长期以来，来自黑带西部的工人阶级帮派使黑人生活很艰难，他们在岩岛铁路沿线的种族界线之外寻找可负担的住房。到了1910年代，这些帮派将黑人房客从温特沃斯大道以西的建筑中吓跑，帮派成员在其中表现出的能力，已经成为衡量他们男子气概的标志。 在东线，善于变通的海德公园和肯伍德保护协会起初使用了一些比较和平的方法，呼吁芝加哥房地产委员会压制大鳄，呼吁抵制将房产卖给黑人的经纪人，把协会成员的钱集中起来买下黑人拥有的房子，想着再卖给白人。 这些"提议"往往伴之以更严重后果的威胁。

到了1917年，当大迁徙如火如荼的时候，任何曾经存在的和平都开始瓦解。 大批白人聚集在黑人新近购买的房屋外，高喊种族主义口号并向窗户扔砖块和石头。 晚上，暴徒小分队闯入房屋，毁坏新主人刚刚搬进的家具。 很快，有人开始引爆自制炸弹。 在1917年至1919年间发生了24起爆炸，其中3起发生在一位名叫查尔斯·H·戴维斯（Charles H. Davis)的人的房子里，可能是由于精神压力加剧，他在第三次爆炸后很快就去世了。 1918年停战后，士兵们开始从欧洲返回，这进一步阻碍了房地产市场。 在美国其他城市，包括伊利诺伊州东圣路易斯市附近，针对黑人的暴徒袭击开始升级。 芝加哥房主协会打出了"他们不得通过"（They Shall Not Pass)的口号，这是潘兴将军（General Pershing)对西线德国人发出的著名警告。 如此，在芝加哥愈演愈烈的种族战争中阻止了黑人突破东线。 1919年夏天，又有两名黑人在黑带以西的温特沃思大街上死于帮派杀戮。 随后，白人在城市西区暴动，杀害了另一名黑人。 随后发生了一系列特别严重的房屋爆炸事件。 最后，在7月下旬的一个炎热的日子里，一个白人向一个黑人扔石头，这个黑人在密歇根湖沙滩游过一条看不见的肤色界线，他沉了下去，淹死了。 整整一周，城市的南区和其他地方都被严重的混乱所笼罩。[37]

在 1919 年芝加哥种族暴乱期间，白人暴徒多次袭击黑带和其他较小的飞地，有时会从高速行驶的汽车上随意开枪。 黑人向入侵者开枪还击。 土生土长的邻里防御系统保证了黑带大部分居民的安全。 但海德公园和恩格尔伍德等白人聚居区的黑人居民更易受到伤害。 暴徒把他们的许多房屋烧成灰烬，有些人被追赶并被石头砸死。 至少 38 人甚至可能多达 50 人死亡，其中大多数是黑人，537 人受伤，大约 1 000 人无家可归。 虽然伊利诺伊州国民警卫队在 8 月中旬平息了最严重的骚乱，但房屋爆炸事件仍以每 20 天一起的速度持续到 1921 年，至此黑人移民暂时消退，住房建设也有所回升，白人在南区以外有了更多的选择。 尽管如此，就在暴乱发生后不久，海德公园和肯伍德协会还不怀好意地提醒南区的白人："每个业主都有权用一切手段尽最大能力保护自己的财产。"[38]

## 种族隔离伪装的时代

芝加哥暴乱是全国有色人种协进会执行秘书詹姆斯·韦尔登·约翰逊（James Weldon Johnson）所说的 1919 年"红色夏天"的最高潮事件。当年，美国其他 26 个城市爆发了白人暴徒暴力事件，其中包括费城和华盛顿特区。 家庭爆炸案和房屋爆炸事件数不胜数，带来愤怒的喧嚣、扰攘，间或出现对美国各地白人社区"入侵"者的谋杀。 然后，在 1921 年，俄克拉荷马州塔尔萨（Tulsa，Oklahoma）暴徒暴力引发了更多的狂乱事件，当时白人袭击了该市的黑人商业区，烧毁了 36 个街区，包括 1 000 多所房屋，杀害了至少 39 人，甚至可能更多。[39]

在南非，尽管一战后的紧张时期白人街头暴力也在激增，1922 年混乱的兰德起义期间，以维特沃特斯兰德 40 名黑人死亡为终结，但与美国南方相比，兰德起义与房地产市场或居住隔离的关联甚少。 在约翰内斯堡的弗雷多普(1920 年)发生的暴徒和警察对黑人持续半日的袭击事件，与芝加哥温特沃斯大道发生的暴力事件最为相似。 值得注意的是，这一时期种族隔离主义城市街头暴力最重要的地点，既不在美国，也不在南非，而是在爱尔兰；芝加哥和约翰内斯堡的众多白人暴徒都会认真关注爱尔兰的政治局势。 1920 年，一场以天主教徒为主的自治运动成功地赢得了爱尔兰南部的自治权，留下北部六郡被忠于英国的新教殖民者控制。 为了平息北爱尔兰反对分治的天主教骚动，新教统一派暴徒在 19 世纪末多次入侵贝尔法斯特和德里等城市的天主教社区，经常面临天主教的报复。 1920 年至 1922 年间，一些参与者称之为两个"信仰或种族"的冲突升级，在新教和天主教两个社区中相对孤立的占少数的民族都面临着武装驱逐队、房屋爆炸，甚至流浪刺客的攻击。 仅在贝尔法斯特一地，这两年内就有 453 人死亡，其中三分之二是天主教徒；新教统一派暴徒迫使 2.3 万名天主教徒离开故土。 在接下来的几年里，城市社区之间的界线越来越严格，预示着 20 世纪末的"北爱尔兰问题"。[40]

在芝加哥，暴力或暴力威胁将在未来几十年里继续强化这条肤色界线。 然而，这座城市紧张的精英们已经清楚地认识到，仅仅是骚乱本身并不能划出一条有效的肤色界线。 1919 年的暴乱对维持房地产值毫无帮助，芝加哥在全世界的眼中让自己污渍斑斑。 和同时代的南非人一样，美国种族隔离主义者也走到了十字路口。 一个城市转向哪里才能获得合法的权力来阻止黑人的"入侵"？ 对南非人来说，道路的选择已经够复杂了，但是那些米尔纳时代的先例，《原住民土地法》，以及早期的城市居住地点法案，让人毫不怀疑，南非的种族隔离最终会走向某种由联邦政府发起的种族立法。 在美国，情况有所不同，全国有色人种协进会的律师们表明，他们可以通过鼓动美国宪法反对城市隔离。然而，就像南方取消选举权的情况一样，城市肤色界线一定会通过巧妙的计策达成。

事实上，芝加哥的种族隔离主义者仍有三条伪装的权力之路。 第一是进行种族隔离方面的立法，这至少在形式上看起来是国家立法，并非直接与种族相关。 第二，由联邦政府促进土地使用区划来提供帮助，从而允许城市和邻近的市政当局使用阶级限制，阻止不受欢迎的工人阶级居民的大规模"入侵"，有效地阻止大多数黑人。 这两条道路中的第二条涉及公开的种族主义，但也不是暴力行为，这些行为是在政府内部但却在正式立法之外完成的，也就是说，在地契中设置种族限制，这是由法院而不是由明确的法令保证的。 第三，则是完全在政府之外采取行动，并依赖于私人权力来源，也就是说，通过房地产委员会自己的运动，由其成员强制执行种族控制。

到了 1920 年，某类郊区房地产开发商已经费尽心力去探索许多伪装得很严实，但同样具有强制性的城市种族隔离路线。 当然，这些开发商首先是商人，可他们也将自己的举措视为城市问题解决方案的一部分。 他们不仅在国际资本市场上为自己的项目融资，还寻求跨洋的改革思路，尤其倾向于房地产法律和城市规划运动。 在美国城市政治中，相对缺乏的是某些帝国或政府授权的种族隔离，这也使得开发商在芝加哥等地的作用比在南非或其他殖民地城市的地位要突出得多。[41]

这些自封为"社区建设者"的改革派，其受到启发的来源可以追溯到至少一个多世纪前的伦敦郊区的福音派。 为了维护其社区的道德和经济完整性，福音派使用了附有土地使用限制的地契，贵族地主在 17 世纪晚期的伦敦西区制订了这种地契，从而与城市的下层阶级保持距离。 到了 19 世纪末，大法官在塔尔克诉莫克塞案（Tulk v. Moxhay）中裁定之后，这些契约在英国法律中得到了很好的确立，开发商引进了这些契约——以及支持它们的法律先例——不仅引进到南非，也引进到美国。[42]

美国最重要的土地使用限制引入者之一是老弗雷德里克·劳·奥姆斯特德（Frederick Law Olmsted Sr.），他是纽约中央公园以及全国几十个类似的城市"绿肺"的设计师。 奥姆斯特德认为，将具有潜在价值的城市土地用作公园，对于改善穷人的道德规范和确保社会和平至关重要。 这一理论不太为人所知的推论是：中产阶级应该能够真正生活在公园里——也就是说，在他们自己的郊区社区里，有蜿蜒的小巷、许多树木和很大的院子。 在 1850 年代，奥姆斯特德参观了英国利物浦附近的伯肯黑德公园（Birkenhead Park）的专属郊区专区。 回到美国后，他口若悬河地谈论着这类郊区的前景，语言中混合着城市改革的浮躁词汇与英国式限制性契约的法律样板："也许可以找到文明的优越……在其他任何环境下，都完全比不上某些郊区居民区，每个家庭的住所都与其他居民区相距 50 英尺或 100 英尺以上，并且与公共道路有一定距离。"基于这些想法，在芝加哥以西的伊利诺伊州河滨，他开发了美国第一个田园式郊区，他们的产权契约中充斥着直接来自伦敦开发商法律手册的限制性条款。 这使得除了富人以外的任何人都无法参与开发，因为其中规定了最小的地块面积、最低的房屋成本、与道路之间的最短距离，

320 以及昂贵的建筑装饰。 后来，另一位有社会改革派倾向的开发商爱德华·鲍顿（Edward Bouton）将这种私有化、基于合同的城市规划更进一步，与奥姆斯特德的儿子小弗雷德里克·劳·奥姆斯特德（Frederick Law Olmsted Jr.）合作，在巴尔的摩附近的罗兰公园（Roland Park）开展详细区划。 鲍顿与一家英国土地公司合作，该公司的业务由堪萨斯城的一家机构监管，他不仅将土地使用限制纳入了自己的商业计划，而且是第一个仅仅基于其限制性特点来宣传开发项目的商人。[43]

限制性契约也有许多局限。 其中之一在于，并不具备任何措施来防止滋扰事件在开发区边界之外突然出现，这可能会损毁开发区的格调和财产价值。 出于这个原因，像奥姆斯特德父子、鲍顿这些开发者以及他们在堪萨斯城的合作伙伴 J·C·尼科尔斯（J.C. Nichols）都饶有兴趣地关注着城市规划运动从奥斯曼的巴黎蔓延到德国、英国和很多殖民地——但是在芝加哥尤其引起了轰动。

在芝加哥，城市规划的主要推动者是丹尼尔·T·伯纳姆，他是"城市美化"运动的代表，其目标是将法国的纪念性规划引入——包括

把奥斯曼的放射状林荫大道和致力于崇高公民理想的古典建筑——引入到目前铁路线乱七八糟的、被铁网围困的、建筑线刮伤天空的、金钱至上的美国工业城市。 后起之秀伯纳姆与芝加哥南区有着密切的联系。1893 年，奥姆斯特德为在环礁湖密布的杰克逊公园（Jackson Park）举行的哥伦比亚世界博览会（the World's Columbian Exposition）上，建造了一座最接近于纪念性的、种族隔离的美国殖民城市。 公园本身就是一座白色之城，一种新德里式的先锋派风格，用加固的石膏粉刷而成，配有圆柱宫殿、方尖碑、喷泉和其他绝妙的新古典主义建筑，所有这些都旨在展示文明的最高造诣。 在公园的西面——伊利诺伊州中央铁路的铁轨将公园分隔开来——这里有一英里长的娱乐广场，热闹的娱乐活动在其中展开，包括摩尔宫殿（the Moorish palace）、爪哇村庄（the Javanese village）和开罗（Cairo）街道等黑人小镇的仿制品。[44]

但是，与印度或摩洛哥不同的是，国际规划运动从未在美国大陆建立一个永久性的白人城市。 伯纳姆的确为华盛顿特区、克利夫兰和旧金山制定了雄心勃勃的计划，而后，在马尼拉之行后他回到了芝加哥，专注于他后来的杰作。 然而，他的大部分精力都集中在市中心。 由于他所倡议的林荫大道很少真正进入周围的贫民窟，比如黑带所在的贫民窟，因此他导致穷人或黑人流离失所的情况很少，相比巴黎、布宜诺斯艾利斯或里约等地都要少——更不用说拉巴特或新德里了。[45]

也就是说，伯纳姆的确为美国种族隔离主义者提供了一些至关重要的东西。 他宏伟的愿景激起了拥有土地的城市精英阶层的政治支持，他们支持规划理念本身——也就是说，集体解决城市问题，这可能取决于政府对精英阶层小心翼翼保护着的财产权实施强制性的限制。 1909年，小弗雷德里克·劳·奥姆斯特德从欧洲旅行归来，提出城市规划应采取更"综合"的方式，将"经济和社会发展问题的重大质疑"考虑在内，推进相关案例，而不仅仅是城市美化和公民美德。 以这种方式，他呼应了法国学院派城市学家（the French BeauxArts urbanistes）对奥斯曼的批评。 但他此行最鼓舞人心的一站是德国，在那里他目睹了市政土地使用区划法的实施。 奥姆斯特德认为，在适当地调适于美国环境之后，它们将赋予城市权力，将住宅区与工业区和商业区分开——也将上层住宅区与中产阶级住宅区以及穷人住宅区区分开来。 与限制性契约不同，区划法还可以给开发商一个保证，即他们的详细分区不会因为紧邻地区的不兼容用途而降低价值。[46]

在 1910 年代，以分区为基础的综合规划运动在美国得以加强，诸如洛杉矶、圣路易斯、亚特兰大、纽约和芝加哥等城市——在其商会的怂恿下——都举行了起草分区规划方案的听证会。 与此同时，规划者和开发商也强化了一个法律论点，即分区带来的巨大公民福利应优先于土地所有者的个人权利。 1909 年，奥姆斯特德操控了新成立的全国城市规划联合会（National Conference on City Planning，NCCP），后来他的同事爱德华·鲍顿和 J·C·尼科尔斯在全国城市规划联合会和芝加哥房地产委员会更强大的分支机构"全国房地产委员会协会"（the National Association of Real Estate Boards，NAREB）之间建立了联盟，后者的总部也设在芝加哥。 在那里，不断壮大的开发商队伍开展专属郊区详细区划工作，成为尤其热心的分区支持者，他们努力工作以减轻对组织内部产权的担忧。 1909 年洛杉矶和 1916 年纽约城都颁布了大规模的区划法，而且芝加哥房地产委员会组织力量支持 1923 年芝加哥通过的类似法令。[47]

与此同时，规划师和房地产大亨们也向更广泛的城市改革派群体伸出了援手。 在 1920 年代早期，全国房地产委员会协会与美国最著名的经济学家结成了非常重要的联盟，他就是理查德·T·伊利（Richard T. Ely），威斯康星大学土地经济和公共事业研究所所长。 1925 年，伊利和全国房地产委员会协会的首席顾问，芝加哥蓝血将军内森·威廉·麦克切斯尼（Nathan William MacChesney）（以及大规模的南区土地所有者），策划了将研究所从麦迪逊转移到美国西北大学，最终转移到西北大学位于芝加哥环线的卫星校园的一个办公室。[48]

伊利是美国进步时代（Progressive Era）改革家中的杰出人物，曾与最早挑战亚当·斯密和大卫·李嘉图建立的古典自由市场经济理论的经济学家们一起在德国学习。 他的经济学训练使他认识到，物品的价值不仅取决于供求关系，还取决于决定这些物品销售市场形态的社会因素。 因此，社会立法在调节资本主义经济方面可以发挥作用。 土地使用不协调的问题是社会因素影响商品价值的一个典型例子，在伊利看来，土地使用分区是一个关键的立法补救办法。 土地价值反复无常的波动对伊利来说是一个特别令人不安的问题，因为它们是资本主义社会在更广泛地获取土地所有权的道路上存在的众多障碍之一。[49]

"所有一切的基础，"伊利讲道，"都是土地。"对他来说，研究所有着超凡的使命。"当我们在人类和赖以生存的大地之间建立了正确的经济关系时，我们在解决许多最紧迫的国内经济问题以及国际和平问题方面就会取得很大进展。"与全国房地产委员会协会的联盟给他提供了极好的机会，因为这使他能够接触到一些人，那些从经济上激励将"广泛拥有土地"的理想付诸行动的人。 至于全国房地产委员会协会，可以通过伊利的工作来证明房地产代理商务和住宅分区也是基于最先进的经济科学理论。[50]

与此同时，在华盛顿，美国商务部长赫伯特·胡佛使用联邦政府的权力支持城市土地利用管制。 胡佛是伊利和其他进步改革派的英雄，他们钦佩他的技术官僚式的社会行动主义。 商业领袖们，诸如全国房地产委员会协会的成员，也对胡佛的呼吁表示赞赏，他呼吁由政府和企业之间的"联盟"去驱动解决社会问题。 全国房地产委员会协会的首席法律顾问麦克切斯尼后来担任了胡佛成功竞选总统的中西部先锋，而伊利甚至不惜转换党派支持胡佛的竞选活动。 早在那之前的 1921 年，胡佛就成立了一个区划咨询委员会，成员包括小弗雷德里克·奥姆斯特德、纽约住房改革家劳伦斯·维勒（Lawrence Veiller），以及来自全国房地产委员会协会和美国商会的几位杰出人士。 到了第二年，该委员会编制了一份区划入门读物，用以向公众宣传区划条例的策略，以此作为公民合作的高级实践形式，同时提供了一份标准的州区划授权法案，该法案允许支持者使用最新的法院判决摆平他们的活动。 最后，在1926年，在欧几里得村诉安布勒房地产公司案（Euclid v. Ambler）中，美国最高法院自己裁定，俄亥俄州区划法中的土地使用限制意味着其实施过程中宪法允许使用市政警察权力。 到1930年，全美国大约有800个城市通过了区划法令；在接下来的几十年里，这个数字将上升到数千个。[51]

胡佛的标准州区划授权法案是美国联邦政府有史以来最接近南非《原住民（城市地区）法》的一个法案。 两者都是为了使全国各地的地方当局能够对其城市开展区划而通过的立法，并且都为进一步贯彻国家政府指导的城市隔离政策提供了一种框架。 当然，最大的区别在于种族在法律中的定位。 扬·史末资的《原住民（城市地区）法》实际支持种族歧视，其途径是明确授权独立的种族区，损害黑人的土地所有权，并阻止黑人向城市迁移。 在美国，布坎南诉沃利案（Buchanan v. Warley）的裁决使胡佛委员会不可能出现任何此类明确的种族条款，更不可能攻击黑人的财产权或迁徙自由。 相反，欧几里得村诉安布勒房地产公司案赋予城市以权力，可以根据土地用途，更重要的是，根据阶级去划分土地。 这项裁决明确授权了土地使用分区武器中最不可靠的法律概念，即为独栋住宅和公寓楼创建单独区域的权力。 1918年，奥姆斯特德曾指出，为不同等级的住宅建立这样的独立区"或多或少与种族划分相吻合"。 他说，阶层隔离可能会改善种族隔离，因为许多越过肤色界线进入白人区的黑人是通过租用公寓套房来实现的。 在一些地方，如亚特兰大和新奥尔良，蓝丝带委员会（blue-ribbon commissions）宣扬土地用途分区方案中隐含的种族基础，其分区计划中明确地为黑人和白人划分出单独的区域，每个区域都有自己的分区，用于独户住宅和公寓小区建设。 在布坎南案的基础上，这样的计划在法庭上失败了，尽管他们号称"肤色中立"的计划在后续实施中通常会将所需的肤色界线落实到位。[52]

为了使土地使用分区更精准地为种族隔离服务，区划倡导者还求助于南非人认为不充分、美国人认为在法律上比区划更危险的非法定的法律实践工具——即房地产经纪人的种族指导和地契中的种族限制。 同样是那些在公共场合如此热情地工作以推动土地使用分区的联邦授权的人，1920 年代也在全国范围内推广了这些更明显的种族主义做法——尽管要安静得多。 至少从 1890 年代起，种族限制就存在于美国地契中，跟南非一样很早。"社区建设者"爱德华·鲍顿曾考虑将其纳入巴尔的摩 1893 年罗兰公园契约中，但当他的律师警告他这些契约可能违反第十四修正案时，他放弃了。 不过，在 1910 年，也许是受到巴尔的摩的种族分区条例的鼓舞，他在罗兰公园扩建区吉尔福德（Guilford）的房产契约中加入了种族限制。 与此同时，J·C·尼科尔斯和小弗雷德里克·劳·奥姆斯特德出售其他开发项目地块时使用了这些限制性条款，包括洛杉矶的帕洛斯弗迪斯（Palos Verdes），契约中的措辞禁止转售给墨西哥人。 在芝加哥，开发商弗雷德里克·巴特利特（Frederick Bartlett）早在 1914 年就在他为玫瑰园（Roseland）的最南边详细区划所拟定的契约中插入了禁止转售给"非洲血统"的人的措辞。[53]

在布坎南案和芝加哥骚乱之后，种族限制的范围扩大了很多。 芝加哥房地产委员会对最高法院的判决感到失望，要求其成员动员"每个白人街区的业主协会，以共同防御为目的"，在他们的契约中插入"保护社会和财产价值"这个唯一继续留存的措施。 巴尔的摩市长詹姆斯·H·普雷斯顿在 1918 年与芝加哥的接触中听说的可能就是这个"计划"，并向自己的房地产委员会推荐了这个计划。[54]

不过，要让房地产中介在此类问题上发挥领导作用，全国房地产委员会协会必须克服房主的一种强烈意识，即他们认为中介本身通过参与投机活动，造成了黑人入侵。 事实上，大鳄在众多无良的非专业经纪人和投机者中只占了一部分，其中一些人偶尔会掀起疯狂买地的冲动，最终导致数千人的经济崩溃。 作为全国房地产委员会协会首席法律顾问，内森·威廉·麦克切斯尼，他的最早行动之一，就是申请了"不动产经纪人"一词的商标，作为房地产董事会嫡系成员的称呼。 他的目的是把真正的专业人士与那些不专业的可疑人士区别开来，分清良莠。

他与伊利结成的土地经济协会的联盟，也旨在提高该行业的声誉。 伊利认为房地产行业的不正之风阻碍了更广泛的土地投资，他同意主编一系列教科书，这些教科书由他手下的经济学家和全国房地产委员会协会成员编写，目的是在"简单但适度科学"的基础上拿来培训经纪人，从而使房地产经纪人拥有如同医生和律师那样专业的面貌。[55]

经济学教授与社会改革倡导者伊利，和自封为"保守进步派"的房地产律师、军人麦克切斯尼在伊利的芝加哥岁月里建立了密切的关系。尽管两人都没有正式发表成体系的成熟的种族理论，但他们在职业生涯的大部分时间里都在类似的种族主义和帝国主义政治改革的漩涡中积极参与活动。 两人都认识西奥多·罗斯福，都崇拜他；麦克切斯尼甚至在"野蛮骑士"团待过一段时间。 像罗斯福一样，两人都公开地冒险支持社会达尔文主义和优生学。 伊利是基督教社会达尔文主义者约西亚·斯特朗(Josiah Strong)的密友；他赞许美国优生学家卡尔·皮尔逊(Karl Pearson)、保罗·波普诺(Paul Popenoe)和罗斯韦尔·约翰逊(Roswell Johnson)的工作；他多次主张采取措施减缓一部分人的繁衍速度，即那些被他视为"可悲的人类垃圾"——这些人是"弱智者""福利领取者"和罪犯。 1922 年，他祝贺优生学家洛斯罗普·斯托达德(Lothrop Stoddard)在《对文明的反叛》(*The Revolt against Civilization*)(1922)一书中取得了耀眼的成功，这本书呼吁培养有教养的"新贵族"。 麦克切斯尼的改革组织委员会成员名单堪称传奇，而且他撰写了一份优生条约，倡导为精神病患者和囚犯实施绝育计划。 他甚至危言耸听地暗示，有一天类似的计划可能适用于黑人。 与此同时，伊利和麦克切斯尼都支持移民限制，并且像大多数美国优生学家一样，也支持白人"积极"的种族繁衍政策。 在独栋住宅区拥有广泛的财产所有权，他们——就像他们的另一个共同英雄赫伯特·胡佛——相信这样可以通过提供白人所需的财富和养育环境来改善种族，从而尽可能多地繁衍后代。

在 1910 年代，伊利确实暗示过其种族思想的其他潜在方向。 在他最畅销的经济学教科书中写道：白人偏见要为黑人社区的若干社会问题负责，而大多数同时代的人只是认为这些社会问题是"劣等种族"的生理特征的一部分。他赞成黑人通过搬到北方城市从事更好的工作来改善他们的种族前景，他还担心，白人的敌意和黑人自身的"经济惰性和无能"可能会减缓这一进程。在他所有的种族主义观点中，有一个观点是：在不断变化的社区里，财产价值的下降一定程度上并不是因为黑人的任何固有问题，而是因为白人种族主义本身——正如杜波依斯同期在全国有色人种协进会的杂志《危机》（*The Crisis*）的书页里论证的一样。但在芝加哥，伊利要么立场强硬，要么屈服于房地产行业的赞助商。作为该研究所为美国房地产经纪人教育而出的一系列教科书的编辑，伊利从未举手抗议，因为他的作者们一再支持在房地产市场上使黑人处于不利地位的政策。[56]

伊利提供了一个科学支持的光环，麦克切斯尼编制了三份有影响力的文件，将种族指导和限制性契约转化为所有正直的房地产经纪人和开发商的职责。第一份文件是全国房地产委员会协会的职业道德准则，麦克切斯尼在 1924 年的修订中起了主导作用。新准则的序言部分引用了伊利的座右铭"一切之下，皆是土地"。它被列为房地产经纪人的许多范本之一，作为"重大的社会责任和……爱国义务"的范例，严格禁止"引进……任何种族或国籍的成员进入社区……以免他们的出现会明显损害该社区的财产价值"。[57]

第二份文件是麦克切斯尼的"标准格式限制性契约"，他起草这一文件的目的是稳定这些条款的法律基础。美国法院一直将基于种族的限制性契约视为民权法的范畴：最大的问题是它们是否违反了第十四修正案。因此，它们已经截然不同于土地使用契约，后者的法律地位完全由英国的财产法先例来决定。这种法律处理方式与南非形成鲜明对比：不管是基于阶级还是基于种族的契约限制，南非的法院都仅仅使用财产法裁决。麦克切斯尼的法律策略，就像其他在法庭上捍卫维护种族契约的措施一样，其关键是要保持明确的区别：什么是如布坎南案驳

327

回的这类政府法令的种族歧视，什么是诸如地契这类"私人合同"的歧视。 1926年，最高法院在科里根诉巴克利案(Corrigan v. Buckley)中模棱两可地接受了这一点。 在法院给予白人在私人合同中至高无上的法律保护的庇护之下，麦克切斯尼的"宪法证明"契约借鉴了沉浸在老式种族科学中的法律先例，尤其是弗吉尼亚州对黑人的"一滴血"(one-drop)定义。 为了避免违反契约者的律师强迫原告证明他或她是黑人的尴尬局面，麦克切斯尼确保地契明确规定"黑人"是"拥有1/8黑人血统的人"（后来的契约更加严格，将标准提高到1/32黑人血统）。在1920年代后期，芝加哥房地产委员会在芝加哥各地的社区协会中组织活动时利用麦克切斯尼的文件，尤其是在海德公园、肯伍德和伍德朗等南区的社区。 全国房地产委员会协会将同样的文件分发给全国其他地方的类似活动。[58]

最后，麦克切斯尼写了一本关于房地产法的教科书，伊利把这本书编辑进了他的系列丛书。 在他的学术赞助人的支持下，麦克切斯尼采取了最后一个关键步骤，将他的标准契约包裹在一层意识形态伪装中。因为黑人有"同样的特权"通过限制性契约将白人排除在自己的社区之外，麦克切斯尼认为：这些盟约关注了"宪法的民权条款中没有歧视"这一点。 这种对制度化不平等存在的轻率否认源于普莱西诉弗格森案(Plessy vs. Ferguson)的"隔离但平等"原则。 在第一次世界大战后的岁月里，他们在美国新右翼的政治中会变得越来越重要。[59]


## 种族界线坚固如"铁圈"？

那么，这种伪装的种族隔离制度的折衷妥协是否真的能按种族分裂城市呢？ 到1930年，芝加哥有23.4万黑人，超过1920年的两倍。 他们中只有10%的人居住在黑人人口不到50%的选区，且其中大多数可能住在佣人房。 超过一半的城市黑人居住在黑人占90%以上的社区，

328

大多数在南区，但也有许多居住在西区不断扩大的飞地。 从任何尺度看，自1920年以来隔离现象都在大幅增加，1920年该市还没有一个社区达到90%的临界点。[60]

芝加哥"L"，曾一度作为芝加哥南区黑人居住地点的边界（1940年）。美国中产阶级白人经常把黑人聚居区和下层白人社区称为"铁轨的另一边"。

在美国其他地方，也出现了类似的情形。 纽约市被隔离的"黑人美国之都"在曼哈顿北部区域浮现。 1910年代，列克星敦大道（the Lexington Avenue）的地铁驶向有着三百年历史的前荷兰农庄哈莱姆（Harlem），开发商在沿线掀起了一股投机建筑的狂潮。 当这股泡沫在1905年破裂时，居住在更南边贫民窟的黑人大量迁入，进入遗留的壮观但价格非常实惠的褐砂石房子和公寓楼。 白人保护协会在阻止黑人涌入方面无能为力，到1930年，纽约有32.8万黑人，其中包括来自加勒比海的5.5万移民，他们中的大多数人居住在哈莱姆中心区，其黑人比例超过90%［布鲁克林区（Brooklyn）的贝德福德-施托伊弗桑特街区

329　(Bedford Stuyvesant)的发展也可以追溯到这个时候]。类似的黑人城市岛屿，其中许多靠近市中心商业区，组成了一个全国性的群岛，包括费城的北部、西部和南部；波士顿的罗克斯伯里（Roxbury）；巴尔的摩的西部；华盛顿的 U 街（U Street），克利夫兰的霍夫大道区（Hough Avenue district）；底特律的天堂谷（Paradise Valley）；北圣路易斯；迈阿密的上城区（Overtown）；亚特兰大西区；洛杉矶的中央大道（Central Avenue）。[61]

　　很明显，黑人社区并没有遵循那些迁入美国城市的其他族群的模式。如果芝加哥的小意大利、波罗尼亚和皮尔逊曾经是某个移民群体占多数，那么从当时起，他们的居民就会分散到整个城市。一些欧洲移民群体偶尔在邻里组织的宣言和种族限制公约中作为不受欢迎的邻居出现。但是1924年的移民法缓和了白人本土主义者的仇恨，到1930年，针对外国白人的契约消失了。犹太人是个例外——直到1960年代，排他性房地产开发商一直试图通过种族指导和限制性契约的方式将他们排除在详细的分区之外。亚洲人和墨西哥人在美国的一些地区得到的也是二等待遇，最明显的是在洛杉矶，在纽约的波多黎各人也是如此。但是，没有一个群体像非洲裔美国人那样经历了持续数十年全国范围内日益严重的排斥。[62]

　　对于芝加哥的许多黑人来说，他们居住的地方只有一种描述：贫民区。正如非洲裔美国社会学家及活动家贺拉斯·凯顿（Horace Cayton）和圣克莱尔·德雷克（St. Clair Drake）指出的那样，这是一个抱怨的词，意在促进反对限制性契约和隔离铁圈的活动，铁圈"现在困住了大多数黑人家庭，使他们在难以忍受、极不卫生的条件下生活"。[63]

　　尽管黑人律师和活动家在布坎南案获胜后迫使白人种族隔离主义者做出妥协，但这些活动家现在面对的是一个更加困难的系统，它有多个部分，每个部分都有自己的伪装。限制性契约只是其中最容易瞄准的部分。事实上，历史学家倾向于降低其作为城市分割装置的中心地位——事实证明，保护性公约很难从邻居那里得到普遍的守护，未加入保护公约的邻居可能会卖房给黑人或大鳄，因为许多人不希望自己的卖房选择受到限制，于是，这预示该地区的白人会纷纷逃离此地。　契约在新开发项目中的效果可能更好，因为详细分区可以在其房产上市前将其插入所有契约中。　尽管如此，种族契约限制最重要的作用很可能是作为政治诱饵，让系统的其他部分得以毫发无损地逃脱民权活动家的反对。　正如小弗雷德里克·劳·奥姆斯特德曾经希望的那样，在激进分子的雷达上飞得更低而不易被发现的土地使用区划，可能是种族隔离的更有效的力量。　大多数采用胡佛标准区划法版本的司法管辖区都是在郊区详细分区形成的，这些地区将自己设立为独立的市镇，从而为自己提供了采取特定的排他性限制所需的政治空间。　在全国范围内，房地产委员会将种族指导作为职业荣誉的标识，这种做法也是种族隔离的一个特别有效的引擎，几乎不可能根除。　至于白人暴徒的家庭爆炸案和房屋爆炸的威胁，在 1920 年代末至 1930 年代平静下来，但当下一次战时城市住房危机来袭时，这样的威胁很快就会更加猛烈地卷土重来。最后，作为所有上述制度基础的种族财产价值理论，只在白人集体想象中获得了力量和普遍认可。[64]

　　到了 1930 年，相比 J·B·M·赫佐格总理统治下的此时的南非，美国城市种族隔离的新情况被证明更成功——至少就当时而言，《原住民（城市地区）法》在消除约翰内斯堡的多种族贫民窟方面表现并不突出。　尽管如此，这一成功还是以美国白人又一次重大妥协为代价的。与南非伙伴不同的是，南非相关方面仍然希望政府宣布为他们的城市划定永久的种族隔离区，而美国体制却不能提供这样的保证。　这在很大程度上是因为美国的伪装肤色界线对黑人移民城市没有任何限制，也因为肤色界线的创造者不愿意或在法律上没有能力将城市边缘的大片区域修建成南非式的城镇。　美国的肤色界线可能是铁铸造的，但几乎无法阻止人们在城市空间穿越，只要黑人人口继续增长——确实会一直增长，持续到 1960 年代增长都挺快——市中心的贫民区人口也在增长。在财产价值的种族理论的逻辑中，生活在贫民区路途中的白人必须做出

330

两种牺牲之一：他们要么战斗（从长远来看存在人身危险且很难成功），要么逃离。

对于开发商及美国的改革派盟友来说，允许白人迁移是要制定的种族隔离政策的下一个前沿主题。事实证明，与 1917 年至 1919 年的危机相比，大萧条为美国城市分裂者提供了一个在联邦层面将想法付诸行动的更大机遇。他们不仅会更有效地分裂美国的城市，而且会在这一尝试中毁掉许多这样的城市。

331

---

**注 释:**

[1] J. B. M. Hertzog to F. W. Bell, 引自 Colin M. Tatz, *Shadow and Substance: A Study in Land and Franchise Policies Affecting Africans*, 1910—1960 (Pietermaritzburg: University of Natal Press, 1962), 14—15。

[2] Reginald Horsman, *Race and Manifest Destiny: The Origins of American Racial Anglo-Saxonism* (Cambridge, MA: Harvard University Press, 1981), 25—42, 81—97, 272—297.

[3] Dwight W. Hoover, *The Red and the Black* (Chicago: Rand McNally, 1976), 80—108, 141—163; Horsman, *Race and Manifest Destiny*, 189—207; Christoph Strobel, *Testing Grounds of Empire: The Making of Colonial Racial Order in the American Ohio Country and the South African Eastern Cape*, 1770s—1850s (New York: Peter Lang, 2008).

[4] John Higham, *Strangers in the Land: Patterns of American Nativism*, 1860—1925 (New York: Atheneum, 1965); Andrew Gyory, *Closing the Gate: Race, Politics, and the Chinese Exclusion Act* (Chapel Hill: University of North Carolina Press, 1998); Horsman, *Race and Manifest Destiny*, 208—248; Paul A. Kramer, *The Blood of Government: Race, Empire, the United States, and the Philippines* (Chapel Hill: University of North Carolina Press, 2006), 397—431; Juan Ramon Garcia, *Operation Wetback: The Mass Deportation of Undocumented Mexican Workers in 1954* (Westport, CT: Greenwood, 1980).

[5] Eric Foner, *Reconstruction: America's Unfinished Revolution* (New York: Harper and Row, 1988).

[6] John Van Evrie, *White Supremacy and Negro Subordination; or, Negroes a Subordinate Race, and (So-Called) Slavery Its Normal Condition; with an Appendix, Showing the Past and Present Condition of the Countries South of Us* (1868; repr., New York: Garland, 1993), 168—175, 330; Leon Litwack, *North of Slavery: The Negro in the Free States, 1790—1860* (Chicago: University of Chicago Press, 1961), 64—152; Thomas Lee Philpott, *The Slum and the Ghetto: Neighborhood Deterioration and Middle-Class Reform, Chicago, 1880—1930* (New York: Oxford University Press, 1978), 117.

[7] Carole T. Emberton, "The Politics of Protection: Violence and the Political Culture of Reconstruction" (PhD diss., Northwestern University, 2006).

[8] C. Vann Woodward, *The Strange Career of Jim Crow*, 3rd ed. (New York: Oxford University Press, 1974); J. Morgan Kousser, *The Shaping of Southern Politics: Suffrage Restriction and the Establishment of the One-Party South, 1880—1910* (New Haven: Yale University Press, 1974).

[9] Gary Gerstle, *American Crucible: Race and Nation in the Twentieth Century* (Princeton: Princeton University Press, 2001), 14—43; Kramer, *The Blood of Govern-*

ment, 87—158; Gail Bedermann, *Manliness and Civilization: A Cultural History of Gender and Race in the United States, 1880—1917* (Chicago: University of Chicago Press, 1995), 170—216.

［10］Eric Paul Roorda, "Dessaraigando la tierra de clubes: La extinctión de la 'colonia americana' en La Habana", *Secuencia* 60(2004):111—134(感谢作者提供本文的翻译); Rosalie Schwartz, *Pleasure Island: Tourism and Temptation in Cuba* (Lincoln: University of Nebraska Press, 1997), 20—30; Thomas H. Hines, "The Imperial Façade: Daniel H. Burnham and American Architectural Planning in the Philippines", *Pacific Historical Review* 41(1972):33—53, 引自 38, 40; David Brody, "Building Empire: Architecture and American Imperialism in the Philippines", *Journal of Asian American Studies* 4 (2001):123—145; Lewis E. Gleeck Jr., *The Manila Americans* (1901—1964) (Manila: Carmelo and Bauermann, 1977), 33—34, 51, 53, 63, 69, 71, 73; Robert R. Reed, *City of Pines: The Origins of Baguio as a Colonial Hill Station and Regional Capital* (Berkeley: Center for South and Southeast Asia Studies, 1976), 119—160。

［11］首次引自: A. Grenfell Price, "White Settlement in the Panama Canal Zone", *Geographical Review* 25(1935): 9; Juan Gonzales, *Harvest of Empire: A History of Latinos in America* (New York: Viking, 2000), 151—152; Julie Greene, *The Canal Builders: Making America's Empire at the Panama Canal* (New York: Penguin, 2009), 62—74, 151—53, 二次引自 72。

［12］Margaret Crawford, *Building the Workingman's Paradise: The Design of American Company Towns* (London: Verso, 1995), 29—45, 61—128.

［13］Daniel Nowak, *The Wheel of Servitude: Black Forced Labor after Slavery* (Lexington: University Press of Kentucky, 1978), 29—93; William Cohen, *At Freedom's Edge: Black Mobility and the Southern White Quest for Racial Control, 1861—1915* (Baton Rouge: Louisiana State Press, 1991), 201—298.

［14］George Fredrickson, *White Supremacy: A Comparative Study in American and South African History* (New York: Oxford University Press, 1981), 179—198.

［15］Charles S. Johnson, *Patterns of Negro Segregation* (New York: Harper, 1943), 117—155; Grace Elizabeth Hale, *Making Whiteness: The Culture of Segregation in the South, 1890—1940* (New York: Pantheon, 1998), 85—240; Woodward, *Strange Career*, 67—110; Joel Williamson, *The Crucible of Race: Black-White Relations in the American South since Emancipation* (New York: Oxford University Press, 1984), 180—258; Edward L. Ayers, *The Promise of the New South: Life after Reconstruction* (New York: Oxford University Press, 1992), 432—437; Glenda Elizabeth Gilmore, *Gender and Jim Crow: Women and the Politics of White Supremacy in North Carolina, 1896—1920* (Chapel Hill: University of North Carolina Press, 1996).

［16］Carl H. Nightingale, "The Transnational Contexts of Early Twentieth-Century American Urban Segregation", *Journal of Social History* 39(2006):667—675, 引自 on 667; Roger Rice, "Residential Segregation by Law, 1910—1917", *Journal of Southern History* 34(1968):179—199。

［17］Nightingale, "Transnational Contexts", 675—680; Samuel Kelton Roberts Jr., *Infectious Fear: Politics, Disease, and the Health Effects of Segregation* (Chapel Hill: University of North Carolina Press, 2009), 107—138.

［18］W. E. B. DuBois, "The Challenge of Detroit", *Crisis*, November 1925, 7—10; Nightingale, "Transnational Contexts", 680—686; Joseph L. Arnold, "The Neighborhood and City Hall: The Origin of Neighborhood Associations in Baltimore, 1880—1913", *Journal of Urban History* 6(1979):3—30.

［19］Commonwealth of Virginia, *Acts of Assembly*, March 12, 1912, 330—332; Jack Temple Kirby, *Darkness at the Dawning: Race and Reform in the Progressive South* (Philadelphia: J. B. Lippincott, 1972), 108—130; Jeffrey J. Crow, "An Apartheid for the South: Clarence Poe's Crusade for Rural Segregation", in *Race, Class, and Politics in Southern History*, ed. Jeffrey J. Crow, Paul D. Escott, and Charles L. Flynn (Baton Rouge: Louisiana State University Press, 1989), 216—259.

［20］Nightingale，"Transnational Contexts"，667—668，685—686；Herbert Aptheker，*A Documentary History of the Negro People in the United States*（New York：Citadel，1951），78—87，117—120；William B. Hixson，*Moorfield Storey and the Abolitionist Tradition*（New York：Oxford University Press，1972），139—142；*Buchanan v. Warley*，引自 Garrett Power，"Apartheid，Baltimore Style：The Segregation Ordinances of 1910—1913"，*Mary land Law Review* 42（1983）：312—313。

［21］Mayor James H. Preston 写给 Real Estate Board of Baltimore City 的信，July 17，1918，Preston Papers，Baltimore City Archives。

［22］案例可见：Chicago Commission on Race Relations，*The Negro in Chicago：A Study on Race Relations and a Race Riot*（以下简称为：Riot Commission，*Report*）（Chicago：University of Chicago Press，1922），465，562。

［23］Philpott，*Slum and the Ghetto*，27—32，130—145；National Geographic Society，*Historical Atlas of the United States*（Washington DC：National Geographic Society，1988），248—249。

［24］Litwack，*North of Slavery*，168—170；Christopher Robert Reed，*Black Chicago's First Century*（Columbia：University of Missouri Press，2005），1：43—57，178—181，230—241，340—348. Elaine Lewinnek，"Better than a Bank for a Poor Man? Home Financing Strategies in Early Chicago"，*Journal of Urban History* 32（2006）：274—301；Margaret Garb，*City of American Dreams：A History of Home Ownership and Housing Reform in Chicago，1871—1919*（Chicago：University of Chicago Press，2005），86—116.

［25］"Prejudice，the Ban in Securing Homes"，*Chicago Defender*，October 19，1912；Philpott，*Slum and Ghetto*，115—146；Allan H. Spear，*Black Chicago：The Making of a Negro Ghetto*（Chicago：University of Chicago Press，1967），11—28；Garb，*City of American Dreams*，177—202.

［26］Edith Abbott，*The Tenements of Chicago，1908—1935*（Chicago：University of Chicago Press，1936），363—400；Garb，*City of American Dreams*，36—59，186—187；Spear，*Black Chicago*，74—75，112—113.

［27］Garb，*City of American Dreams*，186—187；Philpott，*Slum and Ghetto*，149—151.

［28］"To Rout the Saloons"，*Chicago Tribune*，October 31，1893；"Citizens Oppose Negro Neighbors"，*Chicago Tribune*，August 22，1909；"Aroused by Negro Invasion"，*Chicago Tribune*，October 13，1909；Philpott，*Slum and the Ghetto*，146—200；Spear，*Black Chicago*，29—50.

［29］Riot Commission，*Report*，119，121—122，539，553（基于林肯-道格拉斯辩论的原始措辞，作者在括号内对第 119 页的专员或议长不恰当地抄录林肯引文进行了更正）。

［30］Theresa Runstedtler，*Jack Johnson，Rebel Sojourner：Boxing in the Shadow of the Global Color Line*（Berkeley：University of California Press，2012），chaps. 4—6；Kevin J. Mumford，*Interzones：Black / White Sex Districts in Chicago and New York in the Early Twentieth Century*（New York：Columbia University Press，1997），3—52.

［31］Mumford，*Interzones*，93—120.

［32］引自 Riot Commission，*Report*，440—442，452。

［33］Riot Commission，*Report*，440—442，452，661；Garb，*City of American Dreams*，60—116；Robin Bachin，*Building the South Side：Urban Space and Civil Culture in Chicago，1890—1919*（Chicago：University of Chicago Press，2004），254—264；Spear，*Black Chicago*，201—223；"Negroes Arrive by Thousands；Peril to Health"，*Chicago Tribune*，March 15，1917；Vice Commission of Chicago，*The Social Evil in Chicago：A Study of Existing Conditions*（Chicago：Gunthrop Warren，1911），38—39；"In Vice Crusade，Negroes' Part"，*Defender*，October 12，1912；"Urges 'Jim Crow' Rule in Schools"，*Chicago Tribune*，February 17，1912；"No Jim Crow Schools in Chicago"，*Defender*，February 24，1912.

［34］"种族价值理论" 出自：Charles Abrams，*Forbidden Neighbors：A Study of Prejudice in Housing*（Port Washington，NY：Kennikat Press，1971），158. Riot Commission，*Report*，117—121。

［35］*Chicago Real Estate Board Bulletin*，1917，315，551，623—634；Everett Cherrington Hughes，*The Growth of an Institution：The Chicago Real Estate Board*（1931；repr.，New York：Arno Press，1979），17；"Segregation of Negroes Sought by Realty Men"，*Chicago Tribune*，April 5，1917；"Black Man Stay South！"，*Chicago Tribune*，May 30，1917；"City Takes Hand in Morgan Park 'Negro Invasion'"，*Chicago Tribune*，July 22，1917；"Negro Tenants Lower Values，Records Show"，*Chicago Tribune*，August 26，1919. 1919 年芝加哥暴乱后，在市议会通过一项法令的努力再次失败：*Journal of the Proceedings of the City Council of Chicago*，August 5，1919，1115；"Segregation to Prevent Race Riots Is Urged"，*Chicago Tribune*，August 6，1919；Barbara J. Flint，"Zoning and Residential Segregation：A Social and Physical History，1910—1940"（PhD diss.，University of Chicago，1977），310—311。

［36］James R. Grossman，*Land of Hope：Chicago，Black Southerners，and the Great Migration*（Chicago：University of Chicago Press，1989）；Florette Henri，*Black Migration：Movement North，1900—1920*（Garden City，NY：Anchor Press，1975）.

［37］Riot Commission，*Report*，3，8，11—17，55—57，115，121—123，135，252，272—280，536，引自 121；William M. Tuttle，*Race Riot：Chicago in the Red Summer of 1919*（New York：Atheneum，1970），108—110，137—140，153—156，175—176；Philpott，*Slum and Ghetto*，151，167—170。

［38］Riot Commission，*Report*，1—78，121；Philpott，*Slum and Ghetto*，170—180。

［39］Tim Madigan，*The Burning：Massacre，Destruction，and the Tulsa Race Riot of 1921*（New York：St. Martin's，2001）.

［40］关于南非种族暴力，见第九章。 Ivan Thomas Evans，*Cultures of Violence：Lynching and Racial Killing in South Africa and the American South*（Manchester：Manchester University Press，2009），103—105；Jeremy Krikler，*White Rising：The 1922 Insurrection and Racial Killing in South Africa*（Manchester：Manchester University Press，2005），130—150. W. A. Maguire，*Belfast：A History*（Lancaster，UK：Carnegie，2009），94—97，135—143，197—200；A. C. Hepburn，*A Past Apart：Studies in the History of Catholic Belfast*（Belfast：Ulster Historical Foundation，1996），34—46，113—136，233—251；Jonathan Bardon，*Belfast：An Illustrated History*（Dundonald，Northern Ireland：Blackstaff，1982），144—150，194—202，引自 196。

［41］Marc Weiss，*The Rise of the Community Builders：The American Real Estate Industry and Urban Land Planning*（New York：Columbia University Press，1987），1—52.

［42］使用 Lexis-Nexis 搜索引用 Tulk v. Moxhay 以及其他英国先例的美国案例，能导出一份几十个案例的清单，这些涉及土地使用契约的案例本身可以追溯到 1822 年。 其中一些案例见：*Parker v. Nightingale*（January 1863）88 Mass. 341；1863 Mass. LEXIS 278；6 Allen 341；*Orne v. Fridenberg*（April 1891）143 Pa. 487；22 A. 832；1891 Pa. LEXIS 939；*Roberts v. Scull*（May 1899）58 N. J. Eq. 396；43 A. 583；1899 N. J. Ch. LEXIS 48；*Sharp v. Ropes*（October 1872）110 Mass. 381；1872 Mass. LEXIS 253；以及 *Korn v. Campbell* 1908 192 N. Y. 490；85 N. E. 687；1908 N. Y. LEXIS 899。 芝加哥的案例，见 *Vansant v. Rose*（October 1913）260 Ill.；103 N. E. 194；1913 Ill. LEXIS 1905.

［43］Frederick Law Olmsted，"Public Parks and the Enlargement of Towns"，*Journal of Social Science*（1871）：3，8；Olmstead，"Preliminary Report on the Proposed Village of Riverside Near Chicago"，*Landscape Architecture* 21（1931）：257—293；scrapbooks，Roland Park Company Records，Division of Rare and Manuscript Collections，Cornell University，no.2828，boxes 295，296；Roberta Mouldry，"Gardens，Houses and People：The Planning of Roland Park，Baltimore"（master's thesis，Cornell University，1990），pp.260—322；Weiss，*Community Builders*，pp.17—77.

［44］Zeynep Çeylik，*Displaying the Orient：Architecture of Islam at Nineteenth-Century World Fairs*（Berkeley：University of California Press，1992），80—88；Alan Trachtenburg，*The Incorporation of America：Culture and Society in the Gilded Age*（New York：Hill and Wang，1982），208—235.

［45］Carl Smith，*The Plan of Chicago：Daniel Burnham and the Remaking of the American City*（Chicago：University of Chicago Press，2006），1—33.

［46］ Jon A Peterson, *The Birth of City Planning in the United States, 1840—1917* (Baltimore: Johns Hopkins University Press, 2004), 247—249, 308—317; David M. P. Freund, *Colored Property: State Policy and White Racial Politics in Suburban America* (Chicago: University of Chicago Press, 2007), 46—72; Weiss, *Community Builders*, 53—78.

［47］ Flint, "Zoning and Segregation", 53—71, 176—186, 191—200; Peterson, *Birth of City Planning*, 308—317; Jeffrey M. Hornstein, *A Nation of Realtors*®: *A Cultural History of the Twentieth-Century Middle Class* (Durham: Duke University Press, 2005), 11—14; Freund, *Colored Property*, 46—54, 76; Weiss, *Community Builders*, 79—106.

［48］ 将研究所迁往芝加哥的计划, 可以在 Ely 与 MacChesney 于以下日期的通信中找到: November 28 and 30, 1923, September 2—26, October 21 and 22, 1924, March 6, 1925, October 15, 1925, August 27, 1926. Ely Papers (此后简称 EP), Wisconsin Historical Society。

［49］ Dorothy Ross, *The Origins of American Social Science* (Cambridge: Cambridge University Press, 1991), 98—122, 172—186; Daniel T. Rodgers, *Atlantic Crossings: Social Politics in a Progressive Age* (Cambridge, MA: Harvard University Press, 1998), 97—111.

［50］ "一切之下, 皆是土地" (Under All is the Land) 的口号刻在研究所的标志上, 在其所有出版物中都可以找到; 一个较长的讨论可见于 Ely 写给 Warren Getz 的信函: September 20, 1922, EP。 该研究所倡导的分区制案例, 可见于: Richard T. Ely and Edward W. Morehouse, *Elements of Land Economics* (New York: Macmillan, 1924), 86—89。

［51］ Freund, *Colored Property*, 76—90; Hornstein, *A Nation of Realtors*, 118—155.

［52］ Seymour Helper, *Zoned American* (New York: Grossman, 1969), 188—153; Flint, "Zoning and Segregation", 300—358; Christopher Silver, "The Racial Origins of Zoning: Southern Cities from 1910—1940", *Planning Perspectives* 6(1991): 189—205; Silver, *The Separate City: Black Communities in the Urban South, 1940—1968* (Lexington: University Press of Kentucky, 1995), 125—162; Freund, *Colored Property*, 54—66; Olmsted引语见第 65 页。

［53］ Clement E. Vose, *Caucasians Only: The Supreme Court*, the NAACP, *and the Restrictive Covenant Cases* (Berkeley: University of California Press, 1959), 5—22; Helen C. Monchow, *The Use of Deed Restrictions in Subdivision Development* (Chicago: Institute for Research in Land Economics and Public Utilities, 1928), 46—71; John W. Werthei-mer, *Law and Society in the South: A History of North Carolina Court Cases* (Lexington: University Press of Kentucky, 2009), 43—60; Moudry, "Gardens, Houses and People", 283—284 and note 32; Henry Hubbard, "Land Subdivision Regulations", *Landscape Architecture* 16 (1925): 53—54; Margaret Marsh, *Suburban Lives* (New Brunswick: Rutgers University Press, 1990), 69, 169—173, 180, 184; Dolores Hayden, *Building Suburbia: Green Fields and Urban Growth* (New York: Pantheon, 2003), 61—70; Wendy Plotkin, "Deeds of Mistrust: Race, Housing, and Restrictive Covenants in Chicago, 1900—1953" (PhD diss., University of Illinois at Chicago, 1999), 13—32.

［54］ *Chicago Real Estate Board Bulletin*, 1917, 624—625.

［55］ Minutes of meeting on real estate education, November 2, 1923. 土地经济和公用事业研究所 (IRLEPU) 的论文集, Wisconsin Historical Society, box 11, folder 6。 Mac-Chesney 与 NAREB 主席 Herbert U. Nelson 都出席了这次会议。

［56］ Brunson MacChesney, *General Nathan William MacChesney*, 于 November 29, 1960, 在 the University of Chicago Law School 发表的演讲稿, 14; Nathan William Mac-Chesney, "Race Development by Legislation", 转引自 *Institution Quarterly* 4(1913): 62—75; Patrick Almond Curtis, "Eugenic Reformers, Cultural Perceptions of Dependent Populations, and the Care of the Feebleminded in Illinois" (PhD diss., University of Illinois Chicago, 1983), 150—151. Ely 与 Strong 的关系可以通过他们的通信 (EP) 来追踪。

他从美国优生学学会收到的资料见：EP，box 105，folder 11。1922 年 4 月 9 日 Lothrop Stoddard 给 Ely 的信中表明，两人密切关注对方的工作。Stoddard 提到 Ely 是"第一批看到这部优秀作品价值的人之一：[Paul] Popenoe 和 [Roswell] Johnson 著有《应用优生学》（*Applied Eugenics*）（1918 年）。Ely 对优生学和社会达尔文主义理论的谦虚贡献，以及他对弗朗西斯·加尔顿（Francis Galton）和卡尔·皮尔逊（Karl Pearson）等优生学者的广泛解读，最为清晰的表达可见著述《工业社会演变研究》（*Studies in the Evolution of Industrial Society*）（New York：MacMillan，1903），3—24，152—188，引自 162。另见他的演讲"进步的代价"（The Price of Progress，1922），661—662（EP），斯托达德在信中称赞了这一点。关于移民和黑人，可见于他的畅销书：*Outlines of Economics*，4th ed.（New York：Macmillan，1923），58—68，引自 59，66。另一个证据表明，他在芝加哥的日子里种族主义变得更加强硬，这是他个人信件中的一个证据。当伊利（Richard T. Ely）从麦迪逊（Madison）搬来时，他特意带着他的白人仆人来替代他从他以前的房子主人那里继承的芝加哥黑奴。正如他向表弟解释的，他们"有着与他们的种族共同的缺陷"。可见于写给 Mrs. Mary Hamilton 的信函，November 17，1926（EP）。有关研究所出版物中对种族主义价值理论的支持，参见：Richard T. Ely，Michael Rostovtzeff，Mary L. Shine，R. H. Whitbeck，and G. B. L. Arner，*Urban Land Economics*（Ann Arbor：Edwards，Institute for Research in Land Economics，1922），113，118；Frederick Morrison Babcock，*The Appraisal of Real Estate*（New York：MacMillan，1924），70—71；Herbert Dorau and Albert Hinman，*Urban Land Economics*（New York：MacMillan，1928），309；Monchow，*Deed Restrictions*，46—71；and Nathan William MacChesney，*Principles of Real Estate Law*（New York：MacMillan，1927），586。

[57] "Bar 'White Area Sales' to Negro"，*Chicago Tribune*，May 5，1921；A. S. Adams，"Report on the Committee on Code of Ethics"，*Proceedings of the General Sessions of the National Association of Real Estate Boards* 17：73—76；Rose Helper，*Racial Policies and Practices of Real Estate Brokers*（Minneapolis：University of Minnesota Press，1969），187—262。

[58] 1920 年之前的案例，参见：*Queensborough Land Co v. Cazeaux et al.* 136 La. 724；67 So. 641；1915 La. LEXIS 2057；*Los Angeles Investment Co. v. Gary 181 Cal.* 680；186 P. 596；1919 Cal. LEXIS 410；9 A. L. R. 115；*Koehler v. Rowland*（1918）275 Mo. 573；205 S. W. 217；1918 Mo. LEXIS 93；9 A. L. R. 107；*Parmalee v. Morris* 218 Mich. 625；188 N. W. 330；1922 Mich. LEXIS 634；38 A. L. R. 1180。MacChesney 的契约转载自：Philpott，*Slum and Ghetto*，407—410。Woodlawn Property Owner's Association 采用的版本已存档，见：NAACP 论文集，part 5 group 1，reel 1，frame 1123—1131。Plotkin，"Deeds of Mistrust"，18—20。

[59] Philpott，*Slum and Ghetto*，410；Plotkin，"Deeds of Mistrust"，18—20；MacChesney，*Real Estate Law*，586。NAREB 也采用了类似的观点，它建议那些不赞成该协会政策的黑人干脆成立自己的房地产委员会，见：Helper，*Racial Policies*，237。

[60] Philpott，*Slum and Ghetto*，127。

[61] 几个案例，参见：Gilbert Osofsky，*Harlem：The Making of a Ghetto*，*Negro New York*，1890—1930（New York：Harper and Row，1963）；Francis X. Connolly，*A Ghetto Grows in Brooklyn*（New York：New York University Press，1977）；W. E. B. DuBois，*The Philadelphia Negro*（Millwood，NY：Kraus-Thompson，1973），10—45；Robert Gregg，*Sparks from the Anvil of Oppression：Philadelphia's Methodists and Southern Migrants*，1890—1940（Philadelphia：Temple University Press，1993）；Elizabeth Pleck，*Black Migration and Poverty：Boston*，1865—1900（New York：Academic Press，1979）；Kenneth Kusmer，*A Ghetto Takes Shape：Black Cleveland*，1870—1930（Urbana：University of Illinois Press，1976）；David M. Katzman，*Before the Ghetto：Black Detroit in the Nineteenth Century*（Urbana：University of Illinois Press，1973），53—80；Howard N. Rabinowitz，*Race Relations in the Urban South*，1865—1890（New York：Oxford University Press，1978）；Lynell George，*No Crystal Stair：African Americans in the City of Angels*（New York：Verso，1992）。

[62] Stanley Lieberson，*A Piece of the Pie：Blacks and White Immigrants since 1880*（Berkeley：University of California Press，1980），253—291；Kusmer，*A Ghetto Takes*

Shape, 44.

［63］St. Clair Drake and Horace R. Cayton, *Black Metropolis*: *A Study of Negro Life in a Northern City*(1945; repr., New York: Harper and Row, 1962), 201, 383.

［64］Thomas J. Sugrue, *Origins of the Urban Crisis*: *Race and Inequality in Postwar Detroit* (Princeton: Princeton University Press, 1996), 45—46; Ann Durkin Keating, *Building Chicago*: *Suburban Developers and the Creation of a Divided Metropolis*(Columbus: Ohio State University Press, 1988), 98—126; Freund, *Colored Property*, 92—98; Helper, *Racial Policies*, 220—238.

# 第十一章

# 极端隔离

## 城市分裂与全球灾难

世界上没有任何一座城市，也没有任何城市隔离运动，能够逃脱1930 和 1940 年代的经济和政治灾难。这是历史学家埃里克·霍布斯鲍姆称之为"极端的年代"的高潮时期，当时大萧条摧毁了全球数百万人的生活，与此同时，作为西方帝国主义最恐怖的典型代表，阿道夫·希特勒的第三帝国，将全球几大帝国一起拖入二战漩涡。希特勒屠杀了大约 600 万犹太人——以及以百万计的残疾人、精神病患者、激进分子、吉卜赛人和战俘——人类最可怕的自残放血时期到了登峰造极的程度。后来，在得知奥斯威辛暴行一年后，美国通过在广岛和长崎的原子弹爆炸表明，人类拥有一种更为凶险的自毁手段——原子弹与核灾难。随后的冷战时期，世界上最重要的新帝国，即美国和苏联，正是考虑到这种难以想象的灾难性威胁，重新调整了全球政治秩序。[1]

尽管这些事件势不可挡，但它们对全球城市肤色线的影响既具矛盾又带戏剧性。在西方帝国的海外殖民地，民族自决与独立运动在极端时代变得更加有力。在接下来的 20 年里，他们迫使全球白人城镇的白人收拾行囊，把白人享有特权的城市飞地留给新独立国家的统治者精英们。

相比之下，20 世纪中期的灾难实际上激发了世界上最激进的白人

推动城市种族分裂运动的能量——这种运动不仅涉及美国和南非的种族
隔离主义者，而且，在一个短暂而残酷的时期，也发生在全球恐怖时代
的核心，即纳粹德国本土。

　　每一种隔离运动都走向了截然不同的极端。 希特勒德国征服的东
欧城市，纳粹设计了世界历史上最残暴的城市隔离制度，其特点是纯粹
使用致命的国家武力，对城市分裂带来的经济后果甚少关注，而最令人
毛骨悚然的是，希特勒德国最终决定将犹太隔离区作为种族灭绝的大舞
台。 相比之下，美国的联邦政府首先将城市肤色线建立在这个国家福
利日益增长的貌似慷慨的国家官僚机构之中。 然后，种族隔离的驱动
力被隐藏在国家支持的双重和不平等的城市住房市场。 南非则出现了
另外两个极端的变形结合体。 城市种族隔离和美国的制度一样，在很
大程度上依赖于政府福利和住房市场政策。 但是种族隔离的执行机制
很大程度上源于南非极右翼与法西斯主义的一时兴起。 在原住民事务
部长、后来的总理亨德里克·维沃尔德（Hendrick Verwoerd）的领导
下，联邦政府演变成了一个警察国家，向聚集在黑人城镇的日益壮大的
反对派运动宣战。

　　尽管存在差异，但在种族城市分裂的历史上，这些极端现象之间存
在着重要的跨洋联系。 在 1930 年代，美国和南非继续依靠英国、法
国、德国及其殖民地关系，相互启发，建立起政府福利与发展政策，成
为居住隔离的核心驱动力。 社会达尔文主义和优生学思想的跨洋交
流——尤其是著名的美国优生学家对纳粹德国早期"种族卫生"研究的
大力支持——是所有这三种体系的重要启发来源。 纳粹依靠美国的法
律先例，如取消选举权、吉姆·克劳法、移民限制和绝育法来强化他们
在国际上取得合法性的主张；南非的种族法以及英国和法国的殖民政策
也为类似的目的服务。 继而，纳粹和其他欧洲极端民族主义者也激发
了南非的阿非利卡民族主义运动的威权主义。 1948 年后，美国继续成
为强硬的南非种族政治的巨大陪衬和启发来源。 而在冷战期间，当英
国和南非最终分道扬镳时，美国的种族隔离政权虽然也常会遇到一些麻

烦，但一定可以算是种族隔离上最放纵的帝国"大叔"。[2]


## 希特勒的"死亡之盒"

在某种程度上，这种观点是正确的：即希特勒对欧洲犹太人的大规模屠杀没有受到任何类似于"人性"或人类历史的影响——更不用说"文明"的影响了。 然而历史学家已经给出清楚的阐释：一个中央集权的民族国家保证了权力的绝对集中，不可一世的帝国在欧洲猖獗一时，工厂制度的高效执行力，加上全球某些最受尊敬的学者给以思想引领，以及社会改革和公共卫生的言论提供舆论氛围，正是这一切西方文明先进成果的武装下，才导致了如此极端的恐怖时刻的到来。 种族观念的启蒙运动对大屠杀也至关重要。 19世纪末，欧洲和美洲的种族思想家已经将中世纪基于基督教教义的反犹太思想转变为反犹太主义。反犹太主义认为：犹太人代表着一个独立的种族，这个种族在欧洲的存在本身就摆出了一个"犹太人问题"，就像其他地方的其他种族"问题"一样，混杂在不可避免的种族冲突和危险的种族混合的威胁之中。20世纪的反犹太主义者认为，如果说有什么区别的话，犹太人展现出比黑人更大的威胁，因为他们有能力策划阴谋来控制首都和国家的最高事务。 很快，像阿道夫·希特勒这些人还给这个理论添加了一个矛盾的推论：认为犹太人也是布尔什维克接管俄罗斯和他们为世界其他地区设计的共产主义的核心。 希特勒声称，这样的威胁来自犹太人自身的生物学天性，而元首最重要的早期行动之一就是通过了一系列所谓的纽伦堡法令。 与美国和南非针对黑人的类似法律一样，这些法律通过大量不同种族的血统来界定犹太人，并将他们降为二等身份，目的是引起更广泛的反犹太主义仇恨。[3]

城市，以及城市规划与城市种族隔离措施，也是使大屠杀成为可能的"文明"工具的一部分。 事实上，在纳粹占领的疯狂世界里，城市政治的混乱更有可能造成种族灭绝。 固然，对犹太人的大规模杀戮大多发生在城市以外的地方：在前线、在村庄、在与世隔绝的森林或沼泽地，以及波兰小型铁路线附近故意藏在树下的毒气室，如海乌姆诺（Chełmno）、贝乌热茨（Belzec）、索比堡（Sobibór），还有特雷布林卡（Treblinka）这些小地方。 那些死亡集中营之中，只有奥斯威辛集中营——40平方公里的兵营、奴隶工厂、实验室、铁路站，以及用毒气杀人和火化尸体的绝密装配线——看起来更像是一座城市，如果说地狱般的城市也算城市的话。 在大规模屠杀真正开始之前——尽管当纳粹第一次征服波兰就开始将他们最早的一些种族工程计划付诸实施——纳粹德国对于在城市贫民区隔离犹太人的旧观念是勉强接受的。 只用了短短的几年时间，从1940年到1942年，一个在征服欧洲的帝国——因帝国自身的地缘政治欲望与困惑的行政难题、城市卫生的种族化观念，以及对城市土地所有权建立一种新的种族秩序的渴望，在上述种种因素的激发下——分裂了城市，以此巩固其对受统治者的政治和经济利益。[4]

早在1935年，阿道夫·希特勒就曾思考过，犹太人应该"封闭在一个犹太人区，一个区域……在那里，德国人可以像观察野生动物一样观察他们"。 1939年，在纳粹闪电袭击波兰期间，元首的安全主管海因里希·希姆莱和赖因哈德·海德里希则提出了一个更大规模的人口工程计划，引发该计划出台的，是来自世界其他地方的移民限制运动和种族保留制度。 它将波兰变成三个种族地带。 德意志帝国将吞下这些狭长地带中最西端也是最大的一个，作为东欧分散的德国人的新的"生存空间"（Lebensraum）。 波兰人将生活在东边一个较小的地带，被称为波兰总督府（the General Government）的殖民地。 第三个是最小的，位于最东部卢布林市周围的沼泽地带，将成为一个犹太人的"超级隔都"（a Jewish "super-ghetto"）。 当海德里希残暴的特别行动队开始着手围捕成千上万的犹太人时（在这个过程中，至少杀死了数以万计的犹太人），卢布林保留地对波兰犹太人显得太过狭小，同时迁移数百万人到附近的复杂性也是显而易见的。 后来，当法国落入纳粹之手时，希特勒冒出了一个更加雄心勃勃的计划，将所有犹太人运往法国殖民地马达加斯加。 然而，英国的海军力量使得这一计划在后勤上不可能实现。[5]

在这些政策的摇摆过程中，海德里希采用了他认为更为实际的短期计划，即"将犹太人从农村驱逐到城市"。 顾及到城市贫民区"更有可能便于控制和随后驱逐"去其他地方。 除了明显的中世纪先例"隔都"外，海德里希无疑也想到了他和希姆莱 30 年代在德国各地的几十个集中营，为监禁帝国的多种敌人而建的。[6]

1940 年 5 月，在这片德国人企望征服的波兰土地上，纳粹在罗兹（Łódź）用栅栏圈出他们的第一个犹太人聚居区。 此后不久，最大的犹太人区出现在华沙，波兰新殖民地总督府区域的首都。 在接下来的两年里，波兰全国大约有四百个其他的犹太人区和难民营出现，最重要的是在克拉科夫、卢布林和比亚韦斯托克（Białystok）。 当德国人占领波罗的海诸共和国、白俄罗斯和乌克兰时，他们还在另外一些城市，如维尔纽斯（Vilnius）、考纳斯（Kaunas）、里加（Riga）、明斯克（Minsk）和利沃夫（Lvov）等地建造了大型的栅栏围起来的犹太人隔离区。 所付出的努力和破坏力都堪称巨大。 大多数大型犹太人区的人口占到所在城市人口的三分之一或更多。 为了建成华沙犹太人区，纳粹士兵将犹太专区的 11.3 万名波兰人撤出，并持枪强迫其他社区的 13.6 万名犹太人进入犹太人区，其间伴有大量流血事件。 随着时间的推移，华沙犹太人区的人口增加到 45 万人——这一数字超过了法国犹太人总人口——全部聚集在围栏区，而围栏区土地仅占该市建成面积的 2.4%。[7]

对于负责修建犹太人聚居区的地方官员来说，对区内居民的人身安全、生计维持和身体健康往往根本不予考虑。 犹太人聚居过程中，最初在财物上的胡作非为几乎是能想象到最原始和最野蛮的——犹太人会交出他们几乎所有的财产，去换取征服者仓库里的随便什么食物，那是在德国人和波兰人取完他们所需要的东西之后剩下的。 征服者简单粗暴地夺走犹太人所有的财产权，把犹太人在犹太人区外留下的最好的房子据为己有。 纳粹官员也经常为自己的行为辩解，声称犹太人威胁到了优越种族的健康。 在华沙，当地的纳粹分子甚至试图欺骗犹太人，使他们相信他们要搬到一个害虫整治区，或叫检疫隔离区，以避免传染病。 然而，不管怎样，犹太人区很快就都变得极度拥挤、疾病、贫困、饥饿和死亡遍地的地区。 对许多人，包括纳粹的主要宣传者约瑟夫·戈培尔来说，关键点在于，犹太人区是"死亡之盒"，通过消耗犹太人口来解决犹太人问题，并使纳粹免于大规模驱逐的麻烦。[8]

338 　　然而，在东欧多头纳粹政权中，并非所有人都持有相同观点，从犹太人区到种族灭绝的道路比戈培尔所希望的要复杂得多。 从 1940 年末到 1941 年的大部分时间里，这样一个短暂的时期，少数地方纳粹官员成功地推行了一个观点，即犹太人聚居区的犹太人应该继续活着并持续工作。 这样，犹太人区就可以生产出有助于纳粹战事的商品。 将犹太人区的居民作为奴隶劳动力出租给德国制造业公司，德意志帝国可借此充实国库。 在罗兹和华沙，官员们都迅速组装了初级纺织厂和其他手工作坊所需的机器。 纳粹任命的犹太人长老会领袖试图生产更多工业化次级城市的产品，以获得好一点的食物，并阻止越来越多要求驱逐他们的呼声。[9]

　　犹太人区的人一直祈望生活能稍微正常一些，然而，即使工业生产在增长，1942 年，他们的希望也很快就破灭了。 前一个夏天，希特勒对他所谓的"犹太布尔什维克"苏联发动了"毁灭战争"。 当德国人迅速向莫斯科挺进时，希特勒和他的安全首长给别动队下达了屠杀苏联和犹太官员的许可，这一命令导致前俄罗斯帝国的一些城市与州的 100 万甚至更多居民被杀害。 希特勒现在天花乱坠地想象着，落入他手中的领土可为德国人开辟一个巨大的伊甸园。 元首吹嘘说，会像美国对西部"印第安人"一样去处理现在的居民。 奇怪的是他抓取到一些世纪之交的种族隔离狂热的精神，自称为"政治上的罗伯特·科赫医生"，因为他发现了"造成社会解体的……犹太杆菌"。 1941 年 7 月，通过灭绝犹太人来解决欧洲犹太人问题的秘密计划开始实施。 与此同时，波兰的殖民官员对战时满足犹太人区居民的需求越来越感到懊丧。 强大的走私网络在栅栏两边难以控制地生长,疾病从犹太人区向周围地区传播的威胁也在增加。 随后,一些犹太人区的工厂内出现了用走私武器武装起来的抵抗运动,最引人注目的是在华沙。 历史学家克里斯托弗·R·布朗宁(Christopher R. Browning)认为,城市里的这些"难以维持的环境",使当地纳粹官员更容易支持柏林转向更激进的"最终解决方案"。[10]

1941 年,奥斯威辛集中营和马伊达内克(Majdanek)集中营的官员开展了第一次大规模毒杀囚犯的实验。 海因里希·希姆莱下令建造第一批营地,专门用于屠杀犹太人的海乌姆诺集中营,是为罗兹的犹太人区居民准备的,而贝乌热茨集中营是为卢布林准备的。 稍后,索比堡和特雷布林卡投入使用,是为大规模屠杀克拉科夫和华沙地区的犹太人而分别设计的。 1943 年 1 月,华沙犹太人区勇猛的武装抵抗运动一度成功阻止了被驱逐的命运,但纳粹军队在 4 月入侵犹太人区并纵火焚烧,杀死了大部分犹太人区领导人。 德国人俘虏了剩下的 5.6 万名居民,并把他们运到特雷布林卡,纳粹在那里杀害了总共超过 75 万人。到那时,从欧洲各地开始用火车运送更多的受害者抵达奥斯威辛集中营。[11]

即便种族主义想象和种族政治处于如此极端的境地,跨洋知识灵感的遗产也足够明显。 在 1920 年代和 1930 年代,美国优生学家如哈里·劳金(Harry Laughin)、麦迪逊·格兰特(Madison Grant)、洛思罗普·斯托达德和罗伯特·福斯特·肯尼迪(Robert Foster Kennedy)一直站在鼓励德国科学家投身于帝国种族改良事业的运动最前沿;希特勒在柏林亲自会见了斯托达德,并认为格兰特的《征服一个大陆》(*Grant's Conquest of a Continent*)是他的圣经。 美国人可以自豪地指出,美国许多州的法律允许对被认为种族上不合格的人进行绝育,包括有出生缺陷、身体残疾和精神发育"迟滞"的人。 美国洛克菲勒基金会帮助建立并维持了德国优生研究的主要机构:威廉皇帝研究所(the Kaiser

Wilhelm Institute）。 尽管在美国优生学家中，对杀死被认为不合格的人的支持更为有限，但像肯尼迪的美国安乐死协会（American eugenicists）这样的组织广受国际关注。 1930 年代，该研究所的德国科学家开发了一种系统去用毒气毒死那些他们认为对雅利安种族健康构成威胁的人。[12]

撤离华沙贫民区。**1943 年 4 月和 5 月**,华沙犹太人区的犹太居民组织了勇敢反抗纳粹当局的最后一搏。作为回应，纳粹将犹太人区夷为平地，并将幸存者逼到中转广场（**Umschlagplatz**）,在那里,他们被迫乘坐火车被送往特雷布林卡的死亡集中营。由美国大屠杀纪念馆和国家档案局提供。

1939 年，希特勒在波兰开战，下令用毒气毒死德国精神病院的数千名囚犯。 1941 年秋天，希姆莱率先开发了这一技术，在整个欧洲大规模谋杀了数百万犹太人。 在最早的死亡集中营中，方法相对粗糙，包括将运货卡车的排气管重新导向装满受害者的货舱，或将柴油发动机连接到密封的农舍毒死里面的人。 奥斯威辛二号集中营[在比克瑙（Birkenau）附近征用的一个村庄]提供了一个技术上更为“完善”的系统，包括一个虚拟的澡堂，用淋浴头喷出氰化氢导致赤身裸体的囚犯窒息而死。 这个可怕的工厂流水线旁边是大功率焚化炉，设计为每天可以烧 1.2 万具尸体。[13]

在一出建立在极端恐怖舞台上的政治剧中，二号集中营也代表了世界历史上最为残酷的空间隔离形式，无论是在城市隔离还是其他形式的隔离中，都是最残酷的。 在抵达希特勒备好的城市杀戮中心后，一车车的移民都将挨个通过常由"死亡博士"约瑟夫·门格勒亲自监督的甄选过程。 为每个人在多个营地区选定一个目的地，这是他的阴曹地府般的罪恶乐趣，仅以死亡的快慢来区分每个区域。 一些人前往优生研究实验室，成为纳粹医生采用致命的绝育技术开展实验的活体对象。其他人则被德国公司经营的奴隶劳动工厂选中，在那里缓慢结束自己的生命。 不过，对于大多数人来说，门格勒医生会将他们分派到更为快速的死亡区域，即二号集中营的澡堂和焚化炉。 1945 年初，盟军取得最后胜利的前几个月，苏联红军占领奥斯威辛集中营之前，有超过 100万人命丧于此。[14]

## 美国肤色界线新政

341

对于种族问题的看法，通常最好的求助对象是杜波依斯，这个可怕的时刻也不例外。 不过，他对此的评价并非为了安慰我们。"我们已经征服了德国，"他在盟军取胜的欧洲日那天严肃地说，"但没有征服他们的思想。"很快，杜波依斯在旧金山出席了联合国的就职典礼，在大家面前，他与扬·史末资将军（如今已年过七旬，再次担任南非联盟总理）对质，并宣布由他起草旨在结束所有战争的新组织宪章。 但是，正如杜波依斯强势要求的那样，结束一切帝国主义仍然是目前不予讨论的议题，种族仇恨在史末资自己的国家以及美国都还在上升。 杜波依斯接着说："当我们帝国意欲控制殖民地的 7.5 亿人时，我们仍然相信白人至上，让黑人留在他们自己的位置，并且耍弄民主。"[15]

他的批评也很容易扩展到美国的城市政策。 在希特勒盛极一时又衰落下去的岁月里，美国联邦政府也扮演了崭新且更具决定性的角色，去对美国城市按种族进行划分。 联邦机构不仅帮助白人建立了更大的黑人聚居区，还帮助城市政府和商界精英摧毁了一些他们认为离市中心太近的聚居区，并在更方便、界线更清晰的地方重建。 更重要的是，这些机构还重建了双重城市住房市场中能力有限的白人的那部分，目的是为渴望逃离城市的普通白人购房者开放大片郊区开发区，因为他们在城市感受到了种族威胁。

尽管优生学和社会达尔文主义在整个过程中挥之不去，但没有独裁宣言，没有别动队，没有蓄意的饥饿措施，也没有毒气室。 相反，在极端时代，美国种族隔离主义的戏剧在富兰克林·罗斯福相对乐观的领导下呈现出新的势头：由代表机构进行充分的辩论，在技术上保证中立，再进行种族立法，旨在扩大新政计划，让人们获得相对体面的住房机会，而且政策看似温和。 在这些过程中，种族隔离主义者发现了新的方法，用于对明显的种族主义分裂城市的做法加以粉饰，这是在政府官僚机构的非立法和技术实践中采用的做法。[16]

342　　　与美国种族隔离主义历史上的其他重要创新一样，美国城市肤色界线的新政最早是1920 年代在芝加哥提出的。 同样是由改革者和房地产经纪人组成的强大联盟，推动了区划制度和种族限制公约在全国范围的应用。 这一切政策制度起始于两个人对一个主题的探讨：这两个人就是土地经济和公共事业研究所（Institute for Research in Land Economics and Public Utilities）（以下简称"研究所"）的理查德·T·伊利教授，及全国房地产委员会协会的赞助人，这个主题则是貌似无尽远离极端种族政治的住房抵押贷款。

对于那些希望增加房地产买卖人数的房地产经纪人和改革派来说，住房贷款是一个至关重要的主题。 那是因为，对1920 年代的大多数美国人来说，抵押贷款实际上几乎不可能让他们买房。 要想从一家典型的银行获得抵押贷款，你必须拿出房产价值的一半作为首付。 然后银行会给你两年、三年，或者最多五年的时间来还清抵押贷款，这意味着你通常要办理第二次甚至第三次抵押贷款才能还清第一次抵押贷款。利率也很高。 难怪美国的住房拥有率如此之低。 在胡佛的商务部支持下开展的一项研究中，伊利震惊地发现，1920 年代早期一些城市的住房拥有率实际上有所下降。[17]

不过，也有一些好消息。 规模较小的"建筑与贷款协会"将其大部分资产作为抵押贷款，在 1920 年代开始尝试提供住房贷款业务，这种贷款要求首付较少，还款期限更长。 这些借贷协会的历史根源是 18 世纪末英国工人阶级的储蓄池，1830 年代英国移民将其带入美国。 1920 年代中期，随着战后经济衰退后住房建设的急剧增长，建筑协会的数量增加，他们进一步放宽了贷款条件。 为了推动这些趋势，就像英国政府在 1920 年代所做的那样，伊利为研究所引入了一位名叫 H·莫顿·博德菲什（H. Morton Bodfish）的家庭理财专家。 博德菲什发表了若干文章和一本热情洋溢的书，内容是关于建筑协会及其放宽抵押贷款的国际运动。 博德菲什和伊利都在总部设在芝加哥的美国建筑、储蓄和贷款联盟（the United States Building, Savings and Loan League, USBSLL）担任领导职务。 自然，全国房地产委员会协会鼓舞了整个行业。[18]

1929 年，当伊利研究所大肆宣扬有关建筑与贷款的好消息时，灾 　343 难降临了。 纽约股市暴跌，整个国家和全球大部分地区陷入大萧条。 收入和房价暴跌，成千上万的房主拖欠了他们的抵押贷款。 1929 年，美国每天有 500 套房屋丧失赎回权；到 1933 年，这个数字上升到 1 000 多。 1934 年，所有城市房屋有超过一半要么丧失赎回权，要么面临即将违约的危险。[19]

具有讽刺意味的是，房地产市场的崩溃实际上提升了总部位于芝加哥的改革者和房地产经纪人协会的政治财富。 这是因为 1928 年赫伯特·胡佛当选美国总统。 胡佛认为，社会问题必须由政府联盟和私人经济利益集团一起解决，他呼吁伊利以及全国房地产委员会协会和美国建筑、储蓄和贷款联盟等机构帮助他找到摆脱止赎困境的方法——尽管投机开发商、银行和房地产中介在制造危机中都扮演了重要角色。1931年，总统欢迎三千名与会者参加他关于房屋建筑和房屋所有权的会议，提醒他们像"甜蜜的家"（Home Sweet Home）这样的歌曲所表达的"并非描述有关公寓的……它们是种族渴望的表达……我们的人民应该住在自己的家里，这是一种深藏于我们民族和美国人民内心深处的情感"。

伊利与研究所其他经济学家以及全国房地产委员会协会高级官员一起主持了会议。在众多的建议中，有一条最为突出：联邦政府应该找到一种方法来推广建筑协会式抵押贷款。胡佛指派该研究所的莫顿·博德菲什起草了建立联邦住宅贷款银行委员会（the Federal Home Loan Bank Board，FHLBB）的立法，以保护抵押贷款供应商的资产。然而，总统在保护普通房主防范违约方面做得很少，对于这一举措和其他类似举措，一大波选民拒绝了他们认为的总统应对大萧条不切实际的做法。然而，改革派-房地产联盟（The reformer-real estate alliance）扩大了对联邦住房政策的控制。1933年，新总统富兰克林·罗斯福命令博德菲什和联邦住房贷款银行委员会成立一个新机构，即房主贷款公司（the Home Owner's Loan Corporation，HOLC）。作为罗斯福新政的先驱机构之一，房主贷款公司在接下来的四年里付清了价值30多亿美元的拖欠抵押贷款，并以比建筑和贷款协会更为宽松的条件对其进行再融资，使80多万人得以保住自己的房子。[20]

344 　　1934年，博德菲什再次投入工作，这次是在全国房地产委员会协会前会长赫伯特·U·纳尔逊（Herbert U. Nelson）的帮助下，起草了具有里程碑意义的1934年《国家住房法案》（National Housing Act），同时创造了另一个新政机构，联邦住房管理局（the Federal Housing Administration，FHA）。联邦住房管理局的成员中也有伊利研究所的前合伙人，他们用美国财政部的全部力量为新的抵押贷款提供了违约保险。新的抵押贷款的指导方针明确规定，只提供低息、低首付的长期贷款。

随着时间的推移，政府进一步放宽了这些要求，将首付比例降至 10%，还款时间延长至 35 年。 还有其他新政联邦机构从银行付清了联邦住房管理局的抵押贷款，向住房金融系统注入资金，从而鼓励所有类型的放款人提供类似的贷款，并允许越来越多的购房者获得首次抵押贷款。新机构的支持者一再声明，他们只对经济进行了最低程度的干预。 然而，事实上，新政时代的联邦政府彻底改变了房地产市场，支持了崭新金融工具的出现，这种金融工具使美国的购房规模得以大幅增长。 这种增长在二战后尤其引人注目，当时退伍军人管理局也被授权为战后返乡的美国士兵提供联邦住房管理局类似的贷款担保。 1944 年至 1959 年，抵押贷款从每年 45 亿美元猛增至 320 多亿美元，其中几乎一半是由建筑与贷款协会（现在称为储蓄与贷款银行）提供的。 联邦住房管理局和退伍军人管理局担保了总数的四分之一。 伊利和全国房地产委员会协会的买得起房的社会梦想近在眼前。[21]

但这个梦想并不包括非洲裔美国人。 这是因为新的联邦机构在其实践中采纳了房地产价值的种族理论，尽管新政中没有任何一项立法明确支持种族歧视。

这个机构——全国房地产委员会协会联盟在推行新政住房金融政策的种族主义方面发挥了与推广新型抵押贷款同样重要的作用。 理查德·伊利和全国房地产委员会协会首席顾问内森·威廉·麦克切斯尼（以及他们的偶像赫伯特·胡佛）长期以来都对英美优生学理论家表示赞赏，这些理论家曾为希特勒和维沃尔德提供启发。 但是，伊利和麦克切斯尼对于住区种族隔离及大规模绝育加以合法化的种种参与，黑人民权活动家和法院已经使其从政治上变得不可能。 最后，芝加哥给华盛顿最实在的礼物是联盟在科学和专业上支持压制黑人的种族指导和限制性契约（见第十章）。

传递这些礼物的人是芝加哥评估师兼业余经济学家弗雷德里克·巴布科克（Frederick Babcock）。 巴布科克陪伴着芝加哥房地产业一起成长，甚至超过了麦克切斯尼。 他的父亲威廉·巴布科克（William Bab-

345

cock)在卢普区(the Loop)经营着一家备受尊敬的物业评估公司,当弗雷德里克加入这家公司时,将其更名为"巴布科克父子"(Babcock and Son)。 老巴布科克自矜于在法庭上的出色记录,这一记录一再肯定了他评估背后的逻辑。 演讲是他开展伊利房地产经纪人教育系列的一部分,他在给芝加哥房地产委员会的一次演讲中指出,对土地价值的真正评估应考虑的不仅仅是人们愿意为之支付的费用。 毕竟,投机热会诱导人们为毫无价值的土地支付各种各样的费用。 相反,应该把各种各样的环境因素纳入考虑,包括周围的土地利用、交通的可达性、规划的公共设施改善、区划等等。 特别指出的是,住宅物业的价值,也取决于当地居民的"阶层","在城市发生的种族迁移中,可以看出其对住宅价值的巨大影响"。[22]

伊利让威廉的儿子弗雷德里克在伊利研究所系列教材中写下这样的感想。 弗雷德里克·巴布科克的著作《房地产估价》(*The evaluation of Real Estate*,1924 年)将对社区种族动态的朴素观察融合到一大堆理论语言和数学公式中。 这本书标志着评估的"科学"发生了重大变化,以前评估是以不考虑社会影响的市场模型为基础。 伊利想为巴布科克筹集资金,以谋求一个研究所的永久职位,巴布科克渴望迈入学术生涯。 事实证明,对于这位明星评估经济学家来说,还有更重要的事情在等着他。 1934 年,伊利在该研究所的长期合作者,现在是新成立的联邦住房管理局的经济顾问欧内斯特·费希尔(Ernest Fisher)将巴布科克叫到华盛顿,担任该机构的首席评估师。 他的工作是决定联邦政府应该为哪种抵押贷款承保。[23]

巴布科克的选择是将种族隔离主义载入联邦住宅管理局的政策。于是他将芝加哥街头有关财产价值的种族理论引入联邦行政部门相对晦涩、毫无规律的官僚体系中。 同样,他的文书不像纳粹德国那样的独裁宣言,也不像南非的《种族分区隔离法》那样坦率的种族主义议会立法:它是联邦住房管理局篇幅冗长、技术性强且刻意高深莫测的《核保手册》(Underwriting Manual),巴布科克在整个 1930 年代对其进行了

346

修订。　正如在他的教科书中那样，该手册对待种族对财产价值所产生的影响，差不多与对待附近工厂、铁路线、嘈杂的公寓楼或其他滋扰产生的影响处理方式相同。　但对潜在的联邦担保贷款的评估者来说，《核保手册》传递的信息是明确无疑的，"评估者应该调查该地点附近，以确定是否存在不相容的种族和社会群体，最后，可对该位置被其他群体入侵的可能性或概率做出智能型预测。　如果一个社区要保持稳定，就必须持续由同一社会阶层和种族占有社区的房地产。　社区居民的阶层或种族变化通常会导致房地产不稳定和价值的降低"。　巴布科克认为有希望的保护措施包括限制性契约，但他警告估价人员，要确保邻近地区的所有财产契约都包含此类条款，这些条款特别是有关种族的条款内容应当是统一的，并应执行到位。"美国联邦住房管理局的圣经"，后来被称为《核保手册》，它很快成为该机构在全国各地评估人员的重要培训程序的基础。　它声明的目标是确保所有联邦住房管理局贷款担保在经济上是健全的，正如国家住房法所规定的那样。　联邦住房管理局官员坚持认为，不专业的房地产评估造成了大萧条时期的抵押贷款危机。从今往后，就需要遵守"保守的商业运作"标准。[24]

联邦住房管理局的《核保手册》并不是新政机构中联邦政府批准的隔离主义的唯一来源。　就在巴布科克写完"圣经"之际，房主贷款公司和联邦住房管理局都参与了一个庞大的项目：绘制美国所有城市社区地图，目标是确定未来住宅投资最有前途的区域。　房主贷款公司的研究机构认为其报告具有足够的争议性，因此在其封面加盖"机密，不得公开发表"的印章。　然而，为了准备地图和研究，房主贷款公司现场官员和联邦住房管理局估价人员在很大程度上依赖于他们从当地全国房地产委员会协会收集的信息——协会的房地产经纪人遍布全国各地——信息来源还包括储蓄与贷款银行以及其他抵押贷款发行公司的官员，服务于房地产行业的许多专业组织的董事们，以及市政机构和委员会的董事会成员。　房主贷款公司在完成研究后，还专门将其报告送回给这些资料来源处。　在此过程中，联邦政府建立了一个全国范围的交易所网 347

络，加强并大幅扩张了总部设在芝加哥的房地产经纪人和经济学家联盟。然而，即使这些网络不断壮大，房主贷款公司和联邦住房管理局还是对该报告的访问进行了限制，使他们免受更多的公众监督。因此，测绘研究成为一种专有论坛，在全国范围内传播有关财产价值的地方信息。这个论坛成为美国众多伪装机构中讨论种族和种族隔离实践的最大论坛。在那里发生的秘密交易给了这些实践另一个安静而果断并且带有官方联邦印章的许可。[25]

深入社区研究房地产价值的想法，在一定程度上可能代表了伊利研究所关于新政住房政策的另一项直接遗留。在 20 世纪 20 年代后期，伊利曾多次呼吁全国房地产委员会协会和研究所的其他公司资助者支持这类研究。"肤色"和"区域内外迁移"是他提出的研究设计中的关键问题，其他变量后来也被纳入了房主贷款公司的"区域描述"问卷和类似的联邦住房管理局材料中。[26]房主贷款公司为芝加哥绘制的"住宅安全地图"历时五年完成，至少有 44 位芝加哥最著名的房地产经纪人、多位当地银行家以及芝加哥房地产委员会、全国房地产委员会协会、莫顿·博德菲什的美国建筑、储蓄和贷款联盟和其他十几位美国土地行业核心人物参与其中。最终的地图，就像房主贷款公司和联邦住房管理局为全国一百多个其他城市绘制的地图一样，按照现在人们熟知的四级量表对城市的所有社区进行了评级：地图上用蓝色标出"一级"或"A"区；"B"区，绿色；"C"区，黄色；最不理想的"D"或"四级"区域用红色标记。在最终绘出的一张地图上，一条几英里宽的巨大红色带包围了芝加哥市中心，范围扩大到南区的整个黑带和黑人西区，及两者中间地带的白人贫民窟。该市只有少数几个地区被评为"绿色"（二级）等级。其中一个是芝加哥大学附近海德公园的一个小区，评估人员愉悦地报告称那里有一个限制性契约组成的坚固方阵，这个契约就是广为黑人熟知的"芝加哥大学摆脱黑人协议"（the University of Chicago Agreement to Get Rid of Negroes）。城市的其余部分是一片黄色海洋（三级），只在城市边界以外的边缘留了少许空间给绿色和蓝色区。[27]

　　房主贷款公司和联邦住房管理局用于汇编每个街区信息的"区域描 348
述"表格，开始是"人口"部分，要求评估人员逐行填写居民占主导地
位的"阶级和职业"信息，然后填写"外籍家庭"的百分比以及这些家
庭所属的"民族"，"黑人"的百分比，以及"迁移和渗透"的证据。 因
此，这个表格比《核保手册》更优先考虑假定的种族对土地价值的影
响。 在表格的底部还有一个部分，提供更多的开放式备注。 在最后一
节中，估价人员就种族和财产价值问题提出了一系列复杂而矛盾的看
法。 在开展的更广泛访谈中，此项研究的当地合作者进一步阐述了这
些想法。 除此以外，这些文件还表明，即使到了近代，也并非所有的
欧洲移民群体都达到了同样的"白人"地位，至少在大部分"老牌"房
地产从业者的心目中是这样。 犹太人、希腊人、意大利人、波兰人和
墨西哥人在作为租房者或抵押贷款持有人的可靠性方面引发了最强烈的
负面情绪，尽管受访者对谁最差持有不同意见。 黑人也属于这种不受
欢迎的类别，尽管一些受访者实际上也有慈善的话要说，特别是关于黑
人中的"较好的阶层"。 有人甚至指出，黑人地区的房价实际上比白人
社区的同类房产要高（毕竟，越来越多的黑人移民被迫进入这些地区，
造成了对住房的巨大需求，并抬高了房价）。[28]

　　房主贷款公司的最终研究报告承认了外国人数据的复杂性，但完全
忽略了黑人的细微差别："当然，不是所有外国血统的人都对社会造成
了有害的影响。 但是毫无疑问，在芝加哥有大量的种族聚集，这些种
族只能如此分类。 而且，1930 年芝加哥市大约有 23.4 万黑人……这个
种族的大量持续涌入与芝加哥移民减少的总趋势背道而驰……居民社区
的不利因素是因迁移和渗透产生的。"该机构并没有纯粹因为财产贬值
责怪黑人和外国人："某些外国种族群体和黑人——尤其是后者——的不
利集聚，无疑对社区的经济前景是有害的。"[29]

　　所有这些坏消息的最后结果是什么？"按揭贷款机构将继续以合理
的条件扣缴恶化地区的按揭资金，从而加速衰退区的扩大。"要明确的 349

是：发明"红线歧视"的既不是房主贷款公司也不是联邦住房管理局，虽然他们的绘图肯定启发了这一实践的术语。银行家、储蓄和贷款经理，对自己长期以来对黑人的歧视几乎没有什么困扰，他们向联邦机构通报自己的做法时也没有感到任何内疚。但考虑到报告中的论点，即红线歧视在经济上是完全合理的，并且考虑到负责这种实践的抵押贷款机构属于报告的主要读者群，这份报告——或由房主贷款公司和联邦住房管理局生成的许多其他类似报告——很难不被视为某种承认，间或还带有几滴鳄鱼的眼泪，但是房地产机构已经做好准备，让其最可怕的预言直接实现："涉及这些种族的整个政治经济形势如此复杂，不可能有任何解决办法。"[30]城市内部的居民区将会消亡，其中黑人聚居区消亡速度最快。美国的资本和财富大潮将转向白人占绝对优势的郊区。[31]

并不是所有新政时代的政策都赞同这种赤裸裸的隔离怪象。1937年，在罗斯福的指示下，美国国会通过了一项完全不同的住房法案，其主要目标是将联邦资源直接输送给城市贫民，包括黑人。它的拥护者，比如芝加哥资深住房改革家伊迪丝·埃尔默·伍德（Edith Elmer Wood）和年轻的国际化城市学家凯瑟琳·鲍尔（Catherine Bauer），与伊利及研究所也有着间接的联系。但他们对城市发展的看法与博德菲什、巴布科克、联邦住房管理局、全国房地产委员会协会、住房贷款银行家和房主贷款公司关于芝加哥的报告形成鲜明对比。伍德和鲍尔没有把目光投向跨越大西洋的建筑社会运动，而是从她们自己的欧洲新公共住房项目之旅中获取启发。她们没有在私人市场内推广住房买卖业务，她们首先假定：贫民窟住房的私人提供者从根本上辜负了穷人的期望，应该让他们停止买卖。伍德相信，只有政府才能整理好贫民区，并在那里建造像样的住房。鲍尔更进一步指出：联邦政府应该为穷人在空闲的土地上建造大规模的新公共住房项目，可能是在郊区，就像在欧洲许多地方一样。联邦政府加入到住房市场的竞争，迫使市中心的贫民窟居民为他们的土地寻找其他用途，从而使得政府免除清拆费用。

鲍尔与人合写并经国会批准的 1937 年《住房法》赋予联邦政府以权力，可以向地方住房当局发放高额补贴贷款。　然后，这些职权部门将决定在何处建设新项目。　当然，这些决定背后的一个大问题就是种族问题。　地方住房管理部门对联邦公共住房资金的使用，是会促进还是会打破长期分割美国贫民窟的肤色界线呢?[32]

以上问题——以及一个更大的问题：联邦住房管理局或公共住房改革者的城市发展愿景是否会占上风——一直都悬而未决，直到在阿道夫·希特勒袭击波兰，以及日本军事政权向珍珠港投下炸弹之际才终于确定。　战时，美国工业家疯狂地重组工厂，用于军工生产，这立竿见影地终结了长期挥之不去的大萧条。　为了给军工厂配备人手，他们再次大量招募非洲裔美国人从事和平时期禁止他们从事的工作。　去往北方城市的黑人移民数量非常多，第一次世界大战期间的大移民与之相比都相形见绌。　由于私人和公共住房建设都处于停滞状态，贫民区的人口远远超过了容量，肤色界线开始迅速扩大，越过邻近的白人社区。

当种族战争在欧洲和太平洋肆虐时，它的幽灵再次萦绕在美国城市街道上。　1942 和 1943 年，底特律先后发生了两起种族骚乱，第二起涉及白人对黑人住宅三天的袭击(枪击和纵火)。　在联邦军队恢复秩序之前，有 34 人死亡，其中大多数是黑人。　1943 年，哈莱姆区也爆发了(骚乱)，这是城市非洲裔美国人第一次大规模反抗活动，针对的是黑人区居民所认为的充满敌意的近乎全白人的国家警察力量。　芝加哥局势紧张，市长爱德华·凯利(Edward Kelly)任命了一个市长种族关系委员会，希望以此防止 1919 年的暴乱再次发生。[33]

第二次世界大战初期，芝加哥的非洲裔美国人已经超过 25 万。南区黑带成为与纽约哈莱姆区竞争的"黑人大都市"(black metropolises)，成为美国最大的黑人聚居区，西区黑人聚居区也迅速扩张。　大萧条时期，芝加哥几乎没有新建住房，在大多数黑人居住的老城区尤为如此。　战争期间，又有大批人口涌进了黑带不堪重负的住宅区。　贫民区居民庆祝这一新的挣钱机会，他们将狭小的公寓隔断成更小的单元，甚至在发霉的地下室里竖起薄薄的墙,把更多的房客塞进自己的房子里。 1950 年,芝加哥的黑人人口翻了一番,接近 50 万大关,许多人挤在没有窗户和浴室的"小厨房"公寓里。 住房改革者再次谴责在美国腹地萌生出一个溃烂的"加尔各答"。 足够勇敢的黑人开始在周围的白人地区寻找居所。 与此同时,当地民权领袖和备受推崇的黑人报纸《芝加哥卫报》(the Chicago Defender)也支持全国性的"双 V"运动①,以期"在国内赢得反种族主义的胜利,在国外赢得反对纳粹和日本的胜利"。 他们希望在国内赢得的胜利之一是芝加哥住房市场的"自由租售住房"。[34]

1941 年芝加哥黑带的房子。随着成千上万的非洲裔美国人在第二次世界大战及其后三十年间的向北迁移,像南区这样的贫民区变得过于拥挤并扩张。面临联邦政府批准的银行和其他金融机构的红线歧视做法,环境也在恶化。罗塞尔·李(Russell Lee)为联邦作者项目(the Federal Writers Project)拍摄的照片。

① "双 V"运动,即双重胜利,是在二战期间促进美国国内外为非洲裔美国人争取民主的口号和动力。 V 是指象征胜利的"V"标志。 表现为战胜侵略和战胜奴役与专制的国内外双重胜利。 ——译者注

　　然而，正如凯利市长委员会所指出的那样，白人的敌意顺着"贫民区各个方向的缝隙中"熊熊燃烧。 1944 年，对黑人家庭的袭击增多，特别是在南区黑带的边缘。 当白人和黑人士兵从世界大战的战场上归来时，发现自己卷入了一场日益激烈的城市战争，在芝加哥互相争夺住房。 1945 年至 1950 年间，委员会统计到 357 起白人袭击黑人住宅事件，其中包括新一轮的房屋爆炸和暴徒骚乱。 当一个黑人家庭搬进毗邻芝加哥西南侧的西塞罗市（Cicero）一栋公寓楼时，数以千计的白人袭击了这座楼。 谣传说一个黑人家庭要搬进与黑带西南部相邻的恩格尔伍德的一栋房子，就连续几个晚上招惹了 500 个愤怒的白人到来。[35]

　　新政时代的联邦住房政策在这场不断升级的危机中迅速被取消，没有一项政策比公共住房更引人注目。 大多数情况下地方住房管理部门遵循"多数构成"规则，明确将联邦政府资助的新项目指定为"黑人住房"或"白人住房"。 在芝加哥，存在几个这样的隔离项目，但在 1937 年，凯利市长将芝加哥住房管理局置于两名自由派住房活动家——伊丽莎白·伍德（Elizabeth Wood）和黑人罗伯特·泰勒（Robert Taylor）——的控制之下，两人都支持民权活动家对公共住房租户的非歧视政策。 在战争之前，他们还能够在两个全白人的项目区安置少数黑人，尽管只是将他们隔离在全黑人的建筑中。 然而，1946 年，他们试图让一名黑人退伍军人及其家人搬进全白人西南侧的机场家园项目。 结果一名暴徒用石头砸向他家，赶走了这家人。 一个月后，又有几名黑人士兵试图搬进去，数百名邻居投掷石块砸向搬家的面包车和护送他们的警察，然后在夜间向他们家开枪，再次挫败了芝加哥住房管理局的计划。 更大规模的敌对人群等待着弗恩伍德的一个芝加哥住房管理局临时项目中黑人士兵的到来。 在那里，暴徒集结成一种游动的帮派，他们袭击汽车和有轨电车里的黑人，就像 1919 年的大暴乱一样。[36]

　　黑人士兵可能帮助美国在国外赢得了胜利，但在国内却难以取得第二次胜利。 事实上，似乎愤怒的街头暴徒还不够，寻找住处的黑人和芝加哥住房管理局多出了两个更为强大的新对手：芝加哥市议会和市中心最富有的企业主。 在议会中议员们响应了白人暴徒的要求，通过本州立法确保：必须获得议会的批准之后，芝加哥住房管理局才能进行新地点的建设。 1947 年，泰勒和伍德提出了一个大胆的计划，在全市范围开发大型住房项目，包括在西南侧的空地上开发一些住房项目。 这些项目将大大缓解住房危机，让贫民窟居民逃离市中心附近拥挤的环境。 他们还将赋予芝加哥若干欧洲城市的地理特征，即把较贫穷的区域置于城市的边缘。[37]

353

议会担心流入的黑人移民会很快填补为白人区所规划的项目，因此大幅削减了芝加哥住房管理局的选址名单。 剩下的是黑带内的一大片土地，需要大量清拆，只为芝加哥的住房改革者提供了足够替换清拆的住房单元的空间，并未增加该市的净住房存量。 芝加哥住房管理局正是在此处失去了影响力，面临着越来越严格的预算限制，因而决定用成本最低的设施在剩下的一小块土地上安置数千人。 在 20 世纪 50 年代，一排四英里长的砖砌高层住宅项目沿着位于黑带中心的笔直的"州街"（State Street）拔地而起：即"芝加哥墙"（the "Chicago Wall"）。[38]

与此同时，回到卢普区，一群商人在芝加哥著名的马歇尔菲尔德百货公司老板领导下，发现一个机会，可以对市中心周围的肤色界线加以明确。 多年来，他们一直抱怨附近的黑人贫民窟阻止了中产阶级顾客光顾总部设在卢普区的商业设施。 在 20 世纪 40 年代末和 50 年代初，他们成功地游说所在州立法，使他们在贫民窟清拆行动中拥有更大的发言权。 他们利用这一权力将新的州和联邦贫民窟清拆资金转用于自己的优先事项。 很快，推土机开始工作，平整了距离市中心最近的老旧贫民区的其他部分。 卢普区首创的"城市更新"计划还将流离失所的人安置到了贫民区的中心地带，安置在类似于芝加哥住房管理局的塔楼开发区。[39]

一旦暴徒、市政官员和商人在芝加哥把控了公共住房政策，并以类似的方式在全国所有城市推行，他们就将公共住房政策从住房危机的解决工具变成了另外一种工具，用以拆除大部分老旧贫民区并在远离市中心的地方重建的工具。 这项政策的核心存在着一个巨大的矛盾，尽管它是出于白人与黑人分隔的愿望，但它只会加剧黑人在白人社区寻找住房的努力。 对民权活动家来说，全国各地成倍增加的"城市更新"计划，无异于强迫"黑人搬家"。[40]

随着黑人移民继续涌入美国所有地区的所有城市——波多黎各人向东海岸一些城市的新移民扩大了这一迁移——尽管此时黑人的历史核心正在从市中心被转移或被摧毁，美国的黑人大都市却仍然在膨胀。 这个国家的若干标志性的贫民区，最早出现在第二次世界大战期间及之后的几年：纽约南部的布朗克斯区；北费城；底特律的东部和西部；迈阿密的自由城；新奥尔良第九区；瓦茨，洛杉矶城中心的南部核心。 芝加哥黑人分布在南区和西区的大部分地区，到 1960 年人口超过 80 万，到 1970 年人口超过 100 万。 同年，社会学家发明了一种方法来衡量城市种族隔离的程度。 他们计算了一个城市中每一个社区为了达成与整个城市相同的种族人口构成而必须搬家的人口百分比。 到 1960 年，在大多数美国城市，这个被称为种族隔离指数的百分比接近 100%。 在芝加哥，数值是 92.9%；底特律为 84.5%；费城 87.1%；洛杉矶 81.8%。大城市不再是唯一有严格的肤色界线的地方：大部分南方小城市的种族隔离指数超过 90%，比如以下地区：纽约的布法罗；印第安纳州的加里；密歇根州的弗林特；宾夕法尼亚州的切斯特；内布拉斯加州的奥马哈等都属于美国种族隔离最严重的城市。 上述比率与南非城市持平甚至超过后者，在南非，亨德里克·维沃尔德正忙于制定《种族分区隔离法》。[41]

随着第二次世界大战的结束，持续十五年对新住宅建设的限制终于解除了。 庞大的全国房地产开发委员会、热切的郊区开发商大军开始着手规划、细分、限制和抛出各种各样的新住宅开发项目，其中大部分都超出了古老的城市界限。 这些分区合并为独立的城镇，新的郊区市镇以指数方式成倍增加。 对于这些新成立的地方政府来说，首要任务是通过严格限制性的区划法，严格限制公寓建筑，支持低密度的独栋住宅开发。 对于芝加哥等地的中产阶级和许多工人阶级白人来说，不断

354

变化的肤色界线附近，他们面临着绵延持久的种族战争的可能；而在郊区新城镇，他们获得住房的唯一障碍只有抵押贷款融资，因为在郊区他们可以远离房产价值的所有威胁。 在战后时期，联邦住房管理局和退伍军人管理局类似的办公室不遗余力地工作，正是为了给渴望逃离这座城市的白人提供上述资助。[42]

355

　　美国政府永远不能为城市白人提供南非式的移民控制，以此防止黑人移民及"入侵"城市社区。 但是联邦住宅管理局和退伍军人管理局确实给白人提供了世界上最有效的系统，我们可以称之为"流出支持"系统。 把郊区房屋的钥匙交给了数百万白人，通过这种方式，联邦住房管理局和退伍军人管理局为该国人数多的种族即白人家庭提供了获得相对廉价住房的机会。 不仅如此，这些住房仍有可能增值，成为个人和家庭财富的来源。 除此之外，联邦政府还增加了更多的便利设施。工程师们设计出战后巨型州际高速公路系统，城市段的高速公路也是8车道、10车道和12车道，为了让郊区居民有更多直达市中心工作的路线，穿过黑人社区的中心地带时常常将黑人艰难求生的商业区夷为平地。 联邦政府还通过对房主支付的抵押贷款利息给予税收扣除，使联邦抵押贷款担保的种族倾斜优势成倍增加——这是全国房地产委员会协会及其研究所提出的另一个主意。 郊区市镇的财产税也往往较低，因为它们没有城市的社会福利和治安职责。 与此同时，更多的财政收入用于学校和各种各样的激励措施，以吸引雇主从市中心搬迁过来。[43]

　　相比之下，联邦机构在战后时期几乎没有扩大黑人的住房选择，包括黑人士兵以及经济能力上轻松负担得起郊区房子的黑人。 相反，这些机构侧面造成了来自南方的移民住居到内城，而且住房短缺的情形依然如故。 黑人不得不去适应一个以贫民区为基础的市场，他们在那里可选择的住房仅限于陈旧的建筑，刺目的红线歧视将其与抵押贷款、特别需要的维修与保养贷款——隔离开来，而可供黑人使用的贷款利率也要高得多。 当经济学家们对社区的住房价值进行实践研究时，他们发现，正如杜波依斯长期以来论证的那样：决定某地区的房产价值是否下降，不在于黑人的到来，而在于白人对黑人邻居到来的严重反应。　事实上，由于可供选择的住房短缺，黑人住区的房价最开始往往高于白人购买类似房产的价格。　然而，由于房屋维护保养所需的贷款越来越少，成本也越来越高，黑人的房产注定升值率较低。　因此，对贫民区房地产的投资基本上无助于建立长久的家庭财富。　相反，正如芝加哥房主贷款公司报告所预言的那样，联邦机构助长了市中心住房的逐步恶化状况。[44]

356

同时，双重住房市场也削弱了美国公共住房的效用。　由于该计划将房地产从私人市场中剥离出来，而且该计划的资金在战后迅速减少，因此国家房地产开发委员会和美国土地法研究所不断游说，反对联邦政府对公共住房的拨款。　此外，即使是最贫穷的白人也比贫穷的黑人有更多的住房选择，而且他们会躲避哪怕只有少数黑人邻居的住房项目，公共住房很快就被称为"黑人"计划。　严格来说，随着时间的推移，它失去了其他政治支持的来源，最终使芝加哥住房管理局这样的管理机构一贫如洗，并将自己变成了原本要打击的邪恶力量。　到了 1970 年代，芝加哥住房管理局本身已经成为芝加哥最大贫民窟的房东——同时也是一个种族隔离主义者。[45]

非洲裔美国人的民权运动并非没注意到，如此巨大的财富再分配给了普通白人。　但是，即便有所收敛，歧视性的联邦抵押贷款担保政策还是被证明是一个狡猾的目标，很不容易被击败。　1948 年，全国有色人种协进会在谢利诉克雷默案（Shelley v. Kramer）中取得了史上最大胜利之一，正是因为当时最高法院宣布因美国宪法第十四修正案而使种族限制性契约无效。　联邦住房管理局极不情愿地屈从于这一决定——尽管它只是在两年后才妥协——放弃了有助于融资的要求，大型郊区项目的地契上不再附加种族限制性契约。　很快，《核保手册》也失去了明确的种族语言。　在 1960 年代，随着民权运动从一个胜利走向另一个胜利，联邦住房管理局被迫放弃歧视性贷款政策，甚至重新将其担保政策的重点放在穷人身上。　但到那时，它已经完成了它为美国肤色界线所

种 族 隔 离

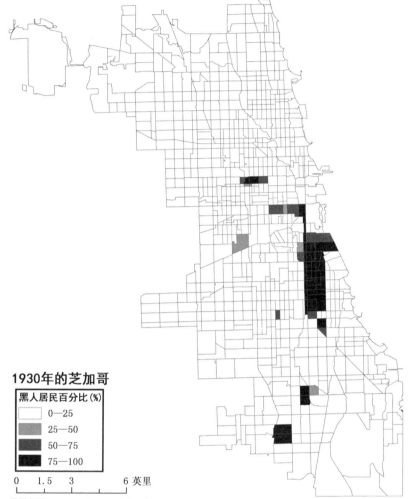

**1930年的芝加哥**

黑人居民百分比(%)
- 0—25
- 25—50
- 50—75
- 75—100

0  1.5  3    6 英里

**数据来源**:Burgess and Newcomb(1933). Census data of the City of Chicago, 1930. The University of Chicago Press. City of Chicago GIS data, retrieved January 28, 2011 from http://www.cityofchicago.org.

　　20 世纪 30 年代至 70 年代芝加哥和约翰内斯堡极端隔离进程的比较。芝加哥的贫民区清拆工作使大多数住在市中心附近的黑人被清除,但黑人聚居区仍然留在市中心。在联邦政府的鼓励下,房地产市场种族主义盛行,保证了一条鲜明的肤色界线,但其位置并没有固定下来。随着黑人的迁入和白人的逃离,贫民区的边界扩大了,到 1970 年,甚至到达了西南部郊区中最不好的一些部分。相比之下,在约翰内斯堡,政府引导的强制拆迁,将大多数黑人、印度人和有色人种从中心城市迁移到城市边缘不受欢迎的黑人城镇。《种族分区隔离法》( the Group Areas Act, 1950 年)旨在永久固定肤色线。

　　制图:Kailee Neuner。

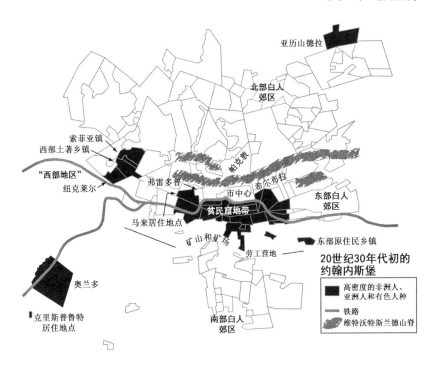

做的工作。 它不仅让美国的种族隔离主义经受住了最大的危机，而且为大量白人提供以房地产为基础的财富，有了这些财富，他们只需稍加受检，就可以搬往白人更多条件更好的地方——尽管 1970 年之后，也有更多的黑人能够自己搬往郊区，但仍然需要克服私人市场上各种持续不断的种族操控和红线歧视。[46]

后来，联邦住房管理局最持久的遗产，则是这样的：它允许美国城市肤色线持续到新千年，减少大量的政府歧视性胁迫。 肤色线的粉饰几乎完成了。 对许多美国人来说，居住隔离已经成为城市生活中事实存在的一部分。 看上去它从来不是人为制造出来的——但是事实一直如此。

## 各种邪恶的种族隔离措施的结合

在极端时代的南非，城市隔离的戏剧与美国有着惊人相似的历史节

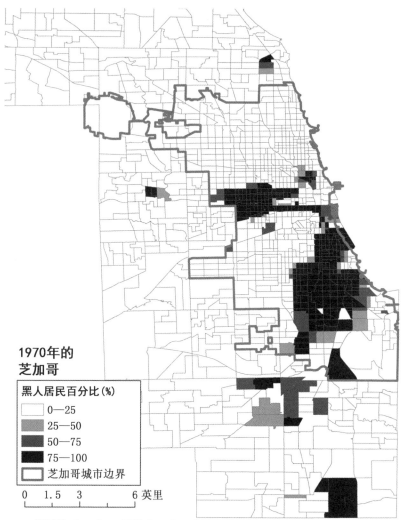

1970年的
芝加哥

黑人居民百分比(%)

0—25
25—50
50—75
75—100
芝加哥城市边界

0   1.5   3        6 英里

数据来源：Census Bureau (1970). Census Tracts Chicago, Ill. Population and Housing.
City of Chicago GIS data, retrieved January 28, 2011 from http://www.cityofchicago.org.
Census Bureau TIGER/Line shapefiles, retrieved March 25, 2011 from http://www2.census.gov.

奏。 1920 年代首次提出的理念和立法在 1930 年代激发起国家和地方
两种场景的新活力——南非总理赫佐格推行坚定的"斯特拉德主义"政
策之时，也即约翰内斯堡的殖民者设法将大部分内部冲突塞进潘多拉魔
盒之际。 然后，在第二次世界大战期间，当扬·史末资重新掌权时，
向城市迁移的黑人增加，城市住房严重短缺，黑人好战情绪高涨。 一

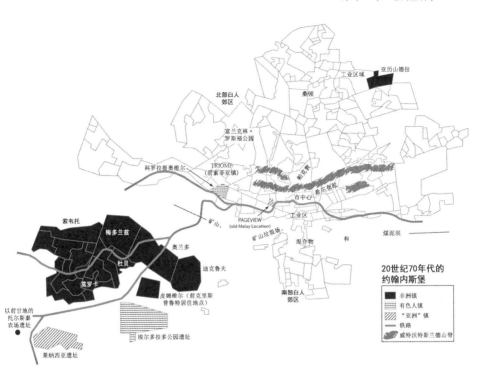

些人认为，在一些转瞬即逝又模棱两可的时刻，这些背景让南非的白人
自由派，同他们在芝加哥的兄弟一样，向不那么独裁的种族政策敞开了
大门。 如果这是真的，那门砰的一声很快就关上了，因为南非激进的
种族隔离主义者在战后的胜利比在美国更加具有决定性的意义。 随着
D·F·马兰领导下的激进的国民党在 1948 年当选，南非的种族隔离时
代开始了。[47]

　　极端事件——大萧条、第二次世界大战、冷战以及 20 世纪 50 年代
和 60 年代的经济繁荣——对全球的影响是主要原因，使得这两部戏剧
在大西洋两岸的开始、中间和高潮的时间节奏一致。 诸多相似之处也
反映了这样一个事实，即两国的种族隔离主义者从欧洲引进了一些相同
类型的改革和房地产制度——最显著的是限制性契约、公众对自由住房
抵押贷款的支持、对公共住房的大量投资以及积极的贫民窟清拆。

　　但也存在很大的不同。 尽管南非种族隔离主义者因其种族粉饰而

359

360

401

臭名昭著,特别是奥威尔式种族粉饰,但他们也得到了宪法的许可,可以在官方政治屋顶上大声呼喊自己的事业目标,并明目张胆地使用公共制度来达到目的。 这两件事,他们一直不停息地在做着,而且无处不在:在威斯敏斯特式的全白人联合议会的立法辩论中;在市议会中;在几十个种族隔离议案、法案和法令中;在政府官方公报中;在一份又一份委员会报告中;从他们不断变化的政党之间往往激动人心的竞选临时演讲台中。

361 　在此过程中,他们建立起庞大而强硬的国家官僚机构,其具体任务是执行种族隔离法规。 因此,并不存在像后坎南时代的美国那样的权力真空,在权力真空下,美国政府当局不得不听从房地产经纪人和土地经济学家的意见,为种族隔离开辟一条更隐蔽的道路。 诚然,南非的房地产经纪人确实在1937年组织了一个受全国房地产委员会协会启发的南非房地产经纪人研究所,而伊利和巴布科克的土地经济学也的确启发了一些南非学者的工作。 然而,这两位在种族隔离主义政治中都没有扮演什么角色。 例如,南非种族隔离主义的中央住房委员会是南非与联邦住房管理局最接近的一个机构,它是由公共卫生学家和公共住房改革者组成的机构,而不是房地产经纪人或他们的经济学家。 但在美国,没有什么能与亨德里克·维沃尔德的无所不能的原住民事务部(Department of Native Affairs)相提并论——更不用说内政部的种族隔离委员会(Group Areas Board,GAB)、独裁的原住民安置委员会(the Native Resettlement Board,NRB),甚至是非欧事务部的各个市政部门。 需要重复提醒的是,其中一些机构还致力于种族隔离任务,范围远远超出了城市的种族分区,包括流入控制和"大种族隔离",即农村的种族划分。[48]

　然而,种族隔离最险恶的特点,却要归结到世界种族政治的另一个极端边缘——德国的国家社会主义。 正如我们所看到的,南非激进的种族隔离主义者确实有较早的启示来源。 像莱昂内尔·柯蒂斯这样的英国帝国官员,以及像C·F·斯特拉德这样死硬的南非皇室效忠者,借鉴世界各地的先例，阐明总体目标，并设计了许多制度原型，这些原型后来被种族隔离"工程师们"选出并重新构建为国家制度。战后种族隔离运动的激进主义者也从另一个对立的力量——南非白人反帝国运动——中汲取了力量。在20世纪30年代，来自阿非利卡人兄弟会（Afrikaner Broederbond，1918年在约翰内斯堡成立）等团体的阿非利卡民族主义学者借鉴了当地的加尔文主义神学（Calvinist theology）和世界上越来越多的民族独立运动，将非洲白人想象成神选中的"人"，只有建立一个以南非荷兰语为主要语言的独立的白人共和国，才能弥补他们在英国人手中遭受的长达一个半世纪的血腥迫害。他们想象中的共和国，至少应当达成一点，即他们会毫不含糊地拒绝外来者干涉南非种族事务。然而，民族主义者所拥护的种族主义理论，很大程度上归功于那些在世界其他地方流传如此广泛的理论，特别是英国同时存在的三种362理论：社会达尔文主义、优生学和文明的独立发展理论，它们互相矛盾但在政治上很有用。

　　当他们公开表态时，民族主义者也越来越接近欧洲极右翼。包括晚年的赫佐格在内，南非国民党（NP）的兄弟会和重要派系，公开认同反议会和反犹衬衫运动（anti-Semitic shirt movements），运动地点包括佛朗哥统治下的西班牙、萨拉查统治下的葡萄牙、墨索里尼统治下的意大利，最激进的是希特勒的德国党卫军（SS）。在基层，类似"牛车哨兵"（Ossewabrandwag）①这样的准法西斯组织是在20世纪30年代末成长起来的，他们举办骇人听闻的纪念阿非利卡人19世纪大迁徙100周年的活动，这些活动包括火炬集会和牛车游行，就像想要让发展方向脱离英国人控制的轨道一样。最后，诸如南非国民党中同属种族激进主义者的D·F·马兰这样老道的议员们赢了。然而，当南非政府呼吁一位在德国大学接受过大量培训的教授活动家使用"科学"专业知识来设计一

---

　　①　在第二次世界大战期间，一些南非荷兰人组成了一个极端仇英的政治组织（Ossewa Brandwag，意思就是牛车、火把、警戒），反对南非同英国结盟，认为这背叛了布尔人在英布战争期间为之奋斗和牺牲的一切。——译者注

个国家官僚机构，以重塑这个国家的城市之时，如果是由优生学教授理查德·伊利来设置这个机构，那么就达不到理想状态——如果是由兄弟会的亨德里克·维沃尔德博士来设置，得到的就会是一种愤世嫉俗和独裁的机构。当来自"牛车哨兵"组织和衬衫运动的前突击部队渗透到该机构以及其他更低级别的种族隔离机构——其中最臭名昭著的人员会进入安全部队——之时，他们混在一起的结果就是造成了该机构的巴斯卡普（Baasskap）[①]倾向。就这样，马兰和维沃尔德把一个种族隔离主义的福利国家和一个极端民族主义的警察国家结合起来。与纳粹德国不同的是，南非坚持其威斯敏斯特体系——该体系在执行种族政策方面一直有删减——一种口头上支持的城市改革主义。但这为该国右翼挥舞铁腕留下了许多空间。[49]

然而，要想完全理解这个故事，我们需要从一个种族限制的政策舞台开始，在这个舞台上，即使是南非最易怒的种族隔离主义者也一直在实践他们原本口是心非的平等主义言论。在20世纪20年代和30年代，赫佐格为南非各阶层的白人提供了一个福利国家，堪比世界上任何一个福利范围最广也最慷慨的国家。这类种族排斥但阶级平等的政府行动主义可以追溯到盎格鲁-布尔战争之前，当时保罗·克鲁格的南非共和国向约翰内斯堡建房子的阿非利卡人提供了弗雷多普的廉价地块。约翰内斯堡20世纪早期的英国市政秘书莱昂内尔·柯蒂斯——和他曾经的导师奥克塔维娅·希尔一样——希望自己为约翰内斯堡设计的巨大市政区域能让所有阶层的白人在不拥挤的社区找到像样的住房。1914年，约翰内斯堡抗击鼠疫的市政卫生官员查尔斯·波特与伟大的城市规划师雷蒙德·昂温（Raymond Unwin）在伦敦参加了一次研讨会，他返回伦敦，努力游说推行一项全国公共住房计划，其目标之一就是使贫穷的白人摆脱贫民窟里的黑人、有色人种，还有印度邻居们的"不良"影响。[50]

----

① Baasskap 是南非种族隔离时期大力提倡的一个概念，主要由激进的南非白人和执政的民族党提出，目的是唤起南非黑人的负面情绪。这个词从南非荷兰语到英语的字面翻译是"老板船"，但更适用的意译是"支配"，这反映了"白人必须永远是老板"的思想。——译者注

1920 年，联邦议会成立了一个受英国影响的中央住房委员会，有权为市政当局的公共住房计划提供降息贷款。 地方政府还可以向首次购房者提供建筑协会式贷款，首付比率为 10%，还款期为 20 年。 与它在英国的表亲不同的是，在整个 1920 年代和大萧条时期，中央住房委员会的资金非常匮乏。 但它代表了该国第一批种族隔离的国家福利制度之一。 在最初的 15 年里，它为"欧洲人住房计划"（European housing schemes）提供的贷款是为"非欧住房计划"（non-European）提供贷款的 3 倍多——相当于每个单元支出的 7 倍多——尽管非白人的住房危机更加严峻。 该机构几乎所有的直接贷款都流向了欧洲人。 选址政策（Siting policies）是严格的隔离主义。[51]

1922 年，扬·史末资镇压了白人煤矿工人的兰德大起义，从而使他的南非政党完全支持约翰内斯堡的黄金矿主。 作为回应，赫佐格的民族主义者极力争取工人阶级的选票，两年后，他们与主要讲英语的工党结盟，推动赫佐格出任总理。 他的"文明劳工"政策限定私营部门的技术性工作和工会政府的所有职位，包括最卑微的职位，只允许白人担任。 尽管如此，农业日益商业化，几年的严重干旱，以及随后的大萧条，仍然使许多阿非利卡人加入了贫困白人的行列。 1930 年代初，美国卡内基基金会委托开展的一项研究表明，数以万计的阿非利卡人进入约翰内斯堡和兰德地区其他多种族贫民窟。[52]

到了大萧条时期，国家和帝国政治都发生了变化。 赫佐格为民族主义事业赢得了宝贵的胜利，包括南非宪法赋予的脱离帝国的权力。 在经济萧条时期，部分是为了显示民族团结，部分是为了让自己严厉的本土政策得到多数人无置疑的支持，他与扬·史末资谈判建立了联盟，从而使两个对立的主要政党融合为一个新的统一党。 这一举动激怒了某些纯粹的民族主义者，包括兄弟会，他们分裂出来组成了一个由 D·F·马兰领导的"纯粹"的国民党。 纯粹民族主义者很快利用工人阶级对史末资的仇恨，在贫穷白人问题上占了上风。 赫佐格帮助巩固了他们联盟的事业，他拒绝效仿英国的榜样并拒绝退出金本位制，这一

364

顽固的举动进一步加剧了经济危机。 1931 年，年轻的应用心理学教授亨德里克·维沃尔德在卡内基基金会的一次关于贫困白人问题的会议上发表了主旨演讲，他推崇新政救济方案的"科学"实践，并敦促南非将这些计划作为消除阿非利卡人贫困的一种方式。[53]

　　然而，1933 年，大萧条突然在南非消失了。 国际金融家迫使赫佐格放弃金本位制，大量投资资本涌入该国。 约翰内斯堡位于矿山附近的小工厂区，其增长速度让该市的支持者们大吃一惊。 郊区的房地产繁荣起来。 中央住房委员会手头上的现金突然比前几年借出的总和还要多得多。 约翰内斯堡市议会启动了几项由中央住房委员会资助的新住房项目的工作，旨在将贫穷的白人从贫民窟中转移出来，并将他们安置在明确按照美国和英国标准设计的住房中。 在 1937 年，中央住房委员会亦与该国的建筑协会建立了类似联邦住房管理局的伙伴关系，以扩大金融资本的供应，而较富裕的首次置业者更有机会获得。 与此同时，纯粹的民族主义者，与其他的阿非利卡民族主义组织合作，建立了他们自己的银行，沃尔克斯卡银行（Volkskas bank），旨在刺激南非荷兰语系的人普遍的经济复兴。 国家铁路公司——现在员工几乎全部是阿非利卡人，多亏了赫佐格的文明劳工政策——为其员工发起了一项减息的住房贷款计划。 战后，国营钢铁和军火公司以及白人工会（均由阿非利卡人主导）纷纷效仿。 中央住房委员会被重新改组为国家住房和规划委员会（the National Housing and Planning Commission，NHPC），并启动了一项向退役军人提供廉价直接贷款的计划，这与美国退伍军人管理局提供的计划非常相似。 然后，1956 年，在维沃尔德总理的领导下，国家住房和规划委员会为所有首次购房的国家雇员提供了零首付贷款计划。[54]

365　　当时约翰内斯堡市议会拥有并管理着该市约 10% 的白人住房，为来自南非大草原的贫困新移民进入私人市场提供了一个台阶。 市政当局还涉足郊区开发业务，向二战归来的士兵和其他人提供价格合理的地块，这些地块位于植被丰茂的地区，其中一个地区的名字是富兰克林·

罗斯福公园(Franklin Roosevelt Park)。 高速公路将遥远的北部郊区与市中心连接起来，住宅区遍布整个乡野，就像穿过芝加哥周围的大草原一样。 民粹主义和种族福利国家主义的轻轻一笔，更充分地解决了贫困白人的问题。 1958年维沃尔德就任总理时，阿非利卡人的生活水平首次达到了与说英语的人相当的水平。 与美国一样，南非政府当局通过向几年前生活在绝望中的人们发放种族特权，大大增加了该国的中产阶级人口数量。[55]

南非黑人也享有某种福利待遇，有色人种和印度人也一样。 但是，与任何形式的财富、财产或特权相比，他们得到更多的却是残酷的镇压。 综合其根源，可以追溯到1923年白人之间关于《原住民(城市地区)法》的全国性辩论，当时移民社区的许多激烈争吵演变成自由主义者和强硬的斯特拉德主义者之间的辩论，关于是否应该允许黑人在城市生活的辩论。 尘埃落定后，斯特拉德主义者基本上赢了。 他们的底线原则，即黑人只能够在白人需要时进入城市。 反映在法案之中的结果是，加强了流入控制，削弱了黑人财产权，并赋予市政当局新的权力，宣布所有城市地区只允许白人进入。 然而，这项法律也在口头上满足了自由主义者的要求，即让黑人在当地顾问委员会中有代表权，为各地创造单独的收入来源，并确保地方政府为他们从白人地区赶走的所有黑人提供住房。 约翰内斯堡市议会立即打算无视这些自由主义条款，宣扬整个城市是白人的，而且不提供住房给黑人。 当最高法院否决了这一宣扬之后，来自纳税人党多数派的沮丧的议员们，即便是平常在帝国事务上大部分会投票支持史末资的南非党(South African Party)，他们此时在开普敦拜访史末资的死敌、新的民族主义总理赫佐格时，却感觉终于找到了一只愿意倾听的耳朵。[56]

1930年，赫佐格通过议会狠狠敲打修订版的《原住民(城市地区)法》，削减其自由主义住房义务。 约翰内斯堡当局现在更加不慌不忙，稳步向前推进自己的计划，一个乡镇一个乡镇地宣布城市为白人所有，从北部郊区开始，之后把目标对准市中心东部的种族混合的贫民窟，这

366

些贫民窟似乎最有可能沿着山坡蔓延到白人区。 1934 年，赫佐格将开普省议会的一项特别恶毒的贫民窟清理法迅速实施，并迫使联邦议会通过，从而使该计划变得更加容易。《贫民窟法》（the Slums Act）允许市政当局征用贫民窟土地并清拆建筑物，而不须提供替代住房。 该法案的措辞从技术上讲是非种族主义的，但却拥有更大的种族主义力量，它赋予议会可以强制驱逐印度人和有色人种——这正是白人纳税人特别渴望获得的权力。[57]

《贫民窟法》出台的同时，该国的经济命运也发生了戏剧性的变化。 经济从金本位制中解放出来，就像一把双刃剑，突然扫清了南非城市政治舞台上统一种族隔离运动的最后一道古老的障碍。 最重要的是，城市现在可以负担得起夷平贫民窟并为不受欢迎的群体建造隔离住房的费用。 在约翰内斯堡，非欧事务部在自由主义倾向的格雷厄姆·巴伦登（Graham Ballenden）的领导下，不断发出大量驱逐通知，到 1930 年代末，该机构几乎清除了市中心贫民窟中所有的黑人。 他们中的许多人向西迁移到索菲亚镇（Sophiatown）以及附近的马丁代尔（Martindale）和纽克莱尔（Newclare），在那里，黑人确实拥有土地，许多土地所有者也很乐意将拥挤的后院房间出租赚取更多资金。 其他人则在亚历山德拉（Alexandra）找到了居住的空间，亚历山德拉是另一个高度拥挤的城镇，黑人可以终生拥有不动产，就在城市北面的边界之外。

与此同时，巴伦登重拾了市议会长期以来的兴趣，将黑人、有色人种和印度人迁往西南 15 公里处靠近克里斯普鲁特的原住民居住地点。在独立发展理论家霍华德·皮姆——现在自称信奉了"自由派"——的单独帮助下，巴伦登对这个苍蝇横行的旧地方进行了改造，甚至将其改名为皮姆维尔（Pimville）。 很快皮姆维尔的人口就超过了一万。 然后，巴伦登获得了一大笔来自中央住房委员会的贷款，在附近建立了一个新的、更大的城镇，取名为奥兰多（Orlando），这是另一位自由派前议员的名字。 印度人和有色人种也因为市中心的贫民窟清拆而失去了家园，

尽管他们设法挽救了他们社区的传统中心：马来人（Malay）住区。　虽然 367
如此，市议会还是获得了另一笔中央住房委员会贷款，用于在距离奥兰
多8公里远的加冕城（Coronationville）的一个大型有色人种住房计划，
并计划为同一地区的印度人提供一个类似的计划。[58]

　　一长串曾经交战的白人政治利益集团，现在团结在巴伦登背后，这
可以从议会重新分配市中心空地的方式中看出。　北方纳税人对房产价
值的担忧得到缓解。　开发商们庆祝在兰德山坡上为白人建造一座羽冠
状的科帕卡巴纳风格（Copacabana-style）的豪华高楼，在时髦的乡间别
墅中庆祝达到了高潮。　该委员会使用了更为朴素的开放场地，建造了
最先进的白人公共住房，取悦了有组织的劳工和民族主义者。　包括该
市第一批阿非利卡商人在内的制造商抢购了本城新制造业经济的工厂
矿井和铁路站附近其他清拆出来的空地。　唯有一点不顺，即巴伦登说
服市政委员会建立一个地方政府所有的非洲啤酒酿造专营店，为奥兰
多的扩建提供资金，致使该市的禁酒运动失败了（同时它的美国榜样也
失败了）。[59]

　　与此同时，赫佐格在国家政治中也掀起了白人团结的浪潮。　1936
年，在以压倒性多数投票结束开普省黑人的有限投票权的百年政策后，
众议院的统一党全体成员打破传统，爆发出对总理的掌声。　作为有些
粗暴的补偿，赫佐格向黑人提供了三名白人议会代表资格，并在保护区
增加了一小块土地，以便更好地允许偏远农村的"原住民……按照其天
赋与才能去发展"。　然后，他强调了一个事实，即他完全没有任何好意
地再次收紧了流入控制。　他还只对妇女中的白人授予特许权，以此削
减好望角有色人种的选票；尽管伦敦和新德里再次提出抗议，但他在德
兰士瓦的印度人土地所有权问题上态度更强硬。　最后，逃离纳粹德国
的犹太移民潮引发了赫佐格、马兰和维沃尔德的反犹怒吼。　这些演讲
推动了1939年《外国人法案》（Aliens Act）在议会的通过。　虽然它没
有对犹太人施以明确限制（如马兰所愿），但却有效地实施流入控制，阻
拦了许多即将面临死亡集中营命运的人逃入南非。[60]

同年，英国向纳粹德国宣战。 南非政治在另一个方向上疯狂摇摆，再次在全球突发事件中随波逐流。 统一党投票决定加入盟军。 赫佐格辞职，为了致敬南非白人对英国的仇恨，以及阿非利卡人祖先对德国的亲和，以及他自己对欧洲独裁政权日益增长的同情。 民族主义运动的极右翼被迫进入政治荒野，亲法西斯主义者和准军事分子武装起来，为纳粹在欧洲的胜利以及国内发动政变做准备。 史末资再次出任总理，与极右翼形成鲜明对比的是，他在希特勒失败后一心一意地调整了国家政策。 饱受种族隔离之苦的黑人进入了一个奢侈的时期：中央住房委员会关闭了商店，通行证法被搁置，约翰内斯堡的战争工业欢迎成千上万的新黑人移民进城。[61]

从 1936 年到 1948 年，这个城市的黑人人口从 25 万增加到近 40 万，黑人人数首次超过白人。 部分新来的人去到市中心新清拆区，或者进入索菲亚镇和亚历山德拉，而数以万计的黑人则被吸引到偏远的西南部的皮姆维尔和奥兰多，在那里许多人以非法房客身份栖身在后院的棚屋。 1944 年，奥兰多原住民顾问委员会成员詹姆斯·姆潘扎（James Mpanza）组织了一批租客加入索法松克（Sofazonke，祖鲁语，意为"我们将一起死去"）党。 这个党派在奥兰多以西的市政地块上用劣质木头和粗麻布建立了一个自己的居住地点，名为棚户区。 在那里，姆潘扎征税、雇用警察、出售贸易和酿造许可证，并声称管理着南非第一个城市"黑人自治政府"，这让约翰内斯堡市议会大为光火。 该市议会的回应是多次驱逐棚户区居民，但却只能成功增加他们的人数。 1946 年，该市还试图将姆潘扎驱逐回祖卢兰（Zululand），但他在法庭上击败了议会，地位上升到黑人救世主的地步。 与此同时，暴乱频发，导致多人死亡，类似的占屋运动，当时牵涉人数多达 9 万，最终迫使议会将他们的棚户区合法化为莫罗卡营地（Moroka Camp），这是现在西南部名为班图镇的又一延伸。[62]

姆潘扎的成功来自兰德各地越来越多的草根抗议。 亚历山德拉的居民更想抵制城市巴士，宁愿多付车费；其他人抗议通行证法的恢复，黑人矿工在部分程度上由共产党组织领导的新工会的支持下，于 1946 年发动了一次大规模罢工。 非洲国民大会的年轻成员成立了非国大青年联盟（the African National Congress Youth League，ANCYL），向该组织中的年长者施压，要求他们放弃礼貌而冗长无效的议会请愿策略，并敦促他们接受新的抗议精神。 姆潘扎对这个组织中的一位 26 岁成员纳尔逊·曼德拉格外具有启发性，他当时与非国大青年联盟的狂热分子沃尔特·西苏鲁（Walter Sisulu）住在奥兰多。[63]

对白人自由主义者来说，这样的事件证实，通过控制人口流入而实行全国范围种族隔离的日子真的屈指可数了。 他们在各种机构推行这一观念，包括史末资的统一党，新成立的南非种族关系研究院（South African Institute for Racial Relations，SAIRR），以及史末资任命的一个委员会，该委员会在法官亨利·费根（Henry Fagan）的名下，主要研究该国肤色线的新方向。 1948 年，在史末资任期即将结束的日子里，费根委员会姗姗来迟地在审议中宣布"完全隔离"的想法是完全不可行的。 它建议接受城市中"定居的、永久的原住民居民"，并逐步取消通行证法。[64]

当然，我们不可能知道，如果再多一点时间，曾深深卷入南非种族隔离历史的扬·史末资是否能够再次将南非推向不同的方向。 然而，到了 1948 年，南非最强的政治风向显然是从极右翼吹来的。 具有讽刺意味的是，正是希特勒在欧洲战场上的垮台，使南非摆脱了阿非利卡民族主义运动许多不和的派系的阴谋，包括日益徒劳的想要颠覆史末资的战争成就的各种想法。 相反，他们把政治上的"牛车哨兵"搭载在国内种族政治上。 其中一个推动力来自杰夫·克朗杰（Geoff Cronjé），是德国培养出来的比勒陀利亚大学社会优生学教授，法西斯主义"牛车哨兵"组织成员。 在 1944 年一次重要的国会演讲中，克朗杰提出，阿非利卡民族的命运在于绝对避免种族混杂并时刻警惕种族冲突。 不过，像维沃尔德这样的兄弟会成员也表达了类似的观点，与赫佐格一样，他们还从英国作家霍华德·皮姆那里学到了些许以文明为基础的独立发展的论断。 事实上，全民公决的最后纲领预言了维沃尔德的"班图斯坦"制度，即"为了给当地人充分的机会自由实现他们的民族愿望，必须为他们提供单独的地区，这些地区最初将替他们管理和开发，最终由他们自己对自治的原住民居住地点进行管理与开发，白人可能在那里没有公民权"。 与此同时，马兰的国民党在兄弟会成员保罗·O·索尔（Paul O. Sauer）的领导下任命了自己的对立委员会（counter commission），在 1947 年宣布了该党对"白人和原住民之间实行完全的种族隔离"的"最终理想和目标"的承诺，从而赢得了费根委员会官方支持。索尔报告还承诺大力推动人口流入控制，以开始"逐步从白人地区的工业中撤出原住民"，尽管报告中警告说"这必须耗用很长时间才能实现"。[65]

1948 年，马兰和国民党高举"种族隔离"的旗帜——这个词最早出现在 1930 年代中期兄弟会成员之间的讨论中——达到了他们竞选的最高标准。 在他们的竞选演说中，民族主义者再一次复活了"黑祸"（swart gevaar，南非荷兰语）一词，现在又将其与原住民在城市的扩展（淹没）的警告、黑人对白人好工作的接替以及共产党对兰德的威胁混在一起。 维沃尔德讽刺费根报告是软弱的"统一党的政治圣经"，而其他候选人则把扬·史末资描绘成对联合国的诡计更感兴趣，而不是去阻止该国的种族"偏航"。 尽管南非国民党的胜算微乎其微，种族隔离演讲却刚好说服了足够多的说英语的工人投票给民族主义者，让马兰赢得了胜利。 后来，更多来自各行各业的白人加入这一行列。 直到 1970 年，民族主义者的多数票在每次选举中都稳步上升。[66]

尽管索尔报告几乎没有为种族隔离提供具体的立法蓝图，但马兰和南非第一个全阿非利卡人内阁几乎没有浪费时间就通过了激进的种族立法。 1949 年的《禁止通婚法》（The Prohibition of Mixed Marriages Act）[又称《不道德法》（the Immorality Act）]反映了克朗杰的优生学对于南非国民党种族信仰的影响。 它将之前对白人和黑人婚姻的禁令扩大到包括有色人种和印度人的跨种族结合。《人口登记法》（The Population Registration Act)（1950 年）建立了一个种族身份证制度，其主要目的是澄清白人和有色人种之间的模糊界限，并对婚外跨种族性行为的惩罚予以强化。《班图教育法》（The Bantu Education Act)（1953 年）关闭了维沃尔德认为是煽动黑人起义的教会学校，取而代之的是拥挤不堪的乡镇学校，必然造就出大批文盲。[67]

随着白人至上主义者们恶意的暴风雪越来越凶猛，民族主义者通过了世界历史上最广泛而复杂的城市种族分区措施——1950 年的《种族分区隔离法》（the Group Areas Act)。它的目标，比美国任何可能实现的目标都要雄心勃勃：无异于为全国的城市肤色线提供"未来确定性的保证"。该法将宣布城市"种族分区"的权力完全交给了内政部长，由土地保有权咨询委员会（Land Tenure Advisory Board，LTAB）提供建议，该委员会以有限的义务与以前带头实行种族隔离的地方当局协商。该法还将印度人和有色人种列入了可划分种族区的群体名单。事实上，该法案的复杂性反映了南非白人将印度人土地购买限制在城市特定区域的漫长而曲折的历史，这场斗争可以追溯到南非共和国 1885 年的第 3 号法律。土地保有权咨询委员会最初是根据最新的《亚洲土地法》（Asiatic Land Act)开始运作的，该法是史末资于 1946 年制定的所谓《贫民区法》（Ghetto Act)，旨在安抚德班的白人业主，因为他们对"亚洲人渗透"他们的社区感到震惊。土地保有权咨询委员会的主席，一个叫 D·S·范德默韦（D.S. van der Merwe)的隐晦人物，也是米尔纳时代类似于兰德注册办公室和德兰士瓦镇董事会的房地产机构的成员。因此，他非常熟悉种族限制法涉及的所有复杂问题，包括采矿和其他特别指定的土地使用情形的细微差别，所有权和使用权限制之间的区别，以及涉及禁止白人团体公司在白人地区为不允许的群体购买房屋的并发症。当范德默韦起草《种族分区隔离法草案》（the Group Areas Bill)时，他试图涵盖所有这些要素，但议会仍然认为有必要在未来二十年内对该法案进行十几次修订，部分原因是为了堵住进一步的漏洞。[68]

372

在有关该法案的辩论中，议员们完全无视范德默韦在法律上的吹毛求疵，而是转向种族哗众取宠和政治内讧。由于马兰没有成立一个习俗委员会来研究该法案的必要性，内政部长 T·F·登格斯（T.F. Dönges）大张旗鼓地宣称，开普敦地区的大业主代表团要求"防止财产贬值……被非白人团体的成员肆意渗透"。他声称，这些"穿透者"包括好望角那些离开纳塔尔和德兰士瓦去寻找不那么受限制的土地的有色人种和印度人。鉴于登格斯没有提供这些要求的证据，我们也不知道，在那些非白人在白人区购买住房已经变得极其困难的时候，这种底层白人的哀伤情绪到底有多少。这并没有阻止民族主义议员们警告反对派成员：如果他们投票反对该法案，他们将面临来自讲英语的纳税人协会的报复。作为统一党的领导人，则将登格斯和马兰比作颠覆地方政府传统势力的纳粹，而且他们把自己的种族隔离口号等同于希特勒对"生存空间"的期盼。作为回应，民族主义者暗示统一党的自由派充斥着共产主义的影响，他们还向公众展示一长串的陈词滥调，包括贫民窟的种族混杂、所有群体分开生活的自然愿望、所有种族隔离的好处，以及巴西和美国所谓一体化的恐怖等等。这番言辞激烈的抨击不仅确保了法案的通过，而且民族主义者对反对种族隔离的可怕选举后果的预测似乎也包含了若干真实性。在接下来的20年里，统一党不断地向右翼靠拢，徒劳无功地企图阻止自身支持率持续下滑的趋势。在这个过程中，自由派白人也离开了统一党，成立了他们自己的小得多的进步党（Progressive Party）。[69]

随着种族隔离政治道路的拓宽，《种族分区隔离法》开始对南非越来越阴险、越来越有效的种族隔离综合体系的所有要素产生影响。促成这一切的人是马兰的原住民事务部长亨德里克·维沃尔德。在整个1950年代，他将曾经以农村为中心的这一部门的触角扩展为"政府中的政府"，控制着种族隔离政策的一切领域，包括城市的种族分区。[70]

范德默韦的土地保有权咨询委员会（很快改名为集团地区委员会）是

最早落入维沃尔德控制之下的其他政府部门办公室之一，随着这一转变，对城市规划的控制权也随之转移。 早在《种族分区隔离法》出台之前，土地保有权咨询委员会就吸引了该国大部分受过欧洲培训的专业规划师的注意，然而他们中的许多人反对民族主义者的独裁政策。 一旦该法案成为法律，从事范德默韦所称的种族区域规划之有利可图的机会就会增加。 范德默韦发行了一本小册子，要求地方政府向他提供所在城市的种族分区地图。 这些地图看起来有点像美国房主贷款公司和联邦住房管理局的红线歧视地图，只是它们完全没有伪装。 白人区用蓝色标记；有色人区，棕色；印度人区，红色；非洲人区，黑色；政府区域，橙色。 维沃尔德被激怒了，因为像约翰内斯堡市议会这样的"自由派"地方政府权力太大，甚至连它雇用的规划师都可以在城市事务上获得这么多的控制权，维沃尔德迫使范德默韦向其原住民事务部让出黑人区的最后决定权。 很快，原住民事务部开始为全国所有黑人城镇制定总体规划，这是第一次考虑到未来的放射状扩张。 原住民事务部的计划还提供了诸多安全机制，诸如：种族区域之间的宽缓冲带（在分区地图上用绿色标记，后来被戏称为"机枪带"）；林木屏障；通往乡镇的单向通道上允许进出的制度；以及内部街道规划，比如奥兰多规划，让人想起杰里米·边沁（Jeremy Bentham）功利主义的"圆形监狱"，其行政大楼位于笔直的放射状街道蛛网的中心，让安全部队能够全面鸟瞰那些危险区域的所有活动。 尽管他口头上对现代城市规划的理想主义愿景赞不绝口，但维沃尔德的行动还是让愁眉苦脸的沃邦精神复活了。[71]

作为这一权力转移的一部分，维沃尔德还从卫生部手中夺取了联邦住房政策的控制权。 1948 年，马兰任命了一批兄弟会成员加入国家住房和规划委员会，维沃尔德说服这些老亲信与原住民事务部成立了一个联合委员会，审查市政当局提出的所有贷款申请。 起初，班图住房局拒绝了所有没有附带原住民事务部批准的种族区域规划地图的要求。 然后，维沃尔德召集了建筑师与建筑专家，为"原住民住宅"设计"科

374

学"的方案，并为黑人城镇制定详细的大规模生产标准，以避免哪怕是最轻微的额外成本或效率低下。 其结果是经典的"火柴盒屋"乡镇，原住民事务部内部的术语称为"NE51/6"，意即1951年的非欧洲人住房6号模型。 同时，维沃尔德通过各种渠道增加收入建造更多的火柴盒房子，包括让议会对城市雇主征收一小部分税，提高少数有支付能力的黑人的租金，以及扩大市政啤酒垄断企业可以出资的费用范围，包括道路、水、下水道和路灯等。 同时，他通过说服议会放宽赫佐格的文明劳工政策，以及允许低收入的黑人工人建造乡镇房屋，以进一步降低成本。 当所有措施仍然没有为黑人创造足够的居住场所时，他最终采取了赤裸裸的"场地与服务"方案，为自建棚户区提供混凝土平台，每块地都配有桶式厕所，每三块地配有供水立管。

最后，维沃尔德还不情愿地接受了约翰内斯堡黄金矿主提供的一大笔贷款，用于供给原住民住房。 1956年的一天早晨，一位不亚于欧内斯特·奥本海默爵士①(Sir Ernest Oppenheimer)的大亨[英美金矿公司(the Anglo-American Gold Mining Company)董事长]，和几个当地官员跳上他的劳斯莱斯，驱车前往莫罗卡营地。 他对眼前的景象感到"骇然"，回到矿场，他募集整整600万兰特作为低息款项交给市政当局。令维沃尔德懊恼的是，该市的高级资本家们借此对城市种族隔离做出了另一份直接贡献，他们显得既像是政权的批评者，又像是黑人最大的施主。 撇开这些角力不谈，两种力量——节衣缩食的维沃尔德式土著福利制度和慷慨散布的兰德大亨们——最终共同打破了约翰内斯堡城镇住房的僵局。 一排排长长的场地和服务棚屋，以及NE 51/6s型（意即1951年的非欧小6号模型）火柴盒房子很快取代了莫罗卡的污浊之地。到1960年，在奥兰多郊外的草原上涌现出十几个新延伸的黑人城镇。[72]

为了在约翰内斯堡建立一个真正独立的原住民群体区域，仍然存在

___

① 欧内斯特·奥本海默(1880—1957)，德国商人，英美资源集团创始人。 戴比尔斯的实际控制者。 ——译者注

着一个令人困扰的问题，即维沃尔德所说的"黑点"（black spots）。 其
中一些黑点是最近才出现的。 住在希尔布拉（Hillbrow）街区多层建筑
里的白人，他们请的仆人晚上睡在楼顶的小房间里。 在那里几乎毫无
监管，他们经常带着家人和朋友住在一起，建造了一个被称为"天空之
所"的小型棚户区。 其他黑点已经存在了半个多世纪，最重要的是在
索菲亚镇及其周边的西部地区。 到了 20 世纪 40 年代，这个"南非哈
姆莱区"已经成为黑人城市文化的世界中心。 它的居民包括来自斯威
士兰王国的所有人（他们或是在那里拥有一些房子，也许是为了到镇上
游玩）；多萝西·松卡（Dorothy Matsuka）、修·马塞凯拉（Hugh
Masekela）和米里亚姆·马克巴（Miriam Makeba）这样的爵士巨星；臭
名昭著的当地特索特小流氓（tsotsis）和他们的"芝加哥式"帮派；还有
大量住在后院棚屋里的绝望的房客。 早在 1937 年，议会就宣布打算驱
逐这些房客，1939 年，当地一名议员提出了一项计划，将索菲亚镇的终
生保有房产的自由人迁至奥兰多附近的新地块，以此为铺垫，接下来为
白人重新开发该地区，并将邻近的西部原住民城镇改造成一个新的有色
地区。 直到 1953 年维沃尔德介入，这个计划才有结果。 他援引勒·
柯布西耶（Le Corbusier）的区域规划原则，宣布了一项新的西部地区搬
迁计划，该计划也是针对"天空之所"和北部郊区其他非法超载的仆人
宿舍的。 作为回应，统一党仍占多数的市政当局拖拖拉拉地提出了一
个新奇但不大可能的说法：只有地方政府才能真正满足当地人的
需要。[73]

　　当威廉·J·P·卡尔（Wilhelm J. P. Carr），约翰内斯堡新任非欧事
务部主任，提出了一项更为自由的自愿搬迁计划，让索菲亚镇的房地产
终身保有自由人在西南部新镇梅多兰兹（Meadowlands）拥有类似的土地
产权，维沃尔德认为他受够了。 他再一次在联邦议会中为获得更大的
权力而大发雷霆。 1954 年，他的民族主义兄弟们交给他一个新的机
构，名为原住民安置委员会（the Native Resettlement Board）——是一个
完全特许的不亚于约翰内斯堡市政当局的机构，有权废除不动产，并被

赋予完全的法院系统豁免权。 非国大和其他组织开始了一场"我们不
搬"运动（"We Shall Not Move"），以阻止维沃尔德的西部地区搬迁计
划，但他们几乎毫无胜算。 1955 年 2 月 9 日破晓时分，在正式清场开
始前两天，原住民安置委员会出现了，带着 86 辆武装车辆和 1 500 名拿
着步枪的士兵。 到 1959 年，原住民安置委员会已经剥夺了索菲亚镇从
棚屋居民到斯威士兰国王本人的所有财产，只有 82 名居民除外。 令非
国大活动家感到错愕的是，许多最贫穷的居民很高兴在梅多兰兹领取他
们的新"51/6S"（意即 1951 年的小 6 号模型）火柴盒屋，这至少比许多
376 人遗留的后院小屋好。 与此同时，像卡尔和市议会这样统一党的坚定
支持者们惊讶地摇摇头，毫无一丝嫉妒。 原住民安置委员会冷静地把
索菲亚镇的财产所有权传给了阿非利卡人。 然后，重新把这个新的白
人镇命名为凯旋镇（Triomf）①，这是对贪婪行为的侮辱。[74]

　　维沃尔德的胜利并没有就此结束。 事实上，对于一个纯粹的种族
隔离主义者来说，所有这些花在城市内部群体分区的力气都代表了一种
妥协。 毕竟，真正的目标是让城市都变成白人区，而不是去隔离他们
的社区。 一直以来，维沃尔德的原住民事务部都清楚地表明，就目前
而言，城市中任何新的原住民居住地点都是专为那些可以充分证明自
己属于那里的黑人设计的。 1952 年，《原住民法修正案》将这一类别
严格限制为三类人：在该城市出生的人、在该城市连续居住 15 年的
人，或在该城市工作了 10 年的人。 同年，奥威尔《原住民（废除通行
证和相关文件）法》[the Orwellian Natives（Abolition of Passes and Co-
ordination of Documents）Act]实际上创造了一个更严格的通行证制
377 度，被称为"参考书"。 妇女和男子一样，现在开始也必须携带这些证
件，而且这些证件上有持证人以前的搬迁、就业和法律历史的记录。
这个最为独裁的流入控制法，目标在于最终冻结从农村到城市的移民。
然而，它的主要作用是将原住民事务部转变成一个腐败而残暴的极权部

---

　　① Triomf，荷兰语，意为凯旋。 ——译者注

门。 前法西斯准军事部队遍布当地劳动局、班图委员会法院、警察和安全部队，维沃尔德召集这些机构从而使通行证制度发挥作用。 原住民事务部可能在一定程度上减缓了城市移民的速度，但它更有效地压服黑人接受频繁且粗暴的通行证检查，数十万人被逮捕，警察和狱警越来越残酷地对待他们，有时还被草草驱逐到农村或到白人农场强迫劳动。[75]

　　维沃尔德最宏伟的梦想是创造一个等同于没有非洲人的南非。 为了达到这个目标，他推出了他那个时代最反常的政治综合体——种族隔离与黑人自由主义的融合。 世纪之交英国官员的独立发展观念提供了修辞黏合剂。 1958 年，当维沃尔德接受首相职位时，他向白人发出了一个油滑的警告："我们不能不考虑世界和非洲的大趋势而执政。 ……我们作为监护人必须通过一项政策，使班图人能得到他们所在区域的所有机会，能够沿着一条发展道路前进，并能够取得与自己能力相匹配的进步。"1959 年，《班图自治法》（the Bantu Self-Government Act）将黑人人口细分为 8 个单位，并宣布每个单位都将在其乡村保护地界定的国家领土上互不相连的棋盘中走上独立之路。 维沃尔德对"班图"一词的坚持和对南非黑人民族划分的关注，一方面放弃作为隔离政策基础的种族概念，另一方面接受文化和民族等更为时尚的观念，这都反映出他对"貌似科学"的真诚渴望。 在维沃尔德的幻想中，班图斯坦政策也将转变外界对南非的看法，从一个深陷愚昧的准法西斯和白人至上主义思想的国家，转变到一个政治先进的现代国家，类似于英国和法国，毕竟这两个国家都是同时小心翼翼地与自己的非洲殖民地分开的。[76]

　　回到约翰内斯堡西南部的新兴黑人城镇，这一邪恶举动几乎没有蒙蔽到什么人。 但他们也不能否认维沃尔德博士真正取得的成就高度。 他比任何人都更接近于建立一个天衣无缝的强制性的永久的城市种族隔离制度。 在约翰内斯堡白人区及城市新的土著群体区域之间，广阔的缓冲区被拉长了，这种缓冲区早在 1906 年克里斯普鲁特选点的创造者就曾设想过，现在用草原、树木和中间的有色城镇组成的"机枪带"加

378

固了。 对维沃尔德胜利的苦涩认同，可以从黑人为他们的新原住民城市所建议的名字中感觉出来："库恩的克拉尔"（Coon's Kraal）、"黑暗郊区"（Darkiesuburban）、"蒂纳武约"（Thinavuyho，意为"我们无处可去"），也许最恰当的是，"赫托洛"（Khettollo，意为"种族隔离"）。 毫不奇怪，市议会拒绝了所有这些名字，经过四年的讨论，威廉·J·P·卡尔宣布了官方的选择：索韦托（Soweto），"西南乡镇"（Southwestern Townships）的缩写。

379　　　　随着时间的推移，索韦托的居民将这个官僚主义的缩写变成一个纯粹的抵抗象征，这是杀死种族隔离巨人的大卫们的故乡。 但在 1960 年，索韦托人，像所有南非黑人、印度人和有色人种——甚至像半个世界以外的非洲裔美国人一样——面临着令人不安的困境。 极端种族隔离主义者建立了世界上两个最复杂的种族主义城市分裂体系。 经历过前所未有的有色人种迁移的城市里，在两个复杂的工业社会中白人之间的内部冲突之下，这些体系得以幸存下来。 最令人震惊的是，他们正是在殖民地民族独立时代高潮中取得了最大的胜利，而殖民地民族独立是世界历史上最广泛和最普遍的反对白人霸权的革命。 这并不是什么了不起的成就，因为我们不能藐视马丁·路德·金在美国和纳尔逊·曼德拉在南非领导的强大的城市草根抵抗运动，这两个运动都得到了成千上万其他杰出组织者和活动家的支持。 这也意味着，奥斯威辛集中营的种族主义已经证明，它有可能把西方文明变成一股大规模的杀戮力量，而这种普遍的恐惧感会导致种族隔离更加严重。

　　当然，这两个国家的种族革命者都没有错过将种族隔离主义与纳粹灭绝主义画上等号的机会。"隔都"（ghetto）一词在 20 世纪 40 年代同时进入美国和南非的抗议词汇绝非偶然。 一些反种族隔离主义者更进一步，在种族隔离大戏的舞台上，总结出他们互相攀比的剧情：进行种族划分堪比希特勒对生存空间的追求，联邦住房管理局的核保手册与纽伦堡法律不相上下，种族隔离与极权主义各有千秋。

　　尽管这三种极端的种族隔离主义政治之间确实存在着非常真实的跨

洋联系，但随后的历史也揭示了其对白人霸权的持续推进产生影响的独特方式的重要性。 我们也都非常清楚，种族灭绝式种族主义并没有随着希特勒的消亡而消亡，国家和暴徒的暴力行为在战后几十年乃至更长时间以后仍然是南非和美国种族隔离主义武器库的重要组成部分。 然而，在剩下的两个主要的种族隔离制度中，南非种族隔离最主要还是依赖于维沃尔德式强拳的不断强化。 在美国，种族大屠杀、警察的歧视行为，以及1970年代后日益严厉的刑事司法和移民阻截系统，都有助于形成持久的城市肤色界线。 但是种族隔离主义者依然故我，最重要 380的是，他们发明了越来越巧妙的种族主义外衣，披上这些伪装层，在白人郊区笼络到绕过种族革命所需的选票。 即便在事后，在我们自己这个时代回望，情势仍然模糊不清。 似乎正是这两种方法中更为微妙的那一种，让城市肤色界线占据着新千年全球政治舞台得以继续表演。

---

注释:

〔1〕 Eric Hobsbawm, *The Age of Extremes*: *A History of the World*, *1914—1991*(New York: Pantheon, 1994).

〔2〕 Thomas Borstelmann, *Apartheid's Reluctant Uncle*: *The United States and Southern Africa during the Early Cold War*(New York: Oxford University Press, 1994).

〔3〕 Christopher R. Browning, *The Path to Genocide*: *Essays on Launching the Final Solution*(Cambridge: Cambridge University Press, 1992), ix—xii; Donald Niewyk, "Solving the 'Jewish Problem': Continuity and Change in German Anti-Semitism, 1871—1945", *Leo Baeck Institute Year Book* 35(1990): 335—370.

〔4〕 Raul Hilberg, *The Destruction of the European Jews*(1961; repr., New York: New Viewpoints, 1973), 563—629; Leni Yahil, *The Holocaust*: *The Fate of European Jewry*(New York: Oxford University Press, 1987), 163—164, 363—368.

〔5〕 引自 Gustavo Corni, *Hitler's Ghettos*: *Voices from a Beleaguered Society*, *1939—1944*(London: Arnold, 2002), 22—23; Christopher R. Browning, *The Origins of the Final Solution*: *The Evolution of Nazi Jewish Policy*, *September 1939—March 1942*(Lincoln: University of Nebraska Press, 2004), 25—110。

〔6〕 Heydrich 引自 Browning, *Final Solution*, 26; Browning, *Path to Genocide*, 3—58。

〔7〕 Corni, *Hitler's Ghettos*, 22—47; Roman Mogilanski, *The Ghetto Anthology*: *A Comprehensive Chronicle of the Extermination of Jewry in Nazi Death Camps and Ghettos in Poland*, rev. ed., ed. Benjamin Grey(Los Angeles: American Congress of Jews of Poland, 1985), 56.

〔8〕 Browning, *Path to Genocide*, 28—58; Browning, *Final Solution*, 167—168; quotation from Corni, *Hitler's Ghettos*, 208(另见 124)。

〔9〕 Browning, *Path to Genocide*, 34—42.

〔10〕 Browning, *Origins*, 309—373, 430—431, 首次引用于 370; 再次引用于: Martin Broszat, "Hitler and the Genesis of the 'Final Solution': An Assessment of

David Irwing's Theses", *Yad Vashem Studies* 13(1979):88。

[11] Corni, *Hitler's Ghettos*, 293—329; Israel Gutman, *Resistance: The Warsaw Ghetto Uprising*(Boston: Houghton Mifflin, 1994).

[12] Stefan Kühl, *The Nazi Connection: Eugenics, American Racism, and German National Socialism*(New York: Oxford University Press, 1994), 13—96.

[13] Browning, *Origins*, 184—193; Hilberg, *Destruction*, 561—572.

[14] Hilberg, *Destruction*, 561—572, 586—635.

[15] 引自 *The Correspondence of W. E. B. DuBois*, ed. Herbert Aptheker, 3 vols. (Amherst, MA: University of Massachusetts Press, 1997), 3:39. Mark Mazower, *No Enchanted Palace: The End of Empire and the Ideological Origins of the United Nations* (Princeton: Princeton University Press, 2009), 63。

[16] Charles Abrams, *Forbidden Neighbors: A Study of Prejudice in Housing*(Port Washington, NY: Kennikat Press, 1971), 229.

[17] H. Morton Bodfish and A. C. Bayless, "Costs and Encumbrance Ratios in a Highly Developed Real Estate Market", *Journal of Land and Public Utility Economics* 4 (1928):126—127, 131—133; Marc A. Weiss, "Richard T. Ely and the Contribution of Economic Research to National Housing Policy, 1920—1940", *Urban Studies* 26(1989): 117—118.

[18] H. Morton Bodfish, *A History of Building and Loan in the United States*(Chicago: United States Building and Loan League, 1931), 6—18; Bodfish and Bayless, "Costs and Encumbrance Ratios"; Alan Teck, *Mutual Savings Banks and Savings and Loan Associations: Aspects of Growth*(New York: Columbia University Press, 1968), 4—26; Margaret Garb, *City of American Dreams: A History of Home Ownership and Housing Reform in Chicago, 1871—1919*(Chicago: University of Chicago Press, 2005), 46—48; Elaine Lewinnek, "Better than a Bank for a Poor Man? Home Financing Strategies in Early Chicago", *Journal of Urban History* 32(2006):274—301; William N. Loucks, *The Philadelphia Plan of Home Financing*(Chicago: Institute for Economic Research, 1929).有关英国建筑协会, 参见: Martin Pawley, *Home Ownership*(London: Architectural Press, 1978), 25—38, 65—69。 Ely 与 Bodfish 在促进建筑协会中所起作用的最佳说明, 见 David M. P. Freund, *Colored Property: State Policy and White Racial Politics in Suburban America*(Chicago: University of Chicago Press, 2007), 103—106, 另见: Hornstein, *A Nation of Realtors* ®, 118—155; Weiss, "Ely and Housing Policy".

[19] David Wheelock, "Government Response to Mortgage Distress: Lessons from the Great Depression", Federal Reserve Bank of St. Louis, Research Division, Working Paper 2008—038A, 2—3.

[20] 引自 Abrams, *Forbidden Neighbors*, 147; C. Lowell Harriss, *History of the Policies of the Home Owners' Loan Corporation*(Washington DC: National Bureau of Economic Research, 1951), 14—40, 49—63; Freund, *Colored Property*, 103—111。

[21] Freund, *Colored Property*, 99—129. United States Savings and Loan League, *Fact Book*, 60(Chicago: USSLL, 1960), 37; United States League of Savings Institutions, *Savings Institutions Sourcebook*(Chicago: USLSI, 1989), 64—65.

[22] William Babcock, "History and Elements of Real Estate Values", 土地经济和公共事业研究所(以下简称 IRLEPU)论文演讲稿, Wisconsin Historical Society, box 11, folder 6。 有关 Ely 和 Frederick Babcock 的关系及公司信息, 见: Richard T. Ely, "Housing Research Plans for 1927—29", 11—12, IRLEPU, box 4, folder 18; Babcock 写给 Ely 的信函, January 9, 1924, EP。

[23] Frederick Morrison Babcock, *The Appraisal of Real Estate*(New York: MacMillan, 1924), 70—71.关于努力招募 Babcock 加入研究所的情况, 见: IRLEPU, box 4, folder 18; Guy Stuart, *Discriminating Risk: The U. S. Lending Industry in the Twentieth Century*(Ithaca: Cornell University Press, 2003), 29—69; Nathan William MacChesney, *Principles of Real Estate Law*(New York: MacMillan, 1927), 586。

[24] Federal Housing Administration, *Underwriting Manual: Underwriting and Valuation Procedure under Title II of the National Housing Act with Revisions to April 1, 1936*

（Washington DC：Government Printing Office，1936），228—233，284，289，引自 233；Freund，*Colored Property*，156—159，208—213；FHA，*The FHA Story*，10—11；再次引自：FHA administrator James Moffett，in Kenneth T. Jackson，*Crabgrass Frontier：The Suburbanization of the United States*（New York：Oxford University Press，1985），213。

［25］HOLC 的城市调查报告和地图，参见：City Survey file(CSF)，record group 195（Federal Home Loan Bank Board），National Archives II。引自以下资料封面上的盖章通知："Metropolitan Chicago：Summary of Economic，Real Estate，and Mortgage Finance Survey," CSF，box 84。有关 FHA，参见：Jennifer Light，"Nationality and Neighborhood Risk at the Origins of FHA Underwriting"，*Journal of Urban History* 36（2010）：634—653。

［26］1927 年，Ely 提议该研究所对土地价值的波动进行社区研究，以便在科学的基础上向客户和银行家决策提供房地产经纪人的建议，参见：Richard T. Ely，"Statement in Regard to Housing Research"（1927）and "Proposal for Continuous Housing Research"（1929），IRLEPU，box 4，folder 18。Ely 在这些研究上的合作者是 Coleman Woodbury，他后来在联邦住房管理局的咨询委员会任职。联邦住房管理局研究的策划者是 Homer Hoyt，他与该研究所有较为疏远的联系（Light，"Nationality and Risk"，635—647）。

［27］"Residential Security Map，Metropolitan Chicago，Ill."，maps and p.2，附有打印文本；各种机构写给 HOLC 的信函，感谢各研究机构；以及以下列表单位："Sources of Information，Cooperators" "Sources of Information and Assistance" 和 "Map Consultants"；all in CSF，box 84。其他支持机构有：the Mortgage Bankers Association of America、the Society of Residential Appraisers、the Federal Reserve Bank of Chicago、Dun and Bradstreet、the Chicago Plan Commission、the Chicago Regional Planning Board 以及 the Chicago Land Use Survey，引自："Building Ghettoes"，*Chicago Defender*，September 25，1937。

［28］芝加哥南区的一些"区域描述"表格中将各种"外国"群体与黑人和白人一样对待的案例，见：D-72、D-74、D-75、D-77、D-78、D-83，以及海德公园的油印记叙本；采访放贷 HOLC 的芝加哥金融机构负责人，132—134，136，151，162—163，170—171，185；all in CSF，box 84。与该著作比较：David Roediger，*Working toward Whiteness：How America's Immigrants Became White*（New York：Basic Books，2005），199—244；Light "Nationality and Risk"，647—660。

［29］联邦住房贷款银行委员会（FHLBB）研究和统计部门，"Metropolitan Chicago：Summary of Economic，Real Estate and Mortgage Finance Survey"，12，CSF，box 84。

［30］FHLBB，"Metropolitan Chicago"，3—4，15.关于加拿大的类似开发，参见：Richard Harris and Dorris Forrester，"The Suburban Origins of Redlining：A Case Study，1935—1954"，*Urban Studies* 40（2003）：2661—2686。

［31］FHLBB，"Metropolitan Chicago"，31.

［32］Coleman Woodbury 是公共住房倡导者，也是 Ely 研究所的亲密伙伴，他也与 Catherine Bauer 密切合作的著作见：*Policy Struggles in the New Deal Era*（Chicago：University of Chicago Press，1996），59—84；Daniel T. Rodgers，*Atlantic Crossings：Social Politics in a Progressive Age*（Cambridge，MA：Harvard University Press，1998），461—468；D. Bradford Hunt，*Blueprint for Disaster：The Unraveling of Chicago Public Housing*（Chicago：University of Chicago Press，2009），15—34。

［33］Thomas J. Sugrue，*The Origins of the Urban Crisis：Race and Inequality in Postwar Detroit*（Princeton：Princeton University Press，1996），33—88；Arnold R. Hirsch，*Making the Second Ghetto：Race and Housing in Chicago*，1940—1960（Cambridge：Cambridge University Press，1983），42—52.

［34］Hunt，*Blueprint for Disaster*，99—120；Thomas J. Sugrue，*Sweet Land of Liberty：The Forgotten Struggle for Civil Rights in the North*（New York：Random House，2008），200—253.

［35］Hirsch，*Second Ghetto*，16—17，45—46，quotation on 52.

［36］Hirsch，*Second Ghetto*，53—60.

［37］Hunt，*Blueprint for Disaster*，84—97.

［38］Hirsch，*Second Ghetto*，100—134，212—258；Hunt，*Blueprint for Disaster*，

35—144.

［39］Arnold Hirsch, "Searching for a 'Sound Negro Policy' : A Racial Agenda for the Housing Acts of 1949 and 1954", *Housing Policy Debate* 11(2000):393—341; Hirsch, *Second Ghetto*, 100—134.

［40］Hirsch, *Second Ghetto*, 268—275; Sugrue, *Origins of the Urban Crisis*, 47—51; Martin Anderson, *The Federal Bulldozer*(Cambridge, MA: M. I. T. Press, 1964), 7—8, 64—65; Peter H. Rossi and Robert A. Dentler, *The Politics of Urban Renewal*(New York: Free Press, 1961), 224.

［41］Karl E. Taeuber and Alma F. Taeuber, *Negroes in Cities: Residential Segregation and Neighborhood Change* (Chicago: Aldine, 1965), 39—40; Anthony Lemon, "The Apartheid City", in *Homes Apart: South Africa's Segregated Cities*, ed. Anthony Lemon (Bloomington: Indiana University Press, 1991), 8, 13; A. J. Christopher, "Port Elizabeth", in Lemon, *Homes Apart*, 51; R. J. Davies, "Durban", in Lemon, *Homes Apart*, 79, 82.

［42］Jackson, *Crabgrass Frontier*, 206—215; Freund, *Colored Property*, 134—135, 183—197; Sugrue, *Origins of the Urban Crisis*, 62—72.

［43］Hornstein, *A Nation of Realtors*, 134—135; Robert O. Self, *American Babylon: Race and the Struggle for Postwar Oakland*(Princeton: Princeton University Press, 2003), 1—20, 96—132, 256—290.

［44］Luigi Laurenti, *Property Values and Race: Studies in Seven Cities*(University of California Press, 1960), 47—68; Melvin L. Oliver and Thomas M. Shapiro, *Black Wealth/White Wealth: A New Perspective on Racial Inequality*(New York: Routledge, 1997), 136—151; Gregory Squires, *Capital and Communities in Black and White: The Intersections of Race, Class, and Uneven Development*(Albany: State University of New York Press, 1994).

［45］Hunt, *Blueprint for Disaster*, 104—108.

［46］Freund, *Colored Property*, 206—213; Andrew Wiese, *Places of Their Own: African American Suburbanization in the Twentieth Century*(Chicago: University of Chicago Press, 2004).

［47］Rodney Davenport and Christopher Saunders, *South Africa: A Modern History* (Houndmills, UK: Macmillan, 2000), 360—361; Deon van Tonder, " 'First Win the War, Then Clear the Slums' : The Genesis of the Western Areas Removal Scheme, 1940—1949", in *Apartheid's Genesis*, 1935—1962, ed. Philip Bonner, Peter Delius, and Deborah Posel(Johannesburg: Ravan Press, 1993), 317.

［48］A. J. van Rensburg, "Pride in Your Profession: A Concise History of the Institute of Estate Agents of South Africa, 1937—1987," *Eiendomsforum-Real Estate Forum*, February 1989, 20—21; March 1989, 10—11; April 1989, 5—6; and September 1989, 19—21; and Stefan Swanepoel, "Looking Back over 50 Years", *Eiendom Forum*, May 1987; 这两篇文章都是研究所慷慨提供给作者的。 Peter Penny, *Economic and Legal Aspects of Real Estate in South Africa*(Cape Town: Juta, 1970), 1n1, 10n12, 31n27; A. J. Jonker, *Property Valuation in South Africa* (Cape Town: Juta, 1984), xnn4—5, 82n16. Jonker 的整本书都非常依赖美国房地产估价师协会(AIREA)的研究资料。

［49］T. Dunbar Moodie, *The Rise of Afrikanerdom: Power, Apartheid, and the Afrikaner Civil Religion*(Berkeley: University of California Press, 1975), 1—207; Patrick J. Furlong, *Between Crown and Swastika: The Impact of the Radical Right on the Afrikaner Nationalist Movement in the Fascist Era*(Johannesburg: Witwatersrand University Press, 1991), 3—119.

［50］有关 Vrededorp, 参见 Transvaal Asiatic Land Tenure Act Commission, *Report* (Pretoria: Government Printers, 1934), 90—91。 有关 Curtis, 参见 Charles van Onselen, *Studies in the Social and Economic History of the Witwatersrand, 1886—1914*, vol.1, *New Babylon*(Harlow, UK: Longman, 1982), 29—30。 有关 Porter, 参见 Sue M. Parnell, "Johannesburg Slums and Racial Segregation in South African Cities, 1910—1937"(PhD diss., University of Witwatersrand, 1993), 26—35。

〔51〕Central Housing Board(CHB)，Report，1920(Pretoria：Government Printers，1921)，4.数据来自作者在 CHB 资料基础上的计算，*Report*，1936(Pretoria：Government Printers，1921)，17，18。

〔52〕Carnegie Commission，*Report of Investigation on the Poor White Question in South Africa*(Stellenbosch：Pro Ecclesia Printers，1932)。

〔53〕Moodie，*Rise of Afrikanerdom*，202—207；Ivan Evans，*Bureaucracy and Race：Native Administration in South Africa*（Berkeley：University of California Press，1997)，66.

〔54〕Moodie，*Rise of Afrikanerdom*，202—207；Dan O'Meara，*Volkskapitalisme：Class，Capital，and Ideology in the Development of Afrikaner Nationalism*，*1934—1948*（Cambridge：Cambridge University Press，1983)，119—180；Sue M. Parnell，"Shaping a Racially Divided Society：State Housing Policy in South Africa，1920—1950"，*Environment and Planning C：Government and Policy* 7(1989)：261—272；Paul Hendler and Sue Parnell，"Land Finance under the New Housing Dispensation"，*South African Review* 4(1987)：423—431；Katie Mooney，"'*Die Eendsterte Eeuwel*' and Societal Responses to White Youth Subcultural Identities on the Witwatersrand，1930—1964"(PhD diss.，University of the Witwatersrand，2006)，48—109.根据 1937 年的计划，中央住房委员会将根据该计划发放的贷款的三分之一提前发放，而对其余三分之二或更多的银行贷款提供政府担保。CHB，*Report*，1938(National Archives of South Africa〔NASA〕，SAB GEM 53/182M)（Pretoria：Government Printers，1939)，1—5；National Housing and Planning Commission，*National Housing：A Review of Policy and Progress*(Cape Town：Cape Times，1947)，19，21；"Housing Position of Railway Staff"，NASA SAB SAS 997 P2/42；"Housing Conditions"，SAB SAS 1916 R10—W104；"Sub-Economic Housing Schemes：South African Railways and Harbours"，SAB VWN 745 SW108/6；"100% Housing Scheme for Public Servants"，SAB TES 6886 F/56/150/26；"Report of Special Housing Committee"，in *Minutes of the Johannesburg City Council(CM)*，1948，431—436；1950，618—619，771—772；also see CM，1937，1784.

〔55〕Susan Parnell，"Public Housing as a Device for White Residential Segregation in Johannesburg，1934—1953"，*Urban Geography* 9(1988)：584—602；Mooney，"'*Die Eendsterte Eeuwel*'"，48—109；G. H. T Hart，"The Evolution of the Spacial Pattern of White Residential Development in Johannesburg"（PhD diss.，University of the Witwatersrand，1974)，237；Emmil J. Jammine，"Assisted Housing Development for Whites，Coloureds and Asiatics in the Main Areas of the Republic，with Particular Reference to the Role Played by Local Authorities"(PhD diss.，University of Pretoria，1968)，330—408.

〔56〕Transvaal Asiatic Land Tenure Act Commission，*Report*，99—101.有关该委员会会见 Hertzog 的代表团(以及他对 Johannesburg 的回访情况)，参见 Johannesburg Municipality，*Mayor's Minute*，1927—1928，83；1928—1929，88。

〔57〕Parnell，"Johannesburg Slums"，41—94；Keith Beavon，*Johannesburg：The Making and Shaping of the City*（Pretoria：University of South Africa Press，2004)，106—117.

〔58〕Johannesburg Municipality，*Mayor's Minute*，1928—1929，89；1929—1930，105—107；1930—1931，99—100；1931—1932，108—112；1932—1933，125—127；1933—1934，137—141；1934—1935，147—152；1935—1936，190—196；1936—1937，243—256；1937—1938，247—259，引自 256；1938—1939，239—254；1939—1940，193—211；1947—1948，117；CM，1936，312，328—332，963；1937，65—66，236—237，738—741，1153，1252—1254，1574—1575，1951—1955；1938，720，788；1939，55—56，236，287，309—311，371—372，424—425，703，943—944，1037，1388—1390，1606—1609。

〔59〕Parnell，"Johannesburg Slums"，206—227；Beavon，*Johannesburg*，93—95，109—117；Clive M. Chipkin，*Johannesburg Style：Architecture and Society*，*1880s—1960s*(Cape Town：David Philip，1993)，226—241.

〔60〕Davenport and Saunders，*South Africa*，324—333；引自 the National Party's "Programme of Principles" of 1913，in Danielus W. Krüger，ed.，*South African Parties and Policies*，*1910—1960：A Select Source Book*(London：Bowes and Bowes，1960)，71。

关于 Hertzog 与独立开发，参见 Oswald Pirow，*James Barry Munnik Hertzog*（Cape Town：Howard Timmins，n.d.），195—197。有关犹太人移民限制，参见：Furlong，*Crown and Swastika*，46—69。

[61] Moodie，*Rise of Afrikanerdom*，192—195，208—210；Davenport and Saunders，*South Africa*，340—343.

[62] 人口数字来自 Johannesburg Municipality，*Mayor's Minute*，1947—1948，118；Commission of Enquiry into the Disturbances at Moroka，Johannesburg，on the 30th of August，1947，*Report*（Pretoria：Government Printers，1948），10—14，21—105；Philip Bonner and Lauren Segal，*Soweto：A History*（Cape Town：Maskew Miller Longman，1998），20—28；A. W. Stadtler，"Birds in the Cornfields：Squatter Movements in Johannesburg，1944—1947"，in *Labour，Townships，and Protest：Studies in the Social History of the Witwatersrand*，ed. Belinda Bozzoli（1979；repr.，Johannesburg：Ravan Press，2001），19—48；Kevin French，"James Mpanza and the Sofasonke Party in the Development of Local Politics in Soweto"（master's thesis，University of the Witwatersrand，1983）。

[63] Davenport and Saunders，*South Africa*，353—364；Tom Lodge，*Mandela：A Critical Life*（Oxford：Oxford University Press，2006），38.

[64] Department of Native Affairs，*Report of the Native Laws Commission*（Pretoria：Government Printers，1948），19，27.

[65] Moodie，*Rise of Afrikanerdom*，259—293，引自 273；G. Cronjé，W. Nicol，and E. P. Groenewald，*Regverdige Rasse-Apartheid*（Stellenbosch：Christen-Studenteverenigingmaatskappy van Suid-Afrika，1947）；Deborah Posel，*The Making of Apartheid，1948—1961：Conflict and Compromise*（Oxford：Clarendon，1991），23—60；引自 Herenigde Nasionale Party（Reunited National Party），*Verslag van die Kleurvragstuk-Kommissie*[Sauer Report]（1947），3，11。

[66] Alan Mabin，"Comprehensive Segregation：The Origins of the Group Areas Act and Its Planning Apparatuses"，*Journal of Southern African Studies* 18（1992）：410；Davenport and Saunders，*South Africa*，369—374；Verwoerd 引自 Evans，*Bureaucracy and Race*，59；H. Lever，*The South African Voter：Some Aspects of Voting Behaviour with Special Reference to the General Elections of 1966 and 1970*（Cape Town：Juta，1972），163。

[67] Davenport and Saunders，*South Africa*，377—379，388—394.

[68] 引自 Union of South Africa，*Debates of the House of Assembly*（Hansard）（Cape Town：Unie-Volspers，Parliamentary Printers，1950），col. 7452；Mabin，"Comprehensive Segregation"，420—423。

[69] Union of South Africa，*Debates*，cols. 7442—7446，7450，7453，7484—7485，7501，7512—7514，7556，7600，7602，7631，7663—7665，7669，7678—7684，7709，7757—7758，7771，7779，7790，7797，7809—7822，7827；Lever，*South African Voter*，9，24—28.

[70] Evans，*Bureaucracy and Race*，56—85.

[71] Mabin，"Comprehensive Segregation"，426；Evans，*Bureaucracy and Race*，125—130.

[72] Evans，*Bureaucracy and Race*，122—148；Bonner and Segal，*Soweto*，28—31；Wilhelm J. P. Carr，*Soweto：Its Creation，Life and Decline*（Johannesburg：South African Institute of Race Relations，1990），127—128.

[73] CM，1937，1251，1353—1356；Van Tonder，"Western Areas"，322—325.

[74] Evans，*Bureaucracy and Race*，152—158；Gordon H. Pirie and Deborah Hart，"The Transformation of Johannesburg's Black Western Areas"，*Journal of Urban History* 11（1985）：387—410；Carr，Soweto，85—89.

[75] Posel，*Making of Apartheid*，61—149；Evans，*Bureaucracy and Race*，86—118.

[76] Evans，*Bureaucracy and Race*，244—276.

# 第五部分　零散的遗存

# 第十二章

# 突破全球种族革命的防守

## 种族解放的时代，种族毁灭的时代

伟大的非洲裔美国社会学家贺拉斯·凯顿在 1942 年写道："在芝加哥南州街的游泳池里耳闻有关印度的讨论是有点奇怪，但是，有关印度，以及印度人以任何方式从英国获得自由的可能性，这样的讨论皆能让美国黑人为之侧耳细听。"

对凯顿而言，南区游泳池里的传闻讲述了席卷全球的历史变革。一种革命精神正在形成于全世界的黑人城镇、非欧洲人聚居区、旧城区、乡镇和贫民区——从马德拉斯和加尔各答最古老的城镇，到殖民地世界各种各样的城镇，再到芝加哥和约翰内斯堡最新最难界定的城镇。凯顿总结道："整个有色人群世界的感觉是，非白人的地位将发生变化，几乎没有人担心会变得比当前更糟。"[1]

不久，这一政治预言变成现实——尽管此类变化极其复杂，亦如凯顿似乎也有所预料。从 1945 年到 1975 年，白人至上主义者最古老的噩梦"有色种群涨潮"事实上最终抵达浪尖，带着拖延数十年后的愿望蕴藏的力量。终于，在全球政治中，反种族主义运动的激增首次成为一股不容忽视的力量。像圣雄甘地、贾瓦哈拉尔·尼赫鲁、杜波依斯、马丁·路德·金、夸梅·恩克鲁玛和纳尔逊·曼德拉这样的领导人成为国际偶像。数以千计没那么出名但同样勇敢和颇富远见的活动家

建立了地区和洲际之间的联系网。 跨洋支持基金至少断断续续地流动

起来。 而且，一如凯顿在芝加哥无意中听闻，任何地方的草根讨论都会助长正式的运动组织。 从温文尔雅的谈判到大规模和平抗议，从城市骚乱到游击战争，20 世纪中叶的反种族主义者发起的运动，完全不亚于一场针对白人权力和特权世界的全球性革命。

这场革命的时机已经成熟。 西方极端国家的疯狂杀戮让欧洲列强步履蹒跚，他们的首都变成了瓦砾。 希特勒的大屠杀引起对种族主义和反犹太主义反感的反弹风暴。 随后的冷战至少给了民族主义和民权运动一些支点，因为这两大全球超级强权试图在争夺殖民地被压迫人民的利益竞赛中超越对方。

全世界种族革命的胜利是传奇性的。 1947 年印度独立标志着去殖民化时代的开始，500 年的西方殖民扩张在亚洲和非洲大部分地区突然逆转，终结于 1960 年，形成了 17 个新的非洲国家。 吉姆·克劳法的法律根基不久就在美国南方瓦解，美国联邦政府官方不再支持居住隔离和种族主义移民限制。 欧洲、加拿大和澳大拉西亚在公民权利和移民权利方面也取得了类似的进步，这些地区城市人口中有色人种很少，但数量在急剧增加。 一度狂热的"白人宗教"在不远处盘旋着伺机反攻，许多地方发泄出怒吼和愤恨不满，所以不得不四处寻找新的伪装掩护。

与此同时，大萧条和第二次世界大战使全球资本主义格局发生剧变。 反种族隔离的新契机面对的是经济不平等——城市隔离的密友。1944 年，开明经济学家约翰·梅纳德·凯恩斯（John Maynard Keynes）策划了《布雷顿森林协定》（Bretton Woods agreements），旨在防止国际金融投机者扰乱各国政府扩大福利的努力。 社会民主的实践在欧洲和其他地方蓬勃发展；在大多数富裕国家，这些实践相比美国新政走得更远。 在前所未有的经济繁荣和财富增长中，世界许多地区的贫困日渐消减，终于，在工业时代，许多国家的内部贫富差距首次开始缩小。战后分析人士所谓的"第一世界"与"第三世界"之间的贫富悬殊也呈

现相同的趋势。[2]

　　所有这一切都是好消息，而且，想当初，贺拉斯·凯顿在1942年第一次听到"有色世界"革命的低语之时，这些好消息大部分是完全不敢想象的。

　　那么，为什么今天的城市理论家面临着描述新千年城市的任务之时，一定要如此屏住呼吸地四处寻找"种族隔离"这个最具毁灭意义的词汇呢？他们的结论，有大量的统计、地图和建筑文献予以支撑，却令人深感沮丧。城市已成为大多数人类的家园，在这样一个时代，我们的城市栖息地却已无望地"支离破碎""分割""多极""分散化""分段""断裂"，甚至"分解"。有关阶级、文化、种族、民族，以及——"最有害的"——宗教，所有这些政治语言中，肤色线被深深地纠缠在一起，而且常常被故意伪装。在美国，肤色仍然是住所的重要决定因素，尽管一些美国社会学家谈到"超级贫民区"时，既包括黑人，也包括不分黑白的穷人。其他人担心的是，类似的贫民区也已经出现在欧洲、加拿大和澳大利亚等社会更公平的城市。与此同时，全球的郊区正"无休止地"蔓延开来——有时是特权阶层的大面积专属保护区，有时是非常贫穷的"大贫民窟"，有时两者兼具却泾渭分明。一个特别两极分化的"全球城市"的"政权"已经出现，因为全球经济中最重要的资本吸引的既有最顶级的富豪、血统最正的白人、生活奢华的精英，也有最贫穷的有色人种移民劳工，并高度集中。在诸多两极分化特别严重的地方，享有特权的城市居民将自己封闭在门禁社区和私人大院，由各种高科技安防设施把守。强迫弱势群体从"士绅化"的城市中心转移到边远地区，已经成为惯例；拘留所和监狱成倍增加，最明显的是美国，那里收容的有色人种比例异乎寻常的高。围墙、带刺铁丝网和禁区，将尼科西亚（Nicosia）和贝尔法斯特等饱受冲突蹂躏的城市分隔开来。检查站和路障遍布耶路撒冷郊区和被占领的巴勒斯坦领土上的城市，城墙和栅栏从城市社区向外延伸到周围的乡村。同样，今天的城市隔离也映射出一条环绕全球的肤色之线。世界上最富裕的国家为远

385

386

距离移民设置新的法律和物理障碍，目标人群是全球南方国家中最贫穷和肤色最深的国家的人，阻断他们去全球北方国家获取新机会的渴望。[3]

怎会如此？在种族解放取得如此振奋人心的进展之后，如此明显的种族隔离种族毁灭又怎会如此紧密地接踵而至呢？

纵观近代世界史，我们可以勾画出城市隔离主义者绕过全球种族革命的三条路线。首先，尽管城市隔离的对手们抨击政府强加的住宅肤色线并取得了极大成功，但他们无法阻止的是：种族和阶级隔离的经济激励措施的全球扩散，这种经济激励措施早在17世纪就已经根植于资本主义土地市场。

其次，尽管冷战为世界种族解放运动提供了政治空间，以反对城市种族隔离；但它也严重限制了平等主义革命的范畴。以反共为由，美国为首的西方帝国主义列强对新近独立国家的事务进行了严重干预，此外还鼓励这些国家的新领导人加剧殖民风格、以政府推动的阶级隔离措施对付城市中激增的穷人群体。类似的全球地缘政治形势帮助一小撮殖民政权，去维持精心设计且政府支持的城市隔离制度，最显著的是某些地域，敌对民族主义运动使用宗教宗派主义语言对同一块领土提出的主张是互相对立和排他的。

最后，也是最重要的一点，从1960年代末开始，一直到1980年之后，以美英为甚的一场几乎全是白人的"新右翼"反革命席卷上台。这为白人提供了新的方式来捍卫他们的制度化特权，姿态上却并没有表现出白人至上。在此照护下，种族隔离主义者获取到新的政治掩体，使其在政府体制、全球知识网络和土地市场内为他们的城市分裂运动努力运作。

每一次此类侧翼包抄行动，都给城市有色人种带来更多的坏消息。作为人类大多数的城市人，如果这些是我们唯一的政治道路，那么，我们的未来真的会非常严峻。幸运的是，它们不是我们必须遵循的唯一路径。但是，要清晰明确地设想更能看到希望的替代路径，我们需要首先充分吸收种族隔离在世界范围蔓延所留下的支离破碎的——而且几乎都很悲惨的——各种遗存。

## 贫民区是否已遍及全球？

以大多数标准衡量，美国民权运动发动的是全世界对城市肤色线最为精心策划的攻击。美国反对城市隔离的革命，在最广泛的基础上就是一场运动，一场普通而勇敢的人们在不受欢迎的社区寻求住处的运动。数以万计几乎不知名的寻找住房的黑人先锋们自愿走进白人武装到牙齿的暴力区，因为在黑人社区很难找到可用的住房，那里拥挤不堪，卫生欠佳，危险可怕，还贵得离谱。在不断变化的美国肤色线之外，尚存留通常黑人难以获取的城市机遇空间，其购置的更好住房也为整个家庭带去更好的便利设施：学校、公园、公共卫生基础设施、污染较少的环境、公共交通，以及更方便获取的工作机会。[4]

为了帮助这些普通的非裔美国人，全国有色人种协进会开辟了第二条合法的激进主义战线。他们在美国最高法院取得了具有传奇色彩的胜利：1917 年，穆尔菲尔德·斯托里（Moorfield Storey）在布坎南诉沃利案中使用绝妙策略反对种族区划法令，1948 年，瑟古德·马歇尔（Thurgood Marshall）在谢利诉克莱默案中击败种族契约。1938 年，马歇尔还曝光了美国联邦住房管理局专营的《核保手册》，不过他不得不反复烦扰一位长岛郊区的当地联邦住房管理局官员，想要求得一份手册副本。因此，联邦政府与市公共住房管理局在种族隔离方面的同谋，至少在一定程度上被脱去伪装，成为另一种策略的目标：以自由租售住房的名义持续不断地进行请愿和抗议。[5]

从 20 世纪 40 年代到 60 年代，自由租售住房活动家对州立法机构施加了足够的压力，要求通过一系列《公平住房法》，禁止种族操控和红线歧视等做法。大量自由派白人郊区房主也加入了这场争论，一些人签署了所谓的开放居住契约，通常宣称他们将"欢迎任何品行良好的居民进入他们的社区，不论种族、肤色、宗教"。还有一些人挨家挨户尽力劝说他们的白人邻居不要理会那些竞相削价抛售的房地产骗子。还有一些人与黑人一起劝说房地产经纪人和银行家，帮助保持种族变化的自由社区的永久融合，如芝加哥橡树公园、克利夫兰的谢克海茨和费城的西芒特艾里等地。1960年，自由租售住房活动家向民主党总统候选人约翰·F·肯尼迪施压，要求他承诺"大笔一挥"结束联邦住房歧视——延迟两年之后他兑现了这一承诺。[6]

下一幕属于马丁·路德·金。1966年刚从南方取得历史性胜利之时，他遭到美国城市隔离主义重创，将他最喜欢的武器，即甘地的"非暴力抵抗"，转头对准芝加哥的肤色线。他在黑带的一个住宅项目总部，派黑人和白人测试员轮流到白人房地产办公室，揭露种族歧视的广泛传播。随后，他在违规房地产中介的办公室外部署了纠察队，并亲自带领群众进入周边社区进行大游行。在那里，他不慎一头跌进了长期以来维持美国城市肤色线的白人暴力之中。大批白人反示威者高喊着种族主义口号，挥舞着卐字旗，齐抛砖块。在与芝加哥市长理查德·J·戴利（Richard J. Daley）达成一项挽回颜面的停火协议后，金离开了这座城市，提醒自己，和平抗议并不能够消除根深蒂固的种族经济利益分歧。许多寻求住处的黑人也有过类似的幻灭经历，在他们为住房一体化而斗争的过程中，跨越美国住宅肤色线是可能的，有时非常危险，但没有任何法律可以禁止白人房主进行种族主义计算，他们认为新黑人邻居影响到了住房价值。一旦这些白人卖掉房子搬走，肤色线就会在更远的地方重新建立起来，从而为城市的贫民区增加一个新区，并使新区居民面临着与他们希望离开的全黑人区相同的撤资风险。[7]

在芝加哥战败两年后，金在孟菲斯被刺客的子弹击中。作为回应，美国城市中最贫穷的非洲裔美国人加入了他们自己的大规模行动。在过去的五个"漫长炎热的夏天"，愤怒和暴力席卷了哈莱姆、北费城、瓦茨、纽瓦克、底特律和芝加哥南区等地。这一次，在1968年，

388

大火再次在芝加哥等城市的一百多个黑人聚居区肆虐。和以前一样，最直接的结果是数十人死伤，又一片黑人聚居区建筑和企业被烧毁。但同时发生的上百起骚乱的喧嚣声也为林登·约翰逊总统提供了足够的政治筹码，说服共和党参议院少数党领袖，即伊利诺伊州的埃弗里特·德克森(Everett Dirksen)，为自由租售住房运动拖延已久的《联邦公平住房法案》赢得必要的选票。德克森的支持者主要集中在芝加哥的白人郊区。住房市场上的各种歧视现在都是违法的。[8]

这次艰难取胜后的几年里，尽管公平住房立法依然受到限制，尽管民权法遭到越来越多的保守派反对，民权运动仍继续倡导创造性地解决住宅肤色线问题。芝加哥的活动家们对公共住房中的种族隔离做法提起诉讼。在希尔斯诉高特罗案(Hills v. Gautreaux，1976年)中，他们赢得了另一个重要的胜利：美国最高法院要求芝加哥住房管理局提供数千张住房券，允许非洲裔美国贫困家庭迁往郊区。虽然他们的人数相对较少，但被选中参加该项目的家庭显然比他们在贫民区的伙伴有所进步。与此同时，少数城市也掀起了一场推行包容性区划法的运动，这一运动通常要求新开发项目包含大量的经济适用房。或许更有希望的是，1976年的《住房抵押贷款披露法》(the Home Mortgage Disclosure Act)和1977年的《社区再投资法》(the Community Reinvestment Act)，这两部联邦法律要求秘密的红线歧视执行者们披露其抵押贷款所在地的信息，并承担"确定的义务"，在他们接受存款的所有社区都要放贷。其他民权时代的法案、社区发展整体拨款方案和经济开发区计划，对于被忽视地区的发展有所促进，联邦资金有些注入并减免税收。努力疏通联邦、企业和私人基金的资金，使其进入社区发展公司或社区直接组织的草根行动，这些努力已经在全国取得显著的成功。[9]

在世界上最富裕地区的其他地方，有色人种的公民权得到了提高，同时也有比美国更广泛的社会民主政策。在某些情况下，这些努力已明确致力于"社会融合"的全面目标。伦敦和巴黎是见证其中若干成果的好地方。这两座城市都有着悠久的种族隔离历史：将这两座城市的西部特权区与东部的工人阶级区分隔开来的历史性阶级界线至今仍在城市地图上清晰可见。 伦敦和巴黎长期以来也一直有来自奴隶贸易或殖民地的少数多族裔有色人种。 然而，这两个首都的历史与芝加哥和约翰内斯堡等地的不同之处在于，在第一次世界大战期间，没有持续性的有色人种"大迁徙"进入欧洲城市。 直到第二次世界大战，伦敦和巴黎等地的种族多样化才真正开始。 1940 年，帝国疾风号（Empire Windrush）货船将西印度移民的货物卸到伦敦的码头上。 与此同时，法国重申了阿尔及利亚作为共和国本土的延伸地位。 每月有两千名来自阿尔及利亚贫困乡村的难民抵达巴黎，开始在城市边缘建造贫民窟（bidonvilles），就像阿尔及尔郊外的贫民窟一样。[10]

到了战后，这两座城市东侧的工人阶级区都迅速发展，形成宽阔的弧线环绕市中心，南北两侧都是较小的资产阶级西郊〔在伦敦，一个被称为"外伦敦"（Outer London）的基本以中产阶级为主的郊区带，从更远处包围住整个城市〕。 经纳粹轰炸之后，战后住房危机更加恶化，伦敦在城市的大部分地区修建了数百个总体规模较小的公共住房区（只有几个规模较大），其中包括若干位于享有特权的外伦敦的住区。 相比之下，巴黎用臭名昭著的廉租房取代了城中的贫民窟，这些住宅普遍具有纪念意义，最重要的是集中在较贫穷的"红色地带"郊区，现在最常被称为中世纪的"郊区"。 伦敦的"黑人"（这一类别很快就包括了大量的印度人、巴基斯坦人、孟加拉人、中国人以及西印度群岛人和非洲人）和巴黎的"移民"（他们实际上包括大量在法国出生的安的列斯人、北非人和西非人，以及东南亚人和中国人）做了美国黑人在 19 世纪芝加哥所做的事情：他们把自己编织进城市工人阶级日益多样化的种族拼凑区，在那个情景下，大部分的拼凑区位于社会福利住房区。 很快，观察家们开始为这些多色皮肤的工人阶级聚居区取了一个新的煽动性的名字：贫民区（ghetto）。[11]

欧洲、加拿大和澳大拉西亚的大多数城市社会学家都对美国式的种族隔离已然进入他们的城市的说法表示怀疑。 包罗万象的社会民主安全网，可确保收入不平等、代际贫困、饥饿和健康无保障等情况远没有美国严重，即便在某些地方的失业率（特别是青年失业率）接近芝加哥南区。任何一个富裕世界的国家之中，都有可能找到令人沮丧的公共住房区。但是，美国以外的大多数地方在肤色和阶级上要融合得多，绝望的塔楼构成的"芝加哥墙"（Chicago's "Wall"）与之形成鲜明对比，这座"墙"在很大程度上成了黑人穷人中最贫穷者没有出路的社会集中点，而芝加哥最近也拆掉了这座"墙"。这种综合性的社会福利住房得到国家更大的政治支持，而且这些房地产通常得到更好的维护并配备更好的便利设施。除了法国的廉租房以及荷兰和英国的其他一些大型项目外，大多数欧洲社会住房小区规模较小，分散在城市各部分。全球北方国家大部分地区，政府拥有的住房比例仍远高于美国——即使英国右翼新首相撒切尔夫人在 20 世纪 80 年代卖掉了 150 万套政府公屋之后依然如此。全球北方国家大部分地区，穷人在获得安全住所方面面临的困难远远小于美国衰败贫民区的居民。更严格的枪支管制使暴力犯罪和谋杀率远低于美国的贫民窟。[12]

这条普遍规律，却有一些重要的例外。例如，法国政府为在阿尔及利亚独立战争中支持法国的阿尔及利亚哈基斯人①（the Harkis）设计了一种特别残酷的国家批准的种族隔离形式。1962 年阿尔及利亚赢得独立后，哈基斯人逃到法国躲避报复，法国当局"致敬"他们战争贡献的方式，是把他们关进了由带刺铁丝网和警卫塔包围的肮脏的拘留营。大约 1.4 万人留在那里，直到 1974 年，他们发起一场运动才结束了这一营地制度。尽管法国后来正式向哈基斯人道歉，但法国和欧洲其他政客经常通过诋毁罗姆人和其他游历人士来骗取选票，有时会命令警察摧毁他们的营地并将他们驱逐到其他国家。[13]

---

①　阿尔及利亚民族在二战后独立意识觉醒，法国派兵镇压其民族解放运动。一些本地的阿尔及利亚穆斯林站在法国一方，称为哈基斯人。在 1962 年，法国撤军，承认阿尔及利亚独立。许多阿尔及利亚人视哈基斯人为叛徒，留在阿尔及利亚的哈基斯人在当地独立后受到报复。虽然法国官方政策反对，仍有几万哈基斯人逃到法国。对于这部分哈基斯人在法国的经历，虽然法国在雅克·希拉克总统任内确认了哈基斯人所受的苦难，不过法国对哈基斯人的处理方式至今仍存有争议。——译者注

美国的贫民区来巴黎了吗？在法国最臭名昭著的郊区之一拉库尔纽夫（La Courneuve）的"4 000"住房项目中，一座纪念性的公共住宅区成了一辆烧毁的汽车外壳的背景，象征着自 20 世纪 70 年代以来席卷移民社区的多次骚乱。这张照片拍摄于 1999 年，此后法国政府清拆了 4 000 个建筑群，取而代之的是更加分散的低层公共住房，这是全国性的"反贫民区"运动的一部分。作者照片，1999 年。

然而，与美国不同的是，全球大多数其他北方国家政府至少声称要把反对城市隔离作为一项高度优先事项。 在1991年和2000年，法国社会党通过一项立法，后来很快被戏称为"反贫民区"法，对抗住了日益增长的新右翼势力的影响。 他们的目标无疑是建立一个全国范围的包容性分区制度，要求所有的市政府，即使是最富有的市政府，以高额罚款制度为基础，确保其住房市场中应包含20%的价格合理的国有住房。 推动"社会融合"符合更宏大的城市社会民主政策。 政府承诺用优雅的低层建筑取代战后冰冷的廉租房，对公共交通进行巨额投资，以尽量减少巴黎的东西分异的不利因素，并利用集中规划法来管控城市蔓延。 欧洲其他地方也有类似的综合性城市政策，一些政策还得到了欧盟的进一步补贴。 这样的政策有助于确保在美国以外的全球北方国家，不会出现像芝加哥南区那样庞大的单一种族的市中心区。 正如在伦敦和巴黎一样，欧洲、加拿大和澳大利亚的大多数有色人种居住在历史悠久的城市界线之外的阶级隔离社区，这些社区棋盘状分布着，分别住着许多不同背景的人，包括大量低收入的白人。 许多移民群体，甚至是有色人种，似乎能够从最初定居区分散到城市更广阔的地区，甚少有任何一个群体的大多数人居住在同一个地区的情况。[14]

然而，在美国以外关于贫民区蔓延的辩论中，有两个问题仍然没有得到充分的探讨：白人房主和房地产经纪人是否积极努力捍卫确实存在的住宅肤色线和阶级界限？ 种族财产价值理论在多大程度上根植于白人的信仰，从而形成了双重住房市场？ 在这里，危险的迹象更令人担忧，但是，关于欧洲、加拿大和澳大利亚引进了美国式的种族隔离的说法只是部分正确。 毕竟，高房产价值取决于社区排他性的学说诞生于伦敦。 英国的法律先例帮助加拿大的开发商和房主为种族契约的合法性辩护，就像在南非和美国一样。 在欧洲本土，种族契约在房地产政治中的作用并没有土地使用契约那么重要，但有大量证据表明，白人在历史上的阶级划分和工人阶级种族棋盘中都有"战斗或逃跑"（fight or flight）行为。 在英国，针对有色邻居的白人骚扰和暴徒暴力在二战后多次达到顶峰,包括 20 世纪 90 年代末。 就法国而言,在 20 世纪 50 年代和 60 年代,因所谓的黑脚派(pieds noirs)的到来,当地的白人暴徒力量得以加强,这些黑脚派是在阿尔及利亚独立战争期间被迫离开阿尔及利亚的法国殖民者。 黑脚派带着他们与获胜的阿尔及利亚自由战士的激烈冲突来到巴黎和其他城市郊区。 与芝加哥一样,欧洲公共住房的管理者经常发现自己被迫屈服于种族隔离主义的压力,以维护社会和平。 一些人按照法国官员所说的白人的"容忍门槛",为不同群体指定了独立的塔楼或楼梯间。 在法国,一些北非人占多数的住宅区仍保留着一栋单独的建筑,供黑脚派及其后代独立居住。 在法国,富裕的郊区社区没有权力制定税率及分区规定,就像美国的白人逃往的郊区市镇一样;但是他们的居民经常向地方市长施压,宁愿违背反贫民区法而支付高额罚款,也不愿意接受他们认为会威胁当地声望、学校和财产价值的社会福利住房建设配额。[15]

这些种族隔离主义思潮和行动是一场更大的反对白人种族特权跨洋革命的一部分,这场革命从 20 世纪 40 年代开始席卷全球北方国家。它在全球北方国家有许多根源,但新右翼的许多"新"东西确实首先出现在美国白人迁往的郊区,因此在某种程度上欧洲的种族隔离确实是对美国式的贫民区化种族隔离的效仿。 到 1970 年,美国城市的郊区蔓延已经超越他们所包围的城市,在这个过程中成为这个国家(也许是全球)最大、最具影响力的单一种族投票表决区的所在地。 郊区的白人抛弃了吉姆·克劳法那不加修饰的白人至上主义言论,通过发掘利用伪装的种族要求传统,表达了他们对根植于居住隔离的特权的支持,这些传统可以追溯到美国房地产理事会协会和芝加哥土地经济与公共政策研究所的工作。 例如,早在 20 世纪 40 年代末,亚特兰大、洛杉矶、底特律和芝加哥外围的郊区居民就明确表达出他们对同质社区的维护,即保护财产权和选择邻居的"公民权利"。 其他人则通过呼吁自由结社的权利或不受政府无理干预的自由来反对《公平住房法》。[16]

重塑白人特权以捍卫权利和自由的想法吸引了乔治·华莱士、理查德·尼克松和罗纳德·里根等保守派政治家。 很快,英国和法国的保守派,如玛格丽特·撒切尔和雅克·希拉克也奠定了类似的基调。 在欧洲,美国的影响混杂着帝国主义和反移民种族主义存在已久的传统,比如说以下两位人物:英国保守党的煽动者伊诺克·鲍威尔(Enoch Powell)和法国国民阵线的创始人让·玛丽·勒庞(Jean Marie le Pen)。无论新的右翼选举战略在哪里推出,都包含两个部分。 一方面是支持白人中产阶级特权的隐含承诺,另一方面则重新上演"自由市场"对福利国家、工会、政府法规和累进税制的攻击,两者联合推出。 与此同时,一些种族怨恨的言论将白人工人阶级的独立选民从传统的左倾政党引向了雇主青睐的政党。

其中涉及某些理论戏法的恶意伎俩。 一是新右翼坚持某种颠倒的社会历史叙述技巧,在这种叙述中,黑人和棕色人种革命及其自由白人同盟成功夺取巨大的权力,从而使白人成为种族不平等的真正受害者。新右翼指责民权活动人士要求黑人和棕色人种享有"特殊权利",它相应提出了一个很有吸引力的——听起来"色盲"且看上去任人唯贤的社会——建议通过否认种族从属关系的存在,而掩盖社会将会有效地永久固化这种关系的现实。 白人脆弱性的主题也让新的右翼领导人承担起了"国家"或"西方文明"的伟大捍卫者的角色,在这一时刻,两者都处于被不和谐的外来人淹没的危险之中。 在反复否认任何种族主义意图的同时,新的右翼领导人可能同时通过符号语言引导种族仇恨,诸如"福利""税收""配额""移民""价值""社会病态",以及,最重要的一个,即"犯罪"。

"贫民区"这个词将所有上述符号化的种族中伤融于一身。 事实上,欧洲的反移民右翼分子虚构出一个可怕的想法,即美国式的贫民区已经抵达伦敦和巴黎等地。 如今这个时代似乎有必要进行这种比较,因为类似美国漫长炎热夏季的骚乱,从 20 世纪 70 年代起,在西欧城市变得越来越频繁。 对城市暴力和犯罪的恐惧,最大程度上取决于白人对"贫民区"这个词的定义,它取代了种族隔离狂热时代聚焦于疾病的

395

441

种族恐慌。 近年来，西方对伊斯兰教的仇视情绪也愈发高涨地卷入这场纷争。 以女性头巾和城市宣礼塔为象征的所谓文化不相容的穆斯林问题，丰富了新右翼的符号短语（也在左翼心中播下仇恨的种子），将伊斯兰与恐怖主义等同起来也是同样的目的。 自 2001 年 9 月 11 日恐怖袭击以来的若干年里，在新右翼政治诉求的深层结构之中，对恐怖主义的恐慌很可能已经变得比对黑人犯罪的恐慌更为显著。[17]

　　新右翼对一度摇摇欲坠的"白人宗教"的"色盲"复兴，是世界种族理论史上最重要的事件之一。 它也代表了跨洋知识交流对城市空间政治影响的另一个例证。 一旦掌权，新的右翼运动领导人（在采用新右翼技术的中左翼政党的帮助下）将散布种族恐慌、否认种族不平等和自由市场修辞言论结合起来，在 20 世纪中叶反种族主义革命的侧翼炸开一条广阔的政治道路。 三种政策工具有助于推动城市隔离继续向前，甚至使其形成新的形式：专制的反犯罪和反移民政策不成比例地更多针对城市有色人种；故意忽视《公平住房法》，助长各种隔离主义在土地市场持续存在；一场旨在解除金融业监管的运动使放贷者和投机者在全球和城市政治中重新摇摆起来。

　　新右翼对"严厉的"刑事司法和移民控制政策的狂热，为政府强行绘制肤色线创造了新的可能性。 在犯罪领域，美国无疑是领头羊。 自尼克松时代以来，针对犯罪和毒品的连续"战争"主要针对城市、黑人和低级别的毒贩，已经把一个中等规模（如果在此已经存在种族不平等）的监狱系统变成了一个巨大的群岛，一些社会学家称之为"监狱贫民窟"。 现在关押着 230 多万人，其中大多数是黑人和棕肤色城市居民，这些监狱贫民区遍布美国乡村并成倍增加，数百个几乎全是白人的小镇，其边缘地带点缀着瞭望塔和带刺铁丝网。 没有其他发达工业化社会有同样的规模，也没有任何其他国家有如此种族倾斜的情况（美国的人均监禁率已经超过种族隔离时代的南非）。 尽管如此，其他富裕国家仍然热衷于引进美国在私人监狱、毒品战争和"零容忍"量刑方面的做法。 有色人种社区的警察失当行为问题已经蔓延到全球北方国家。 警察滥用职权的事例一再提供城市骚乱的导火索。[18]

　　带有种族色彩的独裁主义也潜入了新右翼时代的移民政策。20世纪60年代，美国和欧洲废除种族主义外来移民限制，加拿大白人和澳大利亚白人政策结束，边境开放的总体格局中形势发生了逆转。综上所述，最近在全球北方国家开展的越来越军事化的流入控制工作，已经建立了一条环绕全球的肤色线，从美墨边境两千英里长的围栏延伸到佛罗里达、地中海和澳大利亚北部帝汶海的海峡巡逻艇。在全球南方国家许多地区绝望情绪日益加剧、全球北方国家对移民劳工需求增加的背景下，这种边境封锁措施所起的作用远不止是流入控制。它们加剧了获取通行证和其他证件所涉及的官僚噩梦，助长合法和非法移民的种族脸谱化成见，使移民劳工更难抗议低工资和恶劣的工作条件，扩大剥削移民的犯罪企业的范围，增加监狱里潜在生产力的人口数量，使移民在穿越海洋和沙漠时面临更大的死亡风险。全球肤色线的所有这些歧视性副作用，都对全球北方国家黑人和棕色人的城市社区日常生活产生了深刻影响。[19]

　　在新右翼时代，政府对有色人种的胁迫越来越强烈，这反映在政府故意逃避法律义务，不去控制房地产经纪人、开发商、银行家和住房市场中享有特权的白人房主的种族隔离行为。因此，房地产价值的种族理论可以自由地继续推动种族操控、红线歧视和白人逃离的做法。与此同时，同样的房地产市场动态，在大开发商的帮助下，有时也会得到政府的助力，已经产生了强制隔离的崭新力量，比如门禁社区和士绅化。

　　这一趋势在美国也最为引人注目。2008年，一个由两党组成的公平住房国家委员会估算，在任何一年里，该国400万例种族歧视行为中，只有大约2万例受到官方关注。那些确实受到关注的，其获取关注的渠道主要是一系列资金严重不足的独立监督机构，这些机构也无法做到更多，只能将一小部分案件提交法院。对美国白人态度的调查一再表明，白人比以前更愿意考虑与黑人为邻——只要他们数量不是太多，并且满足一定的阶层门槛。二战后从南方迁来的黑人移民潮在

1970 年左右结束，随即白人暴徒对寻求住处的黑人的暴力行为减少。此后，美国城市的种族隔离指数有所下降。尽管受到限制，移民仍然大量涌入，许多人定居在不断变化的肤色线附近，常常创造出更加复杂的边界，甚至形成某些种族融合的棋盘状社区。在一些城市，尤其是芝加哥和底特律，受极端种族隔离影响的人口数量可能正在减少，这仅仅是因为成千上万的贫民区居民开始逆向大迁徙，朝向美国南方和西南方一些种族隔离程度较低的城市。

398

　　**2011 年芝加哥南区的空地。芝加哥的黑人贫民区比底特律东区或克利夫兰受房地产抛荒的影响较小。许多人口稠密的社区仍然存在，勇敢的复兴努力仍在继续。然而，2000 年至 2010 年间，芝加哥市减少了近 25 万黑人居民。一些人已经迁往处于种族隔离状态的城市近郊；其他人已经迁往南方城市，扭转了1915—1970 年的大迁徙趋势。作者照片，2011 年。**

　　尽管发生了以上诸般变化，隔离措施仍然超乎寻常，在那些最大型的城市尤为如此。在芝加哥，几乎 80% 的人口仍然需要迁移，以使城市的所有社区都具有相同的种族构成（1960 年的比率为 90%）。贫民社区一直存在阶层隔离，但在包括芝加哥在内的许多城市，贫穷黑人的空间集聚率已经上升。能够迁往郊区的黑人基本上仍被引导到较陈旧的、处于内环之中且价值不断下降的别人住过的"旧"市镇。鉴于现在不仅仅有联邦住房管理局直接补贴，加之以白人普遍较高的个人财富和联邦所得税减免提供资金，白人从这些地区迁出的现象仍在继续。在许多环城郊区，种族隔离指数比中间的市区还要高。[20]

与此同时，一些白人对不受欢迎的外来者的赤裸裸的攻击以及白人对犯罪的恐慌，已经使白人被迫改变方向，进入到设防的门禁社区，这些社区是私人开发商在 20 世纪 70 年代起在洛杉矶、迈阿密、芝加哥和纽约的各个郊区修建的。从某种意义上说，城市隔离的漫长历史已经在门禁社区中兜了一圈：尽管关键的按键输入系统和监控设备是 20 世纪晚期的技术，但这些新的围墙内的住宅楼盘也重新上演了一些加尔各答的大院区、马德拉斯的军事化白人镇和英国永久性兵站的题材。门禁式开发区是城市隔离最容易出口到国外的形式。尽管对公共空间私有化的影响存在着相当大的争论，但公共空间的私有化在包括伦敦和巴黎在内的许多世界上最富裕城市西郊已经开始萌芽，并在后种族隔离的南非及全球所有南方国家，其形式变得更加丰富。[21]

士绅化是另一种潜在强制性的市场主导的隔离形式，自 20 世纪 70 年代以来一直在愈演愈烈。在全球北方国家，士绅化通常涉及富裕阶层，而且往往是年轻人购买市中心附近较贫穷社区的前景看好的旧房产，这些社区似乎更复杂、更浮躁，或者更方便工作和娱乐。在美国，这是一股虽然相当小但是很明显的潮流，与更广泛的白人迁移潮流方向相反。如果士绅化获得动力，它可以像市场驱动的强制拆迁形式一样运行。由于翻修推高了房产价值和房产税，附近较贫穷的居民，通常是有色人种，往往别无选择，只能搬迁到别处。中产阶级士绅们，就像政府最糟糕的贫民窟清拆计划一样，没有义务提供可负担性安置房。毕竟，至少早在奥斯曼时代，政府引导的贫民窟清拆计划就在助长和鼓励市中心的士绅化以及种族隔离。在美国，尤其是在芝加哥，当地住房管理部门曾经积极地努力夷平该市衰败的公共住房塔楼，在某些情况下这种行为产生了开辟新的士绅化区域的效果；在任何情况下，美国公共住房的衰败，导致穷人固守经济适用房的机会减少了，否则他们还将会留在尚未发生士绅化的地区。全球北方国家的其他城市当局组织了"商业改进区",为士绅化地区的居民提供特殊服务。 地区官员有时会通过雇用私人保安巡逻队、授权定期驱赶无家可归者、安装竖立的监控摄像头网络,来营造郊区门禁社区的防御感。[22]

400 　　城市隔离的持续存在,反映出并鼓励了急剧增加的经济不平等,而这正是新右翼时代的标志。 这种不平等加剧的最重要原因是自由市场驱动的放松金融管制。 在全球层面,1973 年美国总统尼克松废除了凯恩斯的"布雷顿森林协定"的关键条款,这再次给予国际金融投机者破坏力量,扰乱他们认为会导致通货膨胀从而威胁放贷利润的政府政策。他们所拥有的突然从国民经济中撤出短期投资资本的力量,给此后扩大福利制度的努力蒙上了一层阴影。 再加上对工会的攻击,以及鼓励工业企业迁往劳动力成本低的地区的自由贸易政策,战后几十年将财富向下注入社会的机器已经磕磕碰碰难以为继。 经济繁荣不再像20 世纪50年代和60 年代那样能够降低贫困率,甚至中产阶级的收入也停滞不前或者有所下降。 相比之下,投机活动的回报率却不断上升,推动金融业在全球经济中占据制高点。 全球顶级金融家的收入飙升,这扩大了他们的收入与财富份额,包括城市房地产领域。 这种不平等也反映在城市中——特别是在那些"国际都市",其中金融公司高度集中,且金融公司的高薪雇员往往在士绅化中发挥突出作用。[23]

　　对美国城市中的有色人种来说,全球经济的管制放松与新右翼忽视公平住房执法的做法齐头并进,在土地隔离市场上带来新的不利因素,从而给有色人种的财富积累设置出新障碍。 对抵押贷款的调查一再显示,银行向白人和黑人提供贷款的意愿因收入和教育的不同而存在巨大差异——恰逢新右翼政客和华尔街大力游说要削弱逆向歧视的《社区再投资法》(the Community Reinvestment Act)。[24]

　　然而,自相矛盾的是,大型金融机构的"逆向歧视"做法——有选择地用掠夺性贷款瞄准穷人和贫民区居民——造成的破坏可能和红线歧视一样严重。 同样矛盾的是,正是由于1968 年《公平住房法》的相关立法,这种做法首先在美国广泛流行。 这项立法指示联邦住房管理局在其先前红线划定的地区为抵押贷款提供担保。 肆无忌惮的房地产经纪人、估价师和抵押贷款机构利用这项新的授权，串通计划，对结构不健全的房屋进行过度估价，然后将这些房屋出售给经济上并不稳定的贫民区居民，这些居民的抵押贷款由美国财政部全额投保。 一旦新房主 401 遇到无法克服的维修和还款问题，被压榨的刺痛很快就结束了：银行从联邦住房管理局收回抵押贷款保险金，然后走开了；留待联邦政府作出铲掉房子的决定。 在很大程度上正是因为这个原因，芝加哥南区的大片地区和其他"锈带"（rust belt）的贫民区首次变成炸毁式面貌，数十座荒芜的废弃房屋点缀在大片的空置土地上，这些土地现在正恢复到原来的开放大草原状态。[25]

　　所有对大型金融业的监管让步中最具破坏性的一次发生在 1998 年，当时美国总统比尔·克林顿联合新右翼国会议员一起支持立法，允许高风险投资银行进入住房金融业务。 华尔街的金融艺术家们很快设计或扩展了三种投机性金融工具：向穷人提供掠夺性的"次级"贷款；由掠夺性贷款和其他贷款捆绑组成的抵押担保证券（mortgage-backed securities），并将其重新划分为利润丰厚的"部分"；以及所谓的信用违约互换（credit default swaps），就是为了给抵押担保证券提供保险的。这些大牌资产的市场成功推动了盗版抵押贷款公司，其中一些是大银行的子公司，吸引越来越多的穷人抵押贷款。 他们兜售的贷款，往往采用严重的欺诈手段，实际上必然会违约。 大多数银行都有"可调整"的利率，很快月供规模就被提升以至超出大多数借款人的承受能力。[26]

　　在整个美国，黑人被引导获得次级贷款的可能性是同等收入白人的两倍多——在芝加哥是三倍多——尽管三分之二的人有资格获得标准抵押贷款，而标准抵押贷款在整个贷款期限内，平均少花 10 万美元。 两位著名社会学家指出，种族隔离"创造了一个独特的少数族裔客户市场，这些客户被差异化营销引导获取高风险次级贷款"。 由此产生的房屋止赎方面的种族差异，显然无助于改善美国肤色线两边的巨大财富不平等。 2008 年，巴拉克·奥巴马从芝加哥南区的社区工作中脱颖而出,成为伊利诺伊州参议员,然后出任美国首位黑人总统,开创了"后种族时代"崭新的广泛讨论。 那一年,随着美国抵押贷款泡沫破裂,导致全球经济衰退,美国白人平均拥有的财富是同等收入黑人的十倍,
402 这在很大程度上是由于双重住房市场持续的结构性衰退。[27]

在全球北方国家的其他地方,住房金融的管制放松从未走到美国那么远。 尽管如此,2008 年金融危机的负面影响仍给世界经济带来严重恶果,尤其是在欧洲。 投机者再次威胁要突然撤资,不再提供帮助,针对的是那些从不减少社会支出的国家,包括不减少公共住房和公共交通等潜在的反种族隔离项目的资金支持的国家。 即使是世界上最平等的城市政策也变得很脆弱。[28]

# 后殖民地与新殖民地的城市分裂

如果说"贫民区"(ghetto)一词主导了富裕的全球北方国家的城市政治,那么在全球南方国家爆炸性增长的城市中,最重要的关键词就是"贫民窟"(slum)和"棚户区"(shantytown)。 正如字面所暗示的,在大多数前殖民地城市的空间政治中,主要的戏码是关于阶层的,特别是关于自 1960 年以来将这些城市当成家园的近十亿的穷人阶层。 这就是说,种族隔离的殖民地白人城镇/黑人城镇体系的许多方面,持续助力切割出深深的社会峡谷,并给广阔的特大城市留下创伤。 最近新右翼放松全球金融监管的举措也是如此,这使得银行和富裕政府可以将掠夺性放贷的做法扩展到全球的南方国家。 这些力量结合起来,形成了殖民隔离主义的新版本。

20 世纪中期种族革命在城市政治中的巨大成就立竿见影:它迫使世界上白人城镇的大多数白人居民收拾行囊离开。 然而,这一历史性里程碑并不意味着普遍存在的城市隔离的终结。 一方面,许多新独立的国家在文化、种姓、宗教、宗教和民族血统方面有着巨大的差异,殖

民国家经常鼓励不同群体之间的等级关系，有时将其差异解释为种族差
异。　在一些殖民地，独立会加剧冲突的程度。　例如，在前英属塞浦路
斯，希腊人和土耳其人之间的战争产生了一条戒备森严的分界线，这条
分界线仍在运行，直接延伸到首都尼科西亚的中部。　前法国殖民地黎
巴嫩的内战使许多教派和政治派别相互对立，形成贝鲁特绿线（Beirut's
Green Line），几十年来将该市的基督教东部区域和穆斯林西部区域分
隔开来。　同样植根于殖民时期的类似宗派敌对情绪，在美国入侵后的
伊拉克爆发，在巴格达和全国所有城市都造成了深深的地理裂缝。[29]

　　然而，在全球南方国家，种族隔离最普遍的遗留问题是阶层隔离。
早在18世纪，英国殖民城市的当地精英阶层对伦敦式的阶级专属社区
产生了浓厚的兴趣，当时加尔各答富有的体面阶级就放弃了阶层融合早
期的新式做法，而是为自己建立了隔离区。　从那时起，新加坡、香港
和孟买的亚洲精英，以及非洲大陆所有商业城市中的非洲商人，都建立
了类似的专属区，或者找到其他掠过肤色线直接进入白人城镇的方法。
在拉丁美洲，19世纪奥斯曼时代的规划者们清理了城市中心的贫民
窟，为市中心那些浅肤色精英们开辟了巨大的阶层专属区，这些区域如
今基本上仍然完好无损。

　　在非殖民化时代，对白人城镇的占领慢慢加速，与之相伴的是所有
留存的政府强制执行的种族隔离法被废弃或废除：包括卢加德的第11
号备忘录（Lugard's Memorandum 11）和伊科依保留地条例（the Ikoyi
Reservation ordinance）、新德里的住宿区分配规则，以及利奥泰和普罗
斯特在摩洛哥的限制制度。　即使在香港，直到1997年才摆脱了英国，
种族革命让《山顶保留地条例》（the Hill Reservation Ordinance）成了
明日黄花，该条例是1946年英国在谈判中从日本手里接管香港时被废
除的。[30]

　　在这个过程中，许多以前的白人城镇变成了精英区，就像拉丁美洲
城市被清拆的市中心一样。　在某些情况下，新的精英们制定了同样倒
退的政策来守卫他们的新区大门。　最极端的例子是南部非洲国家马拉

403

维（Malawi）的总统黑斯廷斯·卡穆祖·班达博士（Dr. Hastings Kamuzu Banda），他甚至引进了一批南非白人拉森斯特雷克（Rassenstreek，荷兰语：种族）规划师，在利隆圭（Lilongwe）建立了一个新的首都。 他们设计了优雅豪华的社区，为总统、他的亲信和后殖民时代留下的相对庞大的白人人口提供了广阔的缓冲区，而贫民窟则密密麻麻布设在遥远的乡镇里，眼不见为净。 其他人则对白人城镇的遗存持更加矛盾的态度。 对印度独立后的开国总理贾瓦哈拉尔·尼赫鲁来说，新德里令人痛心——"一个英国权力的明显象征，带着它全部的炫耀和铺张浪费。"对许多人来说，在一个国家，有那么多穷人生活在如此小的一片土地上，勒琴斯平房的宽阔地段和纯粹的奢侈似乎是骇人听闻的。 此后，政府用推土机推平了许多那样的平房。 勒琴斯的仰慕者对许多取而代之的单调的现代政府建筑和公寓感到厌恶。 但与此同时，印度在城市炫耀的天赋方面也丝毫比不上勒琴斯。 印度总统仍然住在高大威武的总督府（现更名为总统府），印度军方每年都在国王大道的巨型检阅队伍中摇动军刀一次，国王大道是京士威道（Kingsway）的新名字。[31]

与此同时，专属郊区开发项目和边缘城市也如雨后春笋般涌现，它们更接近于英国田园城市或美国郊区，甚至是对门禁社区的模仿。 加尔各答规划的笔直的盐湖城（Bidhannagar）是独立之后田园城市郊区的一个标志性例子；加尔各答西部、古尔冈（Gurgaon）、德里附近和新孟买的迷人的门禁开发项目更晚些时候才出现。 开罗和吉萨周围的沙漠也出现了专属郊区，其中一个叫做梦境（Dreamland），它甚至使世纪之交的太阳城的夸张奢华都黯然失色。 在巴西，里约最富有的居民已经离开科帕卡巴纳（Copacabana）和伊帕内马（Ipanema），前往巴哈德提虎卡（Barra de Tijuca）和更远的海岸去享受更为奢华、安全和专属的海滩。 在圣保罗，开发商承诺镀金的富贵公寓建筑群"用墙和铁栅栏围起来、警卫室24小时值班、内部通话系统、车库、永恒的宁静"，以此吸引居民离开市中心嘈杂的精英社区。

在全球南方国家的许多地方，门禁区更直接地反映了西方皇权的持续压力。 西方公司为他们派往国外的员工建造门禁大院，给他们一种安全感和熟悉的文化环境的幻影。 而最为精心设计且戒备森严的区域，则是最近几批美国大使馆和领事馆，特别是中东的大使馆。 位于巴格达的占地 104 英亩且有围墙的高科技美国大使馆大院是最奢华的例子：它的办公楼、外交宿舍和军事设施都近似于 21 世纪升级版的马德拉斯白人城镇。 大使馆和城市中央的绿区［Green Zone, 也称为国际区 (the International Zone)］周围都有一圈更宽的围墙，让人想起殖民时代东亚的外国租界。[32]

然而，帝国在前殖民地留下的最重要的遗存是对待穷人的相关政策。 在西方的统治下，普罗斯特和勒琴斯等规划者几乎完全忽视了拉巴特和德里等城市的本土城镇通过农村移民而改变和发展的可能性。 取而代之的是强大的改善信托基金会，例如加尔各答、孟买和亚洲其他地方的信托基金会，在没有提供足够的替代住房的情况下，反复对准市中心贫民窟下手，从而使得越来越密集和轮廓越来越清晰的市中心贫民窟必然会持续存在。 战后，随着独立运动的发展，欧洲在阶级融合的公共住房方面的大量新投资很少进入殖民地。 当他们偶尔投资殖民地时，他们在特别残酷的强制迁移和隔离计划中是起了一定作用的。 例如，在战后的比属刚果，那里的政治和经济条件在某些方面与南非相似，官员们在刚果的许多城市周围建立了大型的简易装配式预制建筑原住民区，部分原因是为了维持一大批超低工资的移民劳动力为矿山或家庭服务。 法国人在阿尔及尔及其周边地区建造了一些原始版廉租房，明确地说，这是对 20 世纪 50 年代吞噬旧城区的革命暴行进行军事打击的补充措施。[33]

自这些地方独立以来，已有 10 亿贫困移民抵达前殖民地城市。 一旦他们进城没有房子，就会占屋，擅自占用空旷土地，用能找到的材料搭建棚屋，寻找城市能提供的无论什么样的基本生活必需品。 对于那些"空降"到邻近富裕社区的人来说，在附近的家政服务、园林绿化和沿街叫卖行当中，有时可以找到低薪工作。 而在更远的地方，人们会更多地依赖非正规企业，无论是小规模工业还是为其他棚户区居民提供

城市服务，如食品配送、建筑、运输和垃圾回收工作。 对于水和电，
居民非正式地利用附近水管接入水龙头或从电路盒接电。

406

　　贫民窟的生存状况。在绵延的圣保罗东部外围，来自农村省份的移民对空
置的土地提出了要求，建立了一个五旬节教堂，在旧棚屋的地点建造了砖房，从
总水管接出软管，从附近的路灯接上电线。通过这种方式，在世界上最大且分裂
最为严重的特大城市之一又造出一个新的非正式区域。作者照片，**1998** 年。

左派的评论家已经理想化了对这些建筑甚至非正式住区的规划所涉及的非常真实和令人钦佩的集体行动。 右翼人士则称赞棚户区建设者的首创精神具有"自创式"特性——并指出这是政府没有必要建设公共住房的结论性证据。 然而，现实情况是，棚户区居民一直处于程度极为严重且多样化的脆弱境地。 自建贫民窟的住房条件往往是致命的，特别是当棚屋搭建在不稳定的地面、洪泛平原或陡峭的山腰上时。 污水处理通常不属于非正式企业要考虑的范畴，因此人类的废弃物，就像它在人类历史大部分时期一样，常常会被排放到街道或水道中，而这些水道又是默认的饮用水源。 棚户区居民对土地没有合法的所有权，因此他们很容易被不在场的贫民窟房主收回或强索地租，甚至被政府强制拆迁。 对于那些住在最靠近精英区的人来说，失业或通勤费用的急剧增加会使拆迁更加复杂。 非正规雇用就是这样的——完全不受管制，通常在可怕的条件下工作，工资远低于贫困水平，没有反对童工或各种形式奴役的保护措施，有时就连雇主也只是勉强维持生计。 在犯罪企业工作的危险会使家庭和整个社区陷入暴力之中。 由于在政府中几乎没有发言权，棚户区居民任由各种严厉的城市政策摆布，包括任何对立方的政治报复活动。[34]

近年来，联合国有一个引人注目的就贫民窟问题进行的全球对话，召集了来自全球所有南方国家的城市规划者、学者和棚户区活动家的聚会。 在 2003 年发表的一份报告《贫民窟的挑战——2003 年全球人类住区报告》中，他们有力地指出，任何贫民窟政策都不会奏效，除非能够全面解决所有贫民窟居民在住房、基础设施、土地所有权、就业、交通和政治参与等方面的多重脆弱性。 联合国人居环境千年目标也推荐了就地解决方案，尽量避免以阶级或种族为基础进行强制迁移的破坏性措施。[35]

在后殖民时代，能够将这些原则付诸行动的平等主义政治空间少得可怜。 冷战是导致全球南方国家大多数新独立政府政治想象力贫乏的主要原因。 在争取独立的斗争中，许多民族主义运动严重依赖城市贫民的破坏力量。 工会和其他有组织的城市居民在殖民地发动罢工；其他人在街上暴动反抗帝国枷锁。 然而，随着新国家取得独立，同样是冷战时期的竞争给西方帝国主义者施加了巨大的压力，迫使他们解放自己的殖民地，同时西方也加强了与潜在的或想象中的"第三世界"共产主义同情者的斗争。 撤退的殖民帝国用拨款和军事装备支持最狂热的反共精英民族主义者，并鼓励新的统治者动用他们的权力来遣散种族革命中最主张平等的势力。[36]

　　许多新政权非但不体谅穷人，反而诋毁贫民窟和棚户区的居民，有时使用过时的 19 世纪的卫生辞令，但更多的是煽动精英对犯罪行为的恐慌。 充其量，这些政权只会用花哨但细碎的改善拖延时间；更糟糕的是，他们会花费巨额资金（通常来自国外借贷）对穷人进行直接清理、驱逐和远距离隔离。 这种城市隔离主义可能出现在整个后殖民主义的政治派别中。 加尔各答自诩的马克思主义者延续殖民时代改善信托基金会的努力，试图尽力把大量挤满城市各种过道和棚屋的居民驱逐到城市外围，所有这些都是以一位评论员所谓之"绅士之城"的名义展开的。 右翼方面，20 世纪 60 年代和 70 年代的巴西民粹主义军事政权多次动用推土机拆除里约山坡上的贫民窟，特别是那些位于精英居住的南区后面小山坡上的贫民窟（他们曾将伊帕内玛后面的一处贫民窟烧成平地）。 从前的贫民窟居民被迫进入诸如"上帝之城"（葡萄牙语 Cidade de Deus）这样阴沉严肃的公共住房开发区，从市中心工作地需要搭乘两个小时的简陋公共交通才能到达。 即便在塞内加尔，诗人、社会党总统利奥波德·塞达尔·桑戈尔（Leopold Sédar Senghor）竟然也使用"人类的累赘"（human encumbrances）等恶意中伤的词组，来描述 9 万棚户区居民，这些人是他下令从达喀尔市中心附近驱逐到远离非欧洲人聚居区的乡镇和其他法国殖民隔离区的。 在冷战期间，世界上最富裕的国家支持精英们实行种族隔离的城市政策。 例如，美国国际开发署项目提供资金支持巴西的贫民窟清除工作。 里约的官员甚至将"上帝之城"的一部分命名为"肯尼迪村"，以承认美国支持的事实。 法国和世界银行也同样提供资金，帮助达喀尔被清拆居民建造偏远的公共住房。[37]

对这类清拆活动的后续研究证实，对于世界上最贫穷的人来说，底线是明确的：城市机会取决于阶级融合程度。尽管里约被驱逐的棚户区居民在单调乏味的"上帝之城"受益于稍微好一点的住房条件，但更高的租金和交通成本吞没了他们被缩减的工资。德里市中心亚穆纳-普什塔（Yamuna Pushta）棚户区居民，当居住地点被搬到城外 20 公里处时，他们的微薄收入还下降了一半。[38]

随着新右翼势力在全球北方国家的势力不断增强，这种针对"棚户区问题"无效而零碎或独裁专制的"解决方案"在全球南方国家变得更加普遍。在 20 世纪 70 年代和 80 年代，北方的政府对其前殖民地城市政策的影响更加强烈，以至于开始再度进入殖民时代。

究其原因，全球的金融管制放松是主因——正如后来又出现的美国贫民区——掠夺性贷款则是其主要工具。"第三世界债务危机"是在 20 世纪 70 年代油价上涨导致中东国家在欧美银行的赊销账户膨胀之后产生的。由于需要将这些资金再次放贷出去，银行施加压力并经常使用欺诈性的营销活动，向发展中国家普遍的独裁政权出售可调整利率的贷款。1979 年，美国联邦储备银行大幅加息以控制通胀之时，债务国的还款逐步失控——许多债务国出现违约情形。为了收回数十亿未偿贷款，银行求助于国际货币基金组织，该组织成立的初始使命是帮助各国扩大福利政策。但事与愿违，国际货币基金组织现在成了银行家的警察，以及自由市场和政府紧缩政策的信使。除此之外，其结构调整计划迫使政府将其财政收入从社会支出转为偿还贷款。[39]

首先面临大幅度削减的社会支出项目是对当地农民的补贴，他们被迫在世界市场上与来自最富裕国家高额补贴的企业农场竞争。因此，迁移到南方国家城市的人口成倍增加，棚户区规模激增。结构调整继续在当今特大城市的爆炸式增长中发挥着重要作用；其中许多城市的人口达到 1 000 万至 2 500 万之间。南方国家的城市化使 19 世纪工业革

409

種 族 隔 离

命都相形见绌，这一次，与其说是因为城市工业的扩张，还不如说是因为相较于农村一无所有的赤贫，城市和棚户区的低薪非正规工作变得更具吸引力而导致的。[40]

大城市不断恶化的社会福利，给负债累累的政府施加巨大压力。

由于无法满足这一需求，诸多政府向世界银行申请新贷款，或干脆将债务转嫁给日益增多的非政府组织。这两条路线都完全不可能达成联合国对贫民窟的所有设想。世界银行反映出其自由市场的倾向及结构调整的承诺，其目标通常是以低成本实现变革。它的项目要么只专注于基础设施的升级——如场地和服务项目——要么关注赋权项目，这类项目基于这样一种理念：即一旦有进取心的棚户区居民成为房主，他们就可以主动解决剩下的问题。与此同时，非政府组织通常缺乏所需资金，难以拉动全面改善。在专属的前白人城镇和白人城镇附近的贫民窟区域进行士绅化改造的压力通常是巨大的。政府更加频繁地转向大规模的贫民窟清拆，有时是应精英土地所有者的要求，有时是为了报复自己在国内的政治对手。1976 年，地方当局从孟买撤走 7 万贫民窟居民；1986 年至 1992 年，从圣多明各撤走 18 万；1990 年，从拉各斯撤走 30 万；同年，从内罗毕撤走 4 万；2001 年至 2003 年，从雅加达撤走 50 万；2005 年在罗伯特·穆加贝总统的"驱逐垃圾"行动中，从津巴布韦的哈拉雷贫民窟撤走超出 75 万名居民。对大多数人来说，唯一可能的去处是离城镇中心更远的地方。

冷战时期，精英主导的非殖民化和新右翼时期的金融再殖民都在很大程度上依赖于对城市贫民声音和机构的压制。尽管经常出现绝望无比、暴力横行的情况，然而这些声音并没有消失。有时大城市的穷人清晰表达反对意见的方式与全球北方国家贫民大致相同——他们把城市街道弄得难以管理。两波所谓的反国际货币基金组织面包暴动席卷全球南方国家的数十个城市，对结构调整计划表达抗议——第一次是 20 世纪 80 年代初，第二次在 10 年后。更有希望的是，据联合国计算，超过 20 万个非营利的草根组织在整个南方国家开展活动，其中许多意图明确，动员穷人加强住房保障意识。 然而，要想取得任何进展，全面解决全球南方国家的城市隔离和不平等问题，必将有赖于新一轮真正的民主独立运动，这些运动既能消除仍在统治很多发展中国家的暴君，也能消除国家沉重的债务负担。[41]

## 殖民者种族隔离的新世纪？

20 世纪中叶的种族革命，对殖民者主导的种族隔离产生了并不均衡的影响。 在任何情况下，殖民者在殖民地的种族革命和反革命所采取的形式都比其他地方更为血腥，通常会陷入城市战争。 在某些地方，独立之时，也是种族隔离消失之日。 在阿尔及利亚，由于法国未能镇压长达十年的武装革命，大多数黑脚派被迫回国。 在肯尼亚，茅茅起义成功争取到独立，白人要么离开，要么勉强接受非洲的统治。在阿尔及尔和内罗毕两地，殖民地种族隔离的遗留与全球南方国家其他城市相似。 罗得西亚白人通过发起自己的反殖民运动来拖延时间，并在 1965 年单方面宣布脱离英国独立。[42]

在另外两个殖民者社会中——一个是非常古老的北爱尔兰，另一个则是晚近的以色列-巴勒斯坦——格外悲惨的冲突已经出现，并导致根深蒂固的政府支持的种族隔离政治。 这两个地方的政治戏剧中爆炸性的剧情都是对立的宗教或宗派团体，他们用半世俗的民族主义或种族主义的术语重新定义自己，并根据对殖民地的排他性占领角度来陈述他们的政治目标。 在这两个地方，暴力都立即回应并加深了冲突各方信仰者的深刻精神危机。

在北爱尔兰，英国最古老的定居者殖民地的最后残余，新教联合派多数与越来越多的天主教共和派少数之间的冲突，导致该国已经严重分裂的城市隔离加剧。 这个故事始于 20 世纪 60 年代末，当时受到美国民权运动启发的天主教活动家发动一系列抗议游行，其中包括针对国家

412

歧视性公共住房制度的游行。 他们遇到的阻力与欧洲其他地方颇受欢迎的民权运动不同，甚至也不同于有色移民领导的民权运动。 1969年，新教暴徒——在皇家阿尔斯特警察局（北爱尔兰第一支警察部队）的支持以及英国右翼政客的欢呼下——占领了伦敦德里市①的博格赛德（Bogside）和贝尔法斯特的孟买街（Bombay Street）等天主教社区。 这些袭击引起了天主教民兵以至爱尔兰共和军的流动炸弹小队最终的武装报复。 在"北爱尔兰问题"期间，25 年的攻击和报复之后，天主教徒和新教徒聚集到越来越同质的独立社区。 宗派领土之间所谓的交界地带变成了战区。 为了阻止投掷石块、狙击手开火和凶残的越境突袭，贝尔法斯特、伦敦德里市和几个较小城市的四面楚歌的当局，利用交界地带建造了越来越复杂的屏障系统。 即使在 1998 年和 2006 年的权力分享协议将这些麻烦带到了一个艰难的结局之后，这些所谓的和平墙（Peace Walls），其中一些高达 30 英尺，仍然蜿蜒数英里穿过贝尔法斯特西部，并从那里延伸进入周围的乡村，充其量只能对正在进行的低级别敌对行动提供一种似有若无的威慑。[43]

以色列-巴勒斯坦冲突的核心是犹太复国主义运动的梦想：即在一片阿拉伯穆斯林占多数的土地上为犹太人建立一个民族国家。 在犹太人中，这些危机与俄罗斯对犹太人的集体迫害、欧洲各地日益严重的反犹迫害，以及最重要的纳粹大屠杀这些经历有关；在巴勒斯坦穆斯林中，这些危机是在英国殖民主义的背景下产生的，在 1948 年以色列暴力建国后升级。

自从犹太复国主义运动最早起源于 19 世纪 80 年代的集体迫害以来，保护犹太人免遭种族主义暴行一直是犹太人最具共鸣的使命。 然而，通过将保护与殖民定居的必要性相联系，犹太复国主义者也常常自觉地成为占领和隔离的力量。 事实上，这场运动的崛起关联到许多思潮和体制力量，这些思潮与力量同样涉及世界其他地方的城市隔离。

413

---

① 伦敦德里（Londonderry），爱尔兰人称为德里，北爱尔兰西北部城市。 ——译者注

早期的犹太复国主义者任意地将很多世俗观念混杂在一起，如种族等级制度、同化及异族婚配的危险，以及带有圣经理念的诸如上帝选民、长期流放和应许之地的"天然"家园的天意主张。 一方面，这些论点是为了在世界上诸多犹太社区传播犹太复国主义的信息。 毕竟，许多犹太人天性中具有流浪气质，却并没有经历过圣地之外"被流放"的生活。 犹太复国主义号称要收回所谓的以色列"故土"，这是某种宗教优先的说法；但是又与世俗国家紧密相关；对此，尚有许多人感到矛盾。 即使在东欧的犹太复国主义要塞，大多数受迫害的难民群体也倾向于移民到英国和美洲。 不过，随着时间的推移，犹太复国主义者的观点也服务于其他目的：质疑阿拉伯巴勒斯坦人对其家园的所有权是否合法，有时甚至否认他们存在的合法性。[44]

为了推进他们的使命，犹太复国主义领导人在现在广为人知的三个机构中建立了影响力，这些机构将种族隔离主义政治传播到世界各地。 该运动最早的成功源于其领导人与种族隔离狂热最重要的人物之一、英国殖民地事务大臣约瑟夫·张伯伦，及其资深同僚、英国首相阿瑟·詹姆斯·贝尔福（Arthur James Balfour）的会晤。 两人都有在大英帝国其他地方实施大规模人口工程计划的经验。 两人都急于阻止东欧犹太难民移民到英国本土，而且，正如犹太复国主义之父西奥多·赫茨尔（Theodor Herzl）残忍描述的：要把那些难民"排放"（drain）到其他地方去。 这就解释了贝尔福如何在 1905 年的议会中声援反犹太外国人法案，然后在 1917 年发表了他著名的宣言，承诺英国支持在巴勒斯坦建立犹太人的"民族家园"。 当巴勒斯坦在第一次世界大战后成为英国的委任统治地之时，贝尔福的项目正式启动。[45]

犹太复国主义者在巴勒斯坦的定居，严重依赖于常见的城市隔离技术。 1909 年，在种族隔离狂潮的鼎盛时期，雅法市的犹太定居者成立了一个英式住宅营造协会，资助在这个阿拉伯城市的郊外建设一个"健康环境中的希伯来城市中心"，他们将其命名为特拉维夫（Tel Aviv）。 1923 年，阿拉伯国家在雅法市发动的袭击夺走十几名犹太人的性命，

414　英国官员认可了这条分界线。 他们在这样的行动中引用自己的帝国隔离主义理论，声称该边界将促进种族和谐，也有利于定居者的现代城市卫生实验。 特拉维夫的地方官员实现了后一个目标，他们平衡两个方面的关系，一是利用他们与欧洲改革网络的联系，同时聘请著名的英国规划师帕特里克·格迪斯（Patrick Geddes）将该镇规划为一个广阔的"田园城市"。 类似的，纯犹太人的郊区很快在耶路撒冷的西郊出现，吸引了新一波来自国外的犹太定居者。 1929 年，欧洲犹太复国主义者还成立了巴勒斯坦犹太事务局，集资购买大片土地，出租给巴勒斯坦农村的定居者。 显然，这直接违反了英国的委任统治令，该事务局的租约禁止非犹太人之后购买或继承，甚至禁止犹太承租人雇用非犹太人在该代办处的土地上工作。[46]

　　如果种族隔离是为了保证种族和平，那它就失败了。 巴勒斯坦人的不满情绪上升，最明显的是 1936—1939 年的巴勒斯坦阿拉伯人起义。 作为回应，各种群体的犹太复国主义者组建了武装组织。 英国官员公布了一系列更大规模的隔离计划，将整个委任托管区划分为犹太人区和阿拉伯人区两个区域。 这些计划立即迫使和平共处的犹太人和阿拉伯人支持者处于被动防守状态，在此刺激之下产生了巴勒斯坦人自己的排他主义和暴力运动，以阻止犹太移民，并由此产生了更广泛的共鸣，犹太复国主义者认定，只有建立一个独立和种族专属的国家才能为犹太人提供充分的保护，使他们免遭进一步的迫害。[47]

　　然后，在第二次世界大战期间，阿道夫·希特勒开始了灭绝欧洲犹太人的骇人听闻的系列活动。 随着前往英国和美国的难民逃亡路线基本关闭，犹太复国主义者声称他们解决"犹太问题"的巴勒斯坦方案无罪。 犹太难民挤满了特拉维夫、耶路撒冷西郊和其他犹太人聚居点。英国人再次无力阻止冲突双方随后实施的暴力。 他们把自己的委任托管任务交给了刚刚起步的联合国，联合国尝试了另一个分治计划。 然而，彼时情势已经很明显，只有军事力量才能决定最终的分界线。[48]

　　随后发生的是巴勒斯坦人称之为纳克巴（the Nakba）的事件——意

即"大灾难"（the "great catastrophe"）。 很长一段时间以来，以色列官方对这些事件的叙述是：巴勒斯坦人自愿从祖辈传承的村庄向东撤退，以允许来自新独立邻国的阿拉伯盟军对犹太人发动联合攻击，并扬言要搞"第二次大屠杀"。 最近，修正主义历史学家描绘了一幅截然不同的图景，记录了武装日益精良的犹太复国主义民兵对全国各地住满巴勒斯坦人的村庄和城市社区进行集中策划的袭击。 民兵夷平建筑物和整个城镇，造成数千人死亡，他们将 70 多万人驱逐到邻近阿拉伯国家、加沙地带和西岸的难民营。 海法、雅法市和阿卡（Acre）等城市的殖民者和士兵也迫使大多数阿拉伯居民逃离。 此后以色列当局仅允许巴勒斯坦人返回少数城市，常常将他们挤入破旧的小社区。 在耶路撒冷，犹太复国主义武装遭遇到更为激烈的抵抗，因为当他们到达该城时，由阿拉伯邻国组成的武装联盟已经加入了战争。 然而，耶路撒冷西郊的三万阿拉伯居民同样也遭到驱逐，财产被没收。 在接下来的 19 年里，一个非军事区——由混凝土块和带刺铁丝网，以及狙击手扫射进行加固——沿着以色列和阿拉伯武装部队交锋的路线，将西部犹太郊区和旧城区与大部分阿拉伯人的东部郊区分开。[49]

与此同时，来自英国、法国和美国的武器和援助很快加强了以色列国防军的新态势。 来自国外的捐款涌入犹太巴勒斯坦事务局的金库——现已更名为犹太民族基金会——买下越来越多的大片土地（包括那些被毁坏的巴勒斯坦村庄所在区域），作为犹太人的永久和专属信托基金。 然后，在 1967 年的六日战争中，以色列最先进的陆军和空军攻占西岸，包括旧城和长期以来被穆斯林称为谢里夫圣地（Haram-al-Sharif）的锡安山（Mount Zion）神圣卫城（the sacred acropolis）。 以色列废除了非军事区，并发誓耶路撒冷再也不会分裂。[50]

正如当时许多温和派的以色列人所担心的那样，以牙还牙的循环报复自此在该地区的政治中根深蒂固，反映并加剧了世界各地的宗派紧张局势，并与要求领土排他主义的呼声更加紧密地交织在一起。 右翼犹太复国主义定居者在阿拉伯占多数的地区建造坚固的山顶开发区，他们

根据旧约圣经律法和古老血统声称这些地区属于自己。 随着耶路撒冷
成为犹太人占压倒性多数的城市,阿拉伯人陷入更深的贫困,一些激进
的犹太复国主义者呼吁在锡安山上建造一座新的犹太神庙——带来的威
胁是终结圣城愿景,即由世界三大一神教共享的脆弱而历经八百年历史
的中世纪穆斯林领袖萨拉丁的圣城愿景。[51]

416

　　与此同时,巴勒斯坦人的两次底层起义几乎无法扭转局势,他们的
领导人仍然无法在世界上最强大的支持者中凝聚同情。 诚然,起义也
面临着很高的地缘政治障碍。 西方仇视伊斯兰教的情绪高涨,美国渴
望在石油资源丰富的中东建立稳定的政权,而华盛顿由强硬的犹太复国
主义者和原教旨主义基督徒主导的强大游说团体,尽皆合力关闭了和平
之门。 因此,冷战的结束几乎没有对以色列兼并新的巴勒斯坦领土产
生任何阻力。 但巴勒斯坦激进分子的策略和排他性言论会削弱他们的
事业。 他们一波又一波的自杀式爆炸和终结以色列的呼吁,可能充分
表达出许多巴勒斯坦人的愤怒和绝望,但巴勒斯坦激烈的反应也使得新
一代犹太复国主义领导人能够自称以色列具有脆弱性,并将这种所谓的
脆弱性放到辩论的中心以赢得国际社会的同情,特别是美国为了保护以
色列的这种所谓的脆弱性,将巴勒斯坦民族解放运动设置为美国领导的
"反恐战争"的核心敌方。 自 2001 年纽约和华盛顿特区遭受恐怖袭击
以来,美国向以色列运送的武器有增无减。 以色列军队继续定期打击
巴勒斯坦城市和难民营——尤其是 2008 年加沙地带——甚至在随后几
天遭到其最坚定盟友的谴责。[52]

　　让想象力麻木的暴力与报复的循环,为当今世界最复杂且持续存在
并由政府资助的城乡隔离制度创造了一个完美的环境。 以色列违背其
耶路撒冷不可分割的政策,再次事实上分割其首都的都市区,明确绝不
与一个巴勒斯坦人的国家分享锡安城。 这一次,一大片犹太人居住地
和一道 30 英尺高的混凝土屏障,将东耶路撒冷其余的阿拉伯人占多数
的居民区与巴勒斯坦人的城镇及更东边的城市分隔开来,从而在事实上
阻断曾经从该方向进进出出的大量日常活动。 这堵水泥墙只是屏障的

一部分，这道屏障蜿蜒穿过数百英里的西岸农村，破坏成千上万巴勒斯坦人的工作与土地。 在更加四面楚歌的希伯伦，曾经繁荣的市中心已经变成了一片无人地带，将居住在地势较低的巴勒斯坦居民与地势较高处赫然可见的犹太人定居点分隔开来。 长期以来，以色列官员几乎完全封锁了加沙地带被轰炸的城市与外界的联系。 那些实在不得已需要跨越这些边界谋生的非犹太人，面临着卡夫卡式噩梦般的考验，他们需要获得许可证，并在军事检查站排队漫长地等候。 与此同时，一个专有公路网使以色列定居者在耶路撒冷或特拉维夫的工作地和西岸定居点的住所之间的通行变得更加安逸舒适。 这些道路还将巴勒斯坦领土划分为大约200个独立的区域，其间穿插着以色列的军事设施。 相比之下，巴勒斯坦人的道路要么被迫钻入以色列道路下方的隧道，要么被迫引向以色列道路上方的立交桥，从而确保两个系统即使在交叉时也不会相通。 正如以色列建筑师埃亚·魏兹曼（Eyal Weizmann）观察到的那样，隔离已经具备垂直和水平两个维度，为了隔断以色列山顶和阿拉伯山谷，已经呈现出越来越复杂的形式。[53]

今天，世界上还有其他更刻薄的政权，他们非常想要对被遗弃的社区进行更大规模的威权主义破坏，往往裹挟着赤裸裸的政治报复。 但是，无论何地，都无法将现代城市种族隔离主义的遗留与最古老的城市分裂理论的新版本如此紧密地融合在一起。 必须有人站出来推动局势向前，比如勇敢的巴勒斯坦人和以色列人，他们自2003年以来聚集在一起，共同举行非暴力抗议活动，反对与隔离墙有关的土地没收。 如果他们能够扛住逮捕、催泪瓦斯和真真切切的子弹，重新把圣地和耶路撒冷想象成信仰和社会正义的庇护所，那么在我们这个伤痕累累的星球上的任何地方，沿着分界线取得胜利都是可能的。[54]

如果他们能成功，很可能要归功于南非反种族隔离运动的胜利——迄今为止在所有战后殖民者社会中最鼓舞人心的、最具种族包容性的胜利。 在20世纪后期的大部分时间里，这场运动的梦想看起来也是不可能实现的，就像现在以色列安全屏障阴影下蹒跚摇晃的胜利之梦。 这

417

418

些圣地活动家可以从这样一个事实中看到希望：南非运动的大部分成功最终源于在很大程度上反对领土排他主义的共同思想观念，并接受一个单一的非种族"彩虹国家"的愿景。

1961 年，南非总理亨德里克·维沃尔德从伦敦回国，为一个白人统治的共和国的独立赢得迄今为止最大的胜利。一年前，他的士兵在约翰内斯堡南部的夏普维尔（Sharpeville）向黑人通行证法的和平示威者开枪，屠杀了 69 人。很快，维沃尔德取缔了非国大和其他反种族隔离组织，并将他们的大部分领导人流放国外，或者像非国大的纳尔逊·曼德拉一样，把他们关进臭名昭著的罗本岛（Robben Island）监狱。在本该充满活力的 60 年代，南非黑人因此度过了一个深深的极权主义严寒期，只有微微暖意来自非国大的军事派别民族之矛（the Umkhonto we Sizwe，简称 MK）组织的初级游击战争，以及史蒂夫·比科（Steve Biko）的黑人觉醒运动（Black Consciousness Movement）。作为对其坚定的反共主义的奖励，白人民族主义政权获得了美国的外交支持，揭示了冷战时期种族政治的另一种扭曲变形现象。华盛顿对种族隔离的定期谴责也几乎无法阻止该体系进入最危险的阶段。

根据南非国民党的宗旨，维沃尔德宣布该国的农村原住民保护地为独立的非洲共和国，其想法是利用黑人民族主义言论进一步分裂和扼杀黑人运动。越来越严厉的通行证法在一定程度上减缓了黑人涌入城市的速度，同时将数十万违法者逮捕入狱。按照《种族分区隔离法》进行的强制搬迁之下，许多一直挥之不去的城市"黑点"——1968 年开普敦充满活力的多种族第六区和 1978 年约翰内斯堡的 Indian Pageview〔旧马来（Malay）地区较小的继承者〕——被清除了。在约翰内斯堡，白人当局在埃尔多拉多公园（Eldorado Park）重新安置了大多数有色人种，该公园毗邻老克利普斯普鲁特原住民居住地点。这座城市的"亚洲人"被运到了更远的乐纳西亚（Lenasia），具有讽刺意味的是，这里离甘地参与创建的托尔斯泰农场（Tolstoy Farm）只有一箭之遥，他希望这个实验性的居住地点能"让东西方在真正的友谊中走得更近"。1966 年维沃尔德遇刺后，他的继任者限制黑人城镇的新建筑，并推迟房屋维护，以进一步遏制他们向城市的迁移。尽管他们努力限制，也正是因为他们的限制，棚户区再次蔓延到了黑人城镇那无穷无尽的火柴盒阵列之中。[55]

反种族隔离运动终于在 1976 年终结了政治严寒期，当时数百名索韦托的孩子抵制悲惨的班图语学校，抗议一项迫使他们学习南非荷兰语的法令，他们认为南非荷兰语是种族隔离的语言。作为回应，南非白人对该国黑人人口的战争正式开始。士兵们在直升机的引导下，入侵索韦托，向逃跑儿童的背部开枪，在随后的几天里打死了 500 多名抗议者和旁观者。杀戮后的创伤里，全国各地乡镇居民的大规模抗议导致平行政府的建立，称为公民协会[civic associations，简称"公民"（"civics"）]。索韦托公民协会（The Soweto Civic Association, SCA）致力于"动员基层组织消除该贫民区居民穷困潦倒的所有障碍因素"。它的策略是，政府集中的种族隔离势力太多，为此，种族隔离最终要付出代价。其主要目标是成立正式的乡镇委员会，这个委员会最初根据 1923 年《原住民（城市地区）法》成立，现在被称为黑人地方当局（Black Local Authority, BLA）。[56]

随之而来的是世界历史上专门针对城市居住隔离的最民主的群众运动。在种族隔离的独立城市财政体制下，城镇居民应该向黑人地方当局支付房屋租金和公共事业费，而不是向约翰内斯堡市政府支付，后者是为白人服务的。公民利用这一制度的弱点，说服乡镇居民抵制原来的付款而转向黑人地方当局付款。到 1986 年，抵制的参与率达到 90%，国家的铁腕被迫公开展示。P·W·博塔总统派出他笨拙的卡斯皮尔装甲运兵车（"河马"）带着武装驱逐队进入城镇。这一政策却适得其反，巩固了反种族隔离运动的团结以及它与世界各地反种族主义组织的联系。[57]

在种族隔离的最后日子，更多的人将死于种族隔离之手。街头反对博塔间谍和合作者的斗争受到残酷的即时处决的影响，后来还受到非

420

种 族 隔 离

国大与政府武装的黑人反对派之间内讧的影响，这种内讧一直持续到
20 世纪 90 年代。 但是，释放曼德拉、解除非国大禁令、将国家交给不
分种族的大选，这些呼吁激起了世界舆论。 与以色列和巴勒斯坦不
同，冷战的结束意味着美国支持种族隔离的理由消失了。 因此，民族
主义者被迫废除通行证法和《种族分区隔离法》，并为过渡到非种政
府进行谈判。

在索韦托，索韦托公民协会和其他组织通过不断的大规模抗议和实
用的口号"一个城市，一个税基"来施加压力。 1990 年曼德拉获释
后，索韦托公民协会与约翰内斯堡白人当局成功谈判达成《索韦托协
议》（the Soweto Accord)，迫使其免除所有未付的房租和公共事业费，
同时也废除了黑人地方当局。 重要的是，谈判代表宣布"约翰内斯堡
和索韦托必须成为一个不分种族的城市"。 一个世纪以来的种族隔离
先例从法律书籍中消失，一个新的非国大管理的市政当局，正在深入研
究如何阻止长期以来将南非一分为二的种族分裂伤口。[58]

---

注 释:

[1] Horace R. Cayton, "Fighting for White Folks?", *Nation*, September 26, 1942, 268.

[2] Howard M. Wachtel, *The Money Mandarins*: *The Making of a Supranational Economic Order*(Armonk, NY: M. E. Sharpe, 1990), 21—88; Dean Baker, Gerald Epstein, and Robert Pollin, "Introduction", in *Globalization and Progressive Economic Policy*, ed. Dean Baker, Gerald Epstein, and Robert Pollin(Cambridge: Cambridge University Press, 1998), 1—34.

[3] Edward W. Soja, *Postmetropolis*: *Critical Studies of Cities and Regions*(London: Blackwell, 2000), 233—322; Manuel Castells, *The Informational City*: *Information Technology*, *Economic Restructuring*, *and the Urban Regional Process*(Oxford: Blackwell, 1991), 7—32; Saskia Sassen, *The Global City*: *New York*, *Tokyo*, *London* (Princeton: Princeton University Press, 1991), 9—10, 245—320; Douglas S. Massey and Nancy A. Denton, *American Apartheid*: *Segregation and the Making of the Underclass* (Cambridge, MA: Harvard University Press, 1993), 115—147; Loïc Wacquant, *Deadly Symbiosis*: *Race and the Rise of the Penal State*(Cambridge: Polity Press, 2008); Mike Davis, *City of Quartz*: *Excavating the Future in Los Angeles*(London: Verso, 1990), 221—264; Anthony Richmond, *Global Apartheid*: *Refugees*, *Racism*, *and the New World Order*(Toronto: Oxford University Press, 1994).

[4] Thomas J. Sugrue, *Sweet Land of Liberty*: *The Forgotten Struggle for Civil Rights in the North*(New York: Random House, 2008), xiii—xviii, 200—252.

[5] "Reveal Rigid Policy of Segregation at FHA", *New York Amsterdam News*, December 31, 1938.

［6］Sugrue, *Sweet Land*, 200—252, 282—285.

［7］Sugrue, *Sweet Land*, 414—422; Alan B. Anderson and George W. Pickering, *Confronting the Color Line: The Broken Promise of the Civil Rights Movement in Chicago* (Athens: University of Georgia Press, 1986); David J. Garrow, ed., *Chicago, 1966: Open Housing Marches, Summit Negotiations, and Operation Breadbasket* ( Brooklyn: Carlson, 1989).

［8］Sugrue, *Sweet Land*, 313—355; Hugh Davis Graham, *Civil Rights and the Presidency: Race and Gender in American Politics, 1960—1972* (New York: Oxford University Press, 1992), 127—131.

［9］Sugrue, *Sweet Land*, 433—444; Alexander Polikoff, *Waiting for Gautreaux: A Story of Segregation, Housing, and the Black Ghetto* (Evanston: Northwestern University Press, 2006); William P. Wilen and Wendy Stasell, "Gautreaux and Chicago's Public Housing Crisis: The Conflict between Achieving Integration and Providing Decent Housing for Very Low-Income African Americans", in *Where Are the Poor People to Live? Transforming Public Housing Communities*, ed. Larry Bennett, Janet L. Smith, and Patricia A. Wright (Armonk, NY: M. E. Sharpe, 2006), 239—258; Mary Patillo, *Black on the Block: The Politics of Race and Class in the City* (Chicago: University of Chicago Press, 2007), 181—257; Gregory D. Squires, ed., *From Redlining to Reinvestment: Community Responses to Urban Disinvestment* (Philadelphia: Temple University Press, 1992), 1—37; Alyssa Katz, *Our Lot: How Real Estate Came to Own Us* (New York: Bloomsbury, 2009), 1—26.

［10］Folarin Shyllon, *Black People in Britain, 1555—1833* (London: Oxford University Press, 1977); Rozina Visram, *Asians in Britain: 400 Years of History* ( London: Pluto, 2002 ); Ceri Peach, *West Indian Migration to Britain: A Social Geography* (London: Oxford University Press, 1968), 16—36, 83—92; Mike Philips and Trevor Philips, *Windrush: The Irresistible Rise of Multi-Racial Britain* ( London: Harper Collins, 1999), 1—44; Rosemary Wakeman, *The Heroic City: Paris, 1945—1958* (Chicago: University of Chicago Press, 2009), 145 –161; Gérard Noirel, *The French Melting Pot: Immigration, Citizenship, and National Identity*, trans. Geoffroy de la Forcade ( 1988; repr., Minneapolis: University of Minnesota Press, 1996); Zeynep Çeylik, *Urban Forms and Colonial Confrontations: Algiers under French Rule* ( Berkeley: University of California Press, 1997), 45, 81—82, 173—174.

［11］Peach, *West Indian Migration*, 16—36, 83—92; Susan J. Smith, *The Politics of "Race" and Residence: Citizenship, Segregation and White Supremacy in Britain* (London: Polity Press, 1989 ), 49—104; Hervé Vieillard-Baron, *Les banlieues: Des singularités françaises aux réalités mondiales* (Paris: Hachette, 2001), 129—141.

［12］Carl H. Nightingale, "A Tale of Three Global Ghettos: How Arnold Hirsch Helps Us Internationalize U. S. Urban History", *Journal of Urban History* 29 ( March 2003): 257—271; Enzo Mingione, ed., *Urban Poverty and the Underclass: A Reader* (London: Blackwell, 1996); Sako Musterd and Wim Ostendorf, eds., *Urban Segregation and the Welfare State: Inequality and Exclusion in Western Cities* (London: Routledge, 1998); Ronald van Kempen and A. Şule Özüekren, "Ethnic Segregation in Cities: New Forms and Explanations in a Dynamic World", *Urban Studies* 35 ( 1998 ): 1631—1656; Sako Musterd, "Social and Ethnic Segregation in Europe: Levels, Causes, and Effects", *Journal of Urban Affairs* 27 (2005): 331—348; Ron Johnston, James Forrest, and Michael Poulsen, "Are There Ethnic Enclaves/Ghettos in English Cities?", *Urban Studies* 39 (2002): 591—618; Ceri Peach, "Slippery Segregation: Discovering or Manufacturing Ghettos?", *Journal of Ethnic and Migration Studies* 35(2009): 1381—1395; Hervé Vieillard-Baron, *Les banlieues françaises: Ou le ghetto impossible* (Paris: Edition de l'Aube, 1994); Vieillard-Baron, *Les banlieues*, 129—141; Loïc J. D. Wacquant, "Pour en finir avec le mythe des 'cités-ghettos'", *Les annales de la recherche urbaine* 52(1992): 20—30; Loïc Wacquant, "Urban Outcasts: Stigma and Division in the Black American Ghetto and the French Periphery", *International Journal of Urban and Regional Research* 17

(1993)：366—383；Margaret Weir，"Race and Urban Poverty：Comparing Europe and America"，*Brookings Review* 11(1993)：22—27；Eric Fong，"Residential Segregation of Visible Minority Groups in Toronto"，in *Inside the Mosaic*，ed. Eric Fong(Toronto：University of Toronto Press，2006)，51—75；Wendy S. Shaw，*Cities of Whiteness*(Malden，MA：Carlton，2007)。

［13］Todd Shepard，*The Invention of Decolonization：The Algerian War and the Remaking of France*(Ithaca：Cornell University Press，2006)，229—242。

［14］参见 Musterd 和 Ostendorf 收在 *Urban Segregation and the Welfare State* 的文章；以及 Mingione，*Urban Poverty and the Underclass*；Vieillard-Baron，*Les banlieues*，129—141；Ceri Peach，"Good Segregation，Bad Segregation"，*Planning Perspectives* 11 (1996)：379—398；Patrick Simon，"The Mosaic Pattern：Cohabitation between Ethnic Groups in Belleville，Paris"，in *Minorities in European Cities：The Dynamics of Social Integration and Social Exclusion at the Neighborhood Level*，ed. Sophie Body-Gendrot and Marco Martiniello(Houndmills，UK：MacMillan，2000)，100—118；Marco Martiniello，"The Residential Concentration and Political Participation of Immigrants in European Cities"，in Body-Gendrot and Martiniello，*Dynamics of Social Exclusion*，119—128；Eric Fong，"Residential Segregation in Toronto"，in Fong，*Inside the Mosaic*，51—75；Feng Hou，"Spatial Assimilation of Racial Minorities in Canada's Immigrant Gateway Cities"，*Urban Studies* 43(2006)：1191—1213；Christiane Droste，Christine Lelévrier，and Frank Wassenberg，"Urban Regeneration in European Social Housing Areas"，in *Social Housing in Europe*，ed. London School of Economics and Political Science(LSEPS)(London：LSEPS，2008)，163—196；Marie-Hélène Bacqué，Yankel Fijalkow，Lydie Launay，and Stéphanie Vermeersch，"Social Mix Policies in Paris：Discourses，Policies，and Social Effects"，*International Journal of Urban and Regional Research* 35(2011)：256—273；Vieillard-Baron，*Les banlieues*，173—191；Rob Atkinson，"EU Urban Policy，European Urban Policies，and the Neighbourhood：An Overview of Concepts，Programmes，and Strategies"（The Vital City EURA 会议论文，Glasgow，2007，参见：http//www.eukn.org/dsresource?objectid = 202129)。

［15］Richard Harris，*Creeping Conformity：How Canada Became Suburban*(Toronto：University of Toronto Press，2004)，76—83，133—136；Harris and Doris Forrester，"The Suburban Origins of Redlining：A Canadian Case Study，1935—1954"，*Urban Studies* 40 (2003)：2661—2686；*Essex Real Estate Co. Ltd. v. Holmes*，Ontario Supreme Court O. J. 296 37 O.W.N. 392(1930)；*McDougall v. Waddell*，Ontario Supreme Court O. J. no 82(1945)；*Bryers and Morris*(1931)，O. J. No. 229 40 O. W. N. 572(1931)；*Noble v. Alley*，Supreme Court of Canada S. C. J. no. 34(1950)；Smith，*Politics of "Race*，" 49—104，146—196；Jeff Henderson and Valerie Karn，*Race，Class and State Housing：Inequality and the Allocation of Public Housing in Britain*(Aldershot，UK：Gower，1987)，97—184；M. L. Harrison，*Housing，"Race"*，*Social Policy and Empowerment*(Aldershot，UK：Avebury，1995)，33—81；Richard Skellington and Paulette Morris，*"Race" in Britain Today*，2nd ed.(London：Sage，1996)，135—150；Wakeman，*Heroic City*，42—48，145—161；Christian Bachman and Nicole Leguennec，*Violences urbaines：Ascension et chute des class moyennes à travers cinquante ans de politique de la ville*(Paris：Albin Michel，1996)，17—218；Neil MacMaster，"The 'Seuil de Tolérance'：The Uses of a 'Scientific' Racist Concept"，in *Race，Discourse，and Power in France*，ed. Maxim Silverman(Aldershot，UK：Avebury，1991)，14—28；Åsa Bråmå，" 'White Flight? The Production and Reproduction of Immigrant Concentrations Areas in Swedish Cities，1990—2000"，*Urban Studies* 43(2006)：1127—1146；William Magee，Eric Fong，and Rima Wilkes，"Neighbourhood Ethnic Concentration and Discrimination"，*Journal of Social Policy* 37(2007)：37—61；Peter S. Li，*The Chinese in Canada*(Toronto：Oxford University Press，1998)，141—156。有关法国白人抗议反贫民区法规定的公共住房配额制度，参见："Logement social：44% des communes d'Île-de-France hors la loi"，*Libération*，June 26，2008；Dominique Durand，"Voici，dans l'ordre，le Top 15 des villes 'cancres' "（未发表的文稿）；Husbands，*Racial Exclusionism*，23—96，140—148。

［16］Nightingale，"A Tale of Three Global Ghettos,"265—268.以下论点是各自独立的，但互相近似：William W. Goldsmith in "The Metropolis and Globalization: The Dialectics of Racial Discrimination, Deregulation, and Reform", *American Behavioral Scientist* 41(1997): 299—310。Thomas J. Sugrue, *The Origins of the Urban Crisis: Race and Inequality in Postwar Detroit* (Princeton: Princeton University Press, 1996), 209—230; Sugrue, *Sweet Land*, 237—243, 引自 238; Lisa McGirr, *Suburban Warriors: The Origins of the New American Right* (Princeton: Princeton University Press, 2001), 147—186; Becky M. Nicolaides, *My Blue Heaven: Life and Politics in the Working-Class Suburbs of Los Angeles, 1920—1965*(Chicago: University of Chicago Press, 2002), 120—182; Robert O. Self, *American Babylon: Race and the Struggle for Postwar Oakland* (Princeton: Princeton University Press, 2003), 256—290; Matthew Lassiter, *The Silent Majority: Suburban Politics in the Sunbelt South* (Princeton: Princeton University Press, 2006), 1—20, 69—93, 148—74; Kevin Kruse, *White Flight: Atlanta and the Making of Modern Conservatism*, 3—18, 78—104, 161—179(Princeton: Princeton University Press, 2007)。

［17］Amy Elizabeth Ansell, *New Right, New Racism: Race and Reaction in the United States and Britain* (New York: New York University Press, 1997), 49—273; Smith, *Politics of "Race" and Residence*, 105—145; Christopher T. Husbands, *Racial Exclusionism and the City: The Urban Support of the National Front* (London: Allen and Unwin, 1983); Véronique de Rudder, Christian Poiret, and François Vourc'h, *L'inégalité raciste: L'universalité républicain à l'épreuve* (Paris: Presses Universitaires de France, 2000); Brooke Jeffrey, *Hard Right Turn: The New Face of Neo-Conservatism in Canada* (Toronto: Harper Collins, 1999); Ghassan Hage, *White Nation: Fantasies of White Supremacy in a Multicultural Society*(London: Routledge, 2000), 27—47.

［18］Michelle Alexander, *The New Jim Crow: Mass Incarceration in the Age of Colorblindness* (New York: New Press, 2010); Ruth Wilson Gilmore, *Golden Gulag: Prisons, Surplus, Crisis, and Opposition in Globalizing California* (Berkeley: University of California Press, 2007); Wacquant, *Deadly Symbiosis*; Ken Pease, "Cross-National Imprisonment Rates—Limitations of Method and Possible Conclusions", in *Prisons in Context*, ed. Roy D. King and Mike Maguire(Oxford: Oxford University Press, 1994), 116—130; Douglas C. MacDonald, "Public Imprisonment by Private Means: The Re-Emergence of Private Prisons in the United States, the United Kingdom, and Australia", in King and Maguire, *Prisons in Context*, 29—48; Paul Chevigny, *Edge of the Knife: Police Violence in the Americas* (New York: New Press, 1995); John Solomos, *Black Youth, Racism, and the State: The Politics of Ideology and Policy* (New York: Cambridge University Press, 1988), 173—243; Michael Keith, *Race, Riots and Policing: Lore and Disorder in a Multi-Racist Society*(London: University College London Press, 1993); Didier Lapeyronnie, "Primitive Rebellion in the French *Banlieues*: On the Fall 2005 Riots", in *Frenchness and the African Diaspora*, ed. Charles Tshimanga, Ch. Didier Gondola, and Peter J. Bloom (Bloomington: Indiana University Press, 2009), 21—46; Achille Mbemba, "The Republic and Its Beast: On the Riots in the French *Banlieues*", in Tshimanga, Gondola, and Bloom, *Frenchness and the African Diaspora*, 47—54.

［19］Richmond, *Global Apartheid*; Joseph Nevins, *Operation Gatekeeper: The Rise of the "Illegal Alien" and the Making of the U.S.-Mexico Boundary*(New York: Routledge, 2002); Anthony Messina, *The Logics and Politics of Post-World War II Migration to Europe* (New York: Cambridge University Press, 2001); Andrew Geddes, *Immigration and European Integration: Towards Fortress Europe?* (Manchester: Manchester University Press, 2000); Martin A Schain, "The Politics of Immigration in France, Britain, and the United States: A Transatlantic Comparison", in *Immigration and the Transformation of Europe*, ed. Craig A. Parsons and Timothy Smeeding(Cambridge: Cambridge University Press, 2006), 362—392; Ruth Balint, *Troubled Waters: Borders, Boundaries, and Possession in the Timor Sea*(Crow's Nest, N.S.W.: Allen and Unwin, 2005), 125—149.

［20］Robert Mark Silverman and Kelly L. Patterson, "The Four Horsemen of the Apocalypse: A Critique of Fair Housing Policy in the USA", *Critical Sociology* 38(2011):

1—18; National Commission on Fair Housing and Equal Opportunity(NCFHEO), *Report*: *The Future of Fair Housing* (Washington DC: NCFHEO, 2008), 13; Camille Zubrinsky Charles, "The Dynamics of Racial Residential Segregation", *Annual Review of Sociology* 29(2003): 167—207; John Iceland, Daniel H. Weinberg, and Erika Steinmetz, "Racial and Ethnic Residential Segregation in the United States, 1980—2000", US Census Bureau, Special Report Series, CENSR-3, 参见: http:// www.census.gov/hhes/www/ housing/housing_patterns/pdf/censr-3.pdf; Rima Wilkes and John Iceland, "Hypersegregation in the Twenty-First Century: An Update and Analysis", *Demography* 41(2004): 23—36。

[21] Edward J. Blakeley and Mary Gail Snyder, *Fortress America: Gated Communities in the United States* (Washington DC: Brookings Institution, 1997); Setha Low, "How Private Interests Take Over Public Space: Zoning, Taxes, and Incorporation of Gated Communities", in *The Politics of Urban Space*, ed. Setha Low and Neil Smith(New York: Routledge, 2006), 81—104; Rowland Atkinson and Sarah Blandy, eds., *Gated Communities: International Perspectives* (London: Routledge, 2006); Same Bagaen and Ola Uduku, *Gated Communities: Social Sustainability in Contemporary and Historical Gated Developments* (London: Earthscan, 2010).

[22] Neil Smith, *The New Urban Frontier: Gentrification and the Revanchist City* (London: Routledge, 1996); Chris Mele, *Selling the Lower East Side* (Minneapolis: University of Minnesota Press, 2000); Janet L. Smith, "The Chicago Housing Authority's Plan for Transformation", in Bennett, Smith, and Wright, *Where Are the Poor People to Live?*, 93—124; Patricia A. Wright, "The Case of Cabrini Green", in Bennett, Smith, and Wright, *Where Are the Poor People to Live?*, 168—184; Larry Benent, *The Third City: Chicago and American Urbanism* (Chicago: University of Chicago Press, 2010), 159—179; Chris Hamnet, *Unequal City*, 159—187; Jerry Mitchell, *Business Improvement Districts and the Shape of American Cities* (Albany: SUNY Press, 2008); American Civil Liberties Union(ACLU), *Bigger Monster, Weaker Chains: The Growth of an American Surveillance Society* (New York: ACLU, 2003).

[23] Wachtel, *Money Mandarins*, 89—203; Susan Strange, *Mad Money: When Markets Outgrow Governments* (Ann Arbor: University of Michigan Press, 1998); Saskia Sassen, "On Concentration and Centrality in the Global City", in *World Cities in a World System*, ed. Paul L. Knox and Peter J. Taylor(Cambridge: Cambridge University Press, 1995), 63—75; Smith, *New Urban Frontier*, 210—232.

[24] William Apgar and Allegra Calder, "The Dual Mortgage Market: The Persistence of Discrimination in Mortgage Lending", in *The Geography of Opportunity*, ed. Xavier de Souza Briggs(Washington DC: Brookings Institution, 2005), 101—126.

[25] Jill Quadagno, *The Color of Welfare: How Racism Undermined the War on Poverty* (New York: Oxford University Press, 1994), 89—116.

[26] Katz, *Our Lot*, 54—156; Simon Johnson and James Kwak, *13 Bankers: The Wall Street Takeover and the Next Financial Meltdown* (New York: Pantheon, 2010), 120—153.

[27] Jacob S. Rugh and Douglas S. Massey, "Racial Segregation and the American Foreclosure Crisis," *American Sociological Review* 75(2010): 629—651. Thomas M. Shapiro, Tatjana Meschede, and Laura Sullivan, "The Racial Wealth Gap Increases Fourfold", Policy Brief, Institute on Assets and Social Policy, Brandeis University, May 2010, iasp.brandeis.edu/pdfs/racial-wealth-gap-brief.pdf.

[28] Margit Tünnemann, "European Cities Responding to the Crisis: A European Perspective" (URBANPROMO 发言稿 2009, Venice, November 5, 2009, 参见: http:// www.eib.org/attachments/general/events/margit-tunnemann.pdf)。

[29] Jon Calame and Esther Charlesworth, *Divided Cities: Belfast, Beirut, Jerusalem, Mostar, and Nicosia* (Philadelphia: University of Pennsylvania Press, 2009), 37—60, 121—143.

[30] Janet Abu-Lughod, *Rabat: Urban Apartheid in Morocco* (Princeton: Princeton

University Press, 1980), 239—240; Çeylik, *Urban Forms*, 181—195; Lawrence W. C. Lai and Marco K. W. Yu, "The Rise and Fall of Discriminatory Zoning in Hong Kong", *Environment and Planning B: Planning and Design* 28(2001): 295—314.

［31］Garth A. Myers, "Colonial and Postcolonial Modernities in Two African Cities", *Canadian Journal of African Studies/Revue Canadienne des Études Africaines* 37 (2003): 344—357; 引自 William Dalrymple, "The Rubble of the Raj", *Guardian*, November 13, 2004; Jeremy Kahn, "Amnesty Plan for Relics of the Raj", *New York Times*, December 30, 2007。

［32］D. P. Chatterjea, "Bidhan Nagar: From Marshland to Modern City", in *Calcutta: The Living City*, ed. Sukanta Chaudhuri(New Delhi: Oxford University Press, 1990), 176—180; Jyoti Hosagrahar, "Heritage, History, and Modernity in Contemporary Indian Urbanism", the fourteenth National Conference on Planning History 会议论文, Baltimore, November 18, 2011; Timothy Mitchell, "Dreamland: The Neoliberalism of Your Desires", *Middle East Report* 210(Spring 1999), 参见: http://www.merip.org/mer/mer210/mitchell.html; James Holstun, *Insurgent Citizenship: Disjunctions of Democracy and Modernity in Brazil*(Princeton: Princeton University Press, 2008), 146—202; Theresa P. R Caldeira, *City of Walls: Crime, Segregation, and Citizenship in São Paulo* (Berkeley: University of California Press, 2000), 256—296, 引自 266; William Langewiesche, "The Mega-Bunker of Baghdad", *Vanity Fair*, November 2007, 参见: http://www.vanityfair.com/politics/features/2007/11/langewiesche200711; Mark L. Gillen, *American Town: Building the Outposts of Empire*(Minneapolis: University of Minnesota Press, 2007)。

［33］参见第3章和第7章; Bruce Fetter, *The Creation of Elisabethville*, *1910—1940* (Stanford: Hoover Institution Press, 1976), and "L'Union Minière du Haut-Katanga, 1920—1940: La naissance d'une sous-culture totalitaire", *Les cahiers du CEDAF*, vol.6 (1973); Whyms, *Léopoldville: Son Histoire*, *1881—1956*(Brussels: Office de Publicité, 1956), 21—38; Bernard Toulier, Johan Lagae, Marc Gemoets, *Kinshasa: Architecture et paysage urbains*(Paris: Somogy, 2010), 75—106; Çeylik, *Urban Forms*, 113—181。

［34］Mike Davis, *Planet of Slums*(London: Verso, 2006), 70—94。

［35］United Nations Human Settlements Programme(UN-HABITAT), *The Challenge of Slums: Global Report on Human Settlements*, 2003 (London: Earthscan, 2003), 164—194.

［36］William Roger Louis and Ronald Robinson, "The Imperialism of Decolonisation", *Decolonization Reader*, ed. James D. Le Sueur(New York: Routledge, 2003), 49—79; Frederick Cooper, "Conflict and Connection: Rethinking Colonial African History," in Le Sueur, *Decolonization Reader*, 23—45; Frederick Cooper, *Decolonization and African Society: The Labor Question in French and British Africa*(Cambridge: Cambridge University Press, 1996), 386—473.

［37］Ananya Roy, "The Gentleman's City: Urban Informality in the Calcutta of New Communism", in *Urban Informality: Transnational Perspectives from the Middle East, Latin American, and South Asia*, ed. Ananya Roy and Nezar AlSayyad(Lanham, MD: Lexington Books, 2004), 147—170; Janice E. Perlman, *The Myth of Marginality: Urban Poverty and Politics in Rio De Janeiro*(Berkeley: University of California Press, 1976), 195—241; Brodwyn Fischer, *A Poverty of Rights: Citizenship and Inequality in Twentieth-Century Rio de Janeiro*(Stanford: Stanford University Press, 2008), 50—89, 213—301; René Colignon, "La lutte des pouvoirs publics contre les 'encombrements humains' à Dakar", *Canadian Journal of African Studies* 18(1984): 573—582.

［38］Perlman, *Myth of Marginality*, 228—229; Rodney R. White, "The Impact of Policy Conflict on the Implementation of a Government-Assisted Housing Project in Senegal", *Canadian Journal of African Studies* 19 (1985): 505, 512; Davis, *Planet of Slums*, 100.

［39］Wachtel, *Money Mandarins*, 106—132; UN-HABITAT, *Challenge of Slums*, 34—55; David Harvey, *A Brief History of Neoliberalism* (Oxford: Oxford University

Press, 2005), 87—119.

[40] UN-HABITAT, *Challenge of Slums*, 45—46; Davis, *Planet of Slums*, 1—19.

[41] John Walton and David Seddon, *Free Markets and Food Riots: The Politics of Structural Adjustment*(Oxford: Blackwell, 1994), 39—45; Hsing, *Great Transformation*, 60—92; UN-HABITAT, *Challenge of Slums*, 151.

[42] Shepard, *Invention of Decolonization*, 207—228; Meredith Martin, *The Past Is Another Country: Rhodesia, 1890—1979*(London: Deutsch, 1979); UN Special Envoy on Human Settlement Issues in Zimbabwe, *Report of the Fact-Finding Mission to Zimbabwe to Assess the Scope and Impact of Operation Murambatsvina* (July 18, 2005), at http:// ww2.unhabitat.org/documents/ZimbabweReport.pdf; Chris McGreal, "A Lost World", *Guardian*, October 25, 2006.

[43] Thomas Bartlett, *Ireland: A History*(Cambridge: Cambridge University Press, 2010), 497—506, 510—527, 554—579; David McKittrick and David Shea, *Making Sense of the Troubles*(Belfast: Blackstaff Press, 2000); Calame and Charlesworth, *Divided Cities*, 61—82; Henry McDonald, "Belfast's Peace Walls Treble after Cease Fires", *Guardian*, July 28, 2009.

[44] Tony Kushner and Alisa Solomon, eds., *Wrestling with Zion: Progressive Jewish American Responses to the Israeli-Palestinian Conflict*(New York: Grove Press, 2003), 13—40; Thomas A. Kolsky, *Jews Against Zionism: The American Council for Judaism, 1942—1948*(Philadelphia: Temple University Press, 1990); Shlomo Sand, *The Invention of the Jewish People*, trans. Yael Lotan(London: Verso, 2009).

[45] Stein, *The Balfour Declaration*(London: Valentine, Mitchell, 1961), 23—33, 148—149, 164—165; Walid Khalidi, ed., *From Haven to Conquest: Readings in Zionism and the Palestinian Problem until 1948*(Washington DC: Institute of Palestinian Studies, 1967), xxix—xxxiv, 97—114, 125—142, 165—188, 引自 Zionist leader Theodor Herzl on xxx; Jonathan Schneer, *The Balfour Declaration: The Origins of the Arab-Israeli Conflict* (New York: Random House, 2010)。

[46] Khalidi, *Haven to Conquest*, 227—236, 255—272, 303—309; Helen Meller, *Patrick Geddes: Social Evolutionist and City Planner* (London: Routledge, 1990), 263—281.

[47] Khalidi, *Haven to Conquest*, 227—645; Benny Morris, *The Birth of the Palestinian Refugee Problem Revisited*(Cambridge: Cambridge University Press, 2004), 9—64.

[48] Benny Morris, *1948: A History of The First Arab-Israeli War*(New Haven: Yale University Press, 2008), 1—74; Ilan Pappe, *The Ethnic Cleansing of Palestine*(Oxford: Oneworld, 2006), 10—38.

[49] 有关 Nakba 与"新历史学家"内部之间对于 Plan Dalet 代表的是防御策略还是一个种族清洗的公开号召的争论, 参见: Morris, *Palestinian Problem Revisited*, x—xx, 65—602; Pappe, *Ethnic Cleansing*, 23—28, 39—224; Salim Tamari, "The Phantom City", in *Jerusalem 1948: The Arab Neighborhoods and their Fate in the War*, ed. Salim Tamari(Jerusalem: Institute of Jerusalem Studies, 1999), 1—9; Nathan Krystall, "The Fall of the New City", in Tamari, *Jerusalem 1948*, 92—153; Khalidi, *Haven to Conquest*, 375—388, 595—600, 850—852; Karen Armstrong, *Jerusalem: One City, Three Faiths*(New York: Ballantine Books, 2005), 398—430。

[50] Armstrong, *Jerusalem*, 398—406; Joe Beinin, "The United-States Israel Alliance", in Kushner and Solomon, *Wrestling with Zion*, 41—50.

[51] Armstrong, *Jerusalem*, 409—421.

[52] Beinin, "U.S.-Israel Alliance"; George W. Ball, *The Passionate Attachment: America's Involvement with Israel, 1947-Present* (New York: Norton, 1992), 19—66, 178—297; Saree Makdisi, *Palestine Inside Out: An Every day Occupation* (New York: Norton, 2008), 299—318.

[53] Makdisi, *Palestine Inside Out*; Eyal Weizman, *Hollow Land: Israel's Architecture of Occupation*(London: Verso, 2007).

[54] Armstrong, *Jerusalem*, 421, 429—430; Joseph Dana and Noam Sheizaf, "The

New Israeli Left", *Nation*, March 28, 2011; Julia Bacha, *Budrus*(New Vision Films, 2011).

[55] T. R. H. Davenport and Christopher Saunders, *South Africa*: *A Modern History* (London: Macmillan, 2000), 406—425, 449—454, 466—471; Thomas J. Borstelmann, *Apartheid's Reluctant Uncle* (New York: Oxford University Press, 1993), 108—204; Philip Bonner and Lauren Segal, *Soweto*: *A History*(Cape Town: Maskew, Miller, Longman, 1998), 78—82; Surendra Bhana, "The Tolstoy Farm: Gandhi's Experiment in Cooperative Commonwealth", *South African Historical Journal* 7 (1975): 88—100, 引自 92。

[56] Bonner and Segal, *Soweto*, 82—111, 引自 111。

[57] Ibid., 110—146.

[58] Ibid., 128—131, 147—159, 引自 131; Patrick Heller, "Reclaiming Democratic Spaces: Civics and Politics in Post-Transition Johannesburg", in *Emerging Johannesburg*: *Perspectives on the Postapartheid City*, ed. Richard Tomlinson, Robert A. Beauregard, Lindsay Bremner, and Xolela Mangcu(New York: Routledge, 2003), 155—184。

# 后记

# 人类、地球以及种族隔离的城市

    1961 年，出生于马提尼克岛（Martinique）支持改革的哲学家弗朗茨·法农（Frantz Fanon），在阿尔及利亚解放前途未卜而自己身体日渐衰弱的日子里写作的名著《大地上的受苦者》（*The Wretched of the Earth*），开篇即是对分裂城市的沉思。"殖民地世界"，他写道，"是一个被划分为若干隔区的世界"。 没有什么能让这种分隔更加鲜明地呈现，只有这赤裸裸的对比："殖民者的城镇，……一个温饱的城镇，一个随和的城镇；它的里面……总是充满了美好的事物"，以及 "本地人的小镇，……一个饥饿的小镇，缺少面包、肉、鞋、煤、光……一个蜷伏的村镇，一个跪在地上的小镇，一个在泥沼中打滚的小镇"。

    法农相信："如果我们仔细研究这个隔区体系，我们将……能够揭示它所暗藏的力量线索。 通往殖民地世界的路径、它的秩序和它的地理布局，将使我们能够划分出这些界线，据此重新组织非殖民化的社会。"不由让人叹息的是，在审视这一制度时，法农得出一个惨淡的结论：白人和"原住民小镇"的精英们如此执着于种族隔离，只有一场净化心灵、跨越全球的城市暴力的血战才能结束这种局面。[1]

    今天，我们很能看清这些让人厌烦的城市淹没在血泊之中的情形。 加诸"大地上的受苦者"头上的暴力带来的长期利益——无论是在阿尔及尔，抑或在芝加哥、索韦托、伦敦、巴黎、巴勒斯坦，还是在全球南方国家的城市——看起来污浊一团，既不清楚也不清爽。 尽管暴力有时似乎是脆弱城市社区居民获得国家或全球关注的唯一可靠途径，尽管暴乱之后有时会得到显著的政治成果，但是，进一步破坏社区所付出的代价往往高得惊人，暴力本身并不能创造出有希望的新未来。如果一定要说的话，它还会为增进种族隔离主义者共鸣的政治王牌撕开缺口：他们声称自己种族脆弱。但法农预言帝国主义者及其精英盟友会一再阻挠他提出的平等主义、反殖民革命的设想，这一预言无疑是正确的。随着世界上最富裕社会的种族隔离持续存在，边缘化的大贫民窟在最贫穷的社会中爆发，人类看起来很像是某个物种，无可救药地沉溺于长达7 000年的城市分裂惯习之中。

422

　　然而，在如此令人沮丧之时，直接终结世界城市隔离史将是一个错误。这样做将无法理解我们所处时代城市政治的复杂、不可预测和——往往自相矛盾的现实。虽然白人和精英特权的支持者仍然掌控着世界城市政治的制高点，这是确信无疑的；同样确定的是，前所未有数量众多的人已经走到一起，共同设想并准备开诚布公地创造反种族隔离主义的城市未来。

　　即使在战后黑人与棕色人种的种族革命最为激烈的时期，也难以想象会有如此之多崭新愿景呈现。自此之后，为了在依然充满敌意的时代茁壮成长，今天那些有远见卓识的反种族隔离主义者——包括草根活动家、学者、政府官员、改革家和规划师——立足于战后革命者留下的基础并加以完善，他们已经组建起自己的跨洋知识网络，这一过程在互联网时代得以快速推进。尽管他们跨越全球南北方的交流尚不能够减缓种族隔离的新动向，但他们之中的活跃分子已经能够在政府内部、在更广泛的知识交流领域，甚至在城市土地市场上获得部分真正的权力。

　　他们所努力尝试的知识领域是前所未有的。阐述诸如杜波依斯这类先驱种族理论家们已经颠覆种族的概念，认为种族分裂不是一种自然现象，而是一种政治现象，既受制于令人迷惑的修辞伪装，也受限于僵化的制度不平等，必须不断予以揭露与批判。城市历史学家剖析种族隔离的驱动力，更为全面地揭示其中若干伪装程度最高的做法。那些对贫民区和贫民窟蔓延至各大洲进行辩论的社会学家们，就是能够看清并分析城市肤色与阶级界线背后那些复杂而多维度的政治戏剧。 规划师和环境正义活动家完全拒绝接受种族隔离能够抵御疾病等自然威胁的旧理论。 相反，他们的研究结论清晰地表明，城市分割只会增加城市中最脆弱居民对危险环境的暴露机会。 更重要的是，他们指出，这类依赖于蔓延的种族隔离——当然也依赖于巨大的生活环境破坏和汽车使用——扩展了城市的环境足迹①，威胁着人类这个物种的生存，这非常危险。 城市活动家和理论家，特别是有了联合国世界城市论坛这个组织之后，开始呼吁各国政府承认所有人都享有一项基本的"城市权利"，即排除一切障碍获取城市便利的自由，包括不受居住隔离的自由。

对于这些活动家和思想家来说，为了所有人的城市权利，反对城市分裂有很多方法可用。 在某些地方，居民说服房地产经纪人和地方银行，让他们相信种族融合及市政公共住房会创造比隔离更稳定的社区，从而提高物业价值。 实际建立种族融合社区的愿景需要付出长期努力才可达成，居民也可以尽力重建自己所在的贫民窟和贫民区，吸引位置靠近的就业机会从而尽量减少空间劣势。 交通系统可以使肤色及等级界线更加温和，从而使受排斥的城市居民更容易获得便利（虽然这些便利仍然很遥远），同时缩减城市环境足迹。 城市周围的增长边界可能会减缓蔓延，从而使白人或精英阶层的逃离更困难，并创造更密集的城市，同时也提供环境效益，这又使所有人更接近城市便利。 而且，即使没有重大空间变化，争取更公平的工作场所和政府政策以期跨越种族与阶级界线进行更公平的财富再分配，也可以在所有城市社区之间创造更多的平等。[2]

欧洲的这种反种族隔离的政治力量在政府内部拥有最大的影响力，这也许并不奇怪。 欧洲的集权且相对平等的城市规划和社会民主的强

---

① 环境足迹（environmental footprints），又称生态足迹，是人类对地球生态系统需求的一种衡量指标。 它将人类需求与地球生态系统的再生能力加以比较，即为特定人群生产消耗品、吸纳废弃物并使之无害化而必须具备的肥沃土地及海域面积。 ——译者注

大支持力量，最成功地经受住了新右翼政治家、反移民种族主义者和国际金融投机者的攻击。 法国可能是最好的例子，因其城市毋庸置疑是美国以外所有富裕社会中种族隔离最严重的。 法国的雅克·希拉克和尼古拉斯·萨科齐这类保守派领导人，他们都以对移民的敌意而闻名，但他们仍然感到必须加入到社会党人在 20 世纪 90 年代首次清楚阐述的社会融合的呼吁之中。 自 2003 年以来，他们中右翼的政府推动了高达 400 亿欧元的大规模城市振兴运动，以新的房地产取代法国城市战后糟糕的公共住房塔楼，并扩大公共住房的存量，以便即使是富裕的市镇当局也能达到社会党反贫民区法所设想的 20% 的公共住房定额。 怀疑论者准确地发现，这些造大房子的新重大工程对青年失业率还没有产生太大影响，失业率在最"敏感"的郊区徘徊在 40% 左右，也没有对巴黎大尺度的东西分异格局产生太大影响。 一些人怀疑公共住房计划只是掩人耳目，目的在于减少其他社会支出。 但在质疑声中，萨科齐的住房部长虔诚地宣布，巴黎最保守的西部地区所称的"富人聚居区"也将不能免除公共住房配额。 他甚至支持巴黎社会党市长最近的行动，购买奥斯曼男爵在埃菲尔铁塔附近豪华区的一些资产阶级公寓楼，将其改为公共住房。 到目前为止，白人的逃离式搬迁以及富裕居民和保守派市长对公共住房的抵制——包括这个国家最富裕的郊区城市，萨科齐自己的塞纳河畔的讷伊市（Neuilly-sur Seine）在内——都已经造成社区融合进程的减缓。 尽管如此，在 2010 年末那乱糟糟的日子里，随着金融家对欧元的投机性攻击响彻整个欧洲，同时仇视伊斯兰教的呼声倍增，萨科齐所在的政党还是稳健地投票支持为一项城市"地域团结"计划出资，即使在美国的"自由"政府下这也是难以想象的。[3]

在欧洲、加拿大和澳大拉西亚其他地方，反移民力量与法国一样强大，许多地方可以寻得种族和阶级隔离悄悄出现的蛛丝马迹。 也就是说，早期的政策是建设广泛但普遍小而分散的公共住房，这就使得肤色之线看上去不那么刺眼。 的确，公共住房作为城市融合的工具并不完美：公共住房中的白人，丝毫不比中产阶级白人房主更乐于与深肤色的人做邻居，而对私人市场上房地产价值的担忧，会削弱政府在公共住房建设中打破肤色线的能力。 不过，即使在后撒切尔时代的英国这样的地方，政府已经卖掉诸多政府公屋——甚至在伦敦西区这样一个历史性的隔离中心地带——仍然有可能找到零星的市属经济适用房，其间往往住满有色移民，而街对面则是刚经历过一番士绅化的豪华公寓。 这种模式，某位观察家称之为"微型隔离"（microsegregation），实际上可能是现代世界历史上所有政府最成功的尝试之一，利用居住融合作为一种工具，至少以此着手减少空间劣势。 在伦敦和欧洲大陆其他地方，相对广泛、廉价和高效的公共交通系统也有助于减少种族隔离的若干危害。 伦敦绿带规划和其他限制蔓延的措施也是如此，尤其是在瑞典、荷兰、加拿大和新西兰。[4]

425

出于上述原因，欧洲、加拿大和澳大拉西亚的若干城市理所当然地赢得了地球上最平等、最融合和环境可持续的声誉。 但是，严重依赖自上而下的政府政策——无论多么成功——也有充分理由让批评者感到担忧。 尽管福利国家和平等主义的城市规划政策在欧洲得到了全面的公共支持，但许多政府在实际执行方案时，往往无法争取到种族边缘化和低收入者本身的大量支持。 许多人对主流机构的疏远感——特别是年轻人——会削弱平等主义政策的效果。 更糟糕的是，对于政策制定的创造力和政治影响力的重要来源方面，对其进行的开发是相对欠缺的。[5]

自相矛盾的是，恰恰是被排斥的人们，他们的创造力和潜在的力量可能最容易被看见，与此相反，这些地方要么就是政府放弃了为争取城市包容性而开展的斗争，要么就是种族隔离势力最无情地突破了平等主义公共机构和政策的防守。 美国就是这样，几十年来白人的财政缩减及自由市场政策，帮助维持了 20 世纪初形成的诸多主要的种族隔离模式。 这使得这个国家成为有着最不平等、最混乱不堪、环境破坏最严重的排斥性城区的富裕国家。

尽管美国有这段不堪的历史，一些欧洲反种族隔离主义者对"社区赋权"的例证却表现出了极大的热情，他们认为"社区赋权"存在于美国城市中一些最不受欢迎的地区。 可以肯定的是，这种热情有待降温。 在美国，"赋权"经常被当作一种玩世不恭的修辞幌子，因此即便是最微不足道的反种族隔离公共政策也会受到削弱。 相反，尽管美国城市政治中许多最具创造性的举措是由草根组织发起的，这些草根组织通过动员隔离区的居民来保持民权运动的精神，但其中大多数举措都一再要求美国政府向被忽视的城市地区注入更多资金。[6]

　　不管他们的方法是什么，不可否认的是，这些散乱而勇敢的社区组织承担了消除美国新右翼时代出现的种族隔离的大部分工作，他们肩负着诸多最大的责任：去执行《公平住房法》；劝服房地产经纪人和银行帮助保护该国为数不多的种族融合社区；建设经济适用房；使包容性区划法令得以通过；推动政府根据《社区再投资法》采取行动；倡导政府对资金不足的学校扩大支持；打击警察残暴行为以及扩张牢笼式贫民区的行为；并提请注意种族隔离相关的城市环境不公正现象。 其中一些已经能够在市中心土地市场和金融领域取得重大进展，建立了社区开发公司，有些公司将闲置的城市土地"储存"起来用于有益社会的再利用，而波士顿达德利街社区倡议，则是通过从市政府获得土地征用权之后，以有利于社区居民的非营利开发商的名义展开业务工作。 尽管行动规模往往有限，但这些公司毫无畏惧地全面展开工作以振兴社区。 例如，在纽约的布法罗"人民为可持续住房而联合起来"机构和其他联合组织，将经济适用房开发与绿色修复技术结合起来降低居民的取暖和其他成本。 这些组织战略性地收购城市成倍增加的空地，从而扩大城市开阔地、城市农场、小型可再生能源项目和雨水管理基础设施。 在间接行动中，社区居民利用全球环境运动的胜利，强行打开"绿色"政府和企业的资金闸门。 利用这些资金，他们希望将社区复兴公共事务转变为社区自营产业，为当地创建就业机会和小企业。[7]

　　正如这个例子所表明的那样，美国——尽管身处白人迁移郊区和汽车驱动蔓延的历史摇篮之中——但最近也成为关于消除种族隔离与城市

426

427  规划及对抗全球变暖之间联系的最广泛讨论的发源地。 以内城为基础的环境和交通公平运动推动着这些辩论，其中也包含越来越多的反郊区蔓延活动家，以及被国际新城市主义和生态城市运动所吸引的专业规划者。 围绕公共交通和宜步行空间开展城市规划具有巨大的潜力，可以使城市的肤色与阶级界线更具渗透性，从而快速创造出更公平和更可持续的城市。 诚然，在种族和阶级排斥性决定财产价值的住房市场中，享有特权的居民往往强烈排斥边界交叉的公共交通线路。 相反，成功的公交方案可以通过迫使那些最依赖公交系统的人住在离车站最远的地方，从而加速士绅化进程。 在一个异常有希望的开发项目中，奥巴马政府开设了一个可持续住房与社区的探索性办公室，其任务是鼓励为经济适用住房开发相关联的城市交通。[8]

然而，在美国，也许最有可能消除肤色线的是数百万人从全球南方国家进入美国城市的运动。 最近的研究证实，当前数量远远超过黑人的拉丁美洲人，几乎和黑人一样有可能居住在种族隔离的社区，而且肤色较深的拉丁美洲人比起较浅的更容易被隔离。 但是，许多新的多种族社区也因移民的加入而形成，这些移民不仅来自拉丁美洲，而且来自亚洲和非洲。 移民是许多城市和近郊区再投资资金的重要来源。 他们的数量也使许多城市甚至整个州转变为棕色和黑色人占大多数的社会，预计21世纪晚些时候整个美国都会发生这样的人口变化。 有些人带来了在原籍国为反抗镇压而磨炼出的社区组织技能。 这些经验丰富的组织者已经帮助建立了自黑人民权运动以来最广泛的草根抗议组织，重点是扭转沿美国南部边境的肤色线军事化趋势。 随着移民人数增加及其对平等主义的极大支持，政府主导的城市政策往前发展，可能对新右翼的郊区堡垒及其隔离主义遗存带来最大的政治挑战。[9]

对世界上绝大多数城市居民来说，尤其是对生活在全球南方国家大贫民区的10亿人口来说——现在总计达到世界城市人口的三分之一——对未来政治寄予的希望可能是最渺茫的。 然而，在这些地区的
428  反种族隔离主义的远见卓识者之间跨越南北方国家之间的交流网络，比

富有国家更加牢固。　这些网络还受益于杰出的机构赞助。　在坦桑尼亚外交官安娜·卡朱穆洛·蒂拜朱卡（Anna Kajumulo Tibaijuka）的领导下，联合国人类住区规划署（the United Nation's Human Settlements Program，UN-HABITAT）创建了一个史无前例的联盟，由研究人员、非政府组织领导人、官员和草根领导人构成。　正是这个联盟，在 2003 年发布了权威报告《贫民窟的挑战——2003 年全球人类住区报告》。　根据前殖民地世界收集的研究结果，联合国呼吁各国政府和世界银行等国际组织支持全面的城市政策，以期同时解决贫民窟和棚户区居民的多重脆弱性漏洞。　它还制定了雄心勃勃的"千年目标"，志在 2020 年前改善至少一亿贫民窟居民的生活。　该项目引发政策讨论，包括活跃而持续的互联网交流。　联合国世界城市论坛正是其成就之一，每年有成千上万的人聚集在一起，重申对各种严重的城市不平等和隔离采取行动的呼吁。　该论坛接受了"城市权利"的观念，与会者无畏地讨论种族隔离政治中那些最棘手的问题。　例如，一些人冥思苦想"阿拉伯之春"为耶路撒冷争取城市公平带去的影响。　其他人则在辩论如何推动债务减免、结构调整以及国际金融界对政府紧缩政策的促进。　还有一些人认为，对"当前将土地视为私人而非公共物品"提出强烈质疑是明智的。　毕竟，正如一位评论员遗憾地指出的那样（与本书中的许多证据完全一致），"私人市场……无法代表更具包容性的城市"。[10]

　　这些讨论中格外令人鼓舞的一点，在于来自贫民窟和棚户区的活动家本身的出色发挥。　联合国统计的遍布全球南方国家的 20 万个城市基层组织中，有一些已经努力领导建立跨越整个国家的联盟，就在最近甚至涵盖了全球所有南方国家。　其中最重要的是棚户区和贫民窟居民国际组织（Shack/Slum Dwellers International，SDI），该组织成立于 20 世纪 90 年代，致力于努力重建甘地近一个世纪前建立的印度和南非之间的联系。　棚户区/贫民窟居民国际的创始人约金·阿普塔姆（Jockin Arputham）童年时从农村迁移到贾纳塔殖民地（Janata Colony）的孟买贫民窟，然后在 20 世纪 70 年代初的加尔各答作为一名住房活动家初次涉

429

481

...

足帮助难民的活动，帮助安置了孟加拉国独立战争期间涌入该市的数百万难民。在同年晚些时候，他回到孟买，成功地发起了圣雄甘地式的非暴力不合作运动，反对总理英迪拉·甘地（Indira Gandhi）夷平贾纳塔殖民地的计划，这让他在全国声名鹊起。因为发现三十年的民族主义统治并没有为街区带来"牛奶和蜂蜜"，他在印度各地建立了一个以贫民窟为基础的组织联盟，称为全国贫民窟居民联盟（the National Slum Dwellers Alliance，NSDA），1996 年更名为贫民窟居民国际。[11]

　　与此同时，南非现在执政的非洲国民大会受到来自国际投资者的压力，要求遣散那些帮助其上台的公民组织，就像非殖民化时代的其他民族主义政党一样。尽管来自底层的反弹力依然强大，足以迫使非国大为涌入南非城市的数百万移民大量投资兴建新住房，但那些梦想在约翰内斯堡建立一个非种族城市的人，自从他们在反对《种族分区隔离法》的革命胜利后，进展甚微。白人和有色人种的新一代精英已经在约翰内斯堡北部郊区的新开发区安身立命，那里的巨大蜂窝状的安全墙、带刺铁丝网、电子围栏和门禁社区共同构成有史以来最大的城市防御体系。至于非国大为城市贫民提供的社会住房，其质量远远低于亨德里克·维沃尔德及其继任者建造的住房，而且几乎所有住房都位于老旧乡镇或远离工作岗位的廉价地块。"当我们建造低成本住宅时，"一位非国大官员嘟囔着，"它们应该远离现有地区，以免影响房地产价格。"对于现在居住于新开发区的城镇居民来说，这些新开发区甚至延伸到索韦托以外的西南部，穿越约翰内斯堡两座山脉的通勤路线，甚至比过去依法分隔该市的 15 公里种族隔离墙还要长。虽然现在高速列车使北部郊区的交通更为便利，但西南部城镇居民仍然只能乘坐拥挤不堪的丰田小公共汽车去上班。新住房也不足以满足需求。数十万南非黑人住的是棚屋。[12]

　　罗丝·莫洛科恩（Rose Molokoane）在高地草原的一个棚户区长大，在反对种族隔离的斗争中接受教育。在新南非，她并没有停留在自己的荣誉里。相反，她帮助组织了城市贫民联合会（the Federation of the

430

Urban Poor，FED-UP），该联合会一再提醒非国大，其新的宪法义务是为所有人提供住房。 20世纪90年代初，她人生中第一次乘坐飞机，穿越印度洋来到孟买。 在那里，她遇到了约金·阿普塔姆，并参观了世界上最大的贫民窟达拉维(Dharavi)。 棚户区和贫民窟居民国际组织是从这次访问以及此后其领导人所做的无数其他活动中产生的，在其他许多非洲和亚洲国家建立联盟，并与类似的拉丁美洲团体进行接触。 该组织基于贫民窟居民小额捐款建立投资基金，并派遣当地志愿者到他们社区的街道收集关键信息。 凭借这些资产——资金、本土知识与系统数据——该组织利用政府机构和世界银行等组织的影响力，进行更大规模的改善和保护工作。[13]

罗丝·莫洛科恩在棚户区和贫民窟居民国际组织任职，也是联合国世界城市论坛最重要的发言人之一。 她恳求来自世界银行、各大学府和非政府组织的带有更多技术官僚意识的同行们记住，并非所有的非正式住区都是相同的，倾听贫穷妇女的声音应该是他们的第一要务。 然后她站了起来，说出她的结束语："请敞开你们的大门。 别叫我们'受益人'，别叫我们'最终用户'，请叫我们'合作伙伴'。"[14]

这一直截了当、振聋发聩的呼吁是我们结束人类绵延7 000年城市隔离之旅的最佳方式。 今天，像莫洛科恩所说的话语大多只能逞口舌之利，难以得到切实执行。 不过，像她这样的呼吁却比以往任何时候得到更有规律、更为明确和执着的回音。 它们唤起一个简单的真理，一个对城市公平和民主的基本呼声，它们触及每个真正"融合"计划的核心。 如果我们并不能够共享权力，那么即便去跨越分裂我们的城市、国家和全球南北方国家的种族、阶级、性别、文化和信仰的界线，也是毫无意义可言的。 能够做到这一点——从而彻底调整城市政治这出大戏的方向——是衡量一个世界是否准备好放弃城市分裂的唯一的真正标准。

种族隔离

---

**注 释:**

[1] Frantz Fanon, *The Wretched of the Earth*, trans. Constance Farrington(1961; repr., New York: Grover Weidenfield, 1963), 37—38.

[2] 有关这些主题出版了大量的著作,恰恰表明此类反种族隔离主义的思想已经广泛传播。标志性作品举例: Michael Omi and Howard Winant, *Racial Formation in the United States: From the 1960s to the 1980s* (New York Routledge & Kegan Paul, 1986); David T. Wellman, *Portraits of White Racism*, 2nd ed.(Cambridge: Cambridge University Press, 1993); David R. Roediger, ed., *Black on White: Black Writers on What It Means to Be White* (New York: Schocken Books, 1998); Elizabeth Ansley, *New Right*, *New Racism: Race and Reaction in the United States and Britain* (New York: New York University Press, 1997); UN-HABITAT, *State of the World's Cities 2008/2009: Harmonious Cities* (London: Earthscan, 2008), 122—237; UN-HABITAT, "World Urban Forum 5", 参见: http://www.unhabitat.org/categories.asp?catid = 584; Susan S. Fainstein, *The Just City* (Ithaca: Cornell University Press, 2010); Don Mitchell, *The Right to the City: Social Justice and the Fight for Public Space* (New York: Guilford Press, 2003); Lisa Benton Short and John Rennie Short, *Cities and Nature* (London: Routledge, 2008), 211—257。

[3] Observatoire National des Zones Urbaines Sensibles(ONZUS), *Rapport* (2009): 122—142; Ministère de l'Écologie, de l'Énergie, du Développement Durable et de la Mer (MEEDDM), "Benoist apparu presente: Politique du logement social: une nouvelle ambition" (Paris: MEEDDM, Dossier de Presse, February 3, 2010); Marie-Hélène Bacqué, Yankel Fijalkow, Lydie Launay, and Stéphanie Vermeersch, "Social Mix Policies in Paris: Discourses, Policies, and Social Effects", *International Journal of Urban and Regional Research* 35(2011):256—273; Christine Lelévrier, "City Policy in France: Social Mix as a Public Answer to Segregation?", *Urban Planning International* 4(2009):28—34; Christine Lelévrier, "Les politiques de lutte contre ségrégation: mixité des quartiers ou intégration des populations?", in *Les mécanismes fonciers de la ségrégation*, *actes du colloque de l'ADEF*, ed. Apprentissages, Didactiques, Évaluation, Formation(ADEF)(Paris: ADEF, 2004), 209—230; Christine Lelévrier, "La mixité dans la rénovation urbaine: dispersion ou re-concentration?", *Espaces et Sociétés* 140—141 (2010): 59—74; Jacques Donzelot et Catherine Mével, "La politique de la ville: Une comparaison entre les USA et la France: Mixité sociale et développement communitaire", *2001 Plus* 56(2001):50—51; Jacques Donzelot, "Repenser la politique de la ville", *Le Monde*, February 9, 2010; Johanna Laguerre, "Entre défense des locataires et respect des propriétaires, il faut trouver un juste milieu, a défendu Benoist Apparu", *Le Monde*, October 4, 2010; Ministère de la Ville, "Le Sénat adopte un budget de politique de la ville au service de la cohésion socia le", 参见: http://www.ville.gouv.fr/?Le-Senat-adopte-un-budget-de。

[4] Christiane Droste, Christine Lelévrier, and Frank Wassenberg, "Urban Regeneration in European Social Housing Areas", in *Social Housing in Europe*, ed. London School of Economics and Political Science(LSEPS)(London: LSEPS, 2008), 163—196; Chris Hamnet, *Unequal City: London in the Global Arena* (London: Routledge, 2003), 121—158; Terence Bendixso, "Push-Pull Forces in the Spatial Organization of Greater London and South-East England", in *Urban Sprawl in Western Europe and the United States*, ed. Harry W. Richardson and Chang-Hee Christine Bae(Aldershot, UK: Ashgate, 2004), 61; Denise Pumain, "Urban Sprawl: Is There a French Case?", in Richardson and Bae, *Urban Sprawl*, 137—158; Angela Hull, *Transport Matters: Integrated Approaches to Planning City-Regions* (London: Routledge, 2010).

[5] 这类批评已经在法国阐述得非常详细。参见: Jacques Donzelot, "Repenser la politique de la ville", *Le Monde*, February 9, 2010; Hervé Vieillard-Baron, *Les banlieues: Des singularités françaises aux réalités mondiales* (Paris: Hachette, 2001), 190; Sophie Body-Gendrot and Catherine Wihtol de Wenden, *Sortir des banlieues: Pour en finir avec la ty rranie des territoires* (Paris: Autrement Frontières, 2007), 48—90。

[6] JacquesDonzelot and Catherine Mével, "La politique de la ville: Une comparaison

484

entre les USA et la France: Mixité sociale et développement communitaire", *2001 Plus* 56
(2001):1—51. 对美国城市政策有充分依据的基层分析可见于: Sam Magavern and Part-
nership for the Public Good(PPG), "Missing the Target: How Economic Development
Programs Have Failed to Revive Buffalo's Most Challenged Neighborhoods" (Buffalo:
PPG, 2009)。

[7] Ronald F. Ferguson and William T. Dickens, eds., *Urban Problems and Commu-
nity Development* (Washington: Brookings Institution, 1999); Peter Medoff, *Streets of
Hope: The Fall and Rise of an Urban Neighborhood* (Boston: South End Press, 1994);
Katherine Gray, "Land Banks Gain Popularity as a Way to Fight Urban Blight", *USA
Today*, July 9, 2009; People United for Sustainable Housing(PUSH Buffalo) and Green
for All, "Building a Sustainable City: Green Jobs for Buffalo"(未发表稿件, July 2010)。

[8] 有关社会学家及规划师致力于消除族隔离的著作, 见: Emily Talen, *Designing
for Diversity: Exploring Socially Mixed Neighborhoods* (Oxford: Architectural Press,
2008); 以及以下论文集: David P. Varady, ed., *Desegregating the City: Ghettos, En-
claves, and Inequality*(Albany: SUNY Press, 2005); Xavier de Souza Briggs, *The Geog-
raphy of Opportunity: Race and Housing Choice in Metropolitan America*(Washington DC:
Brookings Institution, 2005); M. Paloma Pavel, ed., *Breakthrough Communities: Sus-
tainability and Justice in the Next American Metropolis* (Cambridge, MA: MIT Press,
2009)。 有关新城市主义(New Urbanism), 参见: Emily Talen, *New Urbanism and Amer-
ican Planning: The Conflict of Cultures*(New York: Routledge, 2005)。 有关奥巴马的交
通政策, 参见: Alyssa Katz, "The Reverse Commute", *American Prospect* (July/August
2010):17—20。 有关更广泛的综合交通, 参见: Moshe Givoni and David Bannister, eds.,
*Integrated Transport: From Policy to Practice*(New York: Routledge, 2010)。

[9] John Iceland and Kyle Anne Nelson, "Hispanic Segregation in Metropolitan
America: Exploring the Multiple Forms of Spatial Assimilation", *American Sociological
Review* 78(2008):741—765; John Iceland, "Beyond Black and White: Residential Segre-
gation in Multiethnic America", *Social Science Research* 33(2004):248—271; Daniel Alts-
chuler, "Immigrant Activists Regroup", *Nation*, December 20, 2010, 14—18.

[10] UN-HABITAT, *The Challenge of Slums: Global Report on Human Settlements
2003*(London: Earthscan, 2003); 这份报告有贡献的诸多研究人员与公职人员名单可见于
致谢部分, viii—xvii; UN-HABITAT, *The Right to the City: Bridging the Urban
Divide. Report of the Fift h Session of the World Urban Forum*(Rio de Janeiro, March 22—
26, 2010, 参见: http://www .unhabitat.org/categories.asp?catid=584), 引自 18, 20。

[11] Jockin Aruputham, "Developing New Approaches for People-Centred Develop-
ment", *Environment and Urbanization* (2008):319—337, 参见: http://www. sdinet.
org/; 作者抄录自 "Rose Molokoane—Winner of Outstanding Achievement Award,"
http://www.youtube.com/watch?v=BA3KNnNX414。

[12] Patrick Bond, *Elite Transition: From Apartheid to Neoliberalism in South Africa*
(London: Pluto Press, 2000), 89—154; Jo Beall, Owen Crankshaw, and Susan Parnell,
*Uniting a Divided City: Governance and Social Exclusion in Johannesburg*(London: Earth-
scan, 2002), 65—109; Richard Tomlinson, Robert A. Beauregard, Lindsay Bremner,
Xolela Mangcu, "The Postapartheid Struggle for an Integrated Johannesburg", in *Emer-
ging Johannesburg: Perspectives on the Postapartheid City*, ed. Richard Tomlinson, Robert
A. Beauregard, Lindsay Bremner, Xolela Mangcu(New York: Routledge, 2003), 3—20;
Patrick Heller, "Reclaiming Democratic Spaces: Civics and Politics in Posttransition
Johannesburg", in Tomlinson, Beauregard, Bremner, and Mangcu, *Emerging Johannes-
burg*, 155—184; Bond, "Johannesburg's Resurgent Social Movements", in *Challenging
Hegemony: Social Movements and the Quest for a New Humanism in Post-Apartheid South
Africa*, ed. Nigel Gibson(Trenton, NJ: Africa World Press, 2006), 114—128; Bond,
"Globalisation/Commodification or Deglobalisation/ Decommodification in Urban South
Africa", *Policy Studies* 26(2005):337—358, 引自 345。

[13] Shack/Slum Dwellers International(SDI) website, http://www.sdinet.org/. 有
关草根阶层要求城市公民身份的复杂性, 参见: James Holstun, *Insurgent Citizenship:*

485

种 族 隔 离

*Disjunctions of Democracy and Modernity in Brazil*（Princeton：Princeton University Press，2008），271—314。

［14］作者抄录自 "Rose Molokoane—Winner of Outstanding Achievement Award," http：//www.youtube.com/watch?v＝BA3KNnNX414。

# 索 引①

（页码加粗，表示插图文字）

---

# 壁垒重重的世界，一堵高墙在瓦解
## ——《种族隔离》译后记

"开普敦这一拥有 480 万人口的海岸城市，城市中心基本为富人独占，有钱人在这里啜饮一杯咖啡，价格为家政工人小时工资的两倍之多。"2019 年我在一篇关于开普敦占屋运动的文章结尾段落写下这句时，并没有想到这会成为翻译《种族隔离》一书的契机。当时就职于《城市中国》的佟鑫编辑因此介绍我与上海人民出版社的吴书勇编辑结识，并约下此书翻译。作为城市规划师和城市问题研究者，我和好友张美华博士合译本书的过程，正是深入理解"种族隔离"和"城市划界"的难得机会。

## 自从有了城市，就有了空间隔离

城市空间隔离由来已久，卡洪城可谓经典案例。这样一座据称为修建金字塔而建的古代埃及城市，四周是砖砌城墙，内部由高墙划界。一道南北向的厚墙将城市分为西侧的奴隶区、北侧的贵族区及南侧的手工业、商人、小官吏等中产阶级区。贵族住区只有十几座深宅大院，道路宽阔，石条铺砌，凉风徐徐吹来；而奴隶的住区，则是逼仄密集的棚屋，迎着沙漠的热风。卡洪城无比刺目，无数规划师正因此而生出规划包容共享城市的职业理想。

卡尔·奈廷格尔在本书中的追溯则更为久远，在第一部分"追根溯源"中呈现。 7 000 年世界城市史，割裂始终贯穿其间——"自从有了城市以来，人类就一再实施毫无公平可言且充满强力的割裂城市的行动。在此过程中，人们以几乎所有可以想象到的人类差异的名义为自己的行为辩护，为不同的阶级、氏族、种姓、手工艺、国家、宗教信仰、文明甚至性别划定单独的居住区。"读者会看到城市隔离的源起，美索不达米亚平原上的埃利都以神之名义划界，塔庙投下暗影，"自此之后，任何人类，都不会再有平等可言"；继之以分割城市与荒野的城墙，无论是出于防御，还是仅为炫耀，城乡划界由此开端。 这两种最早形式的隔离，在世界各地相继出现，包括中国《周礼·考工记》中所述的王城。 随后，作者的讲述继续沿时间展开：世界所有的文化都包含若干反商情绪，因之而有了"隔离陌生人"的惯例，世界各地设立"外国商人区"以及相关管制即为明证。 而"陌生人"不仅限于外来经商者，为了证明对陌生人的控制和把他们加以隔离的合理性，"民族"和"人民"这样的新概念就被制造出来。 对陌生人隔离的实践，使得替罪羊政治和隔离之间达成了微妙共识，引向"犹太隔都"的设立，并最终带来更可怕的种族隔离和驱逐形式——阿道夫·希特勒灭绝欧洲所有犹太人的计划。

隐藏在强大政治军事力量之下的，是导致社会分裂的更多基础力量：阶级、手工艺、氏族、种姓和性别之分。 任何类型的空间隔离，都与阶级相关。 但正如书中所呈现，自古至今，阶级的空间之界并非泾渭分明，为了生活方便，贵族与奴隶同住，富人与手工业者共居到处可见。 阶级隔离与阶级融合，在竞争中达成平衡。 手工艺、氏族、种姓和性别的政治，则随时施加复杂的推拉之力。 印度的种姓制度和性别之分的"深闺制度"在书中特别提及。

# 自 1700 年至今，城市种族隔离仅有 300 年历史

与七千年城市隔离漫长历程相比，本书主题——种族隔离仅有三百

年历史，堪称晚近。 如果说以上述各种繁复理由开展的隔离，导致人类社会壁垒重重，那么种族隔离必定是最难以推翻的那堵墙。 在公元1700 年后，欧洲人才把肤色和种族的概念注入。 如书中所言，"肤色和种族的概念是新的，但它们也大量借鉴了古代和中世纪社会的所有社会类别相关的出身、世系和血统的旧概念……与所有形式的隔离一样，肤色和种族隔离本质上也是阶级隔离的形式，旨在补充特权群体对物质资源的控制。"作者随后展开了本书的第二部分，呈现肤色和种族如何进入到城市政治之中。

首先是印度的马德拉斯（今日的金奈）和加尔各答，欧洲殖民者想方设法把自己与本地人隔离开来，而本地人则基于阶级、手工艺、氏族、种姓和性别等前现代概念施行城市隔离。 崭新的制度、思想和割裂城市的工具出现在这两座城市的政治戏剧之中，"黑人城镇""白人城镇"之分正是以肤色和种族划界的新形式。 它们既可以追溯到数百年之前，又即将导致世界各地城市政治的转变。 殖民时代的美洲和南非，以肤色划界的城市隔离实践也在兴起，又在实施奴隶制之后迅速消退。 统治者是如何想到将一分为二的部分称为"黑人城镇"和"白人城镇"的？ 可能原因在于，这涉及欧洲人之间关于阶级、宗教和国家的政治冲突。"采用白人而不是基督徒作为自由人的名称，则澄清了这些问题。 它分散了王室、传教士和奴隶主之间蓄势待发的冲突。 更重要的是，它有助于巩固不同阶级的欧洲殖民者在捍卫奴隶制方面的政治支持。"

# 19 世纪：殖民地城市种族隔离，从高潮到落幕

在城市快速膨胀所带来的困境的推动下，分裂的殖民城市继而出现转变，最初出于防御和控制需要而设置肤色界线，转变为出于宏大的"自然"义务而实施种族隔离。 本书第三部分讲述殖民地的隔离热

潮。 首先以伦敦和加尔各答两个城市对比展开。 奈廷格尔以历史学家的深刻，颇具说服力地列出"种族"这一概念的恐怖力量。 他认为，需要谴责的，不仅是出于其自己的原因而利用种族的概念和建立这些制度的人，还应该归咎于关于"种族"的学术重塑者。 特别提到了人文地理学施加的影响——"种族成为人文地理学的一个理论。 每个种族都被视为栖居于一个自然家园之中，其自然特征、气候、土壤和植被都是独特的与之相契合的。 ……种族挤入到政治之中，在很大程度上正是因为它可以被不断重塑，为几乎任何形式的社会不公正提供辩词。"有鉴于此，英国殖民者开始青睐作为山中避暑地的印度兵站。 如书中所言，"超然于笼罩在乡间的沉沉雾霭蒸蒸热气之上，征服者种族可以借此克服其唯一固有无法应对高温和热带疾病的弱点"。 就印度的山中避暑地而言，驻地法的实施、驻地治安官的独裁统治、细致周全的种族主义卫生惯例，以及山中避暑地的地理隔离，代表了按种族分割城市的真正创新。 它们为白人创造了掌控特权的安逸城市空间，巩固了政治不平等，也强化了英帝国对印度的控制。

随着白人对专属空间的追求从印度向东蔓延到东南亚、中国和太平洋，来自欧美的白人开始了诸般努力，甚至设想采用更加强有力的城市隔离工具。 新加坡建立之初即划定的种族界线、上海的租界、香港的山顶保留地条例等，都是欧美殖民者对城市划界的新手段。 与此同时，太平洋彼岸也有了新动作。 一方面，英国利用鸦片和军舰打开中国国门，使得许多中国人前往东南亚甚至太平洋彼岸寻找新的机会。 另一方面，英国和美国支持白人定居者涌向环太平洋偏远地区的金矿和其他机会。 白人帝国扩张的浪潮与亚太地区华人移民浪潮相互碰撞，城市种族隔离扩展到新海岸，并催生新变化。 白人淘金者所到之处，华人淘金者紧随而至。 白人暴徒驱逐华人矿工，挥舞着武器和积累着对亚洲人的仇恨。 不仅限于金矿，随着越来越多的华人移民的抵达更多交通和商业节点城市，因工作竞争导致摩擦和暴行频发。 草根白人、地方官员、医疗和卫生改革者，乃至报纸编辑和记者，都普遍持有反华态度。 环太平洋地区的唐人街，是存留的印记。 如书中所言，"白人绝口不提自己应当为唐人街的出现承担何种责任，而是将这些飞地的孤立、相对肮脏和全部为暂住男性人口描绘为蒙古人种所具有的可恶缺点的证据。 正是因为这样的冲动，产生出了一种刻薄且充满恶意的替罪羊政治。"

即将迈入 20 世纪之时，种族隔离迎来一波热潮，其原因在于黑死病的流行。 黑死病先在香港、后在孟买暴发。 公共卫生官员开始把人们从家中拉出来，强迫他们进入医院、帐篷城或船上。 这种技术被称为隔离，主要目标是保护欧洲人，而当地的亚洲人则受到最粗暴的对待。 自此之后，隔离与瘟疫如影随形，蔓延到了世界广阔的区域。 早期出于对瘟疫的恐慌，卫生官员们将致命疾病归咎于"劣等种族"并提出隔离的解决方案。 如前所述，作者再次提及和谴责了科学群体对"种族"概念和相关理论以讹传讹推波助澜。

鼠疫和疟疾恐慌在消退，但隔离和卫生设施之间联姻却继续蓬勃发展，这是因两波城市改革浪潮而推动：其一是清理城市贫民窟的运动，其二是城市规划运动。 住房改革者开始在种族隔离舞台登场。 因为位置受到中产阶级青睐，政府应该利用其权力强行购买"瘟疫地点"，将它们夷为平地，并把这里的居民搬迁。 各个殖民地的城市官员，都接收到由伦敦发出的清理贫民窟的呼吁。 将贫民窟清理与有关公共卫生和征服权的种族主义思想缠绕在一起，最具争议的城市隔离工具之一——强制搬迁就此出台。 另一方面，对于领导城市规划运动的新一代城市总体规划师来说，并非出于恐惧或厌恶而在卫生和种族隔离之间达成关联，而是源于西方帝国和文明的宏伟梦想。

基于上述宏伟的梦想，殖民时代最奢华的城市隔离主义纪念碑诞生了，正是印度的新德里和摩洛哥的拉巴特这样的纪念性殖民新都。 新一代城市规划师把新思想注入其中，这些新思想大部分从法国的建筑和规划实践中汲取。 从沃邦的防御工事，到林荫大道、滨水广场等城市美化装置同时也是肤色界线，再到欧仁·奥斯曼重建巴黎的大胆思路，都有众多追随者。 奥斯曼思路导致阶级隔离和种族隔离以更快速度结合，对城市开展大规模的奥斯曼式改造，堪称冷酷无情的种族隔离主义操作。 印度最后一个殖民之都新德里的建设，则是把奥斯曼思路和学院派风格融于一身。 它雄心勃勃，被称为极致的殖民城市，但也标志着现代英国殖民城市种族隔离戏剧的落幕。 正如书中所言，"随着对种族隔离的呼声越来越高，种族隔离主义的内部矛盾更加尖锐。 虽然隔离的狂热无疑反映了白人帝国胜利的最伟大时刻，但也揭示了他们日益紧张的种族脆弱感。 统治的疆域愈加广阔，意味着西方帝国的能量分散得更为稀薄，也意味着白人在更为广大的地方面临着种族不服从。 ……殖民地种族隔离的最巅峰阶段，恰逢步入具有更大世界历史意义的政治反制力量的城市阶段"。

在此需要指出的是，城市种族隔离的问题，并非在于将不同类型的人划入不同社区，而是在于不公平的资源分配。 一个明证是，因为公共卫生资源分配不均，1931 年，旧德里的死亡率是新德里的三倍。

## 20 世纪：最冷酷复杂的大种族隔离主义粉墨登场

新德里作为殖民之都退场之后，南非和美国的大种族隔离登上舞台。 南非约翰内斯堡于 1960 年代建成了世界上最为繁复也最具野心的城市肤色界线——黑人隔离于白人之外，在农村"独立发展"；控制黑人"涌入"城市；在城市地区建立永久隔离的种族区域。 南非也在向外学习，无论是殖民世界的城市隔离手段，还是美国新诞生的大种族隔离主义的思想和操作，都是学习对象。 为应对从亚洲传入南非的鼠疫，约翰内斯堡的英国公共卫生官员迅速启动了疯狂的疾病恐慌隔离狂潮；借用了环太平洋地区的法律工具，以防止亚洲人跨越印度洋迁移到南非。 通行证制度、亚洲人登记法、《种族分区隔离法》，都成为南非种族隔离制度的无情象征。 甚至借鼠疫暴发的机会，城市官员试图把被视为"人类垃圾"的有色人种居民迁移到远离城市的污水处理农场帐篷住区，并即刻铲平他们在城中的居住地。自此之后，黑人劳工开启了在城内工作地和城外新划定的种族隔离区之间的往返。本文开篇提到南非开普敦，在废除种族隔离制度已达30年的今时今日，居住隔离仍难以撼动。开普敦城市中心基本为富人独占，95%的公共交通使用者为低收入和中低收入者，平均交通开支达家庭月收入的45%。

当时如何为白人至上主义提供解释？"这个理由就是优越的文明……白人必须统治，……因为这是让黑人逐渐抬升的唯一可能手段"——这真是匪夷所思。当世界其他地方的种族隔离热潮几近退散之时，南非却步入种族隔离大发展的阶段。还需要提及的是，无论是美国，还是约翰内斯堡的白人房主，都达成一个共识：如果与黑人比邻而居，他们的房产价值会贬损。日渐增多的白人工人阶级购买房产，种族隔离的经济动机也就愈发普遍。严格的种族划界，与有色人群的持续反抗并行。他们要集体寻求生计、住所和基本尊严，就会不断阻挠官方费尽心思的划界努力，漠视在共存空间中被白人强加的种族礼节，甚至走上街头进行大规模抗议。大种族隔离主义的潘多拉魔盒一旦开启，愤怒和暴力就会无可遏制愈演愈烈。

作者在第十章把目光投向了美国。在不同的时间和地点，美国的种族隔离政策更为激进和彻底：既运用了独立开发、流入控制和城市种族分区等常见手段，有时还会演变为大规模驱逐和种族灭绝。而第十一章中所述，可谓三百年来种族隔离历史中的至暗时刻——20世纪30至40年代的经济和政治灾难，席卷全球。这样极端的年代，大萧条摧毁了数以百万人的生活；与此同时，希特勒屠杀了大约600万犹太人，还有以百万计的残疾人、精神病患者、激进分子、吉卜赛人和战俘——人类自残登峰造极。紧接着，美国投放的原子弹证明，人类掌控着更加凶险的自毁手段。随后冷战时期开启，全球政治秩序重整。虽然纳粹德国失败了，但种族灭绝式种族主义并没有随之消亡，战后几十年在南非和美国两个种族隔离主义国家中，国家和暴徒的暴行依然持续。

特别是美国，其隐秘伪装下的隔离体系更难应对，更加狡猾地根深蒂固地存在着。 种族隔离主义者依然故我，让城市种族划界跨入新千年。

# 即将迈入新千年：已是种族解放的年代，却有种族隔离的沉重遗存

　　二战结束以后，特别是即将迈入新千年之际，种族隔离的脚步渐远。 但为何作者在本书最后一部分开篇就列出"种族解放的时代，种族毁灭的时代"？ 正是因为，在诸般经济激励和政治掩护之下，种族隔离主义者仍然在政府机构、全球知识网络和土地市场内为城市划界而努力运作。 在已然壁垒重重的世界，悄无声息又筑起几多新墙。 本书最后一部分主题为"零散的遗存"，20世纪后半叶，施加隔离与反抗隔离的角力在此呈现。 如书中所言，"从温文尔雅的谈判到大规模和平抗议，从城市骚乱到游击战争，20世纪中叶的反种族主义者发起的运动，完全不亚于一场针对白人权力和特权世界的全球性革命"。 种族革命的胜利令人喜悦，而种族隔离的遗存却让人沮丧。

　　今时今日，全球半数以上人类居住在城市，但全球各地城市，都可谓"壁垒重重"。 在一众美国城市中，住区的种族红线依然泾渭分明，无家可归者数量激增，超级贫民窟随处可见。 在欧洲和澳洲，无家可归、贫民窟以及占屋，也日趋成为"问题"。 在近乎每个城市每天都在发生着司空见惯的"隔离"行动：享有特权的城市居民将自己封闭在门禁社区和私人大院，由各种高科技安防设施把守；而在经历"士绅化"的城市中心，弱势群体被迫转移到城市边缘。 门禁社区和士绅化是当前城市由市场之力驱动的空间隔离，普遍存在，屡见不鲜。 最富裕的国家为远距离移民设置新的法律和物理障碍，阻断最贫穷国家中肤色最深的人获取新机会的通路。 书中断言："一个两极分化的'全球城市'的'政权'已经出现，因为全球经济中最重要的资本吸引的既有最顶级

的富豪、血统最正的白人、生活奢华的精英，也有最贫穷的有色人种移民劳工，并高度集中。"

再来看帝国在曾经的殖民地上的种族隔离遗存。 种族革命的胜利，迫使世界上白人城镇的大多数白人居民离开，但这并不意味着城市种族隔离的终结。 新独立的国家在文化、种姓、宗教和民族血统方面有着巨大的差异，而此前的殖民国家刻意强化不同群体的等级关系，并将其差异解释为种族差异。 某些殖民地在获得独立之后，冲突程度甚至会加剧。 对于曾经的殖民地而言，种族隔离最泛在的遗存，应该是阶级隔离。 许多以前的白人城镇变成了精英区，新的精英制定了新的隔离政策来划界，守卫他们的新领地。 许多新政权会去诋毁贫民窟的居民，甚至不惜借用过时的 19 世纪的卫生辞令，还时时煽动起精英对穷人犯罪行为的恐慌。 阳光之下并无新鲜事。 正如书中所言，对于最贫穷的人来说，"城市机会取决于城市空间的阶级融合程度"。 而本书的结尾段落，正是关于"种族融合"的一个里程碑事件：1990 年曼德拉获释后，在种族隔离制度最为严苛的约翰内斯堡，黑人团体与白人当局成功谈判达成《索韦托协议》，宣告"必须成为一个不分种族的城市"。摆脱了种族隔离的制度桎梏，但推倒因种族隔离而在城中竖起的壁垒尚需漫长时日。

# 人类的未来会好吗？ ——空间隔离难以消弭，共享和包容应持续推进

让我们合上这本厚厚的书，来看看全人类面前的崭新困境：一方面，战争和灾难事件导致许多人流离失所。 在气候变化不确定性高企的当下，难民数量还会增加。 难民们将成为异国他乡最无助的外来者和"陌生人"，并面对在新城市寻找空间落脚的挑战（毕竟隔离"陌生人"、隔离"弱势者"，是最普遍最古老的城市空间隔离传统）。 另一

方面，在发展中国家，贫民窟和非正规住区是贫困和不平等最持久的空间表现形式。对贫民窟的数以百万计的居民而言，难以获得基本服务，更美好的城市未来与他们无关。在发达国家的城市，贫困乃至赤贫现象已根深蒂固，少数群体遭受边缘化和污名化，加上对城市基础设施的投资不足，如果不采取果断行动，城市贫困和不平等将愈发深重。

那么，在这个城市星球之上，需要什么样的城市，对人类提供支持？空间隔离，古已有之，也不可能彻底消弭，而需要去做的，是一点点照亮城市划界的暗影，一点点推开城市中不公平的壁垒重重。正如本书后记中所言，"如果我们并不能够共享权力，那么即便去跨越分裂我们的城市、国家和全球南北方国家的种族、阶级、性别、文化和信仰的界线，也是毫无意义可言的"。更好的未来，有待城市政府的变革性政策行动，以解决普遍存在的城市贫困和不平等问题（这些问题，皆可归为"城市隔离"），否则无法实现公平和包容的城市愿景。每个政策选择，每个决定，都可能影响许许多多人的现在和未来。人类的未来会好吗？至少先让每个人去想象一种共享共有的城市未来，对于今时今日的人类命运共同体而言，这无比重要。

# 致谢

作者卡尔·奈廷格尔是纽约州立大学布法罗分校非洲与美国研究系的荣休教授，在哈弗福德学院和普林斯顿大学完成了从本科到博士阶段的历史学专业学习，城市历史与全球视野中的城市种族隔离正是他的研究主要方向之一。本书一经出版，即获得了（美国）世界史协会"本特利图书奖"。作者撰写这样一部厚重的著作，对种族隔离的全球现象追根溯源，条分缕析，把考据严谨、跨越时空的海量历史事件串连成线，让人读之沉浸其中。除了优秀的专业素养、学识和写作技巧之外，奈廷格尔教授肯定是一个善良心软的人，翻译细读的过程中，从字里行间时时能够察知。 空间隔离本质就是资源的争夺，种族隔离更是野蛮残忍，所以撰写这样一部充满暗黑之恶的历史书，犹如险滩行船，艰苦无比。 但诚如作者在引言中所列，"希望城市隔离的全球历史，能够为近年来世界各地愈发激烈的城市之辩带来崭新启发"。 作为城市规划师和城市研究者，我非常荣幸能翻译奈廷格尔教授的这本书，并对翻译和细读过程中得到的启发深表感谢。

本书引言、致谢以及第一章至第八章由相欣奕博士翻译，第九章至第十二章以及后记由张美华博士翻译，由相欣奕完成全书统稿和初校。 在此对我的合作伙伴，也是多年的好友、同事张美华博士表示诚挚的感谢，这本书翻译起来耗时耗力，很是辛苦。 感谢我的朋友、第一财经记者佟鑫，翻译此书有赖他的热心引介。 对上海人民出版社的吴书勇编辑表达谢意，感谢他的专业严谨和大力支持，也要感谢他的信任。 感谢译审、校对、排版以及为本书出版提供帮助的所有人。

囿于译者的专业和翻译水平，译文中必有诸多疏漏，恳请读者不吝赐教。 如有任何纠错和修改建议，欢迎告知，若日后本书再版，将会纳入修订。

相欣奕

2023 年 2 月 22 日于重庆北碚天生桥

**图书在版编目(CIP)数据**

种族隔离：划界城市的全球史/(美)卡尔·H·奈
廷格尔(Carl H. Nightingale)著；相欣奕，张美华译
.—上海：上海人民出版社，2023
(都市文化研究译丛)
书名原文：Segregation：A Global History of
Divided Cities
ISBN 978-7-208-18092-5

Ⅰ.①种… Ⅱ.①卡… ②相… ③张… Ⅲ.①种族隔
离-城市史-世界 Ⅳ.①K915

中国版本图书馆 CIP 数据核字(2022)第 258508 号

**责任编辑**　吴书勇
**封面设计**　胡　枫

都市文化研究译丛

**种族隔离**
——划界城市的全球史

[美]卡尔·H·奈廷格尔　著

相欣奕　张美华　译

出　　版　上海人民出版社
　　　　　（201101　上海市闵行区号景路 159 弄 C 座）
发　　行　上海人民出版社发行中心
印　　刷　上海商务联西印刷有限公司
开　　本　635×965　1/16
印　　张　35
插　　页　5
字　　数　478,000
版　　次　2023 年 9 月第 1 版
印　　次　2023 年 9 月第 1 次印刷
ISBN 978-7-208-18092-5/K·3259
定　　价　168.00 元

# 都市文化研究译丛

《没有郊区的城市》

[美]戴维·鲁斯克

《城市秩序:城市、文化与权力导论》

[英]约翰·伦尼·肖特

《正义、自然和差异地理学》

[美]戴维·哈维

《下城:1880—1950 年间的兴衰》

[美]罗伯特·M·福格尔森

《水晶之城:窥探洛杉矶的未来》

[美]迈克·戴维斯

《一种最佳体制:美国城市教育史》

[美]戴维·B·泰亚克

《文学中的城市:知识与文化的历史》

[美]理查德·利罕

《空间与政治》

[法]亨利·列斐伏尔

《真正的穷人:内城区、底层阶级和公共政策》

[美]威廉·朱利叶斯·威尔逊

《布尔乔亚的恶梦:1870—1930 年的美国城市郊区》

[美]罗伯特·M·福格尔森

《巴黎,19 世纪的首都》

[德]瓦尔特·本雅明